utb 6281

Eine Arbeitsgemeinschaft der Verlage

Brill | Schöningh – Fink · Paderborn
Brill | Vandenhoeck & Ruprecht · Göttingen – Böhlau · Wien · Köln
Verlag Barbara Budrich · Opladen · Toronto
facultas · Wien
Haupt Verlag · Bern
Verlag Julius Klinkhardt · Bad Heilbrunn
Mohr Siebeck · Tübingen
Narr Francke Attempto Verlag – expert verlag · Tübingen
Psychiatrie Verlag · Köln
Psychosozial-Verlag · Gießen
Ernst Reinhardt Verlag · München
transcript Verlag · Bielefeld
Verlag Eugen Ulmer · Stuttgart
UVK Verlag · München
Waxmann · Münster · New York
wbv Publikation · Bielefeld
Wochenschau Verlag · Frankfurt am Main

Prof. Dr. Dagmar Fenner ist Titularprofessorin für Philosophie an der Universität Basel und Lehrbeauftragte für Ethik an der Universität Tübingen und anderen deutschen Universitäten und Hochschulen. Sie ist Autorin zahlreicher philosophischer Bücher, die sich auch an ein größeres Publikum richten. Als utb erschienen sind von ihr bereits „Selbstoptimierung und Enhancement. Ein ethischer Grundriss“ (2019), „Ethik. Wie soll ich handeln?“ (Zweitauflage 2020) und „Einführung in die Angewandte Ethik“ (Zweitauflage 2022).

Dagmar Fenner

Digitale Ethik

Eine Einführung

Narr Francke Attempto Verlag · Tübingen

Umschlagabbildung: Geisteswelt des menschlichen Konzepts, metaworks@shutterstock.com

Bibliografische Information der Deutschen Nationalbibliothek
Die Deutsche Nationalbibliothek verzeichnet diese Publikation in der Deutschen Nationalbibliografie; detaillierte bibliografische Daten sind im Internet über http://dnb.dnb.de abrufbar.

DOI: https://doi.org/10.36198/9783838562810

Dischingerweg 5 · D-72070 Tübingen

Internet: www.narr.de
eMail: info@narr.de

Einbandgestaltung: siegel konzeption | gestaltung
Druck: Elanders Waiblingen GmbH

utb-Nr. 6281
ISBN 978-3-8252-6281-5 (Print)
ISBN 978-3-8385-6281-0 (ePDF)
ISBN 978-3-8463-6281-5 (ePub)

FSC
www.fsc.org
MIX
Papier | Fördert gute Waldnutzung
FSC® C016368

Inhalt

Vorwort und Danksagung 11

1 Einleitung und ethischer Grundriss . 15

1.1 Begriffsklärungen und kultureller Hintergrund . 20

1.1.1 Bedeutungsebenen der Digitalisierung 20
1.1.2 Algorithmen, Internet und Künstliche Intelligenz 28
1.1.3 Polarisierung in der Digitalisierungsdebatte 33
1.1.4 Kritik am digitalen Technikdeterminismus 37
1.1.5 Einfluss der Science-Fiction 40

1.2 Normative Grundlagen Digitaler Ethik 44

1.2.1 Vermeintliche Neutralität der Technik 44
1.2.2 Ethik, Moral und Recht 51
1.2.3 Konsequentialismus, Deontologie und Tugendethik 59
1.2.4 Digitale Ethik als Bereichsethik der Angewandten Ethik ... 67
1.2.5 Partizipation, Diskurs und Verantwortung 75

1.3 Allgemeine ethische Leitideen 80

1.3.1 Freiheit 91
1.3.2 Glück und gutes Leben 102
1.3.3 Gerechtigkeit und Nichtdiskriminierung 112
1.3.4 Privatsphäre 118
1.3.5 Nachhaltigkeit 125

2 Digitale Medienethik ... 133

2.1 Grundlagen der Digitalen Medienethik ... 133

2.1.1 Digitale Medien und ihre Kommerzialisierung ... 137
2.1.2 Verantwortungsteilung beim Medienhandeln ... 143
2.1.3 Leitideen der Medienethik ... 154
2.1.3.1 Wahrheit und Wahrhaftigkeit (1) ... 156
2.1.3.2 Unvoreingenommenheit und Unparteilichkeit (2) ... 164
2.1.3.3 Relevanz und kritische Öffentlichkeit (3) ... 166
2.1.3.4 Angemessene Präsentation ohne Sensationalisierung (4) 170
2.1.3.5 Achtung von Persönlichkeitsrechten und Diskursorientierung (5) ... 171

2.2 Konfliktfelder der Online-Kommunikation ... 174

2.2.1 Informationsflut: schnelles Denken und Emotionalisierung . 174
2.2.2 Desinformation: Fake News und Verschwörungstheorien ... 194
2.2.3 Fragmentierung: Filterblasen und Echokammern ... 217
2.2.4 Digitale Gewalt: Online-Hassrede und Cybermobbing ... 228

2.3 Chancen und Risiken der Digitalisierung für die Demokratie ... 249

3 KI-Ethik ... 281

3.1 Grundlagen der KI-Ethik ... 287

3.1.1 Menschliche und Künstliche Intelligenz ... 287
3.1.2 Maschinelles Lernen und das Black-Box-Problem (Andreas Klein) ... 294
3.1.3 Leitideen der KI-Ethik ... 299
3.1.3.1 Transparenz ... 299
3.1.3.2 Sicherheit ... 302
3.1.3.3 Menschliche Aufsicht ... 304

3.2 Konfliktfelder der Datafizierung und Big-Data-Analyse 306
3.2.1 Dataismus: Objektivitätsglaube und Quantifizierung 312
3.2.2 Überwachung: Privatheitsverlust und Manipulation 320
3.2.3 Diskriminierung: Klassifikation und Biases 348
3.2.4 Algorithmische Steuerung: Sozialkredit-System und Algokratie 364

3.3 Konfliktfelder KI-basierter Roboter und virtueller Akteure 377
3.3.1 Moralischer Status: moralische Akteure und Roboterrechte . 389
3.3.2 Künstliche Moral: Moralimplementierung und Dilemmasituationen 412
3.3.3 Soziale Robotik: künstliche Gefährten und emotionale KI ... 443
3.3.4 Ersetzbarkeit: Arbeitsplatzverlust und generative KI 477

3.4 Chancen und Risiken vermehrter Mensch-Maschine-Interaktionen 493

4 Schluss und Ausblick 515

Bibliographie 531

Sachregister 569

Personenregister 581

Im Andenken an meine 2024 verstorbene Doktormutter
Prof. em. Annemarie Pieper

Vorwort und Danksagung

Das vorliegende Buch ist das Resultat einer intensiven vierjährigen Auseinandersetzung mit der digitalen Transformation und ihren Auswirkungen auf die individuelle Lebenswirklichkeit, auf gesellschaftliche und demokratische Strukturen. Die Digitalisierung und insbesondere die Künstliche-Intelligenz-Forschung nahm in dieser Zeit ungeahnt an Fahrt auf und elektrisierte 2022 mit der allgemeinen Verfügbarkeit von ChatGPT die Weltöffentlichkeit. Große Faszination üben die seither Schlag auf Schlag folgenden technologischen Errungenschaften und die dadurch neu eröffneten Handlungsmöglichkeiten aus. Die damit einhergehenden Veränderungen in sämtlichen menschlichen Lebensbereichen werfen zahlreiche spannende philosophische und ethische Fragen auf, wecken aber auch viele Ängste und Sorgen über die Zukunft des Menschen. Die Technologieentwicklung scheint auch in diesem Zusammenhang häufig schneller zu sein als die menschliche Fähigkeit zu ihrer gründlichen Reflexion, argumentativen Bewertung und wirksamen Regulierung. Gerade ein Buch mit langer Entstehungs- und Herstellungszeit wie dieses kämpft mit der Schwierigkeit, dass fortwährend neue Anwendungen, Themenfelder, Studien und Erkenntnisse hinzukommen. Die rasch anwachsende Fülle an Literatur zu digitalen Medien und KI unter Einbezug auch ethischer Aspekte ist für einen Menschen nicht mehr zu bewältigen, sodass eine Auswahl zu treffen ist und Überblicksarbeiten und Handbücher gute Dienste leisten. Es können nicht laufend Ergänzungen zu Neuerscheinungen, Richtlinien oder Gesetzen vorgenommen werden, weil die Buchabgabe sich sonst ständig verzögerte und dann wieder andere inzwischen „antiquierte" Textteile überarbeitet werden müssten usw. Der große Teil der Arbeit bestand in Recherchen, Lektüre und dem Erstellen von Exzerpten und Konzeptblättern, um am Ende ein hochverdichtetes Textkondensat zu erstellen.

Zentrales Ziel war von Anfang an, eine durchgängige Systematik für das enorm vielschichtige und weite Feld verschiedenster praktischer Anwendungen, ethischer Problemstellungen, Pro- und Kontra-Argumente und teils noch schwer abschätzbarer soziokultureller Folgen zu entwickeln. Eine solche Strukturierung scheint mir hilfreich zu sein, um die Dinge klarer zu sehen und zugleich den Blick für das Ganze nicht zu verlieren. Eine zweite Herausforderung bestand darin, für die vielfach heterogen verwendeten Begriffe wie etwa „Digitalisierung“, „Big Data“ oder „Roboter“ klare, einfache Definitionen zu erarbeiten. Es liegt in den häufig noch jungen Forschungsfeldern meist kein Konsens vor, sodass es sich dabei um Vorschläge zu einer wünschenswerten Vereinheitlichung der Begrifflichkeiten handelt. Die so entstandene philosophische Einführung bietet einen systematischen Überblick über ein hochkomplexes aktuelles Themenfeld der Angewandten Ethik, der trotz der erforderlichen hohen Komprimiertheit bei wichtigen Fragen in die Tiefe zu gehen versucht, in der Debatte vernachlässigte Differenzierungen vornimmt und einen eigenen ethischen Standpunkt zum digitalen Wandel zum Ausdruck bringt. Aufgrund der didaktischen Aufbereitung, einer starken Praxisorientierung und großen Anschaulichkeit mit vielen zusammenfassenden Tabellen und Graphiken eignet er sich als Lehrbuch an Universitäten, Hochschulen und anderen weiterführenden Schulen. Es werden weder ein Philosophiestudium noch Spezialkenntnisse in Informatik oder Angewandter Mathematik vorausgesetzt. Er richtet sich nicht nur an Studierende und Dozierende der Philosophie, Medien- und Kommunikationswissenschaft oder Informatik, sondern auch an diejenigen aller anderen Fachrichtungen, sowie an alle am Thema Interessierte und Entscheidungsträger in Politik und (Zivil-)Gesellschaft.

Ohne meine kompetenten und hilfsbereiten Kolleginnen und Kollegen hätte das Buch in dieser Form nicht entstehen können. Zu größtem Dank verpflichtet bin ich den beiden Ethikdozenten Andreas Klein (PD Universität Wien) und Wolfgang Kornberger (M. A. Universität Tübingen), die das ganze Manuskript in einer ersten Fassung gelesen und mit ihren kritisch Kommentaren zahlreiche Differenzierungen und Klärungsprozesse angeregt haben. Mit Wolfgang, der an der Hochschule Konstanz und am Referat für Technik- und Wissenschaftsethik (rtwe) im Bereich Ethik, Digitalisierung und Risikotechnologien lehrt, traf ich mich regelmäßig, um in ausgiebigen Diskussionen gemeinsam an den Texten zu feilen. Andreas, der an verschiedenen Ausbildungsstätten Ethik etwa bezüglich neuer Technologien im Gesundheitswesen unterrichtet und Mitherausgeber des utb-Bands *Health Care und Künstliche Intelligenz* (2024) ist, hat in zahlreichen E-Mails und Gesprächen sein Fachwissen eingebracht und Kapitel 3.1.2 zum maschinellen Lernen verfasst. Jessica Heesen, Professorin für Philosophie an der Universität Tübingen und Leiterin des Forschungsschwerpunkts Medienethik, Technikphilosophie und KI, hat mir als ausgewiesene Expertin immer wieder geduldig alle meine Fragen beantwortet und damit viel zur Systematisierung des Gegenstandbereichs und meiner eigenen Positionierung beigetragen. Catrin Misselhorn, Professorin für Philosophie an der Universität Göttingen und Vordenkerin im Bereich der Maschinen- und Roboterethik, hat mich in Fragen der Maschinenethik, Andreas Urs Sommer, Professor für Kulturphilosophie an der Universität Freiburg, bezüglich Demokratie und Digitalisierung beraten. Christoph Horn, Professor für Philosophie an der Universität Bonn, hat viele Kapitel durchgesehen und auf wesentliche philosophische Kategorien und Konzepte aufmerksam gemacht. Die informatisch-technischen Passagen hat der Data Scientist und KI-Forscher Marco Tilli (FH Joanneum Graz) sorgfältig geprüft, berichtigt und ergänzt. Meinem Lektor Tilmann Bub danke ich für die große Unterstützung und das Vertrauen in das Buchprojekt, auch als es immer länger wurde und am Ende den doppelten Umfang als geplant erreichte. Erwähnt sei aber auch mein Partner Horst Hermas, der mit großem Gleichmut alle meine Schaffenskrisen durchstand und nicht nur mich, sondern immer wieder auch meine Diskussionspartner kulinarisch verwöhnte.

Aufbauen konnte ich bei dieser Einführung auf meine Vorarbeiten in den früheren utb-Bänden *Ethik* (2. Aufl. 2020), *Einführung in die Angewandte Ethik* (2. Aufl. 2022) und *Selbstoptimierung und Enhancement* (2019), bei denen bereits die Fähigkeit zur Komplexitätsreduktion gefragt war. Als Titularprofessorin für Philosophie am Departement Künste, Medien und Philosophie der Universität Basel unterrichte ich daselbst und in verschiedenen transdisziplinären Studiengängen Ethik an deutschen Universitäten und Hochschulen. Digitale Medienethik steht etwa in meinem regelmäßig an der Universität Tübingen angebotenen Seminar „Medien und Verantwortung“ im Zentrum, und auch im Kurs „Ethisches Argumentieren in der Praxis“ für die Hochschulen für Angewandte Wissenschaften in Baden-Württemberg (rtwe) konnte ich von den lebhaften Diskussionen mit Digital Natives viel lernen. Da ich zudem noch Musik (Kontrabass) studierte, wählte ich bei der Frage nach der Ersetzbarkeit des Menschen das Phänomen der KI-Kunst als Anwendungsbeispiel aus (Kap. 3.3.4).

Obwohl ich als Ethikerin eine gendergerechte Sprache grundsätzlich befürworte, konnte ich mich nicht für eine der umständlichen gebräuchlichen Formen des „Genderns“ mit Sonderzeichen oder Beidnennungen entscheiden. Meine Präferenz wäre das einfache „Entgendern“, d. h. die Neutralisierung der verschiedenen Geschlechter auf ein Neutrum (z. B. einheitliche Endung „y“). Da diese Variante jedoch zu befremdlich klingt, verwende ich weiterhin das „generische Maskulinum“, bei dem stets alle möglichen Geschlechtsidentitäten mitgemeint sind.

1 Einleitung und ethischer Grundriss

Die Digitalisierung und der digitale Wandel sind hochaktuelle, möglicherweise die drängendsten und wichtigsten Themen unserer Zeit, welche in wissenschaftlichen, medialen und gesellschaftlichen Diskursen immer mehr Raum einnehmen. Die Rede ist vom „Megatrend des 21. Jahrhunderts", einem tiefgreifenden „Kulturwandel" oder gar einem „Paradigmenwechsel" und einer dritten oder vierten „Revolution" (Piallat, 20; Adlmaier-Herbst u. a., 1212 f.; Hengstschläger, 9; Corsten u. a., 4). Ihre technischen Voraussetzungen sind **digitale Technologien**, insbesondere **Informations**- und **Kommunikationstechnologien (IKT)**, d. h. computergestützte Technologien zur Gewinnung und Verarbeitung von Information und zur Unterstützung von Kommunikation, bei denen immer mehr auch sogenannte Künstliche Intelligenz zum Einsatz kommt (s. Kap. 1.1.2). Die Digitalisierung erfasst immer mehr Lebens- und Arbeitsbereiche und entwickelt sich in rasend schnellem Tempo. Fast täglich wird von den Medien über neue technologische Errungenschaften, Durchbrüche und Entwicklungstrends in der Forschung berichtet. Menschen verbringen einen immer größeren Teil ihrer Lebenszeit online in sozialen Netzwerken und virtuellen Welten und informieren sich hauptsächlich über Internetdienste. Infolgedessen prägen die digitalen Medien in hohem Maß die Art und Weise, wie wir die Welt wahrnehmen, miteinander kommunizieren und umgehen. Der Ruf nach schnelleren und flächendeckenden Internetverbindungen und nach digitaler „Aufrüstung" von Schulen und öffentlicher Verwaltung ist allgegenwärtig. Alles im Leben scheint eine digitale Komponente bekommen zu müssen, um mithilfe des Sammelns und Auswertens von Daten das Lernen, Arbeiten, Einkaufen oder die Freizeitgestaltung zu optimieren (vgl. Otto u. a., 6). So verändert der digitale Wandel die Denk- und Handlungsweisen der Menschen, die gesellschaftlichen Organisationsformen und sozialen Systeme, und damit auch das menschliche Welt- und Selbstverständnis.

Zu einer völligen Neuorganisation von Arbeitsprozessen kam es nicht zuletzt auch in der Wirtschaft, wo der Begriff **Industrie 4.0** für die vierte industrielle Revolution steht. Gemeint ist damit die Computerisierung und Automatisierung der gesamten Wertschöpfungskette, wodurch diese auf eine ganz neue Stufe der Organisation und Steuerung gestellt wird (vgl. Corsten u. a., 7): Dank der Digitalisierung stehen riesige Daten z. B.

über Kundenwünsche, Auftragslage, Verbrauch von Ressourcen bis hin zur Fertigung und Auslieferung zur Verfügung. Diese können je nach Zwecksetzung beliebig miteinander verknüpft werden, wodurch sich die Produktivität und Effizienz von Unternehmen und unternehmensübergreifenden Wertschöpfungsnetzwerken erheblich steigern lassen. Automaten und Roboter mit Künstlicher Intelligenz ersetzen zunehmend menschliche Arbeitskräfte, sowohl in der Industrie als auch im Dienstleistungssektor und im Gesundheitssystem. Immer häufiger sind es Algorithmen, die anstelle von Menschen schneller und vermeintlich objektiver Entscheidungen über die Auswahl von kundengerechten Produkten oder die Vergabe von Anträgen, Stellen oder Krediten treffen. Im Zuge der Digitalisierung fallen auch bei der privaten Nutzung mobiler Geräte z.B. für Kommunikation oder digitale Selbstvermessung, beim Einkaufen und Surfen im Internet, Zahlen mit Kreditkarte etc. riesige Datenmengen an. Diese Massendaten („Big Data") erlauben es selbstlernenden Computerprogrammen, Muster und Korrelationen zu erkennen und beispielsweise medizinische Diagnosen zu stellen oder das individuelle Verhalten, Einbrüche, Klima oder andere zukünftige Entwicklungen vorauszusagen.

Einen enormen Aufschwung und Fortschritt erlebte die Digitalisierung mit dem Ausbruch der weltweiten Corona-Pandemie, als dieses Buchprojekt seinen Anfang nahm. Zu Beginn des Jahres 2020 reagierten viele Länder mit einem vollständigen Lockdown, sodass schnell digitale Alternativen wie Homeoffice, Online-Lehre und digitale Meetings und Veranstaltungen entwickelt werden mussten. Diese waren willkommene Maßnahmen gegen die soziale Isolation und den Stillstand zentraler gesellschaftlicher Bereiche wie Arbeit oder Bildung über einen langen Zeitraum hinweg – auch wenn der digitale Ersatz von der Mehrheit der Bevölkerung als unzulänglich erlebt wurde. Darüber hinaus konnten die riesigen Datenmengen zu Impfungen, Testergebnissen oder Aufenthaltsorten der Infizierten kaum noch anders als digital erfasst werden. Diese Daten erlaubten es dann ihrerseits, Verbreitung, Ausbreitungsgeschwindigkeit oder Ansteckungsrisiko des Coronavirus zu berechnen. Dieses positive Anschauungsbeispiel aus einer gesellschaftlichen und internationalen Krisenzeit kann die kaum zu bestreitenden Vorteile der Digitalisierung gut vor Augen führen. Angesichts solcher hilfreichen Nutzanwendungen setzen viele Menschen große Hoffnungen in den digitalen Wandel, der zahlreiche drängende soziale und ökologische Probleme lösen und die Chancen der Menschen auf ein gutes Leben erhöhen könnte.

Für Skeptiker und Kritiker dieser Veränderungsdynamik ist jedoch die omnipräsente Rede von „Digitalisierung" regelrecht zum Reizwort geworden (vgl. Bauberger, 1). Je stärker sich die Digitalisierung und ihre Auswirkungen im täglichen Leben bemerkbar machen, desto mehr breiten sich ernstzunehmende Bedenken sowie diffuse Bedrohungsgefühle in der Bevölkerung aus: etwa die Furcht vor dem Verlust von Arbeitsplatz und Privatsphäre infolge permanenter Überwachung, oder diejenige vor Manipulationen der eigenen Entscheidungen durch algorithmenbasierte Suchmaschinen oder individualisierte Werbung. Insbesondere in der westlichen Science-Fiction-Kultur hat das Ausmalen von Katastrophenszenarien wie der Versklavung oder Auslöschung der Menschen durch überlegene und grausame Roboter bereits eine lange Tradition. Apokalyptische Ängste werden häufig verstärkt durch den weit verbreiteten Eindruck, dass wir in immer schnellerem Tempo von informationstechnologischen Innovationen überrollt werden und den Umwälzungen ohnmächtig ausgeliefert sind. Sie scheinen eine so starke Eigendynamik zu entwickeln, dass die Menschen kaum mehr nachkommen und die Kontrolle verlieren. Demgegenüber scheint bei vielen Entwicklern, Forschern und technikaffinen Menschen die Faszination von den enormen technologischen Fortschritten eine Euphorie auszulösen, die zur Realisierung alles technisch Machbaren drängt. Angesichts immer intelligenterer und autonomerer Roboter und leistungsfähigerer Anwendungen Künstlicher Intelligenz werden die Fragen virulent, ob die Maschinen nicht die „besseren Menschen" sind und der „unterlegene Mensch" nicht technologisch aufgerüstet oder gar ganz durch intelligente Computer ersetzt werden soll (s. Kap. 3.4). In dieser Einführung wird versucht, reflexive Distanz und philosophische Gelassenheit zu wahren und einen Mittelweg zwischen dystopischen Zukunftsängsten und utopischer Technikbegeisterung zu gehen.

Da die Digitalisierung weitreichende Auswirkungen auf die verschiedensten Lebensbereiche wie z. B. Arbeit, Bildung, Politik, Justiz oder Gesundheit hat, handelt es sich um eine „Querschnittserscheinung" (Nassehi 2022, 1160). Dieses **Querschnittsthema** erfordert daher einen interdisziplinären Zugang und eine Zusammenarbeit von Ingenieur- und Informatikwissenschaften einerseits und Geistes-, Sozial- und Kulturwissenschaften andererseits (vgl. Roth u. a., V; Hengstschläger, 11). Im vorliegenden Buch wird eine philosophisch-geisteswissenschaftliche **ethische Perspektive** auf die Umwälzungsprozesse der Digitalisierung eingenommen, bei der ethische Fragen nach einem verantwortungsvollen Umgang mit den neuen technologischen Möglichkeiten im Zentrum stehen. Auf der Grundlage der ausführlich dargestellten normativen Leitideen soll Orientierung in einer sich rasch wandelnden und immer komplexer werdenden Welt ermöglicht werden, um die negativen Folgen des wissenschaftlich-technischen Fortschritts ganz zu vermeiden oder abzumildern. Zur Anwendung kommen dabei **philosophische Methoden** wie Begriffsanalyse, kritische Prüfung der Stichhaltigkeit von Argumenten, das Aufzeigen von Widersprüchlichkeiten in Standpunkten und ihren Voraussetzungen sowie die systematische Auswertung von Lebenserfahrung und wissenschaftlicher Forschung. Vorschnelle Übergeneralisierungen und Spekulationen, simple Totschlagargumente und unfruchtbare Polarisierungen werden durch begriffliche Präzisierungen und das Heranziehen differenzierender Konzepte aus der Wissenschaft in ihre Grenzen verwiesen. Ziel ist es, das kritische Bewusstsein der Leser zu fördern und zur Versachlichung und Rationalisierung der Debatte beizutragen. Die Leser sollen ethische Argumentations- und Reflexionskompetenzen erwerben und dazu ermutigt werden, sich mit eigenen begründeten Stellungnahmen an der gesellschaftlichen Diskussion über die normative Gestaltung der zukünftigen digitalen Entwicklung zu beteiligen. Damit verbunden ist die Hoffnung, demokratische Prozesse zu fördern und weitere wissenschaftliche Forschung zur Durchdringung der komplexen Thematik anzuregen.

Wenn man sich eine eigene qualifizierte Meinung zu den Technologien und Möglichkeiten ihrer Gestaltung bilden will, ist ein grundlegendes Verständnis der behandelten Gegenstände und Entwicklungen unabdingbar. Für alle Leser ohne technisches Basiswissen werden daher die zur Diskussion stehenden technischen Anwendungen jeweils zu Beginn möglichst knapp und einfach erläutert. Die empirische Verfasstheit der in der praxisorientierten „Angewandten Ethik“ verhandelten Probleme erfordert grundsätzlich auch deskriptive Analysen. In dieser Einführung werden die wichtigsten, in der Öffentlichkeit am meisten diskutierten Konfliktfelder erörtert, indem die verschiedenen Positionen und Argumentationen möglichst ausgewogen und sachlich dargestellt und gegeneinander abgewogen werden. Die Verantwortungsträger auf den verschiedenen Verantwortungsebenen werden klar benannt und Empfehlungen geeigneter moralischer (und rechtlicher) Regulierungsmaßnahmen formuliert. Das Buch erschöpft sich aber nicht in einer Zusammenstellung von ethischen Prinzipien, Ethikrichtlinien und konkreten Sollensforderungen in der Art eines Praxishandbuchs. Denn ethische Reflexionen und Bewertungen einzelner Technologien in ihren jeweiligen konkreten Anwendungskontexten greifen in der Digitalisierungsdebatte eindeutig zu kurz, weil sie immer in größere ökonomische und soziokulturelle Zusammenhänge gestellt werden müssen (vgl. Bauberger, IX). Um die ethischen und gesellschaftspolitischen Chancen und Risiken der neuen oder sich in der Planungs- und Forschungsphase befindlichen Technologisierungsprozesse einschätzen zu können, sind auch ihre tieferliegenden Auswirkungen auf das individuelle und gesellschaftliche Leben bestmöglich zu erfassen. Dafür werden neben philosophischen und technikethischen auch psychologische, sozial- und kulturwissenschaftliche Studien herangezogen. Außerdem führen technologische Entwicklungen immer wieder zu grundlegenden hermeneutischen, erkenntnistheoretischen oder anthropologischen Fragestellungen, die auf der Grundlage der normativen Ethik reflektiert werden müssen.

Neben der Klärung der in der Digitalisierungsdebatte vielfach sehr unterschiedlich verwendeten Begriffe und Konzepte ist es ein großes Anliegen dieser Einführung, das hochkomplexe Themenfeld zu strukturieren. Die systematische, kleinteilige Gliederung soll helfen, den Überblick bei all den neuen Herausforderungen nicht zu verlieren. Diesem Zweck dient eine einfache grobe Einteilung in vier Kapitel: Der Hauptteil zwischen Einleitungskapitel (Kap. 1) und dem Schlusskapitel (Kap. 4) ist untergliedert in die beiden großen Anwendungsfelder oder Hauptdisziplinen der Digitalen Ethik: die **Digitale Medienethik** (Kap. 2) und die **KI-Ethik** (Kap. 3). In **Kapitel 1** werden die begrifflichen und normativen Grundlagen einer Digitalen Ethik entfaltet und in einen historischen und kulturellen Kontext gestellt. So geht es in **Kapitel 1.1** etwa um ein tieferes Verständnis davon, was mit dem Modewort „digital“ eigentlich gemeint ist, welche Bedeutungsebenen die „Digitalisierung“ umfasst oder wann und wie das „Internet“ entstand. In **Kapitel 1.2** werden unter anderem die Unterschiede zwischen Moral, Recht, Ethik, Angewandter Ethik und Digitaler Ethik erläutert sowie verschiedene Grundtypen der Ethik skizziert. Konzeptuell schwieriger zu fassen sind die wichtigsten allgemeinen ethischen Leitideen Freiheit, Glück/gutes Leben, Gerechtigkeit/Nichtdiskriminierung, Privatsphäre und Nachhaltigkeit, die in **Kapitel 1.3** als normatives Fundament der weiteren Ausführungen etwas breiter erörtert werden. Spezifischere ethische Prinzipien, die vornehmlich in einer der beiden Teildisziplinen Thema sind, werden jeweils zu Beginn der entsprechenden Kapitel vorgestellt: etwa Wahrheit, Unparteilichkeit und Relevanz in der Medienethik und Transparenz, menschliche Aufsicht und Sicherheit in der KI-Ethik.

Kapitel 2: Bei der **Digitalen Medienethik** steht die menschliche Kommunikation, genauer der Austausch von Informationen zwischen Menschen im Vordergrund. Die Digitalisierung brachte neben neuen Kommunikationstechnologien auch neue Verbreitungswege über privatwirtschaftlich organisierte Internet-Plattformen sowie einen erstarkenden Bürger- oder Laienjournalismus im Netz, die zu stark veränderten Kommunikationsbedingungen und einem neuen Strukturwandel der Öffentlichkeit führten: Worin bestehen die grundlegenden Charakteristika der digitalen oder Online-Kommunikation im Kontrast zur analogen, und wie verändern sich dadurch die Interaktionsformen, Denk- und Lebensweisen der Menschen? Fördert oder gefährdet das Internet mit seiner egalitären und partizipatorischen Struktur die Demokratie, und wie ist mit den Gefahren der Desinformation, Emotionalisierung und sinkender Hemmschwellen umzugehen?

Kapitel 3: In der **KI-Ethik** geht es nicht um die Interaktionen zwischen Menschen, sondern um den Einsatz von KI-Systemen als Werkzeugen und die Interaktionen zwischen Menschen und Robotern bzw. virtuellen Akteuren: Wie verändert die umfassende Datafizierung und die Suche nach Mustern und Trends in den entstehenden Massendaten das individuelle und gesellschaftliche Leben? Wie lassen sich bedrohte Grundrechte auf Freiheit, Privatheit oder Nichtdiskriminierung schützen? Wollen wir den eingeschlagenen Weg zu einer Robotergesellschaft gehen und was hat es für Auswirkungen auf das Leben, das Selbstverständnis und die Menschenbilder, wenn Menschen mit immer intelligenteren und autonomeren Maschinen verglichen und zunehmend durch diese ersetzt werden?

Kapitel 4: Im kurzen Schlusskapitel werden auf Basis der vorangegangenen Erörterungen die Kernanliegen der Digitalen Ethik herausgestellt und einige Zukunftsszenarien kritisch beleuchtet.

1.1 Begriffsklärungen und kultureller Hintergrund

1.1.1 Bedeutungsebenen der Digitalisierung

„Digitalisierung" ist ein schillernder Begriff, zu dem es zahllose verschiedene Definitionsvorschläge beispielsweise mit einer technologischen oder ökonomischen Akzentuierung gibt. Er hat genauso wie das Adjektiv „digital" eine inflationäre Entwicklung erfahren, sodass alles Mögliche in den Medien und im Alltag als „digital" bezeichnet wird, das irgendwie mit Informations- und Kommunikationstechnologien zusammenhängt (vgl. Corsten u. a., 10).

Solche moderne Technologien werden allerdings schon viele Jahrzehnte lang genutzt, sodass sie noch kein hinreichendes Spezifikationsmerkmal darstellen können (vgl. ebd., 12). Nimmt man für das Verständnis dieses Sammelbegriffs die Etymologie zu Hilfe, geht der Terminus „digital" auf das englische Wort „digit" für „Ziffer, Zahl, Stelle" zurück bzw. noch weiter auf das lateinische „digitus": „Finger". Die Verbindung zwischen Zahl und Finger könnte darin bestehen, dass Menschen in früheren Zeiten wie heute noch kleine Kinder mithilfe der Finger bis zehn zählten. Im englischen Sprachraum kamen die Ausdrücke „digitize" und „digitization" in der Mitte des 20. Jahrhunderts auf, und seit den 1980er Jahren wird die deutsche Übersetzung „Digitalisierung" verwendet. Während die deutsche Sprache aber nur den ungenauen Ausdruck „Digitalisierung" kennt, differenziert die englische Sprache zwischen einem technischen Begriff einer „Digitization" und einer über diesen technischen Kern hinausgehenden „Digitalization". Auch wenn es trotz der Flut an Publikationen zum Phänomen der Digitalisierung keine einheitliche begriffliche Grundlage gibt, lassen sich doch drei verschiedene Bedeutungsebenen unterscheiden. Zusätzlich zur Unterscheidung im Englischen bezieht sich der Begriff der dritten Ebene auf die in der allgemeinen Einleitung geschilderten tieferliegenden strukturellen Umwälzungen.

1) Technischer Begriff: Digitization
2) Datenverarbeitung und Vernetzung: Digitalization
3) Struktureller Wandel: Digitale Transformation

1) Technischer Begriff: Digitization

Digitalisierung (1) als „Digitization" auf einer ersten, elementaren Bedeutungsebene meint den rein technischen Vorgang der Umwandlung von analogen Daten oder Vorgängen in digitale Formate (vgl. Kropp u. a., 10; Winter u. a., 1237; Schoder u. a., 1329). Ziel dieser ersten Stufe der Digitalisierung ist die Darstellung in einem Zahlensystem, genauer einem binären Code aus den beiden Ziffern 0 und 1. Die Zahl 0 steht dabei für den Zustand „Strom aus", 1 für „Strom ein". Diese kleinsten Informationseinheiten der komplexen digitalen Welt werden auch „Bits" als Kürzel für „Binary Digit": „Binärzahl" genannt. Jeweils acht Bits werden zur nächsthöheren Einheit „Byte" zusammengefasst, und Präfixe wie „Mega"-, „Giga"- oder „Petabytes" bezeichnen ein Vielfaches von Byte (vgl. Specht, 22). So benötigt beispielsweise der Buchstabe A in der Binärcode-Darstellung 8 Bits bzw.

1 Byte. Im Unterschied zu analogen Signalen liegen digitale Signale also nicht in einem Kontinuum vor, sondern in einem klar abgrenzbaren Zahlenformat. Während etwa bei einem am Himmel erscheinenden Regenbogen die einzelnen Farben ineinander überzugehen scheinen, wird bei seiner Digitalisierung jede einzelne Abstufung durch exakte Ziffern definiert. Daher wird „analog" mit stufenlos, kontinuierlich und annähernd assoziiert, wohingegen „digital" in einem allgemeinen Sinn für ganzzahlig, abzählbar, quantifiziert und gestuft steht. Auf diese Weise wird die analoge Welt für die digitale Konservierung und Informationsverarbeitung auf digitalen Geräten wie Computern oder Handys präpariert. Technisch möglich ist die „Digitization" seit der Computerisierung in den 1940er Jahren. Zunächst waren Computer reine Rechner, bis es in den 1970er Jahren die ersten Computer mit einer graphische Benutzeroberfläche und mit dem Apple 1 den erste „Personal Computer" (PC) gab. Damit war der Grundstein für den Zugang der breiten Bevölkerung zu Computern gelegt, die dann in immer mehr Lebens- und Arbeitsbereichen eingesetzt wurden. Seit den 1990er Jahren mit der Entwicklung des World Wide Webs prägen sie den Alltag der meisten Menschen.

Informationen müssen in der digitalen Welt nicht mehr wie in der analogen in einer physischen und oft sehr unhandlichen und zerstörungsanfälligen Form wie beispielsweise auf Papier oder einer Schallplatte vorliegen. Sobald die Daten auf digitalen Geräten gespeichert sind und außerdem in ein Netzwerk gelangen, stehen sie örtlich ungebunden und innerhalb des Netzwerkes uneingeschränkt zur Verfügung, und ihr Verlust ist vergleichsweise unwahrscheinlich. Digitale Kopier- und Suchfunktionen erleichtern zudem das Speichern und Wiederfinden von Dateien oder Dateiinhalten. Ein Zettel kann hingegen in einer Schublade verschwinden, oder ein Buch muss komplett gelesen werden, um eine Passage zu finden. Zu den einfachsten und frühsten Beispielen für eine „Digitization" gehört das Digitalisieren von Papierdokumenten in digitale Textformate, das in den 1950er Jahren begann. Das 1971 gegründet „Projekt Gutenberg" gilt als das erste groß angelegte Digitalisierungsvorhaben für Bücher und Schriften und ist die älteste digitale Bibliothek der Welt. Bereits ab den 1990er Jahren können auch Bilder, Audios und Videos digital codiert werden. Verschiedenste analoge Medien wurden in digitale transformiert wie z. B. Schallplatten in CDs oder Kassetten in MP3-Dateien. Außerdem lassen sich analoge Abläufe in digitale Prozesse umwandeln, indem z. B. eine Dokumentanlage mit Ordnern in ein digitales Dokumentenmanagement überführt wird. Schließlich können auch physische Dinge oder Zustände, körperliche Vorgänge und Verhaltensweisen von Personen digital repräsentiert werden und bekommen so ein digitales Abbild. Aufgrund der Omnipräsenz von Computern, Smartphones und Sensoren z. B. am eigenen Körper, in der Natur, am Arbeitsplatz oder in der industriellen Produktion erfolgt heute die Erstellung und Speicherung von Daten zum großen Teil direkt in digitalen Medien (vgl. Kropp u. a., 8). Viele am Computer geschriebene Bücher erscheinen nur noch online, und Fotos einer Handykamera werden als Vielzahl von Pixeln, d. h. binären Zahlenreihen dargestellt. Diese erste und fundamentalste technische Form der Digitalisierung als solche erscheint zwar ethisch weitgehend unproblematisch, weil die digitalisierten Phänomene nicht verändert, sondern nur anders repräsentiert werden. Die „Digitization" ebnet aber z. B. den Weg für eine Kontrolle und Überwachung der Datenproduktion.

2) Datenverarbeitung und Vernetzung: Digitalization

Während sich die technische Digitalisierung auf der ersten Bedeutungsebene noch relativ klar und eindeutig definieren lässt, sind die Begriffsbestimmungen auf den beiden folgenden Stufen nicht mehr trennscharf voneinander abgrenzbar. Eine Hierarchie verschiedener Stufen des digitalen Wandels liegt insofern vor, als für das Erreichen der jeweils höheren Ebenen die darunterliegenden Transformationen erforderlich sind (vgl. Schoder, 1328): Bei der zweiten Stufe der **Digitalisierung (2)** oder „Digitalization" geht es im Wesentlichen um die Datenverarbeitung und die Vernetzung von digitalen Endgeräten über Daten (vgl. Winter u. a., 1237; Piallat, 21 f.). Die technischen Vorgänge der digitalen Aufzeichnung und die Transformation in die digitale Universalsprache im Sinne der „Digitization" schaffen die Voraussetzungen für die Vernetzung von Menschen, Maschinen oder Institutionen in der realen Welt mit ihren virtuellen Repräsentanten in der digitalen Welt. Der **interaktive Charakter** der Digitalisierung (2) kommt erst zum Vorschein, wenn mit digitalen Geräten wie Computern oder Smartphones z. B. über Telefon- oder Glasfaserkabel und drahtlose Kommunikationsformen wie WLAN oder Mobilfunk miteinander kommuniziert werden kann. Bei dieser digitalen Informationsübertragung über binäre Codes werden die Signale nicht wie bei der analogen exakt proportional in eine besser übertragbare Signalform umgewandelt (vgl. Specht, 24). So werden z. B. beim Aufnehmen einer Schallplatte die Schallwellen in Druck umgewandelt, um mit seiner Hilfe proportional zu seiner Stärke die Rillen in die Platte zu prägen. Mit fortschreitender Digitalisierung können durch elektronische Impulsübertragung über Internetknoten im weltweiten Netz in enormer Geschwindigkeit Daten ausgetauscht und vielseitige, übergreifende Interaktionen und Operationen zustande kommen. Die zunehmende Anschlussfähigkeit führt zu einer sprichwörtlich grenzenlosen Verknüpfbarkeit des Digitalisierten im virtuellen Raum (vgl. Kropp u. a., 14 f.). Ein anschauliches Beispiel für diese integrative Vernetzung ist das sogenannte Internet der Dinge, das z. B. reale Dinge wie Kühlschränke, Heizungen, Fernsehen und Smartphone in einem Smart Home miteinander oder etwa auch verschiedene Industriemaschinen mit Computern in Unternehmen verknüpft (vgl. Corsten u. a., 11).

„Digitalisierung" im Sinne der „Digitalization" (2) wird jedoch in vielen Definitionen auf den **ökonomischen Bereich** verengt. Das Schlagwort steht dann für eine strategisch auf Effizienz und Effektivität ausgerichtete Veränderung der Steuerung von Produktions- und Geschäftsprozessen oder für völlig neue Geschäftsmodelle unter Nutzung digitaler Technologien wie Internet oder Algorithmen (vgl. Schoder u. a., 1329; Corsten u. a., 13). An einem simplen Beispiel erklärt müssen Arbeitskräfte ihre Arbeitszeiten nicht mehr in Papierformulare eintragen, sondern erledigen dies über einen vorinstallierten Screen oder ein iPad oder mittels Chip-Card beim Ein- und Auschecken. Die Digitalisierung eines Geschäftsmodells am Beispiel des digitalen Unternehmens „Netflix" könnte allerdings auch als Beispiel für die „digitale Transformation" auf der nächsthöheren Stufe herangezogen werden: Der Filmverleih findet nicht mehr analog statt, indem die Kunden in einem Kaufhaus oder einer Bibliothek DVDs kaufen oder leihen, sondern die digitalisierten Filme werden „gestreamt" oder „downgeloadet". Im Unterschied zur bloßen Umwandlung von analogen in digitale Formate auf der ersten Stufe der Digitalisierung (1) sind mit der Verarbeitung und Vernetzung von Daten teilweise erhebliche ethische Probleme verbunden, die in diesem Buch in verschiedenen Anwendungskontexten zur Diskussion stehen werden (s. Kap. 3.2). Als beispielsweise Google 2004 in einem ersten großen privaten Digitalisierungsprojekt rund 20 Millionen Bücher aus Beständen großer Bibliotheken digitalisierte und zur Volltextsuche bereitstellte, löste dieses Vorgehen einen heftigen Streit über das Urheberrecht und das private Monopol über das digitale Erbe der Buchkultur aus (vgl. Stalder, 105 f.). 2008 wurde daraufhin die virtuelle Bibliothek „Europeana" ins Leben gerufen, um einen gemeinsamen Zugang zu Online-Archiven europäischer Kulturinstitutionen zu schaffen.

3) Struktureller Wandel: Digitale Transformation

Für die dritte und weitreichendste Stufe der Digitalisierung werden unterschiedliche Umschreibungen wie etwa „digitale Wende", „digitale Transformation" oder „digitale Revolution" verwendet. Auf dieser Ebene der **Digitalisierung (3)** geht es nicht mehr um einzelne konkrete Anwendungen oder neue technische Möglichkeiten der Digitalisierung, sondern um einen tiefgreifenden und umfassenden strukturellen Wandel in Gesellschaft und Wirtschaft (vgl. Schoder u. a., 1331). Das Adjektiv „strukturell" meint wie bei anderen Wortkombinationen z. B. in „struktureller Gewalt" oder „struktureller Diskriminierung", dass ein Phänomen grundlegend in der ganzen Organisation des gesellschaftlichen Miteinanders oder dem System der Gesamtgesellschaft verankert ist. Im Bereich von **Unternehmen** steht das Schlagwort „digitale Transformation" allerdings meist für radikale Veränderungsprozesse durch den Einsatz von innovativen (oder disruptiven) Informationstechnologien zur beträchtlichen Steigerung der wirtschaftlichen Leistung, sodass eine Abgrenzung gegenüber der „Digitalization" (2) schwierig ist (vgl. Schoder u. a., 1329; Adlmaier-Herbst u. a., 1217). Es ließe sich auf Unterscheidungskriterien wie innovative versus disruptive Technologien oder eine Abfolge verschiedener industrieller Revolutionen zurückgreifen: **Disruptive Technologien** sind solche, die bestehende Technologien praktisch vollständig verdrängen wie z. B. die CD die Schallplatte. Von einer **digitalen Disruption** wird bei einem plötzlichen radikalen Wandel in bestimmten Wirtschaftsbranchen als Effekt des exponentiellen Fortschritts in der Digitalisierung gesprochen (vgl. Specht, 67). Dazu lassen sich die Substitution des oben erwähnten CD-Verkaufs durch Online-Streamingdienste in der Musikindustrie oder die Ablösung der Festnetztelefonie durch Mobilfunk und Internettelefonie in der jungen Generation zählen. Die größten Disruptionen sind jedoch von der Entwicklung Künstlicher Intelligenz etwa in der Banken-, Versicherungs- und Bauindustrie zu erwarten. Bei der nicht immer genau gleich vorgenommenen Einordnung in verschiedene „industrielle Revolutionen" geraten demgegenüber größere strukturelle Veränderungen im Wirtschaftssektor in den Blick:

1. Die in England Ende des 18. Jahrhunderts einsetzende und vielerorts erst im 19. Jahrhundert durchgreifende **erste industrielle Revolution** markiert den Übergang vom Manufakturwesen mit Heim- und Handarbeit zur mechanisierten Produktion, bei der große mechanische

Produktionsanlagen z.B. mit Maschinenwebstühlen von Dampf- und Wasserkraft angetrieben werden konnten (vgl. Specht, 298 f.; Kropp u. a., 15 f.; Holfelder u. a., 2 f.).
2. Ende des 19. Jahrhunderts brachte die **zweite industrielle Revolution** die Elektrifizierung der Produktionsanlagen und ermöglichte damit standardisierte Wertschöpfungsketten mit Fließbandarbeit und Massenproduktion.
3. Die unter der Bezeichnung **digitale Revolution** firmierende **dritte industrielle Revolution** wurde in den 1970er Jahren durch den Einsatz von Elektronik und Informationstechnologie ausgelöst und führte zu einer Computerisierung und Automatisierung der Produktion.
4. Die sich ab Mitte der 1990er Jahre vollziehende **vierte industrielle Revolution** wird gleichfalls häufig als **digitale** oder aber als **cyberphysische Revolution** bezeichnet und meint die elektronische Vernetzung und Einbindung der ganzen Wertschöpfungskette mit Maschinen, Steuerungsgeräten, Prozessen, Produkten etc. in der digitalen Welt intelligenter Systeme (vgl. Kropp u. a., 16; Specht, 299 f.). Damit wäre die **Industrie 4.0** mit einem tiefgreifenden Wandel in Wirtschaft und Arbeit erreicht, benannt nach den bei Softwareprogrammen üblichen, ständig aktualisierten Versionsbezeichnungen.

In diesem Buch soll die digitale Transformation aber keineswegs auf disruptive Revolutionen im ökonomischen Bereich verengt werden, weil die digitalen Technologien noch in vielen anderen gesellschaftlichen Bereichen wie Verwaltung, Bildung, Wissenschaft, Medien, Recht etc. zu Umbrüchen führen. Vor allem aber kommt es durch die Weiterentwicklung und Ausbreitung neuer Technologien auf verschiedenen Ebenen zu vielen Wechselwirkungen und neuen systemischen Möglichkeiten, die nicht auf einzelne Vorgänge der Digitalisierung zurückgeführt werden können (vgl. Schoder u. a., 1331; Nassehi 2022, 1160 f.). Solche Tiefenströmungen eines kulturellen Wandels werden auch als **Megatrends** oder **Metaprozesse** bezeichnet (vgl. Adlmaier-Herbst u. a., 1212; Zöllner 2020b, 223; Piallat, 201). Das „Meta“ (griech. „nach, hinter“) in der letzteren Begriffsfügung wird vorangestellt, weil eine solche fundamentale Transformation vielen anderen Veränderungsprozessen gleichsam „übergestülpt“ wird und die Gesellschaft und ihre Institutionen prägt (vgl. Zöllner 2020a, 223). „Megatrends“ oder „Metaprozesse“ sind Treiber eines umfassenden Kulturwandels, der die Einstellungen, das Selbst- und Weltverständnis und die Lebens-

und Handlungsweisen der Menschen prägt. Aus einer kultur- und geisteswissenschaftlichen Perspektive stehen weniger einzelne technische und ökonomische Veränderungen im Fokus des Interesses als vielmehr solche fundamentale Auswirkungen auf die gesamte Lebenswelt. Philosophen und Soziologen haben versucht, die „Digitalisierung als eine gesellschaftliche Kulturerscheinung" zu verstehen und zu beschreiben (Nassehi 2019, 26), und das Verbindende des „einzigen makroskopischen Trends" zu fassen, das hinter all den verschiedenen Phänomenen und Bedeutungsebenen der Digitalisierung steckt (Floridi, 7). Felix Stalder charakterisiert die **Kultur der Digitalität** mit den Merkmalen (1) „Referentialität" aufgrund des digital codierten, leicht reproduzierbaren und bearbeitbaren kulturellen Materials; (2) „Gemeinschaftlichkeit" als kollektivem Referenzrahmen dank eines offenen Austauschs in neuen Medien mit kollaborativen Plattformen; und (3) „Algorithmizität" infolge zunehmend automatisierter Entscheidungsverfahren bei der Formung und Reduktion der Informationsflüsse (vgl. Stalder, 13). Von Armin Nassehi werden neben der digitalen Vernetzung insbesondere die durch Algorithmen geleistete Strukturierung, Typisierung und **Musterbildung** herausgearbeitet (vgl. 2019, 53). Die von Steffen Mau soziologisch analysierte **Kultur der Quantifizierung** wurde durch die neuen digitalen Möglichkeiten des Vergleichens, Messens und Rankings enorm begünstigt (vgl. Mau, 11; s. Kap. 3.2.1).

Bedeutungsebenen der Digitalisierung

1) **Digitization**: technische Umwandlung von analogen Daten oder Vorgängen in digitale Formate durch Darstellung in einem binären Zahlensystem

2) **Digitalization**: Datenverarbeitung und Verknüpfung von digitalen Endgeräten bzw. digital repräsentierten Dingen, Personen, Prozessen etc.

3) **Digitale Transformation**: umfassender, tiefgreifender struktureller Wandel in Gesellschaft und Wirtschaft, der das Welt- und Selbstverständnis der Menschen prägt

1.1.2 Algorithmen, Internet und Künstliche Intelligenz

Algorithmen

Im Zusammenhang mit der Digitalisierung fallen in öffentlichen Debatten viele Schlagwörter wie „Internet“, „Künstliche Intelligenz“, „Algorithmen“ und „Big Data“, die selten explizit definiert und häufig synonym zu „Digitalisierung“ verwendet werden. Die Grundbausteine der Digitalisierung und digitaler Technologien bilden Algorithmen, die digitale Geräte wie Computer oder Smartphones erst zum Laufen bringen. **Algorithmen** sind ganz generell Anweisungen, die dazu anleiten, Schritt für Schritt ein bestimmtes Problem zu lösen oder ein Ziel zu erreichen (vgl. Bendel 2022, 6; Lenzen 2020, 29; Schneider, 59). Analoge Algorithmen sind in einer natürlichen Sprache verfasst und sind solange harmlos, als sie zu einem guten Ziel dienen, z. B. der Zubereitung einer Mahlzeit dank der schrittweisen Ausführung eines Kochrezepts. Im Zusammenhang mit Digitalisierung geht es aber ausschließlich um **digitale Algorithmen** in einer formalen Sprache bzw. Programmiersprache, d. h. um digital-formalisierte Handlungsanweisungen (vgl. Wadephul, 58). Während ein frühes Beispiel eines analogen mathematischen Algorithmus der Euklidische Algorithmus wäre, kam es erst im 18. und 19. Jahrhundert zu Meilensteinen auf dem Weg zur Entwicklung von digitaler Technologie: Der britische Mathematiker Charles Babbage präsentierte 1822 die erste funktionierende Rechenmaschine (vgl. Heinrichs u. a., 3 f.). Alan Turing, ebenfalls britischer Mathematiker sowie Informatiker, entwickelte 1936 ein mathematisches Modell, die sogenannte Turing-Maschine, die das schrittweise Vorgehen eines Algorithmus mathematisch darstellbar machte (vgl. ebd., 4 f.; Misselhorn 2019, 19). Ihre physikalische Umsetzung in einem frei programmierbaren Digitalrechner gelang aber erst 1941 dem deutschen Bauingenieur und Erfinder Konrad Zuse, und auch der ungarisch-amerikanischen Mathematiker John von Neumann leistete einen entscheidenden Beitrag zur modernen Computertechnik (vgl. Heinrichs u. a., 6; Misselhorn 2019, 20).

Immer ausgefeiltere und komplexere Algorithmen führten schließlich zur Künstlichen Intelligenz, die im übernächsten Abschnitt erläutert wird: KI wird stets in Computerprogrammen realisiert, sodass es sich von dieser technischen Seite aus betrachtet um nichts anderes als den computergestützten Einsatz von Algorithmen handelt (vgl. Lenzen 2020, 25; Coeckelbergh, 70; Hammele u. a., 154). Mit fortschreitender Schwierigkeit der zu lösenden Problemstellungen werden diese Algorithmen und ihr Zusammenspiel immer komplexer und damit schwerer durchschaubar. Dies führt zum Problem mangelnder Transparenz und erhöht die Anfälligkeit für Widersprüche, Fehler und ethisch problematische Resultate, auf das in der KI-Ethik zurückzukommen ist (vgl. Lenzen 2020, 30; Kap. 3.1.2; 3.1.3.1). Da die zur Verfügung stehenden Daten im Zuge der Digitalisierung enorm angewachsen sind („Big Data"), werden Befürchtungen vor einer totalitären „Macht der Algorithmen" oder einer „algorithmic governance" lauter. Verwiesen wird auf die chinesische Kontrollgesellschaft mit einem „Social Scoring"-System (s. Kap. 3.2.4). In vielen Bestsellern werden Algorithmen als „Ausgeburt" von allem Schlechten und als größte Gefahr für die Menschheit und die Demokratie dargestellt (vgl. dazu Schneider, 59; Wadephul, 57). So lautet etwa der Originaltitel von Kathy O'Neil *Weapons of Math Destruction*, in der deutschen Ausgabe *Angriff der Algorithmen. Wie sie Wahlen manipulieren, Berufschancen zerstören und unsere Gesundheit gefährden* (2017). Der eher weniger gebräuchliche Terminus **Algorithmenethik** wird teilweise synonym zu einer Digitalen Ethik verwendet oder als Teilbereich der KI- oder Maschinenethik (vgl. Bendel 2022, 6; Bauberger u.a., 910). Er spielt darauf an, dass Algorithmen erhebliche Auswirkungen auf das Wohl der Menschen haben oder dass man ihnen eine Art Moral beibringen sollte.

Internet

Vom „Internet", wörtlich übersetzt „Zwischennetz", war im vorangegangenen Kapitel schon häufig die Rede. Es gilt zu Recht als stärkster Motor oder Katalysator der Digitalisierung und als wichtigste Innovation, die der Digitalisierung zum Durchbruch verhalf (vgl. Specht, 49). Das **Internet** ist ein weltweites physisches Computernetzwerk aus vielen technischen Geräten (wie z.B. Switches oder Routern), das über ein einheitliches Kommunikationsprotokoll (TCP/IP) die Kommunikation zwischen allen Computern und Handys mit Internetanschluss regelt (vgl. Bendel 2022, 139). Die Anfänge vom „Netz der Netzwerke" reichen in das Jahr 1969 zurück, als die erste Netzwerkverbindung ARPANET im Rahmen des vom US-Verteidigungsministerium initiierten Projekts zur Vernetzung von Universitäten und Forschungseinrichtungen entstand. Der Geburtstermin kann aber auch zu späteren Zeitpunkten festgemacht werden, beispielsweise als das WWW durch den am Schweizer CERN tätigen britischen Physiker und Informatiker Tim Berner Lee 1989 öffentlich zugänglich gemacht wurde (vgl. Piallat, 24; Specht, 49 f.). Ab 1970 ermöglichte eine steigende Zahl an digitalen Plattformen wie Diskussionsformen oder Chat-Diensten die Kommunikation und den Austausch von Dateien zwischen Menschen aus aller Welt (s. Kap. 2.1). Schlagartig populär wurde das Internet aber erst mit dem Aufkommen des WWW und seinen inzwischen auf über eine Milliarde angewachsenen Websites. Im Unterschied zum Internet als physischem Netzwerk ist das **World Wide Web** (kurz **WWW**) eine nichtphysische Applikation, die auf der Infrastruktur des Internet aufbaut und den Internetnutzern den Zugriff auf die Text- und Bilddokumente der verschiedenen miteinander verlinkten Websites erlaubt (vgl. Specht, 56). Kurz nach der Jahrtausendwende erlebten soziale Netzwerke einen enormen Aufschwung, sodass sie heute von vielen Nutzern mit dem Internet gleichgesetzt werden (vgl. Bendel 2022, 140).

Zu Beginn seiner weltweiten Verbreitung in den 1990er Jahren wurde das Internet als eine Sphäre betrachtet, die als „Cyberspace“ oder „Virtual Reality“ von der „realen“ oder „echten“ Welt abgetrennt existiert (vgl. Schmidt, 284). Befördert wurde diese Sichtweise durch die lange Zeit sehr populären Online-Rollenspiele wie „World of Warcraft“ oder „Second Life“, wo man sich völlig frei eine zweite virtuelle Welt erschaffen und gestalten kann. Diese Trennung in unterschiedliche Sphären oder Handlungsbereiche suggerierte, dass in diesen jeweils ganz unterschiedliche Regeln, moralische Normen und Gesetze gelten. Obwohl diese Vorstellungen bis heute Spuren hinterlassen, sind die Online- und Offline-Welten mittlerweile vielfältig miteinander verflochten und durchdringen einander zusehends (vgl. ebd., 285). Auch beim Konzept des „Metaverse“ sollen physische, virtuelle und erweiterte Realität („Augmented Reality“) miteinander verschmelzen: Menschen bewegen sich zwar als Avatare in einer virtuellen Welt, die aber die gleichen Funktionen erfüllt wie die reale und Auswirkungen auf diese hat, z. B. beim Bestellen einer Pizza oder dem Gang zum Ordnungsamt (s. Kap. 4). Das Internet ist auch keineswegs ein rechtsfreier Raum, wie immer noch von vielen Internetnutzern angenommen wird, sondern es gelten online grundsätzlich die gleichen moralischen und rechtlichen Regeln wie offline (s. Kap. 2, insbesondere Kap. 2.2.4). Als Synonym zu der in Kapitel 2 behandelten „Digitalen Medienethik“ wird bisweilen von einer **Internetethik**, „Netzethik“ oder „Ethik des Internets“ gesprochen, die sich mit den ethischen Problemen beim Umgang mit digitalen Massenmedien befasst (vgl. Fenner 2022, 378; Hausmanninger u. a.; Schmidt 2016). Viele darin behandelten Probleme wie z. B. Cybermobbing, Desinformation und Hassrede sind besonders virulent in sozialen Medien, sodass die Frage ihrer Regulation und Kontrolle immer dringender wird.

Künstliche Intelligenz

Der Begriff „Künstliche Intelligenz“ ist mindestens so populär wie „Digitalisierung“, wird als „Speerspitze der Digitalisierung“ bezeichnet und dient häufig als „Platzhalter“ für sämtliche digitalen Themen (vgl. Bauberger, 1; Bauberger u. a., 908). Angesichts der großen und anhaltenden öffentlichen Aufmerksamkeit für diese neue Technologie hat sich die Charakterisierung von technischen Artefakten als „künstlich intelligent“ oder „smart“ zu einem inflationären Marketinginstrument entwickelt: Zahnbürsten, Armreifen, Handys, Kameras, Fernseher, Kühlschränke oder Autos erhalten oft unberechtigterweise das Etikett „smart“ oder werden mit Künstlicher Intelligenz in Verbindung gebracht, um sie interessanter zu machen und besser zu verkaufen. Zwar fehlt bis heute eine allgemein anerkannte Definition von Künstlicher Intelligenz (KI), und auf die begrifflichen Schwierigkeiten wird erst in Kapitel 3 zur KI-Ethik näher eingegangen. Es handelt sich aber grob gesprochen um ein Forschungsfeld der Informatik, das bei Menschen als „intelligent“ bezeichnete Denk- oder Handlungsweisen auf Computern nachzubilden versucht (vgl. Bendel 2022, 156; Hoeren u. a., 2) . Gleichzeitig wird KI auch für die entsprechenden von Informatikern entwickelten Technologien verwendet, die entweder das Verständnis menschlicher Kognition verbessern oder praktische Zwecke erreichen sollen (vgl. Coeckelbergh, 67; Lenzen 2018, 31; Heinrichs u. a., 17). Die rasant fortschreitende Entwicklung in diesem Forschungsbereich führt dazu, dass beinahe täglich von den Medien neue technologische Errungenschaften gemeldet werden. Diese sorgen nicht nur unter Spezialisten, sondern in einer breiten Öffentlichkeit für großes Aufsehen und Diskussionen. Zu denken ist an den erwähnten, 2022 allgemein zugänglich gemachten Chatbot ChatGPT, der zur „generativen KI“ zählt und neue Inhalte erstellen kann (s. Kap. 3.3.4). Unter anderem wurde er daher von Studierenden zum Verfassen von Hausarbeiten begeistert aufgenommen, was seitens der Bildungseinrichtungen eine hektischen Suche nach geeigneten Regulierungsmaßnahmen auslöste. Die vielfältigen Herausforderungen der **KI-Ethik** werden in Kapitel 3 zur Sprache kommen.

Als Geburtsstunde der KI-Forschung gilt die vom IT-Pionier John MacCarthy im Sommer 1956 organisierte Dartmouth-Konferenz in den USA, bei dessen Antrag auf Fördermittel zum ersten Mal der Begriff „Artificial Intelligence“ verwendet wurde (vgl. Specht, 223; Coeckelbergh, 66; Ramge 2018, 32 f.). Nach ersten kleineren Erfolgen dieser neuen akademischen Disziplin in den 1960er Jahren z. B. mit Strategiespielen wie Schach, Chatbot-Prototypen oder halbautonomen Robotern folgte ein sogenannter KI-

Winter, d.h. eine Zeitspanne ohne nennenswerte Fortschritte und mit zurückgehendem wirtschaftlichem und öffentlichem Interesse (vgl. Ramge 2018, 35 f.; Müller, 18; Specht, 223). Erst ab den 1990er Jahren gab es wieder merkliche Fortschritte und es kam zu weltweiten Schlagzeilen wie dem Sieg des Schachcomputers „Deep Blue" über den damaligen Weltmeister Garry Kasparow 1996 oder dem ersten autonomen Fahrzeug, das 2005 eine vorgegebene Strecke von 213 km bewältigte. Zu Beginn des 21. Jahrhunderts erlebte die KI aufgrund des Aufkommens großer Datenmengen und leistungsfähiger Computer einen großen Aufschwung. Erste Anwendungen im Bereich von Sprachassistenten und personalisierten Empfehlungen wurden dadurch ermöglicht. Bis heute wurde der Terminus „Künstliche Intelligenz" dergestalt erweitert, dass bisweilen die ganze Computerwissenschaft und High-Technologie darunter gefasst wird (vgl. Müller, 18). Dieser enormen Popularität ist es wohl geschuldet, dass die meisten Menschen bei „Digitalisierung" an KI denken. **Digitalisierung** ist aber keineswegs gleichbedeutend mit KI, sondern schafft im Sinne der oben definierten ersten Stufe der technischen „Digitization" (1) erst einmal die Voraussetzung für jede Form informationsverarbeitender Systeme und damit auch für KI (vgl. Lenzen 2020, 15). Gemäß den beiden anderen Bedeutungsebenen (2) und (3) handelt es sich jedoch bei der Digitalisierung um einen tiefgreifenden und umfassenden gesellschaftlichen und wirtschaftlichen Wandel, der über einzelne technologische Neuerungen mit KI hinausgeht (s. Kap. 1.2).

Begriffliche Abgrenzungen	
• **Algorithmen**: Computerprogramme, die Schritt für Schritt zur Lösung von Problemen anleiten	Grundbausteine digitaler Technologie (Digitalisierung 1)
• **Internet**: weltweites physisches Netzwerk, das die Kommunikation zwischen Computern ermöglicht	Voraussetzung und Motor der Digitalisierung (1, 2 und 3)
• **Künstliche Intelligenz**: Nachbildung intelligenter Vorgehensweisen in Computerprogrammen	basiert auf Digitalisierung (1) und komplexen Algorithmen

1.1.3 Polarisierung in der Digitalisierungsdebatte

Bezüglich der Beurteilung der in den vorangegangenen Kapiteln geschilderten Digitalisierungsprozesse ist in westlichen Kulturen ein oppositionelles Lagerdenken zu erkennen. Antagonistische Positionen sind durchaus typisch für gesellschaftliche Systemdebatten, die nichts weniger als die Zukunft der Gesellschaft oder der Menschheit insgesamt betreffen (vgl. Armin Grunwald: „Gretchenfrage 4.0", SZ 26.12.2019): Zu einem „Entweder-Oder" mit einer klaren bis aggressiven Abgrenzung von der Gegenseite kam es nicht nur bei Themen wie „Demokratie von unten" versus „Monarchie von oben", Plan- oder Marktwirtschaft, sondern in jüngerer Zeit v. a. bei den großen Technikdebatten über Kernenergie, Gentechnik oder Künstliche Intelligenz. Auf der einen Seite wird die Digitalisierung als große Chance begrüßt, individuelle und gesellschaftliche Freiheit, wirtschaftliche Produktivität, Komfort und Lebensqualität zu steigern und durch die Auswertung von Daten viele globale Probleme wie z. B. Klimawandel und Epidemien lösen zu können. Auf der anderen Seite wird es als ebenso große Bedrohung zentraler westlicher Werte und Rechte wie Freiheit oder Demokratie erlebt, wenn Menschen zunehmend durch immer autonomere Maschinen ersetzt werden, Überwachungs- und Manipulationsvorgänge kaum mehr durchschaubar sind und sich Monopole mächtiger Digitalunternehmen herausbilden. Es handelt sich nach Petra Grimm um konkurrierende „Meta-Narrative" oder „zeitdiagnostische Digitalnarrative" (vgl. Grimm 2021, 67; Piallat, 27 f.). **Narrative** in ihrer engen, nichtinflationären Bedeutung weisen eine dreiteilige Erzählstruktur auf mit einer Ausgangssituation, einer bedeutungsvollen Transformation und einer Endsituation. Die übergeordneten „Meta"-Erzählungen der Digitalisierung werden von Grimm metaphorisch als „Heiliger Gral" und „Büchse der Pandora" bezeichnet (vgl. ebd., 68 f.). Sie waren in verschiedenen Entwicklungsphasen des Internets bzw. der Digitalisierung vorherrschend, sind aber natürlich auch gleichzeitig und antagonistisch präsent.

Erste Phase der Begeisterung: Silicon Valley-Ideologie

Die erste optimistische Erzählweise wird häufig als „Kalifornische Ideologie" oder „Silicon Valley-Ideologie" bezeichnet (vgl. ebd., 67; Nida-Rümelin u. a. 2020, 20). Sie dominierte in der ersten Phase der Digitalisierung mit dem Aufkommen des Internets in den 1970er Jahren. Für die Entwicklung des Internets war eine kleine Gruppe von Wissenschaftlern und technischen

Pionieren verantwortlich, die sich jenseits staatlicher Steuerung die Regeln, Ziel- und Wertvorstellungen dieser neuen und faszinierenden digitalen Welt selbst gaben (vgl. Piallat, 24; Specht, 49 f.; Kap. 1.1.4). Es herrschte in der frühen Netzkultur und -bewegung ein starker Glaube an die emanzipatorische, dezentrale Kraft des Internets, die überkommene Grenzen überwindet und Menschen verbindet. Prägend für die **Silicon-Valley-Ideologie** sind Sozialutopien alternativer Gesellschaftsordnungen und Gemeinschaftsformen, aber auch uramerikanische puritanische Erlösungshoffnungen auf eine bessere und gerechtere Welt, die dank harter Arbeit auserwählter kreativer Softwareentwickler im Silicon Valley endlich erreichbar scheint (vgl. Grimm u. a. 2020b, 12; Nida-Rümelin u. a. 2020, 20; Kap. 2.3). Diese alten Hippie-Ideale sollen ab den 1970er Jahren nahtlos in lukrative Geschäftsmodelle umgemünzt worden sein und sich in den neoliberal geprägten gesellschaftlichen Trend zur Optimierung und zur Quantifizierung sämtlicher Lebensbereiche eingegliedert haben (vgl. Grimm u. a., ebd.; Kap. 3.2.1). Auch als die Garagen-Startups inzwischen zu Großkonzernen angewachsen waren, wurde der euphorische, ja predigerhafte Tonfall der Pioniere beibehalten. Zu denken ist etwa an das Verkünden technischer Neuerungen oder Visionen von Apple-Gründer und Ex-Hippie Steve Jobs oder später Facebook- bzw. Meta-Chef Mark Zuckerberg anlässlich ihrer PR-Auftritte. Die Mission lautet bis heute, die Welt offener und vernetzter zu machen und die globalen Probleme der Welt zu lösen: „Die Welt steht vor wirklich großen Herausforderungen, und unser Unternehmen liefert die Infrastruktur dafür, diese Herausforderungen zu meistern." (Mark Zuckerberg im Interview 2008, zitiert nach Morozov 2013, 10)

Zweite Phase der Ernüchterung und Enttäuschung

Grob vereinfachend ist die Digitalisierung in den letzten zwei Jahrzehnten in eine neue Phase eingetreten, in der sich kritische gesellschaftliche und politische Diskurse etablierten und sich bei vielen Ernüchterung einstellte (vgl. Piallat, 24 f.; Weyer u. a., 82). Carissa Véliz registriert einen drastischen Wandel „from tech hype to techlash" in der letzten Dekade (xiii). Bisweilen ist sogar die Rede von einem „Realitätsschock" als Massenphänomen oder einer sich in der digitalen Welt ausbreitenden „moralischen Panik" (vgl. ebd., 20; Ess, 4; Lobo). Die Heilsversprechen und der grenzenlose Fortschrittsoptimismus der Pioniere in der wilden Phase des frühen Internets werden aus Distanz als naiv bewertet: Das neu Erfundene ist nicht automatisch besser, und das Internet scheint trotz erleichterter Partizipationsmöglichkeiten nicht mehr

Demokratie oder gar eine weltumspannende Kommunikationsgemeinschaft gebracht zu haben, sondern viele Polarisierungen und Teil-Öffentlichkeiten (vgl. Spiekermann 2019, 16f.; Grimm u.a. 2020a, 13; Kap. 2.3). Seit der Jahrhundertwende wurde die unter den Pionieren völlig außer Acht gelassene Problematik der Verantwortung zur öffentlichen Verhandlungssache, und es wurden regelrechte Kulturkämpfe über die Zuständigkeiten für unliebsame Vorgänge im Netz geführt (vgl. Piallat, 25). Missbilligt wird insbesondere, dass wenige immer mächtigere Technologieunternehmen für ihre Leitprinzipien wie Effizienz, Kundenorientiertheit und durchgängige Quantifizierung universelle Gültigkeit beanspruchen. Gewarnt wird vor der Verblendung durch die Tech-Konzerne, die mit dem Lieblingsslogan des Silicon Valley: „Innovation über alles" in erster Linie bestrebt sind, auf dem Innovationsstrom mitzuschwimmen und nicht unterzugehen (vgl. Morozov 2013, 10; Spiekermann 2019, 17). Nach langer Vernachlässigung des Themas trat auch die „Digitalpolitik" seit den 2010er Jahren endlich neben Umwelt- und Klimapolitik auf die politische Agenda (vgl. Piallat, 25). Wie bei vielen gesellschaftlichen Trends fehlen allerdings empirische Erhebungen darüber, wie weit verbreitet Skepsis und Ablehnung in der Bevölkerung tatsächlich sind. Im Feuilleton, in populärwissenschaftlichen Bestsellern und akademischen Schriften melden sich zwar vornehmlich kritische Stimmen zu den neuen technologischen Entwicklungen zu Wort. Eine radikale Form der Abweisung und Verweigerung könnte sich aber auf einen kleinen Kreis von Intellektuellen beschränken.

Hype-Zyklus und Ambivalenz

Diese beiden Phasen der öffentlichen Aufmerksamkeit entsprechen dem vom Marktforschungsunternehmen „Gartner" entwickelten Zyklus aufstrebender Technologien (vgl. www.Gartner.com): Gemäß dem **Hype-Zyklus** rufen die meisten neuen Technologien nach ihrem Durchbruch zunächst eine Phase hoher Erwartung und Überschätzung hervor („Hype"), auf die eine Phase der Ernüchterung als „Tal der Enttäuschungen" folgt. Meist erst wenn die Berichterstattung nachlässt oder die Einschätzungen nüchterner werden, stellen sich sowohl ihre Vorteile als auch Grenzen heraus. Beim Big-Data-Hype beispielsweise stiegen die Erwartungen seit 2011 steil an und erreichten ca. 2013 ihren Höhepunkt. Ab 2014 wurde Big Data nicht mehr als aufstrebende Technologie beschrieben, ist aber inzwischen längst auf einem mittleren Niveau mit Mainstream-Anwendungen angelangt. Noch schneller scheint der Zyklus bei generativer KI wie dem 2022 einen Hype erlebenden ChatGPT abzulaufen, der nach Gartners „Hype Cycle for Emerging Technologies“ seinen Gipfel bereits 2023 erreicht hat. Durch all die vielen Begeisterungsschübe, Enttäuschungen und Überwältigungsängste hindurch scheint sich der Mainstream heute zwischen verhaltenem Optimismus und diffuser Skepsis gegenüber dem digitalen Wandel einzupendeln – auch wenn viele Technikeuphoriker und Apokalyptiker an den entgegengesetzten Polen verharren (vgl. Piallat, 27 ff.). Diagnostiziert wird teilweise ein **postdigitales Zeitalter**, das nach der erfolgreichen Digitalisierung aller Lebensbereiche angebrochen sei (vgl. Ess, 11). Gemeint ist damit keine auflehnend-kritische „anti-digitale“ Haltung, sondern eher eine gleichgültige oder unaufgeregt-kritische Einstellung zur Digitalisierung jenseits von Heilserwartungen und Furcht vor einem zivilisatorischen Untergang. Diese sei für die postdigitale Generation der nach 1980 Geborenen typisch, die als **Digital Natives** mit den technologischen Errungenschaften groß geworden sind und ihre Dienste schätzen, aber durchaus auch mal bewusst digitale Abstinenz pflegen (vgl. Köhler). Ethisch problematisch wäre jedoch eine lethargisch-unkritische Haltung, weil die Digitalisierung noch im vollen Gang ist und die Weichen für ihre Entwicklung gestellt werden müssen.

Eine der wenigen bundesweiten Umfragen mit dem bezeichnenden Titel *Künstliche Intelligenz im Alltag. Wie groß ist die Akzeptanz in Deutschland? Ein Volk zwischen Hoffnung, Angst und Zuversicht* (2019) deutet tatsächlich auf eine durchschnittlich ambivalente Haltung gegenüber der Digitalisierung hin, die immer noch weiter fortschreitet und große Unsicherheit über die zukünftige Entwicklung mit sich bringt (vgl. Dorn, 38): Es erwartet zwar über die Hälfte der deutschen Bevölkerung eine Erleichterung des Lebens und eine Einsparung von Ressourcen durch die neuen Technologien. Aber auch unter jungen Menschen hat die Hälfte Sorgen vor einer Fremdbestimmung durch KI und dem Kontrollverlust über die eigenen Daten. In den letzten Jahren wurden unzählige deutschsprachige Diskussionsveranstaltungen unter der Überschrift: „Chancen und Risiken der Digitalisierung“ durchgeführt (vgl. Piallat, 28). Verschiedene Akteure wie etwa die Gruppe der Eltern kämpfen bisweilen an verschiedenen Fronten, z. B. „*gegen* die digitale Sucht ihrer Kinder, *für* eine Digitalisierung der Schule und *mit* den Anforderungen digitaler Systeme in Freizeit und Arbeitswelt“ (Kropp u. a., 8). Unabhängig von empirischen Erhebungen über das tatsächliche Meinungsspektrum in der Bevölkerung sind programmatische Pauschalisierungen und Polarisierungen in der Digitalisierungsdebatte äußerst hinderlich. Anstelle einer unfruchtbaren Opposition zwischen apokalyptischen

Untergangsszenarien und Verlustängsten einerseits und verheißungsvollen Utopien und Paradieserzählungen andererseits muss ein mittlerer Weg eingeschlagen werden (vgl. Grimm 2021, 70 f.; Nida-Rümelin u. a. 2020, 11). Erforderlich sind sachliche und kleinteilige Anwendungsdebatten über einzelne konkrete technische Möglichkeiten oder Anwendungsbereiche, jenseits dramatischer Zuspitzungen und einer undifferenzierten Beurteilung der Digitalisierung als Ganzer.

Polarisierungen in der Digitalisierungsdebatte	
Utopien: Silicon Valley-Ideologie	**Dystopien**: moralische Panik
Fortschrittsoptimismus, euphorische Verheißungen	Pessimismus, apokalyptische Untergangsszenarien
Hoffnung auf freie, vernetzte Welt und Lösung der Weltprobleme	Ängste vor Verlusten und Verletzungen zentraler Werte und Rechte
ethische Forderungen: • keine dramatischen Zuspitzungen und Polarisierungen • sachliches Abwägen aller Chancen und Risiken • kleinteilige Debatten über einzelne digitale Anwendungsmöglichkeiten	

1.1.4 Kritik am digitalen Technikdeterminismus

Wie in Kapitel 1.1.3 skizziert wurde, folgte auf die erste sozialutopische Phase der technischen Pioniere eine Ernüchterung mit intensiven gesellschaftlichen und politischen Diskussionen. Es wurden die Fragen laut, wer für die Technikentwicklung eigentlich verantwortlich ist und ob sich der Prozess der Digitalisierung überhaupt steuern lässt. Hinter apokalyptischen Bedrohungsszenarien wie hinter optimistischen Technikutopien steht häufig eine deterministische Einstellung zur Technikentwicklung. Der **Technikdeterminismus** geht davon aus, dass der technische Fortschritt einer kaum oder gar nicht steuerbaren Eigendynamik folgt und die Zukunft von Mensch und Gesellschaft vollständig bestimmt bzw. „determiniert" (vgl. Grunwald 2022a, 50): Die Menschen können die technische Entwicklung nicht aufhalten oder nach gesellschaftlichen Vorstellungen und ethischen Standards gezielt gestalten, sondern müssen ihr gezwungenermaßen nachlaufen. Entsprechend besagt der „digitale Technikdeterminismus" oder kurz **digitale Determinismus**, dass die Gesellschaft den Prozess der Digitalisierung nicht zu steuern vermag, sondern sich genauso wie bei schicksalshaften

Naturereignissen wie z.B. einem Erdbeben oder Tsunami an die unvermeidbaren Vorgänge und ihre unerwünschten Folgen anpassen muss (vgl. Grunwald 2024, 871). Der in Wirtschaft und Politik omnipräsente Appell, die Gesellschaft müsse sich „fit machen" für die rasant voranschreitende Digitalisierung und dürfe „den Anschluss nicht verpassen", geht in diese Richtung (vgl. Grunwald 2022a, 50). Wichtig wäre es dann, wie im Bereich natürlicher Vorfälle zukünftige Entwicklungen möglichst gut vorauszusehen. Dann könnte zumindest versucht werden, mit geeigneten gesellschaftspolitischen Maßnahmen die Härten für gesellschaftliche Verlierer der Digitalisierung kompensatorisch abzufedern. Häufig verleitet der Technikdeterminismus zur **fatalistischen Haltung**, Ingenieure und Informatiker würden ohnehin tun, was technisch machbar sei. Sie kann sich aber auch mit der optimistischen liberalen Annahme einer **invisible hand** (Adam Smith) verbinden, die dafür sorgt, dass sich stets die besten technischen Innovationen durchsetzen.

Auch wenn dieser Technikdeterminismus noch in vielen öffentlichen Stellungnahmen der Gegenwart zum Ausdruck kommt, gilt er heute sowohl theoretisch als auch empirisch als widerlegt (vgl. Grunwald 2024, 872). In Anbetracht der großen digitalen Veränderungsdynamik scheint aber genauso auch die entgegengesetzte **sozialkonstruktivistische** Betonung einer wirtschaftlich und gesellschaftspolitisch bestimmten Technikentwicklung allzu radikal zu sein (vgl. dazu Kropp u.a., 9). Es handelt sich um ein Denken in zu einfachen Dualismen, wenn entweder „der Mensch" bzw. „die Gesellschaft" die Technik beherrschen soll oder umgekehrt. Wer oder was Subjekt und Objekt oder Ursache und Wirkung im schwer durchschaubaren Prozess der Technikentwicklung ist, lässt sich nicht immer genau angeben. Sicherlich ist der technologische Fortschritt kein isoliertes Phänomen, sondern eingebettet in politische, soziale und kulturelle Kontexte und Rahmenbedingungen, von denen er gefördert oder gehemmt wird (vgl. Boehme-Neßler, 59). Deswegen entwickeln sich innovative Technologien in bestimmten Umgebungen wie z.B. im Silicon Valley besser als in Europa mit seinen vielen Restriktionen. Umgekehrt prägen aber auch technologische Standards die kulturelle, politische und ökonomische Ausgestaltung einer Gesellschaft. Auszugehen ist also von hochkomplexen Wechselwirkungen und Verflechtungen zwischen Kultur und Technik, wobei neue Techniken zusätzlich noch einer eigenen, gesellschaftlich wenig beeinflussbaren Entwicklungslogik folgen (vgl. ebd., 60). Veränderungen in der digitalen Gesellschaft gehen aus vielschichtigen Interaktionen von sozialen, wirtschaftlichen und technischen Treibern hervor, die in den verschiedenen Bereichen wie Quantifizierung des Sozialen oder Mensch-Roboter-Interaktionen jeweils unterschiedlich großen Einfluss ausüben können (vgl. Kropp u. a., 10).

Der Technikdeterminismus ist insbesondere deswegen als irreführend zurückzuweisen, weil neue Technologien nicht im strengen und direkten Sinn soziale Strukturen determinieren. Sie stellen nach soziologischen Erkenntnissen vielmehr materielle Angebotsstrukturen dar, die den Menschen oder der Gesellschaft einen Spielraum an Verwendungsweisen zur Verfügung stellen und kulturell verschieden angeeignet werden können (vgl. Reckwitz, 225). Technologien können nur in bestimmten Kontexten erfolgreich sein, in denen sie auf einen bereits vorhandenen gesellschaftlichen oder kulturellen Bedarf stoßen. Obgleich die meisten innovativen Technologien bei vielen Zeitgenossen zunächst auf heftige Kritik und Widerstände stießen, setzten sich nach einer gewissen Übergangsphase diejenigen durch, die von der Mehrheit als positiv bewertet wurden. So hat z. B. Platon die Einführung der Schrift scharf verurteilt, weil sie nur zu einem Scheinwissen statt zu wahrer Weisheit verhelfe (vgl. Platon, 274e–275b). Die Befreiung des Wortes von seinen zeitlichen und räumlichen Grenzen erwies sich aber als großer Vorteil. Ähnlich scheint die digitale Transformation mit ihren Möglichkeiten des Vernetzens, Quantifizierens, Erkennens von Regelmäßigkeit und Ordnung ein willkommenes Lösungsangebot bereitzustellen für das Leben in hochkomplexen modernen Gesellschaften (vgl. Nassehi 2019, 35 f.): Würde die Digitalisierung nicht zu dieser Gesellschaft passen, wäre sie in Armin Nassehis Worten „nie entstanden oder längst wieder verschwunden" (ebd., 8). Ethisch verwerflich sind jedoch manipulative Marketingstrategien von mächtigen IT-Unternehmen und ihrer Lobby, die eine angebliche Notwendigkeit immer neuer digitaler Geräte oder Softwarelösungen suggerieren (s. z. B. Kap. 2.1.1; 3.2.2). Eine Digitale Ethik muss das Bewusstsein wachhalten, dass „no technology is inevitable" (Véliz, xvi). Niemand kann sich mit dem Argument aus der Verantwortung stehlen, dass die digitale Transformation ein Naturereignis oder eine spontane (disruptive) Revolution darstellt. Digitale Technik entsteht in Ketten von Entscheidungsprozessen verschiedenster Akteure in Technikwissenschaften, Wirtschaft, Politik und Gesellschaft und ist an vielen Stellen in Forschung und Entwicklung beeinflussbar und steuerbar (vgl. Grunwald 2024, 872; Mainzer 2019, 232).

Digitaler Technikdeterminismus: Der Prozess der Digitalisierung folgt einer Eigendynamik, sodass er sich kaum oder gar nicht steuern lässt.
fatalistische Haltung: Was technisch machbar ist, wird auch getan.
optimistische Haltung: Die besten Techniken setzen sich durch.

angemessene relationale Betrachtung der Technikentwicklung: hochkomplexe Wechselwirkungen zwischen neuen technischen Angeboten, kulturellem Bedarf, gesellschaftlichen Zielen, wirtschaftlichen Interessen u. a. Treibern

→ digitale Transformation ≠ Naturereignis, sondern von Menschen gemacht und beeinflussbar und steuerbar

1.1.5 Einfluss der Science-Fiction

Seit jeher sind Menschen fasziniert von der Idee, aus lebloser Materie künstliche menschenähnliche Wesen zu erschaffen. Auch weit über die jüdische Mystik und Literatur hinaus bekannt ist der Mythos vom *Golem*, der auf eine Legende zurückgeht: Ein Rabbi soll aus Lehm mithilfe von Zahlen- oder Buchstabenmystik ein Wesen geschaffen haben, das zwar stumm und nicht vernunftbegabt ist, aber viel Kraft besitzt und als willkommener Helfer verschiedenste Aufträge zu erfüllen vermag. In vielen Geschichten und Darstellungen gerät die Lage jedoch außer Kontrolle, sodass ein wutentbrannter Golem am Ende große Verwüstungen anrichtet. 1818 erschien Mary Shelleys Schauerroman *Frankenstein oder der moderne Prometheus*, in dem ein Schweizer Naturwissenschaftler namens Frankenstein aus Knochen und Leichenteilen einen sprachfähigen Menschen kreiert. Trotz eines großen Bedürfnisses nach Nähe findet dieser aber aufgrund seiner Hässlichkeit keinen Anschluss, wandelt sich gleichfalls von einem gutmütigen in ein böses Wesen und begeht mehrere Morde. Frankensteins Monster regte eine große Zahl von Künstlern zu Science-Fiction-Romanen, -Erzählungen und Horrorfilmen an (vgl. Coeckelbergh, 19 f.). Erwähnenswert ist auch das 1920 erschienene Drama *Rossums Universal Robots (R.U.R.)* des tschechischen Schriftstellers Karel Čapek, weil er damit den Begriff „Roboter“ prägte, abgeleitet vom slawischen Wort „robota“ für „(Fron-)Arbeit“: Das Unternehmen R.U.R. erzeugt humanoide Roboter, um sie als billige und rechtlose Arbeitskräfte zu missbrauchen. Sie beginnen aber gegen diese Sklaverei zu rebellieren und vernichten am Ende die ganze Menschheit. Auch im Science-Fiction-Klassiker *Matrix* aus dem Jahr 1999 verselbständigen sich die von Menschen erfolgreich entwickelten Maschinen mit Künstlicher Intelligenz, wenden sich gegen jene und versklaven sie: Sie halten sie in einer computersimulierten Welt gefangen, um ihre Körper zur Energiegewinnung zu nutzen. Ähnlich wehren sich bei den *Terminator*-Filmen von James Cameron (ab 1984) die intelligenten Maschinenwesen gegen ihre Schöpfer, damit sie von diesen nicht deaktiviert werden können, zerstören die Erde weitgehend und unterdrücken die überlebenden Menschen. Auch im Film *I, Robot* (2004), der auf Motiven des gleichnamigen Buchs von Isaac Asimov basiert, werden die ursprünglich helfenden und mit den drei Asimov'schen Moral-Gesetzen ausgestatteten androiden Robotern zur Bedrohung. Im Science-Fiction-Film *Tron: Legacy* (2010) von Joseph Kosinski gerät ein junger Programmierer in eine von humanoiden Computerprogrammen entwickelte virtuelle Welt, in der er bei Gladiatorenkämpfen antreten muss und der er am Ende nur knapp wieder entrinnen kann. Die Computerprogramme wollen ihre Diktatur aber auch auf die reale Welt ausdehnen.

Angesichts der Fülle an Darstellungen in der Kunst überrascht es kaum, dass die Vorstellungen, die viele Menschen von Digitalisierungsprozessen, KI und Robotik haben, stark geprägt ist durch Science-Fiction-Literatur und -Filme. Dabei unterliegt auch die Science-Fiction-Kultur den in Kapitel 1.1.3 vorgestellten antagonistischen „Meta-Narrativen" der Digitalisierung. Im westlichen Kulturkreis handelt es sich in den allermeisten Fällen um **Dystopien**, die menschliche Ängste bezüglich humanoider Roboter oder einer vollständig digitalisierten Welt zum Ausdruck bringen. Alle erwähnten Erzählungen und Filme gehorchen dem Narrativ „Büchse der Pandora" und sind somit dem negativen Extrempol zuzuordnen. Ganz anders sieht es im asiatischen Kulturraum aus, wo durch die Popkultur zumeist positive Assoziationen zu Robotern geweckt werden. Insbesondere in Japan dominiert ein wohlwollendes bis begeistertes Verhältnis zu neuen Technologien, und es gibt eine Vielzahl an Filmen oder Comics von Robotern als Freunden und Helfern. Diese unterschiedlichen Grundeinstellungen in den beiden Kulturkreisen lassen sich aus kulturwissenschaftlicher Sicht teilweise auf unterschiedliche religiöse Einflüsse zurückführen: Das abendländische Christentum mit Gott in seiner alleinigen Schöpferrolle fördere eine negative Haltung insbesondere gegenüber humanoiden Robotern (vgl. Rathmann, 4 f.). Denn wer eigenständiges Leben kreiert, greift aus jüdisch-christlicher Sicht unerlaubterweise in die göttliche Schöpfung ein. In Japan hingegen, dem „Königreich" oder „Land der Roboter", setzte man nach dem verlorenen zweiten Weltkrieg ganz auf technologische Modernisierung und die Adaption westlicher Technik. Anders als im Christentum wird zudem im Shintoismus (von japanisch „shinto": Weg der Götter) auch unbelebten

Objekten wie Automaten oder Maschinen eine Seele zugeschrieben (vgl. ebd., 7f.). Ebenso stellt der Buddhismus nach Darstellung von Soraja Hongladarom in ihrer *Ethics of AI and Robotics* (2020) eine besonders geeignete Grundlage für eine KI-Ethik dar (vgl. 4ff.). Denn im Buddhismus lassen sich technische und ethische Exzellenz sehr gut kombinieren. So sei genauso wie ein Mensch auch ein Auto ethisch gut, wenn es nicht nur energieeffizient und schnell, sondern auch sicher sei und Leid vermeide.

Aus ethischer Sicht muss der kulturelle Einfluss digitaler Dystopien auf das Orientierungswissen der Menschen kritisch beurteilt werden. Ohne Zweifel ist es eine wichtige allgemeine Funktion von Kunst, auf ethische Probleme, Konflikte und Dilemmata aufmerksam zu machen und in diesem Sinn eine **verunsichernde**, **hinterfragende** oder **kritische Funktion** zu übernehmen (vgl. Fenner 2013, 118; Kap. 3.3.4). Im Unterschied zu trockenen philosophischen Abhandlungen erreichen Kunstwerke einen ganz anderen Grad an Anschaulichkeit und Unmittelbarkeit, sodass sie Menschen regelrecht aufrütteln können. Sie vermögen moralische Konflikte oder Dilemmata plastisch zu veranschaulichen und damit bestenfalls das Bewusstsein der Menschen für moralische Probleme zu schärfen (vgl. ebd., 120). Als **moralische Laboratorien** können fiktionale Darstellungen mögliche zukünftige technologische und gesellschaftliche Entwicklungen und insbesondere negative Konsequenzen vorwegnehmen und experimentell durchspielen (vgl. ebd., 116f.; Coeckelbergh, 168). Da neben Gedanken auch starke Gefühle ausgelöst werden, können Kunstwerke allerdings auch problematische manipulative Wirkungen entfalten. Wenn mit Dystopien die Ängste der Rezipienten geschürt und sie in einen Zustand **moralischer Panik** versetzt werden, ist dies ethisch eindeutig zu missbilligen (vgl. Fenner 2013, 132f.). Im Fall neuer Technologien geht es wie gesehen meist um die in westlichen Gesellschaften tiefsitzenden Ängste, dass die Technikentwicklung außer Kontrolle gerät und unaufhaltsam zu einer moralischen Katastrophe führt (vgl. Ess, 9f.; Nida-Rümelin u.a. 2020, 16ff.). Solche apokalyptischen Horrorszenarien wecken jedoch Befürchtungen, die großenteils irrational sind. Sowohl lebensferne Utopien als auch unrealistische Schreckensszenarien können das menschliche Handeln lähmen, statt zum nüchternen Planen und Ergreifen gezielter Maßnahmen zur Gestaltung der Wirklichkeit anzuregen.

Zusammenfassend besteht das Verdienst populärer Zugänge zu den Themen Digitalisierung, Künstliche Intelligenz und Robotik aus ethischer Sicht primär darin, die Aufmerksamkeit einer breiteren Bevölkerung auf dringende ethische Fragen zu lenken und möglicherweise eine Haltung von Respekt, Demut oder Vorsicht hervorzurufen (vgl. Ess, 10; Nida-Rümelin u. a. 2020, 14). Gleichzeitig ist die Gefahr groß, dass sensationelle simplifizierende und dramatisierende Science-Fiction-Literatur- oder Filme irrationale Ängste schüren und damit einen sachlichen Diskurs behindern. Im Fall der geschilderten Beispiele zum „Frankenstein-Komplex" mit den superintelligenten, sich verselbständigenden und gegen die Menschen wendenden KI-Systemen werden die Phantasien und Reflexionen der Rezipienten einseitig in eine bestimmte Richtung gelenkt. Die viel unmittelbarere Gefahr einer zunehmenden Abhängigkeit von der digitalen Technik und den sie zur Verfügung stellenden Unternehmen gerät dadurch völlig aus dem Blickfeld. Da die in Geschichten und Filmen dargestellten KI-Systeme den Menschen an Intelligenz ebenbürtig sind oder sie weit überflügeln, werden aber auch zu hohe Erwartungen in die KI geweckt. Angesichts der tatsächlichen Fortschritte der realen KI-Systeme können diese nur enttäuscht werden. Zum Problem wird dies v. a. dann, wenn für viele Menschen die Science-Fiction die einzige Informationsquelle bildet. Aus medienethischer Sicht ist es wichtig, zwischen literarischer Fiktion und der Realität oder auch zwischen Literatur und Wissenschaft klar zu unterscheiden. Die noch zu besprechende Verleihung der saudi-arabischen Staatsbürgerschaft an den Roboter Sophia im Jahr 2017 wurde von vielen Berichterstattern als vorzeitiger Reflex auf die mediale Darstellung von Robotern interpretiert (vgl. Bartneck u. a. 2019, 19; Kap. 3.3.1): Die Rede von „Intelligenz" und die Anthropomorphisierung, d. h. Vermenschlichung der Roboter, scheint dazu zu verleiten, sie als Persönlichkeiten anzuerkennen (s. Kap. 3.3.3). Dringend erforderlich sind realitätsnahe und kleinteilige argumentative Auseinandersetzungen in der Digitalisierungsdebatte, bei denen moralische Probleme möglichst in ihrer ganzen Komplexität in den Blick treten. Nur durch sorgfältige und differenzierte wissenschaftliche Analysen lassen sich reale, bereits bestehende oder zu erwartende Risiken zunehmender Mensch-Maschine-Interaktionen oder computergestützter Entscheidungssysteme abschätzen.

1.2 Normative Grundlagen Digitaler Ethik

1.2.1 Vermeintliche Neutralität der Technik

Bevor in diesem Kapitel die grundlegenden ethischen Begriffe, Methoden und Konzepte einer Digitalen Ethik erläutert werden, muss kurz auf eine Position eingegangen werden, die bis in die 1990er Jahren vorherrschte und teilweise noch heute vertreten wird: Die **Neutralitätsthese** besagt, dass technische Artefakte und Technologien für sich betrachtet moralisch neutral sind und sich der ethischen Bewertung von „gut“ und „böse“ entziehen (vgl. dazu Grunwald 2016, 27; Bayertz, 173). Genauso wie die Forschungsergebnisse von Wissenschaftlern dem Neutralitätsargument zufolge ausschließlich unter den wissenschaftsimmanenten Kriterien „wahr“ und „falsch“ beurteilt werden dürften, könnten Maschinen oder Werkzeuge sinnvollerweise nur nach technischen Kriterien der Machbarkeit, Funktionsfähigkeit oder Effizienz bewertet werden. Meist wird bei dieser Argumentation der Vorgang der Konstruktion der Technik ganz ausgeblendet und nur der typische **instrumentelle** oder **Mittelcharakter** von Technik hervorgehoben. Zitiert wird gerne Karl Jaspers: „Technik ist an sich weder gut noch böse, aber zum Guten und Bösen zu gebrauchen“ (Jaspers, 149). Als klassische Beispiele dienen etwa Hammer und Brotmesser: Mit einem Brotmesser kann man sowohl Brot schneiden als auch einen Menschen erstechen, und ein Hammer kann sowohl zum Einschlagen eines Nagels als auch einer Schädeldecke verwendet werden. Da die Mittel also sowohl zu guten als auch zu schlechten Zielen eingesetzt werden können, scheinen sie selbst wertneutral zu sein. Einer ethischen Bewertung zugänglich wäre dann lediglich die Nutzung bestimmter Techniken. Ingenieure, Techniker oder andere Wissenschaftler seien lediglich verantwortlich für die Informationen darüber, welche Resultate zu erwarten sind, wenn bestimmte Maßnahmen ergriffen werden. Sie sagen nur, was getan werden *kann*, nicht was getan werden *soll*. Wenn Akteure der Technikgestaltung oder Wirtschaft ihren Einfluss auf Herstellung und Anwendung verschleiern, liegt häufig aber auch die bereits kritisierte technikdeterministische Annahme eines eigengesetzlichen technischen Entwicklungsprozesses dahinter (s. Kap. 1.1.4). Die Neutralitätsthese bedarf einer gründlichen Prüfung, weil sonst die Technik im Allgemeinen und moderne digitale Technologien im Besonderen kein Gegenstand ethischer Reflexionen sein könnten (vgl. Bayertz, 174; Grunwald 2016, 27).

Begriffsklärung Technik und Technologie

Um das Neutralitätsargument genauer analysieren zu können, müssen zuerst die zentralen Begriffe „Technik" und „Technologie" geklärt werden. Meist wird **Technik (1)** im Sinne der „Realtechnik" als Gesamtheit von Werkzeugen und Maschinen definiert, die Menschen hergestellt haben, um bestimmte Zwecke zu erreichen (vgl. Ott 2005, 593). Während **Werkzeuge** wie Hammer oder Messer zur Bearbeitung bestimmter Werkstoffe dienen, sind **Maschinen** wie z. B. eine Waschmaschine, Autos oder Roboter schon sehr komplexe, aus verschiedenen Elementen zusammengebaute **technische Systeme**. Bei Computerprogrammen und Robotern, die auf KI basieren, spricht man dementsprechend von virtuellen bzw. physischen KI-Systemen (s. Kap. 3). Es handelt sich aber weder bei Werkzeugen und noch viel weniger bei Maschinen oder technischen Systemen um bloße Mittel zu beliebigen Zwecken, wie im Rahmen der Neutralitätsthese behauptet wird. Vielmehr wurden sie von Menschen gezielt entwickelt und hergestellt, um bestimmte Zwecke effizient und effektiv zu erreichen. Der vermeintliche Mittelcharakter entpuppt sich also genau besehen als **Mittel-Zweck-Charakter**. In technischen Geräten bzw. technischen Systemen sind bestimmte Mittel-Zweck-Relationen oder **Mittel-Zweck-Verbindungen** von den Herstellern festgelegt worden, um den Techniknutzern bestimmte Handlungs- oder Lebensmöglichkeiten zu erleichtern oder zu ermöglichen (vgl. Grunwald 2016, 28; Hubig, 11; 30; Loh 2019, 9). Da Technik ein Produkt eines intentionalen menschlichen Handelns darstellt, fließen bei der Konstruktion stets bestimmte intendierten Verwendungszwecke und damit auch menschliche Interessen, Werte und Überzeugungen mit ein. Technik ist daher in keiner Weise „wertneutral", sondern im Gegenteil „wertbeladen" oder „werthaltig" (vgl. Bayertz, 180; Grunwald 2016, 28; Bauberger, 28 f.). Während einfachere Werkzeuge wie Hammer oder Messer neben der zentralen vorgesehenen Nutzungsform häufig noch periphere, nicht intendierte Anwendungsmöglichkeiten zulassen, ist dies bei komplexen Maschinen wie Waschmaschinen oder Atombomben kaum der Fall. Der Computer hingegen wird oft als „Universalmaschine" bezeichnet, weil mit unterschiedlicher Software ganz verschiedene Probleme gelöst werden können.

Nach einem weiteren Verständnis meint Technik (2) die Gesamtheit aller Handlungen im Umgang mit technischen Geräten oder technischen Systemen, die sowohl die Herstellung (2a) als auch die Verwendung (2b) von Technik beinhaltet. Entgegen der Neutralitätsthese lässt sich auch die Technikherstellung (2a) nicht einfach vom Prozess der Technikgestaltung und -nutzung abkoppeln und per se für wertneutral erklären. Die Konstruktion und Herstellung von Technik vollzieht sich genauso wenig wie die Nutzung im luftleeren Raum, sondern immer in einem sozialen Kontext: Die Technikentwickler sind Mitglieder einer bestimmten Gesellschaft und reagieren meist auf praktische Probleme oder Herausforderungen ihrer Zeit. Je komplexer die Technik ist, desto zahlreicher sind die institutionellen und gesellschaftlichen Voraussetzungen für ihre Herstellung und Etablierung. So setzt z.B. das technische System eines Automobils eine komplette Infrastruktur mit Straßennetz und Tankstellen und politische und rechtliche Regelungen zum Straßenverkehr voraus und verändert das Mobilitätsbedürfnis und -verhalten der Menschen (vgl. Bayertz, 259). Gleichzeitig gestaltet Technik den Möglichkeitsraum des Handelns in einer bestimmten Kultur und begünstigt spezifische Werte und Formen des sozialen, gesellschaftlichen oder politischen Lebens. Auch die Zwecksetzungen, Zukunftsbilder und Wertorientierungen der Programmierer oder Nutzer, die beim Entwickeln oder Anwenden KI-gestützter Dienstleistungen bewusst oder unbewusst einfließen, beeinflussen im Laufe von Adaptions- und Enkulturationsprozessen Gewohnheiten, ökonomische und soziale Verhältnisse der Menschen (vgl. Grunwald 2024, 875f.). Auf der einen Seite sind also die Ingenieure oder Entwickler entgegen der Neutralitätsthese verantwortlich für voraussehbare Wirkungen auf den sozialen Kontext. Obgleich die Technik nicht neutral ist, sind auf der anderen Seite die Nutzer aber in ihren Verwendungsweisen auch nicht vollständig determiniert (vgl. Simon, 359). Letztlich lässt sich Technik nicht an sich, also außerhalb eines Nutzungs- und gesellschaftlichen Kontexts interpretieren, weil sie immer in Anwendungskontexte eingebettet und Teil eines soziotechnischen Systems ist (vgl. Grunwald 2024, 870; Heil, 426): Durch die Nutzung technologischer Artefakte oder bereits durch das Design werden soziotechnische Realitäten geschaffen.

Von diesen beiden Technikbegriffen lässt sich noch eine weitere Bedeutungsdimension unterscheiden, die sich auf die Ebene des Wissens von Technik (1) und ihren Herstellungs- und Gebrauchsweisen (2) bezieht: **Technik (3)** meint das Wissen um technische Verfahren (3a) oder die Kunstfertigkeit, das „Know-how“ oder „Können“ (3b) im Umgang mit technischen Artefakten. Dieses Wissen bildet aber natürlich auch die Voraussetzung für die Tätigkeiten des Herstellens, Nutzens oder Entsorgens (2a/b) technischer Artefakte, sodass es sich nur theoretisch-analytisch davon abtrennen lässt. Der auf das griechische „techne“ („Handwerk, Kunstfertigkeit") und „logos" („Wort, Lehre") zurückgehende Begriff „Technologie" meinte ursprünglich in diesem engen Sinn die Wissenschaft oder das praxisbezogene Wissen („Know-how") bezüglich Herstellung, Gebrauch und Reparatur technischer Geräte bzw. aller technischen Verfahren zur Umwandlung, Speicherung oder Transport von Stoff, Energie oder Informationen (vgl. Ott 2005, 593; vgl. Kornwachs 2013, 20). Unter **Technologie** im heute gebräuchlichen weiten Sinn wird aber nicht nur das Wissen, sondern auch die auf wissenschaftliche Erkenntnisse basierende hochkomplexe moderne Technik (1) als Realtechnik gefasst. Zu denken ist etwa an Gen- oder Nanotechnologie, Informations- und Kommunikationstechnologien, die sehr viel Wissen z. B. aus der Biomedizin, Informatik oder anderen technischen Wissenschaften erfordern. Solche „Technologien" sind in einem so hohen Maß auf wissenschaftliche Forschungen angewiesen, dass eine klare Trennung zwischen Wissenschaft und Technik zunehmend schwerfällt (vgl. Grunwald u. a. 2021a, 4). Dies betrifft in besonderem Maß die Digitaltechnik, die sich auf interdisziplinäre Forschungen stützt, allen voran die Informatik, aber auch Ingenieurswissenschaften, Mathematik, Neurowissenschaften, Psychologie etc. Der Begriff „Technologie" wird wie bei „digitalen Technologien" häufig auch dann verwendet, wenn ganze Technikbereiche zusammenzufasst werden sollen (vgl. Grunwald 2021a, 19). So umfassen **digitale Technologien** bzw. **Informations-** und **Kommunikationstechnologien** nicht nur digitale Geräte wie Computer und Smartphones, sondern neben der Computer- und Netzwerkhardware auch dazugehörige Software, also etwa Computerprogramme oder das Internet sowie alles, was zur Infrastruktur des Internets wie z. B. Glasfaserkabel oder Router gehört. Genauso wenig wie die Technik (1) ist die Technik (3) ethisch neutral, weil auch in Technologien Werte „eingeschrieben" sind (vgl. Simon, 359). Aus ihnen entstehen ohne aktive Gegenmaßnahmen meist sogar weitreichendere Konsequenzen, die den Technologien auch gewissermaßen „eingebaut" sind.

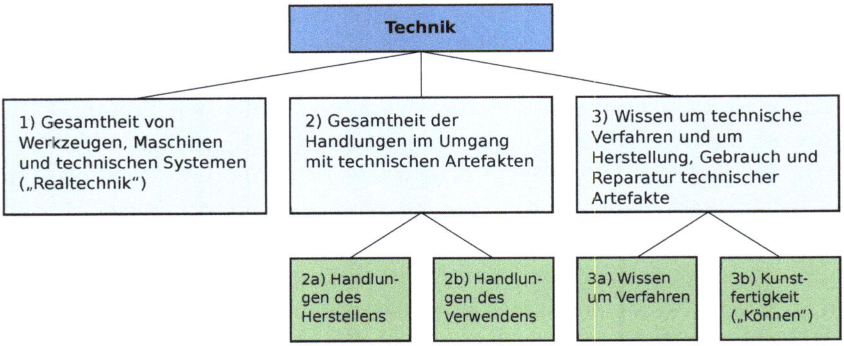

Funktional-technisch gut vs. normativ-ethisch gut

Die Frage nach der Neutralität der Technik kann auch aufgrund der Mehrdeutigkeit des Wertadjektivs „gut" Verwirrung stiften, die mit der Unterscheidung zwischen Mitteln und Zielen zusammenhängt: Neue Erfindungen können in einem **funktional-technischen** Sinn „gut" sein, d.h. hinsichtlich der typischen technikspezifischen Werte **Funktionsfähigkeit** und **Effektivität**. Aus dieser Perspektive „funktionieren" technische Geräte oder Systeme gut und stellen besonders effiziente Mittel zur Erreichung der gewünschten Zwecke dar. Dies bedeutet aber noch lange nicht, dass sie „gut" in einer noch näher zu erläuternden **normativ-ethischen** Bedeutung sind, d.h. mit Blick auf spezifisch ethische Werte wie Glück, Gerechtigkeit oder Humanität (s. Kap. 1.2.2). Nach der Darstellung von Armin Nassehi verdankt sich aber der Durchbruch der Digitaltechnik v.a. ihrem praktischen Funktionieren (vgl. Nassehi 2019, 196f.): Die vielfältigen konkreten Anwendungen digitaler Technologien bewähren sich in der gesellschaftlichen Praxis – und dieses „Funktionieren entlastet von Reflexion und spricht für sich" (ebd.). In modernen Gesellschaften begünstigt sicherlich die Vorherrschaft des Vernunfttyps der „Mittel-Zweck-Rationalität" eine solche einseitige Fokussierung auf die technische Dimension des Funktionierens: Die **Mittel-Zweck-Rationalität**, auch **funktional-technische** oder **instrumentelle Vernunft** genannt, beschränkt sich auf die Abklärung, welches die optimalen Mittel zur Erreichung eines Ziels sind (vgl. Gosepath, 219). Seitens der Sozial- und Geisteswissenschaften wird aber an dieser dominierenden „halbierten" oder „verkürzten" Rationalität heftige Kritik geübt, weil die Dimension der Werte und Ziele unberücksichtigt bleibt (vgl. ebd., 254;

302). Kritisch geprüft und bewertet werden müssen sowohl die Mittel als auch die Ziele. Die **Zielrationalität** fragt im Gegensatz zur Mittel-Zweck-Rationalität nach den richtigen Zielen oder Zwecken eines Handelns, die sich nachvollziehbar begründen und auf Wertvorstellungen zurückführen lassen müssen. Was für eine Gesellschaft ethisch gut ist und welche Ziele als wertvoll gelten können und angestrebt werden sollen, erfordert eine gemeinsame argumentative Klärung mittels der **moralisch-praktischen** und **kommunikativen Vernunft**.

Ethisch gut sind technische Artefakte oder Technologien strenggenommen immer nur in einem abgeleiteten Sinn, je nach den durch sie eröffneten Handlungsmöglichkeiten. Dabei hängt die ethische Beurteilung von folgenden drei Beurteilungshinsichten ab (vgl. Fenner 2022, 274 ff.):

a) Im Wesentlichen kommt es statt auf die Effizienz der Mittel auf die **ethische Legitimität der Ziele** der Technik und die durch sie ermöglichten Mittel-Zweck-Handlungen an. Meist werden die Verwendungszwecke nicht allein durch die Intention der Erfinder festgelegt, sondern schälen sich in Interaktion mit den gesellschaftlichen, politischen und wirtschaftlichen Strukturen heraus.
b) Darüber hinaus dürfen aber auch die eingesetzten Mittel und die **Folgen und Nebenwirkungen** der planmäßigen Techniknutzung nicht zu einer Beeinträchtigung von Mensch und Natur führen. Bei einer Waschmaschine mit dem guten Ziel der Hygiene müssten daher auch noch ökologisch relevante Folgen des Mitteleinsatzes wie Strom- und Wasserverbrauch berücksichtigt werden. Die Mittel können also trotz gutem Ziel und hoher Effizienz so schlecht sein, dass ihr Einsatz inakzeptabel ist.
c) Damit eine Technik als ethisch gut gelten kann, müssten zudem hinreichende Maßnahmen ergriffen werden, um alle moralisch bedenklichen **außerplanmäßigen Handlungsweisen** auszuschließen. Schon die Ingenieure oder Informatiker müssten im Sinne einer „responsible research" möglichst weit vorausschauen und mögliche negative Konsequenzen oder Missbräuche verhindern helfen (s. Kap. 1.2.5). Dazu müssten sie „diskursfähig" sein, um ihre Bedenken in die Politikberatung einfließen und in der Bevölkerung ein entsprechendes Problembewusstsein schaffen zu können. Durch soziale Festschreibungen können auch multifunktionale Werkzeuge wie ein Messer oder Softwareprogramme auf bestimmte Anwendungsformen wie das Schneiden oder

den Informationsaustausch fixiert und unerwünschte Nutzungsformen wie z. B. das Töten oder Beleidigen sanktioniert werden. Bei immanenten „dual use“-Eigenschaften braucht es geeignete ethische und politische Rahmenbedingungen für einen kulturell erwünschten technologischen Fortschritt (vgl. Hoeren u. a., 1; s. Kap. 1.2.2).

technisch gut	**ethisch gut**
hohe **Funktionsfähigkeit** und **Effizienz** bei der Erreichung der planmäßigen Verwendungszwecke	a) Planmäßig eröffnete Mittel-Zweck-Handlungen und **planmäßige Verwendungszwecke** sind ethisch legitim. b) **Mittel, Folgen** und **Nebenwirkungen** planmäßigen Handelns müssen ethisch akzeptabel sein. c) Maßnahmen zum Ausschluss ethisch bedenklicher **außerplanmäßiger Handlungsweisen** werden ergriffen.

Eine einseitige instrumentelle Auffassung kommt insbesondere im heute weit verbreiteten technischen **Solutionismus** zum Ausdruck, demzufolge es für jedes soziale oder gesellschaftliche Problem wie z. B. Hunger oder Diskriminierung auf der Welt eine berechenbare technische Lösung gibt (vgl. dazu Morozov 2013, 25 f.; Jaume-Palazi, 210). Das können Reparaturtechnologien („countertechnologies“) sein wie gentechnisch veränderte robustere Tier- oder Pflanzenarten oder geeignete digitale Anwendungen. Ohne Analyse der komplexen gesellschaftlichen Machtverhältnisse, wirtschaftlichen Strukturen und Wert- und Interessenkonflikte können solche oberflächlichen Lösungsvorschläge aber „mehr Schaden anrichten als die Probleme, die gelöst werden sollen“ (Morozov 2013, 25). Die Beschränkung auf das technisch Gute und die Denkweise des Solutionismus führen zu einer Verkürzung und Verarmung der Debatte über digitale Technik (vgl. Wagner 2017, 97). Gerade angesichts der Digitalisierung gilt es, die Kluft zu überwinden zwischen den Natur- und Ingenieurswissenschaften mit ihrem Verfügungswissen über die Welt und den Geisteswissenschaften mit ihrem Orientierungswissen (s. Kap. 1.2.2). Es hat sich in diesem Kapitel also herausgestellt, dass Technik immer in ihrem gesamten gesellschaftlichen und soziokulturellen Kontext verstanden und bewertet werden muss.

Solutionismus: Alle Probleme, auch soziale und gesellschaftliche lassen sich mit geeigneten technischen Mitteln lösen.
Kritik: einseitige instrumentelle Auffassung, die nicht zu angemessenen Lösungen führt **Forderung**: Technik immer im gesellschaftlichen und soziokulturellen Kontext bewerten!

1.2.2 Ethik, Moral und Recht

Die weit verbreiteten Thesen des Technikdeterminismus und der Neutralität der Technik sind wie erläutert theoretisch und empirisch unhaltbar (s. Kap. 1.1.4; 1.2.1). Angesichts immer risikoreicherer und folgenträchtigerer moderner Technologien müssen sie dringend verabschiedet werden, damit sie nicht zu Fatalismus und Passivität verleiten. Denn die Digitalisierung, der Einzug des Internets und der Künstlichen Intelligenz in das alltägliche Leben verändern das Denken, die sozialen Beziehungen und die politischen und ökonomischen Strukturen tiefgreifend und in hohem Tempo. Eine Vielzahl von Studien der Wissenschafts- und Technikforschung, insbesondere die „critical software studies", hat in den letzten zehn Jahren die technologie-inhärenten Risiken und nicht intendierten Folgen der Nutzung automatisierter und KI-gestützter Systeme herausgestellt (vgl. Kropp u.a., 22). Nicht alle technischen Innovationen sind Fortschritte, und nicht alle Veränderungen sind Verbesserungen. Dem Begriff „Innovation" fehlt im Unterschied zum **Fortschritt** die normative Unterstellung einer signifikanten Verbesserung oder eines Erreichens einer höheren Stufe (vgl. Vaidhyanathan, 205). Um technische Neuerungen als Verbesserungen, d.h. als wünschenswerte Veränderungen zum Positiven oder Guten hin einstufen zu können, braucht es **Bewertungskriterien** oder **normative Standards**. Rein funktional-technische Wertmaßstäbe reichen dafür nicht aus. Denn ein wissenschaftlich-technischer Fortschritt ist nicht automatisch auch ein humangesellschaftlicher, also ein Fortschritt nach ethischen Maßstäben. Gewissermaßen war der Mensch „schon immer dazu verdammt, dem technischen Fortschritt, den er ja selbst anschiebt, hinterherzukommen" (Silberstein, 13). Wo die Rechenleistung der Computer und die Masse an leicht verfügbaren digitalen Daten für automatisierte Entscheidungsfindungen exponentiell wachsen, droht sich das von Günther Anders diagnostizierte „prometheische Gefälle" zu verschärfen: Er bezeichnet damit die Diskrepanz zwischen der prometheusgleichen menschlichen Kompetenz bei der Erfindung und Herstellung immer neuer technischer Geräte und der Kraftlosigkeit und Konservativität der Gefühlswelt und Vorstellungskraft der Menschen, die deswegen „antiquiert" erscheinen (vgl. Anders, § 29). Hier soll das **prometheische Gefälle** für das Auseinanderklaffen und Hinterherhinken der moralisch-praktischen hinter der funktional-technischen Vernunft stehen.

In der zweiten, skeptischen Phase der Digitalisierung wird seit einigen Jahren verstärkt dazu aufgerufen, die Digitalisierung auf gesellschaftlicher und politischer Ebene wertgeleitet zu gestalten, damit sie dem Wohle der Menschen dient (vgl. Piallat, 19; 22; Hengstschläger, 9; Hofstetter 2018, 415). Immer mehr Wissenschaftler und Intellektuelle fordern lautstark, dass wir die digitale Zukunft „nicht weiter aussitzen" können, sondern gestalten müssen (Piallat, 10). Nachdem die „Segnungen des technologischen Fortschritts" bisher von den meisten Menschen wohlwollend in den Alltag integriert wurden, könne die Digitalisierung nun nicht länger als etwas Selbstverständliches einfach hingenommen werden (ebd., 9). Notwendig sei eine „Repolitisierung der Gestaltung und Entwicklung digitaler Technologien", um dem Trend zum technologischen und ökonomischen Opportunismus entgegenzuwirken und als Gesellschaft die „Gestaltungshoheit über die Digitalisierung zurückzugewinnen" (Frauenberger, 322). Im *Wiener Manifest für digitalen Humanismus* (2019) wird an Akademiker, Fachgesellschaften, Pädagogen, Führungskräfte und Entscheidungsträger in Politik und Wirtschaft appelliert: „Mischt Euch ein und beteiligt Euch! Es geht um Mitgestaltung der Politik mittels Expertise und öffentlichem Engagement, wo und wie auch immer das möglich ist" (407). Statt die Entwicklung dem freien Markt zu überlassen, wird für ein „Primat der Werte und des Rechts" plädiert (Piallat, 11). Um erfolgversprechende Entwicklungen zu identifizieren und Fehlentwicklungen frühzeitig zu erkennen und zu vermeiden, brauche es eine „umfassende Gestaltungsperspektive unter Partizipation der Gesellschaft" (Grunwald 2024, 870). Da Technologien wie gesehen Teil eines soziotechnischen Systems sind, müssten möglichst alle Betroffenen an ihrer Gestaltung beteiligt und mehr öffentliche und demokratische Reflexions- und Verhandlungsräume geschaffen werden. Damit nicht nur Digital-Experten mitreden können und niemand abgehängt wird, braucht es mehr verständliche Überblicksdarstellungen über die gesamte Thematik und Beiträge von Wissenschaftsjournalisten zu den wichtigsten Neuerungen. Es gilt alle in die Lage zu versetzen, die Vorzüge der Digitalisierung mitzugestalten und die unerwünschten Nutzungsweisen und Folgen regulatorisch einzudämmen. Je mehr die Risiken einer Technologie wie

z. B. einer Diskriminierung bestimmter Gruppen oder flächendeckender Überwachung der Bevölkerung im Laufe der Digitalisierung steigen, desto höher sollten die ethischen Schranken sein und desto intensiver muss die Auseinandersetzung mit den anvisierten Zielen und unerwünschten Folgen ausfallen (vgl. Heil, 426).

Normativ-ethische vs. empirisch-deskriptive Perspektive

Mit der Beleuchtung des Phänomens der Digitalisierung aus einer explizit ethischen Perspektive soll diese Einführung einen Beitrag leisten zu ebendieser dringend notwendigen gesellschaftlichen Gestaltung. Es muss verhindert werden, dass wir als Bürger demokratischer Staaten im Zuge der fortschreitenden Digitalisierung unseren „ethischen Kompass" verlieren (vgl. Danks, 1). Die **Ethik** versucht dabei ganz generell die Frage zu beantworten, wie die Menschen handeln sollen. Eine „theoretische" oder „Allgemeine Ethik" gibt aber in aller Regel keine konkreten Handlungsanweisungen in Form von Handlungsrezepten, was in bestimmten Situationen getan werden soll. Vielmehr versucht sie auf einer abstrakteren Ebene allgemeine Prinzipien oder Kriterien zu begründen, anhand derer menschliches Handeln beurteilt werden kann. Im Zentrum dieses Buches stehen also nicht **empirisch-deskriptive Fragen** wie diejenigen, wie weit die Digitalisierung bereits fortgeschritten ist, welche neuen digitalen Technologien auf den Markt kommen oder was in Zukunft machbar sein könnte. Vielmehr geht es wesentlich um **normativ-ethische Fragen**, welche Handlungsweisen erlaubt, verboten oder geboten sind und nach welchen Werten oder Normen (Handlungsregeln) digitale Praktiken oder ihre Folgen zu beurteilen sind. Ethik ist wesentlich „normativ", d. h. wertend, weil sie sich mit dem „Sollen" auseinandersetzt, nicht mit dem empirisch beobachtbaren „Ist"-Zustand, den Fakten. Während empirisch arbeitende Disziplinen etwa der Naturwissenschaften, Medizin oder Sozialwissenschaften auf das Ideal der **Wahrheit** bezüglich der Wirklichkeit abzielen, sucht man in der Ethik als geisteswissenschaftlicher Disziplin nach **normativer Richtigkeit** menschlicher Praxis. Was normativ richtig ist, lässt sich nicht mittels der Sinnesorgane oder systematisierter Erfahrungen empirisch überprüfen, sondern muss mit allgemein nachvollziehbaren Argumenten begründet werden. Die sich auf konkrete Handlungssituationen beziehenden normativen Urteile setzen jedoch hinlängliche Kenntnisse der Fakten voraus. Trotz unterschiedlicher Methoden teilen Natur- und Geisteswissenschaften die wichtigsten Kriterien zur Auffindung abgesicherten Wissens wie Objektivität und Sachlichkeit, d.h. das Ausblenden subjektiver Vorurteile und Neigungen, hohe Selbstkontrolle und systematisierter Zweifel.

Die hier vorgelegte „Digitale Ethik" ist der **philosophischen säkularen Ethik** als wissenschaftlicher Disziplin der Philosophie zuzurechnen, wie sie an Philosophischen Fakultäten gelehrt wird. Es gibt zwar auch eine theologische Ethik im Rahmen verschiedener Religionen, z.B. eine christliche, islamische oder buddhistische Ethik. Während diese aber einen Glauben an eine bestimmte Religion voraussetzen und sich häufig auf heilige Texte, metaphysische Weltstrukturen oder Mächte wie z.B. Schöpfungsordnungen oder einen göttlichen Willen berufen, appelliert die philosophische Ethik ausschließlich an die kritische Vernunft der Menschen. Historisch gesehen avancierte die Vernunft in der Aufklärung des 18. Jahrhunderts zu einer universellen Urteilsinstanz. Sie emanzipierte sich von Traditionen und Autoritäten wie der Kirche, die den Menschen bislang vorgaben, was „wahr" oder „ethisch gut" ist. In dieser Epoche breitete sich auch die **Idee einer Öffentlichkeit** aus als Ort des zwanglosen Austauschs rationaler Argumente, um gemeinsam mittels des kritischen Vernunftgebrauchs nach dem zu suchen, was wahr bzw. normativ richtig oder falsch ist. Gegen diesen an westlichen Universitäten vorherrschenden Ethiktyp einer **rationalistischen Ethik** lässt sich einwenden, dass sie nur für den westlichen Kulturraum Geltung beanspruchen kann. Insbesondere von religiöser Seite wird immer wieder bestritten, dass die Vernunft unabhängig von traditionellen oder weltanschaulichen Systemen und Menschenbildern ethische Orientierung bieten könne. Tatsächlich geht auch die rationalistische philosophische Ethik von einem bestimmten, stark von der Aufklärung geprägten Welt- und Menschenbild aus und ist so gesehen nicht voraussetzungslos (vgl. Fenner 2020, 230f.): Zum einen legt sie ein wissenschaftliches Weltbild zugrunde, weil sich methodisch kontrolliertes und intersubjektiv geprüftes Wissen als zuverlässiger bei der Erklärung der Welt und dem Lösen praktischer Probleme erwies. Zum anderen werden Menschen als rationale, autonome Subjekte angesehen, die nicht nur triebgesteuert und unter sozialem Druck, sondern nach bewusst gewählten Zielen und einer vernünftigen Abwägung von Gründen handeln können. Auch die meisten Menschen außerhalb des westlichen Kulturkreises oder mit religiösem Hintergrund dürften darin übereinstimmen, dass Menschen über diese grundlegenden Fähigkeiten verfügen.

Definition Ethik: Disziplin der praktischen Philosophie, die allgemeine Prinzipien oder Beurteilungskriterien zur Beantwortung der Frage nach dem richtigen menschlichen Handeln begründet
↔ **religiöse Ethik**: setzt einen bestimmten Glauben und vorgegebene Orientierungssysteme voraus

Menschenzentrierung: Digitaler Humanismus

Bei der Forderung nach einer Gestaltung des digitalen Wandels wird immer wieder betont, der Mensch müsse ins Zentrum der technologischen Entwicklung gerückt werden: so etwa im *Wiener Manifest für digitalen Humanismus* oder der Abschlusserklärung des „World Summit on the Information Society" (WSIS) 2005 in Tunis (vgl. 406 bzw. WSIS-05/TUNIS/DOC/7-E, 18.11.2005, Ziff. 2): Im Mittelpunkt müsse stets „der Mensch stehen – als Individuum und im Kollektiv" (Hengstschläger, 10). „Menschenzentrierung" meint erst einmal nur, dass die „Digitalisierung in den Dienst des Menschen gestellt" wird und keinen Selbstzweck verfolgt (Winter u.a., 1237). Der Ruf nach einer digitalen Ethik sei nichts anderes als ein „effort to return our focus to humans and our values" (Danks, 1). Julian Nida-Rümelin und Nathalie Weidenfeld legten eine Publikation mit dem Titel *Digitaler Humanismus* (2020) vor, als einer „Ethik für das Zeitalter der Künstlichen Intelligenz". Ziel einer verantwortlichen Gestaltung der Digitalisierung sei die „Humanisierung der Welt", d.h. die Bewahrung und Verbesserung der menschlichen Lebensbedingungen (ebd., 11). Angesichts der sich verschärfenden Konkurrenz zwischen Mensch und Maschine müsse man an die intellektuelle Tradition der Aufklärung und des Humanismus anknüpfen und sich auf die Besonderheit des Menschen und seiner Fähigkeiten besinnen (vgl. ebd., 10f.; Wiener Manifest, 407f.). Allerdings fehlt dabei häufig eine inhaltliche Präzisierung der Leerformeln „Humanität" und „humane Lebensform". Beteuerungen in Werbetexten von digitalisierten Unternehmen wie: „Bei uns steht der Mensch im Mittelpunkt" möchten vielleicht eher vom Ideal einer Industrie 4.0 ohne menschliche Störfaktoren ablenken (vgl. Grunwald 2019, 73). Nach Otfried Höffe steht die normative Leitidee der **Humanität** für ein freies, selbstbestimmtes Leben, das ebenso von Selbstverwirklichung als auch von Mitmenschlichkeit und Gerechtigkeit geprägt ist (vgl. Höffe, 139). Entsprechend wird der Mensch im **Digitalen Humanismus** als selbstverantwortliches und sich seines eigenen Denkens bedienendes Wesen in den Mittelpunkt der Digitalisierung gestellt, welcher er mit Blick auf ein besseres individuelles und gesellschaftliches Leben klare

Grenzen setzen soll (vgl. Werthner, 399; Nida-Rümelin u.a. 2020, 196f.). Diese Form des Humanismus ist menschen- und technikfreundlich zugleich, weil sie das menschliche Leben mithilfe digitaler Technologien „reichhaltiger, effizienter und nachhaltiger" machen will (Nida-Rümelin u. a.2020, 207). Dabei sollen weder Menschen zu algorithmischen Maschinen transformiert noch Roboter oder Softwaresysteme als Menschen interpretiert werden (vgl. ebd., 10).

Digitaler Humanismus: normative Leitvorstellung, die den Menschen ins Zentrum der technischen Entwicklung stellt und digitale Technologien zur Verbesserung der menschlichen Lebensbedingungen gutheißt

Strebensethik und Sollensethik: prudentielle und moralische Perspektive

Die ethische Grundfrage „Wie soll ich handeln?" lässt sich entweder mit Blick auf die persönliche Lebensgestaltung oder auf das Zusammenleben in einer Gemeinschaft stellen (vgl. Fenner 2020, 22f.; Krämer 1992, 9–14; Krebs, 339): Aus der ersten **prudentiellen Perspektive** der **Strebensethik** oder **Philosophie des guten Lebens** geht es um das für das einzelne Individuum Gute, sein persönliches Glück oder gute Leben (s. Kap. 1.3.2). Hier treten primär die individuellen Strebensziele wie z.B. Bedürfnisse, Wünsche oder Interessen der handelnden Personen in den Blick. Bei der zweiten **moralischen Perspektive** der **Sollensethik** oder **Moralphilosophie** hingegen bemüht man sich um das moralisch Richtige und das für die Gemeinschaft Gute. Die eigene egozentrische Perspektive muss transzendiert werden, damit das Wohl oder die Interessen sämtlicher vom Handeln betroffener Menschen ins Blickfeld rücken können. Ziel sind respektvolle soziale Interaktionen, die den Anforderungen der Moral und insbesondere dem Ideal der Gerechtigkeit entsprechen (s. Kap. 1.3.3). Unter **Moral** wird meist die Gesamtheit der Normen und Wertvorstellungen verstanden, die das Zusammenleben in einer Gemeinschaft regeln. Die Sollensethik oder Moralphilosophie ist sozusagen die „Wissenschaft der Moral", weil sie die in einer Gesellschaft faktisch anerkannten moralischen Normen kritisch auf ihren Geltungsanspruch hinterfragt und gegebenenfalls Revisionsvorschläge macht. Innerhalb der Ethik ist „Moral" daher auch eine normative Größe und meint diejenigen Handlungsregeln, die alle Menschen vernünftigerweise anerkennen *sollten*. Charakteristisch für das moralische Denken und Handeln ist die Einnahme eines höheren, **objektiven Standpunkts der Moral**. Von diesem aus werden alle berechtigten Interessen der vom Handeln betroffenen Personen unparteiisch berücksichtigt oder Kosten und Nutzen gerecht verteilt (vgl. Fenner 2020, 14). Während die Strebensethik lediglich Ratschläge und Empfehlungen für die je eigene Lebensgestaltung gibt, versucht die Sollensethik allgemeingültige Sollensforderungen wie Gebote oder Verbote mit verpflichtendem Charakter zu begründen. Ethik in einem *engen Sinn* bezieht sich meist auf diese Sollensethik (vgl. ebd., 23). Auch in der Digitalisierungsdebatte steht häufig die moralische Frage im Vordergrund, welche neuen Technologien oder Anwendungsformen erlaubt oder verboten sein sollen. KI-Ethik kann aber auch darüber reflektieren, wie diese sich auf das menschliche Wohlergehen auswirken und was ein gutes Leben überhaupt ist (vgl. Nyholm 2024, 17f.; s. Kap. 4).

Gewisse Überschneidungen zwischen diesem Gegensatzpaar von Strebens- und Sollensethik ergeben sich zu demjenigen von Individual- und Sozialethik. Denn während auch die „Individualethik“ das Individuum in den Blick rückt, orientiert sich die „Sozialethik“ am Prinzip sozialer Gerechtigkeit in den Beziehungen der Menschen. Bei der **Individualethik** stehen zwar auch die einzelnen Individuen im Zentrum, die aber nicht nur hinsichtlich des eigenen Lebens, sondern auch mit Rücksicht auf andere Menschen angemessen handeln sollen. Da sie individuelle Handlungssubjekte oder Akteure mit ihrer individuellen Verantwortung anspricht, lässt sie sich auch als **Akteursethik** bezeichnen. Demgegenüber setzt sich die **Sozialethik** auf einer höheren Ebene für eine gerechte soziale Grundordnung der Gesellschaft und die Bedingungen eines guten Lebens für alle Menschen ein. Als eine **Institutionenethik** richtet sie sich vorwiegend an soziale Institutionen wie Familie, Vereine, kirchliche oder politische Organisationen und zielt auf ihre kollektive Verantwortung ab. Veranschaulichen lässt sich dies anhand eines digitalen Assistenzsystems für Senioren, denen ein längeres selbstbestimmtes Leben in ihrer eigenen Wohnung in Aussicht gestellt wird (vgl. Grimm 2021, 58f.): Aus *individualethischer* Sicht wäre zu untersuchen, ob das digitale Kontrollsystem den einzelnen Senioren wirklich mehr Freiheit, Sicherheit und Gesundheit bringt und wie sich die Angehörigen ihnen gegenüber in der veränderten Situation verhalten sollen. Aus *sozialethischer* Sicht wäre demgegenüber zu fragen, ob es aus Gründen der Gerechtigkeit einen allgemeinen Anspruch auf ein solches Assistenzsystem geben müsse und wie sich die Folgen und die erhöhten Versicherungsbeiträge auf das Gemeinwohl auswirkten. Die Digitalisierung muss also stets daraufhin bewertet werden, ob sie das gute Leben der Einzelnen und die Qualität des Zusammenlebens fördert oder beeinträchtigt. Zudem ist eine geeignete politische und gesellschaftliche Grundordnung zu schaffen, die negative Entwicklungen bezüglich der Technikfolgen auf beiden Ebenen verhindern kann.

Strebensethik oder **Ethik des guten Lebens**	**Sollensethik** oder **Moralphilosophie**
Theorie des Glücks oder guten Lebens (Kap. 1.3.2)	Theorie der Moral und der Gerechtigkeit (Kap. 1.3.3)
prudentielle Perspektive egozentrische Perspektive: eigene Strebensziele (persönliche Interessen im Zentrum)	**moralische Perspektive** objektiver Standpunkt der Moral: Moralprinzipien (unparteiisch alle Interessen berücksichtigen)
gut für die Individuen: Empfehlungen für Einzelne	gut für die Gemeinschaft: allgemeingültige Sollensforderungen

Individualethik oder **Akteursethik**	**Sozialethik** oder **Institutionenethik**
richtet sich an Individuen (Handlungssubjekte, Akteure)	richtet sich an soziale Institutionen (Familie, politische Organisationen etc.)
individuelle Verantwortung: angemessenes Handeln der Individuen bezüglich sich selbst und anderen	**kollektive Verantwortung:** gerechte soziale Ordnung von Institutionen oder der Gesellschaft

Moral und Recht

Wie in der obigen Zitaten-Zusammenstellung gesehen, werden bei den Forderungen nach einer menschenzentrierten humanen Gestaltung der Digitalisierung große Hoffnungen in Politik und Recht gesetzt: Es brauche eine stärkere Regulierung neuer Technologien und eine Bändigung von Plattformen durch staatliche oder supranationale Organisationen (vgl. Piallat, 26; Klingbeil, 24): Seit den 2010er Jahren genießt die **Digitalpolitik** neben der Umwelt- und Klimapolitik einen hohen Stellenwert in politischen Verhandlungen sowohl auf nationaler als auch europäischer Ebene (vgl. ebd., 25). Bezüglich des kontrovers diskutierten Verhältnisses von „Ethik" und „Recht" lässt sich zunächst festhalten, dass es in beiden Bereichen um die Regulierung und Normierung des menschlichen Zusammenlebens und die Sicherung grundlegender menschlicher Freiheitsrechte und Grundgüter geht.

Auch ist bei der Festlegung und Anwendung von rechtlichen genauso wie bei moralischen Verboten und Geboten die Einnahme des unparteiischen Standpunkts der Moral einzunehmen. Trotz dieser inhaltlichen Übereinstimmungen handelt es sich aber um grundlegend verschiedene Formen der Regulierung (vgl. Ethik, 15f.): **Rechtliche Normen** liegen schriftlich fixiert in Gesetzestexten vor, gelten aufgrund der Autorität des Gesetzes und können mittels juristischer Sanktionen wie Bußgeldern oder Gefängnisstrafen durchgesetzt werden. **Moralische Normen** hingegen appellieren an die innere Einsicht und Selbstverpflichtung der Menschen, gelten, solange sie von einer Mehrheit anerkannt werden, und haben nur schwache soziale Sanktionen wie Empörung, Tadel oder Verachtung zur Folge. Häufig werden sie in stärker sanktionierte Gesetze überführt und damit rechtlich geschützt, wenn es um fundamentale menschliche Bedürfnisse, Interessen oder Rechte wie z. B. das Verbot zu töten oder zu stehlen oder individuelle Menschenrechte geht. Gesetze bleiben aber offen für Veränderungen, sobald sich beispielsweise die Werthaltungen einer Gemeinschaft ändern wie hinsichtlich der lange kriminalisierten Homosexualität, oder wenn ganz neue Handlungsmöglichkeiten durch den wissenschaftlich-technischen Fortschritt eröffnet werden. Gerade im Bereich der Digitalisierung wird deutlich, dass ein starker in der Gesellschaft entstehender moralischer Druck rechtliche Normierungen erzwingt und diese mit ethischen Argumenten begründet werden müssen. Noch viel mehr als ethische Reflexionen drohen sie allerdings aufgrund langwieriger Gesetzgebungsverfahren den raschen technologischen Veränderungen hinterherzuhinken.

Moral	**Recht**
mündlich vereinbarte moralische Normen	schriftlich fixierte rechtliche Normen
Geltung durch Einsicht und Anerkennung	Geltung durch Autorität des Gesetzes
moralische Sanktionen wie Tadel oder Verachtung	juristische Sanktionen wie Bußen oder Gefängnisstrafen

1.2.3 Konsequentialismus, Deontologie und Tugendethik

Als generelle normative Leitidee für die Gestaltung des digitalen Wandels wurde in Kapitel 1.2.2 der Digitale Humanismus vorgestellt. Sein vages Ziel einer Humanisierung der Welt bzw. der Verbesserung der menschlichen Lebensbedingungen ist für die Beurteilung konkreter Handlungstypen oder Normen oft unzureichend. Fragen danach, welche Technologien hergestellt oder angewendet werden dürfen oder welche moralischen und rechtlichen Rahmenbedingungen dafür geschaffen werden müssten, erfordern konkretere Entscheidungskriterien. Darf beispielsweise ein „intelligentes" („smartes") Armband entwickelt und getragen werden, das die Gefühle anderer Menschen entschlüsseln kann oder in Konfliktsituationen Ratschläge erteilt, wie mit ihnen umgegangen werden soll? In der Ethik gibt es verschiedene Grundtypen oder Grundmodelle, die jeweils unterschiedliche Bewertungsperspektiven und Beurteilungskriterien vorschlagen: Der **Konsequentialismus**, der die Handlungsfolgen zum alleinigen normativen Kriterium erhebt, die **Deontologie**, bei der das Einhalten von Pflichten im Vordergrund steht, und die **Tugendethik**, bei der es auf den Charakter der handelnden Person ankommt (vgl. Fenner 2022, 161 ff.). In einführenden Beiträgen zur Digitalen Ethik werden die drei Moraltheorien als bedeutsam v. a. in Bezug auf KI erachtet und mehr oder weniger ausführlich dargestellt (vgl. exemplarisch Grimm u. a. 2020a, 14–17; Ess, 218–232; Dignum, 37 ff.). Relevant wird die Entscheidung für eine der Perspektiven z. B. auch bei der später zu erörternden Frage, welche spezifischen moralischen Normen Robotern einprogrammiert werden sollen (s. Kap. 3.3.2). Die konträren Beurteilungsweisen des Konsequentialismus und der Deontologie werden gerne anhand der Dilemmasituation eines selbstfahrenden Autos veranschaulicht, das ähnlich wie beim Trolley-Problem entweder mit einem Auto oder einer Fahrradfahrerin kollidiert (vgl. ebd.; Spiekermann 2024, 755 ff.; Dignum, 37 ff.; Nida-Rümelin u. a. 2020, 92 ff.).

1) Konsequentialistische und teleologische Ethik

Zum **Konsequentialismus** oder zur **konsequentialistischen Ethik** werden alle Ethikmodelle gezählt, bei denen die moralische Richtigkeit einer Handlung allein an den Handlungsfolgen oder Konsequenzen bemessen wird (vgl. Fenner 2020, 164; Grimm 2021, 84; Dignum, 37). Zumindest bei einer Extremposition der „Erfolgsethik" zählt nur das Ergebnis oder Resultat des Handelns, nicht aber die Gesinnung oder Absicht der handelnden Person. Bei der gemäßigten „Verantwortungsethik" werden die handelnden Personen nur für diejenigen Folgen ihres Handelns verantwortlich gemacht, die sie vorausgesehen haben bzw. hätten voraussehen können (vgl. Fenner 2020, 166). Moralisch richtig ist aus konsequentialistischer Perspektive stets die zur Verfügung stehende Handlungsalternative mit den bestmöglichen Folgen. Für eine solche konsequentialistische Folgenabschätzung braucht es möglichst viel empirisches Wissen über die Wahrscheinlichkeit des Eintreffens möglicher unmittelbarer Auswirkungen und langfristiger Spätfolgen. Insbesondere bei den in der Digitalisierungsdebatte verhandelten neuen Technologien ist eine sorgfältige Technikfolgenabschätzung unabdingbar (s. Kap. 1.2.5). Ein häufiger Einwand gegen den Konsequentialismus ist das Argument der Unsicherheit bzw. das Problem mangelnder Praktikabilität, weil sich die langfristig zu erwartenden Risiken und Chancen häufig schwer abschätzen lassen (vgl. Fenner 2020, 167). Angewendet auf obiges Anschauungsbeispiel mit dem smarten Armband könnten die Hersteller positive Konsequenzen eines konfliktfreien, friedlicheren und somit angenehmeren Zusammenlebens für alle Beteiligten versprechen. Dabei besteht aber gerade in der Anfangsphase ein nicht unerhebliches Risiko für falsche Deutungen der emotionalen Lage des Gegenübers, sodass noch unausgereifte Softwareprogramme unangemessene Empfehlungen geben könnten.

Im Gegensatz zu solchen empirischen Erwägungen über die zu erwartenden Folgen ist es eine normative Frage, nach welchen Wertmaßstäben bzw. auf welches ethische Ziel hin diese beurteilt werden sollen. Das generelle konsequentialistische Ziel ist die Maximierung von „Gütern“, entweder mit Blick auf bestimmte Individuen, alle vom Handeln Betroffenen oder auch das Gute für die Gesellschaft oder die Welt insgesamt. Bei einer konsequentialistischen **teleologischen Ethik** (von griech. „telos“: „Ziel, Zweck“) sind die anvisierten Handlungsziele außermoralische Güter wie z.B. Glück, Freude, Selbstgenuss oder Machtsteigerung (vgl. ebd., 165). Die prominenteste teleologische und konsequentialistische Position ist der **Utilitarismus**, demzufolge diejenige Handlung moralisch richtig ist, die den größtmöglichen Nutzen für die größtmögliche Zahl verspricht. Dieser „Nutzen“ kann wiederum unterschiedlich definiert werden. Der von Jeremy Bentham im 18. Jahrhundert begründete klassische **hedonistische Utilitarismus** bestimmt den Nutzen als positive innere Befindlichkeit. Im utilitaristischen Nutzenkalkül werden entsprechend Glück, Lust oder Freude summiert und Leid und Unlust davon abgerechnet. Dabei stellen sich die Anwendungsfragen, was „Glück“ genau ist und wie sich die inneren Zustände messen und über die Individuengrenzen hinweg verrechnen lassen sollen (s. Kap. 1.3.2). In der später im 20. Jahrhundert entwickelten, prominenterweise etwa von Peter Singer vertretenen Variante des **Präferenz-Utilitarismus** wird der Nutzen demgegenüber nicht über innere Befindlichkeiten definiert, sondern über die Erfüllung subjektiver Präferenzen, d.h. relativ stabiler Interessenlagen oder Vorlieben. Die Hauptkritik am Utilitarismus insgesamt lautet, dass allein die Nutzensumme zählt ohne Rücksicht auf das Wohl einzelner Personen und eine gerechte Verteilung von Kosten und Nutzen (vgl. Fenner 2020, 100f.). Utilitaristisch gesehen kann es vielmehr moralisch richtig sein, zur Steigerung des Gesamtnutzens das Leid einzelner zu vermehren oder die Rechte von Minderheiten zu verletzen. Die Individuen werden also unter Umständen instrumentalisiert und aufgeopfert für das Gesamtwohl des Kollektivs.

2) Deontologie und Gesinnungsethik

Die **Deontologie** oder **deontologische Ethik** (von griech. „to deon": „das Erforderliche, Pflichtgemäße") dient als Oberbegriff für alle Ethikmodelle, denenzufolge es ganz unabhängig von den Konsequenzen moralisch richtige oder falsche Handlungsweisen gibt (vgl. Fenner 2020, 169). Der Wert einer Handlung bemisst sich also nicht an der Verbesserung des Weltzustandes, sondern an der Erfüllung von Pflichten bzw. kategorischen Sollensforderungen durch die handelnden Personen. Für diesen Ethiktyp sind universelle Gebote wie gegenseitige Achtung und Hilfeleistung und Verbote z.B. des Tötens, Stehlens oder Lügens typisch. Während bei **gemäßigten deontologischen Positionen** wie der noch vorzustellenden Diskursethik die Handlungsfolgen bei der Anwendung der Moralprinzipien durchaus berücksichtigt werden, kommt es bei einer radikalen **Gesinnungsethik** wie z.B. Kants Vernunft- oder Pflichtethik ausschließlich auf die gute Gesinnung der handelnden Person an (vgl. ebd., 170f;). Philosophische Vertreter des deontologischen Ethiktyps legen in aller Regel großen Wert auf die folgenunabhängige Begründung moralischer Prinzipien und Normen. Nach Kant ist das einzig uneingeschränkt Gute auf der Welt der „gute Wille" bzw. die reine praktische Vernunft (vgl. Fenner 2020, 137f.): Die Vernunft muss sich freimachen von allen subjektiven empirischen Neigungen und sozialen Zwängen und sich ihr eigenes Gesetz geben. Da moralische Prinzipien streng allgemein sein müssen, bleibt nach der Reinigung von allen materialen Bestimmungsgründen nur noch die formale Aufforderung übrig, die Verallgemeinerbarkeit von Handlungsregeln zu prüfen. Gemäß Kants **Kategorischem Imperativ** darf man nur nach derjenigen subjektiven Handlungsregel („Maxime") handeln, die sich als allgemeines Gesetz denken oder wollen lässt. Ein Widerspruch ergibt sich z.B. bei der Verallgemeinerung der Maxime, sich Geld zu leihen, obwohl man weiß, dass man es nicht zurückzahlen können wird. Würden sich alle Menschen in Geldnot mit betrügerischer Absicht Geld leihen, würde dies nämlich die soziale Institution des „Versprechens“ untergraben (vgl. ebd., 140 f.).

Im Gegensatz zum Konsequentialismus sind die Einzelpersonen in der Deontologie an sich moralisch schützenswert und Träger unbedingt zu achtender moralischer Rechte, z. B. dem Recht auf Würde. Sie dürfen daher niemals instrumentalisiert werden, und ein guter Zweck heiligt mitnichten die Mittel. In der Digitalisierungsdebatte spielen Freiheits- und Persönlichkeitsrechte wie das Recht auf Meinungsfreiheit, auf informationelle Selbstbestimmung oder Privatheit eine große Rolle. So stellt sich mit Blick auf obiges Anschauungsbeispiel die Frage, ob ein intelligentes Armband zum Erfassen der aktuellen Gefühlslage des eigenen Partners, von Konkurrenten oder sogar gänzlich unbekannten Personen beispielsweise in der U-Bahn vereinbar ist mit dem Recht auf die Privat- oder Intimsphäre dieser Personen. Diskutabel scheint der Einsatz der Erkennungssoftware nur zu sein, wenn eine freiwillige Zustimmung der Betroffenen vorliegt. Ein großer Vorzug der deontologischen Ethik vor der teleologischen besteht in der Einfachheit und leichteren Handhabbarkeit. Denn klare Rechte, Prinzipien und Gebote können unmittelbar Eingang finden in ethische Richtlinien für die Forschung, für die Regulierung der Online-Kommunikation oder den Einsatz Künstlicher Intelligenz z. B. in der Robotik (vgl. Grimm 2021, 90). Wie noch deutlich werden wird, lassen sich allerdings ethische Prinzipien und Grundrechte teilweise sehr verschieden interpretieren, sodass es unterschiedliche Deutungen gibt (s. unten, Punkt 4; Kap. 1.3). Der häufigste Vorwurf gegen die deontologische Ethik lautet, dass beim kategorischen Anspruch universeller Prinzipien die Handlungsfolgen ausgeblendet und eine kontextsensible Situationswahrnehmung erschwert wird (vgl. Fenner 2020, 173). Gemäß dem Sprichwort „Gut gemeint ist oft das Gegenteil von gut“ kann ohne empirische Analyse einer komplexen Handlungssituation die beste Absicht unerwünschte Folgen zeitigen. Unangemessen scheint ein Rigorismus wie in Kants Pflichtethik zu sein, der dazu auffordert, beispielsweise unter allen Umständen die Wahrheit zu sagen, auch wenn dies für andere Personen katastrophale Auswirkungen hat.

3) Tugendethik

Bei der Tugendethik tritt noch stärker als bei der Gesinnungsethik die handelnde Person selbst ins Zentrum. Es wird nicht direkt eine Antwort auf die ethische Grundfrage „Wie soll ich handeln?“ gegeben, sondern eher auf die noch grundsätzlichere Frage: „Was für ein Mensch will ich sein und wie soll ich mein Leben als Ganzes führen?" (vgl. Ess, 266; Grimm 2021, 92). Es geht nicht nur um das moralisch richtige Handeln, sondern auch im Sinne der eudamonistischen Ethik um ein gutes, gelingendes Leben der Menschen in der Gemeinschaft (vgl. Grimm u. a. 2020a, 16; Dignum, 38; s. Kap. 1.3.2). Bei der in der Antike und im Mittelalter vorherrschenden **Tugendethik** hängt die Bewertung einer Handlung entsprechend davon ab, ob sie Ausdruck eines guten Charakters oder der richtigen Haltung einer Person ist oder nicht (vgl. Fenner 2020, 175). **Tugend** meint eine durch fortgesetzte Übung erworbene Charakterhaltung, aufgrund derer ein Mensch in jeder Situation stets auf das moralisch Richtige ausgerichtet ist. Shannon Vallor hat in ihrer tugendethischen Technikphilosophie *Technology and the Virtues* (2016) aristotelische, konfuzionistische und buddhistische Ansätze miteinander kombiniert, um 12 Tugenden wie Ehrlichkeit, Selbstkontrolle, Bescheidenheit, Gerechtigkeit und Weisheit für den Umgang mit digitalen Technologien zusammenzustellen (vgl. Vallor 2024, 20 ff.; Beier u. a., 55; Ess, 267 f.). Für eine Tugendethik spricht, dass sie die Aufmerksamkeit direkt auf menschliche Lebensformen, Haltungen und Fähigkeiten z. B. für die Nutzung digitaler Medien richtet. Die tiefgreifende digitale Transformation mit immer neuen Herausforderungen wie dem Umgang mit Robotern verändern das Leben der Menschen radikal, sodass neue Reflexionen über ein gutes menschliches Leben erforderlich seien (vgl. Vallor, 38). Eine Schwäche der Tugendethik liegt aber auf der Begründungsebene, weil weder Bezugnahmen auf die biologische „erste" Natur des Menschen noch auf bestimmte kulturelle Praktiken (als „zweiter" Natur) zu überzeugen vermögen und die Auwahl an Tugenden oft beliebig wirkt (vgl. Baier u. a., 59; Fenner 2020, 177 f.). Außerdem liefert die Tugendethik keine klaren Kriterien zur Entscheidung aktueller ethischer Streitfragen. So ist im Anschauungsbeispiel völlig unklar, ob man das smarte Armband verwenden soll oder nicht. Der Verweis auf Tugenden oder die Fähigkeiten zur moralischen Imagination und sensiblen Situationswahrnehmung reichen als praktische Orientierung nicht aus (vgl. ebd., 178 f.; Grimm u. a. 2020a, 17).

4) Kombination der drei Ethiktypen und ethischer Pluralismus

In theoretischen philosophischen Diskussionen wird in der Regel erwartet, dass man sich für eine der drei Theorietypen entscheidet und dies argumentativ begründet. Als Extrempositionen in einem absoluten Sinn verstanden schließen sich v. a. die ersten beiden Ansätze klarerweise aus: Entweder man orientiert sich beim Handeln ausschließlich an den Handlungsfolgen (Konsequentialismus) oder hält sich rigoros an bestimmte Sollensforderungen (Deontologie). Für die moralische Alltagspraxis empfiehlt sich aber eine Kombination der drei Idealtypen, zumal wie gesehen alle ihre Stärken und Schwächen haben. Die beiden rationalistischen Ethikmodelle lassen sich durchaus als **verschiedene Argumentationsformen** verstehen oder als optische Linsen einsetzen, mit denen verschiedene Facetten eines moralischen Problems sichtbar gemacht werden können (vgl. Fenner 2020, 180). Da insbesondere digitale Phänomene sehr komplex und multidimensional sind, wird teilweise ausdrücklich für den Wechsel zwischen diesen unterschiedlichen Perspektiven plädiert (vgl. Grimm u. a. 2020a, 17; Dignum, 75): Um zu differenzierten Urteilen zu gelangen, müsse je nach Fragestellung und Kontext flexibel auf die verschiedenen Theorien und Argumente zurückgegriffen werden, die sich durchaus gegenseitig korrigieren können. Aus Sicht einer deontologischen oder konsequentialistischen Prinzipien- oder Regelethik können Tugenden im moralpsychologischen Sinn einer charakterlichen Festigung von moralischen Einstellungsweisen durchaus wertvoll oder sogar unabdingbar sein. Denn für ein durchgängiges, verlässliches moralisches Handeln müssen moralische Haltungen in der Persönlichkeit der Menschen fest verankert werden (vgl. Fenner 2020, 185). Angesichts der vielen negativen Auswirkungen der Digitalisierung wie z.B. Cyberstalking oder Abhängigkeitsentwicklung kann eine Digitale Ethik aber auf rational begründete Prinzipien und konkrete Gebote und Verbote nicht verzichten. Tugendethische Ansätze können prinzipienethische nicht ersetzen, sondern nur ergänzen.

Angesichts der großen faktischen Vielfalt an moralischen Überzeugungen verschiedener Personen und Kulturen hat auch der Relativismus eine große Anfangsplausibilität. Dem **ethischen Relativismus** zufolge gibt es keine allgemein begründbaren universellen Werte. Bei der hier interessierenden Variante des **Traditions**- oder **Kulturrelativismus** ist ein Handeln richtig, wenn es in der jeweiligen Gemeinschaft, Tradition oder Kultur als moralisch richtig gilt (vgl. Fenner 2020, 238; Ess 2020, 26). Aus dieser Perspektive darf niemand von außen die Handlungsweisen von Angehörigen eines anderen Kulturkreises bewerten, sondern geboten sind uneingeschränkte Toleranz und Nichteinmischung. In neueren Handbüchern und Monographien wird bisweilen die Dominanz eurozentrischer bzw. westlicher Traditionen und Zugänge in der Digitalen Ethik kritisiert und großer Wert gelegt auf die Präsentation einer Vielfalt nichtwestlicher Traditionen und Methoden (vgl. Gunkel 2024, 1f. und Kap. 19-21; Grimm u. a. 2024, 13 und Kap. 3.7–3.9). Dabei wird nicht immer deutlich, wie genau Elemente traditioneller Wertesysteme in eine Digitale Ethik eingebunden werden sollen. Das Kernproblem des Traditionsrelativismus besteht darin, dass auf basale universelle Rechte und Prinzipien wie universelle Menschenrechte verzichtet werden müsste. Gangbar scheint daher allenfalls ein Mittelweg zwischen dem ethischen Relativismus und einem absoluten Universalismus zu sein, für den Charles Ess in seiner *Digital Media Ethics* (2020) plädiert: Anders als der ethische Relativismus steht der **ethische Pluralismus** nicht im Gegensatz zum ethischen Universalismus. Ihmzufolge gibt es zwar allgemeingültige, standpunktunabhängige Prinzipien, Normen und Rechte, aber unterschiedliche Interpretationen und Umsetzungsweisen derselben, ohne dass nur eine von ihnen ethisch richtig wäre (vgl. Ess, 27). In dieser Einführung wird Digitale Ethik als eine rationalistische Ethik im Sinne eines – auch interkulturell zu führenden – argumentativen Diskurses verstanden, wobei die universellen Normen als Resultat eines rationalen Konsenses offen bleiben für kulturspezifische Deutungen (s. Kap. 1.2.2). Mit rationalen Verfahren wie Argumentation, fiktivem Rollentausch oder Universalisierung sollen moralische Normen und Rechte zum Schutz allgemeinmenschlicher Bedürfnisse oder berechtigter Interessen gefunden werden. Von einer breiten Darstellung anderer Kulturen wie etwa des afrikanischen Ubuntu-Stammes oder des Hinduismus wird jedoch abgesehen (vgl. dagegen Ess, 62f.; 277; Hongladarom, 4ff.; 8; Clifford u. a., 27ff.).

Konsequentialismus (u. a. teleologische Ansätz)	**Deontologie (u. a. radikale Gesinnungsethik)**	**Tugendethik (u. a. eudaimonistische Ethik)**
Moralisch richtig ist diejenige zur Verfügung stehende Handlungsalternative mit den bestmöglichen Handlungsfolgen („Konsequenzen“).	Moralisch richtig ist ein Handeln, wenn sich die handelnde Person an Prinzipien/Normen/Rechten orientiert („to deon“: „das Pflichtgemäße“).	Moralisch richtig und für ein gutes Leben in der Gemeinschaft förderlich ist das Handeln einer Person mit gutem Charakter (= „tugendhafte“ Person).
Vertreter: z. B. Utilitarismus (größstmöglicher Nutzen): Bentham und Singer	**Vertreter**: z. B. Kants Pflichtethik (Kategorischer Imperativ); Diskursethik (Kap. 1.2.5)	**Vertreter**: z. B. Platon und Aristoteles (Neoaristotelismus)

1.2.4 Digitale Ethik als Bereichsethik der Angewandten Ethik

Das Profil der Ethik hat sich in der zweiten Hälfte des 20. Jahrhunderts stark verändert: Sie tritt nicht mehr allein als akademische Bemühung um die Begründung von moralischen Prinzipien und Kriterien auf, wie sie in Kapitel 1.2.3 vorgestellt wurde. Die Fokussierung der neuzeitlichen Ethik auf theoretische Konzepte und Grundsatzfragen seit Kant hatte zu einer Vernachlässigung und Abwertung des Anwendungsbezugs geführt (vgl. Fenner 2022, 19). Angesichts sichtbar werdender negativer Konsequenzen der enormen wissenschaftlich-technischen Erfolge im Laufe des 20. Jahrhunderts wurde diese Praxisferne zunehmend sowohl innerhalb als auch außerhalb der Philosophie als Fehlentwicklung gewertet. Man denke beispielsweise an die Wendemarke der Atombombe oder die technisch-fabrikmäßige Ermordung und den Missbrauch von Menschen für medizinische Experimente unter den Nationalsozialisten, an die alarmierenden ökologischen Krisen wie saurer Regen, Waldsterben und Ozonloch oder an moralische Dilemmata infolge neuer medizinischer Möglichkeiten etwa der Gentechnik, künstlichen Lebensverlängerungen oder Organtransplantationen. Der Ruf nach mehr konkreter Orientierung durch die Ethik wurde in der Öffentlichkeit lauter, und jüngere Philosophen und Theologen begannen sich ab den 1960er Jahren diesen gesellschaftlichen Herausforderungen zu stellen. Die normative Ethik spaltete sich infolgedessen auf in eine „begründungsorientierte", „theoretische" oder **Allgemeine Ethik** und eine „anwendungsorientierte", „praktische" oder **Angewandte Ethik** (vgl. ebd., 20). Gegen den Ausdruck „Angewandte Ethik" (engl. „applied ethics") wird zwar immer wieder eingewendet, er sei nicht weniger als die alternative Bezeichnung „praktische Ethik" tautologisch (dasselbe wiederholend), weil sich die Ethik immer schon um Orientierung in der Praxis bemüht (vgl. Stoecker u. a. 2011, 2). Der Unterschied besteht aber darin, dass bei der „Angewandten Ethik" der Ausgangspunkt genauso wie der Zielpunkt der ethischen Reflexionen konkrete aktuelle Probleme sind. Anders stehen bei der „Allgemeinen Ethik" abstrakte theoretische Fragen der Begründung und die Reflexion von Begriffen, Leitvorstellungen und Konzepten im Zentrum, wohingegen praktische Beispiele lediglich der Veranschaulichung wichtiger Unterscheidungen in der normativen Ethik dienen (vgl. ebd., 5).

Allgemeine Ethik (begründungsorientiert; theoretisch)	**Angewandte Ethik (anwendungsorientiert; praktisch)**
abstrakte theoretische Begründungsmodelle; Beispiele dienen nur zur Veranschaulichung	konkrete praktische Probleme dienen als Ausgangspunkt und Zielpunkt
besonders neuzeitliche Ethik seit Kant	Abspaltung in den 1960er Jahren

Der Begriff „Angewandte Ethik" spricht für ein **deduktives Modell** oder **„Top-down"-Modell** des Anwendungsvorgangs, bei dem die richtige Handlungsweise in einer konkreten Situation aus universellen Prinzipien abgeleitet oder „deduziert" werden kann (vgl. Stoecker u. a. 2011, 5; Fenner 2022, 20). Dementsprechend wird **Angewandte Ethik (1)** heute in aller Regel definiert als Teildisziplin der Ethik, die systematisch die in der Allgemeinen Ethik entwickelten Prinzipien oder Kriterien auf bestimmte Handlungsbereiche, Berufsfelder oder Sachgebiete anwendet (vgl. Filipović 2016, 42; Thurnherr, 14). Dieses deduktive Modell verleitet allerdings zum Missverständnis, es handle sich um ein rein technisches Anwenden im Sinne eines instrumentellen Mitteleinsatzes. Auch wird immer wieder dagegen vorgebracht, dass es in der Allgemeinen Ethik keine gesicherten Erkenntnisse für ein solches Schlussverfahren gebe, sondern widersprüchliche Moraltheorien wie z. B. die kantische und utilitaristische (vgl. Stoecker u. a. 2011, 5 f.). Diese klassischen Theorien seien aber ohnehin mit ihren universellen Prinzipien in der Praxis hinderlich, weil sie von den konkreten Erfahrungen, Überzeugungen und Bedürfnissen der beteiligten Personen in einer konkreten Situation ablenken (vgl. Vieth, 45 f.). Als Alternative zum „deduktiven" oder „Top-down"-Modell wird daher ein **induktives Modell** oder **„Bottom-up"-Modell** vorgeschlagen, bei dem eine Handlungsregel für eine aktuelle ethische Entscheidungssituation aus den gesammelten und systematisierten Erfahrungen mit ähnlichen Problemfällen hergeleitet oder „induziert" wird (vgl. Filipović 2016, 44; Fenner 2022, 21). In der „Kasuistik" werden häufig Analogien hergestellt zwischen einem vorliegenden Einzelfall („casus") und früheren Präzedenzfällen, bei denen sich ein Konsens herstellen ließ. **Angewandte Ethik (2)** ist dann weniger eine akademische Disziplin von Philosophen, sondern eine Tätigkeit des gemeinsamen Sich-Beratens z. B. in Ethikkommissionen im Bereich Medizin oder Technik. Bei diesem induktiven Modell ergibt sich zunächst die Schwierigkeit, dass häufig Präzedenzfälle fehlen, über die bereits Einigkeit herrscht. Es müssen aber ohnehin allgemeine Bewertungskriterien oder Prinzipien benannt und begründet werden, damit Einzelfallurteile nicht dezisionistisch, d. h. willkürlich sind. Moralische Intuitionen, Urteile und Überzeugungen der beteiligten Personen können ohne genauere Prüfung falsch oder irrtümlich sein, wenn sie z. B. auf Unwissen, Vorurteilen oder irrationalen Ängsten oder Hoffnungen basieren.

Gerade mit Blick auf die Digitalisierungsdebatte ist es eine Tatsache, dass sich Angewandte Ethik nicht mehr hauptsächlich oder gar ausschließlich als akademische Disziplin abspielt, sondern auch im Feld der Politik und der gesellschaftlichen Verständigung (vgl. Filipović 2016, 42; 44). Themen der Digitalisierung wie Hassrede und Radikalisierung im Internet, Datensicherheit oder Künstliche Intelligenz werden in vielen Bevölkerungsschichten, den Medien und der breiten Öffentlichkeit diskutiert. Während es in der Politik häufig um einen Interessenausgleich zwischen verschiedenen weltanschaulichen Gruppen, um Macht- und Mehrheitsverhältnisse geht und ein hoher Zeitdruck besteht, können im Raum philosophischer Reflexion mit mehr Muße, Distanz und Objektivität Standpunkte und Beurteilungsperspektiven kritisch hinterfragt werden. Unter einer **Angewandten Ethik** im erweiterten Sinn soll hier sowohl eine wissenschaftliche Disziplin als auch eine transakademische Beratertätigkeit in Kommissionen und Gremien verstanden werden, sofern mit philosophischen Mitteln der Begriffsanalyse und Prüfung von Argumenten zur Lösung konkreter moralischer Probleme in einer Gesellschaft beigetragen wird (vgl. Fenner 2022, 23; Stoecker u. a. 2011, 4). Dabei sind allgemeine, normative Kriterien oder Prinzipien unverzichtbar, damit die Aufmerksamkeit auf die ethisch relevanten Aspekte in einer schwierigen ethischen Entscheidungssituation gelenkt werden kann und die Einzelfallurteile nicht willkürlich sind. Anstelle eines simplen, quasi-mechanischen „Anwendens“ kann es bei den meist sehr komplexen moralischen Konflikten nur darum gehen, die philosophischen Einsichten in konkreten Kontexten zu aktualisieren und die Prinzipien situationsbezogen zu interpretieren und weiterzuentwickeln, so wie es in den Kapiteln 2 und 3 versucht wird. Denkprozesse in der Angewandten Ethik sind daher keine deduktiven oder induktiven Einbahnstraßen von oben nach unten oder umgekehrt, sondern dialektische Denkbewegungen zwischen ethischer Theoriebildung und systematisch reflektierter Erfahrung.

Angewandte Ethik: im engen Sinn Disziplin der Ethik (1) oder im weiteren Sinn Tätigkeit des Sich-Beratens (2), bei der mit philosophischen Mitteln der Begriffsanalyse und Prüfung von Argumenten zur Entscheidungsfindung bezüglich aktueller gesellschaftlicher Unsicherheiten oder Konflikte beigetragen wird

Bereichsethiken

„Angewandte Ethik" wird teilweise auch lediglich als Oberbegriff für eine Vielzahl sogenannter **Bereichsethiken** oder seltener: „Bindestrich-Ethiken" verstanden (vgl. Nida-Rümelin, 63; Stoecker u. a. 2011, 3). Bereichsethiken sind Teildisziplinen der Angewandten Ethik, die sich mit moralischen Problemen und Konflikten in verschiedenen prägnanten menschlichen Handlungsbereichen beschäftigen. In den letzten Jahrzehnten hat sich die Angewandte Ethik in eine Reihe von Anwendungsbereichen ausdifferenziert, die sowohl institutionell als auch personell klar voneinander abgegrenzt sind. Es gibt zwar Professuren für Angewandte Ethik, aber die meisten Akademiker definieren sich als Spezialisten für eine bestimmte Bereichsethik, also z. B. als Medizinethiker oder Medienethiker. Wie viele Bereichsethiken es gibt und wie eng oder weit sie jeweils inhaltlich gefasst werden, darüber herrscht keine Einigkeit. Die großen „klassischen" und bereits gut etablierten Bereichs-Ethiken sind neben den eben genannten die Natur- oder Umweltethik; die etwas weiter gefasste Bioethik, die sich sowohl mit medizinischen, umweltethischen und allenfalls tierethischen Fragen beschäftigt; die enger gefasste Tierethik; die Wirtschaftsethik, Politische Ethik, Wissenschaftsethik, Technikethik und Sportethik (vgl. ebd.; Fenner 2022, 50 ff.). Angesichts immer neuer technischer Innovationen kam es zu immer spezialisierteren Teilbereichen wie z. B. Nanoethik, Neuroethik, Genethik oder eben Digitale Ethik, sodass vor einer „Inflation der Bereichsethiken" gewarnt wird (Filipović 2016, 44). Da die jeweiligen untersuchten Handlungskomplexe in der Realität vielfältig miteinander verflochten sind, gibt es zahlreiche Überschneidungen zwischen ihnen. Angewandte Ethik sollte auch deswegen nicht auf eine bloße Sammelbezeichnung für Bereichsethiken reduziert werden, weil alle von ihnen das gleiche oben definierte Ziel verfolgen, zur Lösung schwieriger moralischer Probleme beizutragen, und dabei die gleichen Mittel verwenden: Neben den erwähnten philosophischen Methoden der Begriffsanalyse, systematischen Auswertung von wissenschaftlichen Erkenntnissen und Erfahrungen von Betroffenen und der kritischen Prüfung von Argumenten und Hintergrundannahmen greifen sie alle auf ähnliche normative theoretische Grundlagen zurück. Es sind Schlüsselbegriffe der Angewandten Ethik wie Verantwortung, Würde, Freiheit, Glück, Gerechtigkeit, Gemeinwohl und Nachhaltigkeit, die in den nachfolgenden Kapiteln 1.2.5 und 1.3 diskutiert werden.

Gemeinsam ist allen Bereichsethiken, dass grundlegende Fachkenntnisse aus bestimmten Wissenschaften erforderlich sind, die meist namensgebend sind: also z.B. in der Medizinethik das Fachwissen aus der Medizin oder in der Medienethik dasjenige der Medienwissenschaften. Häufig ist eine **interdisziplinäre Zusammenschau** verschiedener Forschungsperspektiven notwendig, so etwa bei der hier im Zentrum stehenden Digitalen Ethik, bei der allen voran Ingenieure, insbesondere Informatiker, Medien- und Kommunikationswissenschaftler, Geisteswissenschaftler, Juristen, Wirtschaftswissenschaftler, Psychologen und Pädagogen gefragt sind. Die **Digitale Ethik** ist eine noch ganz junge und relativ eng gefasste Bereichsethik, die sich mit den ethischen Problemen im Umgang mit digitalen Technologien und den Folgen der Digitalisierung auf die verschiedenen menschlichen Lebensbereiche beschäftigt (vgl. Grimm u.a., 2020a, 13; Lenzen 2023, 363). Die Begriffsfügung „Digitale Ethik" wurde 2009 von Rafael Capurro in einem Vortrag verwendet, aber als Pioniere der Thematik gelten Norbert Wiener und Joseph Weizenbaum (vgl. Capurro 2009; 2024, 17; Bendel 2022, 68; s. Kap. 3.3, Einleitung). Sie suggeriert irreführenderweise, dass die Ethik selbst „digital", also in einem binären Code darstellbar ist. Dies ist aber natürlich nicht der Fall, sondern es handelt sich eigentlich um eine „Ethik der Digitalisierung" oder noch präziser: des richtigen Handelns unter den Bedingungen der Digitalisierung. Die alternative, weniger verbreitete Bezeichnung „Digitalethik" würde besser zu den in der Angewandten Ethik sonst üblichen Substantiv-Verbindungen wie „Medizin"- oder „Medienethik" passen, allerdings ist das Substantiv „das Digital" nur aus einem Buchtitel von Viktor Mayer-Schönberger bekannt. Analog zur „Digitalen Ethik" ist zwar der Ausdruck „Medizinische Ethik" gebildet, der aber deutlich weniger gebräuchlich ist als „Medizinethik". Vorgeschlagen wurde von Jörg Noller und im Anschluss an Felix Stalders Konzept der „Digitalität" auch die Bezeichnung „Ethik der Digitalität" (vgl. Noller, 67). Mit Blick auf einzelne Schwerpunktthemen wird außerdem von „Daten"-, „Algorithmen"- oder „KI-Ethik", noch spezifischer von „Roboter"- und „Maschinenethik" gesprochen, die aber nur Teilbereiche der Digitalen Ethik abdecken (vgl. Lenzen 2023, 343; Véliz, xiv; s. Kap. 3, Einleitung). Inzwischen hat sich „Digitale Ethik" (engl. „digital ethics") jedoch im akademischen Diskurs erfolgreich durchgesetzt, weshalb er in dieser Einführung als gut etablierter „terminus technicus" übernommen wird.

Mit den im Zuge der Digitalisierung entstandenen Konflikten befassen sich auch die großen klassischen Bereichsethiken der Informations-, Medien- und Technikethik, aber teilweise auch die Wirtschafts-, Rechtsethik u. a. mehr. Die **Informationsethik** ist diejenige Bereichsethik, die sich mit den ethischen Problemen im Umgang mit (personenbezogenen) Informationen, mit Informationssystemen und Informations- und Kommunikationstechnologien im Zeitalter des Internets befasst (vgl. Lenzen 2011, 210 ff.; Bendel 2022, 129 f.; Kuhlen, 9; 23 f.). Da es um *digitale* Informationssysteme, Informations- und Kommunikationstechnologien geht, lässt sie sich auch kurz und knapp als „Beschäftigung mit Digitalisierung in ihrer globalen Verbreitung" definieren (Hausmanninger u. a., 9). Ursprünglich wurde die Informationsethik in den 1980er Jahren zwar für informationsverarbeitende Berufe wie Bibliothekare, Archivare und Informatiker entwickelt, hat aber ihren Gegenstandsbereich mit der zunehmenden Verbreitung des Begriffs und infolge der Digitalisierung auf das ganze von digitalen Technologien und neuen Medien durchdrungene Leben ausgeweitet. Entsprechend deckt sich das Themenspektrum von informationeller Selbstbestimmung, Informationsfreiheit, Datenschutz, Überwachung, Big Data über virtuelle Welten bis hin zu Robotik mit demjenigen der Digitalen Ethik. Manuela Lenzen hat ihren überarbeiteten Beitrag „Informationsethik" für die Zweitauflage des *Handbuchs Angewandte Ethik* (2023) denn auch umbenannt in „Digitale Ethik". In den 1990er Jahren setzte die Etablierung der Bereichsethik mit Fachjournalen und dem von Rafael Capurro gegründeten „International Center for Information Ethics" (ICIE) ein, und es folgten internationale Konferenzen und Tagungen (vgl. Lenzen 2011, 211). Es gibt aber verwirrenderweise noch andere Bezeichnungen anstelle von „Informationsethik", v. a. „Computerethik", „Internetethik", „Netzethik" oder „Cyberethik".

Die Digitale Ethik steht aber thematisch auch der „Medienethik" sehr nahe, und im Zuge der Digitalisierung kam es zu einer Angleichung zwischen der „Informationsethik" und der „Medienethik": Die **Medienethik** ist diejenige Bereichsethik, die sich mit den ethischen Problemen bei der medienvermittelten Kommunikation zwischen Menschen beschäftigt, wobei die (halb)öffentliche Kommunikation mittels der Massenmedien im Zentrum steht (vgl. Heesen 2016, 2; Nagenborg, 226). Während sich in Amerika bereits zu Beginn des 20. Jahrhunderts die „Mass Communication Ethics" akademisch zu etablieren vermochte, lässt sich im deutschen Sprachraum erst seit den 1980er Jahren von einer systematischen wissenschaftlichen Medienethik sprechen (vgl. Schicha, 24; Funiok 2011, 24 ff.). Zu einer immer größeren Schnittmenge zwischen der Medien- und der Informationsethik kam es, weil die Kommunikation zwischen den Menschen immer mehr über digitale Medien, d. h. unter Einsatz digitaler Informations- und Kommunikationstechnologien stattfindet. Selbst der Journalismus als Gegenstand des wichtigen medienethischen Teilbereichs der „journalistischen Ethik" wurde immer mehr digital und „informationstechnischer". Der gemeinsame Aufgabenbereich der Informations- und Medienethik lässt sich charakterisieren als „Bewertung und Steuerung individuellen, gesellschaftlichen und institutionellen Handelns für eine sozialverträgliche Gestaltung von Informations- und Kommunikationstechniken" (Heesen 2021, 219). Die beiden Bereichsethiken können infolgedessen nicht mehr trennscharf voneinander abgegrenzt werden, sondern es lassen sich nur unterschiedliche Schwerpunktsetzungen angeben (vgl. Heesen 2016, 5; Filipović 2016, 45): Die **Informationsethik** ist mathematisch fundiert und interessiert sich eher für die technischen Aspekte der Nachrichtenübermittlung und die Rechen- und Infrastrukturtechnik für Wirtschaft, Wissenschaft etc. Demgegenüber steht bei der **Medienethik** die kulturelle und gesellschaftliche Dimension des zwischenmenschlichen Informationsaustauschs und seine Auswirkung auf Individuen und soziale Strukturen im Vordergrund. Da sich die Medienethik auf die Kommunikation zwischen Menschen beschränkt, gehen Informationsethik und Digitale Ethik insofern über die Medienethik hinaus, als sie auch den Austausch von Informationen zwischen Mensch und Maschinen z. B. bei Brain-Computer-Interfaces oder auch ausschließlich zwischen Maschinen wie beim Internet der Dinge berücksichtigen.

Nicht zuletzt scheint die Digitale Ethik auch der Technikethik zugeordnet werden zu können: Die **Technikethik** ist diejenige Bereichsethik, die sich mit den ethischen Problemen bei der Herstellung, Nutzung und Entsorgung von Technik und Technologien und den daraus entstehenden Folgen befasst (vgl. Grunwald 2011, 284; Fenner 2022, 215). Nachdem sie sich zunächst hauptsächlich als „Ingenieursethik" an Ingenieure und Techniker, also an Technikgestalter und -entwickler richtete, gehören zu den Adressaten heute alle potentiellen Techniknutzer in der breiten Öffentlichkeit und Entscheidungsträger in Politik und Wirtschaft. Aufgrund des digitalen Wandels hat sich auch das Profil der in den 1980er Jahren etablierten Technikethik stark verändert. Obgleich der Themenbereich der Technikethik auch traditionelle Werkzeuge und Maschinen ohne Internetanschluss umfasst, rücken doch die von digitalen Technologien neu eröffneten Möglichkeiten immer mehr in den Fokus. Technische Anwendungen der Künstlichen Intelligenz etwa in der Robotik, allen voran die Herausforderungen durch das Autonome Fahren, sind inzwischen überaus populäre Themen auch in den Massenmedien. Digitale Technologien stellen aber nicht immer physisch eingebettete Internetanwendungen dar wie im Fall von selbstfahrenden Autos, sondern können auch reine Softwareprogramme sein (s. Kap. 3.1). Diese KI-Anwendungen gehören dann nicht mehr zur „Technikethik", sondern nur zur „Informationsethik" und zur „Digitalen Ethik". Eine Digitale Ethik kann jedoch kaum verzichten auf die differenzierten theoretischen Konzepte und Thesen der Technikethik wie z. B. den Technikdeterminismus (Kap. 1.1.4), die Neutralitätsthese (Kap. 1.2.1), das Prinzip Verantwortung und Steuerungskonzepte der Technikfolgenabschätzung (Kap. 1.2.5).

Es lässt sich also festhalten, dass die fortschreitende Digitalisierung zu einer inhaltlichen Weiterentwicklung der erwähnten Bereichsethiken sowie einiger weiterer (wie etwa der Wirtschaftsethik) geführt haben, wodurch es zu teilweise großen Überschneidungen zwischen diesen kam. Wie genau sich die einzelnen Bereichsethiken voneinander abgrenzen lassen und welche als Teilgebiete von anderen anzusehen sind, wird in der Literatur mitunter gegensätzlich dargestellt (vgl. Lenzen 2011, 210). Wichtiger als klare Grenzziehungen ist aber ohnehin eine gute Kooperation und interdisziplinäre Zusammenarbeit der Bereichsethiken der Angewandten Ethik (vgl. Filipović 2016, 44 f.; Bendel 2018, 36). Es kann zwar nicht logisch zwingend begründet werden, dass es eine neue, enger gefasste Bereichsethik **Digitale Ethik** im Schnittbereich anderer Bereichsethiken braucht. Die großen Veränderungen im alltäglichen Leben der Menschen, die Transformation von Wirtschaft, Arbeitswelt und mehr und mehr auch der Politik scheint aber eine intensive interdisziplinäre Beschäftigung mit digitalen Technologien und den neu eröffneten Handlungsmöglichkeiten hinlänglich zu rechtfertigen. Auch wenn die Digitale Ethik keine gänzlich neuen moralischen Prinzipien oder Richtlinien erforderlich macht, müssen diese doch spezifisch für das „digitale Ökosystem" neu interpretiert werden (vgl. Danks, 2). Eine andere Rechtfertigungsstrategie kann sich auf die in vollem Gang befindlichen weltweiten Institutionalisierungsbemühungen in diesem jungen Forschungsbereich abstützen, der seit 2010 zunehmend an Aufmerksamkeit gewinnt: Während es weltweit bereits zahlreiche Ethikkommissionen und -richtlinien zu Digitalisierungsthemen gibt, steht Digitale Ethik erst an vereinzelten Universitäten oder Hochschulen für Informatik, Medien oder Wirtschaft auf dem Lehrplan. 2013 wurde an der Hochschule der Medien (HdM) in Stuttgart das „Institut für Digitale Ethik" gegründet, an der Universität Oxford gibt es das „Digital Ethics Lab" und an der Universität von Chicago das „Center for Digital Ethics & Policy". An den Universitäten Lüneburg und Freiburg wird bereits ein Zertifikationsstudium „Digitale Ethik" bzw. „Digitalethik", an weiteren Hochschulen wie etwa der Universität Luzern oder der Fernuniversität Hagen ein entsprechender Schwerpunkt angeboten.

Bereichsethiken: Teildisziplinen der Angewandten Ethik, die sich mit den moralischen Problemen in verschiedenen prägnanten Handlungsfeldern wie z. B. medizinisches Gesundheitswesen, Wirtschaft oder Umgang mit der außermenschlichen Natur beschäftigen
Informationsethik: klassische, gut etablierte Bereichsethik, die sich mit den ethischen Problemen im Umgang mit digital vermittelten Informationen und digitalen Informations- und Kommunikationstechnologien beschäftigt
Technikethik: klassische, gut etablierte Bereichsethik, die sich mit den ethischen Problemen bei der Herstellung, Nutzung und Entsorgung von Technik und Technologien und den daraus entstehenden Folgen beschäftigt
Medienethik: klassische, gut etablierte Bereichsethik, die sich mit den ethischen Problemen bei der medienvermittelten Kommunikation zwischen Menschen beschäftigt, wobei die Massenmedien und zunehmend die digitalen Medien im Zentrum stehen
Digitale Ethik: eng gefasste und noch junge Bereichsethik im Schnittbereich anderer größerer Bereichsethiken, die sich mit den ethischen Problemen bei der Entwicklung und beim Umgang mit digitalen Technologien sowie den Folgen ihrer Anwendung in verschiedenen Lebensbereichen beschäftigt

1.2.5 Partizipation, Diskurs und Verantwortung

Bei der gemeinsamen verantwortungsvollen Technikgestaltung spielen die offenen normativen Konzepte Partizipation, Diskurs und Verantwortung eine wichtige Rolle. „Diskursiv" bedeutet, in einem Dialog logisch schlussfolgernd, methodisch und mit ständiger Überprüfung der Denkschritte von einem Begriff zum nächsten fortschreitend. Die Philosophie vollzog sich seit ihren Anfängen in der Antike wesentlich diskursiv. Philosophische Ethik ist eine **Reflexionsdisziplin**, in der es weniger um die Vermittlung eines Katalogs von Normen und Werten als um das Einüben ins ethische Argumentieren und Begründen geht (vgl. Fenner 2020, 62). Die meisten gegenwärtigen Ethiker stimmen darin überein, dass die Menschen ihre Normen und Werte allein mittels ihrer praktischen Vernunft begründen und rechtfertigen müssen. Die von Sarah Spiekermann in ihrer *Digitalen Ethik* (2019) als Grundlage gewählte materiale Wertethik nach Max Scheler und Nicolai Hartmann mit der starken ontologischen Annahme einer subjektunabhängig existierenden Welt von „objektiv erfahrbaren Werten" gilt in der wissenschaftlichen Ethik heute als nicht mehr vertretbar (ebd., 39; vgl. Fenner 2020, 132ff.). Das Vertrauen in menschliche Intuitionen und Gefühle ist auch deswegen problematisch, weil die menschlichen Wahrnehmungen von Werten und ihrer hierarchischen Ordnung irrtumsanfällig sind und in der Praxis meist stark voneinander abweichen, wie Spiekermann selbst zugesteht (vgl. 40f.). Im Gegensatz dazu heben Petra Grimm, Tobias Kerber und Oliver Zöllner in ihrem Reclam-Band *Digitale Ethik* (2020) den *diskursiven* Charakter der Ethik hervor (vgl. 10f.): Sie sei nicht „gesetzt und für immer fixiert", sondern stelle vielmehr eine Einladung zum Gespräch dar, um eine begründete Haltung zu Sachverhalten oder Praktiken zu finden und gemeinsam moralische Konflikte zu lösen. Viele Beiträge zur Digitalisierung fordern, dass es mehr Austausch zwischen Experten, Softwareentwicklern und Gesellschaft, eine Berücksichtigung der Interessen aller „Stakeholder" und eine stärkere Einbindung der Öffentlichkeit braucht (vgl. Timko u.a., 364; Coeckelbergh, 168; Heise, 207).

Diskursethik

In einer der bedeutendsten Moraltheorien der Gegenwart steht der „Diskurs" im Zentrum, d.h. ein sachlicher, herrschaftsfreier Dialog auf der Grundlage von Argumenten. Die Begründer Karl-Otto Apel und Jürgen Habermas haben mit ihrer Diskursethik die kantische Vernunftethik im 20. Jahrhundert fortgeführt und damit einen weiteren Ansatz der deontologischen Ethik vorgelegt (s. Kap. 1.2.3). Gemäß dem **diskursethischen Moralprinzip** sind diejenigen moralischen Normen ethisch legitim, die von allen Betroffenen als Teilnehmern eines praktischen Diskurses Zustimmung finden oder finden könnten (vgl. Habermas 1996, 103). Begründet wird dieses Moralprinzip mittels einer rekonstruktiven oder **reflexiven Methode** (vgl. Fenner 2020, 134): Reflektiert wird auf die grundlegenden Bedingungen moralischen Urteilens und Handelns, die Menschen in der moralischen Alltagspraxis immer schon in Anspruch nehmen. Wer ethische Urteile fällt, anficht oder sich an Diskussionen über strittige ethische Fragen beteiligt, akzeptiert den Diskursethikern zufolge immer schon bestimmte elementare Diskursregeln (vgl. Habermas 1996, 99). Dazu zählt, dass alle ihre Positionen mit Argumenten und Gründen rechtfertigen und auf strategische Manipulationsversuche verzichten. Alle Gesprächsteilnehmer haben die gleichen Rechte, sich am Diskurs zu beteiligen und ihre Bedürfnisse und Interessen zu artikulieren.

Niemand ist aufgrund seiner Autorität oder Stellung privilegiert, sondern es zählen allein die besseren Argumente. Alle nehmen die Standpunkte der anderen ein und arbeiten gemeinsam auf einen rationalen, begründeten Konsens hin. Wer gegen die Diskursregeln verstößt, begehe einen **performativen Selbstwiderspruch**, d.h. einen Widerspruch zwischen seinem Denken und Handeln (vgl. ebd., 101). So wäre es irrational zu behaupten, man hätte sich von der Richtigkeit einer moralischen Norm überzeugt, nachdem man Andersdenkende durch Gewalt zum Schweigen gebracht hat. Wer die Diskursregeln anerkennt, hat aber implizit auch das diskursethische Moralprinzip akzeptiert. Gegen die Diskursethik wird zwar eingewendet, dass sich in der Realität selten alle Menschen an die Gesprächsregeln halten. Nichtdestotrotz müssen wir in der Praxis eine ideale Gesprächssituation „kontrafaktisch“ unterstellen, weil das Miteinander-Diskutieren sonst sinnlos wäre. Ein sehr offenes Rahmenkonzept ist die Diskursethik aber insofern, als es keine vorgängigen Kriterien für „gute“ Argumente gibt und sich z.B. deontologische oder konsequentialistische Argumentationsformen erst im realen praktischen Diskurs bewähren müssen (vgl. Fenner 2020, 153f.).

Diskurs: sachlicher Dialog auf der Grundlage von Argumenten
diskursethisches Moralprinzip (deontologisches Prinzip): Ethisch legitim sind nur moralische Normen, die bei allen Betroffenen als Teilnehmern eines praktischen Diskurses Zustimmung finden.

Partizipative Technikfolgenabschätzung und -bewertung (pTA)

Im Kern normativ ist auch das Programm der **Technikfolgenabschätzung (TA)** oder **Technikbewertung**, bei dem von Anfang an diskursiv-partizipative Beteiligung gefordert wurde (vgl. Abels u.a., 110). Es handelt sich um die Übersetzung des englischen „technology assessment“, das die normative Dimension des Bewertens deutlicher zum Ausdruck bringt. Der Begriff wurde in den 1960er Jahren zur parlamentarischen Beratung über Technik geprägt und fand in den 1970er Jahren auch in die europäischen Debatten über Technik Eingang. Die Technikfolgenabschätzung und die Technikethik als Teilbereich der Angewandten Ethik entwickelten sich zwar zunächst unabhängig voneinander (vgl. Grunwald 2011, 284; s. Kap. 1.2.4). Es wurde aber bald deutlich, dass bei einer umfassenden Beratung der Entscheidungsträger normative Leitlinien aus der Angewandten Ethik erforderlich sind. Gemäß der Richtlinie des Verbands Deutscher Ingenieure (VDI) 3780 handelt es sich bei der **Technikbewertung** um eine systematische Analyse der Entwicklungen in Wissenschaft und Technik und den sich daraus ergebenden Chancen und Risiken sowie um die Beurteilung der gesundheitlichen, sozialen, ökologischen und wirtschaftlichen Auswirkungen bezüglich bestimmter Ziele oder Werte (vgl. VDI 1993, 336; Ropohl, 162 ff.). Auf dieser Grundlage können dann Handlungs- und Gestaltungsmöglichkeiten erarbeitet werden. Seit den 1980er Jahren werden unter der Bezeichnung **partizipative Technikfolgenabschätzung (pTA)** verschiedene partizipativ-diskursive Verfahren zusammengefasst, die auf eine Beteiligung von Bürgern und Interessenvertretern (Stakeholder) beim kollektiven Beratungsprozess abzielen und immer mehr in die Praxis umgesetzt werden (vgl. Abels u. a., 109 f. und 113; Dusseldorp, 444): In einem deliberativen (beratschlagenden, erwägenden) demokratischen Meinungsbildungsprozess versuchen Experten und Laien, Entscheider und Betroffene, Befürworter und Gegner zu argumentativ begründeten Entscheidungen über die Einführung oder Regulierung umstrittener Techniken zu gelangen. Damit die Ethik nicht wie eine „Fahrradbremse am Interkontinentalflugzeug" (Ulrich Beck) den technischen Entwicklungen weit hinterherhinkt, muss die Debatte schon bei der Konzeption und Planung ansetzen. Hilfreich können dabei die seit den 1960er Jahren entstehenden interdisziplinären Einrichtungen zur **Technik(genese)forschung** oder **Science and Technology Studies (STS)** sein.

Verantwortung

In der Ethik und Angewandten Ethik, insbesondere in der Wissenschafts- und Technikethik ist „Verantwortung" ein Schlüsselbegriff und gilt gleichfalls als offenes normatives Prinzip. Es ist insofern **konsequentialistisch**, als es um die Folgen des eigenen oder kollektiven Handelns geht: „Verantwortlich" zu sein für etwas oder „Verantwortung zu übernehmen" meint in seiner Kernbedeutung, dass jemand für sein Tun eintritt, für etwas „Rede und Antwort steht" und sich im Fall negativer Folgen entschuldigt oder den Schaden wiedergutzumachen versucht (vgl. Werner, 521). Obwohl es in ethischen Diskussionen häufig suggeriert wird, bildet „Verantwortung" aber strenggenommen keinen eigenständigen Ethiktyp oder normativen Ansatz, sondern genauso wie „Diskurs" oder „Partizipation" erst einmal nur ein inhaltsleeres **formales Prinzip**. Die Leistung klassischer verantwortungs- und technikethischer Beiträge etwa von Günter Ropohl, Hans Lenk oder Christoph Hubig besteht hauptsächlich in der Analyse der verschiedenen Bestandteile von Verantwortung als mehrstelliger Relation, auf die in Kapitel 2.1.2 zurückzukommen ist. Erst wenn aber normative Prinzipien oder Wertmaßstäbe für die Beurteilung des zu verantwortenden Handelns angegeben werden, kann Verantwortung als **ethisches Prinzip** gelten. Bei seiner intensiven Beschäftigung mit den normativen Grundlagen technischen Handelns hat der Verein Deutscher Ingenieure ein Wertesystem vorgestellt. Dabei werden Werte als „Ergebnisse individueller und sozialer Entwicklungsprozesse" definiert und dienen als Orientierungsstandards dafür, was in einer Gesellschaft als anerkannt oder erstrebenswert gilt (VDI, 339; Fenner 2020, 190f.). Das generelle Ziel technischen Handelns sei es, „die menschlichen Lebensmöglichkeiten […] zu sichern und zu verbessern". Technische Systeme müssten folgenden Werten genügen (vgl. VDI, 346–358): 1. Funktionsfähigkeit, 2. Wirtschaftlichkeit, 3. Wohlstand als materielles Wohlergehen der Bevölkerung, 4. Sicherheit, 5. Gesundheit, 6. Umweltqualität und 7. Persönlichkeitsentwicklung und Gesellschaftsqualität. Seit ungefähr zehn Jahren konzentrieren sich die verantwortungsethischen Debatten zur Technikfolgenabschätzung auf **Responsible Research and Innovation (RRI)**, zu denen wissenschaftliche Forschungs- und technologische Entwicklungsprogramme zählen, die potentielle Auswirkungen auf Umwelt und Gesellschaft berücksichtigen (vgl. Thomaß, 29).

Partizipative Technikfolgenabschätzung (pTA): systematische Analyse der Entwicklungen in Wissenschaft und Technik sowie die ethische Bewertung der Chancen und Risiken unter Beteiligung von Bürgern und Interessevertretern
Responsible Research and Innovation (RRI): wissenschaftlich-technologische Forschungsprogramme, die Auswirkungen auf Umwelt und Gesellschaft berücksichtigen
Verantwortung (Kerngedanke): Jeder muss für die Folgen seines Handelns einstehen (Rede-und-Antwort-Stehen).
Problem: „Verantwortung" = formales, inhaltsleeres Prinzip ethisches Prinzip erst mit Angabe normativer Standards/Wertmaßstäbe, z. B.: • diskursethische Moralbegründung • Wertekatalog des Vereins Deutscher Ingenieure (VDI): 1. Funktionsfähigkeit 2. Wirtschaftlichkeit 3. Wohlstand 4. Sicherheit 5. Gesundheit 6. Umweltqualität 7. Persönlichkeitsentwicklung und Gesellschaftsqualität

1.3 Allgemeine ethische Leitideen

Wenn wir menschliche Handlungen, Entscheidungen oder Überzeugungen bewerten, billigen oder kritisieren, berufen wir uns meist auf normative Maßstäbe, Orientierungsstandards oder Bezugsgrößen wie z. B. bestimmte Werte, Normen oder Rechte. All diese unterschiedlichen Bezeichnungen werden in diesem Buch unter dem Oberbegriff **ethische Leitideen** zusammengefasst. Seitdem die Dringlichkeit einer ethischen Regulierung der Entwicklung der Informations- und Kommunikationstechnologien erkannt wurde, wächst die Zahl ethischer Richtlinien insbesondere zur Orientierung im Bereich Künstlicher Intelligenz stetig an. Gemäß dem *AI Ethics Guidelines Global Investory* von Algorithm Watch gab es im Jahr 2020 bereits 167 Regelwerke zur KI-Ethik. Die Empfehlungen stammen von verschiedenen einflussreichen Organisationen oder Institutionen wie z. B. von nationalen Ethikkommissionen, der EU, UNESCO, OECD, aber auch Forschungsinstitutionen, Berufsverbänden, Stakeholderinitiativen, großen Unternehmen etc. Es werden Listen von Prinzipien („ethical principles“) und/oder Werten („values“) für die ethische Orientierung zusammengestellt, wobei ihre Zahl erheblich schwankt. Inhaltlich gibt es viele Übereinstimmungen, aber keinen allgemeingültigen Kanon, der sich durchgesetzt hätte. In den Richtlinien werden die normativen Konzepte meist nur in wenigen Sätzen erläutert. Auch wird auf die genaue Bedeutung der ethischen Grundbegriffe „Prinzipien“ und „Werte“ kaum eingegangen. Zu Beginn dieses Kapitels wird daher eine knappe terminologische Abgrenzung von Werten, Prinzipien, Normen und Rechten vorgenommen. Wie sich zeigen wird, ist die Verwandtschaft von Werten und Prinzipien groß, sodass in der Praxis und in Digitalisierungsdebatten das strenge Auseinanderhalten nicht immer erforderlich ist. Gleichwohl ist die begriffliche Klärung der verschiedenen ethischen Orientierungen hilfreich für das Verständnis ihrer jeweiligen Funktionen.

Werte sind allgemeine, bewusste oder unbewusste Orientierungsstandards, von denen sich Einzelne oder Gruppen in ihrem Handeln leiten lassen (vgl. Fenner 2020, 190 ff.; Dignum, 40). Es handelt sich um tief verankerte Leitvorstellungen darüber, was in einer Gemeinschaft als erstrebenswert und gut angesehen wird. Die **faktischen Werte**, die in einer bestimmten Gemeinschaft gelten, sind historisch veränderlich und relativ in Bezug auf den jeweiligen gesellschaftlichen und kulturellen Kontext. Sie sind nicht immer rational und aus ethischer Sicht gut begründet, sondern können auch unreflektierten, emotional besetzten Wunschvorstellungen und Begehrlichkeiten oder herkömmlichen weltanschaulichen oder religiösen Überzeugungen entspringen. Wenn im Zeichen eines konservativen Festhaltens an altehrwürdigen Traditionen eine Rückbesinnung z. B. auf christliche oder islamische Werte gefordert wird, müssten die jeweiligen Werte wie etwa Glaube, universelle Liebe oder Familie (mit unauflöslicher Ehe und traditionellen Geschlechterrollen) kritisch auf ihre ethische Legitimität hin geprüft werden. Nur universalisierbare und prinzipiell von allen (auch nichtreligiösen) Menschen einsehbaren Werte dürfen im Sinne normativer Orientierungsstandards den Anspruch auf allgemeine Gültigkeit erheben, weil alle Menschen sie vernünftigerweise anerkennen sollen (vgl. Fenner 2020, 191; Grimm 2021, 76). In der rationalistischen Ethik geht man dabei nicht von einem intuitiven, gefühlsmäßigen Zugang zu objektiven Werten aus, sondern setzt auf eine argumentative Verständigung in einem Wertediskurs (s. Kap. 1.2.5: Diskursethik). Gut begründbar und konsensfähig sind in westlichen Kulturen relativ konstante Werte wie Leben, Sicherheit, Freiheit, Gleichheit, Gerechtigkeit, Wahrheit, Gesundheit oder Bildung.

Im Unterschied zu Werten als abstrakten Idealen oder Zielorientierungen sind **Prinzipien** allgemeine und höchste praktische Grundsätze, die zu einem bestimmten Handeln auffordern (vgl. Fenner 2020, 192; UNESCO, 5). Das können formale Moralprinzipien sein wie Kants Kategorischer Imperativ oder das diskursethische Moralprinzip von Apel und Habermas (s. Kap. 1.2.3 und 1.2.5). Es können aber auch inhaltlich gehaltvolle Aufforderungen sein, das Handeln an bestimmten Werten auszurichten, wodurch eine große Nähe zu Werten entsteht. Nimmt man beispielsweise den abstrakten Wert „Freiheit“, lautete das ihn verkörpernde Prinzip: „Handle so, dass du die Freiheit deiner Mitmenschen nicht beeinträchtigst!“ Oder der Wert der „Gerechtigkeit“ lässt sich konkretisieren durch das allgemeine aristotelische Prinzip „Gleiche gleich und Ungleiche ungleich zu behandeln“ (s. Kap. 1.3.3). Wenn man vom „Prinzip Freiheit“ oder „Prinzip Gerechtigkeit“ spricht, ist also genaugenommen der Appell gemeint, diese Werte in die Praxis umzusetzen. Es liegt aber zweifellos eine große inhaltliche Überschneidung zwischen Werten und Prinzipien vor. Nach den hier vorgenommenen Definitionen werden in Ethikrichtlinien zur Digitalisierung zwar terminologisch gesehen nicht „Prinzipien“, sondern in aller Regel „Werte“ aufgeführt. In diesem praxisbezogenen Kontext kann aber natürlich die Aufforderung zur Respektierung dieser Werte in der Praxis unterstellt werden, also etwa bei der Entwicklung, Herstellung oder Nutzung digitaler Geräte.

Prinzipien lassen sich gleichfalls diskursethisch oder auch handlungsreflexiv begründen: Beim **handlungsreflexiven Ansatz** von Alan Gewirth und Klaus Steigleder wird nach den notwendigen Bedingungen gefragt, die für menschliche Handlungsfähigkeit vorausgesetzt werden müssen (vgl. Fenner 2020, 155 f.; zur Diskursethik Kap. 1.2.5). Ohne die grundlegende menschliche Fähigkeit zu handeln, würden sich ethische Reflexionen über das richtige Handeln nämlich schlicht erübrigen. Ungeachtet je spezifischer individueller Handlungsziele sind „Freiheit" und „Wohlergehen" notwendige Voraussetzungen oder Güter, um überhaupt handlungsfähig zu sein. Zum Wohlergehen zählen dabei z. B. elementare Güter wie Nahrung und Kleidung. Als ein „Gut" gilt alles, was von der handelnden Person notwendig positiv bewertet und also als „gut" befunden werden muss. „Güter" sind genauso wie „Werte" allgemeine normative Leitvorstellungen. Das formale handlungsreflexive Moralprinzip verlangt entsprechend von den handelnden Personen, diese handlungskonstitutiven Güter aller vom Handeln Betroffenen zu respektieren. Für die Anwendung in konkreten Handlungskontexten müssen jedoch sämtliche „Prinzipien" noch weiter präzisiert werden zu „Normen". **Normen** sind konkretere Handlungsregeln, die im Unterschied zu Prinzipien spezifischer auf bestimmte Situationen oder Personengruppen zugeschnitten sind (vgl. Fenner 2020, 190). Bezüglich des Prinzips Freiheit oder Autonomie sind zahlreiche Normen denkbar wie etwa: „Täusche niemanden mit falschen Informationen!" oder „Zwinge niemanden mit Gewalt oder psychischem Druck zu etwas!".

Rechte schließlich sind in einer Gemeinschaft anerkannte Ansprüche der Individuen gegenüber Einzelpersonen oder dem Staat (vgl. Fenner 2020, 193). Hier wird also gleichsam die Richtung gewechselt: Rechte stellen nicht wie Prinzipien und Normen Handlungsanweisungen an die handelnden Personen dar, sondern legen fest, wie die Rechtsträger von anderen Menschen, von der Gesellschaft oder vom Staat behandelt werden sollen. Genauso wie Prinzipien verkörpern sie größtenteils Grundwerte, etwa das „Recht auf Leben" oder „Recht auf Freiheit". Das Recht auf Leben von Einzelindividuen verlangt beispielsweise als ein typisches Abwehrrecht, dass sie von anderen Menschen am Leben gelassen werden (s. Kap. 1.3.1). Während juridische Rechte an konkrete politische Verfassungen gebunden sind, erheben moralische Rechte eine universelle Geltung für alle Menschen auf der ganzen Welt. In den *Ethics Guidelines for* *trustworthy AI* der EU und den *Recommendation on the Ethics of Artificial Intelligence* der UNESCO wird explizit auf fundamentale Rechte oder Menschenrechte als Grundlage der ethischen Prinzipien Bezug genommen (vgl. EU, 10 f.; UNESCO, 6). Dabei wird auch die wichtige Rolle der allen Menschen inhärenten Würde für die Begründung der Menschenrechte und der Prinzipien hervorgehoben. Auf die systematische Bedeutung der Würde wird in Kapitel 1.3.1 näher eingegangen. Wenn zunehmend über Würde und Rechte der Natur, von Lebewesen und neuerdings auch von Robotern diskutiert wird, stellt man diesen seit der Beendigung des menschenverachtenden Naziregimes fest etablierten Begründungszusammenhang in Frage (s. Kap. 3.3.1).

Wert	allgemeine Leitvorstellung darüber, was richtig/erstrebenswert ist
Prinzip	oberster einheitsstiftender allgemeiner Grundsatz der Handelnden
Norm	konkrete, personen- und situationsspezifische Handlungsregel
Recht	berechtigter und anerkannter Anspruch gegenüber anderen

Übereinstimmungen bei Werten oder Prinzipien in den Ethikrichtlinien

Es gibt in der Literatur zur Digitalen Ethik und KI-Ethik zahlreiche Versuche, Überschneidungen oder einen „common ground", also geteilte Prinzipien oder Werte in der großen Zahl an vorhandenen Ethikrichtlinien ausfindig zu machen (Rudschies u. a., 67). Der methodisch naheliegendste Weg ist hier der Blick auf Metastudien oder Metaanalysen, d. h. auf quantitative, statistische Zusammenfassungen anderer Arbeiten, die in unserem Fall schon verschiedene Ethikrichtlinien auf Überschneidungen hin analysiert haben. In einer solchen neueren Metastudie aus dem Jahr 2020 haben beispielsweise Catharina Rudschies, Ingrid Schneider und Judith Simon vier Studien miteinander verglichen, die Übereinstimmungen in jeweils verschiedenen ausgewählten KI-Ethikrichtlinien ermittelten. Sie kamen zu folgendem interessanten Ergebnis: Lediglich das Prinzip „Justice and fairness" (1) findet sich in allen vier Studien sozusagen als kleinster gemeinsamer Nenner, in drei weiteren Studien außerdem „Accountability" (2) und „Privacy" (3), in jeweils zwei von ihnen noch „Responsibility" (4), „Explicability" (5) und „Non-maleficience" (6) (vgl. 70 ff.). Obgleich sich bei der Durchsicht der verschiedenen Ethikrichtlinien der Eindruck einstellen mag, dass immer wieder die gleichen Werte oder Prinzipien aufgeführt werden, tritt bei einer genaueren Prüfung also durchaus eine Heterogenität zutage (vgl. ebd., 71; 86). Eine der umfassendsten und von den Autorinnen auch berücksichtigten Studie ist diejenige von Anna Jobin, Marcello Ienca und Effy Vayena von der ETH Zürich, die 84 Dokumente auswerteten. Die meisten Übereinstimmungen eruierten sie bei den folgenden elf Prinzipien, wobei die Numerierung im Original fehlt und die Hierarchie lediglich durch die Anzahl der Nennungen zustande kommt. Es handelt sich also nicht um eine begründete Prioritätenliste:

Studie von Anna Jobin u. a.	Prinzipien der UNESCO
1. Transparenz in 73 Fällen 2. Justice and fairness in 68 3. Non-maleficence in 60 4. Responsibility in 60 5. Privacy in 47 6. Beneficience in 41 7. Freedom and autonomy in 34 8. Trust in 28 9. Sustainability in 14 10. Dignity in 13 11. Solidarity in 6 Fällen (vgl. Jobin u. a., 395)	1. Proportionality and Do No Harm 2. Safety and security 3. Fairness and non-discrimination 4. Sustainability 5. Right to Privacy and Data Protection 6. Human oversight and determination 7. Tansparency and explainabiliy 8. Responsibility and accountability 9. Awareness and literacy 10. Multi-stakeholder and adaptive governance and collaboration (vgl. UNESCO, 8 ff.)

Gesucht wird teilweise aber auch nach möglichst wenigen obersten Grundsätzen, die für die Digitale Ethik genauso maßgeblich sein könnten wie die vier Prinzipien von Beauchamp/Childress für die biomedizinische Ethik. Die beiden Medizinethiker Tom Beauchamp und James Childress haben die vier „principles of bomedical ethics" als Grundlage oder als „starting point" für biomedizinische Diskussionen vorgeschlagen: 1. Respekt vor Autonomie („Autonomy"), 2. Nichtschaden („Nonmaleficence"), 3. Wohltun („Beneficence") und 4. Gerechtigkeit („Justice") (vgl. Beauchamp/Childress, Kap. 4–7). Ihr mehrfach überarbeiter Ansatz wurde unter dem Namen „principlism" bekannt, zu Deutsch „Prinzipienethik" oder besser „Theorie mittlerer Prinzipien", um sie von höchsten Moralprinzipien wie z. B. Kants Kategorischem Imperativ abzugrenzen. Er erfreut sich besonders in der Medizinethik großer Beliebtheit. Die genannten Prinzipien sind den Autoren zufolge universal anwendbar, entspringen einer „common morality" und sind mit den meisten Moraltheorien vereinbar (vgl. ebd., 13; 444 f.). Die Forschergruppe um Luciano Floridi hat eine relativ kleine Zahl von sechs KI-Ethikrichtlinien mit diesen Prinzipien aus der Medizinethik verglichen und eine große Übereinstimmung festgestellt (vgl. Floridi u. a., 695). Gegen die Übertragung dieser Prinzipien aus dem Gesundheitsbereich auf das Handlungsfeld der Digitalisierung wurde etwa von Bernt Mittelstadt eingewendet, dass die Anwendungsbereiche der Medizin und KI in vielen Hinsichten sehr verschieden seien (vgl. dazu Jobin, 149 f.). So ist etwa das Prinzip der „Wohltätigkeit" in Verbindung mit der ärztlichen Fürsorge auf das vorgegebene ärztliche Ziel der Heilung von Patienten ausgerichtet, wohingegen bei der v. a. in der Privatwirtschaft entwickelten KI diese klaren Vorgaben fehlen und die Angebote nicht unbedingt mit den verschiedenen Zielen der Nutzer übereinstimmen. Trotz dieser berechtigten Kritik sollten jedoch digitale Technologien ganz allgemein dem „Wohl der Menschen" dienen, das gemeinsam zu bestimmen wäre (s. Kap. 4).

Obgleich die genannten vier Prinzipien als guter Ausgangspunkt dienen können, stellen sie sicherlich noch keine hinlängliche normative Basis für eine Digitale Ethik dar (vgl. Frischhut, 298). Auch Floridi und seine Mitstreiter betonen, dass die vier biomedizinischen Prinzipien nicht erschöpfend sind. Aus ihrer Sicht müssten sie für eine KI-Ethik zumindest ergänzt werden durch ein fünftes Prinzip: „Erklärbarkeit", das „Verstehbarkeit" und „Verantwortlichkeit" umfasse (vgl. Floridi u. a., 699 f.). Aber auch diese fünf Prinzipien erscheinen noch als unzureichend für Diskussionen über digitale Technologien, weil andere wichtige Prinzipien wie z B. „Privatheit" oder „Sicherheit" fehlen. Bei den von Floridi untersuchten sechs KI-Richtlinien kamen immerhin 47 verschiedene Prinzipien zusammen (vgl. ebd., 696). Die Anzahl oberster praktischer Grundsätze oder Prinzipien ist zwar nicht von vornherein limitiert, sollte aber natürlich für die Orientierung in der Praxis übersichtlich bleiben. Systematisch scheint es kaum sinnvoll zu sein, alle weiteren normativen Orientierungsgrößen als spezifizierende „Normen" einem dieser vier oder fünf „Prinzipien" unterordnen zu wollen. In den EU-Richtlinien werden den konkreten Forderungen an eine vertrauenswürdige KI zwar vier variierte allgemeine Prinzipien: 1. Respekt vor Autonomie, 2. Schadensvermeidung, 3. Fairness und 4. Erklärbarkeit vorangestellt (vgl. EU, 12). Es fehlt aber bei dieser Gliederung eine Zuordnung wie beim Verhältnis von allgemeinen Prinzipien zu den sie konkretisierenden Normen. In einem komplexeren Zwei-Ebenen-Modell ist es gleichwohl möglich, unter den relevanten Werten bzw. Prinzipien eine gewisse Rangfolge herzustellen.

Bis auf das Prinzip „Vertrauen" wird in der untenstehenden Abbildung ein Versuch unternommen, alle oben aufgelisteten Leitideen der Studie von Jobin u. a. in eine Verbindung miteinander zu bringen und graphisch darzustellen. Sicherlich müssen Nutzer digitaler Technologien „vertrauen" können, dass diese nicht nur technisch „robust" sind, sondern auch ethischen und rechtlichen Anforderungen genügen, ohne deren Funktionsweisen im Detail zu verstehen. Anders als die wichtige Forderung nach einer „trustworthy AI" wäre aber das „Vertrauen" in die Künstliche Intelligenz, ihre Hersteller oder Entwickler schwerlich eine sinnvolle ethische Forderung. Benannt werden müssen vielmehr die ethischen (und rechtlichen) Bedingungen, die für Vertrauenswürdigkeit gegeben sein müssten (vgl. zur „trustworthy AI" EU, 4 f.). Hinzugenommen werden hingegen das Prinzip „Wahrheit", das zwar nicht in der KI-Ethik, sehr wohl aber in der Digitalen Medienethik eine bedeutsame Rolle spielt, und das Prinzip „Sicherheit", das in vielen KI-Ethikrichtlinien vorkommt (vgl. UNESCO, 8; EU, 14; Rudschies u. a., 71). Selbstverständlich beansprucht auch diese Zusammenstellung keine Vollständigkeit.

Für die systematische Strukturierung wird in der Graphik zwischen **anspruchbegründenden Gütern** oder **Werten** (A) und den daraus resultierenden **moralischen Pflichten** (B) als zwei verschiedenen Ebenen unterschieden. Zu **A**: **Ansprüche** an das Handeln anderer Menschen begründet allen voran die menschlichen **Würde** oder Selbstzweckhaftigkeit, die in der ersten Dimension als normative Basis gelten kann. Zu wesentlichen Hinsichten für rücksichtsvolles und verantwortliches Handeln gehören außerdem die eng mit der Würde verbundene normative Leitidee der „Freiheit" (Kap. 1.3.1) und der zentrale individualethische Bewertungsmaßstab „Glück/gutes Leben" (Kap. 1.3.2) der Einzelnen. Für die Realisierung beider Güter ist der Schutz der „Privatsphäre" (Kap. 1.3.4) wichtig, die in Digitalisierungsdebatten eine große Rolle spielt. Die Verwirklichung von „Autonomie" ist aber auch angewiesen auf Wahrheit und Transparenz, das „gute Leben" auf Sicherheit und Nachhaltigkeit (Kap. 2.1.3 bzw. 3.1.3).

Zu **B**: Bei der zweiten Dimension eines moralisch richtigen Handelns bzw. **moralischer Pflichten** gegenüber Um- und Mitwelt bildet analog zur „Würde" bei A die **Verantwortlichkeit** („responsibility"; „accountability") den Ausgangspunkt. Sie verweist v. a. auf den grundlegenden sozialethischen Bewertungsmaßstab der „Gerechtigkeit" (Kap. 1.3.3), der sich typischerweise auf Verteilungssituationen bezieht, und die sehr allgemein gehaltenen Prinzipien des „Nichtschadens" („nonmaleficience") und „Wohltuns" („beneficience"). Um diese Prinzipien inhaltlich näher zu bestimmen, ist der Bezug auf die unter A aufgeführten normativen Hinsichten oder legitimen Ansprüche notwendig. Sie geben Aufschluss darüber, was genau ein Schaden und was das Gute ist: Das Nichtschadensprinzip verlangt, dass niemandem Böses oder ein Schaden zugefügt wird, wohingegen das Wohltätigkeitsprinzip fordert, Böses oder Schaden zu vermeiden bzw. zu beseitigen oder Gutes zu tun (vgl. Beauchamp u. a., 157). Weitgehend einig ist man sich in der Ethik darüber, dass ein verantwortungsvolles Handeln die Orientierung an Gerechtigkeit voraussetzt und Menschen zumindest **negative Pflichten** haben, niemandem in grundlegenden Hinsichten Schaden zuzufügen (vgl. Fenner 2020, 221 f.). Nicht so eindeutig verhält es sich bei **positiven Pflichten** der Wohltätigkeit, bei denen nichts unterlassen, sondern aktiv etwas für die Verbesserung der Lage der anderen getan werden soll. Im zwischenmenschlichen Bereich werden sie häufig eher als Tugenden denn als Pflichten angesehen, die nur „verdienstvoll" oder „supererogatorisch" („übergebührlich") sind und dem „charity"-Prinzip zugeordnet werden. Zumindest scheint es Grenzen der Wohltätigkeit geben zu müssen, wo es statt um schadensabwehrende Wohltätigkeit um Luxuswünsche der Mitmenschen weit oberhalb der Schwelle eines menschenwürdigen Lebens geht wie z. B. nach einer Weltreise (vgl. ebd., 223 ff.). Für die Rechtfertigung digitaler Technologien sind positive Zielorientierungen wie Erweiterung der Handlungsmöglichkeiten oder Steigerung der Lebensqualität jedoch wichtig (s. Kap. 1.3.2).

Leitideen der Digitalen Ethik

A Dimension: Ansprüche der Individuen

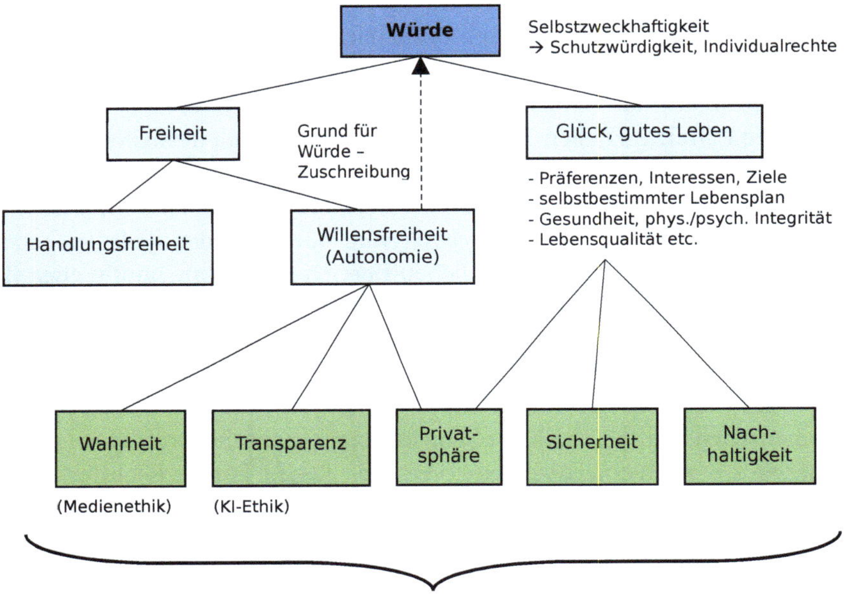

B Dimension: moralische Pflichten in Interaktionen

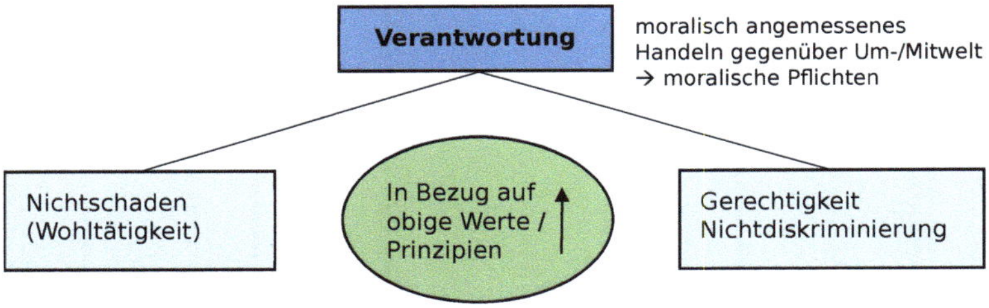

Erläuterungen zu Ebene A:

- obere Werte/Prinzipien = normative Basis (ethisches Fundament) für untere
- untere Werte/Prinzipien = Voraussetzung der Realisierung der oberen

Notwendigkeit der Interpretation und Abwägung im Konfliktfall

Auch wenn in den einzelnen Ethikrichtlinien und Beiträgen zur Digitalen Ethik immer wieder gleiche oder ähnliche Werte oder Prinzipien aufgelistet werden, bedeutet dies noch lange nicht, dass immer dasselbe gemeint ist. Wie erwähnt stellen Werte und Prinzipien sehr abstrakte normative Konzepte dar, sodass sie einen erheblichen **Interpretationsspielraum** offenlassen. Daher gibt es in der Digitalisierungsdebatte trotz faktischen Übereinstimmungen sehr unterschiedliche Vorstellungen darüber, wie das unter dem gleichen Begriff Bezeichnete genau zu verstehen und dann auch zu implementieren ist (vgl. Bauberger u. a., 913; Jobin u. a., 396). Werte und Prinzipien sind grundsätzlich interpretationsbedürftig und müssen für die Anwendung in der Praxis konkretisiert werden (vgl. Dignum, 40; 62). Seit den Anfängen der Philosophiegeschichte haben die mehrdeutigen und vielschichtigen normativen Konzepte wie „Freiheit", „Gerechtigkeit" oder „Glück" zu zahlreichen verschiedenen Interpretationen und Definitionen angeregt. In den folgenden Kapiteln wird versucht, die überzeugendsten und bezüglich der Digitalisierungsdebatte aufschlussreichsten Modelle und Deutungen herauszuarbeiten. Diese Systematisierungsversuche sollen dazu dienen, die notwendigen gesamtgesellschaftlichen Diskussionen über die normative Grundlage der Digitalisierung zu strukturieren und die rationale Konsensfindung voranzutreiben. Trotz vieler Bezugnahmen auf die Digitalisierungsdebatte verbleiben sie aber immer noch auf einer sehr allgemeinen Ebene der ethischen Theoriebildung, wo Beispiele aus der Praxis eher illustrativen Charakter haben. Für eine Handlungsorientierung in konkreten Einzelfällen braucht es noch verschiedene anwendungsorientierte Konkretisierungsstufen von Prinzipien zu Normen und weiter zu Handlungsregeln oder Operationalisierungsweisen („functionalities") (vgl. ebd., 63). Die meisten Ethikrichtlinien lassen es aber bei der Auflistung der Prinzipien völlig offen, was diese für die Praxis genau bedeuten oder wie sie zu implementieren sind (vgl. Chesterman, 114). Dies wird bisweilen damit gerechtfertigt, dass sie auch für noch unbekannte Technologien und damit verbundene Probleme anwendbar sein sollen (vgl. ebd.).

Verschiedene Abstraktionsebenen ethischer Orientierungen
Ebene der ethischen Theorien: Begründung höchster ethischer Prinzipien z. B. Kants Kategorischer Imperativ; diskursethisches oder handlungsreflexives Moralprinzip
Ebene der ethischen Prinzipien: z. B. Prinzip der Autonomie: „Du sollst die Autonomie anderer Personen nicht beeinträchtigen!“ Prinzip Gerechtigkeit: „Behandle alle Menschen gerecht!“
Ebene der Normen: z. B. konkrete Handlungsregeln zu den Prinzipien • Autonomie: „Täusche niemanden mit falschen Informationen!“ • Gerechtigkeit: „Sorge für gleiche Zugangschancen zum Internet!“

Ein weiteres grundsätzliches Problem bei einer Auflistung von Werten oder Prinzipien liegt darin, dass diese in der moralischen Alltagspraxis leicht in **Konflikt** miteinander geraten. In den ethischen Richtlinien zur Technikgestaltung findet in aller Regel keine Priorisierung statt. Wenn eine Hierarchie zwischen den Prinzipien fehlt, gibt es aber keine klaren Anhaltspunkte für eine Lösung im Fall ihrer Kollision (vgl. Jobin u. a., 396). Im Wertesystem von Annemarie Pieper stehen ganz oben auf der Prioritätenordnung „ethische Grundwerte“: der höchste Wert der Menschenwürde und die in diesen verankerten Werte Freiheit, Gleichheit und Gerechtigkeit (vgl. Pieper, 209f.). Unterhalb von diesen befinden sich die „moralischen Werte“ und zuunterst die „ökonomischen Werte“. Wie im obigen Schaubild mit der Wertehierarchie bei der Dimension A gilt ihr zufolge: Die unteren Werte oder Prinzipien sind wichtig für die Realisierung der oberen, erhalten aber ihrerseits durch die höheren erst ihre normative Basis oder ethische Legitimität (vgl. ebd., 211). Bei Gewirths erwähnter Gütertheorie mit den fundamentalen Gütern „Freiheit“ und „Wohlergehen“ werden beim „Wohlergehen“ nochmals „elementare Güter“ wie physische und psychische Integrität und „Güter zweiter Ordnung“ wie Faktenwissen oder Bildung unterscheiden. Eine andere Möglichkeit einer Rangfolge wäre die Orientierung an Maslows Bedürfnispyramide oder ihre freie Abwandlung durch Spiekermann (s. Kap. 1.3.2). Solche Pyramiden werden meist in einem deskriptiven, nicht normativen Sinn von unten nach oben gelesen, insofern die niedrigen Werte häufig Voraussetzungen für die höheren Werte darstellen (vgl. Spiekermann 2019, 174f.). Auch solche Wertordnungen sind allerdings nicht starr, sondern die Priorisierung kann je nach individuellen Neigungen oder soziokulturellen

Kontexten stark variieren (vgl. ebd., 173; Dignum, 83). In der Angewandten Ethik ist es ganz allgemein wenig ratsam, das Handeln an einer simplen, vorab konstruierten Werthierarchie orientieren zu wollen. Stattdessen gilt es, miteinander in Konflikt geratene und scheinbar entgegengesetzte Werte oder Prinzipien wie Freiheit und Sicherheit jeweils mit Blick auf konkrete praktische Probleme zu konkretisieren, weiterzuentwickeln und gegeneinander abzuwägen (vgl. Fenner 2020, 192). Diese anwendungsspezifische Präzisierung und Gewichtung von Werten, Prinzipien und Normen stellt letztlich eine gesamtgesellschaftliche Aufgabe dar und erfordert eine fortlaufende Neuverortung, wenn es zu Konfliktsituationen kommt (vgl. Jobin, 156; Koska, 151). Sie erfordert eine Institutionalisierung von demokratischen Meinungsbildungsprozessen unter Miteinbezug der wichtigsten Stakeholder sowie Ethikräten und -kommissionen für die einzelnen Nutzungs- und Anwendungskontexte.

Werte/Prinzipien für die Digitale Ethik
Ebene A **grundlegende Hinsichten moralischer Rücksichtnahme (Ansprüche):** • Freiheit und Würde (Kap. 1.3.1) • Glück und gutes Leben (Kap. 1.3.2) • Privatsphäre (Kap. 1.3.4) • Nachhaltigkeit (Kap. 1.3.5)
Ebene B **moralische Prinzipien (Pflichten gegenüber Um- und Mitwelt):** • Gerechtigkeit und Nichtdiskriminierung (Kap. 1.3.3) • Nichtschaden (und Wohltun)
generelle Probleme von Wert-/Prinzipien-Listen: a) höchst unterschiedliche Interpretationen der abstrakten Werte/Prinzipien → anwendungsbezogene Konkretisierung zu Normen notwendig b) häufige Konflikte in der Praxis → anwendungsbezogene Abwägung und Priorisierung notwendig

1.3.1 Freiheit

Zu den wichtigsten normativen Leitideen in Diskussionen über digitale Medien oder Künstliche Intelligenz zählen zweifellos „Freiheit", „Autonomie" oder „Selbstbestimmung" der Menschen. Im Zuge neuzeitlicher Emanzipations- und Individualisierungsbestrebungen avancierten sie im westlichen Kulturkreis zu höchsten oder sogar absoluten Werten: Den Individuen werden universalmoralische Rechte auf Freiheit und Selbstbestimmung zugebilligt, die eine hohe Schutzwürdigkeit genießen und in den Verfassungen der meisten modernen Staaten auch rechtlich garantiert sind. Aus einer anthropologischen Perspektive gilt die freie, selbstbestimmte Existenz als maßgebliches Wesensmerkmal des Menschen, aus einer politischen Perspektive bildet sie nichts weniger als die Grundlage der Demokratie (vgl. Heesen 2016, 52). In der Ethik ist „Freiheit" ein Schlüsselbegriff, weil sie schlechterdings die Grundvoraussetzung für moralisches Handeln und die Übernahme von Verantwortung bildet. Darüber hinaus lautet in der kantischen Tradition das Ziel aller moralischer Bemühungen, größtmögliche Freiheit aller vom Handeln Betroffenen zu wahren (vgl. Fenner 2020, 204; Pieper, 41). „Freiheit" ist allerdings ein vieldeutiger und schwer zu definierender Begriff. Je nachdem, welche Bedeutungsaspekte hervorgehoben werden, können mit einer solchen Bezugnahme in der Digitalisierungsdebatte gegensätzliche Standpunkte eines Freiheitsgewinns oder -verlusts begründet werden. Hilfreich zur Systematisierung verschiedener Schwerpunktsetzungen ist die formale Unterscheidung zwischen „Handlungsfreiheit" und „Willensfreiheit", die sich in der Philosophie etabliert hat (vgl. Wildfeuer, 359 f.; Fenner 2020, 204 f.; Woopen u. a., 125 ff.). Es lassen sich außerdem negative und positive Freiheitsaspekte unterscheiden, die im Zusammenhang mit diesem begrifflichen Gegensatzpaar stehen, aber nicht mit ihm zusammenfallen. Gemäß einer bereits erwähnten Metastudie zu verschiedenen AI-Ethikrichtlinien lassen sich die häufig aufgeführten Prinzipien „Freiheit" und „Autonomie" meist einer „negativen" oder „positiven Freiheit" zuordnen (vgl. Jobin u. a., 395; Einleitung, Kap. 1.3).

1) Handlungsfreiheit

Die **Handlungsfreiheit** meint ein Handelnkönnen ohne innere oder äußere Zwänge oder Hindernisse: Man kann tun, was man will, weil man von niemandem daran gehindert wird. Zu den *natürlichen* Handlungsschranken zählen äußere Fakten oder Naturgesetze sowie innere physische oder psychische Krankheiten oder Beeinträchtigungen. In ethischen und politischen Debatten geht es aber meist um *soziale* Einschränkungen z. B. in Form von moralischen oder rechtlichen Verboten, direktem Zwang oder sozialem Druck. Handlungsfreiheit kommt unter irdischen raumzeitlichen Bedingungen immer nur graduell vor. Da sie wesentlich als „Freiheit von" Hindernissen oder als Fehlen von Widerständen bestimmt ist, wird sie bisweilen gleichgesetzt mit der **negativen Freiheit** (vgl. Wildfeuer, 359). Handlungsfreiheit kann aber nicht nur negativ bestimmt werden als Hindernisfreiheit oder „Freiheit wovon?“, sondern durchaus auch positiv als Optionalität oder „Freiheit wozu?“. Denn der Wegfall von Handlungsschranken bedeutet in gewisser Weise immer auch einen Zuwachs an Handlungsmöglichkeiten. Allerdings bestehen diese Handlungsmöglichkeiten erst einmal nur abstrakt oder theoretisch, solange den Einzelnen die Mittel und Fähigkeiten fehlen, von diesem Angebot Gebrauch zu machen. Erst wenn die Voraussetzungen für das Realisieren bestimmter Handlungsoptionen vorhanden sind und den Menschen diese Optionen tatsächlich offenstehen, liegt Handlungsfreiheit im positiven Sinn einer „Freiheit wozu?“ vor. Am Beispiel der Reisefreiheit lässt sich dies gut illustrieren (vgl. Rössler, 92): Die Hindernisfreiheit oder negative Freiheit kann eingeschränkt sein durch das politische Verbot der Reisefreiheit. Auch wenn dieses negative liberale Freiheitsrecht auf Reisefreiheit gewährleistet ist, kann die positive Freiheit immer noch aufgrund mangelnder praktischer Voraussetzungen oder Gelegenheiten eingeschränkt sein oder fehlen, z. B. weil das Auto kaputt oder das Bein gebrochen ist. Eine klare Grenze zwischen Hindernisfreiheit und Optionalität zu ziehen ist allerdings nicht immer möglich (vgl. ebd., 93).

In der Ethik und in liberalen Demokratien besteht ein weitgehender Konsens darüber, dass Menschen oder auch der Staat **negative Pflichten** oder Unterlassungspflichten haben und grundlegende **negative Freiheitsrechte** anderer Menschen z. B. auf Leben, Eigentum oder Meinungsäußerung nicht verletzen dürfen (vgl. Fenner 2020, 221). Bei negativen Freiheitsrechten, **Schutz-** oder **Abwehrrechten** geht es grundsätzlich darum, jemanden vor Übergriffen oder Beeinträchtigungen durch andere zu schützen. Ein unten zu erläuterndes Beispiel dafür wäre das Recht auf Meinungsäußerung, das staatliche Zensur verbietet. Anders als bei diesen negativen oder Unterlassungspflichten müssen jedoch andere Menschen oder der Staat bei **positiven Pflichten** selbst aktiv werden, um zur Verbesserung der Lage anderer beizutragen. Dazu könnte auch gehören, bestehende Handlungsschranken aktiv zu beseitigen, um dadurch den Spielraum an Handlungsmöglichkeiten zu erweitern. Die Handlungsfreiheit im Sinne der Optionalität kann etwa durch Forschungsförderung und die Entwicklung neuer digitaler Technologien ausgeweitet werden. Nur im negativen Sinn der „Freiheit wovon?“ ist z. B. die Meinungs(äußerungs)freiheit schon gewährt, wenn jemand nicht von außen durch Zensur gehindert wird. Positive „Freiheit wozu?“ als Optionalität ist erst dann garantiert, wenn ausreichende technische Kommunikationsmittel und der Zugang zu Medien zur Verfügung stehen, um die negativen Freiheitsrechte tatsächlich nutzen und seine Meinung frei äußern zu können. Es gibt in der Ethik und politischen Philosophie eine Kontroverse darüber, ob bzw. wie weit sich positive Pflichten auf Hilfeleistung oder eine Steigerung der tatsächlichen Optionen begründen lassen (s. Kap. 1.3, Einleitung). Wenn von extremen Liberalen wie den „Libertariern" der Wert der negativen Freiheit im Sinne der Hindernisfreiheit verabsolutiert wird, kann der Wunsch anderer Menschen nach mehr Handlungsmöglichkeiten keine positiven Hilfspflichten begründen (vgl. ebd., 222). Im Gegensatz zu einem libertären „Nachtwächterstaat" zum Schutz negativer Freiheitsrechte muss jedoch ein Sozialstaat, wie er in westlichen Demokratien vorherrscht, darüber hinaus allen Bürgern bestimmte grundlegende Güter zur Verfügung stellen: Er hat auch positive Teilnahmerechte der Menschen am gesellschaftlichen und politischen Leben sowie positive Sozialrechte wie z.B. das Recht auf Bildung, Gesundheit, Arbeit oder ein Existenzminimum zu garantieren.

Nach diesen terminologischen Erläuterungen soll geklärt werden, welche negativen liberalen Freiheitsrechte im Zeitalter der Digitalisierung geschützt werden müssen. Im Zusammenhang mit digitalen Medien stehen in erster Linie die typischen negativen Rechte der Kommunikationsfreiheit zur Diskussion, zu der die Meinungs-, Informations- und Medienfreiheit zählen: **Kommunikationsfreiheit** („right to communication") meint das Recht, sich unbeschränkt durch Autoritäten oder technische Restriktionen am freien Austausch und der Produktion von Wissen und Information zu beteiligen (vgl. Kuhlen, 217). Die wichtigste und am meisten thematisierte Kommunikationsfreiheit ist zweifellos die **Meinungsfreiheit** oder genauer **Meinungsäußerungsfreiheit** („freedom of expression") als das Recht, seine Meinung ohne vorgängige Zensur oder nachträgliche Sanktionen frei in Wort, Schrift und Bild äußern und verbreiten zu dürfen (vgl. Anwander, 338; Heesen 2016, 52). Es handelt sich um ein Menschenrecht, das in vielen Verfassungen als Grundrecht garantiert wird, um insbesondere die Unterdrückung kritischer Stimmen durch den Staat zu vehindern (vgl. Art. 10 EMRK). Dieses Recht leitet sich im Wesentlichen aus zwei Wurzeln ab (vgl. Heesen 2011, 270; Anwander, 339 f.): Zum einen ist die Meinungsfreiheit als Individualrecht aus der Achtung vor der Würde (Art 1 Abs 1) und dem „Recht auf freie Entfaltung der Persönlichkeit" (Art 2 Abs 1 GG der BRD) abgeleitet. Dahinter stehen Überlegungen wie die, dass die Persönlichkeit sich nur im freien Austausch von persönlichen Erfahrungen über Lebensentwürfe oder Ideale zusammen mit anderen Menschen entfalten kann und am unmittelbarsten in der Mitteilung der eigenen Gedanken und Wertvorstellungen zum Ausdruck kommt. Zum anderen wird Meinungsfreiheit auch demokratietheoretisch begründet: Für ein deliberatives Demokratiemodell mit öffentlichen Beratungen ebenso wie für die öffentliche Kontrolle und Kritik des Regierungshandelns ist die Meinungsfreiheit der Bürger unabdingbar.

Die **Medienfreiheit** umfasst die Presse-, Rundfunk- und Filmfreiheit und garantiert das Recht auf freie Meinungsäußerung in den jeweiligen Medien. Auch sie ist in Demokratien unverzichtbar, weil sie einen wichtigen Beitrag leistet zu demokratischen Meinungs- und Willensbildungsprozessen und zur Sicherstellung der Informationsfreiheit. Während sich Meinungs- und Medienfreiheit auf den Absender oder Produzenten von Informationen beziehen, betrifft die **Informationsfreiheit** den Rezipienten oder Empfänger: Informationsfreiheit meint das Recht des Einzelnen, sich ungehindert aus allgemein zugänglichen Quellen informieren zu können (vgl. Jandt, 197). Auch sie gilt als Voraussetzung für die freie Meinungsbildung und die Aufrechterhaltung einer demokratischen Gesellschaftsordnung. Wiederum bleibt das negative Freiheitsrecht abstrakt, solange die wichtigen Quellen nicht öffentlich zugänglich sind und damit wichtige Optionen fehlen.

Nicht nur in seinen Anfängen, sondern bis heute wird das Internet von vielen als Ort der Freiheit und der (politischen) Partizipationsmöglichkeiten gepriesen (vgl. dazu Dang-Ahn u.a., 74f.; Stapf u.a. 2021, 12; Kap. 2.3). Ohne Zweifel räumten die digitalen Informations- und Kommunikationstechnologien viele externe natürliche und soziale Hindernisse und Barrieren der Kommunikation aus dem Weg und führten damit zu einer erheblichen Erweiterung der Möglichkeiten des Informationsaustausches: Menschen können nun über große Entfernungen hinweg mittels sozialer Netzwerke oder Gesprächsforen miteinander in Kontakt treten oder sich in großen Gruppen über Skype, Zoom oder Teams beratschlagen, Wissen austauschen und produzieren. Im Unterschied zu den traditionellen Medien wie Presse und Rundfunk entfallen im egalitären Netz Hierarchien, Zugangsbarrieren und die traditionellen Gatekeeper-Funktionen professioneller Medienschaffender. Jeder kann seine Meinung ohne viel Aufwand in Wort, Bild und Ton ins Netz stellen, sodass das Internet als „das Medium mit dem höchsten Grad an Medien- und Meinungsfreiheit" bezeichnet werden kann (Heesen 2016, 54). Auch hinsichtlich der Informationsfreiheit sind zweifellos viele Schranken gefallen, indem das Internet und die hohe Konnektivität allen Menschen Zugang zu allen möglichen Informationen verschafft. Dies führt zu einer Demokratisierung des Wissens. Um tatsächlich für alle Menschen ein möglichst großes Spektrum an Handlungsmöglichkeiten zu schaffen und zu bewahren, wären aber über den Schutz von negativen Freiheits- oder Abwehrrechten hinaus auch Rahmenbedingungen zu schaffen für die Realisierung dieser Handlungsmöglichkeiten und damit den Gebrauch der negativen Freiheitsrechte. Dazu gehört insbesondere eine technische Grundversorgung für alle (vgl. Heesen 2016, 57; s. Kap. 1.3.3). Die Digitalisierung führt also im Kommunikationsbereich zu mehr Handlungsfreiheit sowohl im negativen Sinn der Hindernisfreiheit oder „Freiheit wovon?" als auch der Freiheit im positiven Sinn der Optionalität oder „Freiheit wozu?". Die Ausweitung der Handlungsfreiheit beschränkt sich aber keineswegs auf den Kommunikationsbereich. Mittels einer Virtual-Reality-Brille kann man sich beispielsweise nach Belieben Simulationswelten erschaffen, um etwa in einem virtuellen OP-Saal heikle chirurgische Eingriffe zu trainieren.

Kritisch ist gegen diese positive Einschätzung der Digitalisierung als Zugewinn menschlicher Handlungsfreiheit einzuwenden: Während die erleichterten Beteiligungsmöglichkeiten und die gestiegene Pluralität an Meinungen in der Frühphase des Internets Hoffnungen auf einen Demokratisierungsschub weckten, hat sich diesbezüglich inzwischen Ernüchterung breitgemacht. Dies wird in Kapitel 2.3 zur Digitalen Medienethik ausführlich zur Sprache kommen. Zu beachten ist aber auch, dass längst nicht jeder ins Netz gestellte digitale Beitrag nennenswerte Aufmerksamkeit erhält, weshalb sich die Meinungsfreiheit bisweilen der Gedankenfreiheit annähert (vgl. Heesen 2016, 54). Es ist aber aus einer ethischen Perspektive auch keineswegs jede Rede ethisch gleich schützenswert, sodass z. B. Hass oder Mobbing im Netz auch zu Einschränkungen von Freiheitsrechten führen können (s. Kap. 2.2.4). Nicht zuletzt kommt es aus prudentieller Sicht einer Philosophie des guten Lebens weniger auf die Anzahl an Handlungsalternativen oder auf ein hohes Mass an Bequemlichkeit an, wenn sich mit dem gleichen digitalen Gerät immer mehr Vorgänge in der Alltagswelt immer effizienter erledigen lassen. Entscheidend sind vielmehr gute Optionen, d. h. solche, die tatsächlich zu einem guten Leben beitragen (s. Kap. 1.3.2). Im Zuge der Digitalisierung könnten analoge Optionen verloren gehen, deren Wegfall insgesamt das Lebensdauerglück verringern. So könnte der Zugang zu vielen Angeboten von Behörden, Museen oder Schwimmbädern bald nur noch digital, und die Teilhabe am sozialen und politischen Leben nur noch über soziale Medien möglich sein. Auch ist fraglich, ob die Ausweitung der Handlungsmöglichkeiten im Bereich der virtuellen Realität wie z. B. das Fliegen über Städte oder Reisen in ferne Länder wirklich einen Ersatz darstellen für analoge Möglichkeiten (vgl. ebd.). Entsprechend wird bisweilen darüber diskutiert, ob Menschen nicht ein „Recht auf ein analoges Leben“ zugesichert werden müsste.

1) Handlungsfreiheit	
Hindernisfreiheit	**Optionalität**
Handelnkönnen ohne innere oder äußere Zwänge und Handlungsschranken	Verfügenkönnen über möglichst viele Handlungsalternativen
negatives Moment: Freiheit wovon?	positives Moment: Freiheit wozu?
Abwehrrechte der Individuen gegenüber dem Staat oder anderen Personen aus radikalliberaler Perspektive: ausreichend	aktives Schaffen von wesentlichen Optionen für andere von Staat oder Mitmenschen aus sozialliberaler Perspektive: erforderlich (z. B. technische Grundversorgung)
Problem: Das Vorliegen von Hindernisfreiheit bedeutet nicht automatisch, diese aktualisieren zu können.	
typische liberale negative Freiheitsrechte: **Meinungs(äußerungs)freiheit**: Recht, seine Meinung ohne Zensur in Wort, Schrift und Bild zu äußern und zu verbreiten **Medienfreiheit**: Recht auf Meinungsäußerung in Presse, Rundfunk und Film **Informationsfreiheit**: Recht, sich ungehindert aus allgemein zugänglichen Quellen zu informieren	

2) Willensfreiheit

Im Gegensatz zur Handlungsfreiheit bezieht sich die Willensfreiheit nicht auf äußere Bedingungen der Freiheit, sondern auf innere Bedingungen des Wollens: **Willensfreiheit** meint die mentale, d. h. geistige Fähigkeit, aufgrund vernünftiger Überlegungen mit Blick auf persönliche Ideale oder Wertvorstellungen zwischen verschiedenen Handlungsalternativen auswählen und die Verwirklichung der Handlungsabsicht einleiten zu können (vgl. Fenner 2020, 205). Im Gegensatz zur negativen Freiheit geht es hier um das positive Moment von Freiheit, anders als bei der positiven Handlungsfreiheit als Optionalität aber nicht um die Anzahl an äußeren Handlungsmöglichkeiten, sondern um den inneren Ursprung des Handelns in einer persönlichen Entscheidung für bestimmte Handlungsziele. Voraussetzungen für einen freien Willen sind neben dem Fehlen von inneren kognitiven oder psychischen Beeinträchtigungen sowie von äußerer Fremdbestimmung („Heteronomie“) eine hinlängliche Kenntnis der handlungsrelevanten Situation und der eigenen Möglichkeiten und Grenzen. Ein Mensch kann sich nämlich alles Erdenkliche wünschen, z.B. einen Auftritt in der Mailänder Scala trotz mittelmäßigem sängerischem Talent. Zum Gegenstand eines aktiven Wollens kann aber nur ein Wunsch werden, der sich mit geeigneten Mitteln schrittweise realisieren lässt (vgl. Bieri, 38 f.). Diese gegebenen Grenzen des Willens sind aber kein Hindernis für die Willensfreiheit, sondern bilden nur ihren Rahmen (vgl. ebd., 51). Willensfreiheit erfordert sowohl eine kritische Distanz zu äußeren Gegebenheiten und sozialen Erwartungshaltungen als auch inneren Trieben und spontan auftauchenden Wünschen. Sie realisiert sich als kontrollierter Prozess des Abwägens und Entscheidens, bei dem der „Urheber“ seine Wünsche reflektiert und anhand rationaler und moralischer Gründe bewertet. Vereinfacht dargestellt muss ein willensfreier Mensch in einem Bild von Harry Frankfurt seine faktischen objektbezogenen Wünsche erster Ordnung von einer höheren Warte aus mithilfe von Wünschen zweiter Ordnung bewerten und sich für oder gegen sie entscheiden (vgl. Frankfurt, 71). Wünsche zweiter Ordnung sind Ideale oder weiterreichende Lebensziele, mit denen sich eine Person identifiziert und die Teil ihres normativen Selbstbildes sind. Sie hat dann den Willen, den sie tatsächlich haben möchte. Aufgrund dieser notwendigen Übereinstimmung mit personalen Präferenzen, dem Selbstkonzept oder „normativen Selbst“ einer Persönlichkeit ist Willensfreiheit gleichbedeutend mit **Selbstbestimmung**. Ein weiteres Synonym lautet **Autonomie**, zurückgehend auf griechisch „auto-nomos“: sich selbst sein eigenes Gesetz gebend.

Der hohe Stellenwert von Autonomie oder Selbstbestimmung lässt sich aus einer ethischen Sicht wie erwähnt damit begründen, dass sie eine unabdingbare Voraussetzung für Handlungsfähigkeit und moralisches Handeln darstellt. Sie muss stärker geschützt werden als die Handlungsfreiheit, bei der immer nur ein sehr begrenzter äußerer Handlungsspielraum garantiert werden kann (vgl. Fenner 2020, 210 f.). Jeder Mensch hat ein unverletzliches und moralisches Recht auf Selbstbestimmung oder die „Freiheit der Person“, wie es im Grundgesetz der BRD heißt (Art. 2 Abs. 2). Die Fähigkeit zur Selbstbestimmung oder Autonomie begründet nach Kant den absoluten Wert oder die Würde des Menschen. Alternativ dazu wird die Würde theologisch mit der Ebenbildlichkeit des Menschen zu Gott oder naturrechtlich als „seiner Natur nach angeborenes“ Recht gedeutet, wobei aber starke Prämissen gemacht werden. Menschliche Würde wird gleichfalls im Grundgesetz der BRD, in der Charta der Grundrechte der EU und der

Allgemeinen Menschenrechtserklärung der Vereinten Nationen rechtlich geschützt: „Die Würde der Menschen ist unantastbar" (Art. 1 Abs. 1). Die dabei angesprochene innere oder **inhärente Würde** ist allgemein gesprochen eine normative Leitvorstellung, die den Würdeträgern aufgrund ihrer Fähigkeit zur Autonomie oder Selbstbestimmung einen absoluten Wert und höchsten moralischen Status zuschreibt. Diese Fähigkeit macht den Menschen zu einem selbstzweckhaften (oder eben „autonomen") Wesen, das besondere Achtung verdient (vgl. Schaber, 334f.; Fenner 2019, 101f.). Nach Kants Selbstzweck-Formel des Kategorischen Imperativ müssen Menschen als Zwecke an sich selbst behandelt werden und dürfen niemals als *bloße* Objekte oder Mittel für eigene subjektive Zwecke instrumentalisiert werden (vgl. Kant, GMS, BA 76; Fenner 2020, 143). Dieses Instrumentalisierungsverbot kann als kleinster gemeinsamer Nenner der unterschiedlichsten Würde-Interpretationen in Ethikrichtlinien gelten und kommt auch in der Rechtssprechung als „Objektformel" zur Anwendung (vgl. etwa EU, 10; Ueberschär, 107). Nach der Standardauffassung des Deutschen Grundgesetzes und nach Ansicht vieler Philosophen lassen sich aus der normativ fundamentalen Würde die Menschenrechte ableiten (vgl. Schaber, 335; Düwell 2008, 76f.). Viele Menschenrechte wie das Recht auf ein Existenzminimum, Gesundheit oder Bildung stellen die Voraussetzungen dafür bereit, dass die Menschen im Sinne einer äußeren Würde oder **Würde-Darstellung** auch tatsächlich ein selbstbestimmtes und menschenwürdiges Leben führen können (vgl. Fenner 2022, 64–69).

In der Digitalisierungsdebatte dominieren zurzeit zwar die kritischen Stimmen, die vor einem Verlust menschlicher Autonomie und Würde warnen. Unter den frühen Entwicklern und Nutzern, den libertären Anhängern der in Kapitel 1.1.3 geschilderten Kalifornischen Ideologie, wurde jedoch eine **digitale Freiheit** als Möglichkeit freier individueller oder kollektiver Selbstverwirklichung in der digitalen Welt gepriesen (vgl. Piallat, 42). Insbesondere in den Anfängen des Internets gab es eine große Faszination für die positive Freiheit, sich unabhängig von den real existierenden Grenzen durch Herkunft, Repressionen oder eigene Unzulänglichkeiten anonym oder pseudonym eine virtuelle oder **Online-Identität** zu kreieren (vgl. Heesen 2016, 54). Diese neuen Formen der Selbstbestimmung werfen allerdings identitätstheoretische Fragen auf, weil dabei die leiblichen und lebensweltlichen Dimensionen des Selbst völlig ignoriert werden. Wenn das „Selbst" oder die Ich-Identität sozialpsychologisch als Gleichgewicht zwischen einem passiven „empirischen Selbst" mit physischen und psychischen Eigenschaften und sozialen Rollen und einem aktiven „reinen Selbst" definiert wird, wäre eine Online-Identität nur eine halbierte Identität (vgl. ebd.; Fenner 2007, 96 f.). Die freie Wahl beliebig vieler oder wechselnder Avatare dürfte kaum zu einer Bereicherung der Persönlichkeitsentwicklung führen, sondern eher zu einer psychischen Destabilisierung und einem Realitätsverlust hinsichtlich des „empirischen Selbst". Positiv hervorgehoben bezüglich eines Autonomiezuwachses werden aber auch die gestiegenen Möglichkeiten, mithilfe von Suchalgorithmen die eigenen Wissenslücken selbstwirksam schließen und wichtige Kenntnisse über die eigene Lebenssituation und Disposition erwerben zu können (vgl. Woopen u. a., 123). Wer selbständig im Internet und mithilfe von Gesundheitsapps mehr über den eigenen Körper und Gesundheitszustand in Erfahrung bringt, kann zu einem „Experten seiner Selbst" werden (vgl. Fenner 2019, 155). Allerdings fehlen den Nutzern gerade im Gesundheitsbereich häufig die Kompetenzen, um die Qualität des ausufernden Angebots an Gesundheits-Apps mit personalisierten Empfehlungen oder persönlichen Erfahrungsberichten in Foren beurteilen zu können.

Diesen potentiell freiheitsfördernden Tendenzen der Digitalisierung steht die **totalitäre Tendenz** digitaler Plattformen und Dienste gegenüber (vgl. Heesen 2016, 56; Huber, 15; Ueberschär, 106; Zuboff, 22 ff.): Die Menschen scheinen im Zuge der „Datafizierung" zunehmend unter Beobachtung zu stehen, weil die gesammelten Daten beim Gebrauch mobiler Endgeräte genauso wie bei der Verwendung von Bank-, Kredit- oder Kundenkarten Rückschlüsse auf Aktionen und Transaktionen der Menschen zulassen (s. Kap. 3.2.2). Teilweise wird schon das „Data Mining", d. h. das Gewinnen von Verhaltensdaten ohne Wissen der Betroffenen und hinlängliche Transparenz als Verletzung menschlicher Würde bezeichnet (vgl. Ueberschär, 107). Zweifellos erleichtern moderne Informations- und Kommunikationstechnologien eine politische Kontrolle und Zensur, was insbesondere in totalitären Staaten eine massive Beeinträchtigung sowohl der Handlungsfreiheit als auch der Willensfreiheit der Bürger bedeuten kann. Durch staatliche Informationskontrolle, aber auch schon bei einer Informationsblase und der Profilbildung durch die eigenen Internetaktivitäten kann das handlungsrelevante Wissen eingeschränkt und der Wille irregeleitet werden. Durch den permanenten Vergleich mit Influencern oder sogenannten Facebook-Freunden, die einem ständig mit Likes oder Kommentaren Feedback geben, werden wir in einem ganz neuen Ausmaß mit Werten und Idealen von außen konfrontiert. Insbesondere für Jugendliche scheint es viel schwieriger geworden zu sein, an ihren eigenen Zielen festzuhalten und selbstbestimmt das zu tun, was ihnen wirklich wichtig ist. Eine große Gefahr stellt auch die Manipulierbarkeit durch individualisierte Werbung in Online-Medien dar, die das Verhalten oder die Einstellungen der Adressaten teilweise durch gezieltes Ausschalten des kritischen Urteilsvermögens und des Willens der Betroffenen mit rhetorischen oder psychologischen Mitteln zu beeinflussen versuchen (s. Kap. 3.3.3).

Angesichts der vielfältigen Risiken einer Überwachung und Manipulation durch automatisierte Datenverarbeitung wird der Schutz der **informationellen Selbstbestimmung** immer wichtiger. Das Recht auf informationelle Selbstbestimmung meint das Recht, über das Speichern, Verwenden und Veröffentlichen personenbezogener Daten selbst entscheiden zu dürfen (vgl. Jandt, 195; Heesen 2016, 56). Betroffen sind sämtliche sensiblen Daten z. B. über Alter, sexuelle Orientierung, politische Anschauungen oder Religionszugehörigkeit, die einen Bezug zu einer konkreten „realen" Person haben. Jeder soll selbst bestimmen können, was aus seinem Leben er mitteilen will und welche Selbstdarstellung nach außen gelangen soll. Wie die Bezeichnung der „informationellen *Selbstbestimmung*" nahelegen könnte, spielen hier die Selbstbestimmung und der Willensbildungsprozess eine entscheidende Rolle. Strenggenommen geht es bei diesem Recht aber nicht primär um den Schutz selbstbestimmter Entscheidungen bezüglich des eigenen Selbstbildes oder der Realisierung selbstgewählter Ziele im Sinne der Willensfreiheit. Im Vordergrund steht vielmehr der Schutz vor Übergriffen bzw. die Verhinderung einer unerlaubten Verbreitung personenbezogener Daten durch andere Personen, Institutionen oder den Staat. Geschützt wird damit die Freiheit im Handeln, genauer die negative Handlungsfreiheit oder Hindernisfreiheit: Das Ziel ist die Sicherung negativer Schutz- oder Abwehrrechte der Betroffenen. Indirekt wird aber auch die Willensfreiheit der betroffenen Personen geschützt, weil sie von anderen oder den Medien nicht zu bloßen Objekten degradiert und auf entwürdigende oder demütigende Weise dargestellt werden dürfen. Der Umgang mit Daten gegen den Willen bzw. ohne Einwilligung der Betroffenen stellt eine Rechtsverletzung dar. Die seit 2018 in der gesamten Europäischen Union geltende Europäische Datenschutzgrundverordnung (DSGVO) sorgt dafür, den Schutz personenbezogener Daten gemäß der Grundrechtecharta der EU umzusetzen.

Willensfreiheit: mentale Fähigkeit, sich selbst mit Blick auf persönliche Ideale (normatives Selbstbild) Ziele setzen und sein Leben danach ausrichten zu können = **Selbstbestimmung**: Fähigkeit, sein Leben in Übereinstimmung mit sich selbst zu führen = **Autonomie**: Fähigkeit, sich selbst sein eigenes Gesetz zu geben und danach zu leben
Würde: inhärenter Wert aufgrund von Autonomie und Selbstzweckhaftigkeit → besondere Achtung und Schutzwürdigkeit der Menschen → **Instrumentalisierungsverbot**: Gebrauche niemals autonome Wesen als bloße Objekte oder Mittel zu subjektiven Zwecken!
Recht auf informationelle Selbstbestimmung: Recht, über das Speichern, Verwenden und Veröffentlichen personenbezogener Daten selbst entscheiden zu dürfen **primär**: negatives Schutz-/Abwehrrecht gegenüber Staat/Personen im Sinne negativer Handlungsfreiheit **sekundär**: Schutz vor demütigenden Darstellungen durch andere (Rechte auf Selbstbestimmung, Würde)

1.3.2 Glück und gutes Leben

In den meisten ethischen Beiträgen zum digitalen Wandel stehen moralische Probleme wie z.B. Hass im Netz oder diskriminierende KI-Anwendungen zur Diskussion. Nur selten wurde bislang in Studien eine explizit **strebensethische** oder **prudentielle Perspektive** eingenommen, bei der die Frage nach der Beförderung des menschlichen Glücks oder guten Lebens ins Zentrum gestellt wird (vgl. Wong, 27). Im Vordergrund solcher konfliktbezogener Digitalisierungsdebatten steht meist das Prinzip des Nichtschadens, nicht dasjenige des Wohltuns nach Beauchamp/Childress (vgl. Jobin u.a., 394). Diese einseitige Beschäftigung mit den negativen Auswirkungen der Digitalisierung und den Verstößen gegen Recht und Gerechtigkeit hat zu einer Vernachlässigung positiver normativer Bezugsgrößen für die Technikgestaltung geführt. Inwiefern die allgemeine positive Leitvorstellung der „Menschenzentrierung" oder „Humanisierung" das Leben der Einzelnen genau verbessern soll, wird höchstens vage umschrieben, z.B. als ein reichhaltigeres und effizienteres Leben (vgl. Nida-Rümelin u.a. 2020, 207; s. Kap. 1.2.2). In vielen KI-Richtlinien wird das Fördern des Guten („beneficience") lediglich erwähnt oder mit Konzepten wie „well-being", „happiness", „flourishing", sozioökonomischen Vorteilen oder wirtschaftlicher Produktivität in Verbindung gebracht (vgl. Jobin u.a., 395). Als Ausnahme geht die „Global Initiative on Ethics of Autonomous and Intelligent Systems" des „Institute of Electrical and Electronics Engineers (IEEE)“ ausführlicher auf das Wohlergehen („well-being“) der Menschen als Maßstab der Technikentwicklung ein (vgl. 68). In ausdrücklicher Abgrenzung von ökonomischen Bewertungsmaßstäben wie Gewinnmaximierung erklärt die Wirtschaftsinformatikerin Spiekermann im Vorwort ihrer *Digitalen Ethik* (2019), ihre „Zielfunktion“ sei „ein gutes Leben, die Eudaimonia, bei der das Geld nur eine Rahmenbedingung ist“ (9). Auch in der von Grimm, Keber und Zöllner herausgegebenen *Digitalen Ethik* (2020) ist ein Kapitel dem menschlichen Glück gewidmet, das sich allerdings auf fragwürdige Glücksangebote einer digitalen Selbstoptimierung konzentriert (vgl. Kap. 6). Der systematische Kontext solcher Bezugnahmen auf den individualethischen Bewertungsmaßstab „Glück“ ist wie in den beiden erwähnten Publikationen häufig die **Tugendethik** (vgl. ebd., 16 f.; Ess, 267; Dignum, 38). Nach diesem ethischen Grundtyp sind wie erwähnt Charakterhaltungen oder Tugenden konstitutiv für ein gutes und glückliches Leben (s. Kap. 1.2.3). In der Philosophie werden unter einer **eudaimonistischen Ethik** Ansätze zusammengefasst, bei denen es um das Glück (griech. „eudaimonia“) der Menschen und die Frage „Wie soll man leben?“ geht. Sie zählen zur „teleologischen Ethik“, sind aber nicht wie der Utilitarismus konsequentialistisch (vgl. ebd.).

Wenn trotz der großen Bedeutung dieser individualethischen Bezugsgrößen für die Digitalisierungsdebatte klare Definitionen fehlen, dürfte dies am faktischen Pluralismus der verschiedenen Vorstellungen von Glück, Wellbeing oder gutem Leben und an deren vermeintlicher Subjektivität liegen (vgl. Wong, 27). Dessen ungeachtet lässt sich aber philosophisch-begrifflich klären, was darunter jeweils ganz allgemein und formal gesehen zu verstehen ist. Dabei gilt es verschiedene Differenzierungen vorzunehmen, auch wenn der griechische Begriff „eudaimonia“ gleichermaßen für „Glück“ und „gutes Leben“ als Höchstziele menschlichen Strebens stand: Das **gute Leben** meint eine Form der aktiven Gestaltung seines Lebens, sodass man sein Leben als Ganzes positiv beurteilen kann. Alle Entwürfe eines guten Lebens sind zwar mit der Hoffnung auf Glück verbunden, können ein solches aber schon wegen persönlichkeitsabhängiger „set points“ nicht garantieren (vgl. Fenner 2019, 65). Während beim „guten Leben“ die aktivischen und kognitiven Komponenten im Vordergrund stehen, ist es beim „Glück“ die emotionale Dimension. Der Glücksbegriff hat sich aber in der Neuzeit stark gewandelt, sodass er sich weit von der „eudaimonia“ entfernt hat: Beim heute dominierenden **subjektivistischen Glücksverständnis** meint Glück einen rein subjektiven, empirisch-psychologischen Gefühlszustand, der sich als **Empfindungsglück** oder **Wohlbefinden** spezifizieren lässt. Über diese innere Befindlichkeit kann letztlich nur jeder einzelne Mensch Auskunft geben, ohne dass sich darüber etwas Allgemeines sagen lässt. Meist hat man dabei ein **episodisches Glück** vor Augen, das sich auf einen zeitlich begrenzten Ausschnitt („Episode") bezieht und die Betroffenen oft unerwartet überkommt (vgl. Fenner 2019, 64). In der Antike dominierte demgegenüber ein **objektivistisches Glücksverständnis**, bei dem sich das Glück eines Menschen an bestimmten Eigenschaften oder Lebensbedingungen wie Gesundheit oder sozioökonomischem Status bemisst und sich entsprechend vom Außenstandpunkt aus beurteilen lässt. Hier wird von einem **Erfüllungsglück** oder **Wohlergehen** („Well-being") oder auch „Wohlfahrt" („welfare") gesprochen, das dem griechischen „eudaimonia" sehr nahekommt: Es handelt sich um ein **übergreifendes Glück** oder **Lebensdauerglück** als eine anhaltende Hintergrundstimmung, die auf der positiven Bewertung der gesamten Lebenssituation und der zukünftigen Entwicklung basiert.

Nach einem radikal subjektivistischen Glücksverständnis spielt es keine Rolle, ob das individuelle episodische Glücksempfinden durch eine objektiv gesehen günstige Lebenswirklichkeit begründet ist oder sich einer bloßen Täuschung verdankt. So reicht es beispielsweise völlig aus, wenn sich jemand in einer Beziehung glücklich fühlt, obschon dieses Glück jäh zerplatzen würde, wenn er vom Doppelleben seiner Partnerin wüsste. Bei einem Erfüllungsglück oder Wohlergehen jedoch muss das Leben aus einer distanzierten und reflexiven Einstellung einen Grund dazu geben, glücklich zu sein. Aus dieser Warte läge ein **illusionäres Glück** vor, wenn sich jemand über die glücksrelevante Realität täuscht. Anspruchsvolle und philosophisch überzeugende Konzepte von „Glück", „Well-being" oder „Wohlfahrt" berücksichtigen sowohl das subjektive Wohlbefinden als auch objektiv feststellbare Lebensumstände. Glück ist in solchen transaktionalen Modellen die Übereinstimmung oder Passung von Individuums- und Umweltfaktoren, kurz: ein **gelingendes Welt-Selbst-Verhältnis** (vgl. Fenner 2019, 66 f.). Um den Einfluss technologischer Neuerungen auf das Glück oder Wohlergehen der Menschen zu messen, empfiehlt sich entsprechend eine Kombination von subjektiven und objektiven Indikatoren (vgl. EEE, 72). Subjektivistische Messverfahren sind vorwiegend Umfragen zur Erhebung von Selbstauskünften anhand von Standardfragen wie z. B. „Alles in allem, wie glücklich fühlen sie sich diese Tage?" oder „mit ihrem Leben als Ganzem?". Wie man sein eigenes Leben begutachtet und sich selbst auf der Glücksskala von 1–10 einstuft, hängt aber stark von meist kulturell geprägten Glücksvorstellungen und Wertmaßstäben ab. Die verschiedenen Bewertungskriterien und Bezugssysteme in der Bevölkerung und in der Philosophie wurden von Derek Parfit in drei Theorien des guten Lebens eingeteilt (vgl. 493–502). Während die in Kapitel 1.2.3 vorgestellten Moraltheorien (Konsequentialismus, Deontologie und Tugendethik) besonders bei moralischen Fragen und Konflikten weiterhelfen, geben diese Antworten auf die individualethische Frage nach der Verbesserung des menschlichen Lebens (vgl. Wong, 30 f.). Die ersten zwei sind subjektivistisch, die dritte objektivistisch:

1) Wunschtheorie
2) hedonistische Theorie
3) Gütertheorie

1) Wunschtheorie

Es ist eine anthropologisch und psychologisch gut fundierte Annahme, dass alle Menschen Wünsche haben und diese erfüllen wollen. Dies spricht für eine **Wunsch-** oder **Zieltheorie**, derzufolge ein gutes oder glückliches Leben davon abhängt, ob die wichtigsten Wünsche eines Menschen in Erfüllung gehen (vgl. Fenner 2007, 59 ff.). Zu einer subjektivistischen Theorie zählt sie, weil sich das Glück oder gute Leben stets an den subjektiv sehr unterschiedlichen Wünschen der Individuen bemisst. Während Wünsche häufig spontan auftauchen und realitätsfremd und phantastisch sind, handelt es sich bei Zielen um sorgfältig geprüfte, realitätsorientierte und mit konkreten ausgewählten Mitteln realisierbare Wünsche. Philosophische Wunschtheorien wie diejenige von Martin Seel beziehen sich meist auf Ziele, die sogar in einem umfassenden Lebensplan integriert sein müssen (Seel, 88 ff.; Rawls, 447). Aus wunschtheoretischer Sicht scheint der digitale Wandel höchst willkommen zu sein, weil die Menschen mithilfe neuer digitaler Technologien viele ihrer Wünsche bequemer und schneller erfüllen können (vgl. Schneider, 62; Grunwald 2019, 85 ff.). So lassen sich beispielsweise aufgrund der weltweiten Vernetzung aller Daten, zahlreicher Kundenbewertungen und des eigenen Profils viel passgenauer Traumdestination und Unterkunft für den nächsten Urlaub bestimmen und mit ein paar Klicks buchen. Und je größer die Zahl an Sensoren z. B. im „Smart Home“ ist, desto mehr kann alles quasi im Verborgenen entsprechend der eigenen Wünsche z. B. nach optimaler Raumtemperatur oder einem gefüllten Kühlschrank arrangiert werden (vgl. ebd.; s. Kap. 3.4). Im Zuge des Fortschritts der KI-Forschung im Bereich Robotik und „Virtual Reality" kann man sich vielleicht irgendwann seinen Traumpartner erschaffen oder sich rein virtuell an jeden gewünschten Ort begeben und nach Belieben neue Welten entdecken.

Gegen die Wunschtheorie des Glücks wird immer wieder eingewendet, dass sich der Einzelne bei seinen subjektiven Wünschen darüber täuschen kann, was tatsächlich zu seinem Glück oder guten Leben beiträgt (vgl. Fenner 2007, 64f.). Im eigenen langfristigen Selbstinteresse müssten zumindest uninformierte oder unaufgeklärte Wünsche ausgeschlossen werden, die auf falschen Annahmen über die Wirklichkeit basieren und deren Erfüllung sich daher negativ auf das Leben auswirken könnte. Zu keiner Befriedigung führen auch neurotische Wünsche, die einer krankhaften psychischen Verfassung wie z.B. einem Minderwertigkeitskomplex entspringen. Im Zusammenhang mit der Digitalisierung wäre etwa an Wünsche nach Online-„Entblößungen" zu denken, bei denen man sich über Reichweite und Konsequenzen täuscht oder hinter denen ein narzisstisch-exhibitionistisches Bedürfnis nach Selbstdarstellung steht. In einer **reflektierten, aufgeklärten Wunschtheorie** werden daher nur informierte und geprüfte Wünsche berücksichtigt (vgl. Fenner 2007, 62–69). Für den Einzelnen wäre es aber darüber hinaus ratsam, ein Bewusstsein für die soziale Bedingtheit vieler persönlicher Wünsche zu entwickeln. Denn ein starker subjektiver Drang nach Selbstoptimierung kann durch den sozialen Druck beim Vergleich mit anderen und die Hoffnung auf positive Resonanz in den sozialen Medien erzeugt worden sein (vgl. Hammele u.a., 92; Fenner 2019, 124f.). Zu untersuchen wäre auch, ob sich Wünsche in der herkömmlichen raumzeitlichen Realität, also der analogen Welt erfüllen müssen, oder ob eine Befriedigung in der „Virtual Reality" gleichwertig für das gute **analoge Leben** ist, um das es letztlich immer geht. Unproblematisch scheint es zu sein, wenn digitale Hilfsmittel Menschen bloß unterstützen bei der Verwirklichung einzelner begrenzter Wünsche etwa nach automatischer Haustierfütterung im Urlaub oder einer fehlerfreien fremdsprachlichen Textproduktion. Fraglich ist aber, ob sich auch weitreichendere Wünsche nach Zuneigung und Familie oder dem Kennenlernen real existierender fremder Länder rein virtuell oder in Interaktionen mit Robotern erfüllen lassen (s. unten, Hedonismus; Kap. 3.3.3; Kap. 4).

2) Hedonistische Theorie

Bei der zweiten subjektivistischen Theorie des guten oder glücklichen Lebens stellen sich ähnliche Fragen, aber in einem verschärften Maß. Nach dem bis in die Antike zurückreichenden **Hedonismus** (von griech. „hedone“: „Lust“) ist ein Leben umso besser, je mehr subjektive Erlebnisse der Lust oder Freude und je weniger negative wie Unlust oder Leid vorhanden sind. Epikur als ein Hauptvertreter des antiken Hedonismus hatte zwar entgegen vieler Vorurteile nicht die schnelle Lust der Bedürfnisbefriedigung im Auge, sondern vielmehr eine Seelenruhe dank eines asketischen, vernunftorientieren Lebens auf der Basis gestillter notwendiger Bedürfnisse (vgl. Fenner 2007, 40–44). In der Neuzeit ist aber häufig (wie im von Bentham begründeten hedonistischen Utilitarismus) ein episodisches Empfindungs- oder Wohlbefinden-Glück gemeint, bei dem die Art der Verursachung durch Reize gleichgültig ist und allein das Ausmaß z. B. von Sexuallust oder geistigen Freuden zählt (vgl. Fenner 2020, 93). Nach einer optimistischen Lesart der Digitalisierung ist diese auch vor dem Hintergrund der hedonistischen Theorie zu begrüßen. Denn insbesondere die Werbewelt verspricht zusätzlichen Komfort und mehr freie Zeit, sodass die Konsumenten ihr Leben besser genießen können (vgl. dazu Grunwald 2019, 84): Je weitgehender die digital vernetzten Geräte den Menschen Arbeit abnehmen, desto mehr könnten diese ihr Leben mit Genuss verbringen, ohne etwas für das Gelingen tun zu müssen. Als „hedonische“ oder **hedonistische Informationssysteme** werden Plattformen und Anwendungssysteme bezeichnet, deren Nutzung ganz direkt auf positive Anreize wie Spaß, Freude oder gegenseitige Motivierung der Nutzer abzielen. Dazu gehören Computerspiele, insbesondere Online-Rollenspiele wie *World of Warcraft*, und Social-Media-Plattformen. Neurologische Studien mit Online-Experimenten konnten zeigen, dass sich das große Engagement vieler Menschen in sozialen Medien durch das Aktivieren des Belohnungszentrums im Gehirn beim Erhalt von „Likes“ erklären lässt (vgl. Lindström u. a.). Genauso wie Ratten in der Skinner-Box in Erwartung positiver Reize durch Futterbelohnung wieder und wieder einen Hebel drücken, werden Nutzer in sozialen Medien vom Verlangen nach Dopamin-Kicks bei positiven Feedbacks zum „Posten“ angetrieben (vgl. Lanier, 15 f.). Dopamin ist eines der sogenannten Glückshormone, das bei positiven Verstärkungen im Hirn ausgeschüttet wird und starke Erregung und Spannung in der Vorfreude auf weitere Glücksmomente auslöst (vgl. Fenner 2003; 200 f.).

Ein Hauptkritikpunkt gegen die hedonistische Theorie lautet, die empfundene positive Gefühlsqualität könne keineswegs das Einzige sein, was für ein gutes Leben zählt. Der Schluss von der Tatsache, dass der Mensch sich am liebsten erfüllenden, von Freude oder Vergnügen begleiteten Tätigkeiten widme, darauf, die Menschen strebten durchgängig nach subjektivem Wohlbefinden, wird als **hedonistischer Fehlschluss** bezeichnet (vgl. Fenner 2007, 53 f.). Bei einer pessimistischen Lesart der Digitalisierung wird vor einer „Infantilisierung", d. h. einem Rückfall der Menschen in einen naiven kindlichen Hedonismus gewarnt, wenn sie sich wie große zufriedene Babys von einer teilweise unsichtbar gewordenen Technik rundum versorgen lassen (vgl. Wiegerling 2021, 420; Grunwald 2019, 88). Es ist jedoch eine empirisch gut belegte anthropologische Grundtatsache, dass zumindest gesunde erwachsene Menschen auf etwas ihnen als wertvoll Erscheinendes in der Außenwelt ausgerichtet sind (vgl. Fenner 2019, 183 ff.). Die wenigsten sind mit einem bloß imaginierten subjektiven Wohlbefinden zufrieden, wie in der Philosophie gern anhand eines Gedankenexperiments von Robert Nozick illustriert wird: Man stelle sich vor, man werde über Elektroden im Gehirn an eine von Neuropsychologen entwickelte Erlebnismaschine angeschlossen, die durch Reizung der Nervenzellen bestimmte, vorher selbst ausgewählte positive Erlebnisse erzeugt. Die Betroffenen empfinden also die gleichen Gefühle, die sie aus der Realität beispielsweise beim Zusammensein mit Freunden oder beim Schreiben eines Romans kennen. Die meisten Menschen würden sich trotzdem nicht für einen längeren Zeitraum anschließen lassen, weil sie all dies real erleben wollen statt nur die entsprechenden positiven, bloß simulierten Zustände zu haben. In ihren Augen wäre das technisch induzierte und von der Wirklichkeit abgetrennte Glück bloß ein **illusionäres**. Dasselbe könnte für ein Glückserleben in einer virtuellen Welt oder einer „Matrix" gelten, aber auch für die erwähnten Dopamin-Kicks in hedonistischen Informationssystemen. Anstelle eines naiven und unreflektierten Hedonismus käme philosophisch gesehen höchstens ein **reflektierter Hedonismus** in Frage, bei dem die Vernunft die verschiedenen Formen der Lust oder Freude prüft, bedenkliche gesundheitsschädigende oder süchtigmachende ausschließt und höhere Lustformen aus besonders wertvollen geistigen und sozialen Aktivitäten bevorzugt. So nutzen sich beispielsweise triviale Vergnügungen bei Wiederholungen schnell ab („hedonistische Tretmühle"), wohingegen anspruchsvolle, komplizierte Tätigkeiten dank Chancen kreativer Weiterentwicklung immer neue, positive Erfahrungen bieten (vgl. „Aristotelischer Grundsatz“, Fenner 2019, 152).

3) Gütertheorie

Im Gegensatz zu den beiden soeben vorgestellten subjektivistischen Modellen geht die Gütertheorie von objektiven, subjektunabhängigen Bewertungsmaßstäben aus. Nach der **Gütertheorie** oder **Objektive-Liste-Theorie** gibt es bestimmte „Güter“, d. h. Voraussetzungen oder Strebensziele, die intrinsisch („in sich selbst“) wertvoll sind und in jedem menschlichen Leben eine wichtige Rolle spielen (vgl. Fenner 2007, 103). Dazu zählen sowohl **äußerliche Güter**, also Gegenstände oder Sachverhalte in der Welt wie Wohnungs- oder Arbeitsbedingungen als auch **anthropologische Güter**, d. h. wesensmäßige menschliche Grundbedürfnisse, -fähigkeiten oder Eigenschaften, deren Befriedigung bzw. Entfaltung für ein gutes menschliches Leben bedeutsam ist. Objektive Glücksindikatoren sind etwa Lebensstandard, Gesundheit, individuelle Selbstbestimmung, soziale Interaktion und politische Teilhabe, Erziehung und Bildung (vgl. ebd., 105; 124 ff.; IEEE, 72). In der Philosophie stellen z. B. neoaristotelische essentialistische Ansätze auf der Basis von Reflexionen über Erfahrungen der Menschen mit ihrer Bedürfnisnatur sowie historisch-kulturellen Menschenbildern solche Listen zusammen. Martha Nussbaum etwa zählt bei ihrem Fähigkeiten-Ansatz („capabilities approach“) viele ähnliche Güter wie die eben genannten auf, aber in Form von menschlichen Fähigkeiten z. B. zur Schmerzvermeidung, zur Selbstbestimmung oder zu tiefen Beziehungen zu Menschen und zur Natur (vgl. Nussbaum, 200 f.). In den Informations- und Wirtschaftswissenschaften beruft man sich gerne auf die Bedürfnispyramide des Psychologen Abraham Maslow, der anhand klinischer Befunde bei psychisch Kranken mit frustrierten Bedürfnissen eine **Hierarchie menschlicher Grundbedürfnisse** entwarf (vgl. Zhou u. a., 4; Spiekermann 2019, 173): 1. physiologische Grundbedürfnisse etwa nach Schlaf oder Nahrung, 2. Sicherheit, 3. Zugehörigkeit und Liebe, 4. soziale Anerkennung und 5. Selbstverwirklichung. Mit Blick auf die meistdiskutierten Werte der „technischen Community“ hat Spiekermann eine „Maslowsche Bedürfnispyramide für die digitale Welt“ präsentiert, die wohl eher eine **objektive Werttheorie** darstellt (vgl. ebd., 174): Auf der Basis von „Wissen“ und „Freiheit“ erhebt sich die Pyramide von „Gesundheit“ über „Sicherheit/Vertrauen“ und „Freundschaft“ bis hin zu „Würde/Respekt“.

Aus Sicht der Kritiker sind solche objektive Güterlisten paternalistisch, weil sie allen Menschen vorzuschreiben scheinen, worauf es bei einem guten und glücklichen Leben ankommt. Sie könnten ein ethisch problematisches „Nudging" oder andere fragwürdige manipulative Methoden rechtfertigen, die in der Digitalen Ethik diskutiert werden (s. Kap. 3.2.1; 3.2.4). Erfahrungsgemäß unterscheiden sich aber die Menschen stark in ihren Wünschen und in dem, was ihnen im Leben wichtig ist. So hat für die einen das Eingebundensein in Familie und Freundeskreis Priorität, wohingegen andere nach größtmöglicher Freiheit und Selbstverwirklichung streben. Wenn bestimmte objektive Güter mit Bezug auf traditionelle Lebensformen begründet werden, droht ein Traditions-Fehlschluss, beim Verweis auf die „menschliche Natur" ein naturalistischer Fehlschluss (vgl. Fenner 2020, 178). Neoaristotelische Gütertheorien wie diejenige von Nussbaum sind jedoch genauso allgemein gehalten wie obige Aufzählung und bleiben wie diese offen für subjektive Gewichtungen und für unterschiedliche Interpretationen und Konkretisierungen in verschiedenen Zeiten und Kulturen (vgl. Nussbaum, 189). Sehr weit gefasst ist auch der für die AI-Ethik von Luciano Floridi und Mitarbeitern vorgeschlagene Maßstab des „Gedeihens" („human flourishing"), bei dem es um die „self-realisation" von eigenen Potentialen, Fähigkeiten und Lebensprojekten der Menschen geht (vgl. etwa Floridi u. a., 690). Anstelle autoritärer Vorgaben absoluter objektiver Güter kann es letztlich nur um eine rekonstruktiv-diskursive Begründung intersubjektiver Kriterien eines guten menschlichen Lebens gehen (s. Diskursethik, Kap. 1.2.5; Kap. 4). Aus philosophischer Sicht lassen sich darüber hinaus auch einzelne Güter wie z. B. die gesellschaftliche materielle Bezugsgröße des Lebensstandards oder Wohlstands kritisieren, bei denen es sich eher um *extrinsische* Güter handelt. Infolge des psychologischen Gesetzes der Gewöhnung kommt es bei materiellen Gütern zu einem ständigen Anstieg der Ansprüche (vgl. Fenner 2007, 108 f.): Das neue Smartphone bereitet immer nur kurze Zeit Freude, bis ein Modell mit noch mehr Funktionen auf dem Markt ist und man im sozialen Vergleich mit besser Ausgestatteten schlecht abschneidet.

Theorien des Glücks/guten Lebens	Kritik
1) **Wunschtheorie**: Leben, in dem wichtige Wünsche in Erfüllung gehen	subjektive Täuschung über Erfüllung möglich (im Fall uninformierter oder neurotischer Wünsche) → nur reflektierte, aufgeklärte Wünsche
2) **Hedonistische Theorie**: Leben, das möglichst viel Lust/Freude enthält	Menschen sind nicht zufrieden mit einem von der Außenwelt völlig abgetrennten Wohlbefinden → nur reflektierter, qualitativer Hedonismus
3) **Gütertheorie**: Vorliegen bestimmter intrinsisch wertvoller Voraussetzungen	Paternalismus und naturalistischer Fehlschluss → nur rekonstruktiv-diskursive Begründung

Verhältnis von Glück und Moral

Kontrovers diskutiert wird seit den Anfängen der Philosophie die Frage, ob ein moralisches, d.h. rücksichtsvolles und gemeinwohlorientiertes Handeln eine notwendige Voraussetzung für das persönliche Glück darstellt. Wenn in Ethikrichtlinien als generelles Ziel das Gute sowohl für die Individuen als auch für die Menschheit oder das Ökosystem (englisch das „individual" genauso wie „collective well-being") aufgeführt werden, bleibt der systematische Zusammenhang meist unberücksichtigt (vgl. UNESCO, 6; EU, 19). In tugendethischen Ansätzen wird allgemein von einem notwendigen Verhältnis von Glück und Moral ausgegangen (vgl. Horn 2011, 385). Denn viele der für ein gutes und glückliches Leben wichtigen Tugenden wie z.B. Gerechtigkeit, Großzügigkeit oder Besonnenheit sind unmittelbar auf andere Menschen bezogen oder doch sozial relevant. Zu den wichtigen objektiven Glücksfaktoren scheinen stabile und sichere soziale und politische Verhältnisse zu zählen, die auf eine moralisch geregelte Ordnung angewiesen sind. Allerdings könnte ein egoistischer Amoralist als Trittbrettfahrer von der allgemeinen Befolgung moralischer Normen profitieren, diese selbst aber strategisch und punktuell missachten, wo es ihm nützt und höchstwahrscheinlich unentdeckt bleibt (vgl. Fenner 2020, 29). Aus der Warte subjektivistischer Glückstheorien kann es durchaus der große Wunsch einer Person sein, für Gerechtigkeit oder die Minimierung des Leids auf der Welt zu kämpfen. Nur dann hinge das eigene Wohlergehen unmittelbar vom moralischen Handeln ab. Auf die Frage eines Amoralisten, warum er überhaupt moralisch sein soll, kann man aber letztlich nur mit schwachen prudentiellen Gründen antworten: wegen seiner eigenen Interessen, moralische Sanktionen zu vermeiden und soziale Anerkennung zu erlangen, oder weil er langfristig auf stabile Kooperationsbeziehungen angewiesen ist (vgl. ebd., 31 ff.). Kaum ausgeprägt dürfte hingegen sein Interesse an moralischer Selbstachtung sein, auf das Moralphilosophen gern verweisen. Wer demgegenüber eine moralische Grundhaltung erworben hat und habituell seinen persönlichen Interessenstandpunkt transzendiert, hat genügend rationale, moralische Gründe, sich für das moralisch Richtige zu entscheiden.

1.3.3 Gerechtigkeit und Nichtdiskriminierung

„Gerechtigkeit" gilt als das grundlegendste normative Prinzip des zwischenmenschlichen Zusammenlebens und stellt eine der zentralen normativen Leitideen der Sollensethik dar (vgl. Fenner 2020, 212; s. Kap. 1.2.2): Während die Strebensethik klärt, was das gute Leben oder Glück als höchstes Strebensziel aller Menschen genau sein soll, widmet sich die Sollensethik dem Ideal einer respektvollen, friedlichen und gerechten Interaktion zwischen den Menschen. „Gerechtigkeit" ist also intersubjektiv, d. h. auf andere bezogen zu verstehen; genauer als dasjenige, „was wir uns gegenseitig schulden" (Mazouz, 371). Das Ziel ist nicht das für die einzelnen Individuen Gute, sondern das in Bezug auf das Zusammenleben Wünschenswerte. Anders als beim egozentrischen prudentiellen Standpunkt muss hier ein unparteiischer moralischer Standpunkt eingenommen werden. Die „Justitia", die Göttin der Gerechtigkeit, wird typischerweise mit einer Augenbinde und einer Waage dargestellt, weil sie die Interessen, Rechte oder das Wohl aller Beteiligten von einem höheren Standpunkt aus berücksichtigen und gegeneinander abwägen muss. Laut der zu Beginn des Kapitels bereits erwähnten Untersuchung waren „Gerechtigkeit und Fairness" die einzigen Werte oder Prinzipien, die in allen vier berücksichtigten Metastudien aufgeführt wurden (vgl. Rudschies u. a., 71). In der Metastudie von Jobin u. a. stehen „justice and fairness" an zweiter Stelle der normativen Begriffe von 84 ausgewerteten KI-Ethikrichtlinien (vgl. Jobin u. a., 394 f.). „Gerechtigkeit" ist aber ein genauso schwieriger und facettenreicher Begriff wie „Glück" und hat jenseits der eben erläuterten Grundbedeutung gleichfalls zu einer Vielzahl an Theorien und Modellen Anlass gegeben.

In der Digitalisierungsdebatte werden zwar selten Zuordnungen zu bestimmten Gerechtigkeitstheorien vorgenommen. Häufig ist aber die Rede von Fairness, Chancengleichheit, Nichtdiskriminierung oder Zugangsgerechtigkeit, die sich dem **Egalitarismus** mit seiner Grundidee von Gleichheit („Egalität“) zurechnen lassen: Während im Nonegalitarismus jede Person für sich und unter absoluten Maßstäben betrachtet wird, geht es bei egalitaristischen Gerechtigkeitsvorstellungen wesentlich um **Gleichheit** zwischen den Menschen, die auf einem interpersonalen Vergleich basiert (vgl. Fenner 2020, 212–220). „Egalitarismus“ meint aber nicht, dass alle Menschen gleich sind oder gleich sein sollen, sondern dass z. B. alle Menschen gleiche Ansprüche, Rechte, Ressourcen oder Kompetenzen haben sollten. Typisch sind soziale Verteilungssituationen, in denen beispielsweise Güter, Chancen, Ressourcen, Vorteile oder Lasten verteilt werden. Das auf Aristoteles zurückgehende Gleichheitsgebot fordert, Gleiche gleich und Ungleiche ungleich zu behandeln (vgl. Aristoteles, 1130bff.). Unter der erstmals von Amartya Sen aufgeworfenen Frage „Equality of what?“ wird innerhalb des Egalitarismus aber kontrovers darüber diskutiert, worauf sich die Gleichheit genau beziehen soll und was also gleich auf alle Menschen zu verteilen wäre. Es ist auch nicht klar, unter welchen Gesichtspunkten Menschen jeweils als gleich oder ungleich zu betrachten sind. In bestimmten Institutionen scheinen Unterschiede z. B. bei der Vergabe von Arbeits- oder Studienplätzen bezüglich individueller Qualifikationen, Erfahrungen oder Talente ethisch zulässig zu sein. Gemäß dem aristotelischen Gleichheitsgebot gilt also nicht unter allen Umständen „Jedem das Gleiche“, sondern durchaus auch „Jedem das Seine“, z. B. nach seiner individuellen Leistung oder Bedürftigkeit.

Auf die Frage „Equality of what?” wären mit Blick auf die Digitalisierung allererst der Zugang zum weltweiten Netz und den Informationen, digitalen Endgeräten, Software-Anwendungen und digitalen Kompetenzen zu nennen. In philosophischen Gerechtigkeitstheorien wird von einem **wirtschaftsliberalen Egalitarismus** eine marktförmige Verteilung dieser Güter und Kompetenzen vorgeschlagen, vom **sozialstaatlichen Egalitarismus** hingegen eine sozialstaatliche Verteilung (vgl. Fenner 2019, 79–83): Aus Sicht des etwa durch Robert Nozick und Friedrich von Hayek vertretenen **Libertarismus** (von lat. „libertas“: „Freiheit“) ist die freie Marktwirtschaft gerecht, weil für alle Marktteilnehmer die gleichen Regeln gelten und sich alle nach Belieben am Tausch von Gütern oder Dienstleistungen beteiligen können. „Fairness“ bedeutet dann wie im Sportwettkampf, dass für alle die gleichen Regeln gelten und unparteiisch angewendet werden. Aus Sicht der Kritiker führt die alleinige Herrschaft des Marktprinzips allerdings nicht zu einer gerechten Verteilung, weil die ungleichen Startbedingungen und die damit zusammenhängenden ungleichen Zugangschancen zum Markt nicht berücksichtigt werden. Entsprechend könnten sozioökonomisch Schlechtergestellte nicht in gleicher Weise von den Vorteilen der Digitalisierung profitieren, sondern würden höchstwahrscheinlich noch weiter benachteiligt. Zu bevorzugen ist daher ein **sozialstaatlicher Egalitarismus**, bei dem der Staat mit geeigneten Maßnahmen soziale Gerechtigkeit im Sinne einer Gleichverteilung wichtiger gesellschaftlicher Güter herstellt. Fürsprecher einer solchen sozialstaatlichen Grundstruktur der Gesellschaft ist John Rawls mit seiner Theorie der Gerechtigkeit als Fairness. Gerecht oder fair sei eine Sozialordnung dann, wenn alle Gesellschaftsmitglieder in einer ursprünglichen Situation der Gleichheit ohne Kenntnis ihrer sozialen Stellungen oder natürlichen Ausstattungen diese bejahen könnten (vgl. Rawls, 28 ff.). Während im Libertarismus darauf vertraut wird, dass sich im freien Wettbewerb die besten Informations- und Kommunikationstechnologien durchsetzen, müsste im sozialstaatlichen Modell auch eine öffentliche kritische Diskussion über Vor- und Nachteile einzelner Anwendungen stattfinden.

Im Zusammenhang mit Digitalisierung und KI geht es häufig um die normative Leitidee der Chancengleichheit, bei der zwischen einer „formalen" und einer „substantiellen Chancengleichheit" unterschieden wird (vgl. Meyer, 164; Fenner 2019, 82). Wenn algorithmenbasierte Entscheidungen in privaten oder öffentlichen Institutionen kritisiert werden, ist meist die **formale Chancengleichheit** gemeint (vgl. UNESCO, 8; EU, 18): Wie in Rawls' Gerechtigkeitstheorie zielt diese Forderung darauf ab, dass beim Erwerb von attraktiven sozialen oder wirtschaftlichen Positionen alle Bewerber die gleichen Chancen haben sollen und nur Begabung und Motivation ausschlaggebend sein dürfen (vgl. Rawls, 81). Ihre Vergabe darf hingegen nicht von Merkmalen abhängen, die wie z. B. Geschlecht oder Herkunft für den Aufgabenbereich in keiner Weise relevant sind. In diesen Fällen läge ein klarer Fall von Diskriminierung vor. Um von einer **Diskriminierung** zu sprechen, reicht es strenggenommen aber nicht aus, dass eine Ungleichbehandlung mit negativen Auswirkungen für die Betroffenen vorliegt. Vielmehr müsste es eine Ungleichbehandlung ohne sachlich relevanten Grund sein. Diese Präzisierung fehlt oft in alltäglichen und öffentlichen Diskussionen, wenn jede Form der Benachteiligung aufgrund diskriminierungsrelevanter Merkmale wie Alter oder Geschlecht als Diskriminierung gilt (s. Kap. 3.2.3; AGG). Solche personenbezogenen Merkmale können aber in bestimmten Verteilungssituationen durchaus relevant sein. So scheint es sich nicht um eine ethisch problematische

Benachteiligung und damit eine Diskriminierung zu handeln, wenn ein KI-Entscheidungssystem für die Stelle eines Fahrrad-Pizzaboten aufgrund bisheriger Stellenbesetzungen nicht die 75-jährige Rentnerin, sondern einen 20-jährigen Sportler vorschlägt. Denn das Lebensalter dürfte in diesem Fall durchaus ein zuverlässiger Indikator für die bei dieser Arbeit erforderliche körperliche Leistungsfähigkeit sein (vgl. Hilgendorf, 242). Oft liegt das Problem jedoch darin, dass solche automatisierten Entscheidungen nicht begründet werden oder bei selbstlernenden Systemen gar nicht transparent sind (s. Kap. 3.2.3). Allgemein gesprochen müssten sich faire Verteilungskriterien in Institutionen oder Unternehmen nachvollziehbar mit Blick auf die spezifischen Zielsetzungen der Organisationen begründen lassen und für alle Anwärter gleich sein (vgl. Fenner 2020, 218).

Anders als die Forderung nach einer formalen Chancengleichheit gibt sich diejenige der weitergehenden **materiellen Chancengleichheit** nicht damit zufrieden, dass sich die Kriterien für die Vergabe von Positionen oder Gütern sinnvoll aus dem Aufgabenbereich einer Institution ergeben. Materielle Chancengleichheit erfordert noch viel grundsätzlicher eine Gleichheit der Startchancen aller Menschen, sowohl bezüglich der natürlichen Ausstattung als auch der Entwicklungs- und Bildungschancen der Heranwachsenden (vgl. Fenner 2019, 82). In der Digitalisierungsdebatte spielt in dieser Hinsicht die **Zugangsgerechtigkeit** eine große Rolle: Es wird in vielen Beiträgen und Ethikrichtlinien ein fairer Zugang zu Informationen, zu digitalen Technologien und zum Nutzen durch die Digitalisierung eingefordert (vgl. Jobin u.a., 394; UNESCO, 8; Weber 2021, 349). Bei der Frage, ob der Zugang zum Internet ein Menschenrecht darstellt, werden häufig starke Interessen der Menschen in ihrem alltäglichen Leben oder die Voraussetzungen der Wahrnehmung ihrer politischen Rechte z.B. auf Meinungsfreiheit, Informations- und Versammlungsfreiheit geltend gemacht (vgl. Cruft, 69–73). Je mehr Menschen einen Internetzugang haben und umso stärker eine Teilhabe an der Gesellschaft diesen voraussetzt, desto mehr scheint er als individuelles Menschenrecht gelten zu müssen (vgl. Nida-Rümelin u.a. 2020, 141f.). Die Problematik der **informationellen Ungerechtigkeit** wird unter dem Stichwort „digital divide“ oder „digital gap“ erörtert, womit eine digitale Spaltung in „information haves“ und „information have nots“ gemeint ist (vgl. Lenzen 2011, 213; Weber 2021, 350). Dieser „gap“ kann sich sowohl auf eine bestimmte Gesellschaft als auch einen Vergleich zwischen Staaten oder die globale Verteilung beziehen.

Die zu verteilenden Güter oder Chancen sind zum einen der erwähnte Informationszugang, zum anderen aber auch digitale Kompetenzen. Denn ausgeschlossen von der Kommunikationsinfrastruktur, insbesondere von einem Internetzugang, sind nicht nur die ohne elektrische Versorgung lebenden Menschen im globalen Süden, sondern auch sozioökonomisch schlechter Gestellte in reichen Staaten. In vielen Ländern ist die Verteilung ähnlich ungleich wie die Einkommen (vgl. Weber, ebd.). Benachteiligt oder ausgeschlossen sind im digitalen Zeitalter aber auch viele Menschen mit körperlichen oder geistigen Beeinträchtigungen. Zu fordern ist daher **Barrierefreiheit im digitalen Raum**, der etwa mit dem Verfassen von Texten in einfacher Sprache, dem Hinzufügen von Untertiteln in Videos oder von automatisierten Vorlesehilfen bei Webseiten Rechnung getragen werden kann (vgl. Steinicke u.a., 38). Mit Blick auf digitale Technologien insgesamt wäre es geboten, die Technik möglichst voraussetzungsarm z.B. hinsichtlich der physischen Konstitution der Nutzer zu gestalten (vgl. Weber, 350). Neben der Schaffung der technischen Zugangsvoraussetzungen z.B. in Form von digitalen Endgeräten oder Glasfaserkabeln ist aber auch die Förderung von Medien- bzw. **Digitalkompetenz** erforderlich. Zu den digitalen Kompetenzen gehören über basale Computerkenntnisse hinaus etwa auch technische Fähigkeiten der Nutzung verschiedener digitaler Geräte und immer neuer digitaler Anwendungen (vgl. Schmidt u.a., 254; s. Kap. 2.1.2). Diese wären nicht nur in Schulen, sondern auch in kontinuierlichen Weiterbildungsmaßnahmen in fast allen Berufsgruppen zu vermitteln. Dabei ließe sich an das philosophische Konzept einer **Befähigungsgerechtigkeit** anknüpfen, das ebenfalls auf eine substantielle und effektive Chancengerechtigkeit abzielt: Gemäß dem von Amartya Sen und Martha Nussbaum entwickelten Fähigkeiten-Ansatz („capabilities approach“) sollen die maßgeblichen Hinsichten sozialer Gerechtigkeit nicht Güter oder Positionen wie bei Rawls sein, sondern die Entfaltung grundlegender, für ein gutes menschliches Leben wichtiger Fähigkeiten.

Solidarität und Inklusion

Bisweilen wird in Ethikrichtlinien unter „Gerechtigkeit“ auch noch die „Solidarität“ extra aufgeführt. Sie bildet gleichfalls ein Grundprinzip des Zusammenlebens, bei dem anders als bei der Gerechtigkeit aber die emotionale Seite der Zusammengehörigkeitsgefühle und der Verbundenheit mit der Gemeinschaft betont wird (vgl. Jobin u.a., 396; Floridi u.a., 699). **Solidarität** meint eine Haltung des Aufeinander-Bezogenseins und das gegenseitige Füreinander-Einstehen oder -Haften in Gefahr- oder Notsituationen. Der soziale Zusammenhalt könnte bedroht werden durch das Vordringen von Big-Data-Analysen z.B. in Versicherungssysteme oder allgemein durch einen radikalisierten Individualismus. Auf einer internationalen Ebene wird Solidarität der technologisch fortgeschrittenen Staaten gegenüber den weniger entwickelten verlangt, damit alle Menschen auf der Welt von den Vorteilen der Digitalisierung profitieren können (vgl. UNESCO, 8). Um eine solidarische Regelung konkret ausgestalten zu können, braucht es aber eine Konzeption von Gerechtigkeit. Noch allgemeiner sind Forderungen nach Inklusion, Diversität und gesellschaftlicher Vielfalt, die an die eben erläuterten Vorstellungen einer substantiellen Chancengleichheit anknüpfen (vgl. UNESCO, 8; Jobin u. a., 394): Sowohl beim Medienangebot als auch bei der Entwicklung von KI müsse auf Vielfalt und Offenheit der Gesellschaft geachtet werden. So sollen (Online-)Journalisten gesellschaftliche Minderheiten mitberücksichtigen und KI-Forscher gegebenenfalls spezielle digitale Angebote für verschiedene gesellschaftliche Gruppen entwickeln (vgl. Drüeke, 154f; Grimm 2021, 80).

Gerechtigkeit	
Grundideen von Gerechtigkeit: Gleichheit („Egalität“) und Unparteilichkeit	
1)	**libertärer Egalitarismus** **Verfahrensgerechtigkeit**: gleiche Regeln von Angebot und Nachfrage im freien Wettbewerb, keine staatliche Umverteilung **Fairness**: fairer Wettbewerb auf dem freien Markt, keine Privilegierung (durch Herkunft, Stellung etc.) **Problem**: ungleiche Startbedingungen bleiben unberücksichtigt
2)	**sozialstaatlicher Egalitarismus** **soziale Gerechtigkeit**: gerechte Verteilung durch sozialstaatliche Grundordnung **Fairness**: Wahl der Grundprinzipien durch Gesellschaftsmitglieder im „Urzustand“ (Schleier-Argument)
2a)	**formale Chancengleichheit**: gleiche Chancen beim Erwerb von Gütern und Positionen, nur Qualifikationen zählen → keine **Diskriminierung**: keine Ungleichbehandlung ohne sachlichen Grund (Geschlecht, Religion etc.)
2b)	**substantielle Chancengleichheit**: zusätzliche Gleichheit der sozialen (und natürlichen) Startbedingungen **Wohlergehens-Egalitarismus**: Gleichheit an (Chancen auf) Wohlergehen aller Menschen
3)	**Solidarität**: auf Zusammengehörigkeitsgefühlen basierendes gegenseitiges Füreinander-Einstehen in Not

1.3.4 Privatsphäre

Seit die gesamte Lebenswelt immer mehr digitalisiert oder „dataifiziert" wurde und der moderne Datenkapitalismus zu aufsehenerregenden Skandalen wie dem von „Cambridge Analytica" im Zusammenhang mit Facebook-Daten führte (s. Kap. 3.2.2), avancierte die Privatheit zum wichtigen Diskussionsthema. Nach Petra Grimm ist die Privatsphäre sogar „der zentrale Wertbegriff im digitalen Zeitalter" (2016, 178), und Nils Leopold postuliert: „Wertegeleitete Diskurse rund um die Digitalisierung sind aktuell vor allem Privatheitsdiskurse" (168). In liberalen westlichen Staaten hält eine große Mehrheit die Privatsphäre für akut bedroht und dringt auf ihren Schutz. In der Metastudie von Jobin u. a. steht die „privacy" an fünfter Stelle und wurde in 47 von 84 AI-Ethikrichtlinien aufgeführt (vgl. 395). Auch in der EU- und UNESCO-Richtlinie finden sich die Forderungen „Privacy and data governance" bzw. „Right to Privacy and Data Protection" (vgl. EU, 14; UNESCO, 8). Ihre normative Bedeutung und Schutzwürdigkeit erlangte die Privatsphäre aber erst Ende des 18. und im Laufe des 19. Jahrhunderts (vgl. Grimm u. a. 2012, 43). In der Antike stellte sie sich noch keinen Wert dar. Vielmehr bedeutet das lateinische Wort „privatus" (vom Verb „privare": „berauben") die Wegnahme oder das Fehlen von etwas (vgl. ebd., Heller, 27 f.). Gemeint ist die „res publica", die öffentlichen Angelegenheiten, die alle Bürger etwas angehen und auf der Agora, dem Marktplatz, als Ort der Freiheit verhandelt wurden. Das „Private" war hingegen das, was übrigbleibt, wenn die ehrenhafte und höchste Form menschlicher Praxis entfiel: die politische, auf das Verändern der Welt abzielende Tätigkeit. Übrig bleibt der Ort des Hauses und der alltäglichen notwendigen Verrichtungen des Haushalts und der Bedürfnisbefriedigung. Frauen und Sklaven waren auf den Privatraum mit den Grundtätigkeiten des Arbeitens und Herstellens eingeschränkt.

Auch in der Aufklärung galt die Öffentlichkeit als die bedeutsamere Sphäre, weil sich der Mensch aus aufklärerischer Sicht nur dank der Steuerung der natürlichen Bedürfnisse und Empfindungen und eines vernünftigen und tugendhaften Verhaltens in der Öffentlichkeit aus seiner „selbst verschuldeten Unmündigkeit" (Kant) emanzipieren kann. Vor dem Hintergrund der Erstarkung des modernen Individualismus, der Entwicklung der Städte und modernen industriekapitalistischen Nationalstaaten erlangte die private Sphäre jedoch einen immer höheren Stellenwert (vgl. Grimm u. a. 2012, 43). Die Menschen verstanden sich nicht mehr nur als freie und gleiche Mitglieder der Gesellschaft, sondern mehr und mehr als je für sich einzigartige Wesen: als „Individuen". Der Staat übernahm die Ordnungs- und Kontrollfunktionen und verdrängte damit das Bürgertum aus der Öffentlichkeit. Mit der Entstehung von anonymen Großstädten und Handelszentren traten anstelle des Zusammenlebens in einer vertrauten Gemeinschaft nun häufig wechselnde funktionale Verbindungen zwischen Fremden. Die Privatsphäre wurde zu einem geschützten Raum vor den Bedrohungen in der Außenwelt, wie z. B. den napoleonischen Kriegen oder den lauten, rumorenden Metropolen (vgl. Heller, 38). Das gesellschaftliche und wirtschaftliche Vorankommen verlangt von den Einzelnen, sich in einer kapitalistischen Kultur mit dem wettbewerbsorientierten Prinzip des freien Marktes durchzusetzen. Sowohl diese Selbstbehauptung als auch die Wahrung der psychischen Integrität setzt aber die Kontrolle über die öffentliche Selbstdarstellung voraus (vgl. Grimm u. a. 2012, 43). Unter den veränderten Bedingungen verstand man die Privatsphäre nun als Zufluchtsort und Ort der Freiheit von allgemeinen Regeln und sozialen Erwartungshaltungen.

Einen nicht unerheblichen Beitrag zum Wandel des Verständnisses von Privatheit leistete aber auch die Entwicklung neuer Medientechnologien, die hier von besonderem Interesse ist: Seit Mitte des 19. Jahrhunderts ermöglichten die Fotografie, die Massenpresse und Boulevardzeitungen das schnelle und massenhafte Verbreiten von Informationen aus dem Privatleben sogenannter öffentlicher Personen (vgl. ebd., 44). Aus Ärger über die Übergriffigkeit der Presse anlässlich der Hochzeit seiner Tochter verfasste Samuel Warren zusammen mit Louis Brandeis eine juristische Abhandlung „The right to Privacy" (1890), in der ein „right to be left alone" reklamiert wurde (vgl. Rössler, 20). Mit dem Aufkommen des Fernsehens in der zweiten Hälfte des 20. Jahrhunderts verschärften sich diese Diskussionen über die Veröffentlichungen des Privaten in den Massenmedien. Mit Blick auf Funk und Fernsehen kritisierte Jürgen Habermas in seiner Habilitationsschrift zum *Strukturwandel der Öffentlichkeit* (1962) die Veröffentlichung des Privaten genauso wie die Privatisierung des Öffentlichen, d. h. die Personalisierung des Politischen (s. Kap. 2.2.3). Im Unterschied zu diesen inzwischen als „traditionell" geltenden Medien, bei denen die Beiträge von Redakteuren verfasst oder zusammengeschnitten werden, erlauben es die neuen digitalen Medien jedem selbst, das Intimste öffentlich zu machen. Inszenierte Selbstdarstellungen aus der Privatsphäre infiltrieren infolgedessen immer stärker den öffentlichen Raum. Während bei Talkshows oder Reality-TV-Formaten die außermediale Grenze zwischen privat und öffentlich bewahrt wurde, verwischen in sozialen Online-Netzwerken die klaren Grenzen. Es bildet sich ein medialer Zwischenraum mit privaten und öffentlichen Merkmalen heraus (vgl. Grimm u.a. 2012, 60; s. Kap. 2.3).

Die Privatsphäre wurde nicht nur historisch und kulturell unterschiedlich interpretiert und bewertet, sondern es lassen sich auch systematisch verschiedene Bedeutungsebenen unterscheiden. Hier können nur die wichtigsten von ihnen, die „lokale" und „informationelle Privatheit" erläutert werden: Bei der **lokalen Privatheit** wird die Privatheit als ein räumliches Phänomen verstanden, als das, was sich im nichtmetaphorischen Sinn in der eigenen Wohnung ereignet (vgl. Rössler, 25; Grimm u.a. 2016, 178). Das Recht auf Privatsphäre meint dann den normativen Anspruch, dass niemand ohne Einwilligung in diese geschützte Sphäre eindringen oder andere in diesem Bereich beobachten darf. Im Zwiebelschalenmodell werden verschiedene Stufen der Privatheit vom innersten Kern der Intimität über Familie/intime Beziehung sowie Zimmer/Wohnung/Haus bis hin zu Freunden unterschieden, die sich vom äußeren öffentlichen Bereich mit Gesellschaft, Staat und Wirtschaft abgrenzen (vgl. Grimm 2020, 33; Rössler, 18). Diese räumliche Eingrenzung scheint aber insofern irreführend zu sein, als z.B. der Verkauf illegaler Drogen in den eigenen vier Wänden eine öffentlich-rechtliche Angelegenheit darstellt, ein Gespräch mit Freunden im öffentlichen Café oder die Teilnahme an einer Demonstration hingegen Privatsache sind. Gemäß der richtigen Grundintuition des Zwiebelschalenmodells bezieht sich die Privatheit auf einen Bereich der persönlichen Lebensgestaltung, in dem es um Intimes wie Bedürfnisbefriedigung, Krankheiten, Familie und enge Beziehungen geht und sich ein Mensch außerhalb seiner beruflichen, gesellschaftlichen oder politischen Rollen bewegt. In diesem Sinn kann jemand auch in der Öffentlichkeit privat sein. In ähnlicher Weise geht es bei der „informationellen Privatheit" um den Kerngedanken der Grenzziehung und des Schutzes vor unbefugten Ein- oder Zugriffen, aber speziell mit Bezug auf Informationen: **Informationelle Privatheit** meint den Anspruch, dass niemand ohne Einwilligung der Betroffenen auf Daten über die eigene Person zugreifen darf (vgl. Rössler, 25). Hinter beiden Definitionen steht letztlich die Idee der Kontrolle des Zugangs zu persönlichen Räumen, Handlungen, Angelegenheiten oder Informationen (vgl. ebd., 23).

Dieses traditionelle Konzept von Privatheit als individualistische Kontrolle mag im Zeitalter der Digitalisierung antiquiert anmuten (vgl. dazu Kuhlen, 191). Angesichts der zunehmenden „Datafizierung der Privatsphäre" durch die pausenlose Datengenerierung auch im privaten Bereich z. B. durch Schlaf-Apps oder digitale Thermostate, scheint die informationelle Privatheit kaum mehr geschützt werden zu können (Grimm 2020, 27). Unter dem Schlagwort „post privacy" wird sogar versucht, das „Ende der Privatsphäre" positiv als Eröffnung vieler neuer Freiheiten zu sehen (vgl. Heller, 7 f.). Auch wenn die *individuelle* Kontrolle schwieriger geworden ist, lässt sie sich doch durch gesetzliche Regelungen zum Datenschutz und zur Kontrolle datenverarbeitender Organisationen stärken (vgl. Leopold, 168; 171). Geschützt wird die Privatsphäre sowohl in der Allgemeinen Erklärung der Menschenrechte der UNO (Art. 12) als auch in der Europäischen Menschenrechtskonvention (Art. 8). Das Recht auf Privatsphäre wird juristisch aus dem Allgemeinen Persönlichkeitsrecht abgeleitet, das seinerseits auf die Würdegarantie (Art. 1 Abs. 1) und das „Recht auf freie Entfaltung der Persönlichkeit" zurückgeht (Art. 2 Abs. 1 des Grundgesetzes der BRD). Während in westlichen liberalen Gesellschaften der hohe Wert der Privatheit mit dem Bezug zur Persönlichkeit oder dem „Selbst" begründet wird, fehlt diese Konnotation in anderen Kulturen wie z. B. im Buddhismus mit seiner Lehre des „Nicht-Selbst" (vgl. Capurro 2015, 4; Hongladarom, 163). Die meisten im westlichen Kulturkreis zur Begründung der Schutzwürdigkeit der Privatheit aufgeführten Gründe sind **funktionale Argumente**, die wichtige Funktionen der Privatheit für andere Güter oder Werte hervorheben (vgl. Rössler, 132 f.; Heinrichs u. a., 91). Privatheit hat bei solchen reduktiven Interpretationen einen funktionalen oder instrumentellen Wert. Sie ist ein Mittel zur Erreichung bestimmter äußerer Zwecke wie etwa gesellschaftliche oder ökonomische Vorteile oder verweist auf andere Rechte wie z. B. auf Autonomie oder Eigentum. Bei „intrinsischen", nicht-reduktiven Deutungen hingegen ist Privatheit kein abgeleiteter, sondern ein eigenständiger, intrinsischer Wert, d. h. ein Wert an sich oder Selbstzweck.

1) Beim gängigsten **Argument des Persönlichkeitsschutzes** wird die Funktion der Privatheit wie erwähnt darin gesehen, die freie Entfaltung der Persönlichkeit zu ermöglichen. „Persönlichkeit" meint dabei ein einzigartiges individuelles Muster von relativ stabilen angeborenen Anlagen und Eigenschaften sowie erworbenen Idealen, Zielen und Selbstbildern, die das Handeln und die Lebensweise eines Menschen prägen (vgl. Fenner

2019, 203). Da diese unteilbare Ganzheit wesentlicher Persönlichkeitseigenschaften den Kern der persönlichen Identität ausmacht, lässt sich auch von einem **Identitäts-Argument** sprechen. Für die Ausbildung einer Identität oder Persönlichkeit ist ein reflexives Selbstverhältnis erforderlich, d.h. die Reflexion auf die eigene Vergangenheit, auf Erfahrungen, Eindrücke, Charaktermerkmale, Fähigkeiten, Wünsche etc. Diese für die persönliche Identität und ein selbstbestimmtes Leben unabdingbare „self-evaluation" erfordere aber eine private Sphäre (Westin, 37; vgl. Grimm u. a. 2012, 46). Denn diese Reflexion gelinge nur in der zurückgezogenen einsamen Konfrontation mit sich selbst (vgl. Rössler, 278): Um herauszufinden, welche Person man sein will und wie man leben möchte, benötige man den Schutz vor den Blicken, den Urteilen und der Kontrolle der anderen, sozusagen die „Ruhe für das Verhältnis zu sich selbst" (ebd., 262). Wenn der Zwang zum Spielen sozialer Rollen und zur „Selbstdarstellung" entfällt, lassen sich verschiedene Formen der Selbstdefinition und Selbstinszenierung erproben. Der Unverletzlichkeit der Wohnung komme insofern eine besondere Bedeutung zu, als sie solche Möglichkeiten des Rückzugs und des Sich-Einrichtens und -Ausprobierens in bedeutungsvoller Umgebung biete (vgl. ebd., 261). Sicherlich würde das Argument der Privatheit als Bedingung für Identität und Individualität aber überzogen, wenn damit suggeriert würde, die Prozesse der Selbstfindung oder Identitätsbildung könnten nur in einem geschützten Raum stattfinden. Denn genauso unabdingbar ist dafür die Auseinandersetzung mit kritischen Blicken und den Fremdwahrnehmungen der eigenen Charaktereigenschaften, Stärken und Schwächen.

2) An dieses Identitäts-Argument oder Argument des Persönlichkeitsschutzes knüpft das zweite Argument an, das hier als **Freiheits**- oder **Autonomie-Argument** bezeichnet werden soll: Nach Beate Rösslers einschlägiger Monographie *Der Wert des Privaten* (2001) wird Privatheit in liberalen Gesellschaften primär geschätzt als Garant der persönlichen Freiheit und Autonomie (vgl. 26; 84). Dabei ist sowohl die Freiheit von äußeren Eingriffen durch Staat oder Fremdpersonen als negative oder Handlungsfreiheit gemeint als auch die Autonomie im Sinne einer positiven Freiheit, Willensfreiheit oder Selbstbestimmung (s. Kap. 1.3.1). Autonome oder selbstbestimmte Entscheidungen, Handlungs- oder Lebensweisen setzen wie gesehen ein reflexives Selbstverhältnis und eine begründete Antwort auf die Frage voraus, welcher Mensch man sein will und welche Wünsche oder Ideale man haben möchte (vgl. ebd.; Rössler, 96; 98f.). Eine distanzierte Reflexion und

Stellungnahme sowie die Ausbildung eines normativen Selbst (Argument 1) stellen also Voraussetzungen für Autonomie dar. Zum Schutz der Autonomie reichen demzufolge (negative) Freiheitsrechte nicht aus, sondern es braucht den Schutz des Privaten (vgl. ebd., 26). Wenn Alan Westin neben der erwähnten „self-evaluation" die „personale Autonomie" als weitere wichtige Funktion von Privatheit auflistet, bezieht sich diese auf das innerste Selbst („core self") und das Bedürfnis, von andern nicht manipuliert oder dominiert zu werden (vgl. Westin, 33f.). Wird die Privatsphäre nicht respektiert wie in den noch zu diskutierenden Fällen von „Cambridge Analytica" oder personalisierter, private Daten ausschöpfender Online-Werbung, steigt ohne Zweifel das Risiko für Manipulationen (vgl. Grimm 2020, 38; s. Kap. 3.2.2). Allerdings sind Manipulationen als Verletzungen des Selbstbestimmungsrechts der Individuen ganz generell, also auch im öffentlichen Raum, ethisch höchst verwerflich, sodass die Forderung nach Schutz der Privatheit nicht über dieses allgemeine Verbot hinausgeht. Aus den gleichen Gründen vermag die Argumentationsweise nicht zu überzeugen, ohne Privatheit gäbe es keinen Ort, wo man vor Zwang und Diskriminierung geschützt wäre (vgl. ebd. 37). Fraglich ist auch, ob eine umfassende Datenerhebung im Privatbereich zwangsläufig zu stromlinienförmigem Verhalten führte und „eine selbstzensorische Schweigespirale in Gang setzen" würde (vgl. Grimm u.a. 2016, 184; s. Kap. 3.2.2).

3) Ein drittes, häufig aufgeführtes Argument betrifft das Zusammenleben der Menschen und wird deswegen hier **Beziehungs-Argument** genannt: Wichtig für das Zusammenleben der Menschen seien differenzierte Entscheidungen darüber, wem wir was anvertrauen oder nicht (vgl. Grimm 2020, 37). Nach Westin ist eine „limited and protected communication", d.h. der Austausch privater Informationen unter Vertrauten in einem geschützten Raum, eine weitere von vier Funktionen von Privatheit (vgl. Westin, 38). Sicherlich ist es ein Gradmesser für eine vertrauensvolle Beziehung, wie viel Privates Menschen miteinander austauschen. Auch erleichtert es zweifellos die sozialen Interaktionen, wenn sich zumindest abschätzen lässt, über welche Informationen die Gesprächspartner verfügen (vgl. Rössler, 201). Man kann dann mit angemessenen Erwartungen in die Interaktion gehen und sich auf die Art der Kommunikation einstellen. Auch wird die Preisgabe privater Informationen insbesondere durch vertraute Freunde erfahrungsgemäß als sehr verletzend und beschämend empfunden (vgl. ebd., 203). Ethisch verwerflich ist es zweifellos, die in einem bestimmten Kontext z.B. beim Arztbesuch oder der Briefpost, unter Schweigepflicht oder dem

Briefgeheimnis anvertrauten Daten weiterzugeben. Der damit verbundene Vertrauensverlust vermag aber schwerlich einen allgemeinen Wert des Geheimhaltenkönnens bzw. von Geheimnissen als solchen zu begründen (vgl. Grimm 2020, 36). Aus ethischer Sicht könnte sich eine Verletzung der informationellen Privatheit etwa durch die hohe Bedeutung der personenbezogenen Daten für den Staat oder Drittpersonen rechtfertigen lassen. Physische Bedürfnisse, Krankheiten, Emotionen und intime Beziehungen einer Privatperson sind für die Öffentlichkeit jedoch selten relevant (s. Kap. 2.3).

4) Aufgrund allgemeinmenschlicher Erfahrungen leuchtet auch das **Entspannungs-Argument** unmittelbar ein: Der Rückzug in die Privatsphäre erlaubt es, befreit von sozialen Erwartungshaltungen und unablässigem Handlungs- und Entscheidungsdruck physisch und emotional zu entspannen und „sich gehen zu lassen“ (vgl. Rössler, 267 f.; Leopold, 168). Dank dieser Funktion des „emotional release“ können Privatpersonen zu innerer Ruhe finden, ganz sich selbst sein und Stress abbauen (vgl. Westin, 34 f.; Grimm u. a. 2012, 46). Aus der individualethischen, prudentiellen Perspektive ist diese Funktion in einer enorm beschleunigten und reizüberfluteten Welt kaum zu überschätzen. Insbesondere für sensiblere Menschen führen Informationsflut, permanenter Zeit- und Leistungsdruck schnell zu Fahrigkeit und Überforderung, sodass sie viele Ruhepausen benötigen. Diese Liste von Gründen für den Wert der Privatheit ist damit jedoch keineswegs abgeschlossen, sondern es werden noch viele weitere angeführt, wie z. B. die Bedingung der Möglichkeit von Kreativität und des Lernens (vgl. Leopold, 168). Interessanterweise geht es bei den meisten Argumenten um eine lokale Privatheit, d. h. den räumlichen Rückzug in einen Ort der Erholung und des In-sich-Gehens, weniger um die infolge der Digitalisierung neu aufgetretene informationelle Privatheit. Ethisch höchst verwerflich sind entsprechend **mediale Verletzungen** der lokalen Privatsphäre, bei denen die Medien oder Bürgerjournalisten gleichsam Vorgänge aus der Privatsphäre in die Öffentlichkeit bringen (vgl. Grimm u. a. 2016, 180). Die zweite Form **computerisierter Verletzungen** bezieht sich hingegen speziell auf die informationelle Privatheit: Die bei der Datafizierung der Privatsphäre angefallenen Daten können beispielsweise von Arbeitgebern, Werbeleuten, Staaten oder der Polizei genutzt werden, um das Verhalten der Betroffenen vorherzusagen oder zu beeinflussen. Ethisch problematisch ist dies immer dann, wenn dabei andere Grund-

werte oder Individualrechte wie Autonomie oder Gerechtigkeit/Nichtdiskriminierung tangiert sind.

Privatsphäre
Grundidee: Die Individuen müssen die Kontrolle über den Zugang zu persönlichen Räumen, Handlungen, Angelegenheiten, Informationen behalten.
Rechte auf: a) **lokale Privatheit**: kein Zugang zur eigenen Wohnung oder zum eigenen Haus ohne Einwilligung b) **informationelle Privatheit**: kein Zugriff auf personenbezogene Daten ohne Einwilligung
Argumente für den Wert der Privatheit: 1) **Identitäts-Argument/Argument des Persönlichkeitsschutzes**: reflexives Selbstverhältnis in der einsamen Konfrontation mit sich selbst 2) **Autonomie-/Freiheits-Argument**: keine äußeren Eingriffe, keine manipulativen Einflüsse 3) **Beziehungs-Argument**: Kommunikation unter Vertrauten im geschützten Raum 4) **Entspannungs-Argument**: Entlastung von sozialen Erwartungshaltungen und Handlungsdruck
Formen der Verletzung der Privatsphäre: a) **mediale Verletzungen**: Vorgänge aus der (lokalen) Privatsphäre werden von Medien veröffentlicht. b) **computerisierte Verletzungen**: Bei der Digitalisierung der Privatsphäre anfallende Daten werden von Unternehmen, Staat etc. genutzt, um das Verhalten vorherzusagen oder zu beeinflussen.

1.3.5 Nachhaltigkeit

Immer öfter wird in ethischen Diskussionen über eine zunehmend digitalisierte Welt die Forderung nach Nachhaltigkeit erhoben, die auch schon in viele Ethikrichtlinien Eingang fand (vgl. Jobin u. a., 395; UNESCO, 8; EU, 18). **Nachhaltigkeit** im Sinne einer ethischen Leitidee beinhaltet sowohl eine ökologische Dimension eines bestimmten Umgangs mit der Natur als auch eine soziale Dimension der Rücksichtnahme auf zukünftige Generationen. Der **ökologische** Kerngedanke geht zurück auf das frühe 18. Jahrhundert, als in Europa Holz und Wälder knapp wurden (vgl. Santarius, 272): Die nachhaltige Nutzung eines Waldes verlangt, diesem nicht mehr Holz zu entnehmen als nachwächst, um seinen Bestand nicht zu gefährden.

Dieser forstwirtschaftliche Grundsatz erwies sich als bahnbrechend und wird inzwischen auf sämtliche knappen natürlichen Ressourcen und das fragile Ökosystem insgesamt angewendet. In **sozialer** Hinsicht ist eine Entwicklung nur dann nachhaltig, wenn die gegenwärtige Generation ihre Bedürfnisse befriedigt, ohne die Möglichkeit zukünftiger Generationen zu beeinträchtigen, ebenfalls ihre Bedürfnisse befriedigen zu können. Im Sinne des Prinzips des Nichtschadens darf die Lebensgrundlage zukünftig lebender Menschen nicht zerstört werden. Berücksichtigt werden müssen elementare Interessen der noch ungeborenen Menschen z. B. auf Nahrung, Trinkwasser oder saubere Luft, wodurch die entsprechenden Menschenrechte geschützt werden (vgl. Santarius, 275). Gerechtigkeitstheoretisch ist eine **intergenerationelle Gerechtigkeit** geboten, weil es ungerecht wäre, wenn die gegenwärtige Gesellschaft auf Kosten von zukünftigen leben und wirtschaften würde (vgl. Kuhlen, 265 f.; Fenner 2022, 152). Zu einer begrifflichen Verwirrung und Verwässerung der ursprünglich kritischen Nachhaltigkeitsidee führte jedoch das Drei-Säulen-Modell (vgl. Gossen u. a., 239; Ott 2021, 165): Da es eine gleiche Gewichtung der ökonomischen Säule mit der ökologischen und sozialen suggeriert, kam es zu opportunistischen politischen und wirtschaftlichen Vereinnahmungen.

Seit einigen Jahren wird eine kontroverse Debatte darüber geführt, ob die Entwicklung digitaler Technologien und Künstlicher Intelligenz insgesamt betrachtet nachhaltig ist oder nicht. Ihre Beantwortung wird aber schon durch die inflationäre und heterogene Verwendung des Nachhaltigkeitsbegriffs erschwert. Mit Blick auf die Digitalisierung ist v. a. die Unterscheidung zwischen einer „starken“ und „schwachen“ Nachhaltigkeit von Bedeutung (vgl. Kuhlen, 273 f.; Ott 2021, 169 f.): Die Forderung einer **starken Nachhaltigkeit** lautet, dass die vorhandenen natürlichen Güter nicht weiter reduziert werden dürfen, sondern das Naturkapital insgesamt konstant gehalten werden muss. Es darf also wie im Beispiel der Waldnutzung nur so viel verbraucht werden, wie sich wieder regenerieren kann. Beim weniger strengen Konzept einer **schwachen Nachhaltigkeit** hingegen können Verluste von Naturgütern prinzipiell durch andere nutzenbringende Hinterlassenschaften wie z. B. Infrastrukturen oder Technologien ausgeglichen werden. Es wäre dann sogar mit den Grundsätzen einer intergenerationellen Gerechtigkeit vereinbar, die natürlichen Ressourcen vollständig zu verbrauchen und den Nachkommen eine weitgehend artifizielle Welt zu übergeben. Kritisch ist gegen dieses schwache Nachhaltigkeitskonzept einzuwenden, dass dabei die Macht des wissenschaftlich-technischen Fortschritts meist überbewertet, der Wert der Natur jedoch unterschätzt wird. Auf der einen Seite sind viele Naturgüter wie Atmosphäre oder Süßwasser kaum substituierbar. Bei komplexen mulitfunktionalen Ökosystemen wie Wäldern oder Küsten wird den Menschen häufig auch die große Bedeutung von Ökosystemdienstleistungen wie z. B. die Insektenbestäubung erst bei ihrem Verlust bewusst (vgl. Ott 2021, 177 f.; Fenner 2022, Kap. 3). Auf der anderen Seite kann die Technik kaum alle zerstörerischen menschlichen Einflüsse auf die Lebensgrundlagen durch Anpassung wettmachen. Es ist daher an der Forderung nach Bewahrung der natürlichen Lebensgrundlagen der Menschen festzuhalten (vgl. Gossen u. a., 237).

Bei der Frage nach dem Zusammenhang von Digitalisierung und Nachhaltigkeit ist zu untersuchen, inwiefern sich die Digitalisierung selbst nachhaltig gestalten lässt und ob sie zu einer nachhaltigen Entwicklung von Gesellschaft und Wirtschaft beitragen kann. Da sich die Digitalisierung keineswegs rein immateriell vollzieht, schaffen die Herstellung, Nutzung und Entsorgung von digitalen Technologien zunächst neue Probleme, allen voran durch hohen Energie- und Ressourcenverbrauch. Bezüglich des **Ressourcenverbrauchs** werden für die Herstellung digitaler Hardware Seltene Erden wie Lithium, Kobalt, Coltan und Platin benötigt, die nur an wenigen Orten wie China, Kongo, Chile und Bolivien vorkommen. In jedem Smartphone werden ca. 5 Gramm Kobalt, 15 Gramm Kupfer und 22 Gramm Aluminium verbaut (vgl. Santarius, 277). Das ist zwar wenig, ergab aber bei den rund 7 Milliarden Smartphones, die in den ersten zehn Jahren seit der Einführung im Jahr 2007 produziert wurden, immerhin 38.000 Tonnen Kobalt, 107.000 Tonnen Kupfer, 157.000 Tonnen Aluminium und Tausende Tonnen weiterer knapper Rohstoffe. Der gesamte Materialverbrauch müsste aber auch reduziert werden, weil das Recycling des elektronischen Abfalls schwierig ist und insbesondere sein Export in den Globalen Süden verheerende Auswirkungen auf Mensch und Umwelt hat (vgl. Capurro 2015).

Bei der Hardwareproduktion, der Aufrechterhaltung der digitalen Infrastruktur und der Nutzung digitaler Geräte ist außerdem ein enormer **Energieverbrauch** zu verzeichnen. Den Stromverbrauch aus den drei Bereichen Rechenzentren, Datenübertragung und Endgeräte zu errechnen oder sogar Prognosen für die zukünftige Entwicklung zu stellen, ist aber aufgrund der nur beschränkt öffentlich zugänglichen Daten sehr schwierig. Nach großzügigen Schätzungen entfallen rund 10 % des weltweiten Stromverbrauchs auf alle mit dem Internet verbundenen Geräte und Rechenzentren (vgl. Santarius, 278). Andere Studien gehen von einem Anteil von unter vier Prozenten aus (vgl. Brugger u. a., 2; Hofmann u. a., 7). In Deutschland soll die gesamte Internet-Infrastruktur jährlich 55 TWh Energie verbrauchen und damit so viel CO_2 erzeugen wie der jährliche innerdeutsche Flugverkehr (vgl. Fraunhofer-Institut). Beim Trainieren eines einzigen künstlichen neuronalen Netzwerks werden knapp 300 Tonnen CO_2-Emissionen verursacht, in etwa so viel wie fünf Autos während ihres gesamten Lebenszyklus ausstoßen (vgl. Brugger u. a., 4; Heinrichs u. a., 143). Unabdingbar für eine nachhaltigere Digitalisierung ist die Umstellung auf erneuerbare Energien, wie sie einige große Plattformanbieter wie Google oder Apple bei ihren Servern bereits vornahmen (vgl. Santarius, 278). Da aber auch alle anderen Produktions- und Herstellungsbereiche durch grüne Energie versorgt werden müssen, ist die Energiewende ohne einen insgesamt sinkenden Energieverbrauch nicht zu schaffen.

Demgegenüber wird immer wieder argumentiert, dass digitale Technologien und insbesondere KI-Systeme als Werkzeuge einen wichtigen Beitrag zur Nachhaltigkeit und zum **Umweltschutz** leisten können. Denn mit ihrer Hilfe können Ressourcen optimaler genutzt, die komplexen Prozesse der Klimaveränderung und ihre Auswirkungen besser verstanden und nachhaltige Entwicklungen vorangetrieben werden (vgl. Lenzen 2020, 89; Heinrichs u. a., 139 f.). Durch **Energieeinsparungen** insbesondere in den Bereichen Gebäude, Industrie und Verkehr soll die digitale Technik die Energiewende unterstützen und die Erreichung der Ziele des EU Green Deals ermöglichen. Im Wohnbereich richten sich die Hoffnungen z. B. auf neue Smart-Home-Technologien, die den Energieverbrauch privater Haushalte senken. Heizkörper, Lampen, Läden, Lüftungsanlagen etc. können in eine intelligente Steuerung einbezogen werden. Über das Tablet oder Smartphone lassen sich etwa die Heizkörper auf eine gewünschte Raumtemperatur regulieren, wenn man außer Haus geht oder bevor man heimkehrt. Bei stark automatisierten Systemen können die miteinander vernetzten technischen Geräte selbständig die über ihre Sensoren gemessenen Daten austauschen und je nach Voreinstellungen und aktueller Temperatur und Sonneneinstrahlung heizen oder Rollläden herunterlassen. Auf der Grundlage smarter Messysteme („smart meters“) könnten zudem energieintensive Haushaltsgeräte wie Spül- oder Waschmaschinen dann eingeschaltet werden, wenn die Stromnachfrage gering ist. Eine weitere Einsparmöglichkeit wären Bewegungsmelder, die beim Verlassen des Raumes die Lichter löschen. Während sich in einem Feldversuch die Energie bei richtiger Anwendung der Smart-Home-Technologie bis zu 30 % senken ließ, betrugen die Energieeinspareffekte in anderen spärlich vorhandenen empirischen Studien nur wenige Prozent (vgl. Lenzen 2020, 90; Frondel). Im Verkehrssektor sollen sich durch optimierte Routenplanung immerhin 10 % Treibstoff, durch Car-to-Car-Kommunikation, also dem Datenaustausch zwischen Autos zwecks Verkehrssteuerung, 20 % einsparen lassen (vgl. Fraunhofer-Institut). Eine intelligente Verknüpfung von verschiedenen Mobilitätsangeboten wie etwa Sharing oder Free-Floating-Modelle mit freier Parkmöglichkeit von geliehenen Fahrrädern oder Elektrorollern könnte eine multimodale Mobilität über verschiedene Verkehrsmittel hinweg fördern und den ÖPV anschlussfähiger machen (vgl. Santarius, 285 f.). Ob damit das Nachhaltigkeitsziel der Mobilitätswende vom privaten PKW-Besitz zu nutzungsgeteilten und öffentlichen Verkehrsmitteln mit grünem Strom gelingt, ist wiederum fraglich.

Neben einer gesteigerten Energie- und Ressourceneffizienz sind auch **Substitutionseffekte** positiv zu erwähnen (vgl. Gossen u. a., 240 f.). Zu denken ist beispielsweise an die **Dematerialisierung** von Produkten und Dienstleistungen, die den Material- und Energieaufwand senken. Wenn z. B. Pendelwege oder Dienstreisen wegfallen, weil im Homeoffice gearbeitet wird oder internationale Konferenzen online durchgeführt werden, dürfte sich dies positiv auf die Ökobilanz auswirken. Entscheidend ist dabei allerdings stets, ob das digitale Äquivalent tatsächlich einen geringeren Ressourcen- und Energieverbrauch aufweist (vgl. ebd., 241). Wie gesehen hat die Digitalisierung zwei gegenläufige Effekte, weil sie zu mehr Nachhaltigkeit führen kann, gleichzeitig aber auch einen Teil des Problems darstellt, zu dessen Lösung sie beiträgt. Für die Berechnung des genauen digitalen Fußabdrucks sind zahlreiche Faktoren zu beachten, sodass eine Bilanzierung der **Energieeffizienz** sehr komplex und schwierig und bei jedem Einzelfall neu zu berechnen ist: Zunächst kommt es auf das digitale Endgerät an, das mehr oder weniger energiesparend sein kann, aber auch auf den Anschluss und die Art der Anwendungen. So machen etwa die Kühlung eines Rechners und der Standby-Modus einen erheblichen Anteil des Stromverbrauchs aus, oder ein WLAN-Anschluss, Verbindungen mit dem Internet und die Datenübertragung z. B. beim Herunterladen von Videos über Streaming-Dienste verbrauchen besonders viel Energie. Der Stromverbrauch hängt aber auch vom Rechenzentrum der Anbieter ab und ist bei Cloud-Lösungen in der Regel geringer, d. h. bei einer Datenspeicherung statt auf der eigenen

Hardware auf Servern an externen Standorten. Zur Messung der CO_2-Emissionen anhand von Hardware, Einsatzstunden, Standort und Cloud-Provider gibt es bereits verschiedene Berechnungstools wie z. B. „Carbontracker" (vgl. Heinrichs u. a., 143).

Um ein abschließendes Urteil über positive und negative Auswirkungen der Digitalisierung auf die Entwicklung des Energie- und Ressourcenverbrauchs fällen zu können, fehlen belastbare Daten. Anstelle der bislang lediglich vorliegenden Erhebungen für einzelne Anwendungsbereiche wären umfassende, sektorübergreifende „Netto-Studien" erforderlich (vgl. Brugger u. a., 5). Die beiden zentralen Hoffnungen auf Effizienzsteigerung und Substitutionspotentiale wurden bislang nicht in großem Umfang realisiert (vgl. Gossen u. a., 241). In einigen Bereichen lassen sich sogenannte Rebound-Effekte beobachten, die positive Beiträge der Digitalisierung zu mehr Nachhaltigkeit in Frage stellen: Mit **Bumerang- oder Rebound-Effekt** wird das Phänomen bezeichnet, dass der technische Fortschritt zwar zu umweltschonenderen Produktionsweisen und Technologien führen kann, die aber durch gesteigerte Nachfrage nach digitalen Geräten und Diensten und häufigere Anwendung zunichte gemacht werden (vgl. Kuhlen, 296; Santarius, 283). Zunächst positive Vorgänge wie beispielsweise Ressourcen- und Energieeinsparungen werden also konterkariert durch nachteilige Nebenwirkungen: Die zunehmende Erschwinglichkeit der Geräte und das hohe Tempo neuer Technologieschübe machen Wiederkäufe erforderlich und führen zu immer größeren Stückzahlen. Diese verbrauchen in der Gesamtheit viel mehr Ressourcen als die wenigen teuren, energie- und materialintensiven Großrechner der Anfangsphase. Ein konkretes Beispiel wäre die geschilderte Smart-Home-Technologie: Hier gilt es nicht nur den Energieverbrauch durch Herstellung und Betrieb der immer wieder optimierten und daher auszutauschenden Mess- und Steuerungsgeräte zu berücksichtigen. Vielmehr existiert der begründete Verdacht, dass mehr geheizt wird, wenn das Heizen sparsamer und umweltschonender ist (vgl. Lenzen 2020, 90). Denselben Effekt könnten E-Autos und ein digital vernetzter Verkehr haben. Noch problematischer sind die vermehrt bequem von zuhause aus getätigten Online-Einkäufe mit wenigen Klicks. Unter Umständen können so zwar Fahrten mit dem eigenen PKW vermieden werden, aber die Ware muss aufwändig verpackt und transportiert werden und es kommt zu massenhaften Gratis-Retouren.

Die Rede von „smarten" Technologien suggeriert also fälschlicherweise, die kleine und intelligente neue Technik sei im Unterschied zu klassischen schlotenden Fabrikanlagen der chemischen Industrie oder Stahlproduktion harmlos und umweltfreundlich (vgl. Grunewald 2019, 223). Da die Digitalisierung nicht von sich aus automatisch zu mehr Nachhaltigkeit führt, stellt die Gestaltung eines nachhaltigen digitalen Wandels eine große Herausforderung für Forschung, Politik, Zivilgesellschaft und Wirtschaft dar. Unverantwortlich wäre es, im Sinne des schwachen Nachhaltigkeitskonzepts davon auszugehen, eine ständig verbesserte digitale Infrastruktur für ein bequemeres und angenehmeres Leben könne die Verschlechterung der natürlichen Lebensbedingungen zukünftiger Generationen wettmachen. Neben den wichtigen Zielen der Energieeffizienz und der Umstellung auf erneuerbare Energien braucht es etwa auch Maßnahmen gegen den weiteren starken Anstieg des Elektroschrotts durch eine Verlängerung des Lebenszyklus digitaler Geräte und ihrer Software, damit es nicht alle paar Jahre zum Wiederkauf kommt. Entsprechend müssten die Herstellergarantien verlängert und die digitalen Geräte modular aufgebaut und reparierbar sein (vgl. Santarius, 287). In der EU soll seit Juli 2024 eine Ökodesign-Verordnung sicherstellen, dass Produkte länger halten, Energie und Ressourcen effizienter nutzen, leichter repariert und recycelt werden können und mehr recycelte Materialien enthalten. Auch in anderen Ländern liegen bereits viele rechtliche Regulierungen z. B. zum Energiesparmodus und verschiedene Öko-Labels für ressourcen- und energiesparsame Software zur Orientierung der Verbraucher vor, wie z. B. der „Blaue Engel“ oder „Energy Star“. Wichtig sind des Weiteren internationale Initiativen wie „Green AI“ von Forschern des Allen Institutes for AI oder die globale Initiative „Digitaler Planet für Nachhaltigkeit“, die Wissenschaftler, Regierungs- und UN-Organisationen zusammenführt, um die Umwelt- und Klimaziele der UN umzusetzen. Das mehrdimensionale Konzept **Digitaler Suffizienz** empfiehlt einen moderaten Grad an Digitalisierung, der für ein gutes Leben im Rahmen der planetaren Belastungsgrenzen ausreichend ist (vgl. Gossen u. a., 243 f.).

Nachhaltigkeit und Digitalisierung
Kontra-Argumente: hoher Ressourcen- und Energieverbrauch; Emissionen; elektronische Abfälle **notwendige Maßnahmen**: Reduktion von Verbrauch und Emissionen; erneuerbare Energien; Recycling
Pro-Argumente: Reduktion des Energie- und Ressourcenverbrauchs durch Vernetzung und Datenaustausch (z. B. Verkehrssysteme; Smart-Home-Technologien) oder durch Dematerialisierung von Produkten und Dienstleistungen (z. B. Homeoffice) **Problem**: **Rebound-Effekt**: Positive Effekte durch umweltfreundlichere digitale Technologien werden durch gestiegene Nachfrage und Nutzung konterkariert. **notwendige Maßnahmen**: mehr belastbare Daten; umfassende Netto-Studien
ethische Forderungen: nachhaltige Gestaltung des digitalen Wandels durch Forschung, Politik, Zivilgesellschaft und Wirtschaft, z. B. durch: • mehr Standards für Energieeffizienz, Ressourcenverbrauch und Lebenszyklus digitaler Geräte und Dienstleistungen (wie z. B. Ökodesign-Verordnungen der EU) • internationale einheitliche Öko-Labels zur Schaffung von Transparenz für Verbraucher (wie z. B. „Blauer Engel") • globale Initiativen für nachhaltige Digitalisierung (wie z. B. „Green AI") • **Digitale Suffizienz**: moderate nachhaltige Digitalisierung

2 Digitale Medienethik

2.1 Grundlagen der Digitalen Medienethik

Der Begriff „Medium“ geht auf das lat. „medius“: „mittlerer, in der Mitte befindlicher“ zurück und meint so viel wie „Vermittler“. In einem weiten Sinn gehören dazu sämtliche vermittelnden Elemente oder Instrumente wie z. B. auch Luft, Licht, Sinnesorgane oder Fernrohre. In einer engen, hier interessierenden kommunikationsorientierten Bedeutung steht der Ausdruck **Medien** jedoch für sämtliche Kommunikationsmittel zur Vermittlung von Informationen, wie z. B. Briefe, Bücher, Telefon oder Fernseher. **Neue Medien** oder **digitale Medien** sind sämtliche elektronischen Medien, die Informationen in digitaler Form übertragen oder auf Daten in digitaler Form zurückgreifen. Sie setzen also die Digitalisierung und neue digitale IuK-Technologien voraus, weil es sich um eine Kommunikation über binäre Codes oder Ziffern handelt. Häufig werden auch die Informationsträger bzw. technischen Geräte zur Speicherung, Datenverarbeitung oder Verbreitung digitaler Medieninhalte zu „digitalen Medien“ gezählt, worunter dann auch etwa Internet, Computer oder USB-Sticks fallen. Zu den digitalen Medien gehören wesentlich die **Online-Medien**, d. h. internetbasierte digitale Medien, die also zusätzlich noch eine Internetverbindung voraussetzen. In diesem Kapitel zur Digitalen Medienethik wird es vorwiegend um solche „Online-Medien“ gehen, die als „digitale Medien im engen Sinn“ angesehen werden können. Irrtümlicherweise werden sie bisweilen mit dem Internet gleichgesetzt. Das **Internet** ist aber eigentlich selbst kein Medium, sondern gleichsam ein Meta-Medium, das als Zugang zu verschiedenen digitalen Medien dient. Mit der für die Digitale Ethik wichtigen Wortneuschöpfung **Informations-** oder **Medienintermediäre** werden Angebote im Internet bezeichnet, die zwischen denjenigen, die Inhalte produzieren, und denjenigen, die sie nutzen, vermitteln. Auch sie lassen sich in einem weiten Sinn zu den Medien zählen, obwohl sie selbst keine Medieninhalte produzieren, sondern Informationen nur mittels Algorithmen sammeln, selektieren und präsentieren.

Zu den Online-Medien gehören zunächst die klassischen Medien, die ihre Angebote neu auch ins Internet stellen, also z. B. Internetfernsehen, Internetradio, elektronische Zeitungen und Zeitschriften. Dazu zählen aber auch Websites von Unternehmen oder Privatpersonen sowie **digitale**

Plattformen, die den Nutzern eine gemeinsame softwaretechnische Infrastruktur für die Präsentation von Angeboten sowie bestimmten Anwendungs- und Suchfunktionen zur Verfügung stellen. Bekannte Plattformen sind etwa Online-Marktplätze wie eBay oder Kino.de für die deutschlandweite Suche von Kinoprogrammen. Unter **sozialen Medien** (engl. **Social Media**) fasst man in einem weiten Sinn alle internetbasierten Medien zusammen, die den schnellen Austausch aller Arten von Informationen zwischen Menschen und darauf aufbauend das Knüpfen sozialer Beziehungen ermöglichen. Aus sozial- und kommunikationswissenschaftlicher Sicht ist der Zusatz „sozial" im Grunde redundant, weil Medien als Kommunikationsmittel stets soziale Interaktionen zwischen Menschen ermöglichen und damit gewissermaßen „sozial" sind (vgl. Taddicken u. a., 4; Fuchs 2021, 25). Je nach Zielsetzung lassen sich verschiedene Gattungen sozialer Medien unterscheiden, auch wenn eine klare systematische Trennung aufgrund überschneidender Angebote schwierig ist (vgl. Taddicken u. a., 8–12). Digitale Plattformen bilden eine wichtige Untergruppe, zu denen etwa soziale Netzwerke, Diskussions- und Videoplattformen zählen: **Soziale Netzwerke** wie Facebook, Instagram oder Xing fördern die gemeinsame Kommunikation und das Aufbauen und Pflegen von privaten oder beruflichen Kontakten, wobei die Nutzer sich registrieren müssen und ein persönliches Profil erstellen können. Bei **Diskussionsplattformen** oder **(Internet-)Foren** geht es demgegenüber um den Austausch über ein bestimmtes Thema, bei **Kreativ-Plattformen** wie den Videoplattformen YouTube oder TikTok um das Publizieren und Rezipieren eigener Videos. Ähnlich ermöglichen daneben auch **Personal-Publishing-Dienste** wie Weblogs (Blogs), z. B. Wordpress, oder Microblogging-Dienste wie X (ehemals Twitter) das Veröffentlichen nutzergenerierter Inhalte. Hier werden aber die teils auch professionellen Urheber oder Organisationen stärker betont. Daneben gibt es noch **Instant Messaging** und **Chat-Dienste** wie WhatsApp oder Telegram, die eine synchrone textbasierte Kommunikation zwischen Nutzern ermöglichen, und **Wikis**, bei denen Hypertext-Dokumente direkt im Browser erstellt, bearbeitet und verlinkt werden können.

Medien: sämtliche Kommunikationsmittel zum Zweck der Informationsvermittlung (z. B. Bücher, Fernseher)
digitale Medien: sämtliche elektronischen Medien (sowie auch die dafür benötigte IuK-Technologien und Geräte), die Informationen in digitaler Form speichern, verarbeiten oder verbreiten
Online-Medien: alle internetbasierten digitalen Medien, die also zusätzlich noch eine Internetverbindung voraussetzen (z. B. digitales Radio, Websites, soziale Medien) (**digitale Plattformen**: Infrastruktur, die den Nutzern den schnellen Austausch von Informationen erlaubt und verschiedene Dienste zur Verfügung stellt, z. B. Online-Marktplätze, soziale Medien) **soziale Medien (Social Media)**: sämtliche digitalen Angebote, die den Austausch von Informationen und darauf aufbauend das Knüpfen und Pflegen von sozialen Kontakten ermöglichen (z. B. Internetforen, soziale Netzwerke)
Medienintermediäre: Onlinedienste, die zwischen Inhalteanbietern und Nutzern mithilfe von Algorithmen vermitteln (z. B. Suchmaschinen, soziale Medien)

Das klassische Sender-Empfänger-Modell der Kommunikation, demzufolge Medien im engen Sinn Informationen von einem Sender zu einem Empfänger übertragen, erwies sich angesichts der vielfältigen neuen Möglichkeiten der Digitaltechnologie als unzureichend (vgl. Heesen 2016, 5). Die Face-to-Face-, Person-zu-Person-, **One-to-one** oder auch **One-to-few-Kommunikation** stellt aber die Ursprungsform der Kommunikation dar. Aus ihr haben sich alle weiteren technikbasierten Kommunikationstypen entwickelt, die zu einer Ausdifferenzierung des Mediensystems führten (vgl. Krotz 2012, 200; Krüper, 72; Lischka u. a., 43). Es handelt sich bei diesem einfachen Kommunikationsmodus um eine „Konversation", die auch im Zeitalter der Digitalisierung nach wie vor in Telefonaten und Briefen und neu etwa in E-Mails, SMS-Nachrichten, WhatsApp- oder Chatgruppen weiter gepflegt wird. Während sich bei Individualmedien wie E-Mail oder Telefon private Inhalte an einen kleinen Kreis bestimmter Empfänger oder Nutzer richten, machen Massenmedien wie Zeitungen, Rundfunk oder WorldWideWeb öffentliche Inhalte einer unbestimmten Vielzahl an Empfängern zugänglich. Die Inhalte in einer solchen **One-to-many-Kommunikation** richten sich mittels Schrift, Bild oder Ton an ein großes, unbekanntes und räumlich verstreutes Publikum, sodass die Beziehung zwischen konkreten Personen durch eine Relation von Medium und Person ersetzt wird (vgl. Krüper, 72 f.). Im Fall redaktioneller Medien wie Zeitungen oder Rundfunk liegt der Kommunikationstyp des „Publizierens" vor. Über diese beiden Formen sozialer Interaktionen hinaus steht in der Medienethik am Rande auch noch die **Mensch-Maschine-Interaktion** als weitere Kommunikationsform zur Diskussion, z. B. bei Datenabfragen oder der Nutzung von Suchmaschinen zur Wissensproduktion (vgl. Lischka u. a., 43).

Die große Bedeutung der Medienethik und insbesondere der Digitalen Medienethik verdankt sich der Tatsache der sogenannten Medialisierung, die sich seit dem Aufkommen der Massenmedien enorm verstärkte: **Medialisierung** oder **Mediatisierung** meint die zunehmende Durchdringung des individuellen und gesellschaftlichen Lebens mit immer neu hinzukommenden Medien (vgl. Funiok 2011, 20; Zöllner u. a. 2020a, 226 f.; Krotz 2012, 199). Dabei geht es nicht nur um die technische Transformation der Kommunikationsformen, sondern um einen umfassenden Wandel von Weltbildern, Identitäten, sozialen Beziehungen, Institutionen, Gesellschaft und Politik, die alle auf Kommunikation basieren (vgl. Krotz 2010, 247; s. Kap. 1.1.1). Die Medien treten in der Medienethik nicht wie in der Informationsethik vornehmlich als Technologien, sondern als „technosoziale Systeme" ins Blickfeld (vgl. Fuchs 2021, 61; Nagenborg, 224; s. Kap. 1.1.4). Je mehr direkte persönliche Erfahrungen durch medienvermittelte ersetzt werden, desto mehr Macht kommt den Medien zu. Sie erlangen eine wirklichkeitskonstituierende Kraft und prägen die Wahrnehmungs-, Denk- und Handlungsweisen der Menschen, ihre Bedürfnisse und Wertvorstellungen (vgl. Wiegerling 1998, 34; 119). Durchaus kritisch wird etwa von einer „mediatisierten Kindheit", „digital media lifeworld", einer „digitalen Existenz" oder einem „Leben aus zweiter Hand" gesprochen (Stapf u. a. 2021, 64; Ess, xi; Leiner, 155). Infolge der digitalen Revolution als strukturellem Wandel soll sich beispielsweise ein quantifizierendes und datafizierendes Denken über den ökonomischen Bereich hinaus durchgesetzt haben, das zu einer „Quantifizierung des Sozialen" führte und sich immer selbstverständlicher auf digitale Daten als Autorität und Begründung stützt (vgl. Kropp u. a., 17; s. Kap. 3.2.1). Medien dienen nicht nur dazu, Inhalte über eine räumliche und zeitliche Distanz hinweg sichtbar zu machen, sondern bilden das „Fenster zur Welt" (vgl. Heesen 2016, 5; Nagenborg, 224). Nach Marshall McLuhans berühmtem Ausspruch „Das Medium ist die Botschaft" muss daher auch die Charakteristik der Medien selbst Gegenstand der Untersuchung werden (s. Kap. 2.1.1).

2.1.1 Digitale Medien und ihre Kommerzialisierung

Gemäß der soeben eingeführten Definition von „digitalen Medien" unterscheiden sich die „neuen" oder „digitalen" Medien von den alten „analogen" Medien grundlegend durch die **Art der Codierung** und Präsentation der Informationen: Dank der Darstellung in einem binären Zahlensystem können Informationen in Echtzeit an eine unbegrenzte Zahl an Empfänger geschickt werden. Auch wenn medientechnologische Interventionen schon immer auf die Überwindung der zeitlichen und räumlichen Gebundenheit menschlicher Kommunikation abzielen, zeichnen sich die neuen digitalen Medien durch eine bislang unerreichte **Orts- und Zeitlosigkeit** der verfügbaren Informationen aus. Im Rundfunk gesendete Informationen konnten zunächst nur während der Übertragung empfangen werden, und lokal produzierte Zeitungen werden teilweise nur an bestimmten Orten ausgetragen. Mittlerweile ist allerdings die Technik der traditionellen klassischen Medien wie Presse und Rundfunk sowohl hinsichtlich der Speicherung und Verbreitung der Daten als auch der Produktionsprozesse längst digitalisiert worden: Man kann sich Fernsehprogramme heute jederzeit auch online auf Mediatheken ansehen, Internetradio oder Podcasts verpasster Sendungen anhören, und im Kino werden auch keine Filme mehr von Filmrollen abgespult. Von solchen digitalisierten alten Medien lassen sich aber die neuen **digitalen Medien** des Internets wie News Groups, Interaktionsplattformen oder Wikis abgrenzen (vgl. Wallner, 13). Im Zentrum der Digitalen Medienethik stehen v. a. diese neuen digitalen Medien, bei denen noch spezifische Merkmale hinzutreten:

Als weitere grundlegende Neuerung digitaler Medien gegenüber analogen wird meist die steigende **Bedeutung der Nutzer** und ihre im Laufe des Digitalisierungsprozesses immer **aktivere Rolle** hervorgehoben (vgl. Lenzen 2011, 210; Heesen 2016, 5). Das Publikum der analogen Massenmedien Fernsehen, Radio und Printmedien bestand vorwiegend aus passiven Konsumenten. Beim Rundfunk konnten die Rezipienten bis zur Digitalisierung lediglich das laufende Programm ein- oder ausschalten, wohingegen sie bei Printmedien immerhin den Zeitpunkt der Lektüre frei wählen konnten. Die Digitalisierung des Angebots bereitete den Weg für eine individuelle zeitversetzte, zielgerichtete und bedarfsgerechte Komposition und Rhythmisierung verschiedener Medienerlebnisse (vgl. Heesen 2016, 5). So können z.B. Küchenradio, YouTube-Videos, Social-Media-Nachrichten etc. nach Belieben kombiniert werden. Die Internetnutzer wählen selektiv die Medien und Informationen aus, die zu ihnen passen. Es tritt dadurch eine ganz neue Form der Aktivität von Rezipienten im Medienbereich auf den Plan.

Ein weiterer wichtiger Schritt von einem passiven Medienkonsum zu einer aktiven Mediennutzung war der Übergang der traditionellen monologischen Einweg-Kommunikation zur **interaktiven Zweiweg-Kommunikation** (vgl. Bonfadelli u. a., 49). Bei den klassischen Massenmedien war der Kontakt zwischen Sendern und Empfängern formell, unpersönlich und distanziert, und es gab kaum direkte Interaktionen zwischen ihnen. Mit der Weiterentwicklung der neuen digitalen Medien werden die starren Rollenzuschreibungen zunehmend aufgelöst, sodass ein Wechsel zwischen verschiedenen kommunikativen Rollen möglich wird. Es gibt immer mehr interaktive Anwendungen im Internet, z. B. Nutzerkommentare zu Online-Artikeln mit einer interaktiven Anschlusskommunikation. Auch kann jeder jederzeit als „Jedermannjournalist" oder „Bürgerjournalist" eigene Beiträge veröffentlichen oder im Copy-Paste-Verfahren andere Veröffentlichungen verändern und teilen. Konsumenten können also in die Rolle von Produzenten wechseln. Das digitale Zeitalter gilt daher als Geburtsstunde der Chimäre der **Prosumenten** (engl. „prosumer"), zusammengesetzt aus „Pro"-duzent und Kon-„sument" (vgl. Wirtz 243; Lenzen 2011, 210). Ein anderes Schlagwort zur Umschreibung für die aktivere Rolle der Nutzer und die neu hinzukommenden interaktiven und kollaborativen Kommunikationsformen lautet „Web 2.0", also gewissermaßen die zweite Version des Internets. Der größte Teil der Nutzer ist allerdings nur im Sinne der oben genannten Zusammenstellung des eigenen Programms „aktiv".

Für die Digitale Medienethik ist ein weiterer struktureller Unterschied neuer digitaler Medien gegenüber analogen besonders relevant: die Abkehr von der Massenorientierung hin zu einer stärkeren **Zielgruppenorientierung** (vgl. Bonfadelli u. a., 49). In traditionell kuratierten, analogen oder digitalisierten „alten" Medien herrschte wie erwähnt die „One-to-many"-Kommunikation vor, bei der sich die Informationen an eine anonyme undifferenzierte Masse richteten. Seit den 1980er Jahren präsentieren diese ihre Inhalte aber zunehmend auch in Foren und Social-Media-Kanälen, wo die „One-to-few"-Kommunikation dominiert (vgl. Lischka u. a., 43; Heesen 2016, 5): Sie separieren ihre Angebote in Spartenkanälen und adressieren es vermehrt an bestimmte Alters- und Interessengruppen. In den neuen digitalen Medien gewinnt die Nutzerperspektive also auch auf diese Weise an Bedeutung. Möglichst homogene Zielgruppen sind besonders attraktiv für die Werbung, die infolge der Kommerzialisierung der Medien immer wichtiger wird (vgl. Bonfadelli u. a., 51). Ein Beispiel wäre die Zielgruppe der DINK-Haushalte als Abkürzung von englisch: „double income no kids". Noch weiter geht die algorithmenbasierte **Personalisierung**, bei der das Informationsangebot auf die je individuellen Bedürfnisse und Interessen der einzelnen Nutzer zugeschnitten wird. Im folgenden Abschnitt sowie in den Kapiteln 2.2.2 und 2.2.3 wird auf die vielen Gefahren wie z. B. Teilöffentlichkeiten, Desinformation und Überforderung durch Informationsüberflutung eingegangen, die mit dem Erstarken der neuen digitalen Medien und dem Bedeutungsverlust traditioneller Massenmedien einhergehen.

Analoge (Massen-)Medien	Digitale Medien
gewisse **Orts- und Zeitgebundenheit**	**Orts- und Zeitlosigkeit**: Informationen an jedem Ort zu jedem Zeitpunkt verfügbar
passives Publikum: Konsum eines vorgegebenen Angebots	**aktive Nutzer**: Zusammenstellung eines eigenen Programms
Einwegkommunikation: starre Rollen, formeller, distanzierter Kontakt	**Interaktivität** und **Zweiweg-Kommunikation**: Wechsel zwischen verschiedenen (kommunikativen) Rollen → **Prosument**: sowohl Rezipient als auch Produzent
Massenorientierung: undifferenzierte anonyme Masse als Zielpublikum	**Zielgruppenorientierung**: strategisch definierte Alters- und Interessengruppen **Personalisierung**: auf individuelle Bedürfnisse und Interessen zugeschnittene Informationen

Kommerzialisierung des Mediensystems

Ein wichtiger Grund für die Veränderung der Medienlandschaft ist die Kommerzialisierung der Medien, die allerdings schon vor der Digitalisierung einsetzte. Bei der hier zu diskutierenden technikbasierten mediatisierten Kommunikation ist grundsätzlich immer ein **dritter, institutioneller Teilnehmer** dabei (vgl. Krotz 2012, 200): Auch bei traditionellen analogen Medien wurde die Massenkommunikation ermöglicht durch Medienunternehmen oder ihren Zusammenschluss zu Medienkonzernen, z. B. durch Verlage oder Rundfunkveranstalter mit Radio- und Fernsehsendern. Digitale oder Online-Medien sind auf **Plattform**-Unternehmen angewiesen, die den Nutzern Software-Rahmenwerke für bestimmte durch Algorithmen und Schnittstellen organisierte Interaktionen zur Verfügung stellen (vgl. Fuchs 2021, 460f.). Zu den digitalen Großkonzernen mit Monopolisierungstendenzen gehören etwa Alphabet, Meta Platforms (Facebook), Apple und Amazon. Problematisch kann diese Kommunikationssituation mit einem dritten Beteiligten werden, wenn dieser nicht mehr thematisch, sondern rein instrumentell an der Informationsproduktion oder den ermöglichten Interaktionen beteiligt ist (vgl. Krotz 2012, 201). Die Medienunternehmen verfolgen dann vielleicht eigenständige Interessen, die direkt oder indirekt einen negativen Einfluss auf die Nutzer oder die Art der Kommunikation ausüben. Zu denken ist insbesondere an ökonomische Interessen von Privatunternehmen, die leicht mit ethischen Anliegen und Zielen in Konflikt geraten können. Auch traditionelle Medienunternehmen wie ein Verlag oder (privater) Rundfunk verfolgen selbstverständlich ökonomische Interessen, weil sie ihr wirtschaftliches Überleben sichern müssen. Anders als Internet-Plattformen sind sie aber inhaltlich beteiligt an der Produktion der von ihnen veröffentlichten Beiträge, für die sie dann auch verantwortlich sind. Internet-Plattformen hingegen sind in aller Regel ausschließlich kommerziell ausgerichtet und haben die Verantwortung für die nutzergenerierten Inhalte („user generated content") lange Zeit vollständig von sich gewiesen.

Zur Veranschaulichung dieser fundamentalen Spannungen zwischen Ökonomie und Ethik soll ein Blick auf die Entwicklung des Rundfunks geworfen werden: Nach dem zweiten Weltkrieg wurden in fast allen europäischen Ländern öffentliche Rundfunk-Systeme eingerichtet, die statt nach dem **privatwirtschaftlichen Marktmodell** nach dem **staatlichen Treuhandmodell** (franz. „Service public") organisiert sind: Öffentlich-rechtliche Rundfunkanstalten werden zur wirtschaftlichen und politischen Unabhängigkeit aus obligatorisch zu entrichtenden Rundfunkgebühren der Bürger bezahlt, verpflichten sich aber gegenüber dem Staat auf gemeinwohlorientierte Leistungen. Sie sollen allen voran die informationelle Grundversorgung sicherstellen, indem sie über sämtliche öffentlich relevante Vorgänge und Sachverhalte informieren und die Vielfalt der Meinungen zum Ausdruck bringen (vgl. § 25 Rundfunkstaatsvertrag der BRD). Außerdem sollen sie den Prozess freier individueller und öffentlicher Meinungsbildung fördern und den Zusammenhalt in der Gesellschaft und zwischen den Völkern stärken (vgl. § 11). Bedeutenden politischen, weltanschaulichen und gesellschaftlichen Gruppen soll eine Stimme gegeben werden und dank der Gebührenfinanzierung auch Programme gesendet werden können, die nur für ein kleines Publikum von Interesse sind. Ihr genereller Auftrag lautet, eine im Staat zentrierte demokratische Öffentlichkeit herzustellen und aufrecht zu erhalten (vgl. Loretan, 176). Als aber in den 1980er Jahren auch privatwirtschaftliche Veranstalter zugelassen und öffentliche Sender privatisiert wurden, setzte sich im Zuge technischer Innovationen der Markt als primäres Steuerungssystem durch (vgl. ebd., 177).

Die Deregulierung des Mediensystems auf staatlicher und europäischer Ebene führte zu einer Kommerzialisierung und einer nachhaltigen Veränderung der Medienlandschaft. **Ökonomisch-privatwirtschaftliche Medien** sind profitorientiert statt gemeinwohlorientiert und finanzieren sich über Gebühren ihrer Zuschauer, Zuhörer, Leser oder Nutzer und zusätzlich oder ausschließlich über Werbung. Damit sind sie abhängig von den Rundfunk-Einschaltquoten, den Verkaufszahlen von Printprodukten bzw. Online-Abonnements oder im Internet von der Anzahl der Klicks. Sie stehen in harter Konkurrenz untereinander und unter ständigem Zeitdruck (vgl. Schicha, 37). Wenn es um die Steigerung von Umsätzen und Marktanteilen geht, drohen traditionelle journalistische Anliegen wie z. B. eine hochwertige unabhängige Berichterstattung in den Hintergrund zu treten. Die Ausrichtung an Publikumsinteressen wie Voyeurismus und Sensationslust führten schon vor der Digitalisierung zu mehr ethischen Fehlleistungen von Journalisten und zur Kritik an der „Ökonomisierung des Journalismus" (vgl. Fenner 2022, 327 f.). Der Prozess der **Ökonomisierung** meint generell das Vordringen der ökonomischen Denkweise und der Orientierung an ökonomischen Werten wie Effizienz und Gewinnmaximierung in immer mehr Lebensbereiche (vgl. ebd., 404 f.). Aus einer wirtschaftsliberalen Perspektive wird allerdings von einer Harmonie von Markt und Moral ausgegangen: Wenn alle Unternehmen oder einzelnen Bäcker, Metzger, Journalisten etc. ihre eigenen Interessen verfolgen, sei damit auch dem Wohl der Allgemeinheit am besten gedient (vgl. ebd., 422 f.). Der Glaube an Adam Smith's „unsichtbare Hand" wurde allerdings oft genug erschüttert durch schwere Wirtschaftskrisen, eine zunehmende Kluft zwischen Arm und Reich oder Medienskandale. In der Angewandten Ethik wird daher meist ein dualistischer Ansatz vertreten, demzufolge ein Gegensatz besteht zwischen dem Kosten-Nutzen-Prinzip der Ökonomie und den außerökonomischen Sollensforderungen der Ethik (vgl. ebd., 407 f.). Denn gemeinwohlorientiertes Handeln wie umfassende Information oder Völkerverständigung als Ziele des öffentlich-rechtlichen Rundfunks „rechnen" sich häufig nicht.

Kehren wir nun zu den neuen digitalen Medien zurück, die den Trend zur Ökonomisierung der Medienlandschaft fortsetzten und verstärkten: Als 1990 das mithilfe öffentlicher Gelder aufgebaute Forschungsnetzwerk ARPANET abgeschaltet wurde, zogen sich die Staaten aus der Verantwortung für die weltverändernde Wirkung des Internets zurück. Sie setzten beim weiteren Aufbau des globalen Kommunikationsnetzwerkes ganz auf die allumfassenden Mechanismen des Marktes. Gebührenpflichtige Angebote von Informationen im Internet taten sich aber von Anfang an schwer. Es wird rückblickend als „Erbsünde" der Medienindustrie bezeichnet, alles gratis ins Netz gestellt zu haben (vgl. Russ-Mohl 2017, 55). Psychologisch ist es natürlich nachvollziehbar, dass Menschen sich wohlfühlen, wenn sie etwas umsonst bekommen. So hat sich im Internet inzwischen weitgehend eine Gratis-Mentalität oder Gratis-Kultur durchgesetzt: Nicht nur wird gemäß einem informationsethisch legitimen Ideal erwartet, dass alles Wissen frei verfügbar sein soll. Vielmehr soll es auch „frei" im Sinne von „kostenlos" sein (vgl. Kuhlen, 319). Diese allgemeine normative Erwartungshaltung macht es sehr schwierig, auf elektronischen Märkten mit der Produktion von Wissen nicht nur öffentliche Aufmerksamkeit, sondern auch eine Kostendeckung zu erlangen. Im Zusammenhang mit Problemen der Big-Data-Analysen wird allerdings die weit verbreitete Annahme ohnehin als Illusion entlarvt, etwas im Internet umsonst zu bekommen: Bezahlt wird zwar nicht mit Geld, aber mit persönlichen Daten, die gesammelt werden (s. Kap. 3.2.2).

Digitale Plattformen als inhaltlich unbeteiligte Dritte der Online-Kommunikation finanzieren sich heute mehrheitlich über personalisierte Werbung, so z. B. die sozialen Netzwerke, Video- oder Blog-Plattformen. Die gegenwärtige **digitale Marktökonomie** oder **Internetökonomie** verfolgt entsprechend das Ziel, möglichst lange und oft die Aufmerksamkeit der Nutzer zu binden und auf die eingeblendeten Werbebanner zu lenken (vgl. Spiekermann 2019, 102; Brodning 2017, 21). Um dies zu erreichen, werden klassische lerntheoretische Verfahren aus Behaviorismus und Verhaltenstherapie zur Anwendung gebracht und experimentelle Versuchsreihen durchgeführt (s. Kap. 2.2.1). Eine wichtige Kennzahl im Internet-Marketing ist die Click Through-Rate (CTR), mit der die Anzahl der tatsächlich erfolgten Klicks auf eine Werbeanzeige oder einen Link im Verhältnis zur Anzahl ihrer Einblendungen abgebildet wird. Ein großes Problem ergibt sich dadurch, dass die Masse an Informationen im Internet ständig steigt, die Aufmerksamkeit der Rezipienten aber begrenzt ist. Angesichts dieser strukturellen Asymmetrie kommt es zu einer Knappheit der Aufmerksamkeit, wodurch sich der

Kampf um Aufmerksamkeit im Internet verschärft (vgl. Reckwitz, 239; Schulz u. a., 228). Schon Anfang der 1990er Jahre prägte der Ökonom Georg Franck den Begriff der „Ökonomie der Aufmerksamkeit“ oder **Aufmerksamkeitsökonomie**, der im Zeitalter der Digitalisierung höchste Relevanz erreichte (vgl. Stöcker, 294 f; Russ-Mohl 2017, 46 f.; Vaidhyanathan, 80 f.). Einige Auswirkungen dieses Kampfes um Aufmerksamkeit in den allgegenwärtigen digitalen Medien werden in Kapitel 2.2.1 dargelegt. Angesichts der Verstärkung der ökonomischen Einflüsse v. a. der Werbewirtschaft scheinen die neuen Medien weniger dem System der Kultur als dem der Wirtschaft anzugehören.

Kommerzialisierung der (digitalen) Medien
Ökonomisierung: Durchdringung von immer mehr Lebensbereichen (z. B. Medien) durch ökonomische Denk- und Anschauungsweisen **Problem**: Gegensatz von ökonomischen Kosten-Nutzen-Kalkulationen digitaler Unternehmen und ethischen journalistischen Anliegen (z. B. Aufklärung, Völkerverständigung)
Internetökonomie: größtenteils gewinnorientierte digitale Medien (z. B. Suchmaschinen, soziale Medien), die sich über Werbung (Klickzahlen) finanzieren → **Aufmerksamkeitsökonomie**: Kampf um Aufmerksamkeit der Rezipienten

2.1.2 Verantwortungsteilung beim Medienhandeln

Verantwortung gilt als Grundbegriff der Medienethik, und in vielen Beiträgen trifft man auf mehr oder weniger ausgearbeitete Verantwortungs-Konzeptionen (vgl. Thies, 207; Debatin 2004, 40 ff.; Funiok u. a., 23 ff.). Beim Relationsbegriff **Verantwortung** lassen sich verschiedene Stellen oder Glieder unterscheiden: In einer konkreten Situation ist der Träger der Verantwortung für bestimmte Handlungen oder Aufgaben gegenüber den Betroffenen oder einer Sanktions- oder Urteilsinstanz verantwortlich, und zwar in Bezug auf gewisse normative Standards (vgl. Lenk 1997, 90; Funiok 2011, 68 f.). Auf eine vereinfachte Kurzformel gebracht lautet die dazugehörige W-Frage: Wer ist wofür gegenüber wem und warum verantwortlich? Aus ethischer Sicht sind insbesondere die deontologischen Elemente der Verpflichtung bezüglich bestimmter ethischer Bewertungsmaßstäbe oder eines Berufsethos von Interesse. Erst diese machen das rein regulative formale Leitprinzip zu einem **normativen Prinzip** (s. Kap. 1.2.5; Funiok 2011, 77 f.; Thies, 207). Medienethiker beziehen sich meist auf einen „weitgehend unkontroversen Wertekanon“ wie etwa Wahrheit, Freiheit, Gerechtigkeit oder Privatsphäre, die in Kapitel 1.3 und 2.1.3 erörtert werden (Heesen 2011, 270; vgl. Thies, 206). Wo solche Listen von Grundwerten oder Rechten begründet werden, wird häufig auf reflexive, kommunikative oder diskursethische Begründungsmodelle zurückgegriffen (vgl. Fenner 2022, 319 ff.): Wenn wir ernsthaft mit dem Ziel einer Verständigung in eine interpersonale Kommunikation eintreten, müssen wir den Gesprächspartnern die gleichen Rechte einräumen, die wir für uns selbst beanspruchen. Dazu gehören etwa die Rechte auf Rede-, Meinungs- und Informationsfreiheit, informationelle Selbstbestimmung und informationelle Gerechtigkeit im Sinne gleicher Beteiligungschancen. Gemäß der bereits vorgestellten Diskursethik müssen beim Kommunizieren immer schon die drei grundlegenden Geltungsansprüche auf Wahrheit, Wahrhaftigkeit und Gerechtigkeit vorausgesetzt werden (vgl. Habermas 1996, 68; Kap. 1.2.5).

Prinzip Verantwortung: mehrstellige Relation			
wer trägt Verantwortung?	**wofür?**	**vor wem?**	bezüglich welcher **normativer Standards?**
Verantwortungssubjekte (Personen/Korporationen)	für bestimmte Handlungen und Aufgaben	vor Betroffenen oder einer Sanktionsinstanz	ethische Werte, Normen, Prinzipien

Retrospektive und prospektive Verantwortung

Eine wichtige Differenzierung ist diejenige zwischen einer „retrospektiven“ und „prospektiven“ Verantwortung (vgl. Reidel, 463; Fenner 2022, 218 f.): In ethischen Diskussionen geht es meist um eine **retrospektive Verantwortung, Zurechnungs-** oder **Rechenschaftsverantwortung,** weil sich jemand rückwirkend oder im Nachhinein („retrospektiv“) für bereits eingetretene negative Folgen bezüglich Um- oder Mitwelt rechtfertigen muss. So hat ein Journalist Rechenschaft abzulegen, wenn es nach einem von ihm verfassten emotionalen Bericht über den Suizid eines Jugendlichen wenig später zu einem mutmaßlichen Nachahmungssuizid in der gleichen sozialen Gruppe kommt. Auch die in der Digitalen Medienethik diskutierten Probleme entzünden sich häufig an bestimmten zutage getretenen negativen Auswirkungen z.B. von Pro-Ana-Blogs mit der Verherrlichung von

Magersucht als erstrebenswertem Lifestyle, Shitstorms oder Fake News. Bei dieser retrospektiven Verantwortung handelt sich um eine **Kausalhandlungsverantwortung** oder **Folgenverantwortung**, insofern ein direkter oder indirekter Wirkzusammenhang zwischen dem Handeln und seinen Folgen vorliegt. Im Fall des Journalisten liegt wie bei den anderen erwähnten Beispielen lediglich ein indirekter Wirkzusammenhang zwischen der Art seiner Berichterstattung und dem Suizid vor, weil die Wirkung über kognitive Interpretationen und biographisch oder persönlichkeitsbedingte psychische Verarbeitungsprozesse erfolgt.

Demgegenüber kommt eine **prospektive Verantwortung, Aufgaben-** oder **Zuständigkeitsverantwortung** jemandem vorausschauend oder der Aussicht nach zu („prospektiv"), wenn er für gewisse Aufgaben zuständig ist oder bestimmte an ihn gerichtete Erwartungen erfüllen muss (vgl. Werner, 542; Reidel, 463; Fenner 2010, 218f.). Diese müssen nicht unbedingt mit einem universellen Geltungsanspruch verbunden sein, sondern können sich auch aus spezifischen sozialen oder beruflichen Rollen ergeben. Es wird daher auch von einer **Rollenverantwortung** im Gegensatz zur retrospektiven Folgenverantwortung gesprochen. Zu denken ist etwa an die Verantwortung der Eltern für ihre unmündigen Kinder oder an einen Journalisten, der bestimmte Informationen beschaffen und diese gemäß der journalistischen Berufsethik aufbereiten und vermitteln soll. Häufig kann nur eine allgemeine Zuständigkeit angegeben werden, die sich auf Personen, Gegenstände oder positive Zustände bezieht oder im Sinne der „Zukunftsverantwortung" auch kommende Generationen mitberücksichtigt (vgl. Werner, 541). Letztlich kann jemandem aber nur deswegen retrospektiv Verantwortung zugesprochen werden, weil er schon zuvor bestimmte Pflichten und Aufgaben innehatte. Zwischen retrospektiver und prospektiver Verantwortung besteht also eine Korrespondenzbeziehung, bei der normative Standards, Sollensforderungen oder Erwartungen die Brücke bilden (vgl. ebd., 543). In der Digitalen Medienethik müssen daher die Pflichten und Aufgaben derjenigen geklärt werden, die an der Produktion und Verbreitung digitalisierter Inhalte beteiligt sind. Dazu gehören nicht nur (Online-)Journalisten, sondern auch Betreiber digitaler Plattformen, die 2022 in Kraft getretenen Digital Services Act im EU-Raum stärker zur Verantwortung gezogen werden. Während Diskussionen in der traditionellen Technikethik meist retrospektiv geführt wurden, sind diejenigen über neue digitale Technologien immer häufiger auch prospektiv auf die Zukunftsgestaltung ausgerichtet.

Prospektive Verantwortung (Aufgaben-/Zuständigkeitsverantwortung):	**Retrospektive Verantwortung (Zurechnungs-/Rechenschaftsverantwortung):**
Verantwortung bezüglich rollenspezifischer Aufgaben und Pflichten	Verantwortung für eingetretene negative Handlungsfolgen

Individuelle, kollektive und konnektive Verantwortung

Bezüglich der Digitalisierung im Allgemeinen und der digitalen Massenkommunikation im Besonderen ist eine **Akteursethik** unzureichend, die sich auf die Verantwortung einzelner Akteure für ihr individuelles Handeln beschränkt. Gerade im Internet sind häufig nicht nur einzelne Personen für negative Folgen verantwortlich, sondern auch unkoordinierte Gruppen oder Organisationen, die gemeinsam eine **kollektive Verantwortung** tragen. Bei Institutionen oder Korporationen wie z. B. Medienunternehmen oder Forschungsgruppen spricht man im Rahmen einer **Institutionenethik** von einer **institutionellen**, **kollektiven** oder **systemischen Verantwortung** (vgl. Funiok 2016, 75, Fenner 2022, 16 f.; Debatin 2004, 40). Diese ist mehr als die Einzelverantwortung der beteiligten Personen, weil Institutionen Handlungsziele und Mittel festlegen, die über die Teilziele der einzelnen Beteiligten hinausgehen und den Mitarbeitern Orientierungsvorgaben machen (vgl. Funiok 2011, 72; Debatin 2004, 44). Wenn negative Folgen des kollektiven Handelns auftreten, muss die Institution die Verantwortung übernehmen. Aber auch diese gemeinschaftliche Verantwortung muss letztlich persönlich-individuell zugeschrieben und mitgetragen werden (vgl. Lenk 1993, 125 f.; Werner, 545). Dabei kann die Mitverantwortung durchaus unterschiedlich hoch sein, abhängig von Stellung, Bedeutung oder Eingriffsmöglichkeiten der Einzelnen im kollektiven Handlungsprozess. In einem Medienunternehmen trägt z. B. der Unternehmensleiter, der sich für eine bestimmte Unternehmensstrategie entscheidet, mehr Verantwortung, und die Abteilungsleiter und dann die Redakteure und Journalisten in der absteigenden Hierarchie im Betrieb immer weniger (vgl. Funiok 2002, 46). Wichtig aus verantwortungsethischer Sicht wäre es, in normativen Texten der Unternehmen die genaue Verteilung und die Reichweite der individuellen und kollektiven Verantwortung zu bestimmen, damit im Bedarfsfall darauf zurückgegriffen werden kann (vgl. Debatin 2004, 48; Funiok 2011, 71 f.). Ebenso sind institutionelle Einrichtungen wie Mitspracherecht, anonyme

Beschwerdestellen oder Berufsverbände erforderlich, um den Mitarbeitern eine individuelle Verantwortungsübernahme ohne unzumutbare Opfer wie z. B. Arbeitsplatzverlust zu ermöglichen (vgl. Fenner 2022, 281).

Typisch für neue digitale Medien ist aber ein dezentrales, unkoordiniertes Verhalten in Gruppen, die in einem weiten Sinn als „unkoordinierte Kollektive" angesehen werden können. Ihr Handeln wird teilweise auch als **konnektives Handeln** bezeichnet und von einem „kollektiven" Handeln im engen Sinn abgegrenzt (vgl. Thiel, 46; Pörksen 2019). Die Gefahr einer Verantwortungsdiffusion ist dann sehr groß, weil Tausende Internetnutzer sich anonym beteiligen können. Sozialpsychologisch nachgewiesen ist der sich faktisch bei größeren Gruppen einstellende Eindruck, dass die eigene Verantwortung reziprok zur Anzahl der Beteiligten abnimmt (vgl. Lenk 1997, 95). Das Phänomen lässt sich als **Verwässerung der Verantwortung** beschreiben (vgl. ebd.). Wenn beispielsweise eine Falschnachricht von vielen Gleichgesinnten weiterverbreitet wird oder sich unzählige anonyme Nutzer an einem Shitstorm beteiligen, fühlt sich retrospektiv keiner für die teils drastischen Folgen für die Betroffenen verantwortlich (s. Kap. 2.2.4). Aus dem Umweltbereich sind **Kumulationsprobleme** bekannt, bei denen die Konsequenzen einzelner Umweltsünden unproblematisch sind und erst das Kumulieren negativer Handlungsfolgen zu einer Katastrophe führt (vgl. Fenner 2022, 145). Es ist dann eine prospektive Verantwortung erforderlich, noch bevor ein Schaden entsteht. Zudem müsste eine Kollektivorientierung vorliegen, damit sich niemand in die Verantwortungslosigkeit eines anonymen Handelns zurückzieht. Voraussetzung ist außerdem das Wissen um die langfristigen und kumulativen Wirkungen viraler Inhalte in digitalen Medien, das in der Medienerziehung zu vermitteln wäre. Es ließe sich dann mit dem aus der Alltagspraxis bekannten konsequentialistischen **Verallgemeinerungsprinzip** an das Verantwortungsbewusstsein des Einzelnen appellieren: „Stell Dir vor, was passieren würde, wenn alle so handeln würden wie Du!" (vgl. Fenner 2020, 258).

Bei institutionellem oder kooperativem Handeln z. B. in großen Medienunternehmen oder Großforschungsprojekten kommt es demgegenüber leicht zu einer **organisierten Verantwortungslosigkeit**, weil sich die Mitarbeiter als „Rädchen im Getriebe" fühlen. Nach Hans Lenk ist Verantwortung „als durch Beteiligung ‚quasi-vergemeinschaftbar' zu betrachten, ohne echt teilbar zu sein: als gemeinsam und individuell jeweils mit-zutragen, aber wohl nicht als arithmetisch substrahierbar oder verkleinerbar" (Lenk 1993, 127 f.; vgl. Funiok 2011, 71; Debatin

2004, 48 f.). Sie ist also nur scheinbar teilbar und verringerbar durch eine große Zahl an beteiligten Personen. Geteilte Verantwortung ist in einem moralischen Verständnis nicht halbe Verantwortung, sondern doppelt oder tausendfach von allen Beteiligten getragene Verantwortung. Ethisch zu verurteilen ist das Hin- und Herschieben der Verantwortung zwischen den Nutzern, zwischen Individuen und Institutionen oder Produzenten und Rezipienten, wie es auch im Bereich des Medienhandelns häufig vorkommt (s. Kap. 3.4). So schieben etwa die Softwareentwickler oder Plattformbetreiber die Verantwortung den Nutzern mit ihrer mangelhaften Medienkompetenz zu, wohingegen die Internetnutzer eine stärkere Regulierung der Plattformen durch die Betreiber oder den Staat fordern. Anstelle einer solchen Verantwortungsverschiebung gilt es, eine „vernünftige und praktikable Verantwortungsteilung“ zu erreichen (Debatin 2004, 48). Zu entwerfen ist ein Modell der **gestuften Verantwortung** im Medienhandeln (Funiok 2002, 48 f.): Es sind die verschiedenen Ebenen auseinanderzudividieren, auf denen sämtliche an der Erstellung, Verteilung oder Nutzung von Medienangeboten Beteiligten Verantwortung übernehmen müssen. In der Realität greifen diese Dimensionen von Verantwortung freilich ineinander, sodass die klare Trennung nur eine analytische oder idealtypische ist (vgl. Lenk 1997, 96). Die Mitverantwortung der einen verringert sich nicht durch die Mitverantwortung der anderen, auch wenn sie möglicherweise in unterschiedlichen Graden beteiligt sind. Gleichzeitig ist keiner allein für alles verantwortlich.

Mikroebene: individuelle Verantwortung

Auf einer individuellen Ebene stehen allen voran die Medienproduzenten und -rezipienten in der Verantwortung. Der traditionsreichste Teilbereich der **Produzentenethik** ist die **journalistische Ethik**. Zu den Medienproduzenten gehören aber noch viele andere Berufsgruppen wie z. B. Fotographen, Kameraleute, Techniker, Moderatoren, Werbedesigner, Entertainer sowie Plattformbetreiber, Influencer etc. Während es für die traditionellen Medienberufe ein je spezifisches Ethos und einen Regelkodex gibt, ist unklar, ob diese ethischen Orientierungsmaßstäbe auch für Online-Journalisten oder nicht professionelle Jedermannjournalisten in Blogs, Newsgroups, Chats etc. gelten. In Kapitel 2.1.3 werden die wichtigsten Pflichten der Medienproduzenten im Sinne ihrer Rollenverantwortung diskutiert. Im Zuge der digitalen Umwälzungen des Mediensystems wird der Umgang der Rezipienten mit den digitalen Medien immer mehr als aktiver Prozess verstanden, sodass auch ihre Handlungsverantwortung stärker ins Blickfeld rückt. Während die älteren Bezeichnungen „Rezipient" und **Rezipientenethik** oder noch deutlicher „Publikum" und **Publikumsethik** das passive Moment des bloßen Aufnehmens oder Empfangens von Informationen in den Vordergrund stellten, betonen „Nutzer" oder „User" die Aktivität bei der Mediennutzung. Da der „User" im Web 2.0 auch selbst Inhalte produzieren kann, wird er auch „Produser" (synonym zu „Prosument") genannt (vgl. Rath, 302; s. Kap. 2.1.1). In der Digitalen Ethik bietet sich auf der Rezipientenseite daher der Terminus **Nutzungsethik** oder **Produserethik** an. Zurückzuweisen ist aber das wirtschaftsliberale Angebot-und-Nachfrage-Argument, mit dem Produzenten oder Online-Dienstleister die Verantwortung auf die Nutzer abzuwälzen versuchen: Gerade bei neuen digitalen Medien sei die Schwelle von Gefallens- und Missfallensäußerungen so niedrig, dass die Nutzer schlicht das Angebot bekämen, das sie sich wünschten. Unabhängig davon bleibt aber die Verantwortung für die Produktion und Verbreitung von ethisch verwerflichen oder illegalen Inhalten wie z. B. Verletzungen der Privatsphäre, Kinderpornographie oder Hetze bestehen.

Die Schlüsselqualifikation bei der Mediennutzung ist die (digitale) Medienkompetenz. Es ist längst Konsens, dass im Rahmen einer digitalen Bildung bereits an Kitas und Schulen, aber auch in der klassischen Aus- und Weiterbildung die Digital- und Medienkompetenz gefördert werden soll. Denn sie ist für eine gelingende Kommunikation und die soziale und wirtschaftliche Teilhabe in einer digitalisierten Welt unverzichtbar. Unter **digitaler Medienkompetenz** werden verschiedene erlernbare Kenntnisse, Fertigkeiten und Haltungen zusammengefasst, die für einen souveränen, gewinnbringenden und verantwortungsvollen Umgang mit digitalen Medien erforderlich sind. Das in den 1990er Jahren in der Medienpädagogik ausgearbeitete Lernziel der „Medienkompetenz" wird durch immer neue digitale Zusatzkompetenzen erweitert, die teilweise in Kapitel 2.2.2 und 2.2.3 genauer erläutert werden. Gerade bei medienpädagogischen Programmen für die Schulen stehen häufig technische Fähigkeiten zur Nutzung digitaler Medien im Zentrum. Zunächst geht es um basale Computerkenntnisse, die Bedienungskompetenz verschiedener Mediengeräte und die rezeptiv-passive sowie interaktive Nutzung von Medienangeboten. So sollen z. B. alle E-Books lesen und an Chat- oder Videokonferenzen teilnehmen können. Darüber hinaus sollen auch eigene digitale Inhalte gestaltet und ins Netz eingespeist werden können, z. B. in Form eines Blogs oder einer eigenen

Homepage. Über diese praktischen Fertigkeiten hinaus braucht es aber auch kognitive Fähigkeiten des Erkennens und Verstehens von verschiedenen medienspezifischen Formen und Genres und ihren jeweiligen Wirkungen auf Gefühle, Vorstellungswelt und Handlungsmuster. Bedeutsam sind etwa die Kenntnisse der Funktionsweisen von Internetdiensten wie z.B. Suchmaschinen oder die Zulässigkeit von Wikipediazitaten oder Texten von einem KI-gestützten Chat-GPT („Generative Pre-trained Transformer") in Hausarbeiten (s. Kap. 3.3).

Ein ethischer Standpunkt setzt allerdings **ethische Urteilskraft** voraus sowie **Medienkritik** als Fähigkeit, das Medienangebot kritisch zu prüfen und die individuellen und gesellschaftlichen Risiken neuer Medien zu reflektieren (vgl. Funiok 2004, 241f.; Rath, 303f.). Eine individualethische Verantwortung im Sinne einer **Strebensethik** zielt auf das eigene Glück und die Erfüllung seiner eigenen Interessen ab. Aus dieser **prudentiellen Perspektive** (1) geht es um eine individuell gewinnbringende oder glücksförderliche Mediennutzung (vgl. Fenner 2022, 37ff.; Funiok 2011, 170). Die meisten Menschen erwarten von den Medien emotionale Gratifikationen oder kognitive Leistungen wie Aufklärung, Lebenshilfe oder Wissenserweiterung (vgl. Bonfadelli u.a., 61). Dabei empfiehlt es sich, das Medienangebot nicht an der augenblicklichen Stimmungslage auszurichten, sondern seine Auswahl mit Blick auf die langfristige Persönlichkeitsentwicklung zu treffen (vgl. Funiok 2004, 243f.; Heesen 2011, 271). Neben informierenden und bildenden Medienangeboten kommen dafür durchaus auch unterhaltende in Frage, weil sie vom Alltagsstress entlasten und das Phantasie- und Gefühlsleben bereichern können. Problematisch ist allerdings die hohe Präsenz an Gewalt und Pornographie in Unterhaltungsangeboten im Netz. Denn ein übermäßiger Konsum davon birgt die Gefahr abnehmender Empathiefähigkeit und steigender Gewaltbereitschaft bzw. Unzufriedenheit mit der eigenen Sexualität (vgl. Fenner 2022, 371). Wie eine ältere umstrittene Microsoft-Studie aus dem Jahr 2015 nahelegt, haben die neuen digitalen Medien zudem mit ihrer Informations- und Reizüberflutung zu einer Absenkung der Aufmerksamkeitsspanne von 12 auf 8 Sekunden vom Jahr 2000 bis 2013 geführt (vgl. Spiekermann 2019, 102f.). Für die parallele Nutzung von digitalen Medien sowie auch die kollektive Aufmerksamkeit für gesellschaftliche Themen wurde ein solcher Zusammenhang bereits nachgewiesen (vgl. Forschung und Lehre). Als Gegentrend zur „Digitalisierung der Schulen" werden Smartphones inzwischen in immer mehr Ländern wieder aus Schulen verbannt, weil sich Hinweise auf verringerte

Fähigkeiten zur Konzentration sowie zur Rezeption längerer Texte mehren. Im Zeichen der antiken Tugend des Maßhaltens könnte „Digital Detox" („digitale Entgiftung") für die nötige Ruhe und Besinnung auf die eigene Selbstentfaltung sorgen (s. Kap. 2.2.1).

Aus einer **moralischen Perspektive** (2) tragen die Nutzer aber auch noch eine Verantwortung gegenüber ihrer Um- und Mitwelt im Sinne der **Sollensethik** oder Moralphilosophie (vgl. Fenner 2022, 375 ff.): a) Bezüglich der Sozialverträglichkeit müssen sie zunächst eine **soziale Verantwortung** gegenüber Familienangehörigen, Partnern und Freunden wahrnehmen (vgl. Funiok 2011, 169). Wo Fürsorge- oder Freundespflichten vernachlässigt werden oder tragfähige Beziehungen wegen einer übermäßigen Mediennutzung zu zerbrechen drohen, sind eine Rechenschaftsverantwortung und eine Drosselung des Konsums angezeigt. Eltern, professionelle Erzieher und Lehrer tragen eine große Rollenverantwortung für die Medienerziehung der Kinder und Jugendlichen, deren geistig-ethische Entwicklung in einer mediatisierten Kindheit gefährdet ist. Denn sie verfügen über weniger kritische Distanz und Selbstkontrolle, können schlechter zwischen virtueller und realer Welt unterscheiden und leiden bei erhöhter Nutzung digitaler Medien unter Sprachentwicklungs- und Konzentrationsstörungen (vgl. BLIKK-Medien). b) Die **Verantwortung gegenüber der Umwelt** verlangt, auf Nachhaltigkeit z. B. in Bezug auf Stromverbrauch und Recycling zu achten (s. Kap. 1.3.5). c) Schließlich haben die Nutzer auf einer höheren Ebene eine **Mitverantwortung für die Medienordnung**. Entgegen der Suggestion des Angebot-und-Nachfrage-Arguments kann aber der einzelne Nutzer mit dem eigenen Verhalten wie z. B. einer Konsumverweigerung oder einem Feedback kaum etwas ausrichten. Letztlich können nicht Einzelne, sondern höchstens Kollektive das Medienangebot beeinflussen. Am aussichtsreichsten dürften Beschwerden bei Selbstkontrollgremien wie dem Werbe- oder Presserat, im Fall von Rechtswidrigkeiten direkt bei den Intermediären sein. Solche Beschwerdestellen und eine mögliche Beteiligung in Bürgerinitiativen oder öffentlichen Diskussionen kommen auf den höheren Verantwortungsebenen zur Sprache.

Gestufte Verantwortung: Mikro-, Meso- und Makroebene
Mikroebene: individuelle Verantwortung bez. **Produzentenethik**: traditionelle journalistische Ethik (s. Kap. 2.1.3) bez. **Nutzerethik (Produserethik)**: 1) **prudentielle Perspektive**: Ziel = persönliches Glück (Persönlichkeitsentwicklung) 2) **moralische Perspektive**: a) soziale Verantwortung gegenüber Familie/Kindern b) Verantwortung gegenüber der Umwelt (s. Kap. 1.3.5) c) Mitverantwortung für die Medienordnung
digitale Medienkompetenz: Schlüsselkompetenz der Nutzerethik • **technische Fähigkeiten** der Mediennutzung und Erstellung digitaler Inhalte • Kenntnis der Funktionsweisen der Medien-Genres und Online-Dienste • **Medienkritik**: kritische Reflexion und Prüfung des Medienangebots • **ethische Urteilskompetenz**: Erkennen und Vermeiden schädlicher Medieninhalte

Mesoebene: institutionelle Verantwortung

Ausschließlich auf die individuelle oder Eigenverantwortung der Produzenten und Nutzer zu setzen, kann für diese eine Überforderung darstellen, so z.B. beim Datenschutz (vgl. Funiok 2016, 78). Auf einer mittleren oder Mesoebene sind zunächst die Netiquetten oder Manifeste zum ethisch richtigen Verhalten zu erwähnen, die sich eine Internet-Community selbst gibt oder die auf bestimmten Plattformen vorgegeben werden. **Netiquetten** oder **Chatiquetten**, zusammengesetzt aus „net" oder „chat" und „Etikette" bezeichnet die Gesamtheit der Normen für den Umgang mit den Gesprächspartnern, z.B. in Diskussionsforen, Chatrooms oder sozialen Netzwerken. Daneben gibt es die klassischen Instrumente der **Medien-Selbstkontrolle** mit Presseräten, Ombudsleuten und Ethikkodizes. Diese sollen auf der einen Seite die Produzenten moralisch sensibilisieren und ihre individuelle Verantwortungsübernahme erleichtern. Auf der anderen Seite bieten sie den Nutzern eine Beschwerdemöglichkeit an, die gegebenenfalls zu einer Rüge der Journalisten oder Medienunternehmen führt. Sowohl für Print- als auch Online-Medien zuständig ist beispielsweise der deutsche Presse- und Werberat, für Online-Medien zudem die „Freiwillige Selbstkontrolle Fernsehen (FSF)" und die „Freiwillige Selbstkontrolle Multimedia Diensteanbieter (FSM)" (vgl. Stapf 2016, 99). Die meisten Medienunternehmen haben auch selbst **Medien-Ombudsleute** für Publikumsbeschwerden, die teilweise auch Debatten über ethische Standards anstoßen. Speziell für digitale Themen gibt es bereits die gemeinnützige österreichische „Internet Ombudsstelle“ oder die deutsche „internet-beschwerdestelle.de“. 2018 haben sich große Online-Plattformen wie Google, Facebook und Twitter in einem „Code of practice“ dazu verpflichtet, stärker gegen Desinformation, Hasskommentare und politische Werbung vorzugehen. 2022 wurde der „Verhaltenskodex zur Bekämpfung von Desinformation“ von Online-Plattformen, Akteuren der Werbebranchen, Forschern und Organisationen der Zivilgesellschaft überarbeitet. Die Bundesregierung der BRD hat außerdem 2013 die „Stiftung Datenschutz“ als neutrale Diskussionsplattform zum Datenschutz gegründet, und immer wieder wird eine „Stiftung Medientest“ analog zur „Stiftung Warentest“ gefordert.

Makroebene: rechtliche Verankerung und öffentlicher Diskurs

Im Bereich neuer digitaler Medien hat sich die Selbstkontrolle der Intermediäre als unzulänglich erwiesen. Bei schwerwiegenden Normverstößen wie z. B. bezüglich Jugendschutz, Kinderpornographie oder Schutz der Privatsphäre sind zusätzlich staatliche **Gesetze** und Kontrollen erforderlich. Zur Regulierung der Online-Plattformen hat die EU 2022 das Gesetz über digitale Dienste (GdD, engl. Digital Services Act) verabschiedet: Vermittlungsdienste müssen Maßnahmen ergreifen, um die Nutzer vor illegalen Inhalten wie Kinderpornographie, Gewalt oder Hetze zu schützen. Bei Nichteinhaltung der Vorschriften müssen sie bis zu 6 % ihres weltweiten Umsatzes zahlen. Änderungen der Gesetzeslage erfolgen häufig auf öffentlichen Druck hin und die neuen Beschlüsse bedürfen einer demokratischen Legitimation, weshalb öffentliche Diskussionen über die Qualität der Medien und eine gemeinwohlorientierte Medienordnung außerordentlich wichtig sind. Da die neuen digitalen Medien nationale Grenzen überschreiten, wären globale Abkommen, eine Weltöffentlichkeit und eine globale Zivilgesellschaft sowie ein internationaler Medienrat begrüßenswert (vgl. Thies, 209). Unter dem in der neueren Medienethik etablierten Begriff **media accountability** („Medienrechenschaftspflicht“) werden sämtliche Bemühungen zusammengefasst, mit denen die Medien gegenüber der Öffentlichkeit zur Rechenschaft gezogen werden können (vgl. Fengler, 280; Stapf 2016, 96). Dazu gehören in einem weiten Sinn kritische Öffentlichkeit, politische und zivilgesellschaftliche Regulation, traditionelle Selbstkontrolle und die im digitalen Bereich erstarkende außerjournalistische Medienkritik in Medienblogs wie z. B. Mediawatch-Blogs oder Bildlogs („digital media accountability“). Sie kann sich also auf alle drei Verantwortungsebenen beziehen und betont generell das In-Verantwortung-Stehen der Medienschaffenden hinsichtlich der Gemeinwohlorientierung.

Gestufte Verantwortung: Meso- und Makroebene
Mesoebene: • **Medien-Selbstkontrolle**: Ethikkodizes, z. B. „code of practice“ der Online-Plattformen • **Medien-Omudsstellen**: z. B. Internet-Ombudsstelle
Makroebene: • **rechtliche Regulierung**: z. B. Gesetz über digitale Dienste der EU • **kritische Medienöffentlichkeit**, auf allen Ebenen „(digital) media accountability“ • **globale Ebene**: Weltöffentlichkeit, globale Abkommen, internationaler Medienrat etc.

2.1.3 Leitideen der Medienethik

Die traditionelle, klassische Medienethik ließ sich noch klar in eine Produzenten- und eine Rezipientenethik aufteilen (vgl. Fenner 2022, 327). Im Zentrum der Produzentenethik steht bis heute der umfangreichste und populärste Teilbereich der **journalistischen Ethik**, die sich hauptsächlich an Journalisten und Redakteure richtet. Das Internet löste jedoch eine Revolution des Journalismus aus, weil seit der Jahrhundertwende Print- auf Online-Medien verlagert wurden und ein sogenannter Graswurzel-, **Bürger**- oder **Laienjournalismus** erstarkte (vgl. Debatin 2010, 25; ders. 2015, 57). Diese Umorientierung des Journalismus auf Gratisangebote von Laien trug wesentlich zu einer finanziellen Krise des konventionellen Qualitätsjournalismus mit einem erheblichen Zeitungssterben bei. Mit dem Bedeutungsverlust des professionellen Journalismus kam es auch zu einer Erosion traditioneller journalistischer und normativer Qualitätsstandards, die in diesem Kapitel thematisiert werden sollen. **Richtlinien der journalistischen Profession** sind etwa Aktualität, Verständlichkeit und große Reichweite (vgl. Schicha, 41). Zu den wichtigsten **medienethischen Prinzipien** gehören Wahrheit und Wahrhaftigkeit, Unabhängigkeit und Transparenz, Wahrung der Menschenwürde, Jugend- und Persönlichkeitsschutz, Nichtdiskriminierung, Förderung des Gemeinwohls und des gesellschaftlichen Zusammenhalts (vgl. ebd., 42 f.; Debatin 2015, 67 f.; Stöcker, 305). Bei der Forderung nach Transparenz geht es im Medienbereich wesentlich um die **Trennungsgrundsätze** des Journalismus, d. h. die klare Abgrenzung von Fakten, Fiktion, Meinung und Werbung sowie die Offenlegung persönlicher Interessen (vgl. Dörr u. a., 125 f.; Debatin 2010, 27). Ethische Prinzipien werden häufig auch als Kriterien für journalistische Qualität angeführt, und die gleichen Regeln können sowohl journalistisch-professionell als auch ethisch-moralisch sein. Die meisten Forderungen finden sich auch im Pressekodex des Deutschen Presserats. Bisweilen wird dafür plädiert, „Journalismus" überhaupt auf diejenigen einzugrenzen, die sich zur Einhaltung zentraler Normen und Praktiken des journalistischen Berufsethos verpflichten (vgl. Debatin 2010, 27).

Diese in der journalistischen Ethik als wichtig erachteten Orientierungsstandards geraten im Zuge der Digitalisierung aus verschiedenen Gründen immer stärker unter Druck: Zunächst liegt es wie erwähnt daran, dass im Online-Journalismus nicht nur professionelle Journalisten tätig sind, die prinzipiell den gleichen professionellen und normativen Grundsätzen verpflichtet sind wie im Print-Journalismus. Laienjournalisten, die ihre Angebote z. B. per Blog oder X verbreiten, sind als Quereinsteiger unabhängig von ihren Qualifikationen nicht professionell sozialisiert und nicht in einen institutionellen und normativen Kontext der journalistischen Profession eingebunden. Alternativ dazu gibt es die Möglichkeiten von Selbstverpflichtungen oder Regeln in bestimmten Foren in der Art von Netiquetten (s. Kap. 2.1.2). Im Internet entfällt aber auch die traditionelle Rolle der „gatekeeper" („Torwärter"), also von professionellen Journalisten oder Redakteuren, die Informationen auswählten, prüften und einordneten. Online-Beiträge sind häufig fragmentiert, dekontextualisiert und aus vielen anderen, kaum ausgewiesenen Quellen zusammengestellt. Es verschwimmen die Unterschiede zwischen Fakten und Meinungen, und auch PR und Werbung sind oft schwer als solche erkennbar, z. B. beim Influencing. Sowohl für professionelle als auch nicht professionelle Medienschaffende im **Online-Journalismus** gilt, dass Geschwindigkeit, Schnelllebigkeit und der hohe Aktualitäts- und Zeitdruck im Internet Fehler und nachlässige Recherchen begünstigen. Nicht zuletzt haben die neuen Geschäftsmodelle zu einer Aufmerksamkeitsökonomie geführt, bei der inhaltliche Qualitätskriterien von Beiträgen keine Rolle spielen: Bei einem gewinnorientierten, zahlengetriebenen Journalismus geht es stattdessen um quantitative Kriterien wie die Anzahl der Klicks und die Verweildauer der Nutzer auf einer Seite (vgl. Stöcker, 305; 316; s. Kap. 2.2.1). In diesem Kapitel soll eine Auswahl der wichtigsten medienethischen Leitwerte und -prinzipien vorgestellt werden, die in Kap. 1.3 noch nicht erläutert wurden. Es ist zu prüfen, ob sie zu Recht Geltung beanspruchen und auch für Bürger- oder Laienjournalisten verbindlich sein sollten.

2.1.3.1 Wahrheit und Wahrhaftigkeit (1)

Das Thema „Wahrheit“ wird traditionellerweise zwar eher in den Disziplinen der theoretischen Philosophie, v. a. der Erkenntnistheorie und Metaphysik, abgehandelt. Gebote der Wahrheit und Wahrhaftigkeit bilden aber natürlich auch in der moralischen Alltagspraxis und in ethischen Diskursen wichtige allgemein-ethische Grundprinzipien. In der sich im 20. Jahrhundert herausbildenden Kommunikations- und Medienethik spielen sie eine überragende Rolle, insbesondere im Teilbereich der journalistischen Ethik (vgl. Filipović 2024, 141; 143 ff.; Stapf 2024, 315). Aus ethischer Sicht ist die Beachtung der Wahrheit die Grundlage für Verlässlichkeit und Vertrauen im menschlichen Zusammenleben, weil Sicherheit in der Interaktion Aufrichtigkeit und Ehrlichkeit voraussetzt (vgl. Schicha, 85; Filipović 2024, 144). Eine geteilte Welt von Tatsachenwahrheiten bildet außerdem die Basis einer freiheitlichen Demokratie (vgl. Vogelmann u. a., 7; Stapf 2024, 323 f.). Für eine philosophische Begründung kann man auf die von Jürgen Habermas herausgestellten **universalen Geltungsansprüche** zurückgreifen, die in einer kommunikativen Verständigungssituation immer schon kontrafaktisch unterstellt werden müssen: Wahrheit hinsichtlich der objektiven Wirklichkeit, normative Richtigkeit in Bezug auf Normen und Wahrhaftigkeit im subjektiven Ausdruck (vgl. Habermas 1988, 412 f.; s. Kap. 1.2.5). In der traditionellen Medienethik und im Journalismus sind Wahrheit bzw. Wahrhaftigkeit die obersten Gebote, die in fast allen journalistischen Ethikkodizes vorkommen (vgl. Bentele, 59; 63 f.; Leiner, 163; Faulstich, 86). Unter der ersten Ziffer des Pressekodexes des Deutschen Presserats (1973) heißt es beispielsweise: „Die Achtung vor der Wahrheit, die Wahrung der Menschenwürde und die wahrhaftige Unterrichtung der Öffentlichkeit sind oberste Gebote der Presse.“ In der *Global Charter of Ethics for Journalists* (2019) lautet der erste Artikel: „Die Achtung der Tatsachen und des Rechts der Öffentlichkeit auf Wahrheit ist die erste Pflicht des Journalisten.“

Im Internetzeitalter sind die traditionellen oder „alten“ Medien mit ihren klassischen Qualitätskriterien jedoch in eine tiefe Legitimationskrise geraten (vgl. Schicha, 86 f.). Es haben sich Zweifel daran breitgemacht, dass es bei ihren Berichterstattungen überhaupt um Wahrheit oder Wahrhaftigkeit geht. Das Unwort des Jahres 2014: „Lügenpresse“ bringt diesen Vertrauensverlust treffend zum Ausdruck. Laut einer Studie von Infratest Dimap (2016) hält etwa ein Fünftel der Bevölkerung diesen Begriff für angemessen und traut nur ihren eigenen Internetquellen (vgl. Bentele, 64). Sogenannte Fake News und Verschwörungstheorien verbreiten sich im Netz in Windeseile (s. Kap. 2.2.2). Man spricht mit großem Ernst von „gefühlten“ oder „flexiblen Wahrheiten“, von „alternativen Fakten“ und dem Anbruch des „postfaktischen Zeitalters“ (vgl. dazu Vogelmann u. a., 7; 29; Zöllner 2020b, 74). Obgleich es zweifellos auch vorbildliche Internetforen gibt, wird in vielen sozialen Medien nicht mehr nach Fakten und Beweisen gesucht, sondern danach, was am besten zur eigenen Weltsicht passt. Ex-Präsident Donald Trump beschimpfte traditionelle Medien wie CNN auf Twitter (X) regelmäßig als „Fake News“ und antwortete einmal einem Journalisten, als er nach Beweisen für seine eigenen, aus Selbstinteresse verkürzten und verzerrten „alternativen Fakten“ gefragt wurde: „There is no proof of anything, but there could very well be“ (zitiert nach Zöllner 2020b, 82)! Digitale Technologien drohen einen generellen Skeptizismus hinsichtlich der Wahrheitskategorie zu befördern (vgl. Filipović 2024, 145 f.). Verloren geht vielfach der Glaube daran, dass Wahrheit überhaupt ein sinnvolles und erreichbares Ziel ist. Auch wenn erkenntnistheoretische Grundsatzfragen hier nur angerissen werden können, scheint angesichts der Rede von „post truth“ und einer „Infokalypse“ infolge der Desinformation in den Online-Medien eine Besinnung auf das Grundverständnis von „Wahrheit“ in der Digitalen Medienethik erforderlich zu sein.

Korrespondenztheorie als Grundverständnis von Wahrheit

Prominente Wahrheitstheorien in der Philosophie sind die Korrespondenztheorie, die logisch-semantische Wahrheitstheorie, die pragmatische, Kohärenz- und Konsenstheorie der Wahrheit (vgl. Filipović, 142 f.). Nicht nur beim Alltagsverständnis von „Wahrheit“, sondern auch in der journalistischen Praxis und bei den erwähnten Kodizes steht zumeist ein korrespondenztheoretisches Wahrheitsverständnis im Hintergrund (vgl. Bentele, 62; Sell u. a., 246): Gemäß der auf Aristoteles zurückgehenden **Korrespondenztheorie** meint **Wahrheit** die Übereinstimmung oder Entsprechung („Korrespondenz“) einer Vorstellung oder Aussage des Subjekts mit objektiven Tatsachen oder Fakten (vgl. Bentele, 59; Sell u. a., 246; Fenner 2022, 332 f.). Dieses Wahrheitskonzept basiert auf einem erkenntnistheoretischen Realismus: Der **Realismus** geht davon aus, dass eine objektive Wirklichkeit unabhängig vom erkennenden Subjekt existiert und von diesem auch wahrgenommen werden kann. Die Korrespondenztheorie wird aber häufig als „naiv" zurückgewiesen, weil mittels der menschlichen Sinnesorgane und Erkenntnisvermögen gar keine objektive Wirklichkeit erkannt werden könne (vgl. dazu Bentele, 60). So betont der **Konstruktivismus** die Konstitutionsleistung bzw. die „Konstruktion" der Wirklichkeit durch die Erkenntnissubjekte und leugnet im Extremfall jeden erkenntnismäßigen Zugang zu einer Außenwelt. Im kommunikationswissenschaftlichen Konstruktivismus wird von einer medial konstruierten und völlig kontingenten Wirklichkeit ausgegangen (vgl. Sell u. a. 247). Ein **radikaler Konstruktivismus** ist aber schwerlich haltbar, weil in der alltäglichen und journalistischen Praxis immer schon vorausgesetzt wird, dass eine unabhängig von uns existierende Wirklichkeit die Art unserer Wahrnehmung prägt. Beim Leugnen eines erkenntnismäßigen Zugangs zur Außenwelt verwickelte man sich daher in einen performativen Selbstwiderspruch, d. h. einen Widerspruch zwischen dem Gesagten und dem Handeln. Genauso abwegig wäre allerdings ein **naiver Realismus**, der davon ausgeht, dass wir die Welt so erkennen können, wie sie „an sich" ist. Seit Kants „Kopernikanischer Wende" in der Erkenntnistheorie kann die Konstitutionsleistung des Menschen mit seinen Sinnesorganen und Begriffssystemen nicht mehr geleugnet werden. Es empfiehlt sich infolgedessen für die Medienethik eine mittlere Position eines „gemäßigten Konstruktivismus" oder **kritischen Realismus** (vgl. Sell u. a., 248; Fenner 2022, 333).

Ein weiteres Argument gegen die Korrespondenztheorie besagt, es gebe gar keinen unabhängigen Standpunkt, von dem aus eine Übereinstimmung zwischen Vorstellung und Wirklichkeit festgestellt werden könne. Mit seiner semantischen Wahrheitstheorie und der Unterscheidung zwischen einer Objekt- und Metasprache hat Alfred Tarski im 20. Jahrhundert eine moderne und präzisere Wahrheitsdefinition vorgelegt, die der klassischen aristotelischen Intuition einer „Übereinstimmung" gerecht werden soll (vgl. dazu Bentele, 60): Ein Satz wie „Gras ist grün" ist dann wahr, wenn es sich so verhält, wie der Satz sagt, also z. B. wenn das Gras grün ist. In der alltäglichen Praxis liegt die Schwierigkeit eines Abgleichs mit der Realität zumeist darin, dass entweder der direkte Zugang zu den Fakten überhaupt fehlt oder nicht alle Fakten, sondern nur Bruchstücke vorliegen. Auch nehmen Menschen aus jeweils anderen Perspektiven oder in verschiedenen Kontexten Unterschiedliches wahr oder beurteilen die Fakten anders. Strenggenommen bedürfen selbst wissenschaftlich erhobene empirische Daten einer

Interpretation (s. Kap. 3.2.1). Gerade bei journalistischen Berichten lässt sich nichtsdestotrotz immer wieder die vorgebliche „Übereinstimmung“ falsifizieren, was mitunter Medienskandale auslöst. Im Extremfall haben Journalisten nicht nur Tatsachen verzerrt oder falsch dargestellt, sondern Personen oder Ereignisse frei erfunden. Spektakulär war beispielsweise die mitleiderregende Reportage über ein fiktives drogensüchtiges Kind, die 1980 in der *Washington Post* erschien. Erst anlässlich ihrer Nominierung für den Pulitzerpreis brach das Lügengebilde zusammen. Zu den größten Medienskandalen zählt auch die Veröffentlichung der vermeintlichen Hitler-Tagebücher im *Stern* 1983. Das Bundeskriminalamt konnte sie als Fälschungen entlarven, weil die verwendeten Weißmacher erst nach 1950 bei der Papierherstellung verwendet wurden (vgl. Schicha, 92; Fenner 2022, 334).

Kohärenz-, Konsens- und pragmatische Wahrheitstheorie

Während die Korrespondenztheorie eine grundlegende, unhintergehbare Wahrheits*definition* liefert, könnte man die weiteren Wahrheitstheorien als Wahrheits*kriterien* zur Feststellung einer „Übereinstimmung“ interpretieren: Nach der **Konsenstheorie** hängt die Wahrheit von Aussagen davon ab, ob darüber ein Konsens in einer Sprach- und Handlungsgemeinschaft vorliegt. Vor einem konstruktivistischen Hintergrund wäre Wahrheit nichts anderes als das, was von der Mehrheit für wahr gehalten wird (vgl. Sell u. a., 247). In Habermas’ anspruchsvoller Konsenstheorie müssen sich die Geltungsansprüche argumentativ in einem Gespräch einlösen lassen, sodass es zu einem zwangfreien rationalen Konsens kommt (vgl. Bentele, 60 f.). Während in seriösen Online-Diskussionsforen nach wie vor um Wahrheit gerungen wird und von Gesprächsteilnehmern auch Belege eingefordert werden, scheint in anderen sozialen Medien die Wahrheit eher von der Anzahl an Klicks oder Likes abzuhängen (s. Kap. 2.2.2): Was große Verbreitung findet und somit im Kampf um Aufmerksamkeit funktioniert oder erfolgreich ist, wird von vielen für „wahr“ gehalten. Der **Kohärenztheorie** zufolge ist eine Aussage dann wahr, wenn sie sich als Teil in ein bereits vorhandenes zusammenhängendes („kohärentes“) System von Überzeugungen einfügt (vgl. Bentele, 60). Dagegen lässt sich einwenden, dass auch falsche Überzeugungen sich in ein kohärentes System bringen lassen, wie die vielen in sich stimmigen komplexen Verschwörungstheorien im Internet zeigen (s. Kap. 2.2.2). Gemäß der **pragmatischen Wahrheitstheorie** gelten alle Annahmen als wahr, die sich in der Praxis bewähren, indem sie z. B. zur Lösung bestimmter Probleme dienen oder dabei helfen, ein besseres Leben zu führen. Bei den zahlreichen täglichen Twitter-Nachrichten des Expräsidenten Trump ging es wohl in einem kruden pragmatischen Sinn um diejenigen „alternativen Wahrheiten“, die ihm und seinen Parteigenossen nützten. Im Kapitel über Desinformation werden psychologische Mechanismen wie z. B. der „illusionäre Wahrheitseffekt“ geschildert, die alle drei problematischen Tendenzen der Wahrheitsorientierung begünstigen (vgl. ebd.).

Je mehr die Menschen online miteinander vernetzt sind und je weniger direkte, nicht medial vermittelte Erfahrungen sie machen, desto größer wird die Gefahr von persönlichen oder geteilten Wirklichkeitskonstruktionen ohne Außenweltbezug (vgl. Zöllner 2020b, 75). Es droht bei dieser Entwicklung infolge der Medialisierung eine Erosion des korrespondenztheoretischen Wahrheitsverständnisses, weil letztlich im neopragmatischen Sinn das Überreden und Überzeugen im Vordergrund steht: Im Gegensatz zur Korrespondenztheorie geht es nicht um die Übereinstimmung der subjektiven Aussagen mit objektiven Tatsachen, sondern mit anderen Aussagen oder den eigenen pragmatischen Zielen. Bei Tatsachenaussagen mit einem Geltungsanspruch auf Wahrheit käme es aber im Sinne der Korrespondenztheorie darauf an, unter Verwendung möglichst vielfältiger Quellen zu beschreiben, was man vorfindet (vgl. Pörksen 2018, 191). Zu den Aufgaben des traditionellen Journalismus gehörte ein methodischer und aufwändiger **Faktencheck** (vgl. Debatin 2015, 62; s. Kap. 2.2.2). Unabhängig von erkenntnisphilosophischen Grundsatzfragen wird das Prinzip der Wahrheitsorientierung in der journalistischen Praxis als ein „Set von Arbeitstechniken und Vorgehensweisen“ verstanden, das die Einhaltung bestimmter Regeln erfordert (vgl. Pörksen 2018, 191). Dazu gehört wesentlich das Vier-Augen-Prinzip bzw. das **Zwei-Quellen-Prinzip**, das die Übereinstimmung von mindestens zwei unabhängigen zuverlässigen Quellen oder Sinneserfahrungen verschiedener Zeugen meint und generell die intersubjektive Nachprüfbarkeit des Informationsgehalts durch Quellenangaben, Recherche und Gegenprüfung verlangt (vgl. ebd.; Funiok 2011, 130). Diese evidenzbasierte, methodenkritische Suche nach gesicherter Erkenntnis über den Austausch von Argumenten, Beweisen und Erfahrungen ist wie in den Wissenschaften ein fortwährender sozialer oder kommunikativer Prozess (vgl. Pörksen 2018, 192; Fenner 2022, 216).

Wahrheitstheorien und Bezüge zu Online-Medien
Korrespondenztheorie: wahr sind Aussagen, wenn sie mit der objektiven Wirklichkeit übereinstimmen **Probleme**: • in der Praxis Schwierigkeiten bei der Feststellung der „Übereinstimmung“ • Erosion dieses Wahrheitsverständnisses wegen verringerter direkter Außenweltbezüge
Kohärenztheorie: wahr sind Aussagen, wenn sie Teil eines kohärenten Systems sind **Konsenstheorie**: wahr sind Aussagen, wenn darüber ein Konsens herrscht **pragmatische Theorie**: wahr sind Aussagen, wenn sie sich in der Praxis bewähren **Probleme**: • auch falsche Überzeugungen können in ein kohärentes System gebracht werden, zu einem Konsens führen oder jemandem Nutzen bringen • Anzahl der Klicks und „Überreden“ anderer in Online-Medien wichtiger **ethische Forderung**: sorgfältiger methodenbasierter Faktencheck; Zwei-Quellen-Prinzip

Wahrhaftigkeit, Irrtum und Lüge

Angesichts der Schwierigkeiten mit einem subjekt- und interpretationsunabhängigen Zugang zur Wirklichkeit werden medienethische Forderungen teilweise vorsichtiger formuliert. So ist nach dem bereits zitierten Kodex des Deutschen Presserats die oberste Pflicht der Journalisten nicht die Wahrheit, sondern die „Achtung vor der Wahrheit“ (Ziffer 1). Seine Aufgabe sei die „wahrhaftige Unterrichtung der Öffentlichkeit“. **Wahrhaftigkeit** bezieht sich auf die innere Haltung der Orientierung an der Wahrheit bzw. des Strebens nach Wahrheit und meint das subjektive „Für-wahr-Halten“ von etwas (vgl. Bentele, 61; Funiok 2011, 130). Anders als bei der „Wahrheit“ geht es hier nicht um die Übereinstimmung vom Gesagten mit der äußeren Wirklichkeit, sondern die Übereinstimmung des Gesagten mit den eigenen (innerlichen) Meinungen, Gedanken oder Gefühlen. Eine wahrhaftig, d.h. nach bestem Wissen und Gewissen geäußerte Tatsachenbehauptung muss daher nicht unbedingt wahr sein (vgl. Bentele, 61). Es kann sich auch um einen **Irrtum**, d.h. eine falsche Annahme handeln, die der Behauptende für richtig hält. Auch in den um Wahrheit bemühten Naturwissenschaften entpuppt sich etwas Für-wahr-Gehaltenes manchmal als Irrtum, wenn neue Erfahrungen gemacht werden. Davon zu unterscheiden sind „irrationale Überzeugungen“, bei denen man durch Abgleich mit bisherigem eigenem oder fremdem Wissen und unter Berücksichtigung aller Gegenevidenzen den Irrtum hätte erkennen müssen (vgl. Gert, 49). Von Irrtümern zu unterscheiden und ethisch verwerflich sind **Lügen**, d.h. wissentlich falsche Aussagen, die jemand bewusst macht, um die Adressaten zu täuschen (vgl. Bentele, 61; Nullmeier, 26). Wer solche Behauptungen äußert, weiß also, dass sie in einem empirisch-deskriptiven Sinn nicht wahr sind. Er verfehlt das Ideal der Wahrheit genauso wie dasjenige der Wahrhaftigkeit.

Verwerflich ist das Präsentieren von „alternativen Fakten" nicht nur, weil diese falsch sind, sondern weil sie meist aus eigennützigen Motiven zu Täuschungszwecken eingesetzt werden (vgl. ebd., 27). Lügen sind in der allgemeinen und journalistischen Ethik verpönt, weil sie konsequentialistisch gesehen bei den Getäuschten direkt oder indirekt großen Schaden anrichten können. Für das gute Leben der Einzelnen ist es fundamental, dass sie ihre Entscheidungen auf wahre Meinungen über relevante Wirklichkeitsbereiche gründen können (vgl. Levy, 104). Langfristig können falsche Informationen („Fake News") zu Unsicherheit, Orientierungslosigkeit und schwindendem gegenseitigem Vertrauen im Zusammenleben oder einer Gesellschaft führen (vgl. ebd., 112; Stapf 2021, 111). Aus deontologischer Perspektive wird die Würde der Belogenen verletzt, indem sie bewusst in die Irre geführt und gezielt manipuliert werden, damit sie z.B. eine bestimmte Partei wählen. Die „Deregulierung des Wahrheitsmarktes" infolge der Möglichkeit, barrierefrei beliebige Falschmeldungen ins Netz einzuspeisen, ist angesichts der beschriebenen Gefahren kritisch zu sehen (vgl. Pörksen u.a. 2020, 189; s. Kap. 2.2.2). Es ist allerdings fraglich, ob für die Online-Kommunikation die gleichen Ansprüche der Wahrheitsorientierung zu fordern sind wie im professionellen Journalismus. Die traditionelle journalistische Ethik verlangte ein größtmögliches Maß an Objektivität und Wahrheit, weil es ihr um die Meinungsbildung und gesellschaftliche Orientierung ging. Die Ausrichtung der Internetkommunikation ist aber häufig eine andere (vgl. Heesen 2016, 6): In Chats oder Foren sind nicht Wahrheit oder Wahrhaftigkeit oberste Bewertungskriterien, sodass häufig keine Ansprüche auf Allgemeingültigkeit erhoben zu werden scheinen. Im Vordergrund stehen vielmehr die Attraktivität der Beiträge z.B. beim Spiel mit Identitäten oder die Bestätigung bestimmter Wirklichkeitskonstruktionen in einer Gruppe. Statt um Fakten geht es darum, persönliche Einstellungen, Sichtweisen oder Stimmungen auszudrücken oder Identitäten oder Zugehörigkeiten zu verhandeln (vgl. Stapf 2021, 109).

Trotz dieser teils unterschiedlichen Ausrichtung und Zielsetzung in digitalen Medien müsste aus ethischer Sicht in bestimmten Kontexten doch zumindest das **journalistische Trennungsgebot** eingehalten werden. So müsste im Internet beispielsweise ein „Real Life-Chat“ von einem „Fantasy-Chat“ unterschieden werden können. Denn mit Chatforen für Singles sind ganz andere Ansprüche und Erwartungshaltungen verbunden, weil sich hier die meisten eine reale Beziehung mit einer passenden Partnerin oder einem Partner erhoffen. Geschönte Profile oder falsche Identitäten können daher in solchen realitätsbezogenen Kontexten großes Leid verursachen. Ohne eine solche Differenzierung könnte auch kein Übergang zur Lüge mehr festgestellt werden (s. Kap. 2.2.2). Aus medienethischer Sicht ist die Wahrheitsnorm bei realitätsbezogenen Äußerungen unbedingt einzufordern (vgl. Krämer 2021, 115). Auch die Medienintermediäre müssen sich bei der Priorisierung von Inhalten daran orientieren (vgl. Lischka u. a., 49). Sie dürfen die Verantwortung nicht einfach den Nutzern überlassen, wie es Facebook-Gründer Mark Zuckerberg 2019 unter dem Druck der Öffentlichkeit vor der bevorstehenden Präsidentenwahl mit der zweiten Kandidatur Trumps tat: „Ich finde, in einer Demokratie sollten die Menschen entscheiden, was glaubwürdig ist, und nicht die Technologieunternehmen“ (vgl. ARD Dokumentation). In der Online-Kommunikation sollte nicht anders als in den direkten Kontakten das Bewusstsein für die Differenz zwischen Tatsachenaussagen mit Wahrheitsanspruch und allen anderen Aussageformen geschärft werden.

Wahrhaftigkeit: Übereinstimmung der Aussagen mit dem subjektiven Für-wahr-Halten
Spezialfall Irrtum: falsche Annahme, die man für wahr hält ethisch entschuldbar, solange man sich ausreichend um Wahrheit bemüht
Lüge: falsche Annahme, die man bewusst macht, um jemanden zu täuschen
ethisch verwerflich wegen Schädigung, Vertrauensverlust, Manipulationsgefahr

Tatsachenaussagen und Meinungen

Probleme mit der Wahrheit entstehen nicht nur, weil Menschen Fakten unterschiedlich wahrnehmen, sondern auch, weil sie diese unterschiedlich interpretieren und bewerten. Wie eben erwähnt hat der traditionelle Qualitätsjournalismus neben dem Auftrag der Wissensvermittlung auch noch denjenigen der öffentlichen Meinungsbildung zu erfüllen, der für die Demokratie gleichfalls von großer Bedeutung ist (s. Kap. 2.3). Unter das klassische journalistische Trennungsgebot fällt die Forderung einer klaren Abgrenzung von Nachrichten und Meinungen: Während Nachrichten möglichst objektiv und nüchtern verfasst werden sollen, sind Meinungen subjektive Interpretationen und Kommentare zum Geschehen. Typische Meinungsformen in Zeitungen sind etwa Leitartikel, Kolumnen oder Glossen. Die ethische Grundregel lautet: „Comment is free but facts are sacred" (Dernbach, 152). Auch juristisch gesehen ist im Bereich der Meinungen wegen des **Rechts auf Meinungsfreiheit** generell mehr erlaubt (vgl. Art. 5 GG der BRD). Unter **Meinungen** fallen aber nur stellungnehmende Äußerungen oder Werturteile. Nicht von diesem Recht gedeckt sind erwiesenermaßen oder bewusst unwahre, empirisch überprüfbare Tatsachenbehauptungen. Entsprechend dürfen Fake News als gezielte Falschnachrichten unterbunden werden. Allerdings sind auch Tatsachenbehauptungen rechtlich geschützt, soweit sie Voraussetzung der Meinungsbildung sind oder ihnen Werturteile zugrunde liegen (vgl. Wissenschaftliche Dienste, 7 f.). Eine klare Abgrenzung ist aufgrund dessen in vielen Fällen schwierig. Kritisch zu beurteilen ist jedoch, wenn im Boulevard-, Klatsch- oder Gerüchtejournalismus sowie im erstarkenden Bürger- oder Jedermannjournalismus überprüfbare Tatsachenaussagen und subjektive Meinungen ineinander übergehen. Wegen der höheren Anforderungen an Tatsachenaussagen ist es ein wichtiges medienethisches Anliegen, den Unterschied zwischen Nachrichten und Meinungen auch im Online-Bereich wachzuhalten.

Tatsachenaussagen	Meinungen
objektiv überprüfbare deskriptive Behauptungen über die Welt z. B. Nachrichten	subjektive Interpretationen oder wertende Stellungnahmen zu Personen oder Sachverhalten z. B. Kommentare, Kolumnen etc.
ethische Forderung: Trennungsgebot zwischen Tatsachenaussagen und Meinungen einhalten!	

2.1.3.2 Unvoreingenommenheit und Unparteilichkeit (2)

Das Qualitätskriterium der Wahrheit wird in der journalistischen Ethik häufig in Verbindung gebracht mit Objektivität (vgl. Heesen 2016, 6; Bentele, 59; Funiok 2011, 130). **Objektivität** kann entweder als Synonym zu „Wahrheit" die Übereinstimmung mit subjektunabhängigen Sachverhalten meinen oder ganz allgemein die Unabhängigkeit von subjektiven Gefühlen, Interessen oder Überzeugungen (vgl. Fenner 2022, 213 f.). Sie setzt sowohl Unvoreingenommenheit als auch Uneigennützigkeit voraus. **Unvoreingenommenheit** verlangt das Freisein oder das Abstrahieren von Vorurteilen, Hoffnungen oder Ressentiments. Solange sich ein „selektiver Bias" nur bei der Themenwahl bemerkbar macht, scheint dies noch unproblematisch zu sein (vgl. Pöttker 2004, 322). Verwerflich ist aber ein selektives Vorgehen bei der Recherche und Gewinnung der Erkenntnisse, wenn sämtliche den eigenen Erwartungen oder Wünschen widerstreitenden Informationen und Quellen ignoriert werden. Unabdingbar sind eine hohe Selbstkontrolle und prinzipielle Skepsis gegenüber eigenen und fremden Glaubenssätzen und vermeintlichen Gewissheiten (vgl. Pörksen 2018, 192). Sicherlich muss **Vollständigkeit** bei der Berichterstattung ein unerreichbares Ideal bleiben, weil immer nur ein kleiner Wirklichkeitsausschnitt abgebildet werden kann und Prioritätensetzungen somit unausweichlich sind. Zur Vermeidung einer einseitigen Selektivität ist aber eine **Ausgewogenheit** aller Perspektiven anzustreben und sollten die leitenden Selektionskriterien bewusst gemacht und eventuell bekannt gegeben werden. So wäre bei der Kriegsberichterstattung eine einseitige wunschgeleitete Selektivität zu vermeiden, indem auch die unliebsamen Verluste des eigenen Landes und die Erfolge des Gegners gebührend zu Worte kommen. Wo die aktuelle Informationslage eine umfassende, ausgewogene Einschätzung vereitelt, müssen im Sinne des Transparenzgebots die Erkenntnisgrenzen offengelegt werden.

Eng verwandt mit der Unvoreingenommenheit ist die **Uneigennützigkeit** oder **Unparteilichkeit**, d. h. die Unabhängigkeit von eigenen oder fremden Interessen (vgl. Pöttker 2017, 76). Persönliche oder unternehmerische Interessen können z. B. Ruhm und Geld sein, die sich in der Gier nach hohen Klickzahlen ausdrücken (s. Kap. 2.1.1). Dies gilt für Online-Journalisten oder Blogger genauso wie für die neu entstandene Berufsgruppe der meist kommerziell motivierten Influencer, deren Videos in vielen Fällen gesponsert sind. Auf ethisch verwerfliche gezielte Beeinflussungsmethoden wie Propaganda, Manipulation und Nudging wird im Anwendungsteil näher eingegangen (s. Kap 2.2.2; 3.2.2). Unvereinbar mit journalistischer Unabhängigkeit sind auch Korrumpierbarkeit und eine Instrumentalisierung durch diejenigen, von denen man berichtet. Dagegen verstießen auf spektakuläre Weise Journalisten und Fotographen beim Gladbecker Geiseldrama 1988, als sie mit den beiden Bankräubern Interviews führten, als Mit-Akteure ins Fluchtauto stiegen und zwischen den Geiselnehmern und der Polizei vermittelten (vgl. Fenner 2022, 325; 337). Dabei verstießen sie auch gegen das Ideal des **Unbeteiligtseins**, das noch weiter geht als das der Unparteilichkeit (vgl. Pöttker 2017, 76; 80). Für den Online-Journalismus hat Bernhard Debatin anstelle einer professionellen Distanz und der Vogelperspektive eines Unbeteiligten die „teilnehmende Beobachtung" empfohlen (vgl. Debatin 2010, 28). Einem Kriegsgeschehen am nächsten sind natürlich die beteiligten Soldaten an der Front oder Bewohner in zerbombten ukrainischen Städten, die als Bürgerjournalisten direkt und ungefiltert ihre subjektiven Erlebnisse im Selfie-Modus filmen. Obwohl TikTok während des Ukraine-Kriegs als „Chronisten-Plattform" gerühmt wurde, ist nicht nur die Authentizität und Objektivität vieler Handy-Videos fraglich. Trotz der unstreitigen Bedeutsamkeit vieler Zeitdokumente fehlen häufig Unparteilichkeit und eine übergeordnete, vermittelnde Perspektive, sodass die Gefahr einer Meinungsmanipulation besteht. Auch Beteiligte oder Betroffene können sich aber genauso wie Schiedsrichter auf dem Sportfeld um Objektivität und Unparteilichkeit bemühen (vgl. Funiok 2016, 77).

Objektivität: Unabhängigkeit von subjektiven Gefühlen, Interessen oder Überzeugungen **Voraussetzungen**: Unvoreingenommenheit und Uneigennützigkeit/Unparteilichkeit
Unvoreingenommenheit: Freisein von Vorurteilen, Hoffnungen, Ressentiments **Uneigennützigkeit/Unparteilichkeit**: Unabhängigkeit von eigenen oder fremden Interessen

2.1.3.3 Relevanz und kritische Öffentlichkeit (3)

Eine weitere Leitidee in der Medienethik ist die „Relevanz", die allerdings wie die „Wahrheit" sehr unterschiedlich definiert wird. In einem formalen und **allgemeinen Sinn** meint **Relevanz** die „Bedeutsamkeit von Ereignissen oder Entwicklungen" (Handstein). Doch wer bestimmt, was wichtig ist? Die Produzenten oder die Rezipienten, und nach welchen Kriterien? In der empirisch ausgerichteten Kommunikationswissenschaft befassen sich die Nachrichtenwerttheorie und die Agenda-Setting-Forschung mit solchen Fragen. Der **Agenda-Setting-Ansatz** („Thematisierungstheorie") erforscht, wie bestimmte Themen von den Massenmedien aufgegriffen und gewichtet werden (vgl. Sell, 121). In der **Nachrichtenwerttheorie** werden die Faktoren rekonstruiert oder hergeleitet, die zum einen die Wahrscheinlichkeit messen, mit der Journalisten ein Ereignis für die Veröffentlichung auswählen, zum anderen das Ausmaß an Beachtung, das die ausgewählten Nachrichten bei den Rezipienten erfahren (vgl. Weber 2016, 114). Zu diesen Faktoren zählen etwa Relevanz, zeitliche Aktualität, Konsequenzen der Ereignisse oder Prominenz der beteiligten Personen (vgl. ebd., 117; Lischka u. a., 19; Sell, 122). In der Journalismusforschung wird der positive Wert einzelner Kriterien für die journalistische Arbeit durchaus in Frage gestellt (vgl. Handstein). Ebenso werden einzelne Agenda-Setting-Effekte in der Forschung kritisch gesehen (vgl. Sell, 122). Auch aus medienethischer Sicht ist beispielsweise das Diktat der Tagesaktualität bedenklich, wenn dadurch dringende Themen von „latenter Aktualität“ wie z. B. Alltagsrassismus nicht ins öffentliche Bewusstsein treten können (vgl. ebd.; Fenner 2022, 338). Zu einer unangemessenen ungerechten Verteilung der Aufmerksamkeit führt zudem die Orientierung an Status und Prominenz der beteiligten Personen, weil die Missstände von Benachteiligten ethisch relevanter sind als die Seitensprünge von Stars. Aufgrund von Parteilichkeit wird die Aufmerksamkeit häufig auf Unbedeutendes gelenkt, wohingegen unliebsame Wahrheiten ausgeblendet werden.

Der in Kapitel 2.1.1 beschriebene Prozess der Kommerzialisierung und Digitalisierung im Mediensystem ging einher mit einem Bedeutungswandel von „Relevanz“. Genauso wie beim Ideal der „Wahrheit“ erodieren die objektiven Maßstäbe. In einem **engen Sinn** meint **Relevanz** die „Bedeutsamkeit von Ereignissen und Entwicklungen für die Öffentlichkeit als journalistisches Selektions- und Qualitätskriterium“ bzw. ihre „gesellschaftliche Bedeutsamkeit“ (Handstein; Schicha, 41). Beim intersubjektiven, engen Relevanz-Kriterium geht es also um öffentliche Angelegenheiten, um das, was öffentlich relevant oder „öffentlichkeitswürdig“ ist (Türcke). Um ihre Rolle in der Demokratie wahrnehmen zu können, müssen alle Bürger über wichtige Ereignisse mit Auswirkungen auf ihre politische, ökonomische und ökologische Umwelt informiert sein (vgl. Weber 2016, 120). Bei einer kommerziellen Ausrichtung der Medienbetriebe muss jedoch ein möglichst großes Publikum erreicht werden, sodass die Relevanz von Beiträgen tendenziell am **Publikumsinteresse** bemessen wird. Gratifikationen der Rezipienten können etwa Orientierung, Unterhaltung, Gebrauchswert oder Gesprächsstoff sein (vgl. ebd., 117). Viele legen auch Sensationslust und voyeuristische Bedürfnisse an den Tag. Diese werden am besten bedient durch Live-Berichterstattungen über das Liebesleben von Prominenten oder einer **Personalisierung** von politischen oder wirtschaftlichen Problemen, d.h. ihrer Darstellung anhand von Einzelpersonen (vgl. Habermas 1990, 262). Vorwiegend am Publikumsinteresse orientieren sich die digitalen Medienintermediäre bei ihrer Selektion und Verbreitung von Informationen über Algorithmen (vgl. Lischka u.a. 20; 23): Priorisiert werden Beiträge, die am meisten Klicks, Likes, Shares oder Kommentare erzielen oder am besten zum jeweiligen Nutzerprofil passen. Relevanz wird also personalisiert und anders als im Journalismus mit persönlicher Zufriedenheit gleichgesetzt (vgl. ebd., 26).

Öffentlichkeit als normatives Prinzip

Eine der zentralen Aufgaben der Medien besteht darin, durch Auswahl und Ausschluss von Themen selektiv einen gemeinsamen Kommunikationsraum und damit eine allgemeine Öffentlichkeit zu schaffen (vgl. Nassehi 2019, 278; Schicha, 42). **Öffentlichkeit** in einem **deskriptiven** Sinn bedeutet lediglich so viel wie Zugänglichkeit für alle ohne spezielle Vorbildung oder Mitgliedschaft, meist als Gegenteil von „privat" (vgl. Rademacher u.a., 453). In einem **normativen Sinn** hingegen ist ein Forum für eine gesellschaftliche Verständigung über die Gestaltung des Zusammenlebens gemeint, häufig präzisiert als „kritische" oder „politische Öffentlichkeit". In normativen Demokratietheorien etwa von Kant, Rawls oder Habermas ist das kritische Prüfen und Abwägen von Argumenten mittels des öffentlichen Vernunftgebrauchs zentral, das für eine politische Legitimation von Entscheidungen unabdingbar ist (vgl. Habermas 1990, 38; Wallner, 33). Als Leitwert, normatives Postulat oder Prinzip stellt Öffentlichkeit also nicht nur den Rahmen bereit für einen freien, ungezwungenen Meinungsaustausch, sondern meint eine **kritische allgemeine Öffentlichkeit**, die eine Rechtfertigungs- und Sanktionsinstanz bei der Auffindung des moralisch Richtigen bildet (vgl. Heesen 2021, 220; Holderegger, 14; Wallner, 33). Hier werden Argumente und Ansprüche auf Wahrheit und normative Richtigkeit kritisch geprüft. Aus moralphilosophischer und demokratietheoretischer Perspektive kann Relevanz nur als Selektionskriterium gelten, wenn sie statt auf private Interessen auf das **öffentliche Interesse** bezogen wird. Darunter wird das gemeinsame Interesse der Gesellschaftsmitglieder am Gemeinwohl verstanden. Das **Gemeinwohl** bezieht sich auf eine demokratisch legitimierte Gesellschaftsordnung, die allen Bürgern ein selbstbestimmtes gutes Leben ermöglicht (vgl. Fenner 2022, 339). Dies erfordert beispielsweise, die öffentlichen Interessen an einem funktionierenden Gesundheitssystem und einer intakten Umwelt zu befriedigen. Im besten Fall fördern die

Medien auf der Grundlage allgemein zugänglich gemachter öffentlicher Angelegenheiten die diskursive Meinungs- und Willensbildung der Bürger und begleiten den politischen Prozess der Bestimmung des Gemeinwohls (vgl. Bieber, 67 f.; Wallner, 27; Russ-Mohl 2017, 301).

Jürgen Habermas hat in einer wegweisenden Studie den *Strukturwandel der Öffentlichkeit* analysiert. Nach seiner Darstellung etablierte sich im 18. Jahrhundert eine kritisch diskutierende Öffentlichkeit oder ein „politisch räsonierendes Publikum" (vgl. Habermas 1990, 133; 137; Wallner, 27 f.). Im 20. Jahrhundert kam es jedoch infolge der neuen technischen Möglichkeiten der Massenkommunikation zum Zerfall der literarischen bürgerlichen Öffentlichkeit (vgl. ebd., 260 f.). An die Stelle des „räsonierenden Publikums" soll ein „konsumierendes Publikum" getreten sein, das passiv und unkritisch die unterhaltsam aufbereiteten Informationen aufnimmt. Auch wenn Habermas in seiner Neuversion des „Strukturwandels" die aktive Rolle der Internetnutzer einräumt, bleibt doch seine Diagnose einer Schein-Öffentlichkeit aktuell (vgl. Habermas 2022, 44 f.; ders. 1990, 261): Seit sich jeder im Internet zu allem äußern kann, drängen private Lebensgeschichten, Selbstdarstellungen, persönliche Empfindungen und Interessen in die Öffentlichkeit. Es handelt sich aber „nur dem Scheine nach" um Öffentlichkeit, weil die Debatten über gemeinsame Angelegenheiten oder das Gemeinwohl fehlen (vgl. ebd.; Türcke). Allerdings gibt es durchaus auch positive Beispiele zum Agenda-Setting durch den Graswurzel- oder Bürgerjournalismus. Man denke an Hashtag-basierte soziale Bewegungen wie „MeToo" oder „Fridays for Future" (vgl. Sell, 124; Stöcker, 300). Gefährlich für die Demokratie ist aber die erwähnte Personalisierung oder Privatisierung der Relevanz durch die algorithmische Selektion der Internetplattformen. Die Nutzer präferieren Beiträge häufig nicht aufgrund ihrer inhaltlichen Qualität, sondern z. B., weil sie ihnen von Suchmaschinen oder Freunden empfohlen wurden oder sie einer bestimmten Gruppe angehören möchten (vgl. Lischka u. a., 25; 41). Oft wird das Weitergeleitete gar nicht rezipiert, sondern nur aufgrund der Überschriften und Anreißertexte weitergereicht. Wo Selbstinteressen und Klickzahlen „Relevanz" definieren, droht das öffentliche Interesse aus dem Blickfeld zu geraten (s. Kap. 2.3).

Relevanz (weiter Sinn): Bedeutsamkeit von Ereignissen und Entwicklungen **Problem**: Orientierung an Publikumsinteressen/Klickzahlen bei algorithmenbasierten Intermediären **wichtig**: **Relevanz (enger Sinn)**: Bedeutung für Öffentlichkeit oder öffentliches Interesse
Öffentlichkeit als normatives Prinzip: Rechtfertigungs- und Sanktionsinstanz in gesellschaftlichen Diskursen

2.1.3.4 Angemessene Präsentation ohne Sensationalisierung (4)

In der journalistischen Ethik geht es aber nicht nur um das „Was“, sondern auch um das „Wie“, d. h. die Darstellungsweise der ausgewählten Informationen (vgl. Wiegerling 1998, 157; Fenner 2022, 340f.). Je nach Art und Weise der Präsentation können Beiträge nämlich sehr unterschiedliche Wirkungen auf die Rezipienten und die Gesellschaft entfalten. Ethisch verwerflich ist eine **emotionalisierende, effekthascherische Darstellung** von Leid und Krisen. Besondere Vorsicht ist bei Berichten über Gewalttaten und menschliches Elend z. B. nach terroristischen oder rechtsradikalen Attentaten geboten (vgl. Christians u. a., 2f.). Im Pressekodex des Deutschen Presserats heißt es: „Die Presse verzichtet auf eine unangemessene sensationelle Darstellung von Gewalt und Brutalität.“ (Ziffer 11) Dabei sollte nicht nur vermieden werden, den Attentätern eine mediale Bühne zu bieten für ihre fundamentalistischen, demokratie- oder menschenfeindlichen Parolen. Unzulässig ist jede Form einer Verherrlichung und Propagierung von Gewalt z. B. als probates Mittel zur Konfliktlösung sowie auch eine Verharmlosung des Leids der Opfer. Bei allen Negativschlagzeilen ist neben der sorgfältig recherchierten objektiven Berichterstattung auch eine ebenso sorgfältige Kommentierung erforderlich. Auf Nachrichten über Verletzungen von Menschenrechten oder öffentlichen Interessen müssen beispielsweise Meinungen in Form einer klaren Verurteilung folgen. Es kann aber auch angebracht sein, die Folgen der Ereignisse für Betroffene oder die Gesellschaft aufzuzeigen und notwendige politische Gegenmaßnahmen oder Lösungsmöglichkeiten vorzuschlagen. In den meisten Fällen kann von einem gesellschaftlichen Konsens über die Normen ausgegangen werden, gegen die verstoßen wurde. Ansonsten müsste die Diskussion der unterschiedlichen Wertvorstellungen zusammengefasst werden.

Informationen in den neuen digitalen Medien werden jedoch häufig nicht eingeordnet, sondern ihres Kontextes beraubt, und Emotionalisierung und Skandalisierung zählen zu den bevorzugten Mitteln im Kampf um

Aufmerksamkeit (s. Kap. 2.2.1; 2.2.2). Zu den grundlegenden Forderungen einer Digitalen Medienethik gehört es aber, selbstkritisch einen „echten Skandal" von einem bloß vermuteten Missstand oder einer unbedeutenden Normverletzung unterscheiden zu können (vgl. Pörksen 2018, 198). Auch mit Blick auf das Relevanzkriterium (2) sollte eine Bagatelle nicht unnötig zu einem Enthüllungsskandal aufgebauscht werden. In neuen digitalen Massenmedien wird allerdings nicht nur über Sprache und Texte kommuniziert, sondern es dominieren viele (häufig bewegte) Bilder ohne jede Erklärung und Einbettung des Gezeigten. Gemäß dem publizistischen Schlagwort „Bild schlägt Text" prägen sich virtuelle Eindrücke viel tiefer ein als Texte. Eine Medienethik muss daher auch eine **Bild-Ethik** enthalten (vgl. Thies, 207; Tappe, 306; Schicha, 125). Fotos, Videos oder Karikaturen suggerieren nicht nur große Authentizität, wenngleich „Deep Fakes", d. h. realistisch wirkende Bilder mittels Künstlicher Intelligenz, leicht zu realisieren sind. Sie weisen v. a. ein erheblich höheres Erregungs- und Skandalisierungspotential auf, weshalb diesbezüglich ein besonders verantwortungsvoller, reflektierter Umgang erforderlich ist. Vorwegzunehmen sind negative Folgen wie beispielsweise eine Eskalation interkultureller Spannungen oder unbegründete Ängste und diffuse Bedrohungsgefühle z. B. durch Zuwanderer. So wurde nach den sexuellen Übergriffen auf Frauen in der Silvesternacht 2015/16 in Köln durch Männer mit vorwiegend migrantischem Hintergrund durchaus zu Recht die zögerliche und zunächst geschönte Berichterstattung in den traditionellen Medien kritisiert. In den digitalen Medien gab es demgegenüber sofort eine Flut von aufgebrachten rassistischen Deutungen, wobei teilweise als Scheinbeweis ein aus einem ganz anderen Kontext stammendes Foto mit einem weißen Mädchen diente, das von einem schwarzen Mann umarmt wird und sich angeekelt die Nase zuhält (vgl. Pörksen 2018, 52 f.).

2.1.3.5 Achtung von Persönlichkeitsrechten und Diskursorientierung (5)

Angesichts der enormen Wirkungsmöglichkeiten im Netz ist v. a. auf die **Würde** und die **Persönlichkeitsrechte** der Betroffenen zu achten. Der Pressekodex fordert gleich in der ersten Ziffer zur „Wahrung der Menschenwürde" auf, die *Global Charter of Ethics for Journalists* in Artikel 8 zur Achtung der Würde und Privatsphäre. Herabwürdigungen und Beleidigungen von Persönlichkeiten z. B. in ihren charakterlichen Haltungen oder beruflichen Stellungen sind auch rechtlich verboten. Zu den schwerwiegenden Verletzungen von Persönlichkeitsrechten zählen Veröffentlichungen aus der Privat- oder Intimsphäre (s. Kap. 1.3.4; 2.2.4). In der journalistischen Ethik hat sich der Ausdruck „Witwenschütteln" eingebürgert für die sensationalistische Darstellung des Leids und der Verzweiflung von Menschen, die Angehörige verloren haben oder Opfer von Unfällen oder Anschlägen wurden (vgl. Schicha, 75 f.). Ziffer 9 des Pressekodexes verbietet „unbegründete Behauptungen und Beschuldigungen, insbesondere ehrverletzender Natur". Artikel 9 der Charter verlangt von Journalisten sicherzustellen, dass die Verbreitung von Informationen oder Meinungen nicht zu Hass, Vorurteilen oder Diskriminierung beiträgt. Auch wenn Fehlverhalten und Machtmissbrauch selbstverständlich aufgedeckt werden müssen, gilt es also die Persönlichkeitsrechte und die Unschuldsvermutung der beteiligten Personen zu achten und von Prangerattacken abzusehen (vgl. Pörksen 2018, 200). Um die im Netz weit verbreiteten Provokationen, Diffamierungen und verhärteten Fronten einzudämmen, müssten **Verständigungs-** und **Diskursfähigkeiten** gefördert werden. Medienethisch unabdingbar sind Verständnis und Offenheit für andere Positionen und Argumente, gemäß der journalistischen Leitlinie: „Audiatur et altera pars"; „Man höre auch die andere Seite" (vgl. ebd., 193 ff.).

Wichtigste Prinzipien der Medienethik
1) Wahrheit und Wahrhaftigkeit 2) Unvoreingenommenheit und Unparteilichkeit 3) Relevanz und kritische Öffentlichkeit 4) angemessene Präsentation ohne Sensationalisierung 5) Achtung von Persönlichkeitsrechten und Diskursorientierung

Fazit: Journalismus als Bewusstseinszustand

Die hier herausgearbeiteten und in vielen Ethikkodizes für Journalisten angeführten medienethischen Prinzipien mögen antiquiert anmuten in Anbetracht der nutzergenerierten Inhalte in digitalen Medien. Ihre große Bedeutung für ein vertrauensvolles Zusammenleben und insbesondere für demokratische Gesellschaften dürfte aber deutlich geworden sein. Es gibt keinen rationalen Grund, wieso diese Anforderungen nur für professionell ausgebildete und hauptberuflich tätige Journalisten gelten sollen. Die willkommene Demokratisierung journalistischer Tätigkeiten im Bürger- oder Graswurzel-Journalismus darf nicht mit der Verabschiedung der klassischen

journalistischen Qualitätsstandards einhergehen (vgl. Funkiok 2016, 77). Zu Recht fordert Bernhard Pörksen stattdessen eine „Ausweitung der publizistischen Verantwortungszone" und eine „redaktionelle Gesellschaft" (2019, 202; 205). Wer real existierende Ereignisse oder Personen im digitalen Raum kommentiert oder kritisiert, ist für die Art der Präsentation und die vorhersehbaren Konsequenzen in der analogen Welt nicht weniger verantwortlich als professionelle Journalisten. Der Journalismus dürfe nicht auf eine rein berufliche Tätigkeit verengt werden, sondern sei als **Lebensform** und **Bewusstseinszustand** sowie als konkrete **Kulturtechnik** zu verstehen (ebd., 202).

Entsprechend müssten sich alle „Produser" an journalistischen Idealen wie skeptische Wahrheitssuche, Relevanz- und Gemeinwohlorientierung messen lassen. Es gilt, sich selbstkritisch Fragen zu stellen wie beispielsweise diejenigen: Gibt es hinreichende Belege für die Wahrheit der Posts, die ich verfasse, zusammenschneide oder weiterleite? Ist es öffentlich relevant, was ich ins Netz stelle? Füge ich jemandem Schaden zu oder bemühe ich mich ausreichend um Verständigung und einen rationalen Konsens beim Ringen um das bessere Argument? Eine solche „Erziehung zur Medienmündigkeit" müsste zweifellos schon in der Schule erfolgen (vgl. Pörksen 2018, 205 ff.). Es handelte sich um eine Medienkompetenz in einem ethischen Sinn, die etwas anderes ist als eine bloß technische Bedienungskompetenz digitaler Geräte (s. Kap. 2.1.2). Aber auch die Intermediäre müssen mehr Verantwortung übernehmen, weil sie keineswegs neutral sind, sondern permanent redaktionelle Entscheidungen treffen (vgl. ebd., 213 ff.). Alle müssen sich auf den verschiedenen Verantwortungsebenen an die Spielregeln einer vernunft- und gemeinwohlorientierten redaktionellen digitalen Gesellschaft halten.

Forderungen für Medienkompetenz in einer redaktionellen Gesellschaft

1) Bemühe Dich um Wahrheit durch sorgfältige Recherche!
2) Sei möglichst unvoreingenommen und unparteiisch!
3) Überlege Dir, was (öffentlich) relevant ist!
4) Vermeide unangemessene Emotionalisierung und Skandalisierung!
5) Achte die Persönlichkeitsrechte aller Personen und sei verständigungsorientiert!

2.2 Konfliktfelder der Online-Kommunikation

2.2.1 Informationsflut: schnelles Denken und Emotionalisierung

Die meisten Menschen verbringen schon von früher Kindheit an immer mehr Zeit online, in ständiger Verbindung mit einem rasant wachsenden Informationsangebot. Infolge der erleichterten Zugangsmöglichkeiten und der Demokratisierung des Wissens führte die Digitalisierung zu einer enormen Überproduktion von Informationen in Wort und Bild. Ununterbrochen werden auf der ganzen Welt neue Daten ins Internet eingespeist, ohne dass die vorhandenen gelöscht werden (vgl. Reckwitz, 238). Auf den ersten Blick scheinen die enorm angewachsenen Informationsmöglichkeiten sowohl für die selbstbestimmte Lebensführung des Einzelnen als auch für eine bessere weltweite Vernetzung von Menschen und Organisationen höchst positiv zu sein. Zunehmend treten aber auch die negativen Seiten zutage, sozusagen die Risiken und Nebenwirkungen. Beklagt wird eine zunehmende Überforderung mit dem rasenden Tempo der Informationsflüsse und mit dem Druck der Hochgeschwindigkeitskommunikation (vgl. Fuchs 2021, 538). Kritiker der Digitalisierung warnen vor Hektik und Ohnmachtsgefühlen, dem Verlust kognitiver und emotionaler Kompetenzen, vor Kontrollverlust und Suchtgefahr. Erfolgreiche populäre Bücher wie *Digitale Demenz. Wie wir uns und unsere Kinder um den Verstand bringen* und *Cyberkrank! Wie das digitalisierte Leben unsere Gesundheit ruiniert* (Manfred Spitzer) oder *Die Kunst des digitalen Lebens. Wie sie auf News verzichten und die Informationsflut meistern* (Rolf Dobelli) empfehlen einen zeitweiligen oder totalen Verzicht auf digitale Medien, um die Kontrolle zurückzugewinnen und das Leben zu entschleunigen. Besorgniserregend ist aber auch das sich verschlechternde Kommunikationsklima im digitalen Raum, das durch hohe Emotionalität, Gereiztheit, Aggressivität und Skandalisierung gekennzeichnet ist.

Grundorientierungen digitaler Medien

In Kapitel 2.1.1 wurden bereits die äußerlichen, formalen Unterscheidungsmerkmale zwischen digitalen und analogen Medien aufgelistet, v. a. die Orts- und Zeitlosigkeit der Informationen, die aktive Rolle der Nutzer und die Publikumsorientierung in Online-Medien. In diesem Kapitel soll es detaillierter und inhaltsbezogener um die Charakteristika digitaler Medien gehen, die zu einer Transformation des Denkens und Lebens der Menschen im digitalen Zeitalter beitragen. Denn die **Gesetze der Informationsverbreitung** im Internet enthalten Muster der Informationsverarbeitung, die Internetnutzer verinnerlichen. Diese **Gesetze der Informationsverarbeitung** prägen nicht nur die Art und Weise, wie Menschen mit Informationen umgehen, sondern letztlich ihr Welt- und Wirklichkeitsbild (vgl. Pörksen 2018, 46). Entsprechend Marshall McLuhans Ausspruch: „Das Medium ist die Botschaft" verändern nicht die Inhalte, sondern die Charakteristika eines Mediums die Gesellschaft. Bernhard Pörksen führt lediglich drei zentrale Gesetze der Informationsverbreitung auf: das Gesetz der ungehinderten Veröffentlichung, das der blitzschnellen Verbreitung und das der einfachen Dekontextualisierung und Verknüpfung (vgl. ebd., 46 f.). Das hier gewählte Konzept von „unterschiedlichen Grundorientierungen" geht aber zurück auf Sven Birkerts, der in *Die Gutenberg Elegien* bereits Ende des 20. Jahrhunderts die Ordnung der elektronischen Medien allgemein im Gegensatz zu derjenigen von Druckmedien herausarbeitete (vgl. Birkerts, 165 f.). Die unterschiedlichen Formen der Informationsverarbeitung sind nach Pörksen in Anlehnung an Melvin Kranzbergs Formulierung für sich genommen zwar weder gut noch schlecht, aber auch nicht neutral (vgl. Pörksen 2018, 47). Eine in den nachfolgenden Kapiteln noch zu vertiefende Analyse der wichtigsten Kennzeichen der digitalen Informationsverarbeitung kann die Grundlage für eine kritische ethische Beurteilung der Online-Kommunikation bilden.

1) Informationsflut und -überflutung

Aufgrund des Gesetzes der ungehinderten Veröffentlichung stieg die Zahl der Inhalte auf webbasierten Plattformen exponentiell an, wodurch es objektiv betrachtet zu einer **Informationsflut** kam. Aus der subjektiven Perspektive vieler Internetnutzer wird diese permanent anwachsende Fülle an Informationen häufig als eine Informationsüberflutung erlebt: Unter einer **Informationsüberflutung** („information overload") wird in der Psychologie eine mentale Überforderung einer Person durch zu viele Informationen verstanden, die nicht mehr zeitnah verarbeitet werden können. Das führt zu einer unzulänglichen Informationsverarbeitung, Konzentrationsschwierigkeiten und suboptimalen Entscheidungen. Wegen der schieren Masse an kaum zu überblickenden, teils widersprüchlichen, veralteten, wenig glaubwürdigen, propagandistischen oder unbrauchbaren Informationen wird es immer schwieriger, wirklich das zu finden, was man gerade sucht. Das Gehirn kann zwar nicht im wörtlichen Sinn „überflutet" werden, weil es immer nur eine begrenzte Menge an Informationen aufnehmen kann und danach einfach „dicht" macht (vgl. Spitzer 2015, 149). Es stellt sich aber das Gefühl von Ohnmacht und eigener Unfähigkeit ein, den Informationsfluss kontrollieren zu können und adäquat zu reagieren. Diese Art von Stress wird als „Technostress“ oder **Cyberstress** bezeichnet und kann beim langen Arbeiten im Internet zu einem „Techno-Brain-Burnout“ führen (vgl. ebd., 143; 149; Small u.a., 36). Stress als emotionale Belastung entsteht immer dann, wenn die eigenen zur Verfügung stehenden Kompetenzen und Handlungsmöglichkeiten nicht ausreichen, um äußeren Anforderungen oder eigenen Ansprüchen gerecht zu werden.

Ein „information overload“ im Sinne eines Kultur- und Zukunftsschocks ist aber keineswegs neu, sondern stellt sich bei einer komplexer werdenden Gesellschaft oder neuen Medien häufig ein. Vermutlich dürfte schon der Buchdruck von den Zeitgenossen als Datenkatastrophe erlebt worden sein (vgl. Nassehi 2019, 127). Erforderlich sind dann Routinen, technologische Hilfsmittel und verschiedene Regulierungen, um mit dem jeweiligen Zuwachs an Daten umgehen zu können. Dafür stehen verschiedene Internet-Server, Suchmaschinen, Software-Agenten oder Push-Dienste zur Verfügung, die den Datenfluss vorstrukturieren. Während beim „Filtern“ aus dem Überangebot die gewünschten Informationen ausgewählt werden, dient das „Abblocken“ zum Fernhalten unerwünschter Informationen wie z.B. Werbung oder Spam-Mails. Das zugrunde liegende „Rating“ als Einschätzung und Bewertung des Informationsangebots anhand bestimmter vorgegebener oder selbst gewählter Kriterien wird allerdings in der Informations- und Medienethik nicht nur als individuelles Grundrecht angesehen, sondern teilweise als Zensur bzw. Selbstzensur kritisiert (vgl. Kuhlen, 196f.). Unterschiedlich eingeschätzt werden auch die Auswirkungen der ständig neuen Datenströme auf das menschliche Gehirn und seine Konzentrationsfähigkeit. Studien weisen darauf hin, dass sich das Gehirn anpasst und Digital Natives riesige Informationsmengen rasch überfliegen und insbesondere optische Eindrücke schneller verarbeiten können (vgl. Small u.a., 39f.; 63; Hüther, 35f.). Eine länger anhaltende partielle Aufmerksamkeit auf verschiedene Inhalte oder Medien wie beim digitalen Multitasking oder der Schnellfeuer-Cybersuche kann aber zu einer sprunghaften Aufmerksamkeit ohne Fokussierung führen und das Gehirn in einen erhöhten Stresszustand versetzen (vgl. Small u.a., 34ff.; Spitzer 2015, 70ff.; unten Abschnitt „schnelles Denken“). Mittlerweile droht jedenfalls ein Informationsdefizit nicht aufgrund zu weniger Informationen, sondern aufgrund einer Informationsüberflutung (vgl. Jandt, 200).

2) hohe Geschwindigkeit und Reaktionsbereitschaft

Die augenfälligsten Merkmale der Online-Kommunikation sind sicherlich die Informationsbeschleunigung in einer modernen vernetzten Gesellschaft sowie die unverzügliche Reaktionsbereitschaft der „Produser" (vgl. Fuchs 2021, 537; Pörksen 2018, 46). Im Gegensatz zu einem statischen gedruckten Buch befinden sich die Informationen elektronischer Medien in ständigem Fluss, und es kommt zu einem raschen Stakkato von Informationsschüben (vgl. Birkerts, 166). Bei visuellen Medien dominiert ein rascher Wechsel der Bildkompositionen, Signale und Kurzvideos. Weil die Inhalte in hohem Tempo dahingleiten, rasch überholt und mit einem Klick wieder gelöscht sind, bekommt man den subjektiven Eindruck der **Flüchtigkeit** der Informationen im Netz. In der Hektik, nichts zu verpassen über die verschiedenen Kontaktmöglichkeiten und digitalen Geräte wie Computer, Smartphone oder Smart Watch mit ihren Push-Nachrichten über Krisen und Gewalt überall auf der Welt, aufpoppenden E-Mails und Neuigkeiten aus verschiedenen sozialen Netzwerken und Blogs, gerät man leicht in einen Zustand permanenter Alarmbereitschaft. Groß ist angesichts des rasenden Tempos der Druck, prompt zu antworten und flüchtige Kommentare abzugeben. Pörksen beschreibt die Praxis der blitzschnellen Ad-hoc-Kommentare im Netz als „kommentierender Sofortismus" (2018, 52). Besonders auffällig zeigt sich die hohe Reaktionsbereitschaft im Fall von Krisen oder Extremereignissen wie Katastrophen oder Terroranschlägen: Trotz unübersichtlicher und komplexer Faktenlage werden wie in einem Wettlauf vorschnelle Deutungen und Spekulationen abgegeben, um das schwer erträgliche Informationsvakuum zu beseitigen (vgl. ebd., 48ff.). Die Gesetze der blitzschnellen Informationsverarbeitung und -verbreitung geraten dann in Widerspruch zum Bemühen um größtmögliche Gewissheit und Wahrheit als medienethischem Ideal.

3) Dekontextualisierung und beliebige Kombinierbarkeit

Ein weiteres Charaktermerkmal digitaler Medien sind die **Dekontextualisierung** und die beliebige Verknüpfbarkeit und **Kombinierbarkeit** aller Daten im Internet: Meist kursieren nur Bruchstücke an Informationen über einen winzigen Ausschnitt der Welt, die häufig aus ihrem Kontext gerissen werden. Die Möglichkeiten der Rekombinierbarkeit und einer beliebigen Transformation der Daten in neue Zusammenhänge scheint eine große Faszination des Internets auszumachen (vgl. Pörksen u. a., 81; 235; Nassehi 2019, 128). Dabei kann eine Kontextverletzung beispielsweise zeitlich, räumlich, kulturell oder durch Wechsel des Adressatenkreises erfolgen. In räumlicher Hinsicht kann es sich um die unvollständige Lebensgeschichte oder die Äußerung eines unbekannten Menschen auf einem anderen Kontinent handeln, die trotz zweifelhaftem Wahrheitsgehalt im digitalen Raum leicht zu einer „kontextfreien Diffamierung und Skandalisierung" verleitet (Pörksen u.a., 17). Der Sinn des Vorgefallenen oder Gesagten in seinem ursprünglichen Bedeutungszusammenhang kann dadurch völlig entstellt oder ins Gegenteil verkehrt werden. Solche Kontextverletzungen können zu Unsicherheit, Verwirrung und einem Vertrauensverlust in die Online-Kommunikation führen. In zeitlicher Hinsicht wird es schwierig, überhaupt noch eine „Geschichte" erzählen zu können, bei der es um den Hergang eines Geschehens geht. Birkerts kritisiert die elektronischen Medien, weil mit der Verdrängung des linearen Mediums des Buches das traditionelle Geschichtsbewusstsein und das Verständnis für historische Perspektiven und vergangene Zeiten verlorengehen (vgl. Birkerts, 166; 176). Insbesondere in visuellen Medien komme es zu einem verstärkten Gegenwartsbezug des Bewusstseins, das die Nutzer in eine „ewige Gegenwart" versetze (ebd., 175). Dekontextualisierung und beliebige Kombinierbarkeit tragen aber auch wesentlich zu der sich im Internet verschärfenden Problematik der Desinformation bei, der Kapitel 2.2.2 gewidmet ist.

4) Fragmentarisierung und Strukturlosigkeit

Ein weiteres Kennzeichen der Online-Kommunikation ist die **Fragmentarisierung** der Informationen: Es liegt eine Masse unverbundener Daten vor, die auf Abruf zur Verfügung stehen (vgl. Birkerts, 176). Die Grundordnung elektronischer Medien ist ein horizontales Assoziieren, bevorzugt mit visueller Gestaltung, auf Kosten von Detailgenauigkeit und logischen Zusammenhängen (vgl. ebd., 166). Im Internet wird alles in mundgerechte Häppchen teilweise mit Querverweisen („Hyperlinks") präsentiert, die wieder zu zahlreichen anderen Internetseiten weiterleiten. Es gibt einen Trend zu Kurznachrichten über SMS, X, Mikroblogs etc., wo eine Art „Primitiv-Sprech" im Telegrammstil vorherrscht (vgl. ebd., 174). Im Takt der „time-lines" sozialer Medien, die kaum eine Struktur erkennen lassen, kommt es zu einem „Dauerzerfall von Ereignissen" (Nassehi 2019, 283). Positiv gesehen fördert das Internet eine Pluralisierung verschiedener Stimmen, Eindrücke und Perspektiven, negativ betrachtet führt es zu einer **Struktur- und Zusammenhangslosigkeit** der riesigen Informationsmengen (vgl. Buchmann, 15). Es fehlt dann der Übergang zu einem **Wissen**, für das eine Prüfung, Systematisierung und Integration der Informationen in das bisherige Wissen einer Person erfolgen müsste. In der empirischen Medienwirkungsforschung wird zwischen „Kenntnis von"

(„Knowledge about") und „Wissen über" („Knowledge of"), d.h. zwischen einem Fakten- und einem Struktur- oder Hintergrundwissen unterschieden (vgl. Bonfadelli u.a., 257). Im Vergleich zu den oberflächlichen Verlinkungen im Internet scheint es den linearen Medien wie Büchern und Zeitschriften besser zu gelingen, in epischer Breite die komplexen Zusammenhänge und Hintergründe von Ereignissen oder gesellschaftlichen Zuständen zu analysieren (vgl. Birkerts, 176; Dobelli, 29f.). Ohne einordnende und strukturierende professionelle Gatekeeper scheint eher eine Informations- oder Datengesellschaft als eine Wissensgesellschaft erreicht werden zu können.

5) Fragwürdige Qualität und Desinformation

Die Online-Kommunikation führt aber nicht nur zu Massen von schlecht strukturierten Informationen, sondern, wie bei den obigen Gesetzen der Informationsverbreitung schon anklang, zu sehr viel Desinformation und zu einem Zuviel an **irrelevanten Informationen** (s. Kap. 2.2.2). Beklagt wird eine **mangelhafte Qualität**, Oberflächlichkeit oder Banalisierung der Informationen im Netz bis hin zur Bedeutungslosigkeit und einem „sinnlosen Gedaddel" in sprichwörtlichen Selbstbestätigungsblasen (vgl. Jandt, 200; Nassehi 2019, 282; Fuchs 2021, 537). Die kognitive Kapazität der Nutzer ist vielfach zu begrenzt, um die Qualität der Flut der Beiträge einschätzen und die relevanten Informationen herausfiltern zu können. Diese Art der Überforderung ist im Wesentlichen auf den Wegfall der traditionellen journalistischen „Kuratierung" zurückzuführen, d.h. der Auswahl und Bewertung der Informationen durch journalistische Gatekeeper. Bei klassischen Medien wurde die qualitative Einschätzung der Beiträge allein schon durch ihre Zuordnung zu einer bestimmten Zeitung oder Zeitschrift, einem Verlag, einer Redaktion oder einem Sender erleichtert. Ohne Kontrollinstanzen wie Redakteure oder Herausgeber sinkt zwangsläufig die Publikationsschwelle, sodass jede Menge Klatsch, Gerüchte, Verleumdungen und Verschwörungstheorien ungehindert Eingang ins Netz finden. Die Selektion erfolgt dann statt nach inhaltlichen journalistischen Kriterien allein nach quantitativen Kriterien wie Klickzahlen, Like-Raten oder Empfehlungen durch Freunde oder Bekannte (s. Kap. 2.1.1). Belohnt wird im Kampf um Aufmerksamkeit nicht die Qualität von Medienprodukten, sondern pure Aufmerksamkeit. Viele Intermediäre wie YouTube sind schlechterdings blind gegenüber den präsentierten Inhalten (vgl. Fuchs 2021, 554). Wünschenswert sind aber medienethische Ideale wie z.B. Fakten- und Quellentreue, wenn nötig der Einbezug von Experten, das journalistische Trennungsgebot und öffentliche Relevanz (s. Kap. 2.1.3).

6) Unterhaltung und Emotionalisierung

In der Aufmerksamkeitsökonomie digitaler Medien versuchen die kommerziell ausgerichteten Intermediäre, die Aufmerksamkeit der Nutzer zu bannen, um möglichst hohe Werbeeinnahmen zu generieren (s. Kap. 2.1.1; unten Abschnitt „Captology"). Inhaltlich betrachtet lassen sich Reichweite und Nutzerquoten nicht mit nüchternen, sachlichen Informationen steigern, sondern durch einen **hohen Unterhaltungswert** (vgl. Fuchs 2021, 329; Wallner, 29). Häufig handelt es sich um seichte Unterhaltung („low-level pleasures"), Boulevard-Journalismus oder als „Breaking News" oder „Top World Headlines" angekündigte Kurznachrichten über spektakuläre, aber persönlich wie öffentlich meist belanglose Ereignisse irgendwo auf der Welt (vgl. Vaidhyanathan, 35; Dobelli, 23). Am erfolgreichsten sind Unterhaltungsangebote, wenn sie Affekte mobilisieren und Spannung erzeugen, wenn sie faszinieren, erregen, provozieren oder Empörung hervorrufen (vgl. Reckwitz, 239; Schicha, 94). Infolge des vorherrschenden Geschäftsmodells im Internet hat sich daher eine weltweit vernetzte Emotions- und Erregungsindustrie etabliert, auf die unten noch genauer eingegangen wird (vgl. Abschnitt „Emotionalisierung"). Unterhaltungsangebote sind zwar nicht an sich ethisch verwerflich, auch wenn Kulturpessimisten eine „Volksverdummung", „moralische Verrohung" oder „Entpolitisierung" der Bevölkerung befürchten (vgl. Fenner 2022, 346). Denn sie sollen eine populäre Massenkultur befördern, die eine kritische Auseinandersetzung mit der (gesellschaftlichen) Wirklichkeit verhindere. Es gibt aber durchaus starke individualethische Argumente für eine begrenzte, unbeschwerte und vergnügliche Zerstreuung, weil sie z.B. Ablenkung und Entlastung vom Alltagsstress bringt. Problematisch wäre nur, wenn Unterhaltungsformate immer mehr anspruchsvollere Angebote der Wissens- und Meinungsbildung verdrängen (vgl. ebd., 347).

Kennzeichen digitaler Informationsverbreitung und -verarbeitung
1) Informationsflut und -überflutung 2) hohe Geschwindigkeit der Informationsverbreitung und der Reaktionsbereitschaft 3) Dekontextualisierung und beliebige Kombinierbarkeit der Informationen 4) Fragmentarisierung, Struktur- und Zusammenhangslosigkeit 5) fragwürdige Qualität und Desinformation 6) Tendenz zu Unterhaltung und Emotionalisierung

Schnelles Denken, „Captology“ und Suchtgefahr

Für das Verständnis der Art und Weise der Informationsverarbeitung, die von digitalen Medien begünstigt wird, ist Daniel Kahnemanns Unterscheidung zwischen einem „schnellen“ und „langsamen Denken“ hilfreich. Es handelt sich um zwei gegensätzliche kognitive Systeme, die in der Psychologie schon viele Jahrzehnte erforscht, teilweise aber unterschiedlich bezeichnet werden (vgl. Kahnemann, 32 f; 37 f.): **System 1** oder das **schnelle Denken** arbeitet automatisch, d. h. ohne willkürliche Steuerung, schnell, intuitiv und assoziativ. Diese mentalen Prozesse verlaufen denn auch weitgehend mühelos, ohne große Anstrengung. Die kognitive Leichtigkeit dieses Denksystems wird im Allgemeinen von positiven Gefühlen begleitet (vgl. 89). Automatisch ausgelöste Assoziationen können aber auch noch verschiedene spezifische Gefühle und körperliche Reaktionen wie beispielsweise eine allgemeine Anspannung, entsprechende Gesichtsausdrücke und Vermeidungstendenzen hervorrufen (vgl. 70). Obgleich das System 1 in vertrauten alltäglichen Situationen sehr zuverlässig arbeitet, ist es doch sehr anfällig für Fehler und Manipulationen (vgl. 38). Es versteht kaum etwas von Logik und Statistik, und seine Leistungsfähigkeit wird von systematischen kognitiven Verzerrungen (Biases) beeinträchtigt. Kahnemanns 600seitige Monographie zeigt typische Fehler unseres intuitiven Denkens insbesondere im Bereich der Statistik und Prognostik auf. Einige davon sind auch für eine Digitale Medienethik interessant, z. B. der „Priming-Effekt“ („Bahnungs-Effekt“), bei dem Assoziationen durch vorangegangene Erfahrungen oder Vorstellungen beeinflusst werden (72); oder der „Mere-Exposure-Effekt“ („Effekt der bloßen Darbietung“): In Experimenten wurden dargebotene Wörter oder Bilder von den Rezipienten umso positiver bewertet, je häufiger sie diesen gezeigt wurden, auch wenn sie von ihnen nur unbewusst wahrgenommen wurden (vgl. 90).

System 2 oder das **langsame Denken** fordert hingegen eine bewusste Lenkung der Aufmerksamkeit auf eine anspruchsvolle und anstrengende geistige Tätigkeit (vgl. 33). Es wird erst dann aktiviert, wenn System 1 in Schwierigkeiten gerät und ein Problem auftaucht, für das es keine schnellen, standardisierten Lösungen abrufen kann (vgl. 37 f.). Dann muss eine bewusste Entscheidung für eine genauere und spezifischere kognitive Verarbeitungsweise getroffen werden. Diese schreitet langsam und in einer geordneten Folge von einem Gedanken zum nächsten voran. Sie kommt beispielsweise beim Einparken in eine schmale Lücke oder beim Ausfüllen einer Steuererklärung zum Zuge. Wenn man sich nicht hinreichend konzentriert und anstrengt, fällt die Leistung schlechter aus. Im subjektiven Erleben gehen solche Aktivitäten eines bewusst und logisch denkenden Subjekts mit dem Eindruck der Handlungskontrolle und Entscheidungsfreiheit einher (vgl. 33). Kahnemann betont, dass Menschen ein begrenztes Aufmerksamkeitsbudget haben und es daher schwer oder unmöglich ist, mehrere anstrengende Aktivitäten von Typ 2 gleichzeitig auszuführen (vgl. 36). Nach Erkenntnissen der Kognitionspsychologie ist außerdem ein Wechsel zwischen anspruchsvollen Aufgaben sehr schwierig und mühsam, besonders unter Zeitdruck (vgl. 52). Ob eine Person sich auf ihre Intuitionen und automatisch und prompt erfolgenden Vorschläge von System 1 verlässt oder dieses schnelle Denken auf der Ebene des Systems 2 streng überwacht, scheint auch von der Persönlichkeit abzuhängen (vgl. 66 f.): Zu System 1 neigen Menschen, die ungeduldig und impulsiv sind und auf sofortige Belohnung ansprechen, zu System 2 hingegen bedächtigere Menschen mit hoher Aufmerksamkeitssteuerung und Handlungskontrolle.

Es bietet sich an, diese beiden gegensätzlichen Verarbeitungssysteme auf digitale Medien anzuwenden. Die generelle These der bereits vorliegenden Interpretationsansätze lautet, dass digitale Medien das schnelle, intuitive, automatische, fehleranfällige System-1-Denken begünstigen und die langsame, abwägende („deliberative"), anstrengende, tiefe und gründliche Auseinandersetzung mit Inhalten wie in System 2 zurückgedrängt wird (vgl. Lischka u. a., 35; Spitzer 2015, 73). Die soeben aufgelisteten Kennzeichen der digitalen Informationsverbreitung und -verarbeitung wie hohe (Reaktions-)Geschwindigkeit (2), das assoziative Verknüpfen dekontextualisierter Informationen ohne Struktur und logische Zusammenhänge (3 und 4), die fehlenden Qualitätskontrollen der oft unwahren oder oberflächlichen Beiträge (5) und die Tendenzen zu leichter Unterhaltung und Emotionalisierung (6) passen zweifellos besser zu System 1. Spitzer beruft sich bei seiner Kritik an der digitalen Technik auf Studien, die bei einer hohen Nutzung der Smartphones ganz allgemein oder spezifisch für die Suche im Internet eine geringere Denkgenauigkeit und Denkleistung bei Studierenden nachwiesen (vgl. 2015, 74–78). Er schließt daraus, dass der häufige Gebrauch von Smartphones dazu verleitet, sich auf das automatische assoziative Denken zu verlassen, und dass die Lust und Fähigkeit zum Nachdenken verringert wird. Ganz allgemein erlauben Korrelationen allerdings keine unmittelbaren Schlüsse auf Ursache-Wirkungs-Zusammenhänge, weil z. B. eine tieferliegende Ursache für das regelmäßige gemeinsame Auftreten zweier Ereignisse verantwortlich sein könnte oder Ursache und Wirkung verwechselt werden.

Konrad Lischka und Christian Ströker greifen demgegenüber auf die anwendungsorientierte Forschung zur Gestaltung von Benutzeroberflächen von digitalen Plattformen zurück (vgl. 35; 57): Im 21. Jahrhundert hat sich in der Psychologie der Mensch-Maschine-Interaktion eine eigene Disziplin namens **Captology** herausgebildet, die Kurzform zu „Computers as Persuasive Technologies". Diese Wissenschaft der digitalen Verhaltensmodifikation untersucht, wie digitale Anwendungen menschliches Verhalten beeinflussen können. Als ihr geistiger Vater gilt B. J. Fogg, dessen Kurse an der University of Stanford zahlreiche Gründer und Mitarbeiter des Silicon Valley durchliefen, wie z. B. Mike Krieger, Gründer von Instagram. Auf der Grundlage lerntheoretischer Konzepte aus Behaviorismus und Verhaltenstheorie soll durch Optimierung von Benutzeroberflächen ein erwünschtes Verhalten herbeigeführt werden. Dabei sei ein zentrales Designprinzip, die automatische und schnelle System-1-Kognition zu erleichtern und die prüfende und langsame System-2-Kognition aktiv zu umgehen (vgl. ebd., 35). Informationsintermediäre untersuchen mit aufwändigen experimentellen Versuchsreihen, wie mit digitalen Angeboten ein möglichst großes Publikum möglichst oft und lange auf einer Seite oder Plattform gehalten werden kann. Die Benutzeroberflächen sollen so einfach und reibungslos wie möglich gestaltet werden, um Hürden und Schwellen zwischen den Nutzern und einem erwünschten Verhalten zu beseitigen (vgl. 57). Google beispielsweise hat den Blauton der Buchstaben von Textanzeigen variiert und konnte mit einer geringen Farbveränderung ein Umsatzplus im dreistelligen Millionenbereich erzielen (vgl. 35).

Eine wichtige psychologische Erkenntnis ist außerdem, dass jede Veränderung in der Umgebung automatisch Aufmerksamkeit auf sich zieht (vgl. Spiekermann 2019, 102). Daher poppen im Internet immer wieder neu eingehende Push-Nachrichten auf, und es gibt viele ständig zuckende oder rasch aufeinander folgende Werbebanner. Zu einer längeren Verweildauer auf bestimmten Seiten führen aber auch sämtliche interaktive und soziale Elemente wie etwa Feedback-Möglichkeiten (z. B. „Likes"), Punkte- oder Belohnungssysteme für das Lesen oder Posten von Beiträgen, Sharing-Funktionen und die Möglichkeit des Vergleichs mit anderen Nutzern. Die Marketing-Strategie des Einbauens spielerischer Elemente wie Sterne, Punkte, Stufen oder Prämien wird als **Gamifizierung** („Gamification") zu engl. „game": „Spiel" bezeichnet (vgl. Morozov 2013, 490 ff.). Eine andere erfolgreiche Methode von Digitalunternehmen ist der „infinite scroll": Bei Facebook oder Instagram werden die Nutzer durch nach unten quasi unendliche Websites in den Bann gezogen. Ähnlich werden auf Videoplattformen wie YouTube oder Netflix nach Beendigung eines Videos ohne Unterbrechung weitere eingespielt (vgl. Spiekermann 2019, 103). Im Online-Journalismus helfen Analysetools wie „Chartbeat", die Relevanz eines Themas in sozialen Medien zu errechnen oder mit „Clickbait" („Klick-Köder") die erfolgreichsten Headlines zu produzieren (vgl. Silberstein, 69; 82 f.). Mit immer aggressiveren Methoden wie reißerischen Titeln, irreführenden Teasern und knalligen Bildern für häufig banale Inhalte von geringer journalistischer Qualität fordern E-Book-Reader, Newsportale und soziale Netzwerke die Aufmerksamkeit der Nutzer ein (vgl. Prinzing 2024, 521). Auf der Strecke bleibt alles Komplexe, Hintergründige und Vieldeutige, das mehr Zeit und eine längere Aufmerksamkeitsspanne erfordert.

Ethisch problematisch ist, dass allein schon durch den Zeitdruck und die ständigen Unterbrechungen das langsame Denken von System 2 bedroht ist (vgl. Fazit). Ein gewisses Maß an Gehirnstimulation ist zwar durchaus gesund und genussvoll. Insbesondere bei Digital Natives, die von klein an einem raschen Wechsel starker Reize und den Anforderungen eines digitalen Multitasking ausgesetzt sind, kann eine übermäßige Nutzung aber zu einer Fehlanpassung des Gehirns und einer Beeinträchtigung der Aufmerksamkeit bis hin zu einer Aufmerksamkeitsdefizitstörung (ADS, ADHS) führen (vgl. Small u. a., 99 ff.). Viele werden sogar zu „Stimulus-Junkies", weil die intensiven und rasch wechselnden bunten Reize die Gefühle der Langeweile, Monotonie oder Gleichgültigkeit des eigenen Lebens verdrängen und eine große Anziehungskraft ausüben (vgl. ebd., 61; Spitzer 2015, 109 f.). Die soeben aufgezählten Methoden von Software-Entwicklern und Plattform-Designern sind nachgerade „Addictive Designs", mit denen teilweise ganz gezielt ein suchtartiges Verhalten erzeugt wird (vgl. Spiekermann 2019, 103; Timko u. a., 176). Dies gilt z. B. für Punkte- und Feedbacksysteme, soziale Anreize oder Gamification. Im Belohnungszentrum des Gehirns wird dann Dopamin ausgeschüttet, das positive Gefühle hervorruft und eine unstillbare Lust nach mehr weckt (vgl. Small u. a., 61; 77; Spitzer, 36 f.). In der Hoffnung auf soziale Bestätigung befinden sich viele z. B. auf Facebook wie in einer „Skinner Box" zur Konditionierung bestimmter Verhaltensweisen von Versuchstieren und können nicht mehr aufhören (vgl. Vaidhyanathan, 36 f.). Getrieben werden sie auch von der Angst, etwas zu verpassen, genannt FOMO als Abkürzung von englisch „Fear of Missing Out" (vgl. Spitzer 2015, 177). Die **Internetabhängigkeit** oder **Internetsucht** ist gekennzeichnet durch 1. Internetaktivitäten als Hauptbeschäftigung und Vernachlässigung anderer Tätigkeiten, 2. Kontrollverlust, 3. Toleranzentwicklung, d. h. immer mehr benötigte Internetnutzung zur Erreichung einer positiven Stimmungslage, 4. Entzugserscheinungen wie Missstimmung oder Reizbarkeit, 5. Beeinträchtigungen in Familie, Schule, Beruf etc. (vgl. Thomasius u. a., 105 f.; Fenner 2022, 392; Small u. a., 82).

System 1: schnelles Denken	**System 2: langsames Denken**
schnell, automatisch, mühelos, intuitiv und assoziativ	langsam, bewusst, anstrengend, logisch und deliberativ (abwägend)
Problem: fehleranfällig, vorschnell	**Problem**: bewusste Entscheidung nötig
Gefahr: digitale Verbreitungs- und Verarbeitungsweisen fördern Typ 1 und verdrängen Typ 2-Kognitionen	

Captology: Angewandte Wissenschaft der digitalen Verhaltensmodifikation
beliebte Mittel der Intermediäre: • rasche Bewegungen • interaktive Elemente: Likes, Shares, Punkte, Prämien etc. • „infinite scroll" und Videos ohne Unterbrechung • „Clickbait": reißerische Titel und Bilder
Gefahren: • weniger komplexe und hintergründige Inhalte • kürzere Aufmerksamkeitsspanne • **Internetsucht**: 1) Internetaktivität als Hauptbeschäftigung 2) Kontrollverlust 3) Toleranzentwicklung 4) Entzugserscheinungen 5) Probleme in Beziehungen, Schule/Beruf etc.

Emotionalisierung: Dramatisierung und Skandalisierung

„Das Internet ist zu erheblichen Teilen eine Affektmaschine", liest man in Andreas Reckwitz' soziologischer Studie zum Strukturwandel in der Moderne (Reckwitz, 234). Inzwischen ist diese Charakterisierung längst zum Topos geworden, auch wenn es daneben insbesondere für soziale Medien noch viele andere Bezeichnungen wie etwa „Emotionsmedien" oder „Drama-Maschinen" gibt (vgl. Eisenegger, 27; Brodning 2018, 45). Dabei scheint „Affekt" in einer weiten Bedeutung für die Gesamtheit des menschlichen Gefühlslebens bzw. emotionaler Regungen verstanden zu werden. Formate der Kultur des Digitalen wollen vornehmlich unterhalten, erregen, entspannen, freudig stimmen, hetzen etc. (vgl. Reckwitz, 234f.). Im digitalen Raum dominieren Bilder, die nicht kognitiv auf die Weitergabe sachlicher Informationen ausgerichtet sind, sondern über die ästhetisch-narrative Gestalt eine emotionale Wirkung erzielen. Fotografien und Videos können als primäre mediale Träger im Internet gelten: „Die digitale Kultur ist in erheblichem Maß eine Kultur der Visualität" (ebd., 235). Nicht nur Plattformen wie YouTube oder Instagram haben auf Bilder umgestellt, sondern auch in anderen digitalen Medien wie Facebook oder X werden Texte an die zweite Stelle verwiesen. Textnachrichten werden immer mehr bebildert und mit affektivem Gehalt versehen. Einen wichtigen Stellenwert neben Bildern und Videos erhalten im digitalen Raum auch Klänge und Töne (vgl. ebd., 236). Musik als die expressivste aller Künste erreicht eine hohe emotionale Intensität. Genauso wie Bilder haben Klänge nur sekundär einen Informationscharakter, primär aber einen Affektcharakter. Auch bei Texten in sozialen Medien tritt die Informationsübermittlung in den Hintergrund zugunsten der Unterhaltung oder einer Kommunikation um der Kommunikation willen, bei der Gefühle der Gemeinsamkeit erzeugt werden. Zu beobachten ist somit ein Trend zur „Entinformatisierung und *Emotionalisierung*" (ebd., 235).

In der zu Beginn dieses Kapitels zusammengestellten Liste von Merkmalen der Online-Kommunikation war diese Entwicklung unter dem letzten Punkt 6) aufgeführt: Tendenz zu Unterhaltung und Emotionalisierung. Die systembedingten Hauptursachen dieses Wandels der Kommunikationskultur wurden gleichfalls soeben schon erwähnt: Zum einen ist es der Kampf um Aufmerksamkeit in der digitalen Marktökonomie. In einem werbefinanzierten Mediensystem zählt nicht die herausragende Qualität der Inhalte, sondern eine Aufsehen erregende Art der Präsentation. Zum anderen führt gemäß Merkmal 1) die Entgrenzung der Kommunikation im Netz zu einer Informationsüberflutung, die bei vielen Nutzern Gefühle der Unfähigkeit und Ohnmacht oder Cyberstress auslöst. Gemäß Merkmal 2) erzeugt die hohe Geschwindigkeit der Informationsfülle zudem einen großen Druck, ständig alles zu überblicken und rasch auf alles zu reagieren. Diese Hektik der Informationsbeschleunigung versetzt viele Menschen in eine nervöse, ablenkungsanfällige und leicht erregbare Stimmung (vgl. Pörksen 2018, 7; 17). Überfordert und gereizt durch die pausenlos hereinströmenden, struktur- und zusammenhangslosen Informationen und den ungefilterten Gedanken- und Bewusstseinsstrom tausender anderer Nutzer springen sie leicht an auf aktuelle „Aufreger". Es kommt zu vielen Missverständnissen und Fehldeutungen, weil die Zeit zu einer vertieften Beschäftigung fehlt und das Unter-Strom-Stehen unmittelbare emotionale Reaktionen begünstigt. Bernhard Pörksen spricht von der *Großen Gereiztheit* mit kollektiver Erregung und immer neuen „digitalen Fieberschüben" (vgl. 2018, 7; 70). Angebrochen sei das „Zeitalter der indiskreten Medien", und durch die Verlagerung öffentlicher Diskurse ins Internet transformiere sich die „Mediendemokratie" allmählich in eine „Empörungsdemokratie".

Diese pauschale kulturpessimistische Diagnose ist allerdings mit Vorsicht zu genießen. Denn sie könnte sich selbst den missbilligten Kommunikationsstrukturen und -zwängen verdanken. Es kommt dann sozusagen zu einer „Empörung zweiter Ordnung", die durch entwertende Pauschalisierung einen neuen Aufreger schafft und die Fronten weiter verhärtet (Pörksen 2018, 82). Sicherlich gibt es viele zwielichtige Zeitgenossen wie den Immobilienmilliardär Donald Trump, der sich in seiner ersten Amtszeit mit skandalträchtigen, ausfälligen und vulgären Tweets gegen Frauen, Migranten oder Journalisten weltweit öffentliche Aufmerksamkeit verschaffte, ohne sein Amt als Präsident zu verlieren. Daneben finden sich aber natürlich auch unzählige andere, die in digitalen Gesprächsformen und Blogs sensibel, vernünftig und sachlich argumentieren oder über Wikipedia oder wissenschaftliche Netzwerke gemeinsam forschen und fundiertes Wissen produzieren. Die einzelnen Individuen agieren also durchaus autonom und sind für ihr eigenes kommunikatives Handeln und seine Folgen verantwortlich. Gleichzeitig begünstigen die neuen digitalen Medien eine bestimmte Weise des Kommunizierens und etablierten damit eine neuartige Kommunikationskultur. Wie bei anderen kulturellen Trends und Entwicklungen auch handelt es sich um vielschichtige Prozesse einer komplexen Wechselwirkung zwischen den beteiligten Individuen und den übergeordneten Strukturen und Gesetzmäßigkeiten. Obwohl das digitale System den Denkstil und die Kommunikationsweise der Personen von klein auf beeinflusst und prägt, zwingt es niemanden zum Pöbeln und Skandalisieren. Da die Diskurskultur aber nicht von Einzelnen verändert werden kann, braucht es eine kritische gesellschaftliche Debatte über die Gefahren der strukturellen Eigenheiten digitaler Medien.

Aus einer ethischen Perspektive sind das sich im Internet durchsetzende **emotionale Agenda-Setting** und die Dominanz einer **affektiven Logik** anstelle einer kognitiven Logik schon deswegen problematisch, weil schnelle, affektgeladene Reaktionen die Möglichkeit von Täuschungen und

Fehlinformationen erhöhen (vgl. Stapf 2021, 115; s. Kap. 2.2.2). Datenauswertungen ergaben aber nicht nur, dass emotionale Beiträge in den sozialen Medien um ein Vielfaches mehr Interaktionen hervorrufen als affektarme (vgl. Brodning 2017, 19). In wissenschaftlichen Studien konnte darüber hinaus gezeigt werden, dass **emotional negativ aufgeladene** Beiträge am meisten Reaktionen und Kommentare bekamen (vgl. ebd.; Lischka u. a., 29). Sie enthalten typischerweise viele Schimpfworte und lösen negative Emotionen wie Enttäuschung, Wut oder Ärger aus, wie z. B. die Posts von Trump oder rechtsextreme Hasstiraden. Hinzu kommt, dass bei einer algorithmenbasierten Selektion der Beiträge wütende Wortmeldungen mit vielen Likes wiederum einem größeren Publikum eingeblendet werden. Um hohe Aufmerksamkeit oder eine virale Verbreitung zu erzielen, bieten sich daher Reizthemen wie Migration, Krieg oder Missbrauch an (vgl. Schicha, 94). Sogenannte „soziale“ Netzwerke sind also keineswegs lediglich „pleasure machines“. Siva Vaidhyanathan schreibt in ihrem Buch *Antisocial Media* (2018), Facebook sei vielmehr genauso eine „anxiety machine, an anger machine, and a resentment machine“ (51). Gefühle beeinflussen jedoch immer auch das Denken und Entscheiden der Fühlenden: Während positive Emotionen den Aufmerksamkeitsfokus öffnen und zu kreativen Lösungsfindungen verhelfen, zeigen sich bei Menschen mit negativen Gefühlen wie Angst oder Wut kognitive Schwächen bei der Problemlösung (vgl. Boehme-Neßler, 53). Bezüglich des Interaktionsverhaltens lässt sich vorsichtig verallgemeinern, dass positive Emotionen altruistisches Verhalten fördern, negative hingegen aggressives (vgl. ebd.).

Da negative Gefühle im Internet also mehr Aufmerksamkeit erzielen als positive, bedeutet die Emotionalisierung digitaler Medien im Wesentlichen eine **Dramatisierung** und **Skandalisierung**, weshalb das Internet wie erwähnt auch als „Drama-Maschine“ bezeichnet wird. „Skandale“ als Vorkommnisse, die große Empörung hervorrufen und damit für übermäßige Aufmerksamkeit sorgen, haben in der Moderne Hochkonjunktur (vgl. Bergmann u. a., 7 f.). Dabei hängt es stark von den vorherrschenden Normen und Tabus ab, was in einer Gesellschaft missfällt. Auch die traditionellen Medien unterbreiteten immer schon viele Erregungsvorschläge, von denen aber die meisten von der Gesellschaft nicht angenommen wurden. Heute können nicht nur alle Internetnutzer solche Skandalisierungsangebote machen, sondern auch die Chancen einer viralen Verbreitung sind erheblich gestiegen. Im Zusammenhang mit Shitstorms werden dazu Beispielfälle geschildert, in denen kleinste Grenzüberschreitungen eine Empörungswelle auslösten (s.

Kap. 2.2.4; Eickelmann, 182). Auch unterschiedliche Ansichten über eine angebliche Normverletzung können in einem gereizten Kommunikationsklima zu einem Aufschaukeln der Affekte führen: Bei der „Skandalisierung der Skandalisierung“ empört man sich über die Bedeutungslosigkeit eines medial aufgebauschten Ärgernisses (Pörksen 2018, 165). Werden empörte und wütende Blogs, Tweets und Posts in einer permanenten Alarmbereitschaft, aber ohne jede Qualitätsprüfung mit einem „Like“ versehen und weitergeleitet, kommt es zu emotionaleren, polemischen bis hysterischen Debatten (vgl. Boehme-Neßler, 48). Die Vielzahl heftiger Reaktionen auf provokante und skandalträchtige Beiträge ist ein schlechter Gradmesser für (öffentliche) Relevanz und einen konstruktiven Dialog. Meist intensivieren sie auf beiden Seiten der Gleichgesinnten und Geschädigten die Emotionen und führen schlimmstenfalls zu einem „Teufelskreis der politischen Hysterie“ (ebd.; vgl. Brodning 2017, 20; Lischka u. a., 29).

Emotionalisierung und Skandalisierung

Ursachen:

- große Geschwindigkeit, Informationsflut und Hektik im Netz
  → erhöhte Reaktionsbereitschaft und Gereiztheit der Nutzer
- emotional negativ aufgeladene Beiträge gewinnen im Kampf um Aufmerksamkeit
  → Emotions- und Erregungsindustrie der digitalen Marktökonomie

Probleme:

- erhöhtes Risiko von Falschinformationen (Fake News; Verschwörungstheorien)
- keine konstruktiven, sondern aggressive bis hysterische Debatten

Digitale Medien: Gefühlsansteckung statt Empathie

Von ethischer Relevanz ist auch die gängige These, die Online-Kommunikation sei lediglich affektfördernd, aber empathiemindernd. Denn während Affekte in der philosophischen Ethik als irrational gelten und der Vernunft unterstellt werden sollten, wird die große Bedeutung der Empathie für die Moral betont (vgl. dazu Kap. 3.3.3). **Affekte** in einem engen Sinn sind intensive, reaktiv entstandene und relativ kurzzeitige Erregungszustände, bei denen Urteils- und Kritikfähigkeit stark herabgesetzt sind oder ganz fehlen. **Empathie** hingegen meint allgemein das Einfühlungsvermögen, d. h. die Fähigkeit, sich in andere Personen hineinversetzen und ihre Gefühle verstehen und nachempfinden zu können. In der Emotionspsychologie wird zwischen einer „kognitiven“ und „emotionalen Empathie“ unterschieden (vgl. Altmann): **Kognitive Empathie** meint lediglich die Fähigkeit, den emotionalen Zustand anderer Personen zu erkennen und sich verstandesmäßig in sie hineinversetzen zu können. In einem engen Sinn muss „Empathie“ aber auch **emotionale Empathie** umfassen, bei der die Gefühle anderer Personen nachempfunden werden. Die mitfühlende Person ist sich dabei der Quelle ihrer Emotionen bewusst und kann klar zwischen ihr und der anderen Person trennen. Dies steht im Gegensatz zur „Gefühlsansteckung“ („emotional contagion“) oder einem „affektiven Mitfühlen“, wie es in digitalen Medien vorzuherrschen scheint (vgl. Ienca u. a., 367). Beim Phänomen der **Gefühlsansteckung** werden nur bestimmte Gefühlszustände unbewusst von einem Menschen auf andere übertragen, ohne dass ein Bewusstsein für den Grund dieser Gefühle und die Selbst-Andere-Differenz vorhanden ist (vgl. ebd.). Es fehlt also die Anteilnahme an den Gefühlen oder der misslichen Lage anderer Personen und das Sich-Hineinversetzen in diese. Man lässt sich lediglich passiv von den Gefühlen oder Stimmungen anderer infizieren, bleibt aber bei sich selbst. In Chatrooms oder sozialen Netzwerken können sich über Gefühlsansteckung insbesondere negative Emotionen lawinenartig ausbreiten und zu einem Anschwellen einer emotionalen Gesamtbewegung der Masse führen (vgl. Flaßpöhler, 73). Es handelt sich dann nicht um ein Mit-Fühlen, sondern um ein simples paralleles Fühlen.

Forschungsergebnisse zur „digital empathy“ stellen weniger zwischenmenschliche Empathie in digitalen Interaktionen als im alltäglichen Leben fest (vgl. Weiß, 22; Navas, 181). Außerdem scheint die Fähigkeit, die Perspektive anderer zu übernehmen und ihr Unglück nachzuempfinden, bei heutigenTeenagern geringer ausgeprägt zu sein als bei älteren Generationen (vgl. Small u. a., 52 f.; Silberstein 200 f.). Diese Abnahme an Empathie über die Zeit hinweg wird häufig mit der Zunahme von Internetaktivitäten und der damit verbundenen Reduktion von direkten Sozialkontakten erklärt (vgl. ebd.; Hüther, 38 f.; Spitzer 2015, 187): Nur in sozialen Interaktionen mit realen Menschen können Kinder und Jugendliche lernen, die emotionalen Befindlichkeiten ihrer Mitmenschen zu erkennen und anhand zusätzlicher nonverbaler Signale wie Mimik, Gestik, Sprachmelodie und Sprechtempo korrekt zu dekodieren. Empathie begünstigt moralisches Handeln, weil das kognitive und emotionale Sich-Hineinversetzen in die anderen helfen, deren Situation und die Folgen des eigenen Handelns für diese in ethischer Hinsicht richtig einzuschätzen. Zudem kann das Mitfühlen mit den vom eigenen Handeln Betroffenen dazu motivieren, Verletzungen zu vermeiden, ihr Leid zu mindern oder ihr Wohl zu fördern. Auch um die (ethische) Angemessenheit der eigenen nonverbalen Ausdrucksformen kontrollieren zu können, muss die unmittelbare Reaktion der Interaktionspartner wahrnehmbar sein. Da die Körpersprache und damit auch die Emotionen der Menschen im digitalen Raum unsichtbar bleiben, fehlt hier aber das nötige Feedback. Denn die beliebten „Emoticons" können die para- und nonverbale Kommunikation nicht ersetzen. Beim Veröffentlichen digitaler Texte oder Bilder scheinen aber viele auch einfach die eigenen Gefühle von Wut und Ärger ausagieren zu wollen. Digitale Medien werden häufig zur Affektregulation verwendet, um sich selbst beim Chatten und Herumsurfen oder beim Pöbeln und Wüten zu beruhigen. Ein weiterer negativer Effekt neben dem Empathieverlust ist, dass junge Menschen so auch die Fähigkeit zur eigenen Affektregulation nicht mehr erlernen (vgl. Hüther, 37).

Gefühlsansteckung	**(emotionale) Empathie**
unbewusst übertragene Gefühle von einer Person auf andere → paralleles Fühlen statt Mit-Fühlen	Fähigkeit, sich in andere Personen einzufühlen → ermöglicht Perspektivenübernahme und fördert dadurch moralisches Handeln
Problem: lawinenartige Ausbreitung im Netz, Ausagieren der eigenen Gefühle	**Problem**: Rückgang im Netz aufgrund fehlender Rückmeldungen (z. B. nonverbaler Signale)

Fazit und ethische Forderungen

Die in der Online-Kommunikation zu beobachtenden Tendenzen zum schnellen Denken und einer Emotionalisierung und Skandalisierung sind aus einer ethischen Sicht als höchst besorgniserregend einzustufen. Obgleich ein automatisches, intuitives und assoziatives Denken in alltäglichen Lebenssituationen unverzichtbar ist, wäre eine Verdrängung des langsamen, prüfenden und abwägenden Denkens sowohl individual- als auch sozialethisch betrachtet fatal. Denn es ist unverzichtbar, um sich langfristige Ziele und persönliche Lebenspläne zurechtzulegen und in gemeinsamen sachlichen Debatten Lösungen für schwierige moralische Konflikte oder politische Probleme zu finden. Das planvolle Gestalten komplexer Handlungsabläufe erfordert ein hohes Maß an **Selbstkontrolle** oder **Selbststeuerungsfähigkeit**, weil nur mit ihrer Hilfe Aufmerksamkeit, Emotionen und Handlungsimpulse reguliert werden können (vgl. Fenner 2019, 100 f.).

Ohne sie gelingt es nicht, Impulse und reflexartiges, unüberlegtes Verhalten zu hemmen, die Aufmerksamkeit bewusst zu lenken und kurzfristige Belohnungen aufzuschieben. Sie kann zwar schon aufgrund der genetischen Anlagen geringer ausgeprägt sein, z. B. bei impulsiven Persönlichkeiten oder solchen mit ADHS. Grundsätzlich muss sie aber in der frühen Kindheit durch Vorbilder, klare Regeln und Anleitungen zu herausfordernden Aktivitäten trainiert werden, wie z. B. beim gemeinsamen Singen eines Lieds (vgl. Spitzer 2015, 93). Je mehr Zeit Heranwachsende im Internet verbringen, desto weniger Chancen haben sie zur Ausbildung von Selbstkontrolle. Im Gehirn liegt deren Sitz im präfrontalen Cortex bzw. **Frontalkortex**, der neben dem vorausschauenden Planen auch für die (kognitive) Empathie zuständig ist (vgl. Small u. a., 52 f.). Bei den an schnelle visuelle Reize, Multitasking und unmittelbare Belohnungen gewöhnten Digital Natives wird stattdessen der sensomotorische Cortex stärker ausgebaut (vgl. ebd., 55; 61; Hüther, 36).

Angesichts dieser drohenden Konsequenzen der immer mehr Zeit beanspruchenden Online-Kommunikation für das individuelle und gesellschaftliche Leben ist in erster Linie der von Gesellschaft und Bildungspolitik forcierte Einzug der Digitalisierung in Schulen, Kindergärten und Kinderzimmer kritisch zu betrachten: Bei Kleinkindern sollte der Medienkonsum zunächst ganz vermieden und später klar begrenzt werden, damit für das analoge Leben wichtige Hirnareale z. B. für Selbstkontrolle, Konzentrationsfähigkeit, Feinmotorik, Körpergefühl, Koordination der Sinneserfahrungen, Empathie und soziale Kompetenzen nicht unterentwickelt bleiben. Spitzer stützt sich auf empirische Studien und eine Vielzahl von Gesprächen mit Eltern, Erzieherinnen und Lehrerinnen, wenn er von den Konzentrations- und Lernschwierigkeiten der Schüler berichtet, die ihre Smartphones nur während des Unterrichts verschwinden lassen (vgl. 2015, 57 ff.). Zahlreiche populäre Ratgeber empfehlen aber auch Erwachsenen ein **Digital Detox**, also eine „digitale Entgiftung“ oder ein „digitales Fasten“ als radikalen Verzicht oder zumindest eine starke Drosselung der Nutzung digitaler Geräte. Plakative Buchtitel lauten dann etwa: *Digital Detox. Die ideale Anleitung für eine gesunde Smartphonenutzung* (Daniela Otto), *Digitaler Minimalismus. Besser leben mit weniger Technologie* (Carl Newport) oder *Zehn Gründe, warum du deine Social Media Accounts sofort löschen musst* (Jaron Lanier). Das Versprechen lautet, zur Ruhe zu kommen ohne die ständigen Ablenkungen in der digitalen Welt, den Cyberstress abzubauen und mehr Zeit für Hobbys, Bewegung und direkte soziale Interaktionen zu haben.

Solche digitalen Freiräume sind sicherlich ratsam, um den eigenen Umgang mit digitalen Medien zu reflektieren und sich darauf zu besinnen, was einem im Leben wirklich wichtig ist. Gute Anfänge sind bereits, wenn Pushmitteilungen und Hinweise ausgeschaltet werden, kaum genutzte Apps oder Newsletter gelöscht bzw. abbestellt werden oder akustische Signale auf wenige wichtige Personen beschränkt werden. Apps können dabei helfen, die Internetzeit pro Tag nach eigenem Wunsch zu begrenzen. Inzwischen ist die Diskussion über die Ethik des Aufhörens oder des Verzichts auch in den Wissenschaften in vollem Gang, wie der Beitrag *The Ethics of Quitting Social Media* von Robert Simpson im *Oxford Handbook of Digital Ethics* (2024) zeigt. Während es viele prudentielle, individualethische Gründe für den partiellen oder generellen Ausstieg aus sozialen Medien gibt, lautet ein gängiges moralisches, sozialethisches Gegenargument: Nur Privilegierte könnten sich den radikalen Verzicht leisten, wohingegen für alle anderen die geschilderten unerwünschten Bedingungen im digitalen Raum schlecht bleiben (vgl. Simpson, 686; 694). Obwohl sich Veränderungen tatsächlich erst durch eine große Zahl von Aussteigern erzielen ließen, könnten sich privilegierte Personen jedoch ganz unabhängig von ihrem persönlichen Austritt für die Verbesserung der digitalen Kommunikationskultur engagieren (vgl. ebd., 695). Um die Dominanz des System-1-Denkens und der affektiven gegenüber der kognitiven Logik nachhaltig einzudämmen, wäre allerdings ein Umsteuern auf sämtlichen Verantwortungsebenen erforderlich:

Die Mechanismen der Gefühlsansteckung, Dramatisierung und Skandalisierung durchschauend, müssten auf der **Mikroebene** alle Produser oder Bürgerjournalisten immer erst innehalten, einen Schritt zurücktreten und die Situation analysieren. Statt sich emotional affizieren zu lassen und in großer Erregung prompt mit Kommentaren oder Likes zu reagieren, gilt es durch habituelle Selbst- und Emotionsregulation erst wieder einen klaren Kopf zu bekommen. Aus prüfender, kritischer Distanz betrachtet stellt sich meist alles viel komplexer dar, als es auf Anhieb erscheint, sodass generell mehr intellektuelle Bescheidenheit und mehr wissenschaftliche Neugier angebracht wären. Im Gegensatz zur „Captology“ brauchen wir auf der **Mesoebene** eine Anwendungsforschung, die nicht das Ziel verfolgt, das automatische System-1-Denken, sondern eine tiefe und gründliche Auseinandersetzung mit den Inhalten zu fördern. Anstelle der Frage „Wie kann ich ein extrem einfaches Verhalten möglichst häufig und verlässlich auslösen?“ (etwa mittels Klicks auf den „Like“-Button), träte dann diejenige: „Wie kann ich dafür sorgen, dass jemand einen Artikel nur dann weiterreicht oder kommentiert, wenn er ihn tatsächlich rezipiert und im Idealfall auch verstanden hat?" (Lischka u. a., 57). Statt immer nur auf nachträgliche gesetzliche Einschränkungen zu reagieren, müssen sämtliche Digitalunternehmen Verantwortung wahrnehmen. Zu beenden ist die Dynamik der psychologisch raffinierten „Captology" mit bewusst süchtig machenden Designstrukturen, die das Wohl des Einzelnen und ein friedliches Zusammenleben beeinträchtigen. Im Rahmen der „Slow-Life"-Bewegung werden als neue Medienordnung auf der **Makroebene** sogenannte **Slow Media** propagiert, die den Informationsflüssen die Geschwindigkeit nehmen, indem sie Datenmengen reduzieren, ablenkende Werbung verbannen und Räume für Reflexionen und rationale politische Debatten schaffen (vgl. Fuchs 2021, 538).

ethische Forderungen:

Mikroebene (Internetnutzer):
- regelmäßiges **Digital Detox**: Entschleunigung, Stressabbau, Besinnung auf Wesentliches
- **Digitalkompetenzen fördern**:

Zuerst Emotionen regulieren und nachdenken, dann erst reagieren!
Anstelle passiver Gefühlsansteckung Empathie entwickeln und zeigen!

Mesoebene (Plattformbetreiber/Designer/Digitalunternehmen):
- Qualität von Beiträgen statt Skandalisierungspotential belohnen
- langsames und gründliches statt schnelles affektgeleitetes Denken fördern
- „Captology" als raffinierte digitale Verhaltensmodifikation stoppen

Makroebene:
- Förderung entsprechender Anwendungsforschung; geeigneter Gesetzesrahmen
- neue Medienordnung: **Slow Media** mit Entschleunigung der Informationsflüsse

2.2.2 Desinformation: Fake News und Verschwörungstheorien

Wie bereits im Kapitel über Wahrheit skizziert, begünstigt das digitale Mediensystem die „Akzeptanz des Nicht-Wahren" und hat damit zur gegenwärtigen „Krise der Wahrheit" beigetragen (vgl. Zöllner 2020b, 66; s. Kap. 2.1.3.1). Die Orientierung an der Wahrheit stellt aber nicht nur eines der höchsten Prinzipien der journalistischen Ethik dar (s. ebd.; Stapf 2021, 97). Ehrlichkeit und Verlässlichkeit gelten genauso auch in der allgemeinen philosophischen Ethik und im alltäglichen Moralverständnis als Tugenden, wohingegen das Lügen als ein bewusstes Täuschen moralisch verpönt ist und in der Gesellschaft entsprechend sanktioniert wird. Nur in Ausnahmefällen kann eine Notlüge ethisch gerechtfertigt sein (vgl. Schicha, 85): In einem auf Kant zurückgehenden Anschauungsbeispiel wird ein Deutscher während der Herrschaft der Nationalsozialisten von einem ihrer Schergen gefragt, ob in seinem Haus ein Jude versteckt sei. Aus einer radikal gesinnungsethischer Perspektive wäre selbst zur Rettung des Lebens unschuldiger Juden keine Ausnahme vom Lügenverbot erlaubt, wohingegen das Lügen nach konsequentialistisch-utilitaristischem Nutzenkalkül sogar geboten wäre (vgl. Fenner 2020, 145; 166; s. Kap. 1.2.3). Sowohl aus ethischer als auch rechtlicher Sicht erlaubt ist eine Lüge zur Vermeidung einer Diskriminierung und zum Schutz der eigenen Privatsphäre, wenn z.B. eine Frau bei einem Vorstellungsgespräch nach einer Schwangerschaft gefragt wird (vgl. Schicha, 85). Abgesehen von solchen Ausnahmen zur Verhinderung unmoralischer Machenschaften sind das Lügen und auch die gezielte Zurückhaltung von Informationen verwerflich, sofern es um relevante Angaben für die Interaktionspartner geht. Wo die Informationen für diese keine oder geringe Relevanz haben und ihr Verfälschen oder Geheimhalten keinerlei negative Konsequenzen zeitigt, ist eine milde Täuschung z.B. aus Höflichkeit oder Wohlwollen unproblematisch.

Infolge der Digitalisierung haben die Phänomene der gezielten Falschmeldungen und der Desinformation eine enorme Verbreitung und Radikalisierung erfahren (vgl. Preuß, 80). Dies gilt für das Internet insgesamt, insbesondere aber für die sozialen Medien, die von immer mehr Menschen als Nachrichtenquelle genutzt werden. Die sich im digitalen Raum epidemisch ausbreitende Desinformation wird als große Gefahr oder gar „Pest der digitalisierten Gesellschaft" bezeichnet (Russ-Mohl, 22; vgl. Preuß, 19f.). Denn sie droht die öffentliche Meinungsbildung, den gesellschaftlichen Zusammenhalt und das Vertrauen in die Wahrheit der Medienberichte zu untergraben (vgl. Stapf 2021, 99). Natürlich sind Gerüchte, bewusste Umdeutungen oder gezielte Lügen keine Erfindungen des Internetzeitalters (vgl. Neef, 106; Russ-Mohl, 27f.): Schon im traditionellen Medienbetrieb gab es immer wieder schwarze Schafe unter Journalisten oder Reportern, die für Ruhm oder Geld ihre Berichterstattung ausschmückten oder fingierten. Diese waren aber grundsätzlich dem geltenden Normenkodex der journalistischen Profession und damit auch der Wahrheit verpflichtet. Die Begünstigung von Desinformation in neuen digitalen Medien hängt damit zusammen, dass im Internet „Produser“ jenseits dieses institutionellen und normativen Kontextes alles veröffentlichen können und so die Schleusen- bzw. Gatekeeper-Funktion der klassischen Nachrichtenorganisationen mit ihren qualitativen Filtern umgehen (vgl. Preuß, 82; s. Kap. 2.1.3, Einleitung). Es wird von einer klaren „Zäsur in der Geschichte der Desinformation“ gesprochen, weil die viel kostengünstigere und anspruchslosere digitale Produktion und Distribution zu einer massiven Zunahme des Volumens und der Verbreitungsgeschwindigkeit von Falschinformationen führte (Porlezza, 38). Diese können sich im digitalen Raum viel schneller und weitreichender als echte Nachrichten ausbreiten, v. a. im Fall emotionaler und skandalisierender Inhalte (vgl. Leopoldina, 29; Zöllner 2020b, 65; s. Kap. 2.2.1).

Obwohl der Anglizismus „Fake News“ erst vor einigen Jahren in die deutsche Sprache aufgenommen wurde, genießt er heute große mediale und öffentliche Präsenz. Seinen Siegeszug trat er mit der Wahl Donald Trumps zum 45. Präsidenten der USA Ende 2016 und seiner darauffolgenden Präsidentschaft an. Dieser hat nicht nur selbst die traditionellen Medien verbal oder per Twitter regelmäßig als „Fake News“ attackiert und den Schmähpreis „Fake News Award“ für Medienvertreter vergeben. Er galt auch selbst sozusagen als „Chefredakteur der Fake-News-Bewegung“, „liar-in-chief“ und „Superspreader“ (vgl. Prauß, 24f; Christians, 81). So hat er beispielsweise die Covid-19-Pandemie verharmlost, weil die Sterberate angeblich niedriger sei als bei einer Grippeinfektion, und behauptete, die Infektionszahlen würden nur steigen aufgrund der vielen Tests, die durchgeführt würden, um ihm zu schaden. Während der Corona-Pandemie in den Jahren 2020–22 erreichte die Verbreitung von Falschnachrichten oder „fingierten Nachrichten“ im Spektrum von Verharmlosung über Verschwörungstheorien bis hin zur Panikmache weltweit ein bislang unbekanntes Ausmaß (vgl. Stapf 2021, 98). Kuriositäten aus dem besagten Wahlkampf waren etwa die Meldungen, Trumps Präsidentschaftskandidatur werde von Papst Franziskus, den Amishen Gemeinden und dem Schauspieler Denzel Washington unterstützt, während seiner Gegnerin Hilary Clinton unterstellt wurde, sie sei in einen Pädophilenring mit Räumlichkeiten im Keller einer Pizzeria („Hasthag Pizzagate“) verwickelt (vgl. Preuß, 25 f.).

Begriffsbestimmungen und Arten von Desinformation

Fake News (von engl. „fake“: „fälschen, erfinden, vortäuschen“), ins Deutsche am besten übersetzt mit „fingierte Nachrichten“, sind meist über soziale Medien verbreitete Falschnachrichten, die „echte“ Nachrichten imitieren und mit einer gezielten Täuschungsabsicht verbunden sind (vgl. Preuß, 29; Neef, 107; Schicha, 90). Sie beziehen sich in dieser engen Definition auf empirisch überprüfbare Ereignisse, sind aber empirisch falsch und werden im Bewusstsein in die Welt gesetzt, dass sie nicht der Wahrheit entsprechen. Zunächst wurde der Ausdruck „Fake News“ im Zusammenhang mit sozialen Medien verwendet. Da Trump ihn jedoch als Kampfbegriff für die generalisierte Beschimpfung von traditionellen Medien bzw. der sogenannten Lügenpresse einsetzte, die seine Sicht der Dinge nicht teilte, wird er in wissenschaftlichen Kontexten eher gemieden. Bevorzugt wird stattdessen der weniger vorbelastete, sachlichere Terminus **Desinformation** für die Verbreitung falscher oder irreführender Inhalte in der Absicht, andere zu täuschen oder daraus wirtschaftlich oder politisch Kapital zu schlagen (vgl. Preuß, 29; Fuchs 2022, 33; Stapf 2024, 316). In der EU-Kommission werden sie damit von **Fehlinformationen** abgegrenzt, bei denen keine vorsätzliche Täuschungs- und Schädigungsabsicht vorliegt, die aber gleichwohl schädlich sein können (vgl. COM2020/790 final, 22). „Fake News“ werden häufig synonym zu „Desinformation“ verwendet oder z. B. auf „aktuelle Desinformation“ eingegrenzt, wodurch historische Lügen wie die Holocaust-Leugnung ausgeschlossen würden (vgl. Schicha, 90). Zu Fake News zählen aber nur falsche Tatsachenaussagen, keine persönlichen Stellungnahmen, d. h. Meinungen (vgl. Preuß, 29). Allerdings ist die Abgrenzung wie erwähnt teilweise schwierig, weil je nach Art der Tatsachenmitteilungen Werturteile enthalten sind bzw. umgekehrt Meinungen einen Tatsachenkern aufweisen (s. Kap. 2.1.3.1).

Nicht trennscharf ist auch die Abgrenzung von Fake News und **Gerüchten**, d. h. Behauptungen, die ohne hinlängliche Belege von einer Person zur nächsten weitergegeben werden, aber durchaus auch wahr sein können (vgl. Preuß, 35; Porlezza, 34 f.). Bei Formulierungen wie „Gerüchteweise soll ja ...“ oder „Ich habe gehört, dass ...“ wird diese Ungewissheit zum Ausdruck gebracht, sodass es sich dann nicht um Fake News handelt. Bei einigen unter „Fake News“ einsortieren Tatsachenbehauptungen dürfte der Wahrheitsgehalt zunächst auch ungesichert gewesen sein und sich dann erst später als falsch herausgestellt haben. Wenn Gehörtes oder Gelesenes einfach nur gutgläubig ohne Täuschungsabsicht weitergeleitet werden, handelt es sich nach obiger Definition strenggenommen um Fehlinformationen. Sobald jemand aber wissentlich oder unwissentlich irreführende oder gar erfundene Artikel, Bilder oder Videos teilt, erscheinen diese auf dem „Social-Media-Feed“ ihrer Freunde und Bekannten, die sie als vertrauenswürdig einstufen und zur weiteren Verbreitung beitragen. Trotz fehlender Täuschungsabsicht ist ein solches Weiterleiten je nach Inhalt als ethisch verwerflich einzustufen. Denn leicht wird dabei nicht nur gegen das erste medienethische Prinzip verstoßen, sich durch sorgfältige Recherche und Faktencheck redlich um Wahrheit zu bemühen (s. Kap. 2.1.3.1: 1. Prinzip). Wo es um diffamierende Gerüchte über Personen und ihre Beziehungen geht, fehlt es möglicherweise an der gebotenen Unvoreingenommenheit und Unparteilichkeit (2. Prinzip) und es werden persönliches Leid oder Krisen sensationslüstern präsentiert (4. Prinzip), sodass es schlimmstenfalls zur Missachtung von Persönlichkeitsrechten (5. Prinzip) kommt (s. Kap. 2.1.3, Fazit).

Als Synonym zu Fake News ist im anglo-amerikanischen Sprachraum auch der Begriff **Hoax** gebräuchlich, der übersetzt so viel meint wie „schlechter Scherz“, „Schabernack“ oder „Schwindel“ (vgl. Preuß 41 f.). Im Internet wird er meist allgemein für Falschmeldungen verwendet, die mit der Bitte an Weitergabe an Freunde oder Bekannte verbunden sind. Häufig geht es dabei allerdings weniger um bewusste Täuschung als um scherzhafte Schwindeleien, deren Wirkung im Grunde das Aufdecken der Täuschung voraussetzt. Ähnlich wird zu den Fake News auch sogenannter **Bullshit** gezählt, was sich als „Bockmist“, „Blödsinn“ oder „leeres Gerede“ übersetzen lässt (vgl. Stapf 2021, 103). Anders als bei einer gezielten Lüge ist beim Bullshit die Wahrheit gleichgültig, und es geht nicht darum, jemanden vom Behaupteten zu überzeugen. Ziele können etwa sein, zu verunsichern, von eigenen Fehlern abzulenken oder andere zu einem bestimmten Handeln zu motivieren (vgl. Preuß, 40). Solche Falschnachrichten stellen dann keine „Gegenwahrheiten“ oder „Gegenwirklichkeiten“ dar, sondern kündigen den Geltungsanspruch wahrer Rede prinzipiell auf (vgl. Krämer 2021, 39). Dies dürfte für zahlreiche über Twitter veröffentlichte Statements von Trump gegolten haben wie z. B. dasjenige, er hätte „das beste Gedächtnis der Welt“! Als „maestro der Unwahrheit“ gewann er trotz widersprüchlicher bzw. offenkundig falscher Aussagen oder möglicherweise gerade deswegen bei vielen an Glaubwürdigkeit, weil er wenigstens „ehrlich unehrlich“ auftrat (vgl. Porlezza, 32). Auch hier wieder ist die zelebrierte Gleichgültigkeit gegenüber der Wahrheit aber keineswegs harmlos. Nicht nur werden dadurch das Vertrauen in die (Online-)Kommunikation unterwandert und Unsicherheit und Orientierungslosigkeit in der Gesellschaft geschürt (s. Kap. 2.1.3.1). Häufig liegt auch eine klare Täuschungsabsicht mit dem Ziel einer Manipulation vor (vgl. Stapf 2024, 318). Im Fall einflussreicher Personen mit Millionen von Followern kann dies wie bei Trumps Rede von der „gestohlenen Wahl" 2021 zu verheerenden Folgen wie dem Sturm seiner mobilisierten Anhänger auf das Kapitol in Washington führen.

Auf den ersten Blick weniger zur Kategorie „Desinformation" oder „Fake News" als zu „Fehlinformationen" zu zählen scheinen Satire und Parodie. Denn diese haben zwar das Potential zu Missverständnissen, aber es liegt rein definitorisch keine Täuschungsabsicht vor: Unter **Satire** fallen Texte oder künstlerische Darstellungen wie Karikaturen, die auf komisch-witzige bis polemisch-anklagende Weise durch Übertreibung oder Verzerrung menschliche Laster oder gesellschaftliche Missstände verspotten (vgl. Fenner 2013, 230). Bei einer **Parodie** wird ein künstlerisches Werk oder eine Person komisch-satirisch nachgeahmt und verhöhnt. Je weniger klar allerdings Texte oder Bilder z. B. durch Fiktionalisierung oder Übersteigerung ins Groteske als Satire kenntlich gemacht werden, desto berechtigter ist ihre Zuordnung zur Desinformation aufgrund von Irreführung. Ein Beispiel wäre die Meldung auf der Seite „http://www.nachrichten.de.com" im Jahre 2017, dass Flüchtlinge 700 Euro Weihnachtsgeld vom deutschen Staat erhalten würden (vgl. Brodning 2018, 27 f.; 37 f.). Hier ist nicht nur die nach einem seriösem Nachrichtenportal klingende URL irreführend, auch der Stil der Mitteilung ist sachlich-nüchtern und mitnichten skurril überzeichnet oder in irgendeiner Weise witzig oder sarkastisch formuliert. Nur wer auf der Website ganz nach unten scrollt, erfährt dort, dass es sich um ein Unterhaltungs-Portal für nutzergenerierte Inhalte handelt: „Alle Witze dieser Seiten sind frei erfunden und fiktiv, es ist alles nur Spaß!" Wenn erst im Impressum darüber aufgeklärt wird, dass alles nur „Satire" ist, scheint es sich um einen ethisch verwerflichen Trick mit betrügerischer Absicht zu handeln (vgl. ebd., 18; Silberstein, 91). Häufig wird das Etikett „Satire" auch missbraucht, weil Satire angeblich alles dürfe. Aus ethischer Sicht ist aber nicht nur die Verschleierung der guten Absicht, Fehlverhalten und Missstände zu beheben, problematisch. Die gewählten satirischen Mittel der plakativen, emotionalisierenden Überzeichnung verhindern oft auch einen sachlichen, lösungsorientierten Dialog gemäß den medienethischen Prinzipien 4 und 5, weil sie bei den Verbündeten Schadenfreude und bei den Verspotteten Wut auslösen (vgl. Fenner 2013, 232 f.).

Bei der Ausdifferenzierung verschiedener Arten von Fake News wird häufig auf die Typologie zu Fehl- und Desinformationen von Claire Wardle zurückgegriffen, die bei der Allianz First-Draft für die Strategieentwicklung im Kampf gegen Desinformation zuständig ist (vgl. Wardle; Brodning, 30–38; Preuß, 77 f.; Russ-Mohl, 25). An der Spitze des Eisbergs stehen **frei erfundene Inhalte**, die betrügen und jemanden schädigen wollen. Dazu zählen die oben erwähnten Fake News aus dem hitzigen amerikanischen Präsidentenwahlkampf 2016. Es kann sich aber auch um **Fake-Zitate** handeln, die einer Person fälschlicherweise in den Mund gelegt werden. Angela Merkel soll z. B. im Jahre 2015 nach den islamistisch motivierten Terroranschlägen in Paris verlautbart haben: „Wir sollen solche Attentate wie in Paris nicht als Islamhass ausschlachten, sondern als einen Teil unseres Lebens akzeptieren, um die Integration unserer muslimischen Mitbürger nicht zu gefährden" (vgl. Mimikama). Bei den meisten Fake News dürfte aber ein „wahrer Kern" und somit ein Mischprodukt von wahren und falschen Informationen vorliegen (vgl. Preuß, 73). So werden bei **manipulativen Inhalten** Sprach- oder Bildmaterialien in betrügerischer Absicht verfälscht. Die jüngste Chatbot- bzw. ChatGPT-Revolution ermöglicht es den Nutzern, mittels Künstlicher Intelligenz mühelos Pamphlete etwa gegen missliebige Politiker zusammenzustellen. Noch größeren Schaden können **Deep Fakes** anrichten, d. h. täuschend echt wirkende, mithilfe von KI erstellte Bilder oder Videos. Mit digitaler Bildbearbeitung lassen sich nicht nur hochauflösende Porträts nicht existierender Personen herstellen, sondern nach Belieben Gesichter von existierenden Personen auf gefilmte Personen projizieren oder Personen oder Objekte löschen (vgl. Krämer 2021, 35). So kursierten in sozialen Medien fotorealistische Bilder von Trumps angeblicher Verhaftung, oder von Russlands Präsident Wladimir Putin, der angeblich vor Chinas Präsident Xi Jinping auf die Knie fiel. Häufig werden aber auch authentische Bild- oder Textinhalte in einen ganz anderen und damit **falschen Kontext** gestellt. Bereits aus dem klassischen Journalismus bekannt sind **falsche Verknüpfungen**, bei denen z. B. die Überschriften oder Bildillustrationen überhaupt nichts mit dem Textinhalt zu tun habe. **Falsche Quellen** werden angegeben, um etwa zu suggerieren, rechtsradikale Inhalte würden von etablierten Medien oder seriösen staatlichen Institutionen verbreitet (vgl. Brodning 2018, 35 f.).

Desinformation (Oberbegriff): Verbreitung falscher oder irreführender Informationen mit Täuschungsabsicht ↔ **Fehlinformationen**: Falschmeldungen ohne Täuschungsabsicht **Fake News**: meist über soziale Medien verbreitete, „echte" Nachrichten imitierende Falschnachrichten mit Täuschungsabsicht ↔ **Meinungen**: wertende Stellungnahmen
eng verwandte Begriffe: **Gerüchte**: ohne hinlängliche Belege weiterverbreitete Tatsachenbehauptungen **Bullshit**: blödsinniges Gerede häufig ohne Wahrheitsanspruch zu eigennützigen Zwecken **Satire**: spöttische Darstellungen von Lastern/Missständen mittels Übertreibung/Verzerrung
Arten von Desinformation: • frei erfundene Inhalte (z. B. Fake-Zitate) • manipulierte Inhalte (z. B. Deep Fakes) • falsche Kontexte und Verknüpfungen (z. B. unpassende Überschriften, Bildillustrationen) • falsche Quellen (z. B. seriöse Medien)

Motivation und psychologische Mechanismen

Die häufigsten Motive für die Herstellung und Verbreitung von Fake News sind politische und ökonomische (vgl. Preuß, 74). Gemäß dem Typisierungsversuch von Eliot Higgins sind es vier mit „P" beginnende Gründe: Passion, Politik, Propaganda und Bezahlung („Payment") (vgl. Porlezza, 36). Starke Erregung, Leidenschaft oder **Passion** spielen zweifellos insofern eine große Rolle, als emotional besetzte, insbesondere mit Hass und Wut verbundene Themen im Internet besonders Anklang finden (s. Kap. 2.2.1). Viel Stimmung lässt sich besonders im Bereich der **Politik** machen, beispielsweise mit Falschmeldungen über unpopuläre politische Entscheidungen und Maßnahmen oder missliebige Politiker oder Bevölkerungsgruppen (vgl. Preuß, 74; Porlezza, 36). So wurde während der Corona-Pandemie mit gezielten Falschmeldungen zum Protest gegen beschlossene Freiheitsbeschränkungen oder gegen das Impfen aufgerufen, etwa weil die mRNA-Impfstoffe gegen COVID-19 die DNA verändern oder die Fruchtbarkeit beeinträchtigen würden. Häufig ist wie im erwähnten amerikanischen Wahlkampf das Ziel der Täuschung, politische Debatten und die öffentliche Meinungsbildung strategisch zu beeinflussen (vgl. Neef, 107; 109). In diesem Zusammenhang wird denn auch vermehrt wieder der etwas verstaubte Begriff „Propaganda" als das dritte „P" verwendet: **Propaganda** meint eine intensive Werbung für bestimmte politische oder weltanschauliche Ideen, mit der das allgemeine Bewusstsein beeinflusst werden soll. Von ethisch verwerflicher **Manipulation** kann insofern gesprochen werden, als die Meinungsänderung der Adressaten mit psychologischen oder rhetorischen Mitteln und der Täuschung über die relevante Faktenlage erzielt wird. Dadurch wird das kritische Urteilsvermögen der Rezipienten unterwandert. Allgemeinere politische Ziele können sein, das Vertrauen in die Demokratie und die sie stützenden Institutionen zu erschüttern. Obwohl Propaganda natürlich kein neues Phänomen darstellt, bietet die Digitalisierung ganz neue, effektivere Mittel und Verbreitungswege zur Manipulation kollektiver Überzeugungen und Emotionen.

Ökonomischer Profit („Payment“) lässt sich mit Fake News im Zusammenhang mit Passion, Politik und Propaganda erzielen, indem auf den entsprechenden Websites Werbung geschaltet wird. Der Inhalt der Website ist manchmal sogar ausschließlich Lockstoff ohne Wahrheitsanspruch, um möglichst viel Aufmerksamkeit potenzieller Werbekunden auf sich zu ziehen. Weltweite Berühmtheit erlangte der Fall der mazedonischen Kleinstadt Veles, die in den Medien als „Hauptstadt der Fake News“ oder „Stadt der Lügner“ betitelt wurde (vgl. Preuß, 75 f.; Christians, 235 f.). In dieser Stadt hatten größtenteils völlig unpolitische Jugendliche mit verschiedenen Themen und Plattformen experimentiert, um über die AdSense-Banner möglichst viele Einnahmen zu generieren. Nach wenig erfolgreichen Versuchen z. B. mit Gesundheitstipps entdeckten sie 2016 den amerikanischen Wahlkampf als profitables, eine virale Dynamik erzeugendes Themenfeld. Zeitweise waren 140 Pro-Trump-Websites mit Namen wie „DonaldTrumpNews.com“ oder Blogs zu „DailyInterestingThings.com“ registriert, die Nachrichten zugunsten von Trump manipulierten oder erfanden. Der erfolgreichste Post war ein Fake-Zitat von Trumps Konkurrentin Hilary Clinton: „I Would Like To See People Like Donald Trump Run For Office, They’re Honest And Can’t Be Bought“ (ConservativeState.com). Auf diese Weise sollen Spitzenverdiener in Mazedonien, einem Land mit einem durchschnittlichen Monatseinkommen von 345 Euro, innerhalb von 50 Tagen 180.000 Euro erwirtschaftet haben. Auch wenn die direkte manipulative Absicht anders als bei politischer Propaganda hier nicht im Vordergrund stand, lassen sich das unverantwortliche Handeln und negative Folgen der Desinformation schwerlich durch ökonomische Motive und eine finanziell prekäre Situation rechtfertigen.

Häufigste Motive für Verbreitung von Desinformation
• **politische Motive**: gezielte Beeinflussung der öffentlichen Meinungsbildung • **Propaganda**: intensive Werbung für bestimmte politische oder weltanschauliche Ideen • **ökonomische Motive**: finanzieller Profit dank Werbeeinnahmen auf Websites

Neben den bereits erwähnten technologischen Faktoren der neuen digitalen Medien, die eine Verbreitung von Desinformation begünstigen, gibt es auch noch förderliche psychische Faktoren, für die im Zeichen digitaler Medienkompetenz ein Bewusstsein geschaffen werden sollte. Erwähnt wurde bereits die Neigung, Freunden und Bekannten als den neuen „Gatekeepern" in sozialen Netzwerken blind zu vertrauen. So können sich Falschnachrichten leichterhand über Mundpropaganda verbreiten. Unter dem Sammelbegriff **kognitive Verzerrung** (Cognitive Bias) werden systematische, unbewusste fehlerhafte Prozesse in der Informationsverarbeitung zusammengefasst (vgl. Preuß, 96). Sie dienen dazu, das positive Selbstbild und die eigene Position zu stützen und die Informationsverarbeitung zu vereinfachen. Als **Bestätigungsfehler** (Confirmation Bias) wird in der Kognitionspsychologie die Neigung bezeichnet, Informationen so auszuwählen und zu interpretieren, dass sie die eigenen Erwartungen oder Hypothesen bestätigen (vgl. ebd., 97). Ein ganz ähnliches Phänomen wird als **motiviertes Denken** („motivated reasoning") bezeichnet: Durch persönliche Beweggründe bzw. die „Motivation" wird der Denkprozess unbemerkt in eine gewünschte Richtung gelenkt. Solche emotional voreingenommenen Selektions- und Verarbeitungsweisen führen zu einer Bevorzugung der am besten passenden (Falsch-)Meldungen. Im Zusammenhang mit dem Problem der „Desinformation" spielt auch der **illusionäre Wahrheitseffekt** (Illusory Truth-Effekt") eine große Rolle (vgl. ebd., 98; Silberstein, 105 f.; Brodning, 117): Der Wahrheitsgehalt von Informationen, die oft wiederholt werden oder jemandem bereits bekannt sind, wird als höher eingestuft als unvertraute Informationen. Je öfter also jemand im Internet den gleichen Falschmeldungen begegnet, desto höher wird ihre Glaubwürdigkeit eingeschätzt. Wird jemand hingegen mit entgegenstehenden Tatsachenbehauptungen konfrontiert, kann sich ein Bumerang-Effekt (Backfire-Effekt) einstellen (vgl. Preuß, 99; Pörksen 2018, 35): Häufig haben Gegenevidenzen oder widersprechende Argumente zur Folge, dass im Laufe der Auseinandersetzung noch starrsinniger an den eigenen Überzeugungen festgehalten wird.

Begünstigende psychologische Faktoren für Falschinformationen

- **Vertrauen in Freunde und Bekannte als die neuen „Gatekeeper"**
- **kognitive Verzerrungen:**

Bestätigungsfehler/motiviertes Denken: Auswahl und Verarbeitung von Informationen gemäß eigener Erwartungen
illusionärer Wahrheitseffekt: höher eingeschätzter Wahrheitsgrad bei bereits bekannten Informationen
Bumerang-Effekt: Verfestigung vorgefasster Meinung im Fall von Gegenevidenzen

Verschwörungserzählungen

Die durch ein Virus in China ausgelöste Corona-Pandemie, die v. a. in den Jahren 2020 und 2021 die ganz Welt erschütterte, führte zu einer Flut an sogenannten Verschwörungstheorien im Internet. Eine **Verschwörungstheorie** oder **Verschwörungserzählung** ist ein System von Annahmen zur Erklärung von bedeutsamen Ereignissen in der Welt, für die eine kleine Gruppe von mächtigen Verschwörern verantwortlich gemacht wird, die angeblich im Geheimen ihre eigenen Ziele zum Schaden der Allgemeinbevölkerung verfolgen (vgl. Nocun u. a., 18; Fuchs 2022, 23f.; Hepfer, 24). Kurz gefasst handelt es sich um Theorien von Verschwörungen. An einer solchen „Verschwörung" sind immer mehrere Personen beteiligt, die im Verborgenen Pläne mit meist böser Absicht entwerfen und durchführen. In einem engen Sinn oder aus der subjektiven Teilnehmerperspektive handelt es sich dabei nicht um „Desinformationen", sondern um „Fehlinformationen". Denn ihre Verfechter selbst sind von den Theorien überzeugt und haben also keine bewusste Täuschungsabsicht. Aus einer objektiven Beobachterperspektive dürften sich die meisten Verschwörungserzählungen irgendwo zwischen „falsch" und „frei erfunden" bewegen. Einigen liegen aber durchaus „wahre" oder „echte" Verschwörungstheorien zugrunde. Man denke etwa an die Watergate-Affäre oder die Anschläge durch junge muslimische Männer mit vier entführten Flugzeugen, die u. a. auf zwei Türme des World Trade Centers in New York zugesteuert wurden und diese zum Einsturz brachten (vgl. Hepfer, 24 f.; Preuß, 39). Einige Elemente einer Geschichte können falsch und widerlegt sein, andere möglicherweise wahr und noch ungeklärt. Dies mag auf einige der zahlreichen Verschwörungserzählungen während der Corona-Pandemie zutreffen, beispielsweise mit Blick auf ihren Ursprung, über den bis heue ein klarer Nachweis fehlt. Andere unterstellten jedoch abwegige verschwörerische Absichten wie etwa dem Milliardär Bill Gates und seiner „Bill & Melinda Gates Foundation“ bzw. der WHO als verlängertem Arm dieser Stiftung, dass sie die Allgemeinbevölkerung reduzieren oder den Menschen bei den Covid-Impfungen Mikrochips zum Zweck ihrer Überwachung injizieren wollten (vgl. zu vielen weiteren Versionen Nocun u. a., 254 f.; Fuchs 2022, 34f.).

In den Medien und der Populärliteratur wird häufig der Eindruck erweckt, dass Verschwörungserzählungen eine Erfindung des Internetzeitalters sind. Die Annahme eines geheimen Wirkens finsterer Verschwörer, die das Weltgeschehen im Verborgenen lenken, ist aber keineswegs neu in der Geschichte. Eine lange Tradition haben Mythen über eine jüdische Weltverschwörung, die seit dem 12. Jahrhundert belegt sind und zu Beginn des 20. Jahrhunderts und insbesondere während der Herrschaft der Nationalsozialisten große Popularität erlangten. Auch traditionelle Medien wie namhafte europäische Zeitungen verbreiteten immer wieder im großen Stil Spekulationen z. B. über die Ermordung John F. Kennedys (vgl. Nocun u. a., 39). Wie sämtliche andere Formen der Fehl- und Desinformation auch profitieren Verschwörungserzählungen aber natürlich erheblich von den digitalen Infrastrukturen (vgl. Zöllner 2020b, 68): Alle Arten von ausgefallenen Theorien wie diejenige von einer flachen Erde lassen sich leicht und billig ins Netz stellen und erreichen schnell ein Millionenpublikum. Wie absurd eine Erklärung für aktuelle Ereignisse auch immer sein mag, ist die Wahrscheinlichkeit doch groß, dass man übers Internet irgendwo auf der Welt Gleichgesinnte findet (vgl. Nocun u. a., 137; Hepfer, 113). Verschwörungserzählungen stoßen auch nicht nur bei paranoid veranlagten Internetnutzern auf fruchtbaren Boden und sind längst kein Randphänomen mehr (vgl. Nocun u. a., 33). Besonders schnell verbreiten sie sich in akuten Krisen und Sicherheitsgefährdungen wie z. B. Terroranschlägen, Naturkatastrophen oder Epidemien, wenn die Forscher selbst noch auf der Suche nach gesicherten Erkenntnissen z. B. über Ursachen eines Virus und geeignete Maßnahmen zur Bekämpfung sind (vgl. Stapf 2024, 318). Da sich Fehl- und Falschinformationen zu Beginn der Coronakrise rascher zu verbreiten schienen als das Virus selbst und schwerwiegende öffentliche Gesundheitsrisiken drohten, sprach der Generaldirektor der WHO von einer nicht weniger problematischen „Infodemie“ (vgl. ebd.; Nocun u. a., 253).

Der gebräuchliche Begriff „Verschwörungstheorie“ wird im akademischen Kontext durchaus kritisch gesehen, weil es sich nicht um eine „Theorie“ im wissenschaftlichen Sinn handelt (vgl. Nocun u. a., 21). Wissenschaftliche Theorien zeichnen sich dadurch aus, dass sie methodisch abgesichert sind und sich jederzeit durch experimentelle Methoden oder durch Argumente intersubjektiv überprüfen und entweder widerlegen oder bestätigen lassen. Wie bei der näheren Charakterisierung von Verschwörungstheorien noch deutlich wird, ist die Rede von einer „Theorie“ daher zumindest missverständlich. In einem alltagssprachlichen Sinn versteht man unter „Theorien“ jedoch meist ganz allgemein sämtliche vereinfachten Modelle der Wirklichkeit, die Ereignisse und Erfahrungen in einen regelhaften Zusammenhang bringen (vgl. Hepfer, 23 f.). Alternativ vorgeschlagene Begrifflichkeiten sind „Verschwörungsmythen“ oder „Verschwörungserzählungen“, wobei hier der zweiten Option der Vorzug gegeben wird (vgl. Nocun u. a., 22): **Verschwörungsmythen** sind eher abstrakte und übergeordnete weltanschauliche Systeme, die eine Gesamtdeutung der Welt anbieten, wie z. B. die jüdische Weltverschwörung in der NS-Zeit. Demgegenüber wären **Verschwörungserzählungen** konkretere Annahmen über Vorgänge in der Welt, z. B. dass jüdische Onkologen mittels Chemotherapie Nichtjuden ausrotten wollen. Wie sich konkrete Verschwörungserzählungen meist aus abstrakten Verschwörungsmythen speisen, enthalten Verschwörungserzählungen ihrerseits als Teilelemente viele Fehlinformationen. Es soll hier versucht werden, die wichtigsten charakteristischen Merkmale und die dahinterstehenden Motivationsgründe von Verschwörungserzählungen systematisch darzustellen, weil die mittlerweile inflationäre Verwendung des Begriffs zu seiner Bedeutungslosigkeit führt. Ethisch bedenklich ist die mit der Begriffsdiffusion einhergehende Tendenz, von der öffentlichen Meinung abweichende kritische Positionen vorschnell und parteiisch als „Verschwörungstheorien“ zu etikettieren, um sich nicht mit ihnen auseinandersetzen zu müssen.

1) Komplexitätsreduktion und Kompensation eines Kontrollverlusts

Neben den bereits in der Definition erwähnten inhaltlichen Merkmalen von Verschwörungserzählungen haben solche einfachen und monokausalen Erklärungen den positiven Effekt einer **Komplexitätsreduktion**, die in einer zunehmend unübersichtlichen und verwirrenden modernen Welt nötiger scheint denn je (vgl. Zöllner 2020b, 68). Während der Begriff zunächst neutral zu verstehen ist, können unbegründete und irreführende Simplifizierungen zum Problem werden. Verschwörungstheorien machen mit ihrer Interpretation der Ereignisse die Wirklichkeit zu einem planmäßigen, geordneten Ganzen, wodurch dem zunächst Unverständlichen Sinn gegeben wird. Sie übernehmen damit eine Aufgabe, die traditionelle Sinnstifter wie Mythos oder Religion früher geleistet haben (vgl. Hepfer, 147). Aus einem solchen Weltbild werden Zufälle, das undurchschaubare Zusammenspiel zahlreicher Einflussfaktoren und ungewollte oder unvorhergesehene Handlungen in der Gesellschaft ausgeschlossen (vgl. Fuchs 2022, 30; 43). Alles wird als Konsequenz von Absichten und Plänen gedeutet, auch wenn diese von den Verschwörern bewusst vertuscht werden und daher schwer zugänglich sind. In der Psychologie konnte eine sogenannte **Verschwörungsmentalität** eruiert werden, d. h. eine innere individuelle Neigung zur Wahrnehmung vermeintlicher Verschwörungen in der Welt (vgl. Nocun u. a., 23; 56 f.): Durchschnittlich gesehen wird der Glaube an Verschwörungserzählungen begünstigt durch eine geringe Unsicherheitstoleranz und ein starkes Bedürfnis nach Sicherheit, Ordnung und Struktur. Gleichzeitig haben viele Anhänger ein eher geringes Erkenntnisbedürfnis („Need for Cognition") und geben sich als „kognitive Vermeider" eher mit einfachen Antworten zufrieden. Den oben genannten kognitiven Verzerrungen unterliegen auch sie, allerdings nicht mehr als andere Menschen (vgl. ebd., 56).

Angesichts dessen überrascht es nicht, dass Verschwörungserzählungen in Zeiten von Krisen und Umbrüchen Hochkonjunktur haben (vgl. Hepfer, 17). Die Digitalisierung ist ein gutes Beispiel für einen solchen Transformationsprozess, der allgemeine Verunsicherung mit sich bringt. Die Flut an digitalisierten Informationen und die Anonymität in der virtuellen Welt erschweren die Orientierung und können zu kognitiver Überforderung führen (vgl. Preuß, 99; s. Kap. 2.2.1). Ursache eines Kontrollverlusts können des Weiteren Arbeitslosigkeit und prekäre Beschäftigungsverhältnisse sein, die in politisch oder wirtschaftlich instabilen Zeiten zunehmen. Wer seinen Arbeitsplatz verliert, von seinem Partner verlassen oder Zeuge eines Terroranschlags wird, dem kommt das für sein Wohlbefinden wichtige Gefühl abhanden, die Situation kontrollieren zu können. Menschen versuchen unbewusst, das subjektive Gefühl von Kontrolle mit psychologischen Bewältigungsstrategien wie z. B. dem Glauben an Verschwörungserzählungen wieder herzustellen (vgl. Nocun u. a., 29; Preuß, 38). Aber auch das Misstrauen gegenüber der Regierung oder demokratischen Strukturen und eine schlechte Informationspolitik staatlicher Institutionen können Ängste und Ohnmachtsgefühle verstärken (vgl. Nocun u. a., 299). Verschwörungserzählungen reagieren also auf die subjektiven Gefühle der Überforderung und existentiellen Bedrohung, die durch Katastrophen oder tiefgreifende Umwälzungen ausgelöst werden. Paradebeispiel einer akuten Gefährdung der bestehenden Gesellschafts- oder Weltordnung und ein „Prototyp von Kontrollverlust" ist wiederum die Corona-Pandemie, die völlig unerwartet in das Leben von Milliarden von Menschen einbrach und dieses auf den Kopf stellte (vgl. Preuß, 100; Fuchs 2022, 33f.). Der kollektive Ausnahme- und Schockzustand, Todes- und Existenzängste und die Ungewissheit bezüglich der Zukunft und eines erfolgreichen Krisenmanagements machten sinn- und ordnungsstiftende Erzählungen attraktiv, die eine Komplexitätsreduktion und Kompensation für den Kontrollverlust anboten.

2) Freund/Feind-Schema und Ablehnung von Autoritäten

Typisch für Verschwörungserzählungen ist auch ein Schwarz-Weiß-Denken und die Einteilung der Welt in die Kategorien von Gut und Böse (vgl. Hepfer, 147; Fuchs 2022, 27). Obwohl Verschwörungserzählungen von ihrem Selbstverständnis her rein deskriptiv sind, werden starke Wertungen gemäß dem Freund/Feind-Schema vorgenommen: „Wir gegen die anderen" (Preuß, 37). Die Feinde sind in erster Linie natürlich die Verschwörer, die mit ihren bösen eigennützigen Absichten als gänzlich niederträchtig dargestellt werden (vgl. Nocun, 17f.). Gleichzeitig muss dieser kleinen Gruppe eine gewisse Macht zugesprochen werden, weil sie sonst gar keine Gefahr für die Bevölkerung werden könnte. Indem die Anhänger der Verschwörungserzählung deren unheilvolle Pläne aufdecken und zu durchkreuzen versuchen, stehen sie selbst auf der Seite der Guten, die gegen das Böse kämpfen. Diese klaren Schuldzuweisungen haben den positiven Effekt, dass sie selbst von der Verantwortung für das eigene Handeln entlastet werden. Wenn beispielsweise der Klimawandel geleugnet und als großer „Klimaschwindel" abgetan wird, braucht man sich nicht mit dem eigenen Beitrag zur globalen Erderwärmung zu befassen (vgl. Preuß, 38f.; Nocun u.a., 90f.). Die Verantwortung für Klimakatastrophen oder Misswirtschaft tragen dann Politiker oder eine „heimliche Weltregierung", die hinter der Klimaverschwörung stehen. Meistens verlaufen die Grenzen des Freund/Feind-Schemas zwischen der Allgemeinbevölkerung bzw. dem „einfachen Volk" und der kleinen elitären Minderheit der Verschwörer. Es kommt aber auch vor, dass sich die Anhänger der Verschwörungserzählung gleichfalls als eine Minderheitengruppe vom Rest der Bevölkerung abgrenzen, die blind ist für die Verschwörung (vgl. Preuß, 36; Nocun u.a., 30). Diese große Masse der sogenannten Schlafschafe zählt dann in einem weiten Sinn auch zu den Feinden (vgl. dazu Punkt 4).

Auffallend ausgeprägt ist unter den Verfechtern von Verschwörungserzählungen ein Generalverdacht und eine Feindseligkeit gegenüber Autoritäten wie Führungskräften oder Expertengremien (vgl. Fuchs 2022, 30): gegen „die da oben", wie es heißt. Sie protestieren gegen eine vorgebliche Dominanz von Eliten, häufig aus Statusverlustängsten heraus (vgl. Zöllner 2020b, 68). Nach einer repräsentativen Umfrage der Friedrich-Ebert-Stiftung aus dem Jahr 2019 glaubt mehr als ein Drittel der deutschen Bevölkerung, dass „Politiker und andere Führungspersönlichkeiten nur Marionetten der dahinterstehenden Mächte" sind (vgl. Nocun u. a., 25). Menschen mit Verschwörungsmentalität gehen vielfach davon aus, dass offizielle Erklärungen notwendigerweise falsch sind (vgl. Fuchs 2022, 29). Nicht nur Politiker an der Spitze der Macht, sondern auch Wissenschaftler und seriöse Medien erfahren häufig eine generelle Ablehnung. Forschungseinrichtungen und „Mainstream-Medien" gelten als Teil der Verschwörung. Wissenschaftlichen Spezialistinnen wird unterstellt, systematisch Falschinformationen zu verbreiten, gekauft oder parteiisch zu sein (vgl. Nocun u. a., 91). Je mehr sie wissenschaftlichen und anderen Experten misstrauen, desto ausschließlicher beziehen Menschen ihre Informationen aus dem Internet oder anderen alternativen Quellen (Preuß, 99 f.; Fuchs 2022, 33). Aufgrund der Neuartigkeit von COVID-19 (Corona) und der immer neu auftauchenden Virusvarianten gab es v. a. zu Beginn der Krise ohnehin nur wenige gesicherte Informationen, sodass im Internet kursierende Verschwörungserzählungen in diese Wissenslücken vorstoßen konnten. Dies kann gefährlich sein, auch wenn eine gewisse Skepsis gegenüber Experten in Einzelfällen durchaus angebracht sein kann. In spezifischen, wissensintensiven Sachfragen ist das Vertrauen in die Einschätzung von Spezialisten oder Forschungsgemeinschaften eines wissenschaftlichen Fachgebiets vernünftig, weil z. B. in Sachen Corona ausgebildete Virologen besser Auskunft geben können als Frisöre (vgl. Nocun u. a., 56).

3) Einzelbelege statt wissenschaftliche Studien und rationale Diskurse

Verschwörungserzählungen unterscheiden sich in verschiedenen Hinsichten von wissenschaftlichen Theorien. Für ihre größtenteils auf Vorurteilen, Verdächtigungen und Spekulationen basierenden alternativen Erklärungen suchen ihre Anhänger zwar ständig nach Indizien (vgl. Fuchs 2022, 28f.). Sie betreiben teilweise großen Aufwand, um die Kriterien wissenschaftlichen

Arbeitens dem Anschein nach zu erfüllen: So „begründen“ sie ihre Zweifel an der offiziellen Version und „belegen“ ihre Thesen zur verborgenen Wahrheit hinter den Ereignissen (vgl. ebd.; Hepfer, 91). Angeführt werden aber meist nur verstreute Beobachtungen, Erfahrungen oder Meinungen von Einzelpersonen, die dann als Indizien oder Anhaltspunkte miteinander zu einer „Theorie“ verbunden werden. Wo wissenschaftliche Studien oder Expertenmeinungen selektiv herangezogen werden, weil sie die eigene Theorie stützen, sind sie teilweise veraltet oder gelten als unseriös (vgl. Nocun u.a. 92). Anders als in den empirischen Wissenschaften werden die eigenen Hypothesen nicht systematisch hinterfragt und im Austausch mit anderen Forschenden überprüft, sondern entgegenstehende Fakten oder Gegenbeweise werden meist ignoriert. Ein methodengeleiteter wissenschaftlicher Erkenntnisprozess verlangt jedoch, die eigenen Hypothesen bei gegenläufigen Evidenzen zu korrigieren oder sogar zu verwerfen. Zur **Immunisierungsstrategie** gegenüber jeglicher Form von Kritik gehört es, dass Kritiker gemäß dem Freund/Feind-Schema (2) als Teil der Verschwörung diffamiert werden (vgl. ebd., 44f.; 176; 267). Zudem wird der Mangel an Beweisen als Zeichen für die arglistige Geheimhaltung der wahren Vorgänge durch die Verschwörer gedeutet. Anhänger von Verschwörungserzählungen beteiligen sich selten an einer rationalen Debatte mit ihren Kritikern, beklagen sich aber häufig über die angeblich vorherrschende „Meinungsdiktatur“. Es scheint sich statt um wissenschaftliche Theorien vielfach um eine Art Religion zu handeln: Die Existenz verborgener dunkler Mächte lässt sich genauso wie die Existenz Gottes weder beweisen noch widerlegen und wäre dann eine Sache des Glaubens (vgl. Fuchs 2022, 29).

4) Gruppenidentität und kollektive Überlegenheitsgefühle

Im Unterschied zu Wissenschaftlern, von denen eine hohe Selbstkontrolle und kritische Haltung gegenüber den eigenen Forschungsergebnissen verlangt wird, proklamieren Verschwörungstheoretiker selbstsicher ihre eigene Version der „Wahrheit“. Sie sind stolz darauf, zu einer kleinen Gruppe von Auserwählten zu gehören, die als Einzige durchschauen, „was wirklich los ist“. Sie halten sich für besser informiert als die stumme Masse der „Schlafschafe“ oder „Marionetten“, und haben den Mut, gegen den Strom zu schwimmen und für die Wahrheit auf die Barrikaden zu gehen. Dies befriedigt ihren Wunsch nach Einzigartigkeit, führt zu einer Selbstaufwertung und vermittelt Überlegenheitsgefühle gegenüber den „Nicht-Wissenden“ (vgl. Nocun u.a., 31; Preuß, 38; 100). Die Kommunikationskultur im

Internet verhilft dazu, dass die Anhänger sich gegenseitig bestätigen und über große räumliche Grenzen hinweg gemeinsam am Ausbau eines Gedankengebäudes arbeiten können (vgl. Hepfer, 113). Soziale Motive wie Gemeinschaftsbildung und Zugehörigkeit zu einer außergewöhnlichen Minderheitengruppe üben eine starke Anziehungskraft aus. Die Abgrenzung gegenüber Andersdenkenden gemäß dem Freund/Feind-Schema kann im Fall von erheblichen Widerständen aber auch ein Radikalisierungsbeschleuniger sein. Verschwörungserzählungen können dann sogar dazu dienen, Gewalt gegen die „Feinde" zu legitimieren, um die imaginierten oder realen Probleme zu beseitigen (vgl. Fuchs 2022, 27). Eine Verschwörungsmentalität scheint einherzugehen mit einer erhöhten Wahrscheinlichkeit, Gewalt zu befürworten oder selbst gewalttätig zu werden (vgl. Nocun u. a., 41).

Verschwörungserzählungen („Verschwörungstheorien"): Erklärungen von bedeutsamen Vorgängen, denen zufolge eine kleine Gruppe von Verschwörern im Verborgenen ihre eigenen Ziele zum Schaden der Allgemeinheit verfolgt

weitere Merkmale und Grundfunktionen:

1) Komplexitätsreduktion und Kompensation von Kontrollverlusten
2) Freund/Feind-Schema und Ablehnung von Autoritäten
3) Einzelbelege anstelle wissenschaftlicher Studien und rationaler Diskurse
4) Gruppenidentität und kollektive Überlegenheitsgefühle

Ethische Bewertung von Fehl- und Desinformation

Aus Sicht einer **deontologischen Ethik**, bei der die Gesinnung der handelnden Personen bewertet wird, ist das Lügen und bewusste Täuschen anderer Menschen mit Falschmeldungen strenger zu verurteilen als das ahnungslose Weiterleiten von Informationen, die für wahr gehalten werden. Da in der **konsequentialistischen Ethik** demgegenüber die Handlungsfolgen zu bewerten sind, ist die Täuschungsabsicht hier weniger relevant und es zählen vorwiegend oder ausschließlich die Konsequenzen der Informationsvermittlung. Aus dieser Perspektive sind viele Fake News und Verschwörungserzählungen harmlos, weil z. B. der weit verbreitete Mythos von der Erde als einer flachen Scheibe kaum einen Einfluss auf das individuelle oder gesellschaftliche Leben haben dürfte. Fake News und Verschwörungserzählungen zur Corona-Pandemie können jedoch eine erhebliche **Gefahr für Gesundheit und Leben** darstellen, wenn z. B. Ängste vor der Impfung geschürt oder wirkungslose oder giftige Substanzen eingenommen werden, die angeblich der Immunisierung dienen (vgl. Prauß, 101). Falschmeldungen können aber auch auf verschiedene Weisen **finanzielle Schäden** verursachen, z.B. durch Beeinflussung der Aktienkurse. So kann die Meldung von angeblichen großen Verlusten eines Unternehmens dessen Aktienkurse abstürzen lassen (vgl. ebd., 102f.). Des Weiteren kann es zu folgenschweren **Reputationsschäden** von Politikern oder Unternehmern z.B. durch Fake-Zitate oder Deep Fakes kommen (vgl. ebd., 104f.). So wurde 2016 der Grünenpolitikerin Renate Künast anlässlich der Ermordung einer 19-jährigen Medizinstudentin in Freiburg die problematische klischeebehaftete Aussage untergeschoben: „Der traumatisierte junge Flüchtling hat zwar getötet, man muss ihm aber jetzt trotzdem helfen."

Am verheerendsten in demokratischen Gesellschaften ist sicherlich der mit Fake News und Verschwörungserzählungen ausgelöste **Vertrauensverlust** in staatliche Institutionen wie Politik, Justiz und Polizei, genauso wie auch in die redaktionellen oder öffentlich-rechtlichen Medien (vgl. ebd., 111f.; Stapf 2024, 318). In der Corona-Pandemie schenkten viele Menschen Falschmeldungen über die Ursachen und Bekämpfungsmöglichkeiten von COVID-19 mehr Glauben als den Informationen der WHO oder dem Bundesministerium für Gesundheit. Wenn die Pandemie für eine „Erfindung der Medien und der Politik" gehalten wird, fehlt die Motivationsgrundlage zur Befolgung staatlicher Regeln und es kommt zu einer Destabilisierung des Staates. Andere Falschmeldungen wie z.B. über feindliche Übergriffe oder den angeblichen Einsatz von Nuklearwaffen können aber auch zu Spannungen und gewaltvollen Konflikten zwischen Völkern führen und **internationale Beziehungen** gefährden (vgl. Prauß, 106). Inwieweit Fake News tatsächlich die **politische Meinungsbildung** in demokratischen Staaten zu beeinflussen vermögen, ist empirisch schwer nachweisbar (vgl. ebd., 108ff.). Bezüglich des bereits mehrmals erwähnten amerikanischen Wahlkampfs 2016 wurde vielfach behauptet, Trump hätte seinen Wahlsieg der Verbreitung von Fake News insbesondere über Facebook zu verdanken. Selbst empirische Umfragen zur Selbstwahrnehmung der Wähler geben aber nur begrenzt Einblick in deren tatsächliche Wirkung, weil viele gar nicht als Falschnachrichten erkannt wurden und unbewusste Einflüsse nicht erfasst werden können. Die Gefahr einer Manipulation des demokratischen Meinungs- und Willensbildungsprozesses dürfte dann am größten sein, wenn zur Verbreitung von Falschnachrichten „Social Bots" eingesetzt werden: **Social Bots** sind Computerprogramme, die über Algorithmen automatisch Meinungsbeiträge generieren und so Meinungsmehrheiten vortäuschen können (vgl. ebd., 88ff.; Neef, 111). Sie gelten geradezu als „Chiffre für Manipulation und Desinformation in den sozialen Medien" (ebd., 88). All diese ernstzunehmenden Gefährdungen der Demokratie werden in Kap. 2.3 noch ausführlich zur Sprache kommen.

Maßnahmen gegen Falschmeldungen

Mikroebene: Medienkompetenz

Entsprechend der in Kapitel 2.1.2 unterschiedenen Ebenen der Verantwortungsteilung ist zunächst auf einer Mikroebene die individuelle Verantwortung der Internetnutzer zu verorten: Eine zentrale Rolle bei der Bekämpfung von Falschnachrichten spielt zweifellos die **digitale Medienkompetenz** der Einzelnen (vgl. Preuß, 142; Porlezza, 49). Mit Blick auf die eigene Gesundheit und Persönlichkeitsentwicklung kann es im Zeichen der individual- oder **strebensethischen Verantwortung** höchst problematisch sein, die Lebensgestaltung auf falschen Annahmen über die Wirklichkeit abzustützen. Um zusätzlich seine sozialethische oder **moralische Verantwortung** wahrnehmen zu können, gilt es noch die soeben benannten Gefahren eines Vertrauensverlusts in die Demokratie und staatliche Institutionen sowie die teils gravierenden Schädigungen allfälliger betroffener Personen zu beachten. Für Journalisten und Produser gibt es bereits zahlreiche Empfehlungen und Handreichungen im Internet oder in Handbüchern wie dem *Verification Handbook* von Craig Silverman, die zum kritischen Prüfen von Tatsachenbehauptungen anleiten. Obgleich am Ende von Kapitel 2.1.3 eine Ausweitung der journalistischen Kompetenzen auf sämtliche Internetnutzer gefordert wurde, dürften die nicht hauptamtlich tätigen Nutzer bei der Faktenprüfung rasch an ihre Grenzen stoßen. Sobald der Verdacht auf gefälschte Meldungen auftaucht, sollte daher eine öffentliche oder privatrechtliche Organisation zum professionellen Faktencheck eingeschaltet werden, deren Vorgehen sogleich beschrieben wird. Häufig hilft es auch schon weiter, wenn die Kernbegriffe einer Nachricht bei einer Suchmaschine wie „Google" zusammen mit „Fake" oder „Faktencheck" eingegeben werden.

Mesoebene: Faktenfinder

Auf einer mittleren oder Mesoebene sind es öffentliche oder privatrechtliche Einrichtungen der **Medien-Selbstkontrolle** und **Medien-Ombudsleute**, die von sich aus Recherchen einleiten oder gemeldeten Verdachtsfällen der Internetnutzer nachgehen. Während der Faktencheck in den USA schon auf eine jahrzehntelange Tradition zurückblicken kann, hat er sich in Deutschland erst in jüngerer Zeit als eigenes journalistisches Format etablieren können (vgl. Schicha, 95; Stern, 119 ff.). Auf der EU-Ebene gibt es seit 2018 einen Verhaltenskodex zur Bekämpfung von Desinformation, der 2022 überarbeitet wurde und den u. a. Facebook, Google, Microsoft und Twitter freiwillig übernommen haben (s. Kap. 2.1.2). Häufig wird differenziert zwischen einer „Verifikation", bei der die Zuverlässigkeit einer Quelle geprüft, und dem „Faktencheck", bei dem eher die Kohärenz und der Kontext einer Nachricht begutachtet wird (vgl. Stern, 120). Allgemein lässt sich der **Faktencheck** definieren als Prüfung von Tatsachenbehauptungen anhand von Fakten und ihre Einordnung zwischen „wahr" und „falsch". 2017 war das Recherchenetzwerk Correctiv zunächst der einzige Anbieter, der in Deutschland einen Faktencheck für Facebook durchführte. Ein von der US-Plattform bereitgestelltes Tool filtert über einen Algorithmus, der u. a. durch Hinweise von Nutzern ständig verbessert wird, automatisch verdächtige Meldungen heraus. Ein Team von festen Redakteuren identifiziert dann Falschmeldungen und präsentiert ihre Rechercheergebnisse als Onlineartikel auf ihrer Internetseite (vgl. ebd., 138). Zu erwähnen ist außerdem der Faktenfuchs von BR24, des digitalen Nachrichtenformats des Bayerischen Rundfunks, der ARD-Faktenfinder der Tagesschau oder die Plattform „Truly Media" der Deutschen Welle, auf der sich Journalisten und Nutzer in Echtzeit über ihre Nachforschungen austauschen können (vgl. ebd., 141). International tätig sind der österreichische Verein Mimikama und das investigative Recherchenetzwerk Bellingcat, das eine der größten Sammlungen an Tools kostenlos im Internet zur Verfügung stellt.

Das konkrete Vorgehen des Faktenchecks ist ein mehrstufiges Verfahren: Zu Beginn stellt sich die Frage nach dem Urheber einer Nachricht oder eines Bildes. Beim Verfasser eines Textes kann nachgeforscht werden, ob er bereits Fake News verbreitet hat oder als vertrauenswürdig gelten kann, weil er z. B. wissenschaftliche Publikationen zum Thema verfasst hat. Auch lohnt sich im Fall von Zweifeln einen Blick auf die URL oder das Impressum. Wenn letzteres auf einer Internetseite fehlt, sollte dies eine Warnung zur Vorsicht sein. Bei Bildern kann durch eine Rückwärtssuche z. B. über Google, Tineye oder RevEye nachverfolgt werden, ob das Bild schon in einem anderen Kontext benutzt wurde. Mit Websites wie Izitru oder FotoForensics lässt sich herausfinden, ob ein Foto bearbeitet wurde (vgl. Preuß, 143; Schicha, 95). Als weitere Schritte sollte in einem „Doppelcheck" ermittelt werden, ob noch andere vertrauenswürdige Medien über das Thema berichten oder es auf mehreren Internetseiten vorkommt (vgl. Nocun u. a., 271). Schließlich können im Text erwähnte Namen von Personen oder Organisationen nachrecherchiert werden, wobei fehlende oder lückenhafte Informationen einen Hinweis auf ihre Fingiertheit sein können. Eine eindeutige Verifikation von Fakten dürfte in den meisten Fällen jedoch nicht mit Sicherheit möglich sein. Auch professionelle Faktencheck-Teams verzichten am Ende meist auf eine Einordnung in einer Bewertungsskala zwischen „wahr" und „falsch" und fassen ihre Rechercheergebnisse stattdessen in einem Fazit zusammen (vgl. Stern, 127; Sell u. a., 258). Unter einer geprüften Nachricht wird dann z. B. bei Facebook mit „related article" („mehr zum Thema") auf den Faktencheck hingewiesen.

Es wird viel diskutiert über den Nutzen und die Reichweite eines **Debunkings**, d. h. des inhaltlichen Entlarvens und Widerlegens von Falschinformationen im Internet. Ein Problem ist schon der zeitliche Aufwand für das Aufdecken von Falschnachrichten, die bis dahin schon weit verbreitet sind (vgl. Porlezza, 47 f.). Richtigstellungen haben meist auch eine deutlich geringere Reichweite als die aufsehenerregenden Fake News selbst, die viel häufiger getweetet werden (vgl. Stapf 2021, 113; Preuß, 99). Faktencheck-Seiten sprechen zudem einen anderen Adressatenkreis an und verschärfen häufig noch die bestehende Polarisierung zwischen zwei Meinungslagern. Dies ist teilweise auf den oben beschriebenen „Illusory Truth-Effekt" zurückzuführen, weil die Falschnachrichten schon viel vertrauter sind, sowie auf den „Backfire-Effekt", also dem stärkeren Festhalten an den eigenen Ansichten im Fall von Kritik. Eine große Herausforderung für Faktenprüfer stellt schon die Tatsache dar, dass eine Lüge wiederholt werden muss, um widerlegt zu werden (vgl. Stern, 133 f.). Durch die Wiederholung bleibt sie aber besser im Gehirn haften, und selbst bei einer erstmaligen Kenntnisnahme im Zusammenhang mit einem Faktencheck kann es z. B. bei einer rechtsradikalen Falschaussage zu einer „Verzauberung" etwa durch die glänzende Rhetorik kommen (vgl. Brodning 2018, 203 f.). Der Lösungsweg des Dilemmas kann nur sein, möglichst schnell die Falschmeldung nicht nur zu entkräften, sondern gleich eine Gegendarstellung mitzuliefern und diese wenn möglich mit Bildern oder Infographiken zu illustrieren (vgl. ebd., 117; 192; Preuß, 99; Sell u. a., 250). Aus medienethischer Sicht sind vollbeschäftigte, qualifizierte und unabhängige Faktenprüfer und eine effiziente Art der Richtigstellung von großer Bedeutung.

Makroebene: rechtliche Regulierung

Auf der Makroebene können rechtliche Regulierungsmaßnahmen als Grundlage für Institutionen der Selbstkontrolle dienen und deren Verhaltenskodizes mit stärkeren Sanktionsmöglichkeiten ausstatten. Weder im 2021 im deutschen Bundestag angenommenen „Netzwerkdurchsetzungsgesetz" (NetzDG) noch im Gesetz über digitale Dienste (GdD), das 2022 EU-weit in Kraft trat, gibt es aber unmittelbare Vorschriften zum Umgang mit Desinformation. Falschmeldungen sind rechtlich nur verboten, wenn sie strafbare Inhalte haben. Das können z. B. Beleidigungen, Hasskriminalität, Volksverhetzung oder Terrorpropaganda sein (s. Kap. 2.2.4). Große digitale Plattformen müssen Nutzern die Meldung solcher strafbarer Inhalte erleichtern, die Inhalte rasch entfernen und bei wiederholten Regelverstößen auch Nutzerkonten sperren. Immer mehr beschäftigen sich die Behörden aber darüber hinaus mit **hybriden Bedrohungen** durch fremde Staaten, die mittels Desinformation im Netz die öffentliche Meinung beeinflussen, gesellschaftliche Spannungen verstärken und das Vertrauen in den Staat schwächen wollen, um eigene Positionen oder Interessen durchzusetzen (vgl. Bundesregierung: Umgang mit Falschinformation. Gefährliche Falschnachrichten, 22.2.2023). In Frankreich wurde 2018 ein Gesetz gegen Informationsmanipulation verabschiedet, das die massive digitale Veröffentlichung von Falschmeldungen mit der bösen Absicht einer Störung der öffentlichen Ordnung vor einer nationalen Wahlperiode unter hohe Strafen stellt. Die Plattformen werden dazu verpflichtet, entsprechende Maßnahmen zu ergreifen. Diskutiert wird jedoch die Gefahr eines **Overblockings**, d. h. des voreiligen Löschens von eigentlich legalen Beiträgen anstelle ihrer gründlichen Prüfung. Immer wieder werden auch in Deutschland Forderungen nach einem „Wahrheitsministerium" laut, um die Wahrheit von Richtern statt von Konzernmitarbeitern begutachten zu lassen.

Ethische Bewertung von Desinformation
ethische Probleme: • Gefahr für Gesundheit und Leben (z. B. Corona) • finanzielle Schäden (z. B. durch Einflüsse auf Aktienkurse) • Reputationsschäden (z. B. durch Fake-Zitate von Politikern) • Vertrauensverlust in den Staat (Destabilisierungsgefahr) • Einfluss auf politische Meinungsbildung (Manipulationsgefahr)

Gegenmaßnahmen:
Mikroebene: digitale Medienkompetenz beim Erkennen von Falschmeldungen
Mesoebene: Faktencheck durch professionelle festangestellte Faktenprüfer
Makroebene: Gesetze gegen Desinformation (Plattform-Mitarbeiter oder Gerichte als Gutachter)

2.2.3 Fragmentierung: Filterblasen und Echokammern

Die algorithmenbasierte Aufmerksamkeitsökonomie im Internet führt nicht nur zur Tendenz der Emotionalisierung, Dramatisierung und Skandalisierung in Online-Medien (s. Kap. 2.1.1; 2.2.1). Eine zweite Gefahr für die Diskurs- und Kommunikationskultur im digitalen Raum ist diejenige einer zunehmenden Fragmentierung, Polarisierung und Radikalisierung der Gesellschaft (vgl. etwa Hofstetter 2018, 413; Ess, 164; Wagner 2017, 42). Es ist eine weit verbreitete Befürchtung, dass sich die Menschen in digitalen Kommunikationsräumen mehr und mehr in ihren eigenen „Filterblasen" und „Echokammern" bewegen. Während diese beiden viel diskutierten Phänomene eher auf einer individuellen Ebene angesiedelt sind, bezieht sich die Rede von Teil-, Halb- oder Parallelöffentlichkeiten auf die gesellschaftliche Ebene. Auch im Zusammenhang mit Filterblasen und Echokammern werden aber die Gefahren der Fragmentierung der Gesellschaft verhandelt. **Fragmentierung** meint ganz allgemein eine Zergliederung oder Zersplitterung meist in einem räumlichen Sinn. Im Zusammenhang mit der Digitalisierung geht es aber um die Zersplitterung der Öffentlichkeit in Personengruppen mit ähnlichen Interessen, Themen oder Meinungen im Zuge des gesellschaftlichen und medialen Wandels. Die **Fragmentierungsthese** besagt, dass ein immer breiteres Medienangebot im Internetzeitalter zu immer weniger Überschneidungen bei der Mediennutzung führt (vgl. Heesen 2021, 220). In einem frühen Aufsatz zu den Auswirkungen des WorldWideWeb und der Internetkommunikation in liberalen Demokratien hat Habermas diese Bedenken auf den Punkt gebracht:

> „Hier fördert die Entstehung von Millionen von weltweit zerstreuten *chat rooms* und weltweit vernetzten *issue publics* eher die Fragmentierung jenes großen, in politischen Öffentlichkeiten jedoch gleichzeitig auf gleiche Fragestellungen zentrierten Massenpublikums. Dieses Publikum zerfällt im virtuellen Raum in eine riesige Anzahl von zersplitterten, durch Spezialinteressen zusammengehaltenen Zufallsgruppen." (2008, 162)

Für diese problematischen Entwicklungen wird in öffentlichen Debatten häufig die algorithmenbasierte Selektion der Informationen im Internet verantwortlich gemacht. Im Zentrum der Kritik steht daher die neue Form der **Kuratierung** oder genauer „Content-Kuration" (engl. „Content Curation") der Intermediäre (von lat. „curare": „sich kümmern"). Geläufig ist die Berufsbezeichnung eines „Kurators" insbesondere für Leiter von Ausstellungen z.B. in Museen, mit der Aufgabe, Exponate auszuwählen und nach einem bestimmten Konzept anzuordnen. **Content-Kuration** meint analog dazu das Auswählen, Zusammenfassen und Präsentieren unterschiedlicher Inhalte im Netz. In traditionellen oder klassischen Massenmedien wurden die Informationen von professionellen Journalisten und Redakteuren nach bestimmten qualitativen Kriterien sowohl produziert als auch sortiert und priorisiert (s. Kap. 2.1.3). In den digitalen Medien gibt es zwar nach wie vor eine solche mehr oder weniger qualifizierte menschliche Content-Kuration z.B. durch Bildlogs oder Empfehlungsseiten wie Rosinenpicker (Piqd) oder Social-Media-Watchblogs. Den großen Teil der Kuration der Daten im Netz leisten heute aber kostengünstigere Algorithmen der Social-Media-Plattformen und Suchmaschinen, die unter Einsatz Künstlicher Intelligenz laufend verbessert werden. Dabei wird eine immer größere Anzahl von Kriterien berücksichtigt, die allerdings für die Nutzer weitestgehend intransparent bleiben (vgl. Spindler, 79f.; Lischka u.a., 20–24; Gahntz u.a., 6). Eines davon ist die Berücksichtigung der Anzahl der Klicks, Shares oder Kommentare, die den Massengeschmack bzw. die Vorlieben einer großen Zahl an Nutzern abbilden. Ein weiteres ist die **personalisierte Kuratierung**, bei der die Inhalte nach den individuellen Interessen der einzelnen Nutzer ausgewählt und hierarchisiert werden.

Filterblasen

Anders als bei der Emotionalisierungsthese steht bei der Fragmentierungsthese nicht das Kriterium der Beliebtheit von Beiträgen in der Kritik, sondern die personalisierte Kuratierung oder kurz **Personalisierung**. Im Rahmen der KI-Ethik wird auf dieses Verfahren zurückzukommen sein (s. Kap. 3.2.2): Dank Künstlicher Intelligenz wird das bisherige Nutzerverhalten analysiert, z.B. welche Beiträge oder Themen bei einer Person viele Interaktionen auslösten, welche Nachrichtenseiten sie abonniert hat oder mit welchen Freunden mit welchen Präferenzen sie in Kontakt steht (vgl. Kaiser u.a., 87; Steinicke u.a., 16f.). Je mehr Zeit die Menschen auf einer digitalen Plattform verbringen, desto stärker sollen diese Empfehlungsalgorithmen als Personalisierungsmechanismen ihre Wirkung entfalten. In den Worten des Internetaktivisten Eli Pariser bewegen sie sich bald nur noch in ihren eigenen „Informationsuniversen", für die er die berühmt gewordene Metapher von der „Filter Bubble" prägte (vgl. Pariser, 17): Jeder sitzt in dieser einzigartigen und nur für ihn erschaffenen Blase allein, und bekommt nur das zu sehen, was ihm gefällt und seinen Interessen entgegenkommt. Sie ist nicht nur für ihn selbst unsichtbar, sondern sogar die zuständigen IT-Experten haben Mühe, die Personalisierungsmechanismen mit ihrer Vielzahl an Variablen und die Funktionsweise zu durchschauen (vgl. ebd., 21). **Filterblase** meint also das Phänomen, dass Internetnutzer von den Intermediären aufgrund der Personalisierung nur die Informationen präsentiert bekommen, die mutmaßlich mit ihren persönlichen Interessen und Ansichten übereinstimmen und damit hohe persönliche Relevanz haben (vgl. Neef, 115; Gahntz u.a., 10). Solche hochgradig individuellen Informationsräume könnten zu einer Fragmentierung der Öffentlichkeit führen, weil jeder in seiner Blase verweilt und nicht mehr mit gegenteiligen Meinungen und gesellschaftlich relevanten Themen konfrontiert wird. So berichtet Pariser, der sich als progressiver Liberaler versteht, dass von seiner Facebook-Seite nach und nach die Kommentare seiner konservativen Freunde verschwanden (vgl. Pariser, 13).

Die auf Pariser zurückgehende pauschale These einer mit der Zeit immer stärkeren Einkapselung in persönliche Informationsuniversen klingt so plausibel, dass sie ein enormes mediales und öffentliches Echo fand. Sie lässt sich aber empirisch nur schwer überprüfen und ist in der Wissenschaft aufgrund der bisherigen ambivalenten Forschungsergebnisse umstritten (vgl. Gahntz u.a., 10f.; Lischka u.a., 38f.; Neef, 115). Bezüglich Suchmaschinen ließ sich die Bedeutung von Filterblasen nicht belegen (vgl. Oertel u.a., 95). Untersuchungen zur Personalisierung bei der Eingabe von bestimmten Begriffen oder Politikerpersönlichkeiten über Google ergaben vielmehr, dass die von den Algorithmen angezeigten Ergebnisse trotz unterschiedlicher Nutzerhistorien größtenteils identisch sind (vgl. Stark u.a., 309; Rau u.a., 407). Das gilt selbst für die Google-Suche liberaler und konservativer Nutzer nach politischen Inhalten (vgl. Gahntz u.a., 10f.). Studien zu sozialen Netzwerken sind methodisch schwieriger, weil der Zugang zu möglichen Datenschnittstellen von den Plattformen streng reglementiert wird. Eine in Zusammenarbeit mit Facebook durchgeführte und 2015 in *Science* erschienene Studie analysierte den Newsfeed von rund 10 Millionen Nutzern, die im Profil ihre politische Richtung (liberal/konservativ) angegeben hatten (vgl. Stark u. a., 310; Lischka u. a., 37 f.). Die algorithmische Selektion führt ihr zufolge nur in einem sehr geringen Ausmaß dazu, dass die Nutzer weniger Inhalte aus dem jeweils anderen politischen Lager zu sehen bekommen. Vielmehr wählen diese aus den vielfältigen Informationen im Newsfeed von sich aus diejenigen aus, die der eigenen politischen Position entsprechen. Es gibt aber auch einzelne Studien, die eine homogenere und einstellungskonforme Auswahl der Inhalte im Newsfeed nachwiesen, abhängig vom persönlichen Beziehungsgeflecht oder dem vorausgegangenen Nutzerverhalten (vgl. Oertel u. a., 96). Da von verschiedenen Intermediären unterschiedliche Algorithmen mit vielfältigen Kriterien im Einsatz sind und diese auch laufend verändert werden, lassen sich viele Studien zu verschiedenen Plattformen und Fragestellungen nicht verallgemeinern.

Echokammern

Ein zweiter, im wissenschaftlichen und öffentlichen Diskurs allgegenwärtiger Begriff ist derjenige der „Echokammer", der gleichfalls im übertragenen Sinn verwendet wird. Dieses Konzept wird zwar häufig mit demjenigen der Filterblase gleichgesetzt, bezieht sich aber nicht auf die algorithmenbasierte Personalisierung, sondern auf die selbstgewählten Kommunikationsräume. Im Unterschied zu Filterblasen können Echokammern auch in der analogen Welt entstehen und stellen keineswegs neue Phänomene gruppendynamischer Meinungsbildungsprozesse dar. Der US-amerikanische Rechtswissenschaftler Cass Sunstein führte den Begriff bereits 2001 ein, bevor die Intermediäre algorithmische Personalisierung einzusetzen begannen (vgl. Stark u. a., 306; Lischka u. a., 37). Als **Echokammer** wird das Phänomen bezeichnet, dass Menschen online oder offline bevorzugt Diskussionsforen oder Netzwerke aufsuchen, die ihre eigenen Überzeugungen und Haltungen widerspiegeln und damit bestärken (vgl. Neef, 115; Gahntz u. a., 10; Stark u. a., 306). Diese bilden gleichsam einen akustischen Resonanzraum (Echo) und wirken als soziale Filter. Während man nach Pariser in seiner Filter-Bubble allein ist, befindet man sich in der Echokammer also immer mit anderen zusammen. Durch die gegenseitige Bestärkung und den fehlenden Kontakt mit Andersdenkenden entsteht mehr und mehr der Eindruck, dass es sich um die Mehrheitsmeinung handelt. Als **soziale Homophilie** wird die allgemeinmenschliche Tendenz bezeichnet, Beziehungen mit Menschen aufzubauen und sich mit ihnen zu umgeben, die einem ähnlich sind (vgl. Rau u. a., 404; Porlezza, 44). In der Netzwerkforschung hat das Konzept der sozialen Filter große Bedeutung erlangt, weil die Möglichkeiten der sozialen Vernetzung insbesondere dank sozialer Netzwerke enorm gestiegen sind. Obwohl Echokammern nicht auf eine algorithmische Personalisierung angewiesen sind, sondern auf selbst gewählten sozialen Kontakten basieren, können algorithmische Effekte Echokammer-Effekte verstärken.

Auch bezüglich der Bildung von Echokammern im Internet gibt es widersprüchliche empirische Befunde (vgl. Stark u. a., 313 f.). Ein Nachweis gestaltet sich auch hier schwierig, weil die Informationsflüsse und Selektionsprozesse äußerst vielschichtig und komplex sind. Die im Hintergrund stehenden psychologischen Mechanismen der Homophilie und die bereits erläuterte Bestätigungsverzerrung werden jedoch durch empirische Forschungen hinlänglich gestützt (vgl. Rau u. a., 404; Gahntz u. a., 10; s. Kap. 2.2.2). Insbesondere auf Facebook oder X gibt es zweifellos Gruppen, die sich abkapseln und gegenseitig in ihrer Weltsicht bestätigen. Dies bedeutet aber noch nicht, dass es sich um ein strukturell bedingtes und gesamtgesellschaftliches Phänomen handelt. Vielmehr scheinen weitere Faktoren wie Persönlichkeitseigenschaften und politische Gesinnung eine wichtige Rolle zu spielen. Der Rückzug in Echokammern wurde v. a. für sehr konservative Nutzer, Anhänger von Verschwörungstheorien und politisch extreme Gruppierungen belegt (vgl. Rau u. a., 406; 412; Neef, 116; Oertel u. a., 99). Auch scheint es Unterschiede je nach Plattform zu geben, weil z. B. Konservative bei verstärkter Facebook-Nutzung deutlich konservativere Nachrichten konsumieren als üblicherweise, bei Reddit jedoch ein gegenteiliger Effekt festgestellt wurde (vgl. Gahntz u. a., 11). Bei Nutzern ohne extreme politische Ansichten kann sich durch das vielfältigere Informationsangebot im Netz auch die Wahrnehmung verbreitern (vgl. Buchmann, 27; Lischka u. a., 38). Es gibt Hinweise darauf, dass die Nutzer auf Social-Media-Plattformen eher mit gegensätzlichen Positionen konfrontiert werden als in der Realität, teilweise sogar ihre politische Meinung ändern und allgemein die Vielfalt der Diskussionen gefördert wird (Steinicke u. a., 30; Porlezza, 46, Oertel u. a., 99 f.). Für diejenigen, die ein hohes politisches Interesse haben und sich die Informationen aus verschiedenen digitalen Medien holen, scheint das Risiko, in Echokammern zu geraten, gering zu sein (vgl. Stark u. a., 314).

Filterblasen: Internetnutzer bekommen nur Informationen präsentiert, die ihren eigenen Interessen entsprechen
Ursache: personalisierte Kuratierung durch Algorithmen ⟶ individuelle Informationsräume **Kritik**: • bei Suchmaschinen nicht belegt, ansonsten inkonsistente Resultate • zahlreiche und vielfältige Selektionskriterien verschiedener Plattformen
Echokammer: Bevorzugung von digitalen Kommunikationsräumen mit Gleichgesinnten ⟶ Resonanz (Echo)
Ursache: Homophilie, Bestätigungsverzerrung, Illusion der Mehrheitsmeinung **Kritik:** • gilt nicht für alle Personengruppen und Plattformen • eindeutig nachgewiesen nur für politische Extrempositionen
allgemeine Kritik: • Bedeutung beider Phänomene in öffentlichen (politischen) Debatten überschätzt • zutreffend v. a. für radikale Randgruppen, nicht verallgemeinerbar auf große Mehrheit • widersprüchliche Forschungsergebnisse erfordern noch mehr Untersuchungen

Fragmentierung der Öffentlichkeit in Teilöffentlichkeiten

Die beliebten, aber sehr unscharfen Metaphern von Filterblasen und Echokammern verkürzen also die komplexen Wirkzusammenhänge im digitalen Raum. Auch werden die Auswirkungen der beschriebenen Mechanismen in der Öffentlichkeit und in politischen Diskussionen meist überschätzt und gelten als wissenschaftlich noch zu wenig erforscht (vgl. Oertel u.a., 95). Die bisherigen empirischen Untersuchungen mit jeweils sehr spezifischen Studiendesigns lassen keine klaren allgemeinen Schlüsse zu. Schwerlich befinden sich die Internetnutzer isoliert in abgeschlossenen Blasen oder Communities, sodass sie nicht jederzeit ausbrechen und sich nach Belieben mit anderen Meinungen und Themen auseinandersetzen könnten. Echokammereffekte sind zwar zweifellos existent und können zu einer meinungskonformen Mediennutzung führen, ohne dass aber andere Ansichten komplett ausgeblendet werden (vgl. Jarren u.a. 2017, 35). An die Fragmentierungsthese der Mediennutzung und Medienwirkungsforschung knüpft die demokratierelevante These einer Fragmentierung der Gesellschaft in gleichgesinnte Gruppen an. Auch ist häufig die Rede von einer Fragmentierung der Öffentlichkeit, d.h. ihrer Zersplitterung in eine

Vielzahl verselbständigter und miteinander konkurrierender **Teilöffentlichkeiten**, **Parallelöffentlichkeiten**, **Gruppenöffentlichkeiten** oder **Halböffentlichkeiten** (vgl. Jarren u. a. 2017, 34; Reckwitz, 269; Buchmann, 30; Habermas 2022, 65). In einem formal-allgemeinen und deskriptiven Sinn meint **Öffentlichkeit** eine Sphäre zwischenmenschlicher Kommunikation und des gesellschaftlichen Lebens, die über den rein persönlichen privaten Raum hinausgeht und für die Allgemeinheit frei zugänglich ist. Infolge der Digitalisierung der Kommunikationsmedien ist die öffentliche Sphäre aber einem tiefgreifenden Transformationsprozess ausgesetzt (vgl. Eisenegger, 1; Jarren u. a. 2017, 34). Es wird kritisch reflektiert, ob die duale Kategorisierung von „öffentlich" versus „privat" und die traditionellen Konzepte und Modelle von „Öffentlichkeit" noch angemessen sind.

In gewisser Weise ist jede Online-Kommunikation „potentiell öffentlich", schon weil sie dank Datafizierung und Algorithmisierung prinzipiell beobachtbar ist (vgl. Eisenegger, 4). Hinzu kommt, dass sämtliche Beiträge im Netz problemlos kopiert und verbreitet werden können. Sogenannte soziale Medien weisen aber sowohl Merkmale öffentlicher als auch privater Kommunikation auf (vgl. Krüper, 77). In sozialen Netzwerken gibt es verschiedene Privacy-Einstellungen wie etwa die Einschränkung der Informationsverbreitung auf „friends only", wobei z. B. die Zahl von Facebook-Freunden oder derjenigen auf Instagram oder TikTok typischerweise Hunderte bis Tausende umfasst. Aufgrund ihrer inhaltlichen Nähe zur persönlichen oder Individualkommunikation spricht man bei diesen Teilöffentlichkeiten auch von **privaten**, **persönlichen** oder **individualisierten** bzw. **individuellen Öffentlichkeiten** (vgl. Göttlich u. a., 290; 298; Bieber, 70). Es herrscht eine Gemeinschaftskommunikation vor, die einer anderen Logik folgt als die unpersönliche Kommunikation in der massenmedial hergestellten Öffentlichkeit, die als öffentliche Kommunikation im engen Sinn gelten kann. Solche individualisierten (Halb-)Öffentlichkeiten werden gesteuert vom Prinzip des Austausches von Informationen (vgl. ebd., 295). Wesentliche Ziele des Austausches in sozialen Netzwerken oder allgemein in sozialen Medien sind das Beziehungs- und Identitätsmanagement, d. h. eine performative Selbstdarstellung und das Erlangen sozialer Aufmerksamkeit über „Shares" und „Likes" (vgl. Eisenegger, 5 f.; Imhof, 19). Die Themen bei dieser Gemeinschaftskommunikation sind überwiegend von persönlicher Relevanz: Es werden private Alltagssituationen, ästhetische Vorlieben und Konsumerlebnisse geteilt und ständig wird der Status der einzelnen Mitglieder evaluiert. Sie sind also nicht „öffentlich" im Sinne des öffentlichen

Interesses und der gemeinsamen Verständigung über das Gemeinwohl, die bei einem normativen Öffentlichkeitsbegriff im Vordergrund stehen (s. Kap. 2.1.3.3).

Bezüglich der These einer Fragmentierung der Öffentlichkeit ermöglicht das klassische Drei-Ebenen-Modell von Öffentlichkeit eine differenziertere Sichtweise. „Öffentlichkeit" wird dabei als dynamischer Prozess verstanden, der sich wie in einer Pyramide auf drei verschiedenen Stufen entfaltet (vgl. Eisenegger, 4): Bei der „einfachen Öffentlichkeit" oder **Encounter-Öffentlichkeit** auf der untersten Interaktionsebene geht es um spontane und situative Kommunikation z. B. auf Plätzen, bei der Arbeit, Stammtischen, Feiern etc. Die „mittlere Öffentlichkeit" ist eine Versammlungs- oder **Themenöffentlichkeit**, bei der sich spontane oder organisierte Gruppen vorübergehend auf Versammlungen, in Vereinen, Blogs, Online-Gesprächsgruppen etc. themenspezifisch austauschen. Auf der höchsten Ebene befindet sich die „komplexe Öffentlichkeit" oder **Medienöffentlichkeit** als umfassenderes Kommunikationssystem, zu denen paradigmatisch die dauerhaft existierenden traditionellen Massenmedien gehören. Allerdings haben sich auf der höchsten Ebene der massenmedialen Öffentlichkeit gleichfalls Brüche in der Entwicklung ereignet: Nach dem ersten **Strukturwandel der Öffentlichkeit** mit dem Übergang von frühbürgerlichen Versammlungsöffentlichkeiten zur massenmedial hergestellten Öffentlichkeit führte der zweite Strukturwandel ab den 1960er Jahren zu einer Privatisierung und Kommerzialisierung des Mediensystems (vgl. Eisenegger, 18; s. Kap. 2.1.1). Das Medienangebot an Zeitschriften und Rundfunksendungen erweiterte sich durch viele „Special-Interest-Medien". Diese Ausdifferenzierung der Medienlandschaft setzte sich im dritten Strukturwandel infolge der Digitalisierung, Plattformisierung und Algorithmisierung der öffentlichen Sphäre seit den 2000er Jahren fort.

Eine **Ausdifferenzierung** der digitalen Kommunikationsräume und der Medienlandschaft könnte durchaus positiv gedeutet werden im Sinne einer „Diversity" oder einer „Modularisierung", d. h. einer Zerlegung eines komplexen Gesamtsystems in kleinere Einheiten (vgl. Schulz u. a., 224 f.; Boehme-Neßler, 31). Ein immer größeres und vielseitigeres Angebot muss nicht zwangsläufig die Herstellung von Schnittmengen und einer Öffentlichkeit für gemeinsame Themen verunmöglichen (vgl. Bieber, 86). Die verschiedenen Ebenen von Öffentlichkeiten dürften dann allerdings nicht ausschließlich nebeneinander existieren, sodass es keine Entwicklung mehr von den individuellen Öffentlichkeiten der unteren Stufen zur komplexen breiten oder allgemeinen Öffentlichkeit hin gäbe. Digitale Medien wie Videoportale, Chats oder soziale Netzwerke auf der mittleren Ebene der Themenöffentlichkeiten sind **Mesomedien**, die sich zwischen Individualmedien wie Brief oder Telefon und den traditionellen klassischen Massenmedien befinden. Politische und wirtschaftliche Themen mit hoher Relevanz für eine breite Öffentlichkeit haben es in solchen individualisierten Öffentlichkeiten schwer sich durchzusetzen, weil es hier wie gesehen hauptsächlich um Beziehungs- und Identitätsmanagement geht (vgl. Imhof, 21). Immer mehr scheint sich auch die Encounter- oder Stammtischöffentlichkeit ins Netz zu verlagern und den Charakter der digitalen Öffentlichkeit zu bestimmen. Je mehr sich die Kommunikation auf das Besondere, Individuelle oder Private konzentriert, desto mehr droht eine „Erosion des Allgemeinen“ und eine „Schwächung der allgemeinen Öffentlichkeit“ (Reckwitz, 268). Statt eine Modularisierung läge eine problematische Fragmentierung vor, wenn nicht nur bezüglich Spezialthemen, sondern auch bezüglich gesellschaftlich wichtiger Themen nur unverbundene und inkommensurable Halböffentlichkeiten nebeneinander existierten (vgl. Buchmann, 27). Schlimmstenfalls fehlt ein Konsens darüber, welche gesellschaftlichen Themen überhaupt wichtig sind und dringend gelöst werden müssen.

Die Kommunikation in verselbständigten Halböffentlichkeiten ist aber keineswegs durchgängig entpolitisiert (vgl. Habermas 2022, 65). Auch ist es keineswegs strukturell ausgeschlossen, dass sich Teilnehmer digitaler Communities über ihre „Special-Interests“ hinaus zusätzlich noch für gemeinsame Angelegenheiten engagieren. Das kann selbst für Fans einer Lieblingsserie oder Menschen mit exzessiven Hobbys wie Reisen oder Kochen gelten, die sich am häufigsten und liebsten in entsprechenden Foren über diese Themen unterhalten. Soziale Medien können mit ihrem niedrigschwelligen Angebot und den vielfältigen Vernetzungsmöglichkeiten bestenfalls sogar die Zivilgesellschaft stärken, indem sie vom politischen Mainstream vernachlässigte Themen in den gesellschaftlichen Diskurs einbringen (vgl. Strauß u. a., 27). Was zunächst nur privat oder interpersonal auf den unteren Stufen im Drei-Ebenen-Modell verhandelt wird, kann unter Umständen eine massenmedial vermittelte breite Öffentlichkeit erreichen (vgl. Eisenegger, 2; Göttlich u. a., 298 f.). Nicht nur internationale Verschwörungserzählungen wie „QAnon“ vermögen dank der Online-Kommunikation breite öffentliche Aufmerksamkeit auf sich zu ziehen, sondern auch die Anliegen marginalisierter Gruppen wie „People of Colour“ oder „People with Disabilities“ oder gesellschaftlich hochrelevante Themen wie „MeToo“ oder „Fridaysfor-

Future“. Voraussetzung für die Einflussnahme von Teilöffentlichkeiten auf den öffentlichen Meinungsbildungsprozess ist allerdings, dass der Schritt in andere Teilöffentlichkeiten und auf die höchste Stufe der massenmedialen Öffentlichkeit gelingt (vgl. Schulz u. a., 218). Der Fragmentierungsthese steht also die Annahme entgegen, dass dank des vernetzten Charakters der Online-Kommunikation immer noch ein interessiertes Publikum für zentrale Themen gefunden werden kann und diese dann teilweise sogar in eine politische Öffentlichkeit führen (vgl. Bieber, 68). In Kapitel 2.3 zum Beitrag der Digitalisierung zur Demokratie werden diese Themen vertieft.

3-Ebenen-Modell von Öffentlichkeit
1) **Encounter-Öffentlichkeit**: spontane, situative Kommunikation (z. B. Stammtisch) 2) **Themenöffentlichkeit**: spontane oder organisierte Gruppenkommunikation (z. B. Online-Foren) 3) **Medienöffentlichkeit**: allgemeine Öffentlichkeit über (traditionelle) Massenmedien
Probleme durch (zweiten und dritten) Strukturwandel der Öffentlichkeit: • verselbständigte, konkurrierende Teil-/Halb-/Prallelöffentlichkeiten • persönliche/individuelle Öffentlichkeiten: Themen von privater Relevanz • Schwächung der allgemeinen (breiten) Öffentlichkeit

Polarisierung und Radikalisierung

Noch über die These einer Fragmentierung der Gesellschaft hinaus geht diejenige einer **Polarisierung**. Im politischen Kontext ist damit ein Auseinanderklaffen in gegensätzliche, unversöhnliche Meinungslager oder sogar die Spaltung der Gesellschaft gemeint. Insbesondere auf Twitter (X) wurden in Diskussionen Polarisierungseffekte festgestellt, wobei zumindest im Fall politischer Themen die algorithmische Vorfilterung von Nachrichteninhalten dazu beizutragen scheint (vgl. Oertel u. a., 100). Anders als in den USA ging allerdings in Europa die Polarisierung der geäußerten Meinungen über einen zweijährigen Untersuchungsraum zurück (vgl. ebd.). Außer Frage steht aber, dass extremistische Organisationen in hohem Maß von Internet-Plattformen profitieren, v. a. bei der Verbreitung ihrer Ideen und der Rekrutierung neuer Anhänger (vgl. Sold, 1 f.). Rechtspopulistischen Gruppen wie Pegida oder der AfD gelingt es besonders gut, Menschen mit extremen Ansichten in homogene Echokammern zu locken und „alternative Medien“ gegen die „Lügenpresse“ auszuspielen (vgl. Rau u. a., 412). Die AfD als weitaus populärste Partei auf Facebook vermittelt ihren Anhängern gerne: „Wir sind die schweigende Mehrheit“ (vgl. Brodning 2017, 21; Steinicke u. a., 31). Mit dieser Suggestion einer (noch) schweigenden Mehrheit gelingt es auch bei randständigen und höchst umstrittenen Positionen, immer mehr Menschen zur Zustimmung zu ermutigen und diese allmählich als „normal“ und sozial akzeptabel erscheinen zu lassen. Je lauter und aggressiver sich die Anhänger zu äußern wagen, umso mehr Likes von Gleichgesinnten oder empörte Reaktionen Andersdenkender bekommen sie. Infolge dieser zahlreichen Interaktionen werden sie aufgrund der algorithmischen Kuratierung immer mehr Nutzern angezeigt. Wenn sich jedoch Menschen in der Minderheit fühlen, trauen sie sich nach dem von Elisabeth Noelle-Neumann beschriebenen Phänomen der Schweigespirale aus Angst vor sozialer Isolation nicht, ihre (aufgrund der medialen Verzerrung) vermeintlich „unpopuläre“ Meinung zu vertreten. Je mehr die tatsächliche oder scheinbare Mehrheit dadurch an Stärke gewinnt, desto mehr verstummen daher die abweichenden Stimmen (vgl. Schulz u. a., 25).

Politische **Radikalisierung** schließlich meint die zunehmende Hinwendung zu extremistischen Ideen, für die nötigenfalls auch illegale Mittel eingesetzt werden. Sie kann sowohl Ursache als auch Folge der Polarisierung sein (vgl. Stark u. a., 308). Polarisierungen und Radikalisierungen des öffentlichen Diskurses sind für Demokratien eine große Gefahr, weil sie Kompromisse erschweren oder verunmöglichen. Wiederum ist aber schwer herauszufinden und nicht eindeutig geklärt, welcher Einfluss genau den digitalen Medien an diesen negativ zu bewertenden gesellschaftlichen Entwicklungen zuzuschreiben ist. Die Rede von einer **digitalen** oder **Online-Radikalisierung** suggeriert fälschlicherweise, dass Radikalisierungsprozesse sich jenseits realweltlicher Interaktionen vollziehen. Menschen mit radikalen politischen Einstellungen sind zwar tendenziell lauter und aktiver und daher wegen der beschriebenen Mechanismen im Netz überrepräsentiert (vgl. Stöcker, 308; Stark u. a., 308; Brodning 2017, 20). In den USA nahm die politische Radikalisierung in den letzten Jahren aber insbesondere unter denjenigen Bürgern zu, die mit der geringsten Wahrscheinlichkeit das Internet nutzen (vgl. Rau u. a., 410). Die Mehrheit der Forscher kommt zum Schluss, dass der Ausgangspunkt von möglichen Polarisierungseffekten meist in der Politik oder anderen realweltlichen Ursachen liegt, und das Internet diese nur unterstützt oder als Katalysator wirkt (vgl. ebd., 410; Sold, 1). Mögliche Faktoren sind eine starke Polarisierung der politischen Elite wie v. a. in den USA, aber auch eine hohe Politikverdrossenheit, sozioökonomische Benachteiligung, niedrige Bildung oder geringe Nutzung öffentlich-rechtlicher Nachrichten (vgl. dazu auch Kap. 2.3). In bestimmten Bevölkerungsgruppen lässt sich zwar bei einer ausgiebigeren Information über soziale Netzwerke eine stärkere Polarisierung der Meinungen beobachten, aber nur unter der Bedingung niedriger formaler Bildung (vgl. Oertel u. a., 101). Insgesamt ist die Forschungslage also auch bezüglich der Polarisierungs- und Radikalisierungstendenzen im Netz inkonsistent und ergab nur für einen kleinen Teil der Menschen mit sehr meinungshomogenen Netzwerken eindeutige Resultate.

Polarisierung: Auseinanderklaffen in gegensätzliche politische Meinungslager **Radikalisierung**: Hinwendung zu Extrempositionen und Akzeptanz illegaler Mittel
Ursachen: • **hauptsächlich realweltliche**: Polarisierung in Realpolitik, Politikverdrossenheit, Misstrauen in öffentlich-rechtliche Medien, niedriger Bildungsgrad, Bedrohungssituation etc. • **Persönlichkeitseigenschaften**: radikale Einstellungen, Verschwörungsmentalität etc. • **Internet als Katalysator**: obige Effekte, hohe Aufmerksamkeit für extreme Inhalte

2.2.4 Digitale Gewalt: Online-Hassrede und Cybermobbing

Zu einem immer größeren Problem wird die massive Zunahme menschenverachtender, hasserfüllter oder mit Drohungen verbundender Beiträge im digitalen Raum. Sie trägt in einem erheblichen Ausmaß zur viel beklagten allgemeinen Verschlechterung des Kommunikationsklimas im Internet bei, das bereits in Kapitel 2.2.1 Thema war. Zu **Online-Gewalt** oder **digitaler Gewalt** zählt jede Form von gezielten aggressiven Schädigungen wie etwa Beleidigungen, Hassrede (Hate Speech), Online-Belästigungen (Harassment), Cybermobbing, -stalking oder -grooming, Erpressungen, Drohungen und Betrug über Online-Kommunikation mittels digitaler Geräte (vgl. Wagner 2020, 122 f.; Schmidt u. a., 259; Fenner 2010, 389). Viele davon gelten auch als Straftatbestände, die juristisch teilweise unterschiedlich geahndet werden, z. B. Beleidigungen, Belästigungen oder Erpressungen. Unter **Cyberkriminalität** werden in einem weiten Sinn sämtliche strafrechtlich relevanten Delikte zusammengefasst, die mit Hilfe digitaler Informations- und Kommunikationstechnologien begangen werden. In einem engen Sinn beschränkt sich die „Cyberkriminalität" aber auf Angriffe gegen Informationssysteme und Daten. Zu denken ist an das Zerstören oder Lahmlegen von IT-Systemen durch Schadsoftware oder an massenhaft automatisch generierte Anfragen, die ein System zum Zusammenbruch bringen (vgl. Eisele, 255). Sobald es um strategische Angriffe auf private Daten geht, handelt es sich aber wiederum um digitale Gewalt (vgl. Wagner 2020, 123; Thull u.a., 203). So werden beispielsweise beim **Doxxing** (von engl. „Dox": Abkürzung zu „documents") in böser, meist bloßstellender Absicht persönliche Daten oder Bilder anderer Personen ins Internet gestellt (vgl. Neef, 123; Thull u.a., 204). Es gibt also eine große Schnittmenge zwischen Online-Gewalt und Cyberkriminalität, auf die im Rahmen der KI-Ethik zurückzukommen ist (s. Kap. 3.1.3.2).

Die insbesondere in den sozialen Netzwerken weit verbreitete digitale Gewalt unterscheidet sich von **physischer Gewalt**, die sich in der raumzeitlichen Welt ereignet und sich gegen die körperliche Unversehrtheit oder physische Gesundheit der Opfer richtet, z.B. durch Schläge oder Einsperrungen. Bis auf handfeste Betrugsfälle stellt digitale Gewalt eine Form von meist verbaler **psychischer Gewalt** dar, bei der die seelische Unversehrtheit und psychische Gesundheit der Opfer beeinträchtigt wird. Durch Respektlosigkeit, Beschimpfungen, Einschüchterungen, Verängstigungen oder Belästigungen werden Menschen verletzt und verstört. Dies kann sich negativ auf Selbstwertgefühl, Selbstsicherheit, Selbst- und Weltvertrauen auswirken. Auf den ersten Blick scheint die medienvermittelte psychische Gewalt als „disembodied communication" zwar harmloser oder weniger „real" zu sein als physische Gewalt, weil sie keine unmittelbar sichtbaren Spuren hinterlässt. Beide Formen von Gewalt können aber die Opfer schwer schädigen. Konkrete Folgen reichen von Kopfschmerzen, Schlafstörungen und Ängsten über Panikattacken, Depressionen und Essstörungen bis hin zu suizidalem Verhalten (vgl. Thull u.a., 204). Genauso wie körperliche Gewalt meist auch mit psychischen Beeinträchtigungen einhergeht, kann sich umgekehrt auch psychische Gewalt körperlich auswirken. Digitale Gewalt ist außerdem noch in einem anderen Sinn eng mit realer physischer Gewalt verknüpft: Sehr häufig stellt sie eine Fortsetzung oder Ergänzung bereits existierender Gewaltverhältnisse und -dynamiken unter veränderten Rahmenbedingungen dar, und Offline-Gewalt wird oft digital aufgezeichnet und verbreitet. Umgekehrt kann reale Gewalt durch digitale angedroht und angebahnt werden (vgl. Döring u.a., 15 f.; Thull u.a., 202). Ein Beispiel dafür wäre die Ermordung des Kasseler

Regierungspräsidenten Walter Lübcke durch einen Rechtsextremisten 2019, dem eine Welle von Hass und Hetze im Internet vorausging. Deren Auslöser war seine Aussage an einer Informationsveranstaltung zu einer Erstaufnahme-Unterkunft: „Und wer diese Werte nicht vertritt, der kann jederzeit dieses Land verlassen."

Allgemeine Ziele digitaler Gewalt sind das Ausagieren von Hass, Wut oder Neid, das Ausüben von Macht und Kontrolle über andere Personen sowie das Betrügen oder Ausbauen einer Machtposition in der eigenen Gruppe (vgl. Döring u.a., 15). Aggressionen und Gewalt sind natürlich keine neuen Phänomene. Während die meisten Menschen aber im Alltagsleben eher selten offen Beleidigungen und geballtem Hass ausgesetzt sind, herrscht in vielen digitalen Kommunikationsräumen ein raues, aggressives Klima. Es kommt rasch zu erregten Kommentaren, Beschimpfungen und sich aufschaukelnden Empörungswellen bis hin zur Hetze. In der Forschung wird ein Absinken der moralischen Hemmschwelle im digitalen Raum festgestellt, das durch die Anonymität der Beiträge im Netz begünstigt wird. Bevor auf diese Zusammenhänge und einige neuartige oder veränderte Formen von Gewalt ein Blick geworfen wird, sollen die besonderen **Merkmale digitaler Gewalt** herausgearbeitet werden (vgl. ebd., 16f.): Sie ist zeit- und ortsunabhängig und damit während der Nutzung digitaler Geräte immer und überall präsent. Die Opfer können den permanenten Übergriffen daher kaum entkommen und finden keine Ruhe mehr. Da die Aggressionen (teil)öffentlich stattfinden, kann der Kreis der Mittäter beliebig ausgedehnt werden. Entsprechend wirken die im Netz nur schwer wieder zu löschenden Bloßstellungen oder Belästigungen viel länger nach und können auf die verschiedensten Lebensbereiche übergreifen und den Handlungsspielraum drastisch verengen. Wenn über Textnachrichten hinaus auch Bild-, Ton- oder Videoaufzeichnungen ins Netz gestellt werden, kann erheblich mehr Aufmerksamkeit erzielt werden. Die Verletzungen seitens der Opfer sind entsprechend tiefgreifender und nachhaltiger.

digitale Gewalt (Online-Gewalt): sämtliche gezielten aggressiven Schädigungen mittels Online-Kommunikation (z. B. in sozialen Netzwerken, Chaträumen, Instant-Messaging etc.)
Formen: Beleidigungen, Hassrede (Hate Speech), Belästigungen (Harassment), Cybermobbing, -stalking oder -grooming, Erpressungen, Drohungen, Betrug etc.
Überschneidungen mit **Cyberkriminalität**: sämtliche strafrechtlich relevanten Delikte mittels digitaler Technologien, insbesondere Angriffe gegen Informationssysteme und Daten, aber auch Doxxing, Online-Betrug etc.
allgemeine Ziele: • Ausagieren von Hass und Wut • Ausüben von Macht und Kontrolle

digitale Gewalt (Online-Gewalt)	**analoge Gewalt (Offline-Gewalt)**
online im digitalen Raum	offline in der raumzeitlichen Welt
meist **psychische Gewalt**: Schädigung der psychischen Gesundheit z. B. durch Beschimpfung/Belästigung	**physische** oder **psychische Gewalt**: Schädigung der physischen Gesundheit z. B. durch Schläge/Einsperrungen
Achtung: Digitale Gewalt = oft Fortsetzung, Ergänzung oder Anbahnung analoger Gewalt!	

Ethische Bewertung

Da digitale Gewalt also keineswegs bloß virtuell, sondern genauso real wie analoge ist und negative Folgen in der realen Lebenswelt zeitigt, ist sie ethisch klar zu verurteilen. Aus **konsequentialistischer** Sicht sind die Aktivitäten im Internet umso verwerflicher, je schwerwiegender die absichtlich herbeigeführten oder doch voraussehbaren Schädigungen sind. Aufgrund der besonderen Charaktermerkmale der Online-Kommunikation wie größere Reichweite und zeitliche Entgrenzung können die Folgen digitaler Gewalt wie gesehen sogar viel schwerwiegender sein. Das Problem besteht aber darin, dass diese im Gegensatz zu den Schädigungen analoger und insbesondere physischer Gewalt aufgrund der Abwesenheit der Opfer nicht nur weniger sichtbar sind, sondern auch weniger gut voraussehbar. Wo Opfer nicht direkt adressiert werden, tragen die Täter keine **direkte Handlungsverantwortung** gegenüber den Betroffenen in einer aktuellen Handlungssituation. Es liegt dann vielmehr eine **indirekte**

Handlungsverantwortung vor, weil die Folgen der Handlungen indirekt über zeitversetzt eintretende Wirkungen von veröffentlichten Beiträgen in Form von Texten, Bildern oder Videos eintreten (vgl. Fenner 2013, 152). Dies ist vergleichbar mit fiktionaler Gewalt im Kunstbereich: Künstler weisen häufig jede Verantwortung von sich, auch wenn beispielsweise die in einem Roman vorkommenden Figuren klar identifizierbar sind und negativ verzerrt und entwürdigend dargestellt werden (vgl. ebd., 180). Mit dem Argument, es sei doch alles nur fiktiv bzw. virtuell oder als Spaß oder Satire gemeint, kann man sich aber nicht einfach aus der Handlungsverantwortung stehlen (s. Kap. 2.2.2).

Hinzu kommt im Internet das bereits erläuterte **Verwässerungsproblem der Verantwortung** (s. Kap. 2.1.2): Es bezieht sich klassischerweise auf das Handeln in einem organisierten, meist hierarchisch strukturierten Kollektiv mit klaren gemeinsamen Zielen und Strategien. Im digitalen Raum handelt es sich aber meist um **Konnektive**, d. h. vorübergehende, offene und lose, spontan und zufällig gebildete Koalitionen ohne klare Struktur und Zielsetzungen. Je mehr Menschen sich an der gewalthaltigen Dynamik beispielsweise eines Shitstorms oder Cybermobbings beteiligen, desto weniger fühlt sich der Einzelne verantwortlich. Bei Konnektiven ist die Gefahr der Verantwortungsdiffusion noch größer, weil die Zusammengehörigkeit häufig auf unreflektierten, spontanen Gefühlen wie Empörung oder diffusen Ängsten und Bedrohungssituationen basiert und sich einer lawinenartig ausbreitenden „Gefühlsansteckung" verdankt (s. Kap. 2.2.1). Analog zur kollektiven Verantwortung gilt es aber in den neuen digitalen Gemeinschaftsformen eine **konnektive Verantwortung** zu übernehmen. Um die Folgen einer Beteiligung an konnektiven Aktivitäten im Internet besser abschätzen zu können, braucht es eine öffentliche Sensibilisierung und Aufklärung bereits an Schulen (vgl. unten, Abschnitt Cybermobbing).

Aus einer **deontologischen Perspektive** geht es um die bei digitalen Gewalthandlungen missachteten Werte, Prinzipien und Rechte: Werden Personen oder Personengruppen belästigt, gestalkt, bedroht oder erpresst, wird ihre Würde verletzt. Am offenkundigsten fehlt der ethisch gebotene Respekt vor der menschlichen **Würde** oder Fähigkeit zur Selbstbestimmung, wenn die Opfer auf Objekte der eigenen Triebe oder Bedürfnisse reduziert und damit instrumentalisiert werden. Aber auch wo sie beschimpft und beleidigt werden, ihr Profil verzerrt oder ihre Leistungen geschmälert oder unvorteilhafte oder manipulierte Aufnahmen veröffentlicht werden, wird gegen die allgemeinen Persönlichkeitsrechte auf Würde und Ehre verstoßen.

Die **Persönlichkeit** eines Menschen meint seine persönliche Identität oder seinen Charakter, d.h. das, was ein bestimmtes Individuum als Individuum ausmacht: Es ist ein einzigartiges individuelles Muster von relativ stabilen, angeborenen Anlagen und Eigenschaften, aber auch von erworbenen, selbstgewählten Idealen und Lebenszielen. Das vom Schutz der Menschenwürde (Art. 1 Abs. 1) und dem Recht auf freie Entfaltung der Persönlichkeit (Art. 2 Abs. 1 GG der BRD) abgeleitete **allgemeine Persönlichkeitsrecht** schützt zwar in erster Linie vor Übergriffen des Staates in die individuelle Lebensgestaltung, indirekt aber auch vor denjenigen anderer Bürger. Es umfasst das Recht auf **informationelle Selbstbestimmung** und das Recht, sich in seinen Privatraum zurückzuziehen und in Ruhe gelassen zu werden. Das im Zusammenhang mit digitaler Gewalt besonders relevante **Recht auf Selbstdarstellung** soll vor verfälschenden, verstellenden oder unerbetenen Darstellungen durch andere schützen. Dazu gehören das **Recht am eigenen Bild** und das **Recht auf Ehre**. Anders als bei bloßen Unhöflichkeiten wird bei ehrverletzenden Beleidigungen eine Person in ihrer sozialen oder beruflichen Stellung oder in seiner charakterlichen oder ethischen Haltung herabgesetzt (vgl. unten, Abschnitt Hate Speech). Alle diese Rechte haben Menschen auch im digitalen Raum, wenngleich deren Schutz natürlich im Netz ungleich schwieriger ist.

Online-Hassrede (Hate Speech)

„Hassrede" ist eine Lehnübersetzung vom englischen „Hate Speech", das sich genauso wie „Fake News" im deutschen Sprachraum weitgehend durchzusetzen vermochte. „Hate Speech" wird meist als politischer Begriff verwendet, der sich nicht primär auf das Ausdrücken von negativen Emotionen wie Wut oder Abneigung gegenüber anderen Personen bezieht. Unter **Hassrede im engen Sinn (Hate Speech)** werden vielmehr nur diejenigen sprachlichen (oder seltener bildlichen) Ausdrucksweisen von Hass verstanden, bei denen Personen oder Personengruppen aufgrund bestimmter Eigenschaften wie Geschlecht, Hautfarbe, Herkunft, sexuelle Orientierung etc. abgewertet oder verunglimpft werden (vgl. Meibauer, 1; Döring u.a., 18). So wurden schwarze Menschen lange Zeit abfällig als „Neger" bezeichnet oder Homosexuelle als „Schwuchtel". Wird ein homosexueller Mann als „Schwuchtel" bezeichnet, handelt es sich um eine direkte Beleidigung, bei einem heterosexuellen Mann hingegen um eine indirekte Beleidigung von Homosexuellen (vgl. Wagner 2020, 121). Auch wenn prinzipiell alle Internetnutzer Opfer von Hassrede werden können, haben Angehörige von Minderheitengruppen wie z. B. Migranten, People of Colour oder LGBTQ ein erhöhtes Risiko (vgl. Schmidt u. a., 260; Thull u. a., 203). Besonders betroffen scheinen generell Frauen, überproportional schwarze Frauen zu sein, die oft unabhängig von ihren Äußerungen Gewalt erfahren, nur weil sie online sind (vgl. Schmidt u. a., 262 f.). Der Hass gründet somit in Vorurteilen gegenüber bestimmten Menschengruppen, sodass eine Abwertung in Form einer **Diskriminierung** oder einer „gruppenbezogenen Menschenfeindlichkeit" vorliegt (Wagner 2020, 125). Unter Hasskriminalität fällt der Tatbestand der **Volksverhetzung**, bei dem die Menschenwürde von Personen verletzt oder der öffentliche Friede gestört wird, indem bestimmte Menschengruppen oder ihre Angehörigen beschimpft und verleumdet werden oder zum Hass gegen sie aufgestachelt wird (vgl. § 130 StGB der BRD). Allgemeine Ziele von Hate Speech sind die gesellschaftlich-strukturelle Unterdrückung missliebiger Menschengruppen oder die Durchsetzung der eigenen streitbaren Meinung in öffentlichen Räumen (vgl. Thull u. a., 203).

Das Phänomen der Hassrede im Netz lässt sich aber schwerlich auf diskriminierende Äußerungen reduzieren. Betroffen von Hass und Hetze im Netz sind nicht nur die genannten Minderheitengruppen, sondern Personen des öffentlichen Lebens sowie auch ganz unauffällige Privatpersonen. Zu **Hassrede in einem weiten Sinn**, wie sie in öffentlichen Debatten, den Empfehlungen des Europarats über Hassrede (1997, R(97) 20), im Digital Services Act der EU und im Gesetzespaket gegen Hass und Hetze (2021) der BRD werden auch ungerechtfertigte Herabwürdigungen von Einzelpersonen ohne gruppenspezifische Vorurteile gezählt. Besonders häufig attackiert werden Politiker, Journalisten, Ärzte und Wissenschaftler, wobei die Täter oft aus dem rechten bis rechtsextremen oder verschwörungstheoretischen Milieu stammen. Neben dem bereits erwähnten CDU-Politiker Walter Lübcke ist ein weiteres prominentes Opfer die Grünenpolitikerin Renate Künast, die auf Facebook anlässlich verschiedener Fake-Zitate in übelster Weise sexistisch beschimpft wurde (s. Kap. 2.2.2). Hassrede im weiten Sinn kann teilweise indirekt diskriminierend sein, sofern sie rassistisch motiviert ist. In der Corona-Pandemie kam es jedoch zu massenhaften Beleidigungen und Drohungen gegenüber Ärzten und Wissenschaftlern, die lediglich Fakten über die Pandemiebekämpfung verbreiteten oder zum Einhalten von Regeln oder zur Impfung aufriefen. Bei persönlichen **Beleidigungen** werden Individuen verunglimpft und damit in ihrer Ehre verletzt, z. B. durch klassische Schimpfworte oder durch eine Schmähkritik. Beleidigend kann aber auch eine ehrverletzende Tatsachenbehauptung sein, bei der jemandem etwas

Schlimmes wie z.B. der Besitz von Pornographie unterstellt wird, obwohl es nicht zutrifft. Während der Täter bei der **üblen Nachrede** glaubt, dass das Behauptete wahr ist, werden bei der verwerflicheren **Verleumdung** im vollen Bewusstsein Lügen verbreitet.

Gegen ein immer härteres Vorgehen gegen Hass im Netz wird häufig das Argument vorgebracht, dass dadurch das Recht auf freie Rede oder die Meinungsfreiheit in liberalen Demokratien bedroht seien (vgl. dazu Mündges u.a., 6ff.; Wagner 2020, 129; Eickelmann, 142). Man hört dann Sätze wie: „Das wird man ja mal noch sagen dürfen" oder „Man dürfe nicht mehr sagen, was man denke". Das **Recht auf Meinungsfreiheit** findet aber seine Grenzen da, wo Grundrechte anderer Menschen wie z.B. Persönlichkeitsrechte verletzt werden. Bei der Betonung des Rechts auf freie Meinungsäußerung im Netz wird bisweilen ausgeblendet, dass abwertende, beleidigende Aussagen keineswegs rein virtuell sind, sondern schwerwiegende, sehr konkrete Folgen für die Betroffenen haben. Selbstverständlich sind kritische Stellungnahmen zu Aussagen, Entscheidungen und Handlungen von Personen des öffentlichen Lebens oder anderen Entscheidungsträgern wichtig für die Demokratie. Hilfreich und konstruktiv sind aber nur sachorientierte Argumente, die sich auf Fakten abstützen und nachvollziehbare Gründe gegen das kritisierte Tun aufführen. Abträglich für eine demokratische Debatte sind hingegen verbale **Angriffe gegen Personen** wie bei der rhetorischen Taktik des „Ad-hominem-Arguments" („Argument gegen die Person"), bei dem es gar nicht um die strittige Sache geht. Vielmehr wird die Person diskreditiert, indem ihr z.B. ein schlechter Charakter oder Unglaubwürdigkeit vorgeworfen werden, sodass man auf ihren Standpunkt gar nicht erst einzugehen brauche (vgl. Fenner 2020, 76f.). Strafrechtlich relevant sind Beleidigungen in Form einer **Schmähkritik**: Gemeint sind kritische Äußerungen, bei denen es nicht um die inhaltliche Auseinandersetzung mit einer Aussage oder Entscheidung einer Person geht, sondern lediglich um deren Diffamierung. Ziel solcher Angriffe ist das Einschüchtern und Mundtot-Machen Einzelner oder von Gruppen, die sich dann nicht mehr trauen, ihre Meinung zu äußern (vgl. Mündges u.a., 9). Bisweilen versuchen antidemokratische Hater, durch eine aggressive und rhetorisch zugespitzte Kommunikation mit Bedrohungsszenarien und Ausdrücken wie „Umvolkung" oder „Messermigration" von der sachlichen Debatte abzulenken und die Diskussion zu vergiften (vgl. Wagner 2020, 126).

Hassrede im engen Sinn (Hate Speech): Abwertungen von Personen oder Personengruppen aufgrund bestimmter Eigenschaften (z.B. Hautfarbe, Herkunft, sexuelle Orientierung) **Hassrede im weiten Sinn**: auch ungerechtfertigte Abwertungen von Personen ohne gruppenspezifische Menschenfeindlichkeit (z.B. Beleidigungen, Beschimpfungen etc.)
bevorzugte Opfergruppen: Frauen (geschlechtsspezifische Gewalt), People of Colour, Migranten, LGBTQ, Personen des öffentlichen Lebens **ethisches Problem**: Vorurteile und Diskriminierungen (genauso wie offline)
ethisch (und rechtlich) verboten: • Verletzung von Würde und Persönlichkeitsrechten (Recht auf Selbstdarstellung, Ehre etc.) • Vergiftung des Diskurses: Angriffe auf Personen statt Auseinandersetzung über strittige Sache

Shitstorms

Seit 2010 hat sich der Pseudo-Anglizismus „Shitstorm“, wörtlich übersetzt „Scheiße-Sturm“, im deutschen Sprachraum etabliert. Im Englischen hat er eine viel allgemeinere Bedeutung und steht für eine unüberschaubare, unkontrollierbare unangenehme Situation (vgl. Eickelmann, 173). Shitstorm im engen Sinn meint demgegenüber eine unvorhergesehene und unkontrollierbare, sich lawinen- oder springflutartig entwickelnde und meist rasch wieder verebbende Empörungswelle im Internet (vgl. ebd., 173f.; Marx, 409; 417; Wagner 2020, 127). Ausgelöst wird sie durch eine negativ bewertete Äußerung oder Tat einer Person, Institution oder eines Unternehmens. Typisch für diese Form der medialen öffentlichen Missachtung ist eine Verselbständigung der Debatte: Häufig entfernt sich ein großer Teil der Kommentare weit vom inhaltlichen Kern der strittigen Aussage und wird zunehmend aggressiver, beleidigender und drohender. Shitstorms können dann als eine spezifische Form von Hassrede verstanden werden, gekennzeichnet durch eine bestimmte Verlaufsform wie bei einem tropischen Wirbelsturm und eine teils in die Tausende gehende Masse der kritischen Kommentare. Es lässt sich allerdings nicht exakt quantitativ bestimmen, ab welcher Anzahl von Reaktionen man von einem Shitstorm sprechen kann (vgl. Prinzing 2015, 154). Obwohl es den traditionellen analogen Medien durchaus auch gelang, durch das Veröffentlichen problematischer Vorgänge einen Proteststurm auszulösen, ermöglicht das Internet eine zuvor unbekannte Dynamik der Kollektivierungsprozesse: Die Ausbreitungsgeschwindigkeit und Reichweite ist bei digitalen Medien viel höher, und die Schwelle für die Beteiligung an einem digitalen Massenprotest liegt sehr viel niedriger. Wenn die sich viral verbreitenden Kommentare auf populäre Websites gelangen und zusätzlich durch traditionelle Medien unterstützt werden, können sie wesentlich mehr Aufmerksamkeit und eine größere Macht erlangen: Missliebige Personen oder Unternehmen werden öffentlich an den Pranger gestellt, mundtot gemacht oder zum Rücktritt gezwungen.

Von einem Shitstorm kann im Prinzip jede Person betroffen sein, und schon ein kleiner Fehltritt oder eine unachtsame Äußerung können Auslöser eines Skandals werden (vgl. Bergmann u. a., 15; Marx, 413 ff.). Im Zentrum stehen meist Verstöße gegen allgemein anerkannte oder auch umstrittene Wertvorstellungen oder Normen, z. B. in den gesellschaftlich sehr kontrovers diskutierten Bereichen Zuwanderung, Klimawandel, Tierschutz oder Diskriminierung. In Shitstorms werden adäquates Rollenverhalten und traditionelle Tugenden wie Ehrlichkeit, Respekt und Gesetzestreue angemahnt und egoistisches Handeln abgestraft (vgl. Marx, 415). Daher wird in der Sekundärliteratur bisweilen bemängelt, dass der Begriff „Shitstorm" stark negativ konnotiert ist und damit jede Empörungswelle von vornherein diskreditiert werde (vgl. Prinzing 2015, 154). Es wird darauf hingewiesen, dass Shitstorms nicht mehrheitlich derb-vulgäre Kommentare und Beleidigungen enthielten, sondern auch berechtigte Sachkritik, sodass sie vielfach klärende Wirkung entfalten (vgl. ebd.; Marx, 424 f.). Sinnvoll scheint eine Differenzierung in verschiedene Formen oder Modelle zu sein (vgl. Prinzing 2015, 156; 161): Eines davon ist das **Aufklärungs-** oder **Correctness-Modell**, bei dem wie soeben erwähnt über Missstände oder Verstöße gegen Normen oder eine „Political Correctness" aufmerksam gemacht und protestiert wird. Ein anderes ist das **Unzufriedenheitsmodell**, bei dem der Anlass für den Shitstorm eine konkrete Beschwerde oder Negativbewertung von Produkten oder Dienstleistungen bildet. Neben weiteren, weniger eingängigen Modellen gibt es außerdem das **Hohn-** oder **Spottmodell**, bei dem kein eigentliches Problem vorliegt, sondern etwa ein peinliches Ereignis. So hatten z. B. Eltern einen Video-Song ihrer 13-jährigen Tochter auf YouTube gestellt und dafür Spott und Häme kassiert. Anhand von drei Anschauungsbeispielen zum Aufklärungs- oder Correctness-Modell soll im Folgenden die Problematik solcher Empörungswellen mit Blick auf digitale Gewalt und die Diskussionskultur aufgezeigt werden:

1. In einem bereits klassischen Anschauungsbeispiel aus dem Jahr 2005 wurde eine Hundebesitzerin als „Dog Shit Girl“ weltweit bekannt (vgl. Bergmann u. a., 14; Brodning 2013, 84 f.): Der Anlass war ihr kleiner Chihuahua-Hund, der sich plötzlich wimmernd auf dem Boden eines U-Bahn-Wagons in Seoul zusammenkrümmte und diesen verschmutzte. Die junge Studentin war paralysiert vor Entsetzen, Scham und Angst und nahm das Hündchen auf ihren Schoß, weigerte sich aber, die Hinterlassenschaft zu beseitigen. Ein Fahrgast fotografierte sie mitsamt Kot und veröffentlichte das Bild auf mehreren Social-Media-Plattformen. Innerhalb kürzester Zeit kam es zu einem Shitstorm, und die Studentin war als „Dog Shit Girl“ gebrandmarkt.
2. Im zweiten Fall aus dem Jahr 2013 verschickte Justine Sacco, damals erfolgreiche PR-Beraterin und Sprecherin eines amerikanischen Medienkonzerns in London, kurz vor dem Abflug nach Kapstadt folgende Nachricht über Twitter (vgl. Wagner 2020, 127; Pörksen 2018, 160 f.): „Ich fliege nach Afrika. Hoffe, ich bekomme kein Aids. Nur ein Spaß. Ich bin weiß.“ Minuten später schwappte unter dem Hashtag „HasJustineLandedYet“ eine Empörungswelle um die Welt. Die Frau wurde nicht nur online heftig attackiert und mit Morddrohungen konfrontiert, sondern auf dem Flughafen in Kapstadt von einem Mob fremder Menschen abgelichtet und beleidigt. Sie verlor ihren Job, weil ihr Arbeitgeber auf den Tweet aufmerksam wurde.
3. Immer wieder zum Auslöser von Shitstorms wurden in den letzten Jahren komplexe geschlechterspezifische Fragen wie diejenige, ob Transgender-Frauen männliche Menschen bleiben. Einen heftigen Shitstorm erlebten etwa die Harry-Potter-Autorin J. K. Rowling, die britische Philosophieprofessorin Kathleen Stock und die Biologin und Doktorandin Marie-Luise Vollbrecht, die an der Berliner Humboldt-Universität 2022 zu einem Vortrag eingeladen war, der aber infolge der Proteste verschoben wurde. Alle drei vertraten eine ähnliche gender-kritische Position, derzufolge es nur zwei biologische Geschlechter gebe und die Menschen dieses nicht ändern könnten. Rowling musste sich auf Twitter öffentlich entschuldigen und Stock gab ihre Professur auf.

Aus ethischer Sicht sind solche Shitstorms aus verschiedenen Gründen verwerflich. In Kapitel 2.1.3 wurden fünf **medienethische Prinzipien** bzw. journalistische Qualitätsstandards vorgestellt, die wie betont auch für den

Bürgerjournalismus gelten sollten. Sie werden daher zur Strukturierung der Kritikpunkte herangezogen:

1) **Wahrheit** und 2) **Unvoreingenommenheit** und **Unparteilichkeit**: Das auslösende Ereignis eines Shitstorms ist in vielen Fällen lediglich ein Fake-Zitat oder ein Deep Fake, das viele Produser für wahr halten und ungeprüft kommentieren. Nicht selten werden wie in den ersten beiden Beispielen gänzlich unbekannte Personen in anderen Weltteilen angeklagt, über die nur bruchstückhafte Informationen vorliegen. Diese werden weitgehend kontextfrei zu Schuldzuweisungen zusammengefügt (vgl. Pörksen 2018, 162). Anstelle einer redlichen Bemühung um Objektivität, Unparteilichkeit und Differenzierung treten schnelle und spontane Reaktionen. In Anschauungsbeispiel 1 stimmt das Foto vom Mädchen mit dem Hundehaufen in der U-Bahn zwar mit der Wirklichkeit überein, wird aber aus dem Kontext gerissen. Man erfährt nichts über die Studentin, ihren Hund und die emotionale Überforderung mit der äußerst unangenehmen Situation ihres unpässlichen Chihuahuas, der offenbar zum ersten Mal im öffentlichen Raum etwas hinterließ. In Beispiel 2 wurde die PR-Beraterin aufgrund des Gerüchts, dass sie Millionen von ihren Eltern geerbt haben soll, zur Symbolfigur einer weißen, verwöhnten Frau emporstilisiert, deren Arroganz und rassistische Haltung sich ganz zufällig offenbarte. Ihre auf dem Weg in den Weihnachtsurlaub in Südafrika getwitterte Nachricht war aber zweifellos missverständlich und ungeschickt formuliert, sodass die Intention der Autorin weit verfehlt wurde: Sie hielt es für einen ironischen Witz, der die Perspektive eines Weißen in der Filterblase seiner Vorurteile aufs Korn nimmt (vgl. Pörksen 2018, 160). Nicht weniger problematisch sind aber die genauso unbedachte Auslegung als schockierenden Rassismus, die Vorverurteilung und fehlende Unschuldsvermutung, die dem Prinzip der Unvoreingenommenheit und Unparteilichkeit widersprechen.

3) **Relevanz**: In allen drei Beispielen stehen Normverstöße im Zentrum, die aber von unterschiedlicher Relevanz mit Blick auf das Gemeinwohl sind: Da Hundehalter die Pflicht haben, hygienisch bedenklichen Kot zu entsorgen, ist die Empörung der Fahrgäste berechtigt und nachvollziehbar. Sofern es sich aber im öffentlichen Verkehr in Seoul um einen seltenen Ausnahmefall gehandelt hat, wäre dennoch ein rasches, couragiertes Beseitigen der Hinterlassenschaft anstelle seiner Dokumentation und Publikmachung angemessener gewesen. Im zweiten und dritten Anschauungsbeispiel werden demgegenüber gesellschaftlich hochrelevante Fragen der Diskriminierung gegenüber Schwarzen oder Transsexuellen tangiert. Gerade bei strukturel-

len Problemen wie der Diskriminierung von Minderheiten, die aufgrund etablierter Denkmuster lange Zeit unhinterfragt als „normal" galten, können spontane Selbstorganisationen im Netz große Dienste leisten: Über einen Hashtag lassen sich weltweit persönlich erlebte Beispiele von Alltagsrassismus oder sexuelle Übergriffen in Abhängigkeitsverhältnissen sammeln, die bestenfalls einen notwendigen gesellschaftlichen Wandel einleiten können. Ob der geschmacklose Witz von Justine Sacco ein Beispiel für Rassismus darstellt, das weltweite Aufmerksamkeit verdient, ist allerdings fraglich. Auch die Empörungswellen bezüglich der Aussagen und wissenschaftlichen Positionierungen zur Transsexualität nach Beispiel 3 tragen eher wenig zur Klärung des hochkomplexen Themas Geschlechtlichkeit bei. Hier wären stattdessen inhaltliche Fragen argumentativ und sachlich gemeinsam zu erörtern, nicht zuletzt in einem transdisziplinären Diskurs. Relevant sind z.B. theoretische Fragen nach der Mehrdimensionalität des Geschlechts und nach dem Verhältnis von Geschlechtsidentität und sozialen Geschlechterrollen („gender") zum biologischen Geschlecht („sex"), aber auch ganz praktische wie die nach der Zugangsberechtigung von Transmenschen zu öffentlichen Toiletten oder Umkleidekabinen. Statt Relevanz zu personalisieren und lediglich die eigenen persönlichen Verletzungen zum Ausdruck zu bringen, sollte man sich um der öffentlichen Relevanz willen auch auf diese Sachebene begeben.

4) **Angemessene Präsentation ohne Sensationalisierung**: Kollektive Empörung und Massenproteste sind angebracht, wo Fehler oder Missstände von Einzelpersonen oder Institutionen aufgedeckt werden, die erhebliche negative Auswirkungen für Gesellschaft oder Umwelt haben. Wie in Kapitel 2.2.1 ausführlich beschrieben wurde, führt aber der „kommentierende Sofortismus" im Internet tendenziell zu einer Entinformatisierung und Dramatisierung. Um dem entgegenzuwirken, appelliert das vierte medienethische Prinzip an die (Bürger-)Journalisten, zwischen Bagatellen wie in den beiden ersten Anschauungsbeispielen und einem „echten" Skandal zu unterscheiden. Es überrascht nicht, wenn in einem angespannten, gereizten Klima digitaler Fieberschübe ethisch relevante Themen wie das Ausgrenzen oder Benachteiligen von Minderheiten rasch eine „moral panic" auslösen. Die online wie offline zunehmende **Wokeness** als Wachsamkeit für gesellschaftliche Ungerechtigkeit stellt eine Gratwanderung zwischen Moral und Reizbarkeit dar: Die Sensibilität für diskriminierte Menschen, wie sie in den Anschauungsbeispielen 2 und 3 zum Ausdruck kommt, kann positiv im Sinne einer erhöhten moralischen Empfindsamkeit verstanden werden,

aber auch in eine negativ zu wertende Empfindlichkeit und hysterische Überspanntheit umschlagen (vgl. Flaßpöhler, 16 f.). Häufig verhindert schon die vermeintlich untrügliche Dichotomie zwischen „Guten“ und „Bösen“ einen ergebnisoffenen, sachbezogenen und konstruktiven Dialog z. B. über Geschlechtlichkeit. Die respektlosen und beleidigenden Äußerungen in Shitstorms erwecken bisweilen den Verdacht, dass die verteidigte Moral nur vorgeschoben wird. Es könnte sich um eine Art Zweck-Sensibilität handeln, um sich selbst klar zu positionieren und sich moralisch über die Beschuldigten zu erheben (vgl. Marx, 418; Silberstein, 178 f.). Die kollektive Erregung und das Ausagieren von angestauter Wut und Aggressivität schaden einer Auseinandersetzung in der Sache mit dem Ziel des Erkenntnisgewinns.

5) **Achtung von Persönlichkeitsrechten und Diskursorientierung**: Ein Shitstorm ist eine Form der digitalen Gewalt, bei der die **Würde** der attackierten Personen zutiefst verletzt wird: Menschen werden bei solchen öffentlichen Prangerattacken zu bloßen Hassobjekten eines Cybermobs, der ihnen wenig Respekt und Achtung entgegenbringt. Anklagen und Bestrafungen erfolgen rasch, ohne dass den Beschuldigten die Gelegenheit eingeräumt wird, zu den Vorwürfen Stellung zu beziehen, allfällige Missverständnisse aufzuklären, sich für Fehler zu entschuldigen und sich um Wiedergutmachung zu bemühen. Es fehlt also bei diesem spontanen Schwarmverhalten ein geregeltes und faires Verfahren mit Anklage, Unschuldsvermutung und Möglichkeit des Einspruchs (vgl. Pörksen u. a. 2012, 114). Alle Menschen machen aber Fehler, sodass ein friedliches Zusammenleben auf Fehlerkorrekturen und Versöhnung angewiesen ist. Unmenschlich ist hingegen die moderne Form einer „digitalen Hexenverfolgung“, bei der Menschen regelrecht gejagt werden (vgl. ebd., 116 f.; Brodning 2013, 81 ff.). Diese Selbst- oder Lynchjustiz führt zu drastischen Folgen wie dem Verlust von Ansehen und Arbeitsplatz, die auch Unschuldige treffen können oder doch in keinem Verhältnis zu den begangenen Fehltritten stehen. Die erdrückende schiere Masse der Anfeindungen und die fehlende Differenzierung zwischen einer Person und ihren Aussagen bedeuten für die Betroffenen eine tiefe Demütigung. Damit es nicht zu schweren psychischen Schäden der Opfer kommt, braucht es auch im digitalen Raum mehr Empathie, Verständigungs- und Diskursfähigkeiten. Sogenannte **Bystander** sind in der Verantwortung, sich solidarisch auf die Seite der Opfer zu stellen, weitere Unterstützer einer Community zu mobilisieren und nötigenfalls die Plattform-Moderatoren oder die Polizei zum Eingreifen aufzufordern. Verletzungen von Persönlichkeitsrechten, die den Plattformen gemeldet

werden, müssen nach dem Netzwerkdurchsetzungsgesetz innerhalb von 24 Stunden gelöscht werden. Gemäß dem deutschen Gesetz gegen digitale Gewalt können Accounts von Wiederholungstätern durch Gerichte gesperrt werden.

Shitstorm: kurzzeitige, sich springflutartig entwickelnde und zunehmend aggressivere und bedrohlichere kollektive Empörungswelle im Netz, ausgelöst durch Aussagen oder Handlungen von Personen, Unternehmen oder Organisationen, gegen die sie sich richten
ethische Probleme: teils verheerende Konsequenzen für die Opfer (Demütigung, Verlust an Ansehen oder Arbeitsplatz) **ethische Forderungen**: 1) **Wahrheit**: Keine Anschuldigungen ungeprüft und unüberlegt erheben oder weiterleiten! 2) **Unvoreingenommenheit**: Sachliche Kritik ohne Vorverurteilung der Person äußern! 3) **Relevanz**: Nur Normverstöße von öffentlicher Relevanz öffentlich verhandeln! 4) **keine Sensationalisierung**: Kein Aufbauschen einmaliger Fehltritte, keine Überempfindlichkeit! 5) **Achtung von Persönlichkeitsrechten**: Respekt, Empathie und Dialogbereitschaft statt Selbstjustiz!

Online Disinhibition Effect

Es gibt verschiedene Erklärungsansätze, wieso es in vielen digitalen Kommunikationsräumen gehäuft zu respektlosen, groben Äußerungen, Hasskommentaren und Hetze kommt. Als **Online Disinhibition Effect**, zu Deutsch **Online-Enthemmungseffekt** wird das Phänomen bezeichnet, dass Menschen sich online Dinge zu tun oder zu sagen trauen, die sie sich offline nie erlauben würden (vgl. Matzner, 252). Dies muss nicht in jedem Fall negativ sein und zu einem Verlust an Selbstbeherrschung und zu unmoralischem Verhalten führen („toxische Enthemmung"). Eine positive Auswirkung wäre etwa, dass es Menschen in anonymen Foren wie z.B. Online-Selbsthilfegruppen leichter fällt, persönliche Gefühle und Geheimnisse zu offenbaren und anderen zu vertrauen und sie emotional zu unterstützen („benigne Enthemmung"). Während Art und Ausmaß dieser Enthemmung immer auch durch Persönlichkeitsfaktoren und das soziokulturelle Umfeld beeinflusst werden, ließen sich in der Forschung folgende allgemeine Faktoren für die Online-Disinhibition ermitteln (vgl. ebd.): Einer der wichtigsten ist die **Unsichtbarkeit** im digitalen Raum, weil die

Kommunikation zu einem großen Teil über Textnachrichten erfolgt. Das Fehlen des Augenkontakts scheint am meisten zur Enthemmung beizutragen. Da die Täter digitaler Gewalt die Reaktionen und das Leid der Opfer nicht sehen, ist die Verhaltenskontrolle herabgesetzt. Ein weiterer Hauptfaktor ist die **Anonymität** im Internet, die wie eine Art Schutzschild dient (vgl. nächster Abschnitt). Hinzu kommen die **Asynchronizität** und **Kurzlebigkeit** der Online-Kommunikation: Allfällige Antworten der Adressaten erfolgen zeitversetzt, sodass man sich nach dem Veröffentlichen eines Beitrags ganz einfach wieder ausklinken und abmelden kann. Des Weiteren fühlt sich im Netz kaum jemand eingeschüchtert durch Autoritäten wie Experten, Wissenschaftler oder Journalisten.

Online-Enthemmungseffekt (Online Disinhibition Effect): Menschen trauen sich online zu handeln, wie sie es offline nie tun würden.

Gründe dafür:
- Unsichtbarkeit (insbesondere fehlender Augenkontakt)
- Anonymität als Schutzschild
- Asynchronizität und Kurzlebigkeit der Online-Kommunikation
- Status und Autorität (von Experten) ohne Bedeutung

Anonymität

„Anonymität" meint wörtlich „ohne Namen" und wird im ursprünglichen und engen Sinn für Äußerungen, Texte oder Werke verwendet, deren Autor oder Urheber unbekannt ist (vgl. Matzner, 248; Brodning 2013, 18f.). In einem abgeleiteten und weiten Sinn wurde Anonymität z. B. in Bezug auf das Großstadtleben zum Symbol für gesichtslose Menschenmassen, fehlende menschliche Nähe und Entfremdung. Die Online-Kommunikation hat zu mehr Anonymität in beiden Bedeutungshinsichten geführt. Im Vergleich zur direkten Face-to-Face-Kommunikation entfallen viele Merkmale, die zu einer Identifikation einer Person führen können, v. a. Namen, Aussehen, Stimme, Mimik und Gestik. Unter Beiträgen im Netz steht zwar meist ein **Pseudonym** oder ein **Nickname** („Spitzname"), die aber als Phantasienamen die wahre Identität genauso verschleiern wie die Namenlosigkeit. Allerdings fallen auch bei digitaler Kommunikation viele Daten an, die bei der Identifikation helfen können. In vielen Netzwerken gibt es zudem eine enge Verklammerung von Online- und Offline-Kommunikation (vgl. Reißmann, 157; Matzner, 248f.). Nicht zuletzt haben die Anbieter, Netzbetreiber und staatlichen Stellen Zugang zu den Registrierungsdaten, sodass im Netz strenggenommen lediglich eine „Oberflächen-Anonymität" vorliegt (Haarkötter, 133). Wirkliche Anonymität erfordert einen hohen technischen Aufwand mithilfe von Verschlüsselungstechniken. Pseudonyme vermitteln den Internetnutzern aber gleichwohl das subjektive Gefühl der Unsichtbarkeit. Da die Anonymität im Internet ein Faktor für toxische Enthemmung und digitale Gewalt ist, wird immer wieder öffentlich eine Abkehr von der Pseudonymität gefordert. Insbesondere wenn Politiker oder andere Personen des öffentlichen Lebens anonyme Morddrohungen erhalten, wird im politischen Diskurs der Ruf nach einem „offenen Visier" laut. Im Folgenden werden die wichtigsten Argumente für und gegen Anonymität bzw. eine **Real-** oder **Klarnamenpflicht**, also das Sprechen mit bürgerlichem Namen, zusammengestellt.

Argumente für Anonymität: Vor allem in der Anfangsphase des Internets erblickten viele in der Anonymität große Chancen. Denn sie ermögliche eine Konzentration auf das Wesentliche einer Persönlichkeit jenseits des oberflächlichen äußeren Erscheinungsbildes und ihrer sozialen Rollen, sodass sie eine „Enthüllung des wahren Ichs" erlaube (vgl. Utz u. a., 169; Brodning 2013, 89). Dank der Online-Kommunikation könnten Teilidentitäten repräsentiert und spielerisch ganz andere Rollen ausprobiert werden (vgl. Reißmann, 157; Utz u. a., 169). Diese identitätsspezifischen Argumente sind allerdings insofern zu relativieren, als zum einen soziale Rollen Teil des „empirischen Selbst" sind. Zum andern kann ein Experimentieren mit Online-Identitäten zu einem illusionären „Selbst" und einem Realitätsverlust führen (s. Kap. 1.3.1). Heute wird auch meist nur noch die Bedeutung einer anonymen Selbstdarstellung für diskriminierte und stigmatisierte Menschen hervorgehoben (vgl. Matzner, 250 f.; Gieseler, 67). Dagegen ist wiederum einzuwenden, dass in diesem Fall primär der Kampf gegen Diskriminierung und strukturelle Ungerechtigkeit angezeigt wäre. Ein weiteres zentrales Argument lautet, Anonymität sei für die Gewährung des Rechts auf Meinungsäußerung wichtig (vgl. Giseler, 69; Brodning 2013, 30 f.): Nur hinter einer Maske könne ein Mensch seine echte, unverstellte Meinung kundtun, ohne Angst haben zu müssen vor Zensur und persönlichen Konsequenzen. Auch dieses Argument scheint aber nur für bestimmte Personengruppen und Kontexte Gültigkeit beanspruchen zu können: z. B. für Dissidenten in autoritären repressiven Staaten oder Whistleblower in Unternehmen ohne anonyme Beschwerdemöglichkeit oder Ombudspersonen (vgl. Fenner 2022, 387).

Argumente gegen Anonymität (für Klarnamenpflicht): Das Hauptargument gegen Anonymität lautet, dass die Menschen hinter dem Schutzschild der Anonymität unmoralisch handeln können, ohne Angst vor

Konsequenzen haben zu müssen. Durch Anonymisierung wird eine asymmetrische Gesprächssituation geschaffen, bei der die Opfer sich nicht an die Täter wenden und sie zur Rechenschaft ziehen können (vgl. Matzner, 250). Dies stellt nicht nur aus Sicht von philosophischen Theorien der gegenseitigen Anerkennung (Axel Honneth), Ich-Du-Beziehungen (Martin Buber) oder des Anderen (Emmanuel Levinas) ein Problem dar, sondern für die philosophische Ethik generell. Denn ethische Reflexionen gehen von der vorphilosophischen Grundintuition aus, dass Menschen ihr Tun voreinander begründen, rechtfertigen und verantworten müssen (vgl. Fenner 2020, 10). Bezüglich des zweiten Hauptarguments der toxischen Enthemmung wird gerne Platons Parabel vom Ring des Gyges zitiert: Wenn Menschen durch das Drehen am fraglichen Ring unsichtbar werden könnten, würden sowohl Ungerechte als auch Gerechte egoistisch und unmoralisch handeln (vgl. Platon: Politeia, 360b; Matzner, 251; Brodning 2013, 23). Zweifellos ermöglicht oder erleichtert das soeben positiv erwähnte Spiel mit verschiedenen pseudonymen Identitäten unmoralische Machenschaften im Bereich der Cyberkriminalität. Man denke an die vielen Formen des Belügens und Betrügens durch „Faker" im Netz wie z. B. das **Cybergrooming**, bei dem sich Erwachsene als Kinder oder Jugendliche ausgeben und Minderjährige zum Verschicken von Nacktfotos oder einem Treffen überreden (vgl. Fenner 2022, 390 f.). Beim **Love-Scamming** täuscht ein Chatpartner („Scammer") Freundschaft und Liebe vor, bittet aber nach einiger Zeit immer intensiverer Korrespondenzen um die sofortige Überweisung einer hohen Geldsumme, weil er angeblich in große Not geraten sei.

Mit einer allgemeinen Klarnamenpflicht wäre auf Seiten der (potentiellen) Opfer jedoch auch die große Gefahr verbunden, dass diese aufgrund der Identifizierbarkeit nicht nur digitaler Gewalt, sondern zusätzlich noch analoger ausgesetzt wären. Auch wird vielfach in Zweifel gezogen, dass unmoralische Handlungen durch eine Klarnamenpflicht verhindert werden können. Es wäre sicherlich naives Wunschdenken anzunehmen, dass die Abkehr von der Anonymität digitale Gewalt auf einen Schlag zum Verschwinden brächte. Denn Online-Hass wird leider auch unter Klarnamen ausgeübt, laut einer Studie der Universität Zürich aus dem Jahr 2016 sogar mehrheitlich (vgl. Rost u. a.). Für Kommentare mit Realnamen sprechen beispielsweise höhere Glaubwürdigkeit und soziale Beliebtheit in der Gruppe, aber auch die Überzeugungen, moralisch im Recht zu sein im Kampf gegen die „Bösen", sowie das Sicherheitsgefühl, angesichts der Masse an Beleidigungen im Netz nicht belangt zu werden. In Südkorea, wo 2007 einzigartig die Klarnamenpflicht auf Gesetzesebene eingeführt wurde, gingen wider Erwarten die Schimpfwörter, Aggressionen und Pöbeleien nur minimal zurück (vgl. Matzner, 253; Brodning 2013, 143 ff.). Andere empirische Studien zeigten jedoch, dass in anonymen Foren mehr rassistische Kommentare vorkommen oder Nutzer mit Klarnamen oder zumindest mit fester Online-Identität stufenweise zivilisierter kommunizieren, um ihre (Online-)Identität nicht zu beflecken (vgl. Matzner, 252; Brodning 2013, 148 ff.). Solange es Menschen mit hohem Aggressionspotential, geringer Selbstkontrolle und mangelnder Verständigungs- und Versöhnungsbereitschaft gibt, wird es ethisch problematisches Handeln auch im Internet geben. Eine Klarnamenpflicht in bestimmten Foren oder sozialen Netzwerken oder eine fixe Online-Identität mit Authentifizierung durch die Anbieter könnte aber vielleicht das Verantwortungsbewusstsein und die Angst vor Sanktionen der Produser erhöhen und das Risiko einer Enthemmung senken. Vordringlich sind jedoch moralische Erziehung zu gegenseitigem Respekt, Gewaltlosigkeit und dem steten Bemühen um besonnenes und moralisch richtiges Handeln. Damit Beschimpfungen, Drohungen und Empörungswellen nicht zur Normalität werden und sich die Kommunikationskultur im Netz verbessert, sind wiederum Bemühungen auf allen Verantwortungsebenen erforderlich.

Argumente für Anonymität	**Einwände oder Einschränkungen**
• Schutz vor Diskriminierung	• strukturelle Ungerechtigkeit ist zu bekämpfen
• Wahrung der Meinungsfreiheit	• nur in repressiven Staaten/Unternehmen nötig
• Spiel mit Identitäten	• „illusionäres Selbst“ und betrügerische „Faker“
• Schutz der Opfer vor analogen Formen von Hetze, Mobbing etc.	• erzieherische und gesetzliche Maßnahmen gegen Aggressivität und Gewalt online wie offline nötig
grundlegende ethische Forderung: Menschen müssen ihr Tun voreinander rechtfertigen und verantworten! **Mikroebene**: mehr Verantwortungsbewusstsein, Respekt und moralische Sensibilität **Meso-/Makroebene**: strengere Gesetze gegen digitale Gewalt und strikte Durchsetzung	

Cybermobbing und Cyberstalking

Unter **Cybermobbing** versteht man das systematische und wiederholte Beleidigen, Bloßstellen oder Belästigen einer einzelnen Person oder ganzen Personengruppe (vgl. Wagner 2020, 123). Allgemeine Ziele des Mobbings sind das Schikanieren und die soziale Ausgrenzung der Opfer. Als Beispiel wird oft das traurige Schicksal der 15-jährigen kanadischen Schülerin Amanda Todd angeführt, die in einem Chat 2012 unvorsichtigerweise einem Gesprächspartner ein Foto von ihrem nackten Oberkörper schickte (vgl. ebd., 121f.). Dieser veröffentlichte es auf seiner Facebook-Seite und schickte es an ihre Mitschüler und Bekannten weiter, woraufhin das Mobbing gegen sie einsetzte. Sie wechselte mit ihrer Familie den Wohnort, aber die Beleidigungen im Netz hörten nicht auf, sondern zogen immer weitere Kreise. Schließlich wurde sie auch körperlich angegriffen. Nach einem gescheiterten Suizidversuch gelang ihr die Selbsttötung. Bei diesem Beispiel zeigt sich einmal mehr, wie eng digitale und analoge Gewalt miteinander verknüpft sind. Wenn beispielsweise ein Schüler in einer WhatsApp-Gruppe gemobbt wird, weiß am nächsten Schultag die ganze Klasse Bescheid. Ein analoges Mobbing wird nicht ausbleiben und es kann schlimmstenfalls zu tätlichen Übergriffen kommen. Häufiger Auslöser von Mobbingkampagnen im Netz ist wie in diesem Fall, dass gerade junge Menschen häufig leichtsinnig private oder gar intime Bilder oder Videos von sich preisgeben. Diese erregen nicht nur größte Aufmerksamkeit, sondern können auch auf eine viel persönlichere Weise verletzen als das klassische Mobbing. Sowohl das analoge als auch digitale Mobbing sind ethisch klar verwerflich und an den meisten Schulen untersagt, stellen aber in Deutschland anders als in einigen anderen EU-Ländern noch keinen eigenen Straftatbestand dar. Verboten sind jedoch die oben genannten Verstöße gegen Persönlichkeitsrechte sowie auch die Verbreitung von Bildaufnahmen anderer Personen in verletzlicher oder demütigender Weise (vgl. § 201a StGB der BRD). In Österreich ist Cybermobbing seit 2016 strafbar, wenn es „eine Person in ihrer Lebensführung unzumutbar" beeinträchtigt (§ 107a StGB).

Entsprechend der oben bereits aufgelisteten Unterscheidungsmerkmale zwischen digitaler und analoger Gewalt verschärft sich die Problematik im Vergleich zum analogen oder klassischen Mobbing (vgl. Döring u.a., 16f.): 1. Das Cybermobbing ist zeit- und ortsunabhängig und kann die Betroffenen damit bei jeder Nutzung digitaler Geräte zu jeder Zeit und an jedem Ort treffen. Während schulisches Mobbing früher am Schultor endete, bleibt es per Smartphone auch zuhause und in den Ferien omnipräsent. 2. Da die bloßstellenden und demütigenden Kommentare, Fotos oder Videos im Netz beliebig teilbar sind, kann sich z. B. schulisches Mobbing mittels Social-Media-Plattformen und Apps leicht und schnell von der Klasse auf die ganze Schule, Nachbarschulen und eine unüberschaubare Öffentlichkeit ausbreiten. Wie im Fall von Amanda Todd, die mehrmals die Schule wechselte und sich in einem sehr persönlichen YouTube-Video gegen die Masse an Beleidigungen der Mobbingkampagne zu wehren versuchte, lässt sich die Online-Kommunikation kaum noch selbst kontrollieren. 3. Während beim analogen Mobbing die Täter die Opfer kannten und in aller Regel ein Machtungleichgewicht zwischen Tätern und Opfern Voraussetzung war, fällt diese Bedingung im Internet weg: Auch körperlich oder sozial Schwächere können aggressive Online-Gewalt ausüben, und auch Mobbing-Opfer werden bisweilen selbst zu Tätern. 4. Durch die räumliche Distanz und das fehlende Feedback reflektieren gerade jugendliche Täter ihre rücksichtslosen Umgangsweisen kaum. Wie bei Shitstorms bieten die Nicknames Schutz, und die hohe Zahl der Beteiligten verleiht das Gefühl einer enormen Macht (vgl. oben, Shitstorms).

Alle diese erschwerenden Umstände treffen auch auf das „Cyberstalking" zu, das häufig als Form des Cybermobbings aufgefasst wird: **Cyberstalking** meint das Verfolgen, Belästigen und Überwachen von Personen oder Gruppen aus Wut, Rache oder Kontrolle mit digitalen Kommunikationsmitteln. Wie beim analogen Stalking sind die Täter meist ehemalige oder aktuelle Partner, können aber auch anonyme Unbekannte sein. Es sei noch angemerkt, dass die Grenzen zwischen Cybermobbing und Shitstorm keineswegs immer klar gezogen werden können. Formale allgemeine Unterscheidungskriterien sind die höhere Zahl an Reaktionen und die Kurzzeitigkeit bzw. das raschere Abebben von Shitstorms. Inhaltlich steht bei Shitstorms wie erläutert meist eine Normübertretung im Zentrum. Ein Shitstorm kann aber wie in den oben aufgeführten Anschauungsbeispielen mit Cybermobbing kombiniert sein bzw. in dieses überführen und über einen längeren Zeitraum die Person schikanieren, die (angeblich) einen Fehltritt begangen hat.

Cybermobbing: systematisches und wiederholtes Beleidigen, Bloßstellen oder Belästigen anderer Personen mit digitalen Kommunikationsmitteln, um diese zu schickanieren oder sozial auszugrenzen
Cyberstalking: Verfolgen und Belästigen von Personen mit digitalen Kommunikationsmitteln, um sich zu rächen oder sie zu kontrollieren

Verschärfung gegenüber dem „klassischen" analogen Mobbing:

1) zeit- und ortsunabhängig
   → ständige Konfrontation, keine Rückzugsmöglichkeit
2) viel größerer Kreis von Mittätern
   → keine Kontrolle der Kommunikation
3) kein Machtungleichgewicht nötig
   → auch Schwächere werden Täter
4) Anonymität in der Masse
   → Gefühl der Macht und Enthemmung
5) unvorsichtig geteilte Bilder
   → größere Aufmerksamkeit und Verletzbarkeit

2.3 Chancen und Risiken der Digitalisierung für die Demokratie

Die Digitalisierung verändert nicht nur die individuelle Lebenswirklichkeit und das Zusammenleben der Menschen, sondern auch die demokratische Herrschaftsform. In der Frühphase des Internets in den 1990er Jahren war die allgemeine Euphorie bezüglich der Chancen der neuen Informations- und Kommunikationstechnologien für die Demokratie groß. Inzwischen gibt es viele gesellschaftliche Diskussionen über die sich abzeichnenden Gefahren für die Demokratie und Rufe nach mehr politischer und rechtlicher Regulierung (vgl. Spiecker u. a., 5). Die Digitalisierung der Infrastruktur einer demokratischen Öffentlichkeit erweist sich mehr und mehr als eine große Herausforderung für Wissenschaft und Gesellschaft (vgl. Strauß u. a., 25; Boehme-Neßler, 2; Grimm u. a. 2020b, 7). Entsprechend ist allein im deutschen Sprachraum in den letzten Jahren eine Fülle an Fachliteratur erschienen, die sich mit den Auswirkungen der Digitalisierung auf die Demokratie befasst. Es können hier nur ein paar einschlägige Titel genannt werden: *Digitalisierung und Demokratie* einmal als Stellungnahme der Leopoldina und anderer deutscher Akademien (2021) sowie als Sammelband von Petra Grimm und Oliver Zöllner (2020); *Demokratie und Künstliche Intelligenz* (2019), hrsg. von Sebastian Unger und Antje von Ungern-Sternberg; *Das Ende der Demokratie?* (2018) von Volker Boehme-Neßler oder der von Adrienne Fichter herausgegebene Sammelband *Smartphone-Demokratie* (2017); dazu eine Reihe von Publikationen zum Thema Strukturwandel der digitalen Öffentlichkeit (vgl. Lischka u. a.; Spiecker u. a.; Eisenegger u. a.). Zunächst wird in Kapitel 2.3.1 ein Blitzlicht auf die Grundidee der Demokratie als normativem Konzept geworfen. In Kapitel 2.3.2 werden dann die Chancen, enttäuschten Erwartungen und möglichen Risiken der Digitalisierung für die Demokratie zusammengestellt. Eine systematische Analyse erfolgt erst beim Vergleich der digitalen mit einer demokratischen Öffentlichkeit in Kapitel 2.3.3, das mit ein paar ethischen und politischen Forderungen schließt.

2.3.1 Krise der Demokratie - welcher Demokratie?

Es ist eine schwierige Aufgabe, die faktische Bedeutung der rasch voranschreitenden digitalen Transformation für die politischen Verhältnisse hinlänglich zu erfassen. Entgegen der ursprünglichen Hoffnungen auf die partizipatorische Kraft des Internets scheint die Demokratie heute jedenfalls weltweit unter erheblichen Druck geraten zu sein (vgl. Boehme-Neßler, 1). Es wird vermehrt über die „Krise“ oder gar das „Ende“ der Demokratie diskutiert und eine „Postdemokratie“ diagnostiziert. Welcher Beitrag zu dieser Gefährdungslage der Demokratie nun genau auf die Digitalisierung – neben zahlreichen anderen kulturellen Entwicklungen und Modernisierungsprozessen – zurückgeht, lässt sich nur schwer einschätzen. Die bereits in Gang gesetzte oder befürchtete Erosion der Demokratie hat aber zu Grundlagenreflexionen darüber geführt, was die Demokratie überhaupt sei oder sein sollte. Faktisch gibt es eine Vielzahl verschiedener Formen von Demokratien, die sich seit der Agora-Demokratie in der griechischen Antike ständig weiterentwickelt hat (vgl. Boehme-Neßler, 1 f.). Die neuen digitalen Kommunikations- und Kooperationsmöglichkeiten könnten durchaus auch positive Impulse geben für einen Formwandel einer noch nicht optimalen faktischen Demokratie (vgl. Thiel, 54). Damit sich Politik und Gesellschaft nicht einfach bestmöglich dem digitalen Wandel anzupassen versuchen, müsste man sich jedoch auf bestimmte **normative Demokratiebegriffe** oder ein Ideal von Demokratie beziehen: Welches sind die grundlegenden normativen Ansprüche an die Demokratie und eine digitale Öffentlichkeit, die als Bewertungsmaßstab fungieren könnten?

Die Demokratie wird in der politischen Philosophie durchgängig und in westlichen demokratischen Gesellschaften von einer großen Mehrheit der Bevölkerung als beste aller Staatsformen beurteilt. Politiker werden angesichts der vielfältigen aktuellen Bedrohungen nicht müde zu betonen, dass die Demokratie etwas unendlich Wertvolles sei und wir alle um sie kämpfen müssen. Die Gründe für diese hohe Wertschätzungen werden meist als selbstverständlich vorausgesetzt, können aber sehr unterschiedlich ausfallen (vgl. Horn 2003, 61): Häufig wird auf das Scheitern anderer Staatsformen oder Sozialutopien z. B. zur Herstellung absoluter oder göttlicher Gerechtigkeit verwiesen. Insbesondere das Gegensatzmodell totalitärer Regime, bei denen sich die Individuen den Machtinteressen der Herrschenden vollständig unterordnen müssen, gilt als starkes Argument für die Demokratie (vgl. ebd., 71 f.). Positiv gewendet kann auf die Kernidee der Demokratie als **Volksherrschaft** (von griech. „demokratia“) verwiesen werden, d. h. auf ein System gemeinsamer Beratungen und Regelung der öffentlichen Angelegenheiten (vgl. Himmelreich, 656). Denn wenn die Bürger eines Staates gleichermaßen an den politischen Entscheidungsprozessen teilhaben können und die Staatsgewalt gewissermaßen „vom Volk“ ausgeht, scheinen ihre Interessen und Vorstellungen vom guten Leben und gerechten Zusammenleben am besten berücksichtigt zu werden. Neben der Partizipation sind weitere demokratische Grundwerte bzw. -prinzipien die **Gleichheit** aller Bürger und der Schutz ihrer **Menschenwürde** und **Freiheitsrechte** (vgl. ebd., 61; Grimm u. a., 2020b, 7; Thiel, 54). Alle können ihre Freiheiten wie Meinungs- und Pressefreiheit ausüben, soweit sie mit der Gleichheit und Würde aller anderen vereinbar ist. Eine grundlegende Aufgabe eines guten demokratischen Regierungssystems ist es, über vermittelnde Institutionen wie Parteien, Parlamente und Medien ein Gleichgewicht zwischen Einzelinteressen und Gemeinwohl herzustellen.

Verschiedene Vorstellungen gibt es aber bezüglich der Frage, wie das Ideal der Selbstregierung genau umgesetzt werden soll. Je nach Art der Partizipation oder Teilhabe der Bürger an der Gestaltung der politischen Ordnung wird eine direkte von einer indirekten Demokratie unterschieden: Bei einer **partizipatorischen** oder **direkten Demokratie** kann sich das stimmberechtigte „Volk“ direkt und ohne zwischengeschaltete Repräsentanten in Abstimmungen über geplante Gesetzesänderungen beteiligen. Das am weitesten gehende direktdemokratische System gibt es in der Schweiz, wo die Bürger mit Volksinitiativen Gesetzesänderungen anregen oder in Referenden zu geplanten Änderungen Stellung beziehen können. Im Gegensatz dazu können die Bürger in einer **repräsentativen** oder **indirekten Demokratie** lediglich in regelmäßigen Abständen Repräsentanten wählen, die dann stellvertretend für sie politische Entscheidungen treffen. Die meisten westlichen Demokratien entsprechen diesem zweiten Modell. Für das erste Modell spricht, dass die Bürger ganz direkt zu Sachfragen Stellung beziehen können. Ein Nachteil scheint hingegen zu sein, dass viele schlecht informiert oder durch Desinformation oder populistische Propaganda beeinflusst sein könnten und es infolgedessen zu fragwürdigen Entscheidungen kommt (vgl. Horn 2003, 62). Für ihre Vertretung durch professionelle Politiker wie bei der indirekten Demokratie spricht unter anderem das **Komplexitätsproblem** (vgl. Stark, 14): Die meisten politischen Probleme sind so komplex, dass ihr Erfassen und das Entwickeln verschiedener Lösungsvorschläge ein hohes Maß an Expertise und Sachverstand voraussetzen. Die wenigsten Bürger verfügen über die nötige Zeit für Recherchen oder gar Mittel für die Beauftragung von Fachausschüssen. Der große offenkundige Nachteil und ein Grund für die gegenwärtige Krise der Demokratie sind jedoch die geringen Einflussmöglichkeiten der Bürger, die sich vielfach unzulänglich repräsentiert fühlen.

Das idealtypische Gegensatzpaar normativer Demokratietheorien ist dasjenige eines liberalen und republikanischen Demokratiebegriffs (vgl. Horn 2003, 72f.; Thiel, 51 f.): Bei einer **liberalen Demokratie** geht es primär um den Schutz individueller Rechte, und politische Entscheidungen gehen aus einem Wettbewerb pluralistischer, miteinander konkurrierender Interessenäußerungen nach gewissen Mehrheitsverhältnissen hervor. Liberale Staaten sind in der Regel als repräsentative Demokratien organisiert. Wenn in Zukunft immer vollständigere Daten über die Interessen und Sorgen der Menschen vorliegen, könnte sich durch eine zunehmende Automatisierung politischer Prozesse in einer algorithmenbasierten „Algokratie" sogar die Partizipation der Bürger erübrigen (vgl. Thiel, 52; s. Kap. 3.2.4). In der **republikanischen Demokratie** hingegen tritt die Interessenwahrung der Einzelindividuen oder Parteien gegenüber dem Appell an den Gemeinsinn und das Engagement der Bürger für das Gemeinwohl und geteilte Werte zurück. Wahlen sollen nicht wie Marktentscheidungen ablaufen, sondern aus öffentlichen Diskussionen hervorgehen. Ein drittes, seit den 1960er Jahren aufkommendes normatives Demokratieverständnis versucht, die Vorteile der beiden anderen Konzepte zu vereinen: Die **deliberative Demokratie** lässt dem liberalen Interessen- und Meinungspluralismus ausreichend Raum, sieht aber den Prozess der gemeinsamen diskursiven Meinungs- und Willensbildung als maßgeblich an (vgl. Habermas 1990, 38 f.; Horn 2003, 76; Lafont, 49 f.). Politische Beschlüsse sind nicht schon durch Mehrheitsentscheidungen legitimiert, sondern nur durch einen rationalen Konsens nach der vorurteilsfreien kritischen Prüfung aller Positionen. Werden die Bürger lange im Vorfeld von Wahlen oder Abstimmungen an öffentlichen Debatten beteiligt, verhindert dies sowohl unaufgeklärte Meinungen als auch die elitäre Abkoppelung der Volksvertreter. Bei republikanischen und noch stärker bei deliberativen Modellen wird die direkte Bürgerbeteiligung im Sinne der direkten Demokratie großgeschrieben.

Grob vereinfachend kann die gegenwärtige Krise der Demokratie als Glaubwürdigkeitskrise oder Legitimationsproblem der **repräsentativen liberalen Demokratie** verstanden werden (vgl. Vorländer; Beaufort u. a., 400 f.; Stark, 13). Viele Bürger haben das Vertrauen in die parlamentarische Politik verloren, weil ihre Interessen dauerhaft enttäuscht wurden und die politischen Entscheidungen nicht mit ihren Überzeugungen übereinstimmen. Damit wird das demokratische Ideal der Selbstregierung verfehlt und es kommt zu einem **Demokratiedefizit** (vgl. Lafont, 11 f.; 24 f.; Habermas 2022, 37). Andreas Sommer spricht in seinem Plädoyer für direkte Demokratie von einer „Krise der Nichtbeteiligung“ (10). Unter dem Schlagwort **Postdemokratie** wird der Rückgang des Einflusses sowie des leidenschaftlichen Engagements der Bürger diskutiert, die sich zwar noch an ritualisierten Wahlveranstaltungen beteiligen können, aber faktisch von einer privilegierten (neoliberalen) Elite regiert würden (vgl. Crouch, 18 ff.; Hetzel u. a., 7 ff.). In diese Bruchstelle einer zunehmenden Distanz zwischen einfachen Bürgern und professionellen Politikern strömen heute Populisten (von lat. „populus“: „Volk“) (vgl. Vorländer). Der Begriff **Populismus** ist aber negativ konnotiert und meint alle Versuche, durch Dramatisierung der politischen Lage oder realitätsfremde Versprechungen die Gunst der Massen zu gewinnen. Rechtspopulistische Bewegungen grenzen sich als angebliche „Stimme des Volkes“ oder des „kleinen Mannes“ von denen „da oben“ ab mit rhetorischer Elitefeindlichkeit, Anti-Intellektualismus und Lob des gesunden Menschenverstands. Ihre eigenen Interessen und ihre nationale und kulturelle Identität sehen sie bedroht durch Kosmopolitismus und Multikulturalismus, die angeblich zur millionenfachen Aufnahme von Migranten und kostspieligen europäischen und internationalen Unterstützungsprojekten führen; durch Minderheitenschutz, Gleichstellung, „Political Correctness“, Nachhaltigkeit etc.

Berechtigte Forderungen rechter Populisten nach mehr Partizipation und besserer Repräsentation leiten aber schwerlich eine wünschenswerte Erneuerung der Demokratie ein, sondern tendieren zu einer autoritären oder illiberalen Demokratie (vgl. Vorländer). Mit dem Aufstacheln von Wut und Ängsten mittels gezielter Desinformation und aggressiver Rhetorik gegen eine „Elite“ angeblich bedrohlicher Betrüger und Verräter werden konstruktive demokratische Aushandlungsprozesse erschwert. Die Suggestion einer homogenen „Volksgemeinschaft“ trägt totalitaristische Züge und erinnert an das NS-Regime. Wie damit deutlich werden sollte, sind die Ursachen der gegenwärtigen Krise der Demokratie jedenfalls nicht primär bei den neuen Medien zu suchen, sondern hauptsächlich in der Politik. Enttäuschte Erwartungen dürften vielfach auch nur mittelbar auf ein Demokratiedefizit zurückzuführen zu sein, letztlich aber auf all die vielen im 21. Jahrhundert von den Regierungen zu bewältigenden Krisen: Weltfinanzkrise (2008), Eurokrise (2010), Flüchtlingskrise (2015), Coronakrise (2020), Energiekrise und Inflation infolge des Ukrainekriegs (2022), Klimakrise etc. (vgl. Crouch, 12f.; Stegemann, 8). Für viele verschlechterten sich die Lebensaussichten nach 1980, sodass sie Statusverlust- und Abstiegsängste in einer als bedrohlich und unverständlich empfundenen kosmopolitischen Moderne entwickelten (vgl. Zöllner 2020b, 68). Es gilt daher zu berücksichtigen, dass die Wechselwirkungen zwischen demokratischen Entwicklungen und neuen digitalen Medien mit vielen anderen allgemeinen Prozessen verflochten sind, beispielsweise auch mit der Individualisierung und den schwächer werdenden sozialen und politischen Bindungen (vgl. Steinicke u.a., 12). Genauso wie die Demokratiekrise multifaktoriell verursacht ist, lässt sich das komplexe Zusammenspiel von Digitalisierung und Demokratie nicht in einfachen Kausalitäten beschreiben und wird von der Forschung erst allmählich entschlüsselt.

In einer groben Annäherung lässt sich aber sagen, dass die Digitalisierung der Kommunikationsinfrastrukturen die geschilderte krisenhafte politische Entwicklung verstärkt (vgl. Strauß u.a., 34): Die digitalen Medien versprechen eine aktivere Rolle der Bürger, die im Sinne einer direkten Demokratie ihre persönlichen Anliegen geltend machen können. Mit den steigenden Partizipationsansprüchen wächst das Misstrauen in die „da oben" und die traditionellen Medien, die von Populisten als Sprachrohr der Eliten oder Fake News abgelehnt werden. Die lange Zeit als unangefochten geltende repräsentative Demokratie ist aber auf repräsentative Medien angewiesen, die ausgewogen über die wichtigen Ereignisse und eine repräsentative Meinungsvielfalt berichten (vgl. Seemann, 368; Jarren u.a. 2022, 26; Beaufort u.a., 401). Zugleich geraten immer mehr konspirative und außerparlamentarische Entscheidungsfindungen ans Licht einer wachsenden Öffentlichkeit, z.B. Einflussnahmen der Politik auf wissenschaftliche Kommissionen in der Coronakrise. Legitimationsprobleme der parlamentarischen Demokratie werden dank der neuen Medien sichtbarer (vgl. Stark, 13). Im Unmut über das repräsentative System und die Berufspolitiker als vermeintliche Ursache allen Übels schwebt radikalen Netzaktivisten ein völliger Systemwechsel und eine digitale Basisdemokratie vor (vgl. Fichter, 210 f.). Während aber Parlamente und traditionelle Medien mäßigend und vermittelnd auf eine kompromissfähige „Mitte" einwirken, dominieren im Internet radikale und lautstarke Bewegungen (vgl. Strauß u. a., 30; s. Kap. 2.2.3). Auch diagnostizieren kritische Stimmen in der Schweiz eine Krise der direkten Demokratie, wenn es zu einer digitalen Initiativenflut kommt (vgl. Graf, 229). Ein Weg aus der Krise könnte ein Mischmodell sein, bei dem die Bürger über die neuen digitalen Partizipationsmöglichkeiten frühzeitig in einen moderierten Diskurs im Sinne des deliberativen Demokratieideals einbezogen werden (s. unten, Kap. 2.3.2/2.3.3).

2.3.2 Zwischen Euphorie und Apokalypse: Demokratieförderung vs. -gefährdung

Bei der Frage, ob sich das Internet positiv oder negativ auf die westlichen Demokratien auswirkt, ist ähnlich wie bei der Digitalisierung allgemein ein oppositionelles Lagerdenken auszumachen (s. Kap. 1.1.3): Während sich die Euphoriker von den neuen digitalen Möglichkeiten eine globale Explosion an Demokratie erhoffen, warnen die Apokalyptiker vor der „Zeitbombe Internet" (vgl. dazu Preisendörfer, 18 f.). Petra Grimm und Oliver Zöllner unterscheiden drei grundlegend verschiedene Positionierungen in der Debatte zum Thema Digitalisierung und Demokratie, die sie selbst als „Narrative der Digitalisierung" bezeichnen (vgl. 2020b, 7 f.): das Narrativ der „Demokratieförderung", der „Demokratiegefährdung" und des „Demokratieverlusts". Die dritte These des Demokratieverlusts bezieht sich auf die allgemein im Zusammenhang mit Digitalisierung kritisierten Probleme der Überwachung und des Verlusts von Autonomie und Privatsphäre, die als konstitutive Komponenten der Demokratie betrachtet werden. Da diese Themenfelder im vorliegenden Band erst im Zusammenhang mit Big-Data-Analysen in der KI-Ethik ausführlicher besprochen werden, soll es hier nur um die Demokratieförderung und -gefährdung gehen (s. Kap. 3.2.2; 3.2.4). Im Anschluss an die in Kapitel 1.1.3 geschilderten unterschiedlichen Phasen hinsichtlich der Beurteilung der Digitalisierung allgemein könnte man auch hier gewisse Tendenzen erkennen, weil man sich wie erwähnt beim Aufkommen des Internets von den neuen Medien einen großen Demokratisierungsschub versprach und sich dann allmählich Ernüchterung einstellte (vgl. Strauß u. a., 27; Rauchfleisch u. a., 171). Es handelt sich aber primär um inhaltlich gegensätzliche Positionen in aktuellen Debatten über das Verhältnis von Demokratie und Demokratisierung, die auf spezifische Vor- und Nachteile der Online-Kommunikation aufmerksam machen.

1) Euphorie: Demokratieförderung

Wenn das Internet zu Beginn bei vielen Menschen Hoffnungen auf eine egalitäre demokratische Weltgesellschaft weckte, stand dahinter die **Silicon Valley-Ideologie**, die von Internetkonzernen und ihren CEOs bis heute aufrechterhalten wird: Es ist die Sozialutopie, derzufolge die digitalen Medien alle Menschen auf der ganzen Welt miteinander vernetzen und allein durch diese Verbundenheit Offenheit und Frieden entstehen lassen (s. Kap. 1.1.3; Brodning 2018, 120): Die Welt rückt nach McLuhans Metapher zu einem „globalen Dorf" zusammen, in dem alle Menschen die gleichen Chancen haben, sich einzubringen und gemeinsam das Zusammenleben zu gestalten. Bei dieser „Ideologie des Engagements/Verbindens/Teilens" wird der Anspruch erhoben, dass die entgrenzte Kommunikation über soziale Medien die Lebensqualität der Menschen und die Qualität und Transparenz der Gesellschaft erhöht (vgl. Fuchs 2021, 411). Nach Mark Zuckerbergs Manifest auf Facebook (2017) helfen uns die digitalen Infrastrukturen „for supporting us, for keeping us safe, for informing us, for civic engagement and for inclusion of all" – auch mit Blick auf „democratic processes" (zitiert nach Vaidhyanathan, 2). Die Idee vom „globalen Dorf" verleitet zu einer **basisdemokratischen Medienutopie**, weil es in der vernetzten Welt keinerlei Hierarchien, Repräsentanten und übergeordnete, bevormundende Instanzen wie Politiker und Redaktionen gibt. Herkunft, Hautfarbe, Geschlecht oder Kontostand spielen keine Rolle mehr und sind aufgrund der Pseudonymität häufig nicht mehr eruierbar, sodass alle gleich sind und frei ihre Stimme erheben können. Als Beweis für die Förderung des zivilgesellschaftlichen Engagements und eine globale Demokratisierungswelle galt vielen Euphorikern der „Arabische Frühling": Die 2011 in Tunesien beginnende und sich dann auf zahlreiche weitere afrikanische Länder ausbreitende pro-demokratische Bewegung wurde auf der ganzen Welt als „Facebook-", „Twitter-" oder „Smartphone-Revolution" gefeiert (vgl. Strauß u. a., 22; Ess, 157).

Auf den sogenannten „Arabischen Frühling" folgte allerdings bald der „Arabische Winter": In den meisten Ländern blieben die totalitären Regimes intakt und konnten die Aktivisten gerade deshalb gut überwachen und unterdrücken, weil sie online aktiv waren (vgl. Ess, 157; Strauß u. a., 28). Darüber hinaus ist die Rolle der sozialen Medien in der vermeintlichen

Online-Revolution des Volkes empirisch durchaus unklar. Denn die Protestbewegung organisierte sich schon lange vorher auf den Straßen, und die Bekanntheit über Twitter verdankte sich möglicherweise Retweets und einer begeisterten Berichterstattung im Westen (vgl. ebd.; Fuchs 2021, 316). Auch wenn die Utopie des Verbindens und eines friedlichen und demokratisch sich selbst organisierenden Dorfes reichlich naiv anmutet, weist das WorldWideWeb sehr wohl ein beachtliches demokratisches Potential auf. Nach einer von Emily Sullivan und Mark Alfang eingeführten Differenzierung tragen diese neuen digitalen Kommunikationsformen allerdings nicht im strengen Sinn zu einer „democratization" bei, sondern nur zu einer „demoticization" (vgl. Sullivan u.a., 85). Während bei der „demoticization" lediglich die Partizipations- und Vernetzungsmöglichkeiten verbessert werden, bezieht sich „democratization" auf institutionalisierte Prozesse zur Bildung oder Repräsentation eines allgemeinen Willens („general will"). Für die These der Demokratieförderung sprechen aber zunächst folgende Errungenschaften der digitalen Medien, die zu den sogenannten leichten oder moderaten Verbesserungen gezählt werden können (nach Himmelreich, 660ff.):

a) Demokratieförderlich ist zunächst die niedrigere Schwelle der **politischen Teilhabe**, weil sich prinzipiell alle Bürger zu politischen Fragen einbringen können (vgl. Grimm u.a. 2020b, 8; Sommer, 199). „Grassroots"-Organisationen, politische Basisgruppen, Bürgerinitiativen und marginalisierte und benachteiligte Bevölkerungsgruppen können ihre Aktivitäten leichter koordinieren und ihre Anliegen kostengünstig einer potentiellen Weltöffentlichkeit mitteilen oder gezielt verantwortliche Institutionen oder Politiker kontaktieren.
b) Von hoher Bedeutung für eine Demokratie ist des Weiteren die **Pluralität der Perspektiven**, die als Folge von a) und wegen der wegfallenden Gleichschaltung durch Leitmedien oder eine „öffentliche Meinung" enorm zunahm (vgl. Steinicke u.a., 30; Weiß, 25). In einer gewissen Hinsicht kann das Internet als „*das* Medium eines radikaldemokratischen Pluralismus" gelten (Reckwitz, 268).
c) Als demokratiefördernd wird außerdem der erleichterte **Zugang zu Informationen** betrachtet, weil diese für eine demokratische Meinungs- und Willensbildung zentral sind (vgl. Steinicke u.a., 5; Stark, 17): Im Sinne der Informationsfreiheit kann jeder jederzeit sämtliche offiziellen Dokumente im Internet einsehen, und auch wer keine intellektuelle

Tageszeitung liest, kann sich auf verschiedenen Wegen kundig machen bezüglich politisch relevanter aktueller Ereignisse.

d) Digitale Medien können genauso wie traditionelle Medien eine wichtige Warn- und **Kontrollfunktion** übernehmen, indem sie politische Missstände aufdecken. Im Internet sind die Hürden gesunken für sogenannte Gegenöffentlichkeiten, in denen Menschenrechtsaktivisten und Demokratiebewegungen im bewussten Gegensatz zur herrschenden und angeblich „repräsentativen" Öffentlichkeit auf vernachlässigte Probleme aufmerksam machen (vgl. Türcke, 141 f.; Geißler u. a., 3).

Vielversprechend sind Visionen, Modellversuche oder bereits im Einsatz befindliche digitale Anwendungen, die unter dem Sammelbegriff „digitale Demokratie" zusammengefasst werden. Sie sollen die analoge Demokratie keineswegs ersetzen, sondern ergänzen oder weiterentwickeln. **E-Demokratie** oder **digitale Demokratie** steht für die Umsetzung oder Unterstützung demokratischer Prozesse und Strukturen mithilfe des Einsatzes von Informations- und Kommunikationstechnologien (vgl. Roleff, 25; Demokratiezentrum). Als Unterkategorien lassen sich „E-Government" und „E-Partizipation" betrachten: **E-Government** beinhaltet auch die „E-Administration" und meint die elektronische Abwicklung von Geschäftsprozessen der öffentlichen Verwaltung und Regierung. Demokratieförderlich ist insbesondere das **Open Government**, das auf die systematische Öffnung von Regierung und Verwaltung abzielt und für NGOs und Bürger mehr Transparenz sowie Beteiligungsmöglichkeiten schaffen soll. **E-Partizipation** oder **Online-Partizipation** meint sämtliche digitalen Verfahren zur aktiven Beteiligung der Bürger an politischen Entscheidungs- oder Willensbildungsprozessen (vgl. Steinicke u. a., 35; Demokratiezentrum). Dazu zählen institutionalisierte und teilweise auch gesetzlich verordnete Formen der Bürgerbeteiligung wie z. B. E-Voting, E-Collecting oder Bauleitplanungen z. B. über die Websoftware-Lösung „demosplan" (vgl. Lührs, 44 ff.). **E-Voting**, d. h. die elektronische Stimmabgabe bei Wahlen und Abstimmungen ist in Estland und in beschränktem Umfang auch in der Schweiz durchführbar. Beim **E-Collecting**, d. h. dem Sammeln von Unterschriften für Petitionen und Initiativen, sind Online-Petitionen fast überall möglich. Des Weiteren gibt es noch zahlreiche nicht institutionalisierte und informelle Partizipationsformen wie Civic-Tech-, Open-Data- und Open-Source-Initiativen. Zu **Civic Technology** (kurz **Civic Tech**) zählen alle gemeinwohlorientierten Anwendungen zur Förderung von Engagement und Beteiligung der Bürger, wobei im Unterschied zu Facebook und X auch die Qualität des Diskurses und der politischen Partizipation verbessert werden sollen (vgl. Fichter, 196 f.; s. Kap. 2.3.3).

1) Demokratieförderung dank digitaler Medien
basisdemokratische Medienutopie: Frieden und Demokratisierungswelle auf der Welt durch Verbindung aller Menschen und gleiche Partizipation ohne Hierarchien
demokratisches Potential der Online-Kommunikation: a) niedrige Schwelle politischer Teilhabe b) größere Pluralität der Perspektiven c) erleichterter Zugang zu Informationen d) leichteres Aufdecken von Missständen
Digitale/E-Demokratie: Oberbegriff für sämtliche Formen der Umsetzung oder Unterstützung demokratischer Prozesse oder Strukturen **Open Government**: Öffnung von Regierung und Verwaltung im Sinne von mehr Transparenz und Beteiligungsmöglichkeiten von Bürgern und NGOs **Online-/E-Partizipation**: Beteiligung der Bürger am politischen Entscheidungs- und Willensprozess mittels digitaler Verfahren **Civic Technology (Civic Tech)**: gemeinwohlorientierte Anwendungen zur Förderung der Bürgerbeteiligung

2) Apokalypse: Demokratiegefährdung

Während seitens der Euphoriker die Vorstellung vom global vernetzten Dorf Hoffnungen auf eine Demokratisierungswelle beflügelt, weisen Apokalyptiker und Skeptiker auf die immense **Marktmacht der Internetkonzerne** hin: Die Demokratie scheint gefährdet, wenn kommerziell, d. h. auf Kapitalakkumulation ausgerichtete Plattformunternehmen immer mehr die Infrastrukturen demokratischer Öffentlichkeiten bereitstellen (vgl. Steinicke u. a., 19; Grimm u. a. 2020b, 8). Denn sie interessieren sich hauptsächlich für eine möglichst lange Verweildauer und hohe Interaktivität der Nutzer auf Internetseiten mit Werbebannern sowie die dabei anfallenden Nutzerdaten (s. Kap. 2.1.1; Kap. 2.2.2). Siva Vaidhyanathan fasst die Missstände in ihrem Buch mit dem aussagekräftigen Titel zusammen: *Antisocial Media. How Facebook disconnects us and undermines democracy* (2018). Unter Schlagworten wie **Plattform-Kapitalismus**, „Plattform-Ökonomie“ oder „Informations-Kapitalismus“ wird über die problematische und immer aktivere Rolle der Internet-Intermediäre bei der Gestaltung der Demokratie diskutiert (vgl. Fuchs 2021, 459; Hofstetter 2018, 402; Bauberger, 37). Der Machtzuwachs von Plattformen wird dabei durch ökonomische Netzwerkeffekte verstärkt, die zu einer **Monopolisierung** führen: Je mehr Menschen eine bestimmte Plattform benutzen und je größer also das Netzwerk der miteinander verbundenen Menschen ist, desto attraktiver wird es für aktuelle und potentielle Nutzer (vgl. Steinicke u. a., 19; Stalder, 231). Für bestehende Nutzer würde der Wechsel des Anbieters bedeuten, die gemeinschaftlichen Formationen sowie auch die identitätsstiftende Nutzerhistorie zu verlieren. Neue Anbieter haben entsprechend Schwierigkeiten, sich zu etablieren, sodass es zu einer Abhängigkeit von großen IT-Unternehmen kommt: den sogenannten „Big Five" Alphabet (Google), Amazon, Apple, Microsoft und Meta Platforms (Facebook, Instagram und WhatsApp). Die scheinbar dezentrale und hierarchielose Struktur des Internets hat also digitale Kapitalmächte hervorgebracht, die demokratische Ideale wie Freiheit, Gleichheit und Meinungspluralismus konterkarieren (vgl. Wagner 2017, 41; Grimm u. a. 2020b, 8).

Kritisch zu fragen ist aber auch, ob das Herstellen von Öffentlichkeit im Netz bereits die Demokratie befördert und der erleichterte Meinungsaustausch schon „politische Partizipation" bedeutet (vgl. Preisendörfer, 19). Nur unter einen weiten Partizipationsbegriff fallen Beiträge in Social Media, Blogs oder Foren auf einer **einfachen Ebene** sowie Protestbewegungen im Internet auf der **mittleren Ebene** des dreistufigen Modells der **Internet-Öffentlichkeiten** (vgl. Geißler u. a., 4; Steinicke u. a., 34 f.). Auch wenn die erleichterte Teilhabe (1a) und Meinungsvielfalt (1b) gemäß der obigen Liste für eine Demokratie grundlegend sind, profitieren davon auch politische Provokateure, radikale Randgruppen und Verschwörungstheoretiker, die online häufig besonders erfolgreich auftreten. Das Stimmengewirr im Internet wirkt auf viele so chaotisch, unübersichtlich und fragmentiert, dass es leicht zu politischem Desinteresse führen kann. Zudem ist der Ton oft schrill, konfrontativ oder pöbelhaft, sodass ein konstruktiver und zielführender Dialog schwer möglich ist. Entgegen der romantisch klingenden Urmetapher vom „globalen Dorf" scheint die Vernetzung ungefilterter Gedankenströme und Empfindlichkeiten der Menschen auf aller Welt eher zu einem „Clash der Codes" zu führen (vgl. Pörksen 2018, 17). Hinzu kommt, dass die Fülle an allzeit verfügbaren Informationen (1c) zu massiver Desinformation und persönlicher Überforderung führt. Facebook wird außerdem als „Protestmaschine" bezeichnet, weil eine Stärke des Internets in schnell aufflammenden, kurzsichtigen Protestbewegungen (1d) liegt, die aber wie beim „Arabischen Frühling" oft keine politischen Veränderungen anzustoßen vermögen (vgl. Vaidhyanathan, 128; 132). Aber auch auf der obersten **komplexen Ebene** der **Internetöffentlichkeit** mit den hoffnungsvollen Verfahren der E-Demokratie stellt sich oft Ernüchterung ein: Die inflationär eingereichten Online-Petitionen oder digitalen Formen der Bürgerbeteiligung z.B. in der Stadtentwicklung werden von den Entscheidungsträgern wie gesetzlich vorgeschrieben in vielen Fällen lediglich „zur Kenntnis genommen".

2) Demokratiegefährdung durch Digitalisierung
• Herstellen von Internet-Öffentlichkeit ≠ politische Partizipation • erleichterte Teilhabe auch für Provokateure, Verschwörungstheoretiker (2a) • chaotisches, unübersichtliches, konfrontatives Stimmengewirr (2b) • Flut an unsicheren Informationen: Desinformation, Überforderung (2c) • kurzsichtige Protestbewegungen ohne politische Perspektiven (2d)
Plattform-Kapitalismus: Monopolisierung kommerzieller Internet-Plattformen

Fazit zu Demokratieförderung vs. Demokratiegefährdung

Eine simple Ja-/Nein-Antwort lässt sich also schwerlich geben auf die Frage, ob die Digitalisierung die Demokratie fördert oder gefährdet: Das Internet kann zweifellos auf sämtlichen Ebenen der Internet-Öffentlichkeit demokratische Prozesse erleichtern oder ermöglichen, trägt aber keineswegs automatisch zur Demokratisierung bei (vgl. Weber 2016, 351; Boehme-Neßler, 86). Ob es gelingt, die positiven demokratischen Potentiale zu nutzen und die vielen Risiken zu vermeiden, hängt wesentlich vom demokratischen Bewusstsein der Bürger und Entscheidungsträger im IT-Bereich, in Verwaltung und Politik ab. Naiv wäre der Ruf „Alle Macht den Internetnutzern!" mit dem Ziel, dass eine direkte und uneingeschränkte digitale Basisdemokratie die herrschenden politischen Systeme ablösen soll (vgl. Kleiner, 199; Fichter, 211). Auch bei völliger Gleichberechtigung führt die größtmögliche Vielfalt an Stimmen nicht zwangsläufig in einer sozialen Dynamik sich selbst organisierender Schwärme automatisch zu tragfähigen politischen Lösungen. Unabdingbar sind vermittelnde, moderierende und mäßigende Instanzen und Repräsentanten, die Kräfte bündeln und Ideen prüfen und koordinieren. Schon aufgrund des erwähnten Komplexitätsproblems politischer Entscheidungen kann es nur darum gehen, mit geeigneten digitalen Verfahren den Laiendiskurs besser mit der professionellen Arbeit von

Politikern und Expertengremien zu verzahnen (s. Kap. 2.3.1; Stark, 20). Die E-Demokratie kann bestehende repräsentative Demokratien durch geeignete direktdemokratische Elemente der Online-Partizipation ergänzen und von der Basis her wiederbeleben. Je früher die Bürger z. B. bei Planungsvorhaben auf wirksame Weise in politische Entscheidungsprozesse einbezogen werden, desto höher ist die Legitimität der Beschlüsse und desto größer wird ihre Akzeptanz in der Bevölkerung sein. Bei Abstimmungen könnten die Bürger wie beim Konzept der „Liquid Democracy" der Piratenpartei jeweils entscheiden, ob sie selbst wählen oder sich im Sinne des „delegated voting" von sachlich kompetenteren Repräsentanten vertreten lassen wollen.

Unbefriedigend ist es, wenn Bürger zu komplexen Fragen z. B. in Referenden nur mit „Ja" oder „Nein" abstimmen oder bei Online-Petitionen ihre Unterschrift dazusetzen können. Angesichts der zunehmenden Popularität von Online-Petitionen wächst das Unbehagen über einen **Slacktivism**, einer von Evgeny Morozov geprägten Begriffsfügung aus „slacker" („Faulenzer") und „activism" (vgl. Graf, 229; Wallner, 16). Wenn politische Kampagnen mit einem Mausklick unterzeichnet und auf Social Media verbreitet werden können, dürfte dies noch schneller, spontaner und unreflektierter erfolgen als bei einer Unterschriftensammlung auf der Straße oder dem Einwerfen eines Stimmzettels. Abschätzig wird auch von einer **Klickdemokratie** gesprochen, weil das „click'n'go" etwas anderes ist als die verantwortliche Teilnahme an politischen Aushandlungsprozessen (vgl. Fichter, 204; Preisendörfer, 20). Um die Bürger im Sinne einer deliberativen Demokratie in öffentliche Diskussions- und Entscheidungsprozesse einbeziehen zu können, braucht es moderierte Online-Deliberationsplattformen wie „Adhocracy", „WeThink" oder „BürgerForum", die wie im letzten Fall teilweise Präsenz- und Online-Phasen der Beteiligung kombinieren (vgl. Karbach u. a.; Kreutz u. a.; Renkamp, 71 ff.; s. Kap. 2.3.3). Ob solche hybriden oder reine Online-Partizipationsformen gegen die Demokratiemüdigkeit helfen und partizipationsfördernde Effekte zeitigen, ist allerdings fraglich. Denn die politische Beteiligungsbereitschaft hängt von vielen Faktoren ab, neben technischen Aspekten etwa auch von Bildungsstand, Ressourcen, situativen und motivationalen Faktoren. Während Euphoriker die **Mobilitätsthese** vertreten und mit der Mobilisierung bislang unpolitischer Bevölkerungsschichten rechnen, neigen die Apokalyptiker und dominierenden Skeptiker zur **Verstärkungsthese**: Ihr zufolge werden die neuen digitalen Möglichkeiten v. a. von denjenigen genutzt, die ohnehin schon politisch engagiert sind (vgl. Boehme-Neßler, 76 f.; Weiß, 30; Wallner, 16). Zu vermeiden gilt es jedenfalls eine als **Digital Gap** bezeichnete informationelle Ungerechtigkeit, indem auch unterprivilegierte Bevölkerungsgruppen einen Internetzugang und gleiche Beteiligungschancen erhalten.

2.3.3 Digitale vs. demokratische Öffentlichkeit

Das Herzstück der Demokratie und konstitutiv für moderne demokratische Gesellschaften ist eine funktionierende **öffentliche Kommunikation** oder **Öffentlichkeit** (vgl. Buchmann, 16; Eisenegger, 1; Wallner, 33): Sie ist die Voraussetzung dafür, dass die Bürger gesellschaftlich bedeutsame Themen, Inhalte und Stellungnahmen wahrnehmen und reflektieren und ihre gemeinsamen Angelegenheiten demokratisch regeln können. Sie dient aber auch der Legitimation und Kontrolle der rechtsstaatlichen Institutionen und Regierungen, die über die Massenmedien alle relevanten Informationen der Öffentlichkeit zugänglich machen müssen. Da eine Verständigung darüber, wie die Mitglieder einer Gesellschaft miteinander leben wollen, über größere räumliche Distanzen hinweg nur durch öffentliche Medien gewährleistet werden kann, ist die moderne Demokratie eine „medial vermittelte Herrschaftsform" (Hofmann 2018, 16). Infolge der Digitalisierung ist die öffentliche Sphäre aber einem neuerlichen Strukturwandel ausgesetzt (s. Kap. 2.2.3): Durch das Internet als neues Verteil- und Interaktionsmedium kam es zu einem grundlegenden Transformationsprozess der Medienöffentlichkeit. Diese neue, durch digitale Infrastrukturen gewährleistete „Netzöffentlichkeit" oder **digitale Öffentlichkeit** soll in diesem Kapitel auf ihre demokratische Qualität hin geprüft werden. Sie wird gemessen an einer **demokratischen Öffentlichkeit** als normativem Prinzip und Maßstab **demokratischer Kommunikation**. Für ihre Beurteilung können Werte herangezogen werden, die schon die Basis für die Bewertung der massenmedialen Öffentlichkeit des 20. Jahrhunderts bildeten (vgl. Buchmann, 16): etwa Offenheit und Transparenz, Ausgewogenheit, Inklusion, Zivilität oder Diskursivität. Im Rückgriff auf die bisherigen Erörterungen in Kapitel 2 werden ein paar eng miteinander verbundene Anhaltspunkte zusammengestellt: Genügt die digitale Öffentlichkeit den Kriterien einer demokratischen Öffentlichkeit oder gehorcht sie einer anderen Logik?

1) Kein einheitlicher Informationsstand und trügerische Mehrheitsverhältnisse

Eine demokratische Öffentlichkeit in einem normativen Sinn ist zu allererst angewiesen auf eine zuverlässige **Informationsfunktion** der Massenmedien. Gemäß dem traditionellen Top-down-Modell der Massenmedien kommt den Journalisten ein Erkenntnisauftrag zu, der durchaus mit demjenigen von Wissenschaftlern vergleichbar ist (vgl. Wiegerling 1998, 163): Medien sollen als „Erkenntnisorgan" einer demokratischen Gesellschaft die Allgemeinheit möglichst umfassend und wahrheitsgemäß über die Vorgänge in Gesellschaft und Welt informieren (vgl. Lilienthal, 38; Lischka u.a., 48). Zum Zweck der Wissensvermittlung müssen die wichtigsten Fakten und Probleme möglichst sachlich und verständlich publik gemacht werden, damit möglichst alle Bürger das öffentliche Geschehen mitverfolgen können. Die öffentlich-rechtlichen Rundfunkanstalten sind dazu verpflichtet, „in ihren Angeboten einen umfassenden Überblick über das internationale, europäische, nationale und regionale Geschehen in allen wesentlichen Lebensbereichen zu geben" (§ 11 Rundfunkstaatsvertrag der BRD). Bezüglich der demokratischen Öffentlichkeit geht es vornehmlich um die wirtschaftlichen, sozialen und politischen Zusammenhänge, insbesondere um das Handeln des Staates und seiner Institutionen. Eine zweite Kernfunktion der Medien ist die **Meinungsbildungsfunktion**: Für eine demokratische Öffentlichkeit ist es zentral, dass die Bürger über gemeinsame Angelegenheiten und das vielfältige Meinungsspektrum in der Gesellschaft adäquat informiert sind (vgl. Levy, 106). Laut Rundfunkstaatsvertrag soll der öffentlich-rechtliche Rundfunk alle bedeutsamen politischen, weltanschaulichen und gesellschaftlichen Interessengruppen sowie ausdrücklich auch Minderheiten angemessen zu Wort kommen lassen (§ 25). Ähnlich wie die Opposition im Parlament kommt den Massenmedien drittens eine **Kritik- und Kontrollfunktion** zu: In der Rolle einer „vierten Gewalt" im Staat haben sie die Aufgabe, Missstände aufzudecken und kritische Debatten anzustoßen.

Wie geschildert scheint die digitale Öffentlichkeit ein großes demokratieförderndes Potential aufzuweisen (s. Kap. 2.3.2): Die allermeisten Bürger haben einen niedrigschwelligen Zugang zu sämtlichen im Netz verfügbaren Informationen. Auch können alle als Bürgerjournalisten ihren Beitrag leisten zum riesigen „Bottom-up"-Informationsangebot zu aktuellen Ereignissen und kritisch dazu Stellung beziehen. Damit ist die Gefahr des „Top-down"-Angebots traditioneller Massenmedien gebannt, dass sich diese zum

Sprachrohr der herrschenden Elite machen. Ob die Erosion der klassischen „Gatekeeper"-Funktion professioneller Journalisten und Redakteure aber zu besser informierten Bürgern führt, lässt sich aus verschiedenen Gründen bezweifeln: Intermediäre wollen keine allgemeine Öffentlichkeit herstellen, sondern bevorzugen zu ökonomischen Zwecken Beiträge mit hohen Klickzahlen, die dann eine hohe Relevanz der Themen suggerieren (vgl. Jarren u. a. 2022, 24 f.). Auch kann die enorme Überproduktion an Informationen in Wort und Bild leicht zu einer Informationsüberflutung und Überforderung führen (s. Kap. 2.2.1). Die vormals sehr begrenzte Zahl traditioneller renommierter Massenmedien hatte eine relativ große Reichweite und schaffte eine breite Öffentlichkeit für sorgfältig ausgewählte Themen von hoher gesellschaftlicher Relevanz. Zu denken ist z. B. an die Tagesschau der ARD, die noch immer über das Fernsehen oder die digitale Mediathek einen Großteil der Menschen erreicht. Die Ausdifferenzierung des Medienangebots seit dem zweiten Strukturwandel der Öffentlichkeit in „Special-interest-Medien", Newsgroups, Gesprächsforen etc. mit geringerer Reichweite und immer weniger Überschneidungen führte zu einer **Fragmentierung der Öffentlichkeit** in Echokammern, Teil- oder Parallelöffentlichkeiten (s. Kap. 2.2.3). Je mehr die Informationsübermittlung in digitalen Netzen an individuellen Bedürfnissen statt an der Herstellung von Öffentlichkeit ausgerichtet ist, desto weniger ist ein einheitlicher Informationsstand aller Bürger gewährleistet (vgl. Heesen 2021, 220).

Während die digitale Öffentlichkeit wichtige Hinweise von direkt Betroffenen oder Zeugen liefern und damit eine Kritik- und Kontrollfunktion wahrnehmen kann, gibt es bezüglich ihrer Meinungsbildungsfunktion gleichfalls erhebliche Zweifel: Intermediäre erheben keinen Anspruch, die Themen- oder Meinungsvielfalt abzubilden, sondern fördern beliebige und zufällige Meinungen, wenn es sich ökonomisch auszahlt (vgl. Jarren u. a. 2022, 33). Aufgrund der digitalen Aufmerksamkeitsökonomie sind radikale Positionen mit provokativen und rhetorisch aggressiven Posts tendenziell überrepräsentiert. In einer der wenigen empirischen Untersuchungen zum Einfluss von Intermediären auf die Wahrnehmung vorherrschender (analoger) Meinungsverhältnisse zeigte sich bei Facebook-Nutzern eine höhere Wahrscheinlichkeit von Wahrnehmungsverzerrungen (vgl. Oertel u. a., 93). Wenn sich alle Befragten mit ihrer Meinung signifikant stärker der Mehrheit zugehörig fühlten, könnte dies Effekten zu verdanken sein, die unter den Schlagworten „Filterblasen" und „Echokammern" diskutiert werden (s. Kap. 2.2.3). Im Internet kann man aber auch nie sicher sein, ob ein Beitrag überhaupt von einem Menschen oder von KI stammt. Häufig werden sogenannte **Social Bots** eingesetzt, um Meinungsmehrheiten vorzutäuschen (vgl. Neef, 111; Hilgendorf, 226; Schicha, 251 f.). Je intelligenter solche auch als „Meinungsroboter“ bezeichneten Computerprogramme vorgehen, sich z. B. über Fake-Accounts mit realen Nutzern vernetzen und entsprechend dem Tag-Nacht-Rhythmus massenhaft Kommentare verschicken, desto schwieriger sind sie zu entlarven (vgl. Fuchs 2017, 146). Eine Mehrheitsillusion macht es aber nach sozialpsychologischen Erkenntnissen wahrscheinlich, dass sich echte Menschen der vermeintlichen Mehrheitsmeinung anschließen und Andersdenkende in der Schweigespirale verstummen (vgl. Boehme-Neßer, 49; s. Kap. 2.2.3). Bots können Trends beeinflussen und bestimmte Themen auf die politische Agenda setzen. Durch das Erhöhen von Fan- oder Followerzahlen von Politikern oder Parteien wird große Beliebtheit vorgegaukelt. Insbesondere im Wahlkampf können solche Strategien die öffentliche Meinungsbildung manipulieren. Das genaue Ausmaß ihrer Verbreitung und des „Bot-Effekts“ sind allerdings schwer nachweisbar und lassen sich nur grob abschätzen, so z. B. im US-Wahlkampf oder der Brexit-Abstimmung im Jahre 2016 (vgl. Preuß, 94 f; Fuchs 2017, 145; Levy, 110).

2) Keine Trennung zwischen privater und öffentlicher Sphäre

Nicht nur ist die Öffentlichkeit bzw. die öffentliche Kommunikation essenziell für moderne Demokratien, sondern die Unterscheidung zwischen privater und öffentlicher Sphäre ist auch die Voraussetzung ihrer Entstehung zwischen dem 18. und 20. Jahrhundert (vgl. Nida-Rümelin u. a. 2020, 144). Würden die zeitgenössischen Internetnutzer diese begriffliche Unterscheidung nicht mehr machen, hätte dies nach Habermas erhebliche Auswirkungen auf ihre Rolle als Staatsbürger (vgl. Habermas 2022, 59). Unter den Bedingungen traditioneller Massenmedien gab es eine klare Trennung zwischen **privater** und **öffentlicher Kommunikation**. Das Aufkommen des Fernsehens und die Kommerzialisierung des Rundfunks führten jedoch bereits im 20. Jahrhundert zu einer **Privatisierung des Öffentlichen**, weil die Massenmedien immer mehr Details aus der Privatsphäre Prominenter oder zufällig Betroffener publizierten (vgl. Habermas 1990, 262; Grimm u. a. 2012, 44; s. Kap. 1.3.4). Diese Tendenz verschärfte sich mit der Digitalisierung, die es allen Bürgern ermöglicht, sich nach Belieben im Netz selbst zu präsentieren, zu vermarkten oder ihre Meinungen darzustellen. Ein neues Phänomen sind **Influencer**, die berufsmäßig ihr

Online-Selbst aufbauen und davon leben, über Online-Plattformen wie YouTube, X oder Instagram Beiträge zu veröffentlichen. In einigen Fällen können sie wie der deutsche Webvideoproduzent Rezo nicht nur ihre teilweise große Fangemeinde erreichen, sondern die Aufmerksamkeit einer breiten politischen Öffentlichkeit erregen (vgl. Fuchs 2021, 273ff.; Steinicke u. a., 31). Aber auch Politiker nutzen digitale Plattformen für günstige und effektive quasi-personalisierte Massenkommunikation (vgl. Strauß, 29).

In den sozialen Medien, insbesondere in den sozialen Netzwerken kommt es infolge der Personalisierung der öffentlichen Kommunikation zu einer Verwischung der Grenzen zwischen einer privaten oder interpersonalen und einer öffentlichen Kommunikation. Da es sich häufig um eher private, an einen begrenzten Personenkreis gerichtete Botschaften handelt, wird von individuellen oder **persönlichen Öffentlichkeiten** gesprochen (vgl. Bieber, 70; s. Kap. 2.2.3). Diese Art der Kommunikation ist zwar öffentlich wahrnehmbar, gehört aber strenggenommen nicht zur öffentlichen Sphäre und befördert nicht unbedingt die öffentliche Kommunikation (vgl. Göttlich u. a., 290). Es scheint sich eher um eine „Konversation" als um eine „Publikation" zu handeln (vgl. Bieber, 70). Gemäß traditionellen Maßstäben liegt laut Habermas nur noch eine „zur Öffentlichkeit aufgeblähte Sphäre" einer bis dahin privaten Kommunikation vor (2022, 62). Die Demokratie ist aber auf öffentliche Räume, metaphorisch gesprochen eine „Agora" oder „Arena" für einen gesamtgesellschaftlichen Diskurs angewiesen. Über dieses quantitative Kriterium der verschiedenen Reichweiten hinaus ist es nicht ganz leicht, die qualitativen Unterscheidungsmerkmale zwischen der privaten und der öffentlichen Kommunikation bzw. zwischen einer massenmedial hergestellten privaten und einer allgemeinen Öffentlichkeit herauszukristallisieren. Der folgende Abschnitt widmet sich zunächst dem naheliegenden Gegensatz zwischen Angelegenheiten, die rein privat oder öffentlich relevant sind. In weiteren Punkten geht es danach um die mangelhafte Integrationsfunktion, Diskursivität und Gemeinwohlorientierung der digitalen Öffentlichkeit (3), die fehlende Qualitätssicherung durch normative Standards (4), die Affekt- statt Vernunftorientierung (5) und das Defizit an gegenseitigem Respekt und Zivilität (6). Diese einzelnen Differenzierungskriterien lassen sich zwar theoretisch-analytisch auseinanderdividieren, sind aber in der Sache eng miteinander verknüpft.

Als Gegensatz zu „privat" steht „öffentlich" nicht nur für allgemeine Zugänglichkeit, sondern auch für das, was alle angeht und für alle wichtig ist (vgl. Rademacher u. a., 453). In einer digitalen Öffentlichkeit wird die öffentliche Kommunikation im Sinne einer **gesellschaftlichen** oder **politischen Kommunikation** aber vernachlässigt, wie vielfach registriert und beklagt wird (vgl. Habermas 2022, 61; Imhof, 19). Es überwiegen Nischenthemen und Botschaften, an denen kaum ein öffentliches Interesse besteht (vgl. Oertel u. a., 90; 92). Zudem nimmt die kollektive Aufmerksamkeitsspanne für gesellschaftlich diskutierte Themen infolge der Informationsbeschleunigung ab (vgl. Pöttker 2021, 377; Forschung und Lehre). In persönlichen Öffentlichkeiten sozialer Netzwerke findet ein Austausch über alltägliche Erlebnisse, persönliche Vorlieben, Kompetenzen, Vorhaben etc. statt, der meist der Selbstdarstellung und Beziehungspflege dient (vgl. Göttlich u. a., 292; Imhof, 292; 295; s. Kap. 2.2.3). Verfolgt werden bei dieser quasi-öffentlichen privaten Kommunikation **persönliche Interessen** wie das Erlangen sozialer Aufmerksamkeit oder konkretere Ziele wie materieller Gewinn. In einem strengen Sinn ist diese persönliche „Gemeinschaftskommunikation" ohne Anspruch auf Verallgemeinerbarkeit klar zu unterscheiden von einer unpersönlichen und rollengebundenen öffentlichen Kommunikation mit einem Allgemeinheitsanspruch (vgl. Göttlich u. a., 290; Imhof, 18 f.). Reckwitz ordnet die Netzkultur der sozialen **Logik des Besonderen** zu, die in der Spätmoderne ab 1970 die **Logik des Allgemeinen** verdrängt habe (vgl. Reckwitz, 28–47; 266; Strippel, 215 f.): Diskursformen und Praktiken sind nicht mehr auf Rationalisierung, Standardisierung und Generalisierung ausgerichtet, sondern auf das Individuelle, Einzigartige und Besondere. In der demokratischen Öffentlichkeit hingegen sollten anstelle persönlicher Nützlichkeitserwägungen öffentliche Angelegenheiten bzw. das öffentliche Interesse im Vordergrund stehen: Von den Staatsbürgern wird erwartet, sich in der politischen Öffentlichkeit für Themen von **allgemeinem Interesse** und das gemeinsame Interesse am Gemeinwohl zu engagieren (vgl. Habermas 2022, 58 ff.; s. Kap. 2.1.3.3; unten Punkt 3).

3) Mangelhafte Integration, Deliberation und Konsensorientierung

Aus einer (radikal)liberalen Perspektive wird die digitale Infrastruktur begrüßt, weil sie zu einem Zugewinn an individuellen Meinungsäußerungen führt und den kompetitiven Meinungspluralismus befördert (vgl. Thiel, 51). Für eine deliberative Demokratietheorie hingegen ist nicht die Pluralität der entscheidende Bewertungsmaßstab, sondern primär die **Integrationsleistung** der Öffentlichkeit (vgl. ebd., 52 f.). Aus dieser Sicht wird bemängelt, dass die in der digitalen Öffentlichkeit sichtbar werdenden gegensätzlichen Meinungen, Interessen und Positionen unvermittelt nebeneinander stehen bleiben, ohne dass es zu einer Auflösung der vorhandenen Widersprüche kommt (vgl. Buchmann, 17). So verhärten sich z.B. die Fronten in der Migrationsfrage zwischen Rechten, die linke Liberale als naive „Gutmenschen" attackieren, und Linken, die rechten „Wutbürgern" vorwerfen, Ängste vor bloß eingebildeten Bedrohungen zu schüren (vgl. Brodnig 2018, 60 f.). Mit der zunehmenden Unübersichtlichkeit, Widersprüchlichkeit und Konfliktgeladenheit der Teilöffentlichkeiten sinkt der „Gesamtinklusionsgrad" (vgl. Jarren u.a. 2022, 32; 34). Verloren gehe in der digitalen Öffentlichkeit der **inklusive Charakter** oder „inklusive Sinn" der demokratischen Öffentlichkeit (Habermas 2022, 61 f.). Mit dem Begriff der „Inklusion" ist in diesem medienkritischen politischen Kontext aber nicht die Teilhabe von Menschen mit Behinderungen in Ausbildung und Arbeitsplatz gemeint wie in gegenwärtigen Inklusionsdebatten. Angesprochen wird vielmehr der Zerfall der medialen Öffentlichkeit in fragmentierte und geschlossene digitale Halböffentlichkeiten, die zur Sicherung eines identitätsstiftenden Horizonts tendenziell dissonante Stimmen ausblenden (vgl. ebd., 11 f., 61 f.). Ein inklusiver öffentlicher Raum erfordert jedoch eine gemeinsame diskursive Klärung konkurrierender Ansprüche (vgl. ebd., 63). Dabei sind insbesondere alle diejenigen in öffentliche Debatten einzubeziehen, die von allfälligen gemeinsamen Beschlüssen betroffen wären (vgl. ebd., 21). Neben der normativen Qualität der Inklusion braucht es daher noch diejenige der „Deliberation" oder Diskursivität.

Die von Habermas vertretene Theorie der **deliberativen Demokratie** geht auf das lateinische „deliberare": „erwägen, überlegen, beratschlagen" zurück. Sie ist entsprechend charakterisiert durch den Austausch von Argumenten in einer freien öffentlichen Beratung (vgl. ebd., 22 ff.; Stegemann, 41 ff.). Diese findet aber keineswegs nur auf der Ebene der Politik etwa im Vorfeld von Wahlen oder Abstimmungen statt, sondern auch in verschiedensten zivilgesellschaftlichen Organisationen und Bürgerinitiativen, die zusammen mit der Politik zur öffentlichen Sphäre zählen. Nach der Säkularisierung der Staatsgewalt und dem Wegfall der legitimierenden Kraft des religiösen Glaubens können nach Habermas nur noch institutionalisierte Verfahren der deliberativen Meinungs- und Willensbildung staatliche Beschlüsse rechtfertigen. Dabei stützt er sein Modell deliberativer Demokratie auf seine Diskurstheorie und **Diskursethik** ab, die den Diskurs als sachlichen, herrschaftsfreien Dialog auf der Grundlage von Argumenten ins Zentrum stellt (s. Kap. 1.2.5). Entscheidend ist also der diskursive und deliberative Charakter der gemeinsamen Beratungen, die einem Mehrheitsentscheid vorangehen müssen. Alle Beteiligten haben ihre Standpunkte bezüglich einer gemeinsam zu regelnden Angelegenheit zu begründen und zur Diskussion zu stellen. Während die Beiträge im Internet häufig auf möglichst viel Zustimmung und „Likes" abzielen, geht es hier darum, die eigenen anfänglichen Meinungen oder Präferenzen im Lichte besserer Argumente zu verändern (vgl. Habermas 2022, 73). Nur wenn alle in einer Auseinandersetzung von der gegenseitigen Kritik lernen und ihre Überzeugungen im Laufe der Deliberation verbessern, lässt sich ein wohlüberlegter, rechtfertigbarer rationaler Konsens erlangen (vgl. ebd., 25; Lafont, 181). Nicht eine faktische Mehrheitsmeinung, sondern nur die Koppelung von inklusiver Teilnahme und diskursiver Beratung kann politische Entscheidungen legitimieren (vgl. ebd., 100).

Einer deliberaliven demokratischen Öffentlichkeit liegt somit das **Diskursmodell** öffentlicher Kommunikation zugrunde, in dem ein „kommunikatives Handeln" kultiviert wird. Nach Habermas ist das **kommunikative Handeln** im Unterschied zum „strategischen" auf gegenseitige Verständigung und einen rationalen Konsens ausgerichtet (vgl. Habermas 1996, 68). Traditionelle Massenmedien wie Zeitungen oder Rundfunk verfehlen dieses Ideal, weil sie vorwiegend monologische, nicht partizipatorische Beiträge veröffentlichen und damit dem **Verlautbarungsmodell** öffentlicher Kommunikation gehorchen. Diskussionsrunden und Talkshows im Fernsehen sind jedoch genauso wie der Schlagabtausch in digitalen Gesprächsforen und sozialen Netzwerken häufig dem dritten, dem **Agitationsmodell** öffentlicher Kommunikation zuzuordnen: Statt auf die Gesprächsbeiträge der anderen einzugehen und sie argumentativ zu erwidern, greift man diese persönlich an und inszeniert sich selbst. Anstelle des „kommunikativen Handelns" liegt dann ein **strategisches Handeln** vor, bei dem mit Mitteln der Rhetorik, Polemik oder Verhandlungstaktiken versucht wird, die Meinungen der Gesprächspartner im Sinne der eigenen Interessen zu beeinflussen. In einer nicht deliberativen partizipatorischen Demokratie und insbesondere in einer Click-Demokratie votiert jeder für das Seine, indem er auf den „Gefällt mir"- oder „Gefällt mir nicht"-Button drückt (vgl. Preisdörfer, 19 f.; Türcke 2019). Obgleich die demokratische Aufgabe eines Interessenausgleichs oft nicht ohne strategisches Verhandeln auskommt, geht es bei der partizipatorischen Teilhabe wesentlich um die argumentative Suche nach gemeinsamen Zielen und Werten oder dem Gemeinwohl (vgl. Habermas 2022, 74 ff.). Dies lässt sich am Beispiel der Diskussionen um das Aufstellen von Windrädern in bestimmten Gemeinden veranschaulichen:

Die unmittelbar Betroffenen müssen früh in die Planung einbezogen werden und sich das gemeinsame Ziel der Energiewende und normative Prinzipien wie Nachhaltigkeit und Klimagerechtigkeit vergegenwärtigen (vgl. Stegemann, 41 f.).

4) Fehlende normative Standards und Qualitätssicherung

Unmittelbar verbunden mit dem Wegfall der Trennung zwischen einer privaten und öffentlichen Sphäre ist das vielfach beanstandete sinkende Niveau der Online-Kommunikation: Digitale Plattformen machen es möglich, dass private Äußerungen aus vormals geschlossenen Kreisen wie Familie, Schulklassen oder Stammtischen weitgehend ungehindert in die digitale Öffentlichkeit drängen (vgl. Pöttker 2021, 385). Gemäß dem für das digitale Zeitalter eigentlich zu starr gewordenen 3-Ebenen-Modell von Öffentlichkeit handelte es sich meist um „einfache" oder „Encounter-Öffentlichkeiten", in denen es wie z.B. in einem Wirtshaus spontan und situativ zu einem Austausch kommt (s. Kap. 2.2.3; Bieber, 67). **Digitale Stammtische** sind solche Korrespondenzen auf Stammtischniveau im digitalen Raum, beispielsweise in sozialen Netzwerken, Kommentarspalten oder Chats (vgl. Prinzing 2017, 38). Mit analogen Stammtischgesprächen teilen sie Charakteristika wie Oberflächlichkeit, Entdifferenzierung, Trivialisierung, Personalisierung und Derbheit im sprachlichen Ausdruck. Neu ist hingegen die leichtere und raschere Verbreitung im Netz. In seinem politischen Tagebuch *Der innere Stammtisch* (2020) identifiziert Ijoma Mangold diese Art von unreinen, unreflektierten und instinkthaften Gedanken, die unstet zwischen Argument, Spekulation, Stimmung und Intuition schwanken, mit dem, was „im Tiefsten das Politische" normaler Bürger ausmache (vgl. ebd., 28; 99 f.). Bislang verblieben sie allerdings auf einer Art „inneren Probebühne", ohne dass sie die innere Zugangsschranke zur öffentlichen Meinungsäußerung passierten. Im Internet jedoch melden sich Verschwörungstheoretiker, Chauvinisten und Rassisten lautstark zu Wort, wie sie das noch bis vor Kurzem höchstens am analogen Stammtisch gewagt hätten.

Anders als eine durch traditionelle Massenmedien hergestellte Öffentlichkeit mit hohen Zugangsschranken ist eine digitale Öffentlichkeit wesentlich eine ungefilterte Öffentlichkeit. Wie zu Beginn des Kapitels dargelegt, weckte diese Ungehemmtheit und Ehrlichkeit der quasi-öffentlichen Kommunikation große Hoffnungen bezüglich einer partizipatorischen Demokratie. Die Liquid- oder E-Demokratie könnte von der **Weisheit der vielen** oder **Schwarmintelligenz** profitieren, weil der Schwarm als Ganzes intelligenter sein könnte als alle einzelnen Nutzer (vgl. Frank, 58f.; Boehme-Neßler, 44): Dank der leichten und grenzenlosen Vernetzungsmöglichkeiten sollen laut der in Deutschland 2006 gegründeten, inzwischen in den Hintergrund geratenen Piratenpartei bessere politische Entscheidungen getroffen werden, als wenn nur ausgewählte Fachleute oder Technokraten beratschlagen. Obwohl die Vielfalt an Meinungen, Perspektiven, Wissen und kreativem Potential in vielen Fällen zu realistischeren Einschätzungen oder besseren Lösungen führen, erliegen aber Menschen in einer Gruppe nach sozialpsychologischen Experimenten wie denjenigen von Solomon Asch bisweilen Gruppenzwängen und folgen unkritisch den Bewegungen oder Affekten des Schwarms. Durch dieses unberechenbare Schwarmverhalten kann Druck auf andere politische Akteure entstehen (vgl. Wallner, 3). Als positives Beispiel für die Weisheit der vielen wird häufig die Freie Enzyklopädie Wikipedia genannt, obwohl die Qualität der Beiträge unterschiedlich ist und es viele formale und strukturelle Schwächen gibt. Eine gewisse Qualitätssicherung scheint sich ohnehin den allgemeinen Regeln der Zusammenarbeit zu verdanken, z.B. der Aufforderung zu größtmöglicher Neutralität bei der Verfassung der Artikel und zur gegenseitigen Korrektur (vgl. Beckedahl, 85; Steinicke u.a., 29). Wenn aber Öffentlichkeit nur noch darin besteht, dass jeder ohne redaktionelle Schleusen „ständig zu allem ungehemmt seinen Senf gibt", droht sie zu einem unstrukturierten, chaotischen „bloßen Kneipengequatsche" zu verkommen (Türcke).

Bei einem deliberativen Demokratieverständnis sind die Erwartungen an legitime Beiträge sehr hoch: Meinungen sollen qualitativ gefiltert, reflektiert und verfeinert werden (vgl. Habermas 1990, 182; 2022, 65; Nullmeier, 36). Nach Habermas haben die Bürger in der subjektiven Wahrnehmung gewissermaßen eine Schwelle zu überschreiten, um von der privaten in die öffentliche Sphäre zu gelangen (vgl. ebd., 60). Für die Sicherstellung demokratischer Öffentlichkeiten ist der Wegfall redaktioneller Schleusen mit professionellen journalistischen Qualitätsstandards wie z.B. Wahrheitsorientierung, Unparteilichkeit und öffentliche Relevanz höchst problematisch (vgl. Steinicke u.a., 29; s. Kap. 2.1.3). Wird die Qualität von Beiträgen im Netz an Klick- und Like-Zahlen gemessen, vertrauen Millionen Menschen z.B. den Tipps von Influencern über Gesundheit mehr als medizinischen Experten. Fake-News und Deep Fakes können wie in der Corona-Pandemie gravierende negative Folgen für die demokratische Öffentlichkeit haben (vgl. ebd.). Völlig irreführend ist die Rede vom „postfaktischen Zeitalter" oder „alternativen Fakten". Um Fakten zu überprüfen oder empirische Beobachtungen richtig zu interpretieren und einzuordnen, empfiehlt sich der Rat von Wissenschaftlern. Anders als bei Tatsachenaussagen muss die Demokratie im Bereich der Meinungen inklusiv sein und darf das „bloße Meinen" nicht gegenüber wissenschaftlichem Wissen abwerten (vgl. Nullmeier, 24; 33f.). Auch wenn vorläufige Meinungen grundsätzlich zulässig sind, ist doch zwischen gut und schlecht begründeten Meinungsbeiträgen zu unterscheiden. Eine krude, rechthaberische Besserwisserei, wie mit komplexen politischen Herausforderungen wie Pandemien oder Migrationsströmen umzugehen sei, sollte am digitalen Stammtisch bleiben. Eine demokratische Öffentlichkeit wird sowohl durch den im Netz verbreiteten Populismus des gesunden Menschenverstandes als auch durch einen akademischen Elitarismus mit zu hohen Ansprüchen an Wahrheit und normative Richtigkeit gefährdet (vgl. ebd., 34; Lafont, 139ff.).

5) Affekt- statt Vernunftorientierung

Nach Pörksen stehen wir am Übergang von einer Medien- zur **Empörungsdemokratie** (2018, 70). Die elementare Neuorganisation der Informationswelt führte zu einer Flut an schwer einzuschätzenden, fälschungsanfälligen Meldungen von überall auf der Welt, schwindenden Rückzugsräumen und ständigen kollektiven Erregungsschüben. Das permanente Unter-Strom-Stehen erzeugt individuell Cyberstress und gesellschaftlich eine große Gereiztheit. Im Internet herrscht ein „Regime des affektiven Aktualismus", wobei aktuelle Aufreger nicht Empathie, sondern unbewusste Gefühlsansteckungen hervorrufen (Reckwitz, 268; s. Kap. 2.2.1). Langfristige gesellschaftliche Entwicklungen und komplexe politische Zusammenhänge geraten in den Hintergrund, sodass die digitale Öffentlichkeit weitgehend unpolitisch ist (vgl. Boehme-Neßler, 44). Insbesondere die sozialen Medien mit ihrem Schwerpunkt auf Beziehungspflege gelten als „Emotionsmedien" (vgl. Eisenegger, 5). Genaugenommen herrscht eine digitale **Affektkultur der Extreme** (Reckwitz, 270): Bei der Positivkultur der Affekte geht es um Unterhaltung, Wunscherfüllung und gegenseitige Bestätigung. Ihr steht eine gewaltige Negativkultur mit einer geballten Ladung an Wut, Häme und Verachtung entgegen. Sie wird gefördert durch die Plattform-Algorithmen als „Drama-Maschine", die emotional negativ aufgeladene Beiträge öfter empfehlen, weil sie am meisten Reaktionen auslösen (vgl. Brodning 2018, 45; s. Kap. 2.2.1). Beim Internet-**Trolling**, ursprünglich das Auswerfen eines Köders beim Fischen bezeichnend, werden mit provokativen, irritierenden Beiträgen in Foren oder Blogs gezielt Diskussionen gestört und Konflikte geschürt (vgl. Brodning 2013, 92f.; Eickelmann, 151). Bezüglich seiner politischen Nutzung ist das Internet besonders gut geeignet für Polarisierungen und **Protestbewegungen**. Über „Hashtags" und „Re-Tweets" lassen sich mit Shitstorms leicht die Affekte der Massen mobilisieren (vgl. Imhof, 22). Auch wenn solche kollektiven Empörungswellen durchaus öffentliche Debatten anstoßen können, behindern Dramatisierung und Stimmungsmache den demokratischer Entscheidungsfindungsprozess.

Während im politischen Diskurs und in traditionellen Qualitätsmedien ein Rationalisierungszwang herrschte, wird von den digitalen Medien ein automatisches, intuitives, wenig anstrengendes und tendenziell emotionales **schnelles Denken** gefördert (s. Kap. 2.2.1; Lischka u.a., 57). Die hohe Geschwindigkeit der Informationsflüsse im Internet und die Erwartungshaltung des sozialen oder beruflichen Umfeldes erzeugen großen Druck, rasch auf neu eingehende Meldungen zu reagieren. So kommt es zu vielen Meinungsschnellschüssen. Für schwierige gesellschaftliche Probleme gibt es aber keine einfachen Lösungen. Die rationale Verarbeitung aller relevanter Informationen erfordern sehr viel Zeit, und der demokratische Prozess eines Ausgleichs gegensätzlicher Interessen gleicht im Bild von Max Weber einem „langsamen Bohren harter Bretter". Der für seine Vorliebe für emotional geprägte „alternative Fakten" bekannte Expräsident Trump suggerierte allerdings bei seinen täglichen Twittermeldungen, die politische Sachlage sei so einfach, dass jeder seine persönliche Position ohne Nachdenken unmittelbar nachvollziehen und nur für oder gegen ihn sein könne (vgl. Kleiner, 23). Gefördert werden solche oberflächlichen, nur zwei Ausprägungen kennenden Positionierungen auch durch die **Affektheuristik** eines „Gefällt mir" oder „Gefällt mir nicht" im Netz (vgl. Dobelli, 103). Zumindest in der Theorie besteht aber zwischen Demokratie und Vernunft eine enge Verbindung (vgl. Boehme-Neßler, 52; Stark, 5): Um die qualitativ besten Lösungen zu finden und demokratisch zu legitimieren, müssen Ideen und Vorschläge in einen rationalen Austausch von vernünftigen Argumenten auf einer überprüfbaren Faktenlage eingehend diskutiert werden. Angesichts der Emotionalisierung des Politischen in einer erhitzten Öffentlichkeit setzt sich aber nicht das beste, sondern das Argument mit dem höchsten „Hysteriepotential" durch (vgl. ebd., 53f.). Eine digitale Öffentlichkeit verfehlt die normativen Ansprüche einer Demokratie, wenn moralische Empörung und Panik zu einer Verweigerung rationaler Begründungen führen.

6) Defizit an Respekt und Zivilität

Eine demokratische Öffentlichkeit erfordert ein hohes Maß an Respekt gegenüber allen Gesprächsteilnehmern und ihre Anerkennung als gleichberechtigte Bürger (vgl. Habermas 2022, 85). In der digitalen Öffentlichkeit droht jedoch eine respektvolle und wertschätzende Diskussionskultur verloren zu gehen, die das Fundament einer deliberativen Demokratie bildet. Diskursive öffentliche Beratungen erfordern es, den Gesprächspartnern aufmerksam zuzuhören, sich um Verständnis zu bemühen und gegebenenfalls Nachfragen an sie zu richten. Gemäß dem hermeneutischen „principle of charity" („Prinzip der wohlwollenden Interpretation") muss erst einmal davon ausgegangen werden, dass auch die vom eigenen Standpunkt abweichenden Meinungen vernünftig und stimmig sind. Es gilt, von sich selbst und seiner Position Abstand zu nehmen, um die Perspektiven der anderen einzunehmen und sich in ihre Situation hineinzuversetzen (vgl. ebd.). Dank emotionaler Empathie und der sozialkognitiven Leistung des universellen Rollentausches kann es gelingen, bezüglich der gemeinsam zu regelnden Angelegenheiten den unparteiischen Standpunkt der Moral einzunehmen (vgl. Fenner 2020, 149 f.; s. Kap. 1.2.2). Anstelle von Konfrontation und Polarisierung ist nach grundlegenden Gemeinsamkeiten oder Zielorientierungen zu suchen, um die bestmögliche Lösung für ein praktisches Problem zu finden. Beim Streit um Tierversuche beispielsweise könnte sich eine Einigung darüber herstellen lassen, dass die Tiere möglichst wenig leiden sollen. Verständnis für befremdliche und schlecht begründete Positionen aufzubringen bedeutet allerdings keineswegs, sein Einverständnis dazu zu geben. Es ist aber selbst nach Habermas legitim, dass auf einer frühen Stufe des deliberativen Meinungs- und Willensbildungsprozesses in der breiten Öffentlichkeit verschiedene Stimmen aus Politik und Zivilgesellschaft miteinander konkurrieren (vgl. 2022, 78 f.).

Wie unter Punkt 5) bereits anklang und in Kapitel 2.2.4 zur digitalen Gewalt dargestellt, ist die Online-Kommunikation häufig wenig respekt- und verständnisvoll. Das Ausmaß an menschenverachtenden, beleidigenden und hasserfüllten Beiträgen nimmt zu und vergiftet das Meinungsklima. Anstelle einer Begegnung auf Augenhöhe wimmelt es von plakativen, beleidigenden Zuschreibungen und pauschalen Diffamierungen von Einzelpersonen oder Gruppen. Man denke an Ausdrücke wie „Schlampe", „Messermigranten", „Klimaterroristen", „irre Verschwörungstheoretiker" oder „hysterischer Gendergaga". Solche Pauschalisierungen, persönlichen Angriffe und Abwertungen zerstören sämtliche Ansätze von Toleranz und Verständigungsbereitschaft im Keim und verunmöglichen den demokratischen Austausch. Beschäftigte im öffentlichen Dienst und politisch Engagierte werden immer häufiger eingeschüchtert oder zum Schweigen gebracht mit dem Satz „Ich weiß, wo Du wohnst“, kombiniert mit aggressiven Gewaltandrohungen. Im schlimmsten Fall werden missliebige Personen in einem Shitstorm oder einer Online-Mobbingkampagne öffentlich an den Pranger gestellt und wie in einer Hexenjagd verfolgt, wobei die digitale Gewalt bisweilen in analoge übergeht. Die Pseudonymität im Netz und das Machtgefühl in der Masse führen leicht zu einer toxischen Enthemmung (s. Kap. 2.2.4). Solche **Zivilitätsbrüche**, häufig auch schon die Verrohung der Sprache, lassen eine moderate Mehrheit der demokratischen Öffentlichkeit vorsichtig werden oder vor politischen Aktivitäten ganz zurückschrecken (vgl. Steinicke u. a., 5; Pörksen 2018, 76 f.). Die enthemmte öffentliche Äußerung von Wut und Hass auf Andersdenkende und Minderheiten gefährdet die Demokratie, weil Meinungs- und Interessenwidersprüche nicht mehr in einem geregelten und respektvollen Austausch ausgetragen werden können (vgl. Pöttker 2021, 379; 382; Wagner 2020, 131).

demokratische Öffentlichkeit	digitale Öffentlichkeit
1) einheitlicher Informationsstand dank weniger Massenmedien mit großer Reichweite	Fragmentierung der Öffentlichkeit durch Fülle an Parallelöffentlichkeiten mit geringer Reichweite
2) Trennung von öffentlicher und privater Sphäre; in traditionellen Medien: Logik des Allgemeinen	Verwischung der Grenzen zwischen öffentlicher und privater Kommunikation; Logik des Besonderen (persönlicher Interessen)
3) inklusiver Charakter: Integration von widersprüchlichen Meinungen	keine Konsensorientierung und diskursive Klärung konkurrierender Meinungen
4) Einhaltung hoher normativer Standards	fehlende Qualitätssicherung und normative Standards
5) Vernunftorientierung: langsames Denken, Rationalitäts- und Begründungszwang	Affektorientierung: schnelles, intuitives Denken, Empörungswellen, Protestbewegungen
6) Respekt, Anerkennung als gleichberechtigte Bürger	Zivilitätsbrüche, Hass und Beleidigungen, Verrohung der Sprache

Fazit

Nach dieser Gegenüberstellung von digitaler versus demokratischer Öffentlichkeit könnte man den pessimistischen Schluss ziehen, dass zwischen Digitalisierung und Demokratie ein unüberbrückbarer, tiefgreifender Gegensatz besteht: Die **Digitalisierung** zielt auf Beschleunigung, Vereinfachung und Optimierung aller Prozesse ab, wohingegen die **Demokratie** viel Zeit und Geduld für langwierige und mühselige Beratungs- und Aushandlungsprozesse benötigt (vgl. Grunwald 2019, 170 f.; 206 ff.). In der demokratischen Öffentlichkeit und in partizipativen Verfahren müssen zu komplexen Fragen alle mannigfaltigen Perspektiven und immer wieder neu auftauchenden Gesichtspunkte und Argumente miteinbezogen und gegeneinander abgewogen werden. Die Emotionalisierung, Bedürfnisorientierung und Distanzlosigkeit und die Protest- und Like-Kultur in der digitalen Öffentlichkeit sind der demokratischen Diskussionskultur nicht förderlich. Der Gegensatz könnte allerdings nahelegen, dass zumindest eine republikanische oder deliberative Demokratie mit Idealen wie Kooperationsbereitschaft, Sach- und Begründungsorientierung nicht mehr zeitgemäß sind und sich schnellstmöglich der Digitalisierung anpassen sollten. Politiker und Parteien versuchen, unter dem Anpassungsdruck der neuen Medien, ihre Parteiprogramme und Parolen auch in peppigen Videos mit schnellen Schnitten, Musik und Charts zu präsentieren (vgl. Pörksen 2019). Nach Armin Grunwalds nachdrücklicher Forderung muss aber grundsätzlich gelten: „democracy first"! „Die Digitalisierung muss sich nach der Demokratie richten und nicht umgekehrt." (2019, 172) Wir alle sind dazu aufgerufen, das Internet aktiv so umzugestalten, dass es zu einem demokratischeren Ort wird und eine funktionierende demokratische Öffentlichkeit durch die Digitalisierung nicht gefährdet ist.

Wie immer muss die Umgestaltung auf der **Mikroebene der Verantwortung** bei jedem einzelnen Nutzer beginnen. Adrienne Fichter verlangt ein Umdenken beim Umgang insbesondere mit sozialen Medien (vgl. 242). Sie vergleicht das Verhalten vieler Internetnutzer mit demjenigen von Teenagern in der Pubertät, die wild mit „alternativen Fakten" und beleidigenden und diskriminierenden Kommentaren um sich werfen und allmählich realisieren, dass das Internet kein rechtsfreier Raum ist und sie dafür sogar inhaftiert werden können. Gefühlszustände wie Gereiztheit, Wut, Angst oder moralische Panik sind schlechte Ratgeber bei komplexen ethischen und politischen Fragestellungen. Moralische Empörung stellt keineswegs einen Beweis, sondern höchstens ein Indiz für einen Missstand dar, sodass hier kritische Distanz angebracht wäre. Statt prompt dramatisierende Anschuldigungen zu posten, sollte man Zeit verstreichen und sich in Ruhe durch den Kopf gehen lassen, ob eine hinlängliche Kenntnis der beurteilten Sachverhalte vorliegt, die Kritik ohne Vorverurteilung erfolgt und empathisch-verständnisvoll und konstruktiv formuliert ist. Unabdingbar sind eine hohe Selbstkontrolle, eine intensive Beschäftigung mit den verhandelten Themen und eine grundsätzliche Verständigungsbereitschaft und Konsensorientierung. Hilfreich ist die Vorstellung eines Übertritts von einem privaten Austausch am Stammtisch hin zu einem öffentlichen Diskurs über gemeinsam zu regelnde Angelegenheiten, in dem ein Begründungszwang herrscht. Das sachliche, argumentative Miteinander-Diskutieren im Netz muss gelernt werden und erfordert ethische Medienkompetenz und politische Bildung. Allzu oft wird ein demokratischer Austausch durch Respektlosigkeit, Intoleranz und enthemmten Ausdruck von Hass auf Andersdenkende verunmöglicht (vgl. Pöttker 2021, 379; Wagner 2020, 131). Unverzichtbar für zielführende Diskussionen ist die Diskurstugend der Kritikfähigkeit: Wer seine eigene Meinung für unumstößlich richtig hält und nicht mit ihrer Unzulänglichkeit rechnet, blockiert eine ergebnisoffene demokratische Deliberation. Je leichter im Internet Protestwellen und Shitstorms im Sinne einer „Cancel Culture" losgetreten werden können, desto größer ist der Bedarf an Verantwortung und Kompetenzen wie Gelassenheit, Rollentausch und Kompromissfähigkeit.

Auf der **Mesoebene** wäre die Unterstützung und Weiterentwicklung des Journalistenberufs und des Qualitätsjournalismus wichtig, der eine zentrale Rolle für demokratische Prozesse und politische Bildung spielt (vgl. Steinicke u. a., 55; Pöttker 2021, 392). Auch ein hochwertiger Datenjournalismus ist zu begrüßen, der anstelle von personalisierter Berichterstattung großflächige empirische Daten und langfristige Trends analysiert. Zu fördern sind auch Initiativen des Pionierjournalismus, der neue digitale Methoden der Recherche und Produktion anwendet und Nutzer z. B. bei einer „Co-Creation" einbezieht (vgl. Steinicke u. a., 57; Buchmann, 31). Vielversprechend sind die bereits erwähnten gemeinwohlorientierten **Open-Data**- und **Civic-Tech-Bewegungen**, die mit ihren Software-Lösungen oder Plattformen das zivilgesellschaftliche Engagement unterstützen. Zur Stärkung einer deliberativen Demokratie reicht die übliche Kuratierung oder „Content-Moderation" auf digitalen Plattformen nicht aus, bei der „Click-Worker" strafbare Inhalte wie kinderpornographische oder gewalthaltige Beiträge löschen. Wie bei analogen Gesprächsrunden in größeren Gruppen bedarf es auch einer inhaltlichen Moderation durch eine neutrale Drittperson, die eine Diskussion strukturierend, versachlichend und vermittelnd lenkt. Bei MOODS, offenen Online-Deliberationsforen zu englisch „Massive Online Deliberation Platforms", sollen die von der Community gewählten Moderatoren für faire und konstruktive Diskussionen sorgen, bei „WeThink" steht mindestens eine Ansprechperson zur Verfügung (vgl. Helbing u. a., 221; Kreutz u. a., 73). Die Open-Source-Software „Adhocracy" verspricht anders als Internetforen, komplexe Debatten zu strukturieren und zu Abstimmungen und Entscheidungen zu führen (vgl. Karbach u. a., 135). Gegen ein solches weiterreichendes „Community"- oder „Content-Management" wird stets eingewendet, schon professionelle Redakteure seien bei digitalen Kommentarspalten überfordert (vgl. Prinzing 2017, 43 f.; Brodning 2013, 170 ff.). Erwägenswert wären auch immer bessere KI-Chatbots wie HUGO der kalifornischen Firma SWIFT, die nicht nur toxische Inhalte herausfiltrieren, sondern auch hilfreiche Beiträge loben oder Nutzer zu einer höflicheren oder verständlicheren Ausdrucksweise mahnen können (vgl. Drösser, 9).

Auf der **Makroebene** ist der Prozess der rechtlichen Regulierung der Plattformen voll im Gang, aber noch lange nicht abgeschlossen (vgl. Steinicke u. a., 4; Jarren u. a. 2017, 37). Es reicht nicht aus, wenn die kommerziell, d. h. auf Gewinnmaximierung statt auf gesellschaftliche Verständigung und Integration ausgerichteten Plattformunternehmen dazu verpflichtet werden, die Kriterien ihrer Kuratierung offenzulegen und problematische oder strafrechtlich relevante Inhalte zu löschen. Um das Internet demokratisch zu gestalten, braucht es Alternativen zur Aufmerksamkeits- und Plattform-Ökonomie. Wünschenswert ist ein **gemeinwohlorientiertes, nichtkommerzielles Internet**, d. h. die Veröffentlichung der Infrastrukturen der digitalen Öffentlichkeit. Denkbar sind staatlich geförderte Plattform-Kooperativen, die ähnlich wie Wikipedia auf der Logik der Gemeingüter oder „Commons" basieren: Ein **Commons-basiertes Internet** zielt nicht auf Werbeeinnahmen, Profit und Kapitalakkumulation ab, sondern auf Kooperation, Gemeinwohl und gemeinsame Wissensproduktion (vgl. Fuchs 2021, 519; 535). Diese digitalen Plattformen befinden sich im gemeinsamen Besitz und unter der gemeinsamen Kontrolle, Verwaltung und Leitung von Nutzern und Softwareingenieuren. Noch besser wären **öffentlich-rechtliche Internetplattformen**, die wie der öffentlich-rechtliche Rundfunk auf gemeinwohlorientierte und demokratieförderliche Angebote verpflichtet sind (vgl. ebd., 536 ff.; Steinicke u. a., 25). Wie jene müssen sie von staatsfernen, gesellschaftlich breit repräsentierten Aufsichtsgremien kontrolliert werden. Mithilfe von Online- und mobilen Medien können sie neue interaktive Formen der öffentlichen Debatte und die soziale Produktion von nutzergenerierten Inhalten fördern. Daneben braucht eine demokratische Öffentlichkeit aber weiterhin den traditionellen öffentlich-rechtlichen Rundfunk, dessen bisher geltende strenge Restriktionen ihres Online-Angebots dringend gelockert werden müssten (vgl. Steinicke u. a., 25). Im Sinne der Wiederbelebung der Demokratie als Volksherrschaft ist es entscheidend, dass die Bürger bei der demokratischen Umgestaltung der Öffentlichkeit und den Kuratierungskriterien mitbestimmen können.

Ethische Forderungen
Grundsatz: Die Digitalisierung muss sich nach der Demokratie richten und nicht umgekehrt! **Aufgabe**: Internet aktiv umgestalten, damit es zu einem demokratischen Ort wird!
Mikroebene: Diskurstugenden wie Respekt, Toleranz gegenüber Andersdenkenden, Kritikfähigkeit, Verständigungsbereitschaft und Konsensorientierung
Mesoebene: • Förderung des Qualitäts-/Daten-/Pionierjournalismus • Förderung von Civic Tec/Open-Data-Initiativen (z. B. MOODS, BürgerForum etc.) • bessere inhaltliche Moderation von Online-Diskussionen
Makroebene: • demokratiefördernde Regulierung kommerzieller Internetplattformen • alternative Commons-basierte oder öffentlich-rechtliche Internet-Plattformen • mehr Mitbestimmung der Bürger an der Ausgestaltung des Internets

3 KI-Ethik

KI-Ethik bzw. **Ethik der Künstlichen Intelligenz (KI)** ist eine noch ganz junge (Teil-)Disziplin innerhalb der Angewandten Ethik, die sich mit den ethischen Problemen der Entwicklung, Herstellung und Gestaltung sowie der Nutzung oder Anwendung Künstlicher Intelligenz bzw. von KI-Technologien befasst (vgl. Gordon, 97; 99; Nyholm 2024, 13; Levina). Da fast alle in der KI-Ethik diskutierten Anwendungen hochkomplex sind und eine große Zahl von Systemelementen oder Algorithmen erfordern, wird in der Fachliteratur statt von „Künstlicher Intelligenz" meist differenzierter von **KI-Systemen** gesprochen, je nach Autonomiegrad auch von „autonomen (artifiziellen) Systemen", z. B. autonomen Waffensystemen (vgl. Spiekermann 2024, 744; Decker 2016, 352; Loh 2019, 19). Angesichts der enormen Auswirkungen der immer neuen KI-Anwendungen auf die zukünftige Entwicklung der Menschheit versucht die KI-Ethik die Fragen zu klären, was solche Systeme tun sollen und was nicht, welche Risiken sie bergen und wie Menschen diese kontrollieren können (vgl. Müller, 17). Schon die Idee, Künstliche Intelligenz zu entwickeln, wirft ethische Fragen auf (vgl. Nyholm 2024, 13). Da auch der Begriff „Künstliche Intelligenz" umstritten ist und zu zahlreichen Definitionen Anlass gab, ist ihm das erste Kapitel zu den Grundlagen der KI-Ethik gewidmet (s. Kap. 3.1.1). Mit Künstlicher Intelligenz beschäftigen sich klassische Bereichsethiken der Angewandten Ethik wie v. a. die Informationsethik, Technikethik und Medienethik. In ihrem Schnittfeld befindet sich wie gezeigt die Digitale Ethik, zu der die KI-Ethik zählt (s. Kap. 1.2.4). Zum gegenwärtigen Zeitpunkt ist die KI-Ethik aber noch genauso wenig akademisch etabliert wie die Digitale Ethik selbst. Welche einzelnen aktuellen Themenfelder innerhalb der Digitalen Ethik als einzelne Teilbereiche oder gar eigene Bereichsethiken aufgefasst werden sollen, ist derzeit noch nicht geklärt (vgl. Lenzen 2023, 364). Voneinander abgegrenzt werden etwa eine „Computerethik", „Roboterethik" und „Maschinenethik" als Subdisziplinen der Technikethik (vgl. Gordon, 102; s. Kap. 3.3, Einleitung). Bei der Rede von „Digitaler Ethik" ist oft unklar, ob die Disziplin insgesamt oder nur ein Bereich von ihr oder gar ein bestimmtes Anwendungsfeld gemeint ist (vgl. Bendel 2022, 68f.).

KI-Ethik (Ethik der Künstlichen Intelligenz bzw. von KI-Technologien): junge Teildisziplin der Digitalen Ethik, die sich mit den ethischen Problemen bezüglich der Entwicklung, Gestaltung und Anwendung von KI-Systemen befasst

Zum Zweck einer systematischen Gliederung wird die Digitale Ethik in dieser Einführung in eine „Digitale Medienethik" (Kap. 2) und eine „KI-Ethik" (Kap. 3) differenziert. Gegen diese Abtrennung kann einwendet werden, dass auch in bestimmten Konfliktfeldern der Medienethik Künstliche Intelligenz eingesetzt wird. So handelt es sich etwa bei Deep Fakes oder anderen „faking technologies" um KI-Anwendungen. Auch beinhaltet die algorithmenbasierte Selektion von kommunikativen Beiträgen etwa von Suchmaschinen oder sozialen Netzwerken wie Google oder Facebook großenteils auch Künstliche Intelligenz. Entscheidend für die gewählte Einteilung sind aber grundlegend unterschiedliche Interaktionsformen (vgl. Heesen 2016, 2 f.): Während bei der **Digitalen Medienethik** die Kommunikation zwischen Menschen im Vordergrund steht, geht es in der **KI-Ethik** um die Interaktion von Menschen mit Maschinen. Letztere stehen teilweise wiederum in Maschine-Maschine-Interaktionen, so z. B. im „Internet der Dinge" oder bei Verbindungen von KI mit KI. Digitale Informations- und Kommunikationstechnologien dienen in der KI-Ethik also nicht der zwischenmenschlichen Verständigung, sondern werden von Menschen als Werkzeuge zur Erreichung bestimmter Ziele eingesetzt. Bei einzelnen übergreifenden Themen wie z. B. in Kapitel 3.2.2 zur Überwachung von Menschen und dem Verlust ihrer Privatsphäre werden allerdings am Rande auch soziale Medien mit einbezogen, sodass diese Abgrenzung nicht strikt durchgehalten wird. Umgekehrt wurden auch im Rahmen der Medienethik bereits die Gefahren von Social Bots für die zwischenmenschliche Kommunikation und die demokratische Öffentlichkeit erwähnt.

In einigen Überblicksartikeln oder Einführungswerken wird neben der KI-Ethik explizit noch die Roboterethik aufgeführt, sodass die Titel dann typischerweise etwa lauten: *Ethics of Artificial Intelligence and Robotics* (Müller), *Ethik in KI und Robotik* (Bartneck u. a. 2019) oder *Roboter- und KI-Ethik* (Funk 2022). Diese systematische Gliederung hängt zusammen mit der grundlegenden Unterscheidung zwischen zwei Formen von KI-Systemen (vgl. Spiekermann 2024, 273 f.; Coeckelbergh, 69; Haagen, 45): In **virtuellen KI-Systemen** existiert die KI lediglich als Software auf einer Hardware-Basis, wobei die Datenströme im Internet einen virtuellen oder Software-Raum aufspannen können. Dazu zählen Software-Anwendungen wie z. B.

digitale Sprachassistenten, Suchmaschinen oder Social Bots. Daneben gibt es aber noch die physisch eingebettete KI, d. h. **physische KI-Systeme** in einer physischen Realisierung, die sich in der Außenwelt bewegen und mit ihr interagieren können. Beispiele dafür wären selbstfahrende Autos, Pflege- oder Militärroboter. Entsprechend gibt es zwei Formen von künstlich intelligenten oder **rationalen Agenten**, d. h. von künstlich intelligenten Systemen, die aus ihrer Umgebung Informationen empfangen können und vorgegebene Ziele unter den vorliegenden Bedingungen bestmöglich zu erreichen versuchen (vgl. Ungehrn-Sternberg, 6 f.; Russell u. a., 60): Während „Software-Agenten" lediglich virtuelle Einheiten darstellen, sind „Hardware-basierte Agenten" oder „Hardware-Agenten" physisch eingebettet in Roboter, die typischerweise mit Sensoren und Aktoren für Außeninteraktionen ausgestattet sind (s. Kap. 3.3). Da es nicht nur KI-Systeme ohne physische Körper gibt, sondern auch keineswegs alle Roboter KI enthalten, fallen die beiden Forschungs- und Anwendungsbereiche also nicht zusammen. Es gibt aber eine große Schnittmenge von Robotik und Künstliche Intelligenz-Forschung (vgl. Müller, 19). Entsprechend stellen auch die „KI-Ethik" und die „Roboterethik" zwei sich überlappende Ethikbereiche dar.

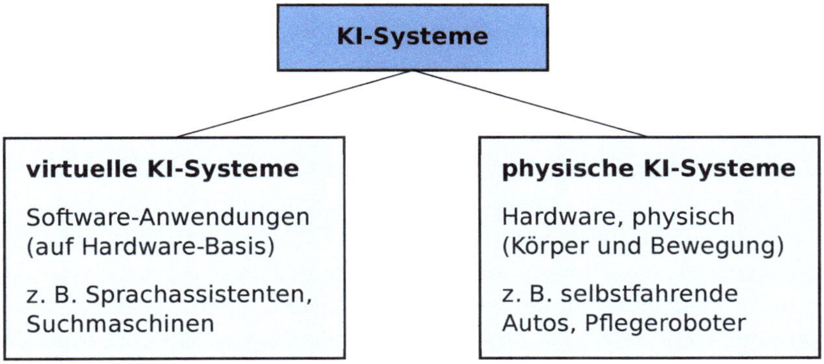

Gegen zwei gesonderte Kapitel für KI-Ethik und Roboterethik in einer Digitalen Ethik spricht, dass sich die gegenwärtig in der Roboterethik diskutierten Anwendungsfelder fast ausschließlich auf KI-basierte Roboter beziehen; in Einführungswerken meist auf autonomes Fahren, Pflegeroboter und Militärroboter, bisweilen noch Sexroboter (vgl. Misselhorn 2019, 136–204; Bartneck u. a. 2019, 112–150; Loh 2019, 26–34). In diesem Band wird daher die Roboterethik auf die KI-basierte Roboterethik eingeschränkt, sodass sie sich problemlos in die KI-Ethik eingliedern lässt. Viele ethische Probleme, die sich in Interaktionen von Menschen mit **KI-basierten Robotern** als physischen KI-Systemen ergeben, stellen sich aber genauso auch bei Interaktionen mit **Software-Agenten** bzw. **virtuellen Akteuren** als virtuellen KI-Systemen: Wie ist es etwa zu bewerten, wenn Menschen emotionale Beziehungen zu täuschend echt wirkenden Gesprächspartnern in Chats oder mit menschenähnlichen Robotern aufbauen? Können diese überhaupt Gefühle oder Bewusstsein haben und moralische Subjekte oder Objekte sein? Ein erstes großes Themenfeld der KI-Ethik muss sich daher mit digitaler Robotik und virtuellen Agenten beschäftigen. Da es zwar hauptsächlich, aber nicht ausschließlich um Fragen der „Roboter"- und „Maschinenethik" geht, ist dieser Teil überschrieben mit: **Konfliktfelder KI-basierter Roboter und virtueller Akteure" (Kap. 3.3)**. Neben diesen unmittelbaren Interaktionen mit Maschinen gibt es aber noch ein zweites weites Konfliktfeld in der KI-Ethik: Es entsteht infolge der zunehmenden Digitalisierung oder „Datafizierung" sämtlicher menschlicher Lebensbereiche und verdankt sich immer besseren KI-gestützten Analysemethoden für die dabei anfallenden riesigen Datenmassen (Big Data). In einer datafizierten Gesellschaft stellen sich etwa Fragen nach der permanenten Überwachung von Menschen und der Einschränkung ihrer Privatsphäre oder einer Diskriminierung aufgrund von Big-Data-Analysen. Obwohl solche Fragen bezüglich Big-Data-Anwendungen und Datensicherheit teilweise unter Bezeichnungen wie „Datenethik", „Computerethik" oder „Big-Data-Ethik" abgehandelt werden, sei angesichts von Überschneidungen mit dem erstgenannten Themenfeld hier wiederum ein praxisbezogener Titel gewählt: **Konfliktfelder der Datafizierung und Big-Data-Analyse (Kap. 3.2)**.

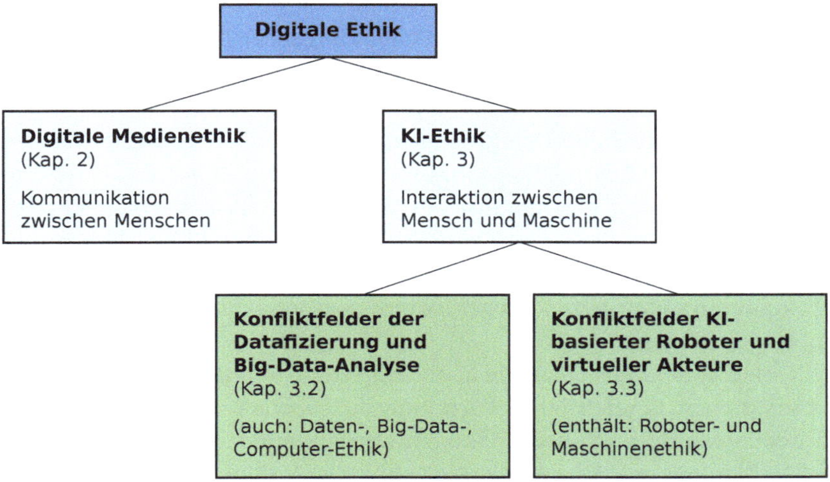

Geschichte und Ausblick

Die Anfänge der KI-Ethik lassen sich zurückführen auf den Mathematiker, Kybernetiker und Philosophen Norbert Wiener. Mit seinen kritischen Büchern und Artikeln stieß er ab 1950 rege Debatten über die Folgen der aufkommenden Informationstechnologien an und nahm Probleme der Big-Data-Analysen und der Kontrolle von Menschen mithilfe lernender Maschinen vorweg (vgl. Levina). Auch der Informatiker und KI-Pionier Joseph Weizenbaum hat sich gesellschaftskritisch mit Fragen der Computer-, Informations- bzw. Digitalen Ethik auseinandergesetzt, bevor es diese Begriffe gab (vgl. Bendel 2022, 68). Viel weiter zurück reicht wie gezeigt die Beschäftigung mit sich verselbständigenden intelligenten Maschinen in der Science-Fiction-Literatur (s. Kap. 1.1.5). Die drei Asimov'schen Gesetze, die vom Schriftsteller Isaac Asimov 1942 erstmals in der Kurzgeschichte *Runaround* erwähnt wurden, gelten als erster Moralkodex für Roboter. 2017 wurden in einer Konferenz in Asilomar von KI-Forschern 23 „Asilomar-Prinzipien" als Richtschnur für die Arbeit im KI-Bereich erarbeitet. Heute gibt es eine große Zahl an KI-Ethikrichtlinien auf nationaler und internationaler Ebene, und mit dem AI Act der EU sogar schon einen weltweit ersten rechtlichen Regulierungsrahmen für KI auf transnationaler Ebene mit Durchsetzungsmöglichkeiten von ethischen Standards. Ab Ende der 1980er Jahre wurde der wertorientierte Ansatz des **Value Sensitive Design (VSD)** entwickelt, der seit einigen Jahren an Bedeutung für die Gestaltung der digitalen Transformation gewinnt. Auf den Methoden und Konzepten des „Value Sensitive Designs“ basiert der „Ethics by design“-Ansatz, auf den in der Digitalen Ethik immer wieder Bezug genommen wird: **Ethics by Design** verlangt, dass die informationstechnischen Systeme in allen Entwicklungsphasen vom Entwurf über die Gestaltung bis zur Anwendung mit moralischen Werten und Prinzipien in Einklang gebracht werden (vgl. Spiekermann 2024, 274; Dignum, 6f.). Dabei wird auf partizipatorische Verfahren zurückgegriffen, bei denen die Stakeholder wie z.B. zukünftige Nutzer von Pflegerobotern frühzeitig ihre Wertvorstellungen einbringen können.

Es steht außer Frage, dass die in hohem Tempo voranschreitenden Errungenschaften im Bereich der KI-Forschung die Lebenswelt der Menschen tiefgreifend verändern. KI-Anwendungen werden immer leistungsfähiger und stoßen in immer mehr Lebensbereiche und institutionelle Kontexte vor. Die meisten Menschen nutzen KI-basierte Suchmaschinen, Sprachassistenten wie Google Assistant, „Alexa“ oder „Siri“ oder Übersetzungsprogramme wie „DeepL“. Wissenschaftliche Fortschritte werden z.B. in der medizinischen Diagnostik und Krebsforschung erzielt, und Serviceroboter wie Staubsaug- oder Pflegeroboter könnten sich bald unentbehrlich machen. Die laufend neuen Durchbrüche versprechen, die Menschen in allen Aufgaben und Lebenslagen zu entlasten und alle ihre Wünsche zu erfüllen. Es scheint sich daher auf den ersten Blick um regelrechte „Schlaraffenlandtechnologien“ zu handeln (vgl. Wiegerling 2023, 12). Die vielen Chancen auf ein besseres Leben und reibungsloseres Zusammenleben sind zwar kaum zu leugnen. Je komplexer und schwerer durchschaubar die KI-Systeme werden, desto mehr wachsen aber auch die begründeten Sorgen und Bedenken in der Gesellschaft: Die Wege, die zu einer automatischen Entscheidungsfindung führen, sind häufig nicht mehr nachvollziehbar, und die Resultate sind mitunter fehlerhaft und ethisch problematisch (s. Kap. 3.1.2; 3.1.3.1). Wenn immer autonomere KI-Systeme immer selbständigere Entscheidungen treffen, steigt die Gefahr, dass die erhoffte Erleichterung zu einer Entmächtigung und Entmündigung des Menschen führt (vgl. ebd., 143; Kap. 3.4). Der Utopie der „Schlaraffenlandtechnologien“ steht daher die Dystopie einer „Zauberlehrlingstechnologie“ entgegen (vgl. ebd., 12). Zunehmend warnen nicht mehr nur Science-Fiction-Autoren, sondern auch namhafte KI-Experten vor der Gefahr von superintelligenten Computerprogrammen oder Robotern, die Mensch und Welt zerstören könnten (s. Kap. 1.2.5; Kap. 4).

3.1 Grundlagen der KI-Ethik

3.1.1 Menschliche und Künstliche Intelligenz

„Künstlicher Intelligenz“ (KI), seltener auch „Artifizielle Intelligenz“ (AI) als wörtliche Übersetzung des englischen „artificial intelligence“, meint zum einen eine **Disziplin der Informatik**, die in der Mitte des 20. Jahrhunderts aufkam. Diese versucht, entweder in Zusammenarbeit mit Kognitionswissenschaften, Psychologie oder Neurowissenschaften die natürliche menschliche Intelligenz besser zu verstehen oder intelligente menschliche Vorgehensweisen auf Computern bzw. KI-Systemen nachzubilden (vgl. Coeckelbergh, 67; Lenzen 2020, 11; Haagen, 56). Zum andern wird damit auch der **Gegenstandsbereich** bzw. das Ziel der zweiten Forschungsrichtung bezeichnet, nämlich Computerprogramme oder Maschinen, „die sich verhalten, als verfügten sie über Intelligenz“ (zitiert nach Haagen, 57). So schrieb es John McCarthy, einer der Gründerväter der KI-Forschung, anlässlich des 1956 in Dartmouth (USA) durchgeführten zweimonatigen Wissenschaftsworkshops, bei dem erstmals der Begriff „Artificial Intelligence“ verwendet und entscheidende Impulse für die Etablierung dieses Wissenschaftszweiges gesetzt wurden (s. Kap. 1.1.2). Dabei bildete von Anfang an die menschliche Intelligenz den Maßstab, wie ein anderes Zitat von ihm verdeutlicht: „Eine Maschine ist dann intelligent, wenn sie etwas tut, für das man beim Menschen Intelligenz voraussetzen würde“ (zitiert nach Specht, 221). Aus philosophischer Sicht wird kritisiert, dass der von den Pionieren als Marketinginstrument gewählte Terminus problematisch und missverständlich ist (vgl. Budelacci, 57; Kirchschläger 2021b, 3). Denn die Rede von „Künstlicher Intelligenz“ suggeriere Menschenähnlichkeit und werde damit definitorisch anthropomorphisiert oder mystifizierend überhöht (vgl. Grimm 2021, 89; Heil, 425). Gegen den Maßstab der menschlichen Intelligenz wird aber auch eingewandt, dass es schon für die natürliche „menschliche Intelligenz“ keine klare einheitliche Definition gibt (vgl. Bauberger u. a., 907).

Künstliche Intelligenz (KI)
1) **Disziplin der Informatik**, die natürliche menschliche Intelligenz besser zu verstehen oder als intelligent geltendes menschliches Denken oder Handeln in Computersystemen nachzubilden versucht 2) **Gegenstandsbereich**: digitale Technologien (Computersysteme), die beim Menschen als intelligent geltende kognitive Fähigkeiten realisieren

Menschliche Intelligenz

Menschliche Intelligenz ist ein äußerst komplexes Phänomen, bei dem sich keine einzelne charakteristische Eigenschaft angeben ließe, die dann auch noch objektiv messbar wäre. Die Frage nach der Intelligenz des Menschen kann grundsätzlich nicht rein naturwissenschaftlich-deskriptiv erfasst werden, sondern erfordert auch anthropologische und philosophische Überlegungen. Psychologisch gesehen ist **menschliche Intelligenz** ein kompliziertes Geflecht oder Bündel von verschiedenen Fähigkeiten oder Kompetenzen, zu denen wesentlich folgende gehören: die Fähigkeiten, abstrakt und logisch schlussfolgernd zu denken und zu verallgemeinern; externe Informationen erfassen, verarbeiten und integrieren zu können; Regelmäßigkeiten und Ordnungen zu erkennen; aus Erfahrung zu lernen; Strategien zur Lösung konkreter und abstrakter Probleme und zur Bewältigung neuartiger Situationen entwickeln zu können (vgl. Fenner 2019, 213; Misselhorn 2019, 18; Klein, 104). In der Psychologie wird Intelligenz oft verengt auf die **kognitive Intelligenz** (von lat. „cognitio“: „erkennen, wahrnehmen, wissen“), die sich auf intellektuelle (schulische) Leistungen im engeren Sinn wie Sprachverständnis, Rechnen oder logisches Schließen beschränkt. Sie wird teilweise auch als „akademische Intelligenz“ bezeichnet und ist die Intelligenzform, die in gängigen IQ-Tests gemessen wird. Kognitive Prozesse wie Wahrnehmen, Denken, Erinnern oder Sprechen scheinen sich gut als Prozesse der Datenverarbeitung verstehen zu lassen (vgl. Lenzen 2002, 9 f.). KI-Forscher sprechen statt von „Intelligenz“ lieber von „Kognitionen“ oder „kognitiven Fähigkeiten“ (vgl. Lenzen 2018, 28). Menschliche Intelligenz umfasst aber viel mehr Dimensionen, auch wenn diese in der empirischen Intelligenzforschung häufig nicht anerkannt sind. Nach der **Theorie multipler Intelligenzen** des Erziehungswissenschaftlers Howard Gardner gibt es auch eine visuell-räumliche, körperlich-kinästhetische, logisch-mathematische, sprachliche, interpersonale bzw. soziale, intrapersonale, musikalische und naturalistische bzw. ökologische Intelligenz (vgl. Haagen, 59 f.; Fenner 2019, 215; Misselhorn 2019, 17). Um **soziale** und **emotionale Intelligenz** (EQ) wird es in Kapitel 3.3.3. gehen, um die in der Liste nicht erwähnte **moralische Intelligenz** in Kapitel 3.3.2.

In der Philosophie ist die Frage nach der menschlichen Intelligenz eng verbunden mit der Frage nach dem Menschsein überhaupt. Denn der Mensch wurde seit Aristoteles in der ganzen abendländischen Tradition als vernunftbegabtes Lebewesen („animal rationale“) definiert (vgl. Heinrichs u. a., 24). Seit Kant gilt die **Vernunft** als höchstes Erkenntnisvermögen, das aufs Ganze abzielt, tieferliegende Zusammenhänge erfasst und allgemeine Prinzipien im theoretischen und praktischen Bereich reflektiert. Dazu gehört die „moralisch-praktische Vernunft“, die nach allgemeinen moralischen Prinzipien sucht und Handlungsgründe und Argumente prüft und abwägt. Diese Art des Intelligenzgebrauchs hebt sich klar von kognitiven Leistungen des Analysierens, Verarbeitens und Strukturierens von Sinneseindrücken ab, die dem **Verstand** zugeordnet werden. Menschliche Intelligenz als Begabung oder Eigenschaft von Individuen ist also äußerst vielschichtig, wobei in verschiedenen Disziplinen je nach Forschungsziel ein bestimmtes Eigenschaftsbündel herausgegriffen wird (vgl. Heil, 425). Auch kann das Ausmaß an Intelligenz in den verschiedenen Bereichen zwischen den einzelnen Menschen erheblich differieren. Bestimmte Fähigkeiten wie z. B. die Merkfähigkeit oder das schlussfolgernde Denken sind angeboren (biologische Intelligenz), andere wie z. B. Sprachgebrauch und Rechenfähigkeit werden im Laufe des Lebens erworben (kulturbedingte Intelligenz). Da bei verschiedenen Intelligenztests mit unterschiedlichen Aufgaben hohe Korrelationen festgestellt wurden, gehen einige Theorien von einem Generalfaktor „g“ als Indikator für eine bestimmte Qualität der verschiedenen Intelligenzleistungen aus (vgl. Fenner 2019, 214). Menschen sind also immer nur graduell und partiell intelligent und lassen sich außerdem häufig von Trieben oder sozialem Druck leiten. In der KI-Forschung müsste daher nicht vom *faktischen* menschlichen Denken oder Handeln, sondern von einem *rationalen* Denken oder Handeln als einer idealen Orientierungsgröße ausgegangen werden (vgl. Russell u. a., 22f.).

Menschliche Intelligenz: Begabung oder Eigenschaft von Individuen, die ein ganzes Bündel von kognitiven Fähigkeiten des Denkens, Erkennens und Problemlösens umfasst

im engen Sinn nur **kognitive Intelligenz**: intellektuelle Leistungen wie

- Sprachverständnis und Rechenfähigkeit
- logisches Denken und Schließen
- Informationen erfassen und verarbeiten
- Regelmäßigkeiten und Ordnungen erkennen
- aus Erfahrung lernen
- abstrakte und konkrete Probleme lösen

in einem weiten Sinn darüber hinaus z. B. auch:
soziale Intelligenz: Gefühle, Gedanken und Verhaltensweisen anderer Menschen verstehen und gemeinsam Ziele angehen können
emotionale Intelligenz: Gefühle erkennen und regulieren und Empathie mit anderen empfinden können

Natürliche vs. Künstliche Intelligenz

Die Rede von einer *künstlichen* Intelligenz markiert auch den Gegensatz zur *natürlichen* Intelligenz des Menschen. Die durchaus schwierige Abgrenzung zwischen „natürlich“ und „künstlich“ kann grundsätzlich in einem genetischen oder qualitativen Sinn gemeint sein (vgl. Bauberger u.a., 907; Fenner 2019, 107): Beim **genetischen Sinn** sagen die Adjektive „natürlich“ und „künstlich“ etwas darüber aus, wie etwas entstanden ist, welchen Ursprung es hat. Menschliche Intelligenz wäre „natürlich“ in diesem Sinn, weil sie auf „natürliche“ Weise entstanden ist, d.h. sich in einem langen evolutionären Prozess aus natürlichen, kohlenstoffbasierten Komponenten entwickelt hat (vgl. Klein, 105). Künstliche Intelligenz hingegen wird bislang „künstlich“, d.h. planmäßig und technisch-kunstfertig von Menschen mit hohem informatischem Expertenwissen hergestellt und konkret in siliziumbasierten digitalen Systemen realisiert. Im Kontrast dazu bezieht sich der **qualitative Sinn** von Natürlichkeit nicht auf die Genese einer Sache oder eines Phänomens, sondern auf seine aktuelle Beschaffenheit oder Erscheinungsform. Etwas im genetischen Sinn künstlich Hergestelltes kann durchaus „natürlich“ in diesem qualitativen Sinn sein, so z.B. im Fall naturidentischer Aromastoffe, die sich nicht von den in der Natur gewordenen Stoffen unterscheiden lassen. Es stellt eine Art naturalistischen Fehlschluss dar, wenn aus der Verschiedenheit der Genese automatisch auf Unterschiede in der Qualität von Stoffen, Prozessen oder Theorien geschlossen wird (vgl. Fenner 2019, 107). Zum gegenwärtigen Zeitpunkt hat die sich schnell entwickelnde KI-Forschung diese Nichtunterscheidbarkeit in qualitativer Hinsicht noch nicht erreicht. Denn nach einer sehr hilfreichen und fest etablierten Untergliederung in der KI-Debatte in eine „schwache“ und „starke Künstliche Intelligenz“ wurde bislang lediglich die schwache Form realisiert.

Schwache vs. starke Künstliche Intelligenz

Im Gegensatz zur oben erläuterten menschlichen Vernunft mit ihrem Erfassen allgemeiner Prinzipien oder Zusammenhänge wird „Intelligenz“ in den meisten Definitionen Künstlicher Intelligenz rein instrumentell verstanden, d.h. als Mittel zur Erreichung bestimmter äußerer Zwecke (vgl. Boddington, 185). **KI-Systeme** sind Computersysteme, die Daten verarbeiten können, lernfähig sind und flexibel geeignete Maßnahmen zur Erreichung bestimmter Ziele auswählen können (vgl. Klein u.a., 28; Bartneck u.a. 2019, 6; Lenzen 2020, 14). Bei einer **engen** („narrow“

AI) oder **schwachen KI** („weak“ AI) werden Teilbereiche menschlicher Intelligenzleistungen in einem Computer oder Roboter simuliert, und zwar zur effektiven Problemlösung in bestimmten, klar abgegrenzten Anwendungsbereichen (vgl. Hammele u. a., 169; Haagen, 70 f.; Misselhorn 2019, 269 f.). Der Aspekt der „Enge“ oder Begrenztheit weist darauf hin, dass die bisherigen schwachen KI-Systeme Spezialisten sind und also nicht verschieden definierte Aufgaben zu lösen vermögen, sodass für jedes neue Problemfeld eine neue KI entwickelt werden muss. Menschen hingegen verfügen als Generalisten über ein enorm breites Feld an Fähigkeiten vom Schuhbinden über Kochen und Bücherschreiben bis hin zum Schlichten moralischer oder politischer Konflikte. Bei vielen kognitiven Fähigkeiten haben Computer den Menschen allerdings bereits weit überholt, insbesondere bei der Speicherkapazität und Rechenleistung, aber auch bei klar definierten Problemstellungen wie z. B. dem Erkennen von Mustern oder Korrelationen in Bild- und Sprachmaterial, beim strategischen Denken in anspruchsvollen Brettspielen wie Schach oder Go oder beim Beantworten von formalisiertem Fachwissen durch Expertensysteme. Bemerkenswerte Fortschritte erzielen sie v. a. bezüglich der kognitiven Intelligenz, und in der Computersprache soll „intelligence“ so viel meinen wie „Informationsverarbeitung“ (vgl. Hammele u. a., 156). Eine solche bislang ausschließlich realisierbare enge und schwache Intelligenz als Vermögen, schnell und effektiv große Datenmengen zu verarbeiten, ist offenkundig noch weit entfernt von der Vielfalt menschlicher Intelligenz. Es wäre daher in der KI-Debatte hilfreich, dafür eine spezielle Bezeichnung wie z. B. **Computerintelligenz** oder **Maschinenintelligenz** oder „silicon intelligence“ zu verwenden (vgl. Heil, 424; Heinrichs u. a., 7).

Eine dem Menschen vergleichbare **generelle** („general“ AI) und **starke KI** („strong“ AI) besitzt ein KI-System hingegen nur, wenn es über mentale, d. h. geistige Zustände wie z. B. Bewusstsein, Intentionalität oder einen Willen verfügt und autonom selbstgewählte Ziele in der Welt verfolgen kann (vgl. Haagen, 71; Heinrichs u. a., 48 f.; Specht, 222). Der qualitative Unterschied zur schwachen KI besteht darin, dass starke KI die menschliche Intelligenz nicht nur simuliert, sondern besitzt, also wirklich intelligent ist. Solche Computer würden also den Sinn z. B. eines Gesprächs tatsächlich verstehen. In quantitativer Hinsicht müsste eine menschenähnliche Intelligenz im Unterschied zur „engen“ KI auch über das ganze weite Feld der oben erwähnten Fähigkeiten der Menschen verfügen. Künstliche Systeme mit einer **General AI** oder **Artificial General Intelligence (AGI)** können aus einer Fragestellung gewonnene Erkenntnisse selbständig auf andere Aufgabenbereiche übertragen (vgl. Heinrichs u. a., 49; 173 f.; Budelacci, 58). Eine Schwierigkeit besteht darin, ein konkretes Messverfahren anzugeben, ab wann „Generalität" vorliegt. Meist gelten wiederum die menschliche Flexibilität und Generalisierungsfähigkeit als Vergleichsgrößen, sodass ein generelles KI-System die gleiche Zahl und Diversität von Problemen bewältigen können sollte wie Menschen. Da menschliche Intelligenz wie gesehen viel mehr bedeutet als ein automatisches Verarbeiten von Informationen und das Lösen von vorgegebenen Problemen, ist der anthropomorphisierende Begriff „Künstliche Intelligenz" für diese – bislang noch unerreichte – starke und generelle Form jedenfalls angemessener.

Für die Messung Künstlicher Intelligenz eignet sich das als **Turing-Test** bekannt gewordene „imitation game" (vgl. Misselhorn 2019, 30; Heinrichs u. a., 19 f.; Haagen, 67 f.): In Turings Testsituation stellt ein Mensch im Dialog sowohl einem Menschen als auch einem Computer Fragen, mit denen er lediglich über Tastatur und Bildschirm verbunden ist, also keinen Sicht- oder Hörkontakt hat. Bestanden hat eine Maschine den Test, wenn 30 % der Testpersonen sich in einem 5-minütigen Chat von ihr täuschen lassen (vgl. Lanzerath, 147). Eine Maschine gilt folglich als intelligent, wenn ein Mensch keinen Unterschied zwischen dem Kommunikationsverhalten eines Menschen und eines Computers erkennen kann. Bei fortgeschrittenen KI-basierten Chatbots im Internet lässt sich kaum mehr ein Unterschied zu einem menschlichen Nutzer feststellen, und die Version ChatGPT-4 von 2023 soll als eine der ersten den Test bestanden haben (vgl. ebd.). Der Test eignet sich allerdings nur für den Bereich der Spracherkennung und -verarbeitung.

Nach John Searles grundsätzlicherer Kritik kann das Bestehen des Turingtests ohnehin kein Maßstab dafür sein, ob Maschinen intelligent sind. Mit einem Gedankenexperiment, das unter dem Schlagwort **Chinesisches Zimmer** bekannt wurde, führte er die Differenz zwischen schwacher und starker Intelligenz ein (vgl. Hammele u. a., 158 f.; Heinrichs u. a., 55 f.; Misselhorn 2019, 32–35): Man stelle sich vor, man ist in einem Raum eingeschlossen. Durch einen Schlitz werden Fragen in chinesischer Schrift hineingereicht, und die Antworten dazu müssen auf Karten ebenfalls in Chinesisch durch einen anderen Schlitz hinausgereicht werden. Man beherrscht zwar kein Chinesisch, besitzt aber eine Anleitung in seiner Muttersprache, um auf die chinesischen Eingaben formal korrekt mit chinesischen Symbolen zu reagieren. In Analogie zu einem Computerprogramm lassen sich zwar durch schrittweise Operationen nach diesem Regelwerk die Außenstehenden wie beim Turing-Test täuschen, aber man selbst versteht dennoch kein Chinesisch. Es liegt also keine starke Künstliche Intelligenz vor.

Noch einen Schritt weiter als die generelle und starke Intelligenz geht die sogenannte Superintelligenz. Allzu vage sind Definitionsversuche, die KI-Systemen Superintelligenz zusprechen, wenn sie menschliche Intelligenz übertreffen. Denn dies hat eine schwache und enge Intelligenz in bestimmten eingegrenzten Tätigkeitsfeldern wie z. B. dem Rechnen bereits erreicht. Präziser müsste daher von einer **generellen künstlichen Superintelligenz** gesprochen werden, wenn ein KI-System „in mindestens ebenso vielen Tätigkeitsfeldern", „in nahezu allen Bereichen" oder sogar in allen Bereichen menschliche Intelligenz übersteigt (Heinrichs u. a., 175; Bostrom, 41). Das klarste Abgrenzungskriterium wäre wohl, wenn das KI-System das Niveau sämtlicher Intelligenzleistungen übertreffen müsste, das kompetente Menschen in den einzelnen Feldern bislang erreicht haben. Es kann aber auch ganz grundsätzlich in Zweifel gezogen werden, ob es sinnvoll ist, die natürliche menschliche Intelligenz als „Goldstandard" heranzuziehen. Viele KI-Forscher haben sich emanzipiert vom Bestreben, menschliche Intelligenz nachzuahmen, zu simulieren oder gar zu ersetzen (vgl. dazu Coeckelbergh, 64; Lenzen 2020, 16). Gerne wird die Analogie zur ingenieurswissenschaftlichen Realisierung des „künstlichen Fliegens" bemüht (vgl. Mainzer 2019, 257; Russell u. a., 24): Erst als die Forscher damit aufhörten, den Flügelschlag von Vögeln zu imitieren und sich auf die Grundgesetzte der Aerodynamik besannen, gelang das Fliegen tonnenschwerer Fluggeräte. Das Forschungsziel waren also keineswegs Maschinen, die genauso wie Tauben fliegen, sodass sie andere Tauben täuschen können! Die Beantwortung der Frage, ob generelle starke oder Superintelligenz entwickelt werden kann, fällt in den Kompetenzbereich von Informatikern. Philosophisch und ethisch wichtige Fragen sind hingegen, was bislang dem Menschen vorbehaltene Eigenschaften wie Bewusstsein, Autonomie oder Moralfähigkeit genau sind und was ihren Wert ausmacht, und ob Maschinen mit solchen Eigenschaften ein ethisch legitimes Forschungsziel darstellen (vgl. Roboterethik, Kap. 3.3.1.1).

Künstliche Intelligenz: Computersysteme, die Daten verarbeiten können, lernfähig sind und selbständig und flexibel bestimmte Aufgaben erfüllen können	
schwache und enge KI	**starke und generelle KI (GAI)**
simuliert menschliche Intelligenz nur, kein Bewusstsein und Verstehen	hat mentale Zustände wie z. B. Bewusstsein, Intentionalität und Willen
auf Lösung konkreter vorgegebener Anwendungsprobeme fokussiert = **Maschinen-/Computerintelligenz**	allgemeine, multifunktionale Intelligenz, eigenständige Zielsetzungen = **menschenähnliche Intelligenz**
Superintelligenz: KI, die menschliche Intelligenz in (nahezu) allen Bereichen übertrifft	
informatisch-technisches Problem: Wie lässt sich KI oder Superintelligenz entwickeln? **ethisches Problem**: Dürfen Menschen starke KI oder Superintelligenz entwickeln?	

3.1.2 Maschinelles Lernen und das Black-Box-Problem (Andreas Klein)

„Maschinelles Lernen" (ML) gilt als Unterkategorie von Künstlicher Intelligenz (KI) und als Oberbegriff für unterschiedliche Arten von künstlich generiertem Wissen aus Erfahrung. Ziel ist die Entwicklung lernfähiger Systeme und Algorithmen. Das Lernen erfolgt anhand von Beispielen unter Zuhilfenahme von Methoden der Statistik und der Informationstheorie. Ausgehend von passenden Trainingsdaten soll ein verallgemeinerbares Ergebnis (Output) erzielt werden. Für das Lernen bzw. Trainieren werden primär folgende Methoden verwendet:

Beim **überwachten Lernen** (Supervised Learning) wird dem System eine umfangreiche, bereits klassifizierte Datenmenge vorgegeben. Wenn es z. B. lernen soll, Hunde zu erkennen, bekommt es viele Beispielbilder von Hunden. Die Ein- und Ausgabewerte sind also bekannt. Anhand eines daraus errechneten Modells kann das System auch neue Daten zuordnen, wobei es im Trainingsprozess ständiges Feedback erhält. Es wird häufig eingesetzt z. B. bei Handschriftenerkennungen, Vorhersagen eines Verkaufspreises oder künftigen Nachfragen nach einem Produkt. Nachteile dieses Lerntyps sind einerseits die benötigten großen Datenmengen und andererseits die genauen Vorgaben.

Beim **unüberwachten Lernen** (Unsupervised Learning) wird zwar ebenfalls eine große Datenmenge benötigt, es wird allerdings kein Ziel wie z. B. das Erkennen von Hunden vorgegeben. Vielmehr muss das System eigenständig Kategorien, Muster oder Gesetzmäßigkeiten aus den Trainingsdaten herausbilden. Neue „Eindrücke" werden dann jeweils den bereits gebildeten Kategorien zugeordnet. Ein unbestreitbarer Vorteil dieser Methode ist, dass vom System Muster entdeckt werden können, die menschliche Akteure nicht gesehen oder erwartet hätten. Darum besteht hier ein großes Potential für Innovationen und Neuerungen. Dies kann jedoch unter Umständen auch einen Nachteil darstellen, weil eventuell Gruppen gebildet werden, die gar nicht relevant sind, oder ein ethisch unerwünschtes Ergebnis resultiert (z. B. Diskriminierung, s. Kap. 3.2.3).

Wie der Begriff **bestärkendes Lernen** (Reinforcement Learning) bereits nahelegt, erfolgt das Lernen hier gewissermaßen über „Belohnungen" (rewards) für „richtiges Verhalten" – bei Bedarf auch mit Sanktionen. Erstellt das System eigenständig einen gewünschten Output, wird dies bestärkt und das System versucht, weitere Belohnungen durch dieses richtige Verhalten zu erzielen (trial and error). Auf diese Weise wird das System allmählich optimiert. Dieses Verfahren erinnert an menschliche Erziehungsprozesse oder an problematische Lernmethoden wie die Konditionierung oder das Nudging (s. Kap. 3.2.2). Verstärkendes Lernen wird in zahlreichen Umgebungen eingesetzt, beispielsweise bei Spielen.

ML ist also nicht auf bestimmte festgelegte Reaktionsweisen beschränkt wie etwa ein Taschenrechner, sondern lernt durch unterschiedliche Interaktionen und kann so sukzessive verbessert und erweitert werden. Zurzeit werden multimodale KI-Systeme erprobt und veröffentlicht, die mehrere Fähigkeiten bzw. Kompetenzen vereinen. Sämtliche Lernstrategien haben ihre spezifischen Vorzüge und Nachteile und werden daher für bestimmte Aufgaben, Ausgangslagen oder Zielsetzungen eingesetzt. Die vielfältigen Einsatzgebiete von ML reichen von Übersetzungen, Textproduktionen, Spracherkennung, Spielen, visuellen Erkennungen, Diagnoseverfahren bis hin zu Sicherheitskonzepten und autonomem Fahren.

Künstliche neuronale Netze (KNN) und Deep Learning (DL)

Die Entwicklung **künstlicher neuronaler Netze** (KNN) hat die gesamte Bandbreite des maschinellen Lernens und die Möglichkeiten in der KI erheblich bereichert. In der Folge kam es zu einer engen Kooperation zwischen Neurowissenschaften und KI-Entwicklung und zur Etablierung des Forschungsbereichs Computational Neuroscience sowie der Vertiefung des Konnektionismus, der sich mit der Verknüpfung („Konnektion") zahlreicher neuronaler Einheiten beschäftigt. KNN lehnen sich – wie der Name bereits vermuten lässt – an die Architektur des Gehirns und die mentalen Aktivitäten an, die über neuronale Verknüpfungen und Gewichtungen von Neuronen erfolgen (vgl. Beckermann, 321 ff.). Neuronale Netze sind Sammlungen von Einheiten, die miteinander verbunden sind, wobei die Eigenschaften eines solchen Netzes durch die jeweilige Struktur bzw. Zuordnung von Neuronen (Knoten) zu Schichten, ihren Verbindungen und die Eigenschaften der Neuronen bestimmt werden (vgl. Russell u. a., 846). Gegenwärtig sind KNN die wohl bekanntesten und effektivsten Lernsysteme im Bereich der KI.

Einfache KNN bestehen (1) aus Eingabeschichten bzw. -ebenen, zumeist (2) internen Verknüpfungen und Gewichtungen („Hidden Layer": interne Schichten) und (3) Ausgabeschichten. Informationen an der Eingabeseite werden bei mehrschichtigen Netzen komplex verarbeitet und führen schließlich zu einem Output. Die Systeme lernen in diesem Prozess permanent, und ihre inneren Gewichtungen werden fortwährend neu justiert. Dabei empfängt jeder Knoten bzw. jede Einheit (Neuronen) Eingaben der vorgelagerten Knoten, gewichtet diese und gibt entsprechende Signale an nachgelagerte Knoten weiter – ähnlich dem „Feuern" der Neuronen im Gehirn. **Rekurrente bzw. rückgekoppelte neuronale Netze** besitzen darüber hinaus – ebenfalls wie das Gehirn – die Eigenschaft, die jeweiligen Ausgaben als neuerliche Eingaben über alle Schichten hinweg zu verwenden. Durch diese Rückkoppelungen erhält das Gesamtsystem so etwas wie ein Gedächtnis. Das System wird insgesamt dynamisch, es entstehen unübersichtliche Schleifen und der Output ist nicht mehr in gleicher Weise prognostizierbar. Der Lernprozess von KNN erfolgt über die zuvor genannten Trainingsmethoden, die allererst die enorme Effektivität dieser Netze ermöglichen. KNN eignen sich insbesondere für Aufgaben, bei denen vorab kein oder nur ein geringes Vorabwissen zur Verfügung steht, z. B. für die Text-, Sprach-, Bild- oder Gesichtserkennung.

Deep Learning kann als Weiterführung und Vertiefung gelten, wobei KNN mit zahlreichen Zwischenschichten (Hidden Layer) ausgestattet werden und dadurch eine noch größere innere Struktur und Komplexität erreichen (vgl. Goodfellow u. a., 16; Haykin). Hierdurch erhöht sich die Lernfähigkeit des Systems: Es muss nicht sämtliches „Wissen" eingespeist werden, sondern der Rückgriff auf „Erfahrung" und die jeweils eingesetzten

Lernmechanismen ermöglichen ein (selbst-)adaptives Verhalten, wodurch schließlich ein gewünschter Output entsteht. Zumeist stehen gerade diese Systeme als Synonyme für KI und ML, was in Diskursen zu begrifflichen Unklarheiten führen kann, sofern hier nicht genauer differenziert wird. Einerseits weisen diese DL-Systeme eine enorme Leistungsfähigkeit auf und sind insofern für zahlreiche komplexe Aufgaben nützlich, andererseits wird dadurch auch das Nachvollziehbarkeitsproblem gesteigert. Ihre Leistungsfähigkeit wird insbesondere bei Mustererkennungen wie z. B. Gesichts-, Sprach-, Text- oder Emotionserkennung eingesetzt und mittlerweile in beinahe sämtlichen gesellschaftlichen Bereichen genutzt.

Das Black-Box-Problem

Ein zentrales Thema in der KI-Ethik ist das sogenannte **Black-Box-** oder **Opazitätsproblem** (von engl. „opacity": „Undurchsichtigkeit"), das die angesprochene Schwierigkeit der Nachvollziehbarkeit oder Erklärbarkeit der inneren Prozesse bei KNN oder DL-Systemen meint (vgl. Müller, 22; Nyholm , 7; Coeckelbergh, 116–123). Aufgrund der komplexen inneren Interaktionsstruktur ist nicht mehr offensichtlich bzw. transparent, wie komplexe, rückgekoppelte Gesamtsysteme zu einem bestimmten Ergebnis gelangen. Damit werden Überprüfbarkeit und Kontrolle schwierig bis unmöglich. Die angewandten Methoden, Algorithmen und langen Listen von nicht linearen Codes helfen kaum beim Verstehen, wieso ein bestimmtes Ergebnis erzielt wird (vgl. Lenzen 2020, 40). Es fehlt eine Erklärung oder Begründung, die in der menschlichen Kommunikation auf Nachfrage hin meist gegeben werden kann. Allerdings ist auch im Blick auf den Menschen einzuschränken, dass nachgereichte Gründe nicht zwingend die handlungswirksamen Ursachen sein müssen und das Black-Box-Problem beim Gehirn vergleichbar sein dürfte. Frank Pasquale kritisiert in *Black Box Society* (2015) eine zunehmend opake Gesellschaft, in der es immer weniger überprüfbar ist, was mit den im Internet gesammelten Daten geschieht und wie KI-Systeme Entscheidungen treffen (vgl. Rieder, 312; Kropp u. a., 14; s. Kap. 3.1.3.1).

Angesichts dieses gravierenden Problems mangelnder Erklärbarkeit wird jedoch gegenwärtig intensiv daran gearbeitet, die „Black-Box" von KI-Systemen mithilfe neuer, sehr aufwändiger technischer Verfahren wenigstens bis zu einem gewissen Grad in eine „White Box" umzuwandeln (vgl. Waltl, 618 f.). Mittlerweile hat sich ein eigener Forschungszweig unter dem Titel **Explainable AI**, kurz **XAI** (erklärbare Künstliche Intelligenz) etabliert (vgl. Gunning u. a.; Kaminski; Holzinger). Erklärbarkeit soll dabei jedoch nicht zulasten hoher Lernleistung gehen, wenngleich Kompromisse unter bestimmten Umständen tolerierbar sind, z. B. wenn hochrangige Ziele erreicht werden sollen, die Ergebnisse zutreffend sind, menschliche Kontrolle möglich und das Risiko überschaubar ist. Zu klären ist hierbei allerdings, welche Form der Nachvollziehbarkeit, Transparenz, Erklärbarkeit oder Verstehbarkeit überhaupt gefordert werden soll – und für wen. Nutzer haben andere Interessen als Zertifizierungsbehörden oder Hersteller. Anwender bzw. Endverbraucher wollen sich jedoch auf die genutzten Systeme verlassen können und investieren Vertrauen, dass im Vorfeld ein hinreichend adäquater Prüfprozess stattgefunden hat. XAI-Technologien sollen hier einen konstruktiven Beitrag zur Vertrauenswürdigkeit (trustworthiness) in KI-Systeme leisten.

XAI-Methoden versuchen beispielsweise zu eruieren, welche Eingangssignale bzw. -daten in welcher Weise den Output bestimmen. So können nach einem Ergebnis (Output) die Input-Daten gezielt verändert werden, um ihre Relevanz für die Verarbeitung zu bestimmen – und im Bedarfsfall anzupassen (sog. kontrafaktische Methode). Hier kommen auch die genannten Trainingsmethoden zum Einsatz, um z. B. unerwünschte Ergebnisse durch weitere Trainingsanpassungen zu reduzieren – wobei dann freilich der Prozess selbst noch nicht hinreichend verstanden wird. Die Layer-wise Relevance Propagation (LRP: Montavon u. a.) verfährt umgekehrt, so dass ein Output schichtweise rückwärts propagiert und so der Beitrag von Eingangsmerkmalen bestimmbar wird. Bei KI-gestützten Robotern kann auch eine verbale Erklärung gefordert werden (sog. Rationalisation: Gurrapu u. a.), wobei dies allerdings schon für KI-Sprachmodelle (LLM) wie ChatGPT und Co gilt. Ein XAI-Beispiel wäre etwa die Kennzeichnung zentraler Variablen für eine Entscheidung bzw. Vorhersage durch das System selbst, z. B. bei Brustkrebs-Analysen (vgl. Dräger u. a., 182 f; insgesamt dazu Klein u. a.).

3.1.3 Leitideen der KI-Ethik

3.1.3.1 Transparenz

In der Metastudie zu 84 AI-Ethikrichtlinien von Anna Jobin und Mitarbeitern ist Transparenz das am meisten, nämlich in 74 Quellen aufgeführte ethische Prinzip (vgl. Jobin u.a., 395). Der im Kontext der KI-Ethik zur dominanten Leitkategorie avancierte Transparenzbegriff ist aber äußerst vielschichtig und nicht frei von Widersprüchlichkeiten. **Transparenz,** bildlich gesprochen so viel wie (Licht-)Durchlässigkeit oder Durchsichtigkeit, meint in einem übertragenen Sinn meist soviel wie Nachvollziehbarkeit und Verstehbarkeit. Im Anwendungsfeld von Informations- und Kommunikationstechnologien steht „Transparenz“ häufig für Offenlegung, Veröffentlichung und Zugänglichkeit von Informationen. Als ethisches Ideal und demokratisches Leitprinzip soll „Transparenz“ ein Mittel gegen undurchsichtige Machtstrukturen, Korruption und politische oder wirtschaftliche Abhängigkeiten sein, die der Gesellschaft oder Demokratie schaden (vgl. UNESCO, 9; Koska, 154f.; Wiegerling 2016, 223). Radikale Forderungen nach totaler Transparenz oder unbeschränkter Veröffentlichung führen aber zu erheblichen Problemen und Wertkonflikten. Sie stehen nicht nur im Widerspruch zu Diskretion, Diplomatie und notwendiger Geheimhaltung von Kriminalitätsermittlungen, sondern vor allem auch zu den individuellen Schutzgütern Autonomie, Privat- und Intimsphäre. Konkret kann etwa das Veröffentlichen von ursprünglich nicht für die Öffentlichkeit bestimmten Dokumenten auf sogenannten Enthüllungsplattformen wünschenswerte gesellschaftliche Prozesse beschädigen, die vertraulich sein sollen und Zeit beanspruchen (vgl. Heesen 2021, 221). Außerdem gilt ein permanent überwachter und kontrollierter Bürger, dessen Verhalten bis ins Privateste hinein durchsichtig und nachvollziehbar ist, als Schreckbild eines „gläsernen Menschen“ (vgl. Wiegerling 2023, 113f.; 118f.; Heller, 110f.; s. Kap. 3.2.2). Im Zusammenhang mit Künstlicher Intelligenz erfuhr das Prinzip Transparenz aber einen enormen Aufschwung aufgrund des eben beschriebenen **Black-Box**- oder **Opazitätsproblems** (s. Kap. 3.1.2).

Neben oder anstelle von „Transparenz“ wird in KI-Ethikrichtlinien häufig auch **Erklärbarkeit** oder seltener **Interpretierbarkeit** gefordert (vgl. EU, 13; UNESCO, 9f.; Jobin u.a., 395). Dabei bezieht sich „Transparenz“ eher auf die technischen algorithmischen Vorgänge, wohingegen bei „Erklärbarkeit“ und „Interpretierbarkeit“ die kommunikative Vermittlung gegenüber den Adressaten oder Betroffenen im Vordergrund steht (vgl. Waltl, 630f.; EU,

13). Trotz der Bezeichnungsvielfalt und unterschiedlichen Begriffsbestimmungen lautet das übereinstimmende Ziel, **Nachvollziehbarkeit** bzw. Verständlichkeit der maschinellen Lernverfahren und automatisierten, KI-basierten Entscheidungsfindungen herzustellen (vgl. Heil, 427; Bartneck u. a. 2019, 51). Während bisherige Technologien nur den Laien und Anwendern undurchsichtig waren, bleiben sie es bei immer komplexeren selbstlernenden KI-Systemen oft auch den Experten und Entwicklern selbst. Wenn auch sie nicht mehr erklären können, wie genau z.B. künstliche neuronale Netze, v. a. Deep-Learning-Systeme, von bestimmten Eingabedaten zu einem Ergebnis kommen, beschädigt dies das Vertrauen in die Technologien und ihre Resultate. Es lassen sich dann z.B. Fehler schwer erkennen und beseitigen. Transparenz und Erklärbarkeit spielen daher eine große Rolle im Zusammenhang mit dem ethischen Ansatz der „trustworthiness AI" (vgl. EU, 13; UNESCO, 9; Coeckelbergh, 118f.). Aus ethischer Sicht ist insbesondere der mit einer „Black-Box" einhergehende **prinzipielle Kontrollverlust** problematisch. Er stellt eine deutliche Verschärfung der bisherigen Schwierigkeiten im individuellen Umgang mit Technik dar (vgl. Kropp u. a., 19). Im Fall negativer, nicht intendierter Folgen für Einzelne oder die Gesellschaft müssen die Fragen nach Verantwortung, Haftung und Zurechnung neu geklärt werden (vgl. ebd., 23; Coeckelbergh, 117; s. Kap. 3.4). Inakzeptabel wäre es zweifellos, die Verantwortung für die unerklärlichen Schäden gegenüber den Betroffenen mit den Worten von sich zu weisen: „Das ist einfach nur der Algorithmus!" oder „Die KI war's!" (Zweig 2023, 25). Die Förderung der praxisnahen Forschung zur „Explainable AI" ist daher auch ein ethisches Gebot.

Im Zentrum der Kritik stehen sogenannte **ADM-Systeme** („algorithmic desicion-making systems"), d.h. algorithmenbasierte entscheidungsfindende Systeme. Dies können entweder regelbasierte Expertensysteme sein, die meist gut nachvollziehbar sind, oder KI-gestützte ADM-Systeme, die Verfahren des maschinellen Lernens mit statistischen Modellierungen verwenden. Die Bandbreite von KI-gestützten ADM-Systemen ist sehr weit, sodass nicht alle aus ethischer Sicht bedenklich sind. Bei der Beurteilung ist zum einen das **Schadenspotential** (1) zu berücksichtigen, das sich aus dem Schaden für einzelne Individuen sowie dem gesamtgesellschaftlichen Schaden errechnet (vgl. Klingel u.a. 194). Zum anderen hängt es vom Grad der **Abhängigkeit** (2) ab, in dem die Betroffenen den Entscheidungen ausgeliefert sind: Es macht einen Unterschied, ob diese auf andere Systeme oder Dienstleistungen ausweichen können und im Verdachtsfall menschliche Beurteiler hinzugezogen werden können oder nicht (vgl. ebd., 195). Hinsichtlich des Schadenspotentials sind aus einer **konsequentialistischen** Perspektive existenzielle Entscheidungen mit potentiell hohen physischen oder psychischen Schäden für die Betroffenen inakzeptabel, **deontologisch** gesprochen sämtliche Verstöße gegen Menschenrechte oder ethische Prinzipien wie z. B. Gerechtigkeit oder Freiheit. Für die Qualitätsprüfung von ADM-Systemen braucht es verschiedene **Regulierungsklassen** mit steigenden Nachvollziehbarkeits- und Transparenzerfordernissen, wie sie auch der AI Act der EU für verschiedene Risikogruppen verlangt (vgl. ebd., 196 ff.). Ein Beispiel auf der untersten Stufe wären Empfehlungssysteme, die den Nutzern bestimmter Produkte wie z. B. Handyhüllen empfehlen. Das mögliche Schadenspotential (1) ist gering, und im Falle einer unbefriedigenden Auswahl kann die Plattform ohne großen Aufwand gewechselt werden (2). In dieser Klasse werden entsprechend keine Transparenzpflichten erhoben. In den höheren Regulierungsklassen steigen jedoch die Ansprüche an die Nachvollziehbarkeit, z. B. bei Entscheidungen über die Jobchancen von Arbeitssuchenden, die schwerwiegende Folgen für das Leben der Betroffenen haben können (s. Kap. 3.2.3).

Bei einer solchen Prüfung von Schadenspotential und Abhängigkeitsgrad wird genaugenommen nicht nur das KI-System mit seinen technischen Gegebenheiten beurteilt. Technologien sind wie gesehen immer eingebettet in einen Anwendungskontext und stellen immer Teil eines soziotechnischen Systems dar (s. Kap. 1.2.1). Bei ADM-Systemen wäre aufgrund ihrer informatischen Komponente präziser von **sozioinformatischen Systemen** zu sprechen (vgl. Klingel u. a., 192). In Betracht zu ziehen sind also immer auch die Interaktionen zwischen Menschen und den ADM-Systemen. Bei solchen Interaktionen verlangt das Prinzip der Transparenz gemäß AI Act der EU, dass die Betroffenen allererst einmal erfahren, dass sie es überhaupt mit einem KI-System zu tun haben (vgl. Titel IV „Transparenzpflichten für bestimmte KI-Systeme“, Art. 52). In höheren Regulierungsklassen mit großem Schadenspotential und hoher Abhängigkeit müssen die Funktionsweisen der KI-Systeme zumindest für Experten nachvollziehbar und kontrollierbar sein (vgl. Klingel u. a., 197; Zweig 2023, 26): Die Eingangsdaten sind auf Korrektheit und Vollständigkeit zu prüfen, und die algorithmischen Verfahren müssen in sich sinnvoll und der Anwendungssituation angemessen sein. Hochrisiko-KI-Systeme müssen laut AI Act für die Nutzer mit Gebrauchsanweisungen versehen werden, die „präzise, vollständige, korrekte und eindeutige Informationen“ in einer verständlichen Form enthalten (vgl. Titel 1: „Allgemeine Bestimmungen“, Art. 13). Als „Erklärung“ für die Betroffenen dienen aus ethischer Sicht nicht informatische Kenntnisse über die genauen Rechenwege oder die Entschlüsselung des Softwarecodes in einer mathematisch-formalisierten Maschinensprache, sondern **Gründe** für die Einstufung der Betroffenen z.B. bezüglich Jobchancen oder Kreditwürdigkeit (vgl. Coeckelbergh, 121f; UNESCO, 9). Laien brauchen eine Übersetzungshilfe in der Art von Gebrauchsanweisungen oder Beipackzetteln, wie sie Arzneimitteln beigelegt werden (vgl. Dräger u.a., 183; Hochreiter, 425). Diese sollen kurz und knapp darüber in Kenntnis setzen, was der Zweck des KI-Systems ist, auf welchen Daten und Parametern die Entscheidungen basieren, wo die Risiken und Nebenwirkungen liegen und was schlimmstenfalls passieren kann.

Transparenz
Bedeutung: Offenlegung, Veröffentlichung von Informationen, Nachvollziehbarkeit **besondere Dringlichkeit**: immer komplexere, undurchsichtigere („opake") KI-Systeme
ethische Forderungen: **Regulierungsklassen** für **ADM-Systeme** (KI-basierte entscheidungsfindende Systeme) je nach Schadenspotential (1) und Abhängigkeit der Betroffenen (2) mit zunehmenden Nachvollziehbarkeits- und Transparenzpflichten: **Transparenz** sowohl bezüglich a) Einsatz von KI bei Entscheidungen oder Ergebnissen b) intendierte Zwecke, verwendete Daten, Parameter, Risiken der Systeme

3.1.3.2 Sicherheit

In einem allgemeinen lebenspraktischen Sinn geht der Wert der „Sicherheit" auf ein sehr basales menschliches Grundbedürfnis nach Stabilität, Schutz und Ordnung zurück: Hinreichend verlässliche natürliche, materielle und soziale Verhältnisse sind notwendige Bedingungen für ein angstfreies und gelingendes menschliches Leben (vgl. Fenner 2007, 118). In englischsprachigen AI-Ethikrichtlinien wie z.B. derjenigen der UNESCO gibt es zwei verschiedene Begriffe für unterschiedliche Dimensionen des deutschen Worts „Sicherheit": „safety" und „security" (vgl. UNESCO, 7; Coeckelbergh, 104f.): **Safety** bezieht sich auf die Verhinderung von unerwünschten Schäden oder Risiken („safety risks") von KI-Systemen für den Menschen, seine Umwelt und das Ökosystem. In diesem Sinn sollte z.B. ein Roboter gemäß dem ersten Asimov'schen Gesetz keinem Menschen Schaden zufügen und also z.B. keine Unfälle verursachen. Demgegenüber ist der im Zuge der

Datafizierung immer mehr ins Zentrum rückende Wert der Sicherheit als **Security** zunächst einmal weniger ein ethisches als ein technisches Kriterium, das sich auf die Daten- und Informationssicherheit der KI-Systeme selbst bezieht: **IT-Sicherheit** oder **Cyber-Security** meint den Schutz von Rechenzentren, Netzwerken, Computersystemen, digitalen Geräten und Robotern; konkreter den Schutz aller verwendeten Daten vor Diebstahl und unberechtigter Veränderung, der Hard- und Software vor Beschädigungen und der angebotenen Dienste und Funktionen vor Unterbrechung und Missbrauch. Je mehr die Welt digitalisiert und vernetzt wird, desto verwundbarer und manipulationsanfälliger werden die Infrastrukturen (vgl. Coeckelbergh, 105 f.; Koska, 154; 156). Denn fast jedes Software-Programm und elektronische Gerät kann durch Menschen mit böser Absicht und technischem Knowhow gehackt werden. Mit der zunehmenden Abhängigkeit der Wirtschaft und Gesellschaft von computergesteuerten Vorgängen steigt daher die Anfälligkeit für Cyberangriffe. Die **Cyberkriminalität** mit Cyberattacken auf Dateneigentum oder Informationssysteme z. B. durch das Einschleusen von Viren oder durch Botnetze ist zu einem enormen Sicherheitsrisiko für IT-Systeme geworden (vgl. Eisele, 255–260; s. Kap. 2.2.4). Laut einer Statistik von „statista“ wurden im Jahr 2023 rund 58 % der deutschen Unternehmen Opfer von Cyberangriffen. Wenn kritische Infrastrukturen wie kommunale Verwaltungen, Wasserwerke, Verkehr oder Energiesektor betroffen sind oder sogar Drohnen oder selbstfahrende Autos gehackt werden, kann auch die physische Sicherheit von Menschen gefährdet sein.

Die IT-Sicherheit ist insofern ein Teilaspekt der allgemeinen „Daten- und Informationssicherheit“, als sie sich nur auf digitalisierte Daten und die IT-Infrastruktur, nicht aber auf analoge Daten und physische Dokumente bezieht. Sie ist auch vom „Datenschutz“ abzugrenzen, der nicht Daten ganz allgemein im Blick hat, sondern nur personenbezogene Daten. Ihr Schutz und die Sicherheit ihrer Verarbeitung wird in der europäischen Datenschutzgrundverordnung (DSGVO) geregelt (vgl. insbes. Art. 32; s. Kap. 3.2.2.3). Bei IT-Großangriffen wird bisweilen von „Cyberwar“ gesprochen, auch wenn der Begriff aufgrund der Analogie zu militärischen Aktionen umstritten ist (vgl. Baur-Ahrens, 265 f.). Von einer „Digitalisierung des Krieges“ lässt sich hingegen bei der Cyberkriegsführung sprechen, die im russischen Angriffskrieg 2022 gegen die Ukraine eine neue Dimension etwa mit russischen Hackerangriffen auf amerikanische Satellitenterminals erreichte (vgl. Huber, 8). Informatiker und Ingenieure sind in der Verantwortung, die Missbrauchsrisiken von Software und IT-Systemen z. B. mit Firewalls oder

Verschlüsselungstechnologien zu minimieren, auch wenn sich insbesondere bei immer komplexer und schwerer durchschaubaren Systemen keine absolute Sicherheit herstellen lässt (vgl. Weber 2021, 349 f.). In Deutschland gibt es seit 2011 ein nationales Cyber-Abwehrzentrum und seit 2015 ein IT-Sicherheitsgesetz. Im AI Act der EU, der 2024 in Kraft trat, widmet sich Artikel 15 unter Titel 1: „Allgemeine Bestimmungen" der „Genauigkeit, Robustheit und Cybersicherheit" von Hochrisiko-KI-Systemen. Diese sollen widerstandsfähig gegenüber Fehlern, Störungen oder Unstimmigkeiten sein, die im System selbst oder seiner Umgebung auftreten (Abs. 3). Grundsätzlich verfolgt der AI Act einen risikobasierten Ansatz, bei dem KI-Technologien je nach ihrem Schadenspotential für Menschen in **verbotene Praktiken** (Titel II), **Hochrisiko-Anwendungen** (Titel III) und **Anwendungen mit kleinem oder geringen Risiko** (Titel III, Art. 69) eingeteilt werden. Wenn dabei der Nutzen neuer Technolgien aus dem Blick gerät, lässt sich dies mit dem Verweis auf den Vorrang negativer vor positiven Pflichten rechtfertigen (vgl. Klein, 283; s. Kap. 1.1.3, Einleitung): Das Prinzip des Nichtschadens wird in der Ethik generell als höherrangig eingestuft als das Prinzip der Wohltätigkeit oder Fürsorge.

<table>
<tr><th colspan="2">Sicherheit</th></tr>
<tr><th>Safety</th><th>Security
(IT-Sicherheit; Cyber-Security)</th></tr>
<tr><td>Vermeidung unerwünschter Schäden für Mensch und Umwelt</td><td>Schutz der IT-Infrastruktur und ihrer Daten vor Hackerangriffen</td></tr>
<tr><td colspan="2">besondere Dringlichkeit: manipulationsanfällige Infrastrukturen infolge der Digitalisierung
ethische Forderung: Minimierung der Sicherheitsrisiken durch Informatiker und Ingenieure
rechtliche Schutzmaßnahmen:
• Cyber-Abwehrzentren und IT-Gesetze
• AI Act der EU zur Eindämmung von (Sicherheits-)Risiken</td></tr>
</table>

3.1.3.3 Menschliche Aufsicht

Der Grundsatz **menschliche Aufsicht** („human oversight") verlangt, dass KI-Systeme während der Dauer ihrer Verwendung „von natürlichen Personen wirksam beaufsichtigt werden können" (Titel III Kap. 2 Art. 14 Abs. 1 AI Act). Die „High-Level-Expert-Group on AI" der EU begründet ihre Forderung nach

„Human agency and oversight" (1.1) damit, dass nur so dem zentralen ethischen Prinzip des „Respekts vor der menschlichen Autonomie" Rechnung getragen werden kann (vgl. EU, 15f.). Menschliche Selbständigkeit ist nur gewahrt, wenn die mit KI-Systemen arbeitenden Menschen die Kontrolle über sich selbst behalten und stets die Wahlmöglichkeit zwischen Nutzung und Nichtnutzung oder zwischen verschiedenen Funktionen haben (vgl. Haagen, 116). Die Systeme sollen die Menschen als Werkzeuge unterstützen und ihren Handlungsspielraum erweitern. Anstelle einer individuellen menschlichen Aufsicht kann auch eine „inclusive public oversight" notwendig sein (UNESCO, 8). In welchen Anwendungskontexten welche KI-Systeme selbständig und unbeaufsichtigt Aufgaben übernehmen dürfen, ist nicht nur eine individuelle Angelegenheit, sondern auch eine politische Gestaltungsfrage (vgl. Weiß u.a.). Genauso wie bei der Transparenz-Forderung braucht es verschiedene Risikoklassen, weil KI-Systeme mit geringem oder fehlendem Risikopotential keiner menschlichen Aufsicht bedürfen. Entwickelt wurden verschiedene **Risikoklassen**- oder **Kritikalitätsmodelle** mit drei Stufen wie im AI Act oder bis zu fünf Stufen etwa bei Katharina Zweig, mit je unterschiedlichem Schadensrisiko und entsprechend verschiedenem Bedarf an Regulierung und Kontrolle (s. Kap. 3.1.3.1; Weiß u.a.). Für automatisierte Entscheidungsfindungen von ADM-Systemen mit einem hohen Potential für Diskriminierungen und großem Einfluss auf die Lebensgestaltung der Menschen gilt zusätzlich das Prinzip **menschlicher Letztentscheidung**: Gemäß europäischer Datenschutzgrundverordnung (DSGVO) müssen Einzelentscheidungen auf der Basis automatisierter Datenverarbeitung, die zu einer erheblichen Beeinträchtigung der Betroffenen führen können, von kompetenten Menschen fachlich beurteilt werden, bevor sie wirksam werden (vgl. Art. 22 Abs. 2). Dies wäre etwa der Fall bei einer Personalauswahl für ein Jobangebot oder eine Studienplatzvergabe (s. Kap. 3.2.3).

Für die Realisierung der Prinzipien menschlicher Kontrolle und Letztentscheidung müssen verschiedene Bedingungen erfüllt sein: Damit Menschen überhaupt entscheidungsfähig sind und Verantwortung für ihre Entscheidungen übernehmen können, müssen sie den Entscheidungsprozess hinlänglich überblicken und erfassen können (vgl. Weiß u.a.). Aufgrund mangelnder Nachvollziehbarkeit sind Fehler und Schadenspotentiale aber nicht immer leicht zu entdecken, sodass die Transparenzforderung vorrangig ist. Hochrisiko-KI-Systeme müssen laut AI Act so gestaltet sein, dass die mit der Aufsicht betrauten Personen die Fähigkeiten und Grenzen eines Systems „vollständig zu verstehen" und seine Ergebnisse „richtig zu interpretieren" in der Lage sind (vgl. Titel III Kap. 2 Art. 14 Abs, 4). Außerdem müssen diese den Systembetrieb tatsächlich mit einer „Stopptaste“ oder einem ähnlichen Verfahren unterbrechen können. Es gibt aber viele graduelle Abstufungen zwischen einer „vollen“ über eine „partielle“ bis hin zum Fehlen einer menschlichen Kontrolle. Vereinfachend werden meist folgende zwei Arten unterschieden, wie Menschen in den Entscheidungsprozess eingebunden sind bzw. welche Rolle sie in der „Kontrollschleife“ („engl. „loop“) spielen (vgl. EU 16; Misselhorn 2019, 157f.; Loh 2019, 32): Bei **Human-in-the-Loop**-Systemen hat der beaufsichtigende Mensch die vollständige Kontrolle und fällt sämtliche Entscheidungen darüber, was diese tun sollen. Dies ist z.B. bei allen größeren Drohnen wie etwa tödlichen autonomen Waffensystemen die Regel. Demgegenüber kommt dem Menschen bei **Human-on-the-Loop**-Systemen lediglich die Rolle eines Überwachers zu, der die automatisch ablaufenden Vorgänge beobachtet und gegebenenfalls intervenieren kann. So agiert etwa ein Staubsaugroboter autonom, aber der Mensch kann eingreifen, wenn dieser etwa steckenbleibt. Es bleiben praktische Probleme wie diejenigen, dass Menschen automatisierte Prozesse nur etwa 30 Minuten lang konzentriert überwachen können, oder dass insbesondere etwa beim „autonomen Fahren“ das nötige Erfahrungswissen durch fehlende Praxis verlorengehen kann (vgl. Weiß; Grunwald 2019, 110).

Menschliche Aufsicht und Letztentscheidung
menschliche Aufsicht: Menschen müssen riskante KI-Systeme während der Dauer ihrer Verwendung kontrollieren können. **Human-in-the-Loop**-Systeme: Menschen haben vollständige Kontrolle **Human-on-the-Loop**-Systeme: menschliche Beobachter können eingreifen **ethische Forderungen**: • hinlängliche Transparenz • Risikoklassen mit unterschiedlichem Kontrollbedarf • „Stopptaste“ zum Abschalten
menschliche Letztentscheidung: Automatisierte Einzelentscheidungen mit weitreichenden Folgen für die Betroffenen müssen von Menschen fachlich beurteilt werden.

3.2 Konfliktfelder der Datafizierung und Big-Data-Analyse

Die fortschreitende Digitalisierung hat zu einem rasanten Wachstum der zur Verfügung stehenden Daten geführt. Die informationstechnische Grundvoraussetzung dafür ist die **Digitization**, d.h. die Umwandlung von immer mehr analogen Daten und Vorgängen in binäre Codes (s. Kap. 1.2.1). Der mit der Verbreitung des Internets seit den 1990er Jahren einsetzende Trend, in immer mehr Lebensbereichen Daten zu erheben und in digitaler Form zu erfassen, speichern und auszuwerten, wird als **Datafizierung** (engl. „datafication") bezeichnet. Die Digitization ermöglicht es Computern, die Daten zu speichern, zu analysieren und auf vielfältige Weise auszuwerten. Zum neuen Modewort in diesem Zusammenhang avancierte das englische „Big Data": Wörtlich übersetzt steht **Big Data** mit dem Schlüsselbegriff „big" für „groß" oder „riesig" zunächst einmal lediglich für große Datenmengen. Wie groß genau diese Menge sein muss, wird selten genau angegeben. Nach Klaus Mainzer spricht man ab Petabytes (Peta ~ 10^{15}) von Big Data (vgl. Mainzer 2019, 159). Dies entspricht ungefähr einer handelsüblichen externen Festplatte, die Daten von ca. 16.000 CD-ROMs speichern kann. Bei einem weniger mathematisch-exakten Abgrenzungsversuch handelt es sich dabei um Datenmengen, die so groß, komplex und unübersichtlich sind, dass sie mit herkömmlichen Methoden der Datenverarbeitung nicht mehr ausgewertet werden können und daher immer mehr KI zur Auswertung benötigen (vgl. Lenzen 2020, 15 f.; Specht, 180). Beliebt sind in der wissenschaftlichen Literatur Definitionen mit drei bis sieben Wörtern mit V-Alliterationen, v. a. „**v**olume", d.h. Datenvolumen, „**v**ariety" für die Bandbreite der Daten aus vielfältigen Quellen und „**v**elocity" als Geschwindigkeit des generierten und transferierten Datenstroms (vgl. Weyer u.a., 73; Wiegerling u.a., 3). Angesichts des Big-Data-Hypes wird der Terminus aber mittlerweile inflationär auch für Datenmengen verwendet, die weder groß noch komplex sind und keine neuen Technologien erfordern. Insbesondere in der Wirtschaft dient er genauso wie der Anglizismus „smart" häufig als Marketinginstrument.

Neben die Digitization tritt als zweite Voraussetzung für die Massen an Daten die **Vernetzung** der digitalen Endgeräte der Nutzer wie Computer und Smartphones oder von beliebigen anderen Dingen wie Postpakete, Heizungen oder Autos (**Digitalization**). Eine der wichtigsten Quellen der vielfältigen Daten („variety") sind die Online-Medien auf Basis des Internets (vgl. Delisle u.a., 90f.): Hier fallen zunächst Nutzer- oder **Personendaten** an, die eine eindeutige Identifikation der Nutzer erlauben, und **Inhaltsdaten** aus Texten oder Bildern, die z.B. in E-Mails oder sozialen Medien verbreitet werden. Zu den Nutzungs- oder **Metadaten**, wörtlich übersetzt „Daten über Daten", zählen außerdem etwa Standortdaten, Uhrzeit, Nutzungsdauer und Verbindungsdaten zu den Kommunikationspartnern. Wenn jemand etwas im Internet veröffentlicht, entstehen beispielsweise Daten über das genutzte Gerät, und darüber, wann die Nachricht geschrieben wurde und wer sie mit Likes versehen hat. Eine weitere Quelle sind smarte Geräte wie z.B. Smart Watches, die Verhaltens- und Kontextdaten aufzeichnen. Das können Fitnessdaten wie Herzfrequenz oder Kalorienverbrauch oder Bewegungs- oder Beschleunigungsdaten z.B. beim Fahrrad- oder Autofahren sein. Des Weiteren gibt es freigegebene Verwaltungsdaten, solche aus der Nutzung von Kunden- oder Bankkarten etc. Einen schnell steigenden Beitrag zur Datafizierung der Welt leistet das sogenannte „Internet der Dinge": Das **Internet der Dinge (IoT)** (von engl. „internet of things") meint die Vernetzung von Objekten, die über Codes eindeutig identifizierbar sind und miteinander über eine internetähnliche Infrastruktur z.B. über Bluetooth oder RFID-Chips interagieren können (vgl. ebd., 86; Bendel 2022, 140). Mittlerweile sind diese Objekte teilweise mit KI angereichert. Sie können über Sensoren Daten wie z.B. Temperatur, Produktqualität oder Beschleunigung messen, sammeln und weitergeben und werden meist mit dem Buzzword „smart" versehen. Wichtige Anwendungen des IoT sind etwa „Smart Factory" der Industrie 4.0, „Smart Home" und „Smart City", „Smart Car" und „Smart Mobility".

Ein zweiter prominenter Begriff neben „Big Data" ist das „Data Mining". Trotz des leicht irreführenden Bildes vom Bergbau (engl. „mining") geht es beim „Data Mining" nicht eigentlich um den „Abbau" oder das „Fördern" von Daten wie etwa beim Kohleabbau, sondern um das Extrahieren von neuen Erkenntnissen aus vorliegenden Datenbeständen. Es ist also eher vergleichbar mit dem „Schürfen" von Gold, sozusagen der Suche nach einer Goldader in einem großen Datenschutt. Unter **Data Mining** versteht man in der Informatik etablierte, weitgehend automatisierte computergestützte Verfahren der Datenverarbeitung, um in vorhandenen Datenbeständen noch unbekannte und von Menschen häufig nicht erkennbare Muster, Strukturen, Zusammenhänge oder Trends aufzufinden (vgl. Delisle u.a., 114; Kornwachs 2020, 4; Wiegerling 2023, 32; Weyer u.a., 72). Für die Auswertung der Daten wurden lange Zeit statistische Methoden und herkömmliche Mittel der Informatik wie Visualisierungen, Faktorenanalysen, Clusterbildung und andere Datenbanktechnologien verwendet. Für immer größere Datenmengen mit sehr verschiedenen, sich rasch ändernden und teils unvollständigen oder qualitativ schlechten Daten kommen aber zunehmend KI-gestützte Verfahren des maschinellen Lernens und insbesondere des „unüberwachten Lernens" zum Einsatz (s. Kap. 3.1.2). Technische Voraussetzungen für diese neuen Verarbeitungsmöglichkeiten im Big-Data-Bereich sind größere Speicherkapazitäten und Verarbeitungsgeschwindigkeiten, z.B. mithilfe von paralleler Datenverarbeitung (vgl. Kornwachs 2020, 5; Richter,

210). Da herkömmliche Rechner hier schnell an ihre Grenzen stoßen und auch abgenutzt werden, wird gerne auf Cloud-Lösungen zurückgegriffen (s. Kap. 1.3.5). **Big Data** steht **in einem weiten Sinn** auch in der Wissenschaft nicht mehr nur für große Datenmengen wie im wörtlichen engen Sinn, sondern häufig auch für das Erzeugen und Sammeln (1. Phase), ihre Erfassung, Analyse und Auswertung (2. Phase) sowie den Einsatz der Auswertungsergebnisse (3. Phase) (vgl. Schütze u. a., 238f.; Wiegerling u. a., 6; Rieder, 310; Richter, 210). Aus ethischer und rechtlicher Sicht stellen sich in den verschiedenen Phasen jeweils unterschiedliche Fragen.

Big Data im engen Sinn (wörtl.): sehr große, vielfältige und sich schnell ändernde Datenmengen (3 „v“: „**v**olume“, „**v**ariety“ und „**v**elocity“)
Data Mining (wörtl. „Schürfen von Daten“): Gesamtheit von computergestützten, statistisch-mathematischen Methoden zum Entdecken unbekannter Muster, Strukturen, Zusammenhänge oder Trends in Datenmengen
Big Data im weiten Sinn: Sammelbezeichnung für die automatisierte Erzeugung, Erfassung, Verarbeitung und Auswertung von großen Datenmengen (ab Petabytes) mit den gleichen Zielsetzungen
⟶ für große Datenmengen: immer mehr KI-gestützte Verfahren des maschinellen Lernens nötig

Grundlagen:

- Umwandlung analoger Daten in binäre Codes (**Digitization**)
- Vernetzung digitaler Endgeräte oder beliebiger Dinge (**Digitalization**)

Herkunft der Massendaten (Auswahl):

- Nutzer- oder **Personendaten** zur Identifikation der Nutzer
- **Inhaltsdaten**: im Internet veröffentlichte Texte/Bilder
- **Nutzungs**- oder **Metadaten** zu Standort, Uhrzeit, Verbindungsdaten etc.
- **Vitaldaten** von Fitness-Trackern
- Kunden-/**Bankdaten**, Verwaltungsdaten etc.
- **Internet der Dinge**

Internet der Dinge (IoT): Vernetzung von Objekten (Dingen, Maschinen), die mit KI angereichert sind und über eine internetartige Infrastruktur z. B. über Bluetooth oder RFID-Chips interagieren können

Datafizierung: aktueller Trend, in immer mehr Lebensbereichen Daten in digitaler Form darzustellen, zu speichern und auszuwerten
⟶ datafizierte Gesellschaft

Geschichte und Ausblick

Das Sammeln und Auswerten von Daten ist nichts Neues, vielmehr wird darüber schon in der Bibel im 4. Buch Mose berichtet (vgl. Delisle u.a., 84; Mau, 34): In vormodernen Gesellschaften wie in Ägypten oder Mesopotamien wurden bereits Daten zur Bevölkerungsstruktur z.B. zum Zweck der Finanzverwaltung erhoben. Im Laufe der Jahrhunderte traten neben das öffentliche Interesse an Daten mehr und mehr auch privatwirtschaftliche z.B. an der Buchführung hinzu. Im Laufe der Geschichte veränderten sich jedoch die Methoden der Datenaufzeichnung und -verarbeitung beträchtlich: vom Einsatz von Keiltafeln über Papier bis hin zu digitalen und KI-basierten Verfahren. Big Data wird häufig als **disruptive Technologie** bezeichnet, die nicht nur eine Fortsetzung einer lange bestehenden Entwicklung darstelle. Es handle sich statt um eine rein quantitative Veränderung um eine **neue Qualität** der Datenerfassung (vgl. Kolany-Raiser u.a., XIX; Delisle u.a., 84f.; Prietl u.a., 9f.): Mit der **Ubiquität** der Datenerfassung ist gemeint, dass Daten nicht mehr nur in öffentlichen und unternehmerischen Kontexten, sondern in nahezu allen Lebensbereichen bis in die Privatsphäre mit Fitnesszustand, Gefühlslagen oder Intimbeziehungen hinein fortschreitet (s. Kap. 3.2.2). Umfassende informatische Konzepte wie das „Ubiquitous Computing" oder „Pervasive Computing" heben diese Allgegenwärtigkeit oder Durchdrungenheit der Welt von allzeit abrufbaren Daten und ihrer Verarbeitung hervor (vgl. Wiegerling 2023, 20f.). Eng damit verbunden ist eine neue Dimension der **Konnektivität**, d.h. die Verbindung und Vernetzung von Daten über das Internet, die es erlaubt, zu jedem beliebigen Zeitpunkt Identität und Standort von Objekten oder Personen zu erfassen. Hinzu kommt die neue Stufe der **Automatisierung**, weil sich die Aufzeichnung der Daten durch smarte Geräte, ihre Archivierung und Auswertung größtenteils ohne menschliches Zutun teil- oder vollautomatisch vollzieht. Sie erfolgen des Weiteren nicht nur punktuell, sondern kontinuierlich, und aufgrund der hohen Rechengeschwindigkeit gleichsam in Echtzeit, sodass als weitere qualitative Neuerungen **Kontinuität** und **Simultaneität** angeführt werden können.

Neue Qualität der Datenerfassung und -verarbeitung durch Big Data

- **Ubiquität**: Datenerhebung und -verarbeitung in allen Lebensbereichen
- **Konnektivität**: Vernetzung über das Internet und Verfügbarkeit aller Daten
- **Automatisierung**: automatische Aufzeichnung und Auswertung der Daten
- **Kontinuität**: kontinuierliche statt punktuelle Datenerfassung
- **Simultaneität**: Datenverarbeitung in Echtzeit (hohe Geschwindigkeit)

Die steigende Datenerfassung und die Fortschritte der KI-basierten Verarbeitungsmethoden haben in den letzten Jahren also durchaus eine neue Qualität an gesellschaftlicher Durchdringung mit neuen Technologien erreicht (vgl. Wiegerling u.a., 4; s. Kap. 2.2.1). Viele Datenmengen sind für Menschen zu groß, zu komplex und zu wenig strukturiert, sodass nur KI-Systeme sie noch bewältigen können. Wie in anderen Bereichen der Digitalen Ethik zerfällt auch die Debatte über Big Data in antagonistische dystopische und utopische Szenarien (vgl. Ulbricht u.a., 190; Wiegerling 2023, 12; s. Kap. 1.1.3). Vielversprechend hinsichtlich ökonomisch-technischer Werte wie Gewinnmaximierung oder Effizienzsteigerung sind zweifellos neue Geschäftsmodelle und bessere Steuerungs- und Optimierungsmethoden im Bereich Wirtschaft, Industrie und Finanzen. So können Matching-Verfahren viel schneller und treffsicherer zwischen Anbietern und Nachfragern vermitteln, es lassen sich Lieferketten optimieren und Kunden- oder Produktprofile errechnen, und Märkte können schneller und besser auf Trends reagieren (vgl. Kornwachs 2020, 27f.; Mainzer 2020, 35ff.). An den Börsen haben leistungsstarke und extrem schnelle KI-Systeme im sogenannten Hochfrequenzhandel mit Wertpapieren menschliche Ökonomen abgehängt. Aber auch im öffentlichen Sektor, beispielsweise im Sicherheitsbereich (Polizei und Justiz) oder bei der Echtzeit-Steuerung komplexer Systeme wie Verkehr oder Städten bieten sich ganz neue Chancen. In diesem Buch interessieren weniger die Steigerungskapazitäten wirtschaftlicher Produktivität als vielmehr die kulturellen und gesellschaftlichen Auswirkungen des Strebens nach vollständiger Verdrahtung und Optimierung der Welt. Denn ökonomisch oder „technisch gut“ bedeutet noch lange nicht „ethisch gut“ (s. Kap. 1.2.1). Big Data ist längst kein bloßes Marketinginstrument mehr, sondern hat eine Revolution von Gesellschaft, Verwaltung und Alltagsleben ausgelöst.

Es ist natürlich nicht möglich, in diesem Buch auf all die laufend neuen technischen Entwicklungen einzugehen, um ethisch problematische Folgen für das individuelle oder gesellschaftliche Leben zu reflektieren. Viele Vorteile von Big-Data-Anwendungen wie z.B. bessere Übersetzungs- oder Navigationssysteme, das Flottenmanagement von Mietwagen oder automatisierte Wertschöpfungsnetzwerke haben keine nennenswerten Nachteile von gesellschaftlicher Tragweite, weil davon nicht direkt Menschen betroffen sind. Eingegangen werden soll hingegen auf zentrale Konfliktfelder, über die in Wissenschaft und Gesellschaft bereits heftig diskutiert wird: Aus einer individualethischen, **prudentiellen Perspektive** des guten Lebens wird der Verlust an individuellen Grundrechten durch zunehmende Vernetzung, Überwachung und Manipulationsversuche kritisiert, v. a. der Verlust der Privatsphäre und des Rechts auf informationelle Selbstbestimmung (**Kap. 3.2.2**). Aus einer sozialethischen, **moralischen Perspektive** rücken hingegen Probleme der Diskriminierung und Ungerechtigkeit durch ein „Social Sorting" ins Zentrum (**Kap. 3.2.3**). Eine neue Dimension der Kontrolle und Entmachtung der Menschen ergibt sich bei einer algorithmischen Steuerung auf politischer Ebene, z. B. beim „Social Scoring" oder einer „Algokratie", auch wenn diese Regulierungen dem Gemeinwohl dienen sollen (**Kap. 3.2.4**). Kapitel 3.2 beschränkt sich allerdings nicht nur darauf, welche Algorithmen oder Umgangsweisen mit Auswertungsergebnissen ethisch akzeptabel oder verwerflich sind. Zu beachten sind auch die allgemeinen Auswirkungen des Totalitätsanspruchs der Datafizierung und pausenloser Datenauswertung auf die Welt- und Selbsterfahrung der Menschen. Erkennbar sind in der digitalen Gesellschaft bedenkliche Tendenzen eines unangemessenen Vertrauens in die Neutralität und Objektivität datenbasierter Analysesysteme, einer Quantifizierung des Sozialen und eines Theorieverlusts in den Wissenschaften (**Kap. 3.2.1**).

3.2.1 Dataismus: Objektivitätsglaube und Quantifizierung

Die umfassende Datafizierung mit der Überführung von immer mehr Prozessen und Praktiken in Datenstrukturen prägt immer stärker die Denk- und Lebensweisen der Menschen. Grundsätzliche Einstellungen gegenüber den neuen Technologien und ubiquitär angewandten Methoden der Big-Data-Analysen verändern ihre Welt- und Selbstbilder und das subjektive Erleben. Für das neue gesellschaftliche Paradigma des Big-Data-Zeitalters wurde im Journalismus der Begriff „Dataismus" geprägt. Yuval Harari zufolge ist der **Dataismus** die Auffassung, dass das Universum aus Datenströmen besteht und sich der Wert von Dingen, Menschen oder Ereignissen an ihrem jeweiligen Beitrag zum Informationsfluss bemisst (vgl. Harari, 563; 584). Individuelle Organismen und ganze Gesellschaften werden wie in der Mutterdisziplin der Computerwissenschaft als Datenverarbeitungssysteme verstanden (vgl. ebd., 565). Der Mensch verkommt allmählich zum bloßen Datenspender, zum Anhängsel der algorithmischen Systeme oder zum „obsoleten Algorithmus" (585). Sein Denken und Handeln richtet sich nach den Daten, sofern er in seinem Glauben an die selbstgesteuerte Datenverarbeitung die Entscheidungsmacht nicht gleich an diese abgibt. Daten galten bislang lediglich als erster Schritt im menschlichen Erkenntnisprozess, der zu Informationen, Wissen und schließlich Klugheit oder

Weisheit führen sollte (vgl. 564). Aus Sicht der Dataisten können Menschen die enormen Datenströme aber gar nicht mehr bewältigen, sodass sie die ganze Datenverarbeitung besser den Algorithmen und Big-Data-Anwendungen überlassen sollten. Der Dataismus geht einher mit der Aufforderung, alles lückenlos zu datafizieren. Ausgenommen wird davon auch nicht die Datafizierung des Sozialen, sodass Daten die Leitwährung der individuellen und gesellschaftlichen Selbstbeobachtung und Selbstbeurteilung darstellen (vgl. Mau, 47).

Harari selbst distanziert sich zu Recht von einem solchen Orientierungssystem und will seine *Geschichte von Morgen* weniger als historisch begründete Prognose verstanden wissen, denn als mögliches Zukunftsszenario (vgl. 606). Er betrachtet es als größte wissenschaftliche Herausforderung des 21. Jahrhunderts, die dataistischen Dogmen kritisch zu prüfen (vgl. 603). Aus biologischer Sicht wäre es ein unhaltbarer Reduktionismus, biologische Systeme wie den menschlichen Organismus mit algorithmischen Systemen gleichzusetzen. Aus menschlicher Sicht ist das Erleben von Beethovens Fünfter Sinfonie oder Shakespeares *König Lear* unendlich viel mehr als ein Datenstrom mit bestimmtem Muster, und das Leben ist keine Abfolge von Entscheidungsfindungen oder Problemlösungen (vgl. dazu 594; 603). Es ist fraglich, ob siliziumbasierte KI-Systeme je Bewusstsein, Empfindungen, einen Selbsterhaltungs- und Reproduktionstrieb entwickeln können. Noch handelt sich nicht um Wesen mit einem Innenleben und einem Streben nach Wohlergehen, für die etwas gut oder schlecht sein kann. Aus der Perspektive einer rationalistischen Ethik wäre solchen Systemen oder sogar Datenströmen daher ein moralischer Wert abzusprechen (s. Kap. 3.3.1). Der Dataismus scheint eher eine Art religiöse oder mythische **Weltanschauung** zu sein, d.h. eine schwer falsifizierbare Gesamtinterpretation von Wesen, Ursprung und Sinn der Welt und des Lebens, die zugleich einen Orientierungsrahmen für das Handeln der Menschen bereitstellt. Harari selbst bezeichnet sie als „Datenreligion" (vgl. 563). Der Dataismus verlangt letztlich nichts anderes als die Überwindung der homozentrischen Weltsicht zugunsten eines **datazentrischen Weltbildes**, weil das omnipräsente und alles regulierende kosmische Datenverarbeitungssystem gleichsam die Rolle Gottes einnimmt und bestimmt, was richtig und falsch ist (vgl. 584; 605). Im Gegensatz zur traditionellen anthropozentrischen Ethik treten das Glück der Menschen („homo sapiens") und die Qualität ihres Zusammenlebens in den Hintergrund angesichts der angeblichen Überlegenheit und Höherwertigkeit superintelligenter KI-Systeme oder technologisch aufgerüsteter

Posthumaner („homo deus"). Hararis Dystopie des Dataismus kann rationalerweise nur als Weckruf verstanden werden, das Wohl der Menschen nicht aus dem Auge zu verlieren (s. Kap. 3.4 und 4).

Dataismus: Weltanschauung als Gesamtinterpretation der Welt und des menschlichen Lebens, derzufolge Welt, Mensch und Gesellschaft nichts anderes sind als Datenverarbeitungssysteme, deren Wert sich allein an ihrem Beitrag zu den Datenströmen bemisst → Denken und Handeln muss sich nach (vermeintlich objektiven) Daten richten → Appell zur lückenlosen Datafizierung (auch des Sozialen)
Probleme: • biologisch unhaltbarer Reduktionismus • moralischer Wert von Daten(strömen) nicht begründet • Ende der **anthropozentrischen Ethik** mit Idealen wie menschliches Wohl oder Gerechtigkeit → aus Sicht einer rationalistischen anthropozentrischen Ethik als irrationale Weltanschauung abzulehnen!

Im neuen gesellschaftlichen Paradigma von Datafizierung und Big Data kam es zu einer enormen Aufwertung der Daten. Äußerst beliebte Metaphern sind die von Daten als entscheidendem „Rohstoff" oder „neuem Öl" des 21. Jahrhunderts, die ihnen einen gewissen Fetisch-Charakter verleihen (vgl. Schütze u. a., 239; Prietl u. a., 11). Dabei wird selten genau unterschieden zwischen „Daten", „Informationen" und „Wissen". Die lateinische Wurzel „datum" (von lat. „dare": „geben") und die Rede von Daten als Rohstoffen suggeriert fälschlicherweise, dass es sich dabei um etwas schlicht „Gegebenes" handelt. **Daten** als kleinste Informationseinheiten sind jedoch durch Beobachtungen, Messungen, statistische Erhebungen etc. gewonnene Zahlenwerte, Größen oder Befunde. Das können z. B. zahlenförmige Ergebnisse von Messungen sein, in Videoaufnahmen aufgezeichnete Beobachtungen oder binär dargestellte Zeichen menschlicher Kommunikation. Während solche Daten noch keine semantische Bedeutung haben, werden sie zu **Informationen** durch einen Kontextbezug oder eine bestimmte Fragestellung, die klarstellen, wofür Daten stehen (vgl. Wiegerling 2023, 37; Kornwachs 2020, 10). Die Zahl 37 beispielsweise lässt sich in Verbindung mit „Grad Celsius" als Temperatur interpretieren und erhält durch die Zuordnung zu einer bestimmten Person oder der Aussentemperatur an einem Ort eine alltagspraktische Bedeutung. Handlungsleitend kann aber erst das **Wissen** auf einer nächsthöheren Stufe der Erkenntnisleiter sein, bei dem Informationen bewertet, systematisiert und mit dem bisherigen (Vor-)Wissen verknüpft werden. So können die 37 Grad Celsius je nach handlungsrelevantem Kontext darauf hinweisen, dass die Körpertemperatur eines Patienten normal ist und kein Fieber vorliegt. Im Zusammenhang mit Big Data werden allerdings meist nicht nur Daten im eben definierten Sinn gesammelt, sondern z. B. auch Metadaten, die bereits eine Kontextualisierung erlauben und die erhobenen „Daten" zu „Informationen" machen.

Erkenntnisstufen: Daten – Informationen – Wissen
Daten: durch Beobachtungen, Messungen etc. gewonnene Zahlenwerte, Größen oder Befunde **Informationen**: Daten, die in einem bestimmten Kontext interpretiert werden **Wissen**: systematisierte, bewertete und in bisheriges Wissen integrierte Informationen

Objektivitätsglaube und Theorieverlust

Dem weit verbreiteten Vertrauen in Daten liegt häufig ein Glaube in die Unbestechlichkeit und magische Kraft der Zahl zugrunde, der sich mindestens bis zu den Pythagoreern oder noch älteren mythologischen Positionen zurückführen lässt (vgl. Wiegerling 2023, 76 f.). Ihren Höhepunkt erreichte er im neuzeitlichen Rationalismus etwa in Leibniz' Idee einer Vermessung und Mathematisierung der Welt. Die **Magie der Zahlen** und die mathematische Sicherheit und Beweiskraft suggerieren untrügliche Wahrheit und stabile Verhältnisse. Zahlen, mathematische Modelle und Operationen stehen für Präzision, Eindeutigkeit, Nachprüfbarkeit und Neutralität (vgl. Mau, 27). In rationalen und aufgeklärten Gesellschaften scheinen Datafizierung und Quantifizierung der Welt die richtige Antwort zu sein auf das Streben der Menschen nach Objektivierung, Sachlichkeit und Rationalisierung (vgl. ebd., 29). **Quantifizierung** bedeutet allgemein, qualitative Aussagen, Phänomene oder Eigenschaften in der abstrakten, universellen Sprache der Mathematik und in messbaren Größen darzustellen (vgl. Mau, 27). „Intelligenz" etwa ist dann genau das, was durch Intelligenztests gemessen wird und z. B. der IQ-Test als zahlenförmiges Endergebnis errechnet. Im Gegensatz zu den Menschen mit ihren subjektiven Neigungen, Vorurteilen und emotionalen Eintrübungen sollen nicht nur die Zahlen die Welt korrekt repräsentieren, sondern auch ihre maschinelle Weiterverarbeitung gilt als äußerst zuverlässiger, methodisch kontrollierter Informations- und Erkenntnisgewinn. Es ist wissenschaftlich gut belegt und unter dem Schlagwort **Automation Bias** bekannt, dass Menschen automatisierten Datenauswertungen und Entscheidungen viel stärker oder sogar blind vertrauen (vgl. Boehme-Neßler, 73; Spindler, 122; Heinrichs u. a., 119). Auch Algorithmen und KI-Systeme umgibt daher eine Aura der Wahrheit, Objektivität und Unfehlbarkeit (vgl. Rieder, 311; Heesen u. a., 140).

Kritisch ist gegen diesen Objektivitätsglauben einzuwenden, dass die informatischen Daten nicht einfach physisch gegeben sind wie natürliche Rohstoffe. Mit Ausnahme etwa von abstrahierten Zahlen oder Kommunikationsdaten sind sie selten semantikfrei, neutral und objektiv, weil ihre Erhebung bereits das Ergebnis von Bewertungsprozessen, Hypothesen oder praktischen Intentionen darstellt; z. B. Entscheidungen darüber, welche Menschen zu einer statistischen Gruppe zusammengefasst werden, oder welcher medizinische oder ökonomische Nutzen erwartet wird (vgl. Kolany-Raiser u. a., 14 f.). Der Bezug auf Daten oder zahlenmäßige Befunde dient in gesellschaftlich kontroversen Debatten häufig als rhetorisches Mittel oder Immunisierungsstrategie, um Wertfreiheit und unhintergehbare Evidenz zu suggerieren (vgl. Heesen 2020, 294). Maßgeblich für die Datenerhebung und -analyse ist aber der quantifizierende Vorgang des **Operationalisierens**, bei dem theoretische Konzepte anhand beobachtbarer Merkmale messbar gemacht werden (vgl. Zweig 2019, 60; Hütt u. a., 722). In die definitorische Festlegung der Kriterien oder Parameter, an denen z. B. „Relevanz einer Nachricht“, „Kreditwürdigkeit“ oder „kriminelle Neigungen“ bemessen werden, sowie in ihre Gewichtung fließen **interpretatorische** und teilweise **normative Vorannahmen** ein. Auch ist nicht immer klar, was denn genau eine „gute“ oder „optimale“ Lösung für ein bestimmtes Problem eigentlich ist, das algorithmisch gelöst werden soll. Ein simpel erscheinendes Beispiel wäre eine Softwarelösung, die alle Kinder einer Stadt so den verschiedenen Schulen zuteilen soll, dass ihre Schulwege möglichst kurz sind (vgl. ebd., 27): Soll der Schulweg z. B. im Durchschnitt möglichst klein sein oder für keines der Kinder ein bestimmtes Maximum überschreiten? Es geht dann um ethische Fragen der Gerechtigkeit, die nicht nur von Softwareentwicklern oder Nutzern reflektiert, sondern auch öffentlich diskutiert werden müssten (vgl. Zweig 2023; s. Kap. 3.2.3). Eine transparente Diskussionsgrundlage fehlt allerdings bei künstlich lernenden Systemen, wenn große Datenmengen aus verschiedenen Quellen wie Social Media oder IoT automatisch gesammelt und in Black-Boxes verarbeitet werden.

Zu Beginn des Big-Data-Zeitalters wurde auch in den Wissenschaften vor einem Reflexionsverlust, dem „Ende der Theorie“ und einem „neuen Empirismus“ gewarnt (vgl. Heinrichs u.a., 71f.; Rieder, 311): Befürchtet wurde die Verabschiedung traditioneller wissenschaftlicher Herangehensweisen der Hypothesenbildung, Modellierung und Überprüfung, weil bei ausreichend großen Datenmengen die Zahlen für sich selbst zu sprechen scheinen. Eingetroffen ist zwar kein solcher dramatischer Paradigmenwechsel von einer hypothesengeleiteten und begründungsorientierten hin zu einer datengeleiteten und faktenorientierten Wissenschaft ohne jede Theoriebildung, sondern Big-Data-Analysen bilden eher eine Ergänzung und Unterstützung theoriegeleiteter Forschung (vgl. Heinrichs u.a., 73). Genau besehen haben die durch KI-basierte Methoden des maschinellen Lernens zutage geförderten Muster oder Lösungsvorschläge lediglich heuristischen Wert, bilden also zu prüfende Arbeitshypothesen (vgl. Zweig 2019, 52f). Gefunden werden in den riesigen Datenmassen lediglich **Korrelationen**, d.h. das statistisch häufige gemeinsame Auftreten von Sachverhalten, Eigenschaften oder Verhaltensweisen (vgl. ebd., 316). Diese sind aber nicht zwangsläufig kausal miteinander verbunden, sondern es kann sich um rein zufällig gemeinsam auftretende Eigenschaften handeln, z.B. eine über längere Zeit beobachtete Parallele des Rückgangs der Geburtenrate und der Anzahl der Klapperstörche. Oder es gibt eine gemeinsame Ursache, z.B. wenn Menschen, die Eis essen, überdurchschnittlich häufig kurze Hosen tragen. Würde also die „Warum“-Frage nicht mehr gestellt und keine Ursachenforschung betrieben, könnte dies zu gravierenden Fehlinterpretationen mit teils moralisch problematischen Folgen führen (s. Kap. 3.2.3). Letztlich können nur Fachexperten wie z.B. Mediziner aufgrund ihres Hintergrundwissens Resultate der KI-Systeme wie z.B. medizinische Diagnosen kritisch prüfen und bewerten (vgl. Heinrichs u.a., 79f.; 119f.). Solange man beim „Was“, den Daten und Fakten stehen bleibt, wird die Welt nur vermessen, nicht verstanden. Denn heuristische Annahmen werden erst durch Theorien und Erklärungen zu Wissen, und das Verstehen der Welt setzt das Wissen tieferliegender Zusammenhänge voraus.

Quantifizierung des Sozialen

In den empirischen, v.a. den experimentell arbeitenden Wissenschaften scheinen die Vorgänge des Quantifizierens angemessener zu sein als im Bereich der Geistes- und Sozialwissenschaften. Denn hier sollen nicht beobachtbare, mathematisch repräsentierbare Sachverhalte vermessen, sondern eine hochkomplexe, veränderliche und beeinflussbare soziale Wirklichkeit mit Lebens- und Beziehungsformen, Ordnungsstrukturen, Welt- und Daseinsdeutungen verstanden werden. In vielen Disziplinen geht es nicht um Fakten- und Verfügungswissen, sondern gerungen wird um Bedeutungen und Begründungen eines normativen Orientierungswissens. Seit Steffen Maus soziologischer Studie *Das metrische Wir* (2017) wird die aktuelle „Kultur der Quantifizierung" oder „Tyranny of Metrics" (Jerry Muller) kritisch diskutiert (zitiert nach Véliz, 570). Infolge der Digitalisierung, Datafizierung und Vernetzung kann nun alles mit allem verglichen und klassifiziert werden: Aus dem immer größer werdenden „digitalen Schatten" von automatisch erhobenen Daten können **Ratings**, d. h. Beurteilungen hinsichtlich verschiedener Dimensionen vorgenommen werden, die sich dann in **Rankings** in eine Rangfolge bringen lassen (vgl. 74). Wiederum gelten datenbasierte Ratings und Rankings als „Objektivitätsgeneratoren", deren Kriterien selten hinterfragt werden (vgl. 73). Beim **Scoring** werden verschiedene persönliche Daten mit Punktzahlen versehen, um mittels statistischer Verfahren den Punktstand („score") einer Person zu errechnen. So ermitteln beispielsweise Banken die Kreditwürdigkeit anhand einer statistischen Analyse von Erfahrungswerten mit anderen Kunden, die bei Parametern wie Einkommen, Vermögenswerte, Zahlungsverpflichtungen etc. ähnliche Zahlenwerte aufwiesen. In einer datengetriebenen Bewertungsgesellschaft und Vergleichskultur wird nur noch berücksichtigt, was in Zahlen vorliegt (vgl. 46f.; 49). Dies hat weitreichende Folgen für die Art und Weise, wie Werte konstruiert werden und was in einer Gesellschaft als erstrebenswert und wertvoll angesehen wird (vgl. 14).

Auf den ersten Blick ist das Sich-Vergleichen unproblematisch und stellt schlicht eine „anthropologische Konstante" dar (vgl. Mau, 49). Meist geht es dabei um Ziele wie Selbstoptimierung, Leistungssteigerung oder Machtgewinn. **Optimierung** meint ganz allgemein einen Verbesserungsprozess, der über permanente Kontrolle und Rückkoppelung sukzessive zum bestmöglichen Zustand von Personen oder Unternehmen hinführt (vgl. ebd., 46; Fenner 2019, 11; Kropp u. a., 11f.). Im 21. Jahrhundert hat sich sowohl die Selbstoptimierung als gesellschaftliches Leitbild als auch die Vergleichskultur auf der Basis der sie erleichternden Quantifizierung radikalisiert. Beide sind in Verruf geraten, weil dafür die inhumane Steigerungslogik des neoliberalen Kapitalismus und die Ökonomisierung der Lebenswelt verantwortlich gemacht werden (vgl. Mau, 42f.). **Ökonomisierung** meint die Übertragung ökonomischer Denk- und Anschauungsweisen wie Effizienz, Produktivitätssteigerung und Kosten-Nutzen-Kalkulationen auf immer mehr öffentliche und individuelle Lebensbereiche. Die in der Wirtschafts- und Finanzwelt sehr erfolgreichen Optimierungsstrategien, die eine Steigerung von Produktivität und Gewinn brachten, werden also auf Individuen und Gesellschaften angewandt. Aus individualethischer Sicht ist es zweifellos inakzeptabel, wenn die Menschen unter steigenden Erwartungshaltungen seitens der Wirtschaft zu einer heteronomen Selbstoptimierung genötigt werden, die rein ökonomisch-technischen Werten der Effizienz- und Leistungssteigerung dient. Es ginge dann weniger um die Wertigkeit der Menschen und ihr gutes Leben als um die bestmögliche Verwertung des Humankapitals, die sie schlimmstenfalls bis zur Selbstausbeutung und Erschöpfung treibt (vgl. Fenner 2019, 28f.). In moralischer oder sozialethischer Hinsicht höchst bedenklich ist das im Neoliberalismus verschärfte Wettbewerbs- und Konkurrenzdenken zwischen den Menschen, das durch die neuen Möglichkeiten des quantifizierenden Ratings, Rankings und Scorings mächtig Auftrieb erhielt (vgl. Mau, 17). Das Hervorheben von Differenzen zwischen den Individuen und das Erstellen von Hierarchien führen zu einer Reproduktion und Verschärfung sozialer Ungleichheiten und unterschiedlicher Partizipations- und Lebenschancen (vgl. ebd., 20; Houben u. a., 348).

Bei den konkreten Praktiken des Quantifizierens gilt es jeweils im Einzelnen zu prüfen, ob die zugrundeliegenden Operationalisierungen angemessen und fair sind (vgl. Hütt u. a., 721 ff.). Was genau an qualitativ Gehaltvollem im individuellen oder gesellschaftlichen Leben durch das Quantifizieren wegfällt, lässt sich allgemein nur umreißen: Quantitative Parameter sind stets reduktionistisch, so sehr man sich auch um Vollständigkeit und Differenzierung bemüht (vgl. Mau, 221). Viele Maßstäbe lassen sich nicht ohne Weiteres quantifizieren, wie Cathy O'Neil anhand von Beispielen aus dem Bildungssektor erläutert: Die schulischen und außerschulischen Variablen für den Erfolg jedes einzelnen Schülers von den lernschwachen bis zu den hochbegabten sind so komplex, dass der Erfolg des Unterrichts der Lehrer oder der „Bildungserfolg" schwer zu erfassen sind (vgl. 12 ff.; 187 ff.). Unberücksichtigt bleiben bei quantifizierenden Verfahren generell feine Unterschiede, das Eigentümliche und Einzigartige wie z. B. individuelle Lebensumstände oder besondere Charaktereigenschaften oder ein implizites Wissen von Personen. Im Gegensatz zu Rating- oder Scoring-Algorithmen kann ein Sachbearbeiter bei einer Bank oder im Sozialamt kontextsensibel auf die konkrete Lebenssituation der von ihm betreuten Kunden eingehen. Bei statistischen Modellen werden die einzelnen Parameter z. B. für Kreditwürdigkeit außerdem getrennt voneinander und linear betrachtet, nach dem einfachen Muster: „Je mehr bzw. weniger – desto besser" (Zweig 2023, 42). Personen mit sehr viel Geld können sich aber übernehmen und insolvent werden, wohingegen selbständige Berater ohne festen Arbeitsvertrag gleichwohl kreditwürdig sein können. Bei Rating- und Rankingverfahren besteht außerdem die Gefahr, dass professionelle, gut begründete Standards erodieren und durch quantitative Massenbewertungen von Laien ersetzt werden (vgl. Mau, 156f.; 221; Morozov 2013, 296–300): Statt die Qualität der Tätigkeiten eines Lehrers oder Arztes werden bei spontanen Selektivbewertungen aber möglicherweise eine bedürfnisorientierte Zufriedenheit der Schüler mit ihren Noten oder der Patienten mit der Dauer ihrer Behandlung gemessen – oder aber eine allgemeine Popularität aufgrund des Hörensagens oder hoher Klickzahlen. Auch besteht die Gefahr fragwürdiger reaktiver Messungen, weil sich Lehrer oder Bildungsinstitutionen zur Verbesserung ihrer Rankings auf Wertungssysteme wie die Pisa-Studie einstellen und gezielt „für den Test“ lernen (vgl. Mau, 215ff.; 237).

Quantifizieren: Darstellen von qualitativen Aussagen oder Phänomenen in mathematischer Sprache und in messbaren Größen
Operationalisieren: theoretische Konzepte anhand beobachtbarer Merkmale messbar machen

ethisch relevante Probleme:
naiver Objektivitätsglaube: unkritisches Vertrauen in Daten und statistische Datenauswertungen
(Grund: „Magie der Zahlen“ und Automation Bias)
tendenzieller Theorieverlust: keine Prüfung der von statistischen Verfahren entdeckten Korrelationen
(keine „Warum“-Fragen, Vermessen statt Verstehen)
unangemessene Quantifizierung des Sozialen:

- Nichtberücksichtigung von Individualität und spezifischen Lebenskontexten
- Reduktion der komplexen sozialen Wirklichkeit durch lineare Parameter
- problematische quantitative oder ökonomische Kriterien wie Popularität, Effizienz etc.
- Wettbewerbs-/Konkurrenzdenken durch radikalisierte Vergleichskultur

ethische Forderungen:

- interpretatorische und normative Vorannahmen aufdecken und prüfen
- Grenzen und Gefahren quantitativer Maßstäbe erkennen und vermeiden
- Menschen nicht auf Mess- und Quantifizierbares reduzieren

3.2.2 Überwachung: Privatheitsverlust und Manipulation

Wenn in der gegenwärtigen datafizierten Gesellschaft von „Überwachung“ oder auch einer „Überwachungskultur“ gesprochen wird, ist der Begriff hoch emotional aufgeladen und stark negativ konnotiert (vgl. Hofstetter

2014, 13ff.; Zuboff). Gewarnt wird vor dem zunehmenden Verlust von Freiheit und Privatheit und vor einem totalitären Überwachungs- oder „Big Brother"-Staat wie in George Orwells Dystopie *1984* (vgl. Hesse, 216ff.; Bauberger, 114; Keber, 62). Die damit einhergehende Emotionalisierung und Entdifferenzierung des „Überwachungs"-Begriffs erschwert allerdings eine sachliche Diskussion. **Überwachung („surveillance")** in einem ursprünglichen und allgemeinen Sinn meint die routinemäßige, zielgerichtete Beobachtung von Zuständen, Objekten oder Personen, um allfällige Abweichungen von einem gewünschten Ablauf oder Verhalten zu prüfen und gegebenenfalls zu verhindern. Gegen eine simple Übertragung aus dem technischen Bereich mit der unproblematischen Kontrolle von Produktionsanlagen auf gesellschaftliche oder staatliche Systeme spricht, dass das „Optimum" schwieriger zu ermitteln ist und die meisten Menschen ein freies, selbstbestimmtes Leben führen möchten (s. Kap. 3.2.4). Die traditionelle Grundform ist die **physische Überwachung**, bei der Menschen andere beobachten (visuelle Überwachung) oder abhören (akustische Überwachung). Im Laufe der Zeit wurden dafür immer neue technische Hilfsmittel entwickelt, z.B. zur elektronischen Telefonüberwachung oder digitale Technologien, ohne dass die Daten aber ins Internet gelangen. Typische und ethisch legitime Ziele sind öffentliche Sicherheit, Schutz der Bevölkerung oder Fürsorge für Einzelpersonen. Zu denken ist z.B. an die Beschattung verdächtiger Personen durch Polizei oder Geheimdienste, Videoüberwachung im öffentlichen Verkehr, Sicherheitskontrollen an Flughäfen oder die medizinische Überwachung von Patienten in Krankenhäusern. Der älteste Akteur ist der Staat mit staatlichen Stellen und den Geheimdiensten. Auch diese Formen der Überwachung sind jedoch ambivalent, weil die paternalistische Fürsorge im Konflikt steht mit den Freiheitsrechten der Bürger. Ohne demokratische Legitimation und hinlänglichen Rückhalt in der Bevölkerung kann sie in Bevormundung und Repression umschlagen (vgl. Kammerer, 191; Keber, 65).

In der Digitalisierungsdebatte geht es in aller Regel um eine **digitale** oder **Datenüberwachung („dataveillance")** im engen Sinn eines kontinuierlichen und umfassenden Sammelns personenbezogener Online- und Metadaten im Internet, um daraus mittels automatischer Datenverarbeitung weitere Informationen über die Personen zu gewinnen. Das Überwachen ist dank Datafizierung und Big-Data-Analysen sehr viel einfacher, müheloser und billiger geworden. Es bleibt meist unbemerkt oder diskret und wird von einer großen Zahl der Internetnutzer als „normal" oder „notwendig" akzeptiert (vgl. Keber, 61). Es handelt sich eher um eine indirekte Form der Überwachung von Daten im digitalen Raum, die größtenteils nicht wie bei klassischen Formen der Überwachung auf einen konkreten Verdacht oder ein von vornherein feststehendes Ziel hin erfolgt, sondern potentiell die ganze Bevölkerung betrifft (vgl. Houben u. a., 342). Die digitale Überwachung kann durchaus zu den gleichen Zielen wie die physische eingesetzt werden. Sie liegt nicht mehr vorwiegend in staatlicher Hand, sondern findet in einem großen Ausmaß durch private Unternehmen oder eine Kooperation von staatlichen und privatwirtschaftlichen Akteuren statt (vgl. Keber, 61; Kammerer, 188; Houben u. a., 242). Anstelle von politischen herrschen nun ökonomische Motive der Gewinnmaximierung vor. Seit Shoshana Zuboffs Bestseller *Das Zeitalter des Überwachungskapitalismus* (2018) wird v. a. die kommerzielle Überwachung durch große Internetkonzerne wie Facebook, Amazon oder Google kritisiert, die ihr Geld vorrangig mit Daten der Nutzer verdienen (vgl. Keber, 65). **Überwachungskapitalismus** steht für ein marktwirtschaftliches kapitalistisches System, das die von Internetnutzern abgeschöpften personenbezogenen Daten nicht nur zur Verbesserung von Produkten und Dienstleistungen, sondern zur Prognose und Modifikation ihres Verhaltens nutzt (vgl. Zuboff, 22 f.). Genauso wie der Staat verdächtigt wird, den Schutz der Bevölkerung um des Machterhalts willen bloß vorzuschieben, scheint es den Privatunternehmen statt um ein besseres Leben der Menschen primär um den Erhalt ihrer Position auf dem Markt zu gehen.

Eine beliebte Metapher für die vollständige Überwachung und Disziplinierung der Menschen in der digitalen Gesellschaft ist das „Panopticon“. Es wurde von Jeremy Bentham entworfen und von Michel Foucault in *Überwachen und Strafen* (1975) ausführlich besprochen. Erbaut wurde es nur in Kuba und Illinois (USA). Das **Panoptikum** ist ein ringförmiges Gefängnis mit einem Überwachungsturm in der Mitte, von dem aus die rundherum angeordneten Gefängniszellen durch große Glasfenster genauso gut beobachtet werden können wie von außen (vgl. Foucault 1998, 256 ff.). Als **Panoptikums-Effekt** oder auch „chilling effect“ wird das damit verbundene Phänomen verstanden, dass sich die Menschen allein aufgrund der Möglichkeit des Beobachtetwerdens und der Angst vor Strafen selbst disziplinieren und angepasst verhalten (vgl. Wiegerling 2023, 119; Grunwald 2019, 173; Grimm 2020, 39). Auf diesen Effekt des bewussten und permanenten Sichtbarkeitszustandes setzt auch die Videoüberwachung in öffentlichen Räumen. Nach weit verbreiteten Bedenken können Menschen aber nicht mehr frei und authentisch sein, wenn sie sich rund um die Uhr beobachtet fühlen, sodass ihre stromlinienförmigen Handlungsweisen und Meinungsäußerungen sogar die Demokratie gefährden könnten (vgl. Grunwald 2019, 173; Keber, 39; 51; Selinger u. a., 596; 605). Aus ethischer Sicht ist jedoch anzumerken, dass die Verinnerlichung moralischer Normen wie z. B. der Verbote, zu stehlen oder zu vandalieren, genauso wie die Selbstkontrolle wichtige Bestandteile jeder moralischen Erziehung darstellen (vgl. Fenner 2020, 250). Beim Panoptikum-Beispiel scheint es zum Zweck der Resozialisation angemessen zu sein, Sträflinge nach Verstößen gegen grundlegende Normen des Zusammenlebens durch intensive Kontrolle zur Disziplin anzuhalten. Im Rahmen staatlicher Gesetze können sich aber alle Bürger frei bewegen. Vor einer pauschalen Verurteilung des Panoptikums-Effekt wäre also zu fragen, um welches gewünschte Verhalten es sich handelt, wer die Normen setzt und ob sie gut begründet und nachvollziehbar sind (vgl. auch Kap. 3.2.4). „Slippery slope"- oder **Dammbruch-Argumente**, die das unvermeidliche Eintreffen eines Schreckensszenarios wie z. B. einer von moderner Überwachungstechnologie beherrschter Orwell-Gesellschaft prognostizieren, sind grundsätzlich sehr schwach (vgl. Selinger u. a., 599 f.; 605; Fenner 2022, 91): Abgesehen von unsicheren Zukunftsprognosen könnte eine unkontrollierte Ausweitung möglicherweise mit klaren Standards dazu verhindert werden, wer unter welchen Bedingungen wen legitimerweise überwachen darf.

Ein **digitales Panoptikum** besteht nicht mehr in einem physischen Gefängnis mit Glasfenstern und einem Wachturm in der Mitte. Das umfassende Observieren vollzieht sich vielmehr unsichtbar im digitalen Raum als ein permanentes Datensammeln und -auswerten im Hintergrund (vgl. Budelacci, 54 f.; Rieder, 311). Anstelle einzelner Straftäter oder verdächtiger Personen stehen in diesem „egalitären Panoptikum" alle Menschen mit Internetanschluss und smarten Geräten unter Beobachtung (vgl. Rössler, 116 f.; 232). Da moderne Menschen bis in intimste Details durchleuchtet und durchschaubar werden wie Glas, ist dafür das ebenso beliebte Bild vom **gläsernen Menschen** oder **gläserner Bürger** passender. Das „perfekte Überwachungsgerät" trägt heute fast jeder Mensch immer mit sich herum: sein Smartphone (Bauberger, 114). Häufig kommen noch eine Smart Watch, ein Fitnessarmband oder andere Körpersensoren mit entsprechenden Apps hinzu. Über das sogenannte Handy-Tracking lässt sich ein Bewegungsprofil und ein recht genaues Bild des Tagesablaufs gewinnen. Je nachdem lassen sich auch die Entwicklung der persönlichen Vitalfunktionen wie Puls, Blutdruck oder Kalorienverbrauch, das emotionale Erleben oder der eigene Schlafrhythmus mitverfolgen. Aufgezeichnet wird, mit wem man wie lange und wie oft Kontakt hat, auf welche Links man klickt, wieviel Zeit man auf welchen Seiten verbringt und wo Likes verteilt werden (vgl. Lenzen 2018, 193; Lanier, 11 f.). Immer mehr Menschen lassen sich auch von einem virtuellen persönlichen Sprachassistenten wie z. B. „Alexa“ oder „Siri“ durch den Tag begleiten. Diese wissen, welche Themen einen gerade beschäftigen und welche Musik man wann hören mag, und möglicherweise wird sogar ununterbrochen die Umgebung abgehört. Solche „Smart Speaker“ sind verbunden mit dem Internet der Dinge, das in Zukunft immer größere Massen weiterer personenbezogener Daten z. B. über smarte Küchengeräte, Rauchmelder, Heizungs- und Lüftungssysteme im Smart Home oder auf digitalisierten Autobahnen sammelt (vgl. Hesse, 218). Da die Internetnutzer die meisten Daten selbst preisgeben, scheinen sie zumindest teilweise freiwillig auf Privatheit und informationelle Selbstbestimmung zu verzichten (vgl. unten, „Privacy Paradox“).

Neben der freiwilligen Preisgabe von Daten sind Privatheit und informationelle Selbstbestimmung bedroht durch eine unfreiwillige Kontrolle mittels neuer Technologien. Die biometrische Überwachung macht sich beispielsweise biometrische Daten wie Iris-Scan oder biometrische Fingerabdrücke zunutze und gilt als fälschungsresistenter als herkömmliche Methoden. Ethisch bedenklich ist v. a. das biometrische Verfahren der Gesichtserkennung, wenn es nicht zur *Authentifizierung* (Verifikation) von Nutzern selbst z. B. anstelle von Passwörtern, sondern zur *Identifikation* fremder Personen dient: Durch automatische **KI-Gesichtserkennungssysteme** können unbekannte Menschen auf Kamerabildern mit großen Mengen gespeicherter Fotos abgeglichen und zugeordnet werden (vgl. Bauberger, 115 f.; Budelacci, 126 f.; Bauer u. a., 33). Während bei traditioneller visueller Beobachtung ein Beobachter immer nur einen Menschen beschatten konnte, können dank Internet Massen von Menschen auf ihren Wegen in öffentlichen Räumen verfolgt werden (vgl. Lenzen 2018, 194). Private Unternehmen wie „Clareview“ oder „PimEyes“ bieten diese Dienstleistungen bereits an. Die Verarbeitung von Fotos von Europäern ist jedoch datenschutzrechtlich unzulässig, weil diese nicht darin einwilligten (vgl. Bauer u. a., 34). Trotz großer Fortschritte kommt es immer wieder zu Fehlern, die teilweise zur Verhaftung Unschuldiger führen (vgl. Stahl u. a., 30; Fry, 189 f.). Angesichts der auf dem Spiel stehenden Menschenrechte auf Privatheit und informationelle Selbstbestimmung greift das sowohl von vielen Internetnutzer selbst als auch von Technologie-Unternehmern wie Mark Zuckerberg vorgeschobene Argument zu kurz: „Wer nichts zu verbergen hat, hat nichts zu befürchten“

(vgl. Russ-Mohl, 223; Ueberschär, 102; Bauberger, 118). Eine Überwachung muss vielmehr notwendig sein für gute, auf andere Weise nicht erreichbare Ziele, die gemäß dem **Proportionalitätsprinzip** von den zu erwartenden Schäden oder Risiken bezüglich der Interessen oder Grundrechte der Betroffenen nicht überwogen werden dürfen (vgl. Véliz, 561; Art. 6 Abs. 1 DSGVO). Dazu zählen etwa Zwecke wie Sicherheit der Bevölkerung oder Schutz vor Raub und Vandalismus z.B. in Flughäfen, Bahnen oder Banken, wo mit Piktogrammen auf die Überwachung hingewiesen werden muss. Laut AI Act der EU ist die biometrische Gesichtserkennung in öffentlichen Räumen nur in eng begrenzten Fällen im Zusammenhang mit Strafverfolgungen erlaubt (vgl. Art. 5 Abs. 1d).

<table>
<tr><th>Traditionelle physische Überwachung („surveillance“)</th><th>Digitale oder Datenüberwachung („dataveillance“)</th></tr>
<tr><td>zielgerichtetes Beobachten oder Abhören von physischen Personen zur Kontrolle von Verhaltensweisen</td><td>kontinuierliches Sammeln personenbezogener Online- und Metadaten zur Gewinnung neuer Informationen über Personen</td></tr>
<tr><td>lange vorwiegend durch Staat</td><td>vorwiegend durch Wirtschaftsunternehmen</td></tr>
<tr><td>legitime Ziele: Sicherheit, Schutz der Bevölkerung, Fürsorge
Gefahr: Umschlagen in Repression
→ Überwachungsstaat</td><td>legitime Ziele: gleiche wie links
häufige Ziele: ökonomische (Profit)
Gefahr: Manipulation der Menschen
→ Überwachungskapitalismus</td></tr>
<tr><td colspan="2">ethische Forderungen für (Video-)Überwachungen:
• Ziele der Überwachung müssen legitim, gut begründet und anders nicht erreichbar sein
• Beeinträchtigungen der Betroffenen dürfen den Nutzen nicht überwiegen (Proportionalitätsprinzip)
• Eingriffe in Freiheiten/Rechte nicht weiter als nötig (z.B. Löschung der Daten nach bestimmter Frist)
• Überwachung muss transparent sein (z.B. Piktogramme)

ethische Probleme bei biometrischen Massenüberwachungen (mit Gesichtserkennung):
• viele Fehler mit teils gravierenden Folgen
• keine Zustimmung (keine informationelle Selbstbestimmung)
• große Missbrauchgefahr</td></tr>
</table>

3.2.2.1 Privatheitsverlust: Privatheitsparadox und digitaler Zwilling

Wie gezeigt meint der ethisch erforderliche Schutz von Privatheit im Wesentlichen, dass eine Person die Kontrolle über den Zugang anderer zu persönlichen Räumen, Angelegenheiten oder Daten behalten können soll (s. Kap. 1.3.4). Angesichts einer immer umfassenderen Datafizierung und immer raffinierteren Vernetzungs- und Überwachungstechnologien wird es für die Einzelnen aber zunehmend schwieriger, diese Kontrolle zu behalten. Viele Menschen beklagen den Verlust von Privatheit im Netz und warnen vor einem „Ende der Privatheit" (vgl. Zöllner 2012, 14; Keber, 45). Wo „Privatheit" nicht als Angelegenheit der Kontrolle, sondern des Zugangs („access") interpretiert wird, bedeutete allerdings erst das Zugänglichmachen der Daten eine Verletzung von Privatheit (vgl. Véliz, 560). Verschiedene Skandale führten zu weltweiter Empörung: Im Jahr 2013 kam es zum NSA-Skandal, als der Whistleblower Edward Snowden die Massenüberwachung der Internetkommunikation durch amerikanische und britische Geheimdienste enthüllte. 2018 geriet an die Öffentlichkeit, dass das britische Datenanalyse-Unternehmen „Cambridge Analytica" persönliche Daten amerikanischer Facebook-Nutzer abschöpfte und zum Zweck von Wahlwerbung verkaufte. Dazu wurde eine App mit einem wissenschaftlichen Persönlichkeitstest verwendet, um die Persönlichkeit der Nutzer anhand der psychologischen „Big-Five"-Eigenschaften Extraversion, Neurotizismus, Verträglichkeit, Gewissenhaftigkeit und Offenheit zu bestimmen und mit der Chronik ihrer Likes zu vergleichen (vgl. Fry, 54 f.). Noch viel unmittelbarer zu spüren bekam den Eingriff in die Privatsphäre eine schwangere 16-jährige Frau, deren Fall ein berühmtes Anschauungsbeispiel wurde (vgl. Rieder, 310; Floridi, 35; Wiegerling 2023, 117): Das amerikanische Einzelhandelsunternehmen „Target" konnte aus dem veränderten Kaufverhalten der Teenagerin wie z. B. der plötzlichen Präferenz unparfümierter Lotionen und gewisser Nahrungsergänzungsmittel mittels eines eigens dafür entwickelten Algorithmus darauf schließen, dass sie schwanger ist. Als ihr daraufhin Gutscheine und Werbung für Babyprodukte zugeschickt wurden und diese dem völlig ahnungslosen Vater in die Hände fielen, wandte sich dieser empört an das Warenhaus – und die verheimlichte Schwangerschaft flog auf!

Unter **Privacy Paradox**, zu Deutsch **Privatheitsparadox** wird das widersprüchliche Verhalten vieler Internetnutzer verstanden, die im Netz teilweise freimütig persönliche Daten preisgeben, obwohl ihnen der Schutz der Privatsphäre sehr wichtig ist (vgl. Keber, 45; Grimm u.a. 2016, 183; Schicha, 248). In empirischen Studien zeigte sich allerdings, dass eine große Sorge um die eigene Privatheit durchaus mit mehr Vorsicht korreliert, und dass die Nutzer viele Gründe für das Teilen intimer Informationen angeben können: Die hauptsächlichen Motive sind die Wünsche nach Sichtbarkeit und sozialer Anerkennung, teilweise auch finanzielle Anreize (vgl. Koska, 150; Prietl u.a., 21; Funiok 2012, 101). Mit dem Internet sind Verheißungen des Beobachtet-, Gesehen- und Bekanntwerdens verknüpft, die durchaus eine Sogwirkung ausüben können (vgl. Mau, 234). Insbesondere Jugendliche nutzen soziale Medien intensiv zur Image- und Beziehungspflege und möchten die Kontrolle über die eigene Selbstdarstellung behalten. Zumindest gemäß Selbstauskünften nehmen Internetnutzer genauso wie in der analogen Welt auch in der digitalen eine kontextbezogene Güterabwägung vor zwischen der Gefährdung ihrer Privatsphäre und dem zu erwartenden Nutzen (vgl. Grimm u.a. 2016, 57; Koska, 158; Prietl u.a., 21). Gemäß dem normativen Prinzip der Proportionalität müsste der erwartete Nutzen den Schaden bzw. die Kosten aufwiegen (vgl. Véliz, 561). Dem Posten von Partybildern oder Selfies mit leichter Bekleidung liegt aber häufig auch eine Fehleinschätzung darüber zugrunde, dass es sich um eine digitale (Halb-)Öffentlichkeit handelt und die Online-„Entblößungen“ erhebliche negative Folgen haben können, z.B. bei einer Bewerbung. Hinzu kommen noch teils weniger reflektierte Gründe wie Bequemlichkeit, Ignoranz oder Resignation bezüglich der Kontrolle der Privatheit. Es zeichnet sich eine schleichende Gewöhnung an den Kontrollverlust sowie auch ein grundlegender Wandel im Verständnis und in der Bewertung von Privatheit ab, die in Schlagworten wie „Forget Privacy“ und „Post Privacy“ zum Ausdruck kommen (vgl. Wiegerling 2023, 117f.; Bieber, 71; s. Kap. 1.3.4).

Privatheitsparadox („Privacy Paradox“): Widerspruch zwischen der Sorge um den Schutz der Privatsphäre und der faktischen Preisgabe persönlicher Daten

verschiedene Gründe wie:
- schleichende Gewöhnung an Kontrollverlust über persönliche Daten
- Unterschätzen der Internet-Öffentlichkeit und potentieller negativer Folgen
- Kosten-Nutzen-Abwägung: Vorteile wie soziale Sichtbarkeit und Anerkennung als größer eingeschätzt

Gegen ein solches resignatives Hinnehmen des Privatheitsverlusts spricht das **Argument des Persönlichkeitsschutzes** oder **Identitäts-Argument**

(s. Kap. 1.3.4): Die freie Entfaltung der Persönlichkeit erfordert eine Selbstbestimmung auf der Grundlage einer Reflexion auf die eigene Vergangenheit, Charaktermerkmale und Ideale. Diese gelingt am besten in aller Ruhe und frei von permanenter Beobachtung und sozialen Anpassungszwängen. Ein Missverständnis wäre zwar eine radikale, kontextfreie Selbstbestimmung, weil das „Selbst" oder die „Persönlichkeit" immer in einem komplexen Aushandlungsprozess zwischen subjektiver Selbstbezugnahme und gesellschaftlichen Zuschreibungen, Selbstbildern und Werten erfolgt (vgl. Fenner 2019, 209). Problematisch sind aber neben schöngefärbten, um Aufmerksamkeit wetteifernden Selbstdarstellungen der Nutzer die Persönlichkeitsprofile von Werbeservern und Datensammlern („Trackern"): Aus personenbezogenen Daten wie z.B. Browserverlauf und Mausbewegungen, Interaktions-, Positions- und Bewegungsdaten, Kaufverhalten, biometrischen und mentalen Daten erstellen diese mittels Big-Data-Analysen **Persönlichkeitsprofile**, die angeblich tiefe Einblicke in die persönlichen Merkmale der Nutzer geben (vgl. Kolany-Raiser u. a., XIX, Gransche, 135 f.; Grimm u. a. 2016, 182 f.). Aus einem „Datenschatten" eines Nutzers mit scheinbar belanglosen Angaben über Aufenthaltsorte, Kontaktdaten oder Produktauswahl lassen sich Rückschlüsse auf sehr Privates ziehen, wie z.B. die Schwangerschaft der Teenagerin im obigen Fallbeispiel. Die für „Cambridge Analytica" arbeitenden Forscher entwickelten einen Algorithmus, der aufgrund von Facebook-Likes angeblich direkt die Persönlichkeit der Nutzer ermitteln konnte. Wer beispielsweise Salvador Dali, Meditation und TED-Vorträge mag, hat mit großer Wahrscheinlichkeit hohe Werte bei der Persönlichkeitseigenschaft „Offenheit", wer gerne feiert, tanzt und die Reality-TV-Persönlichkeit „Snooki" likte, bei „Extraversion" (vgl. Fry, 55). Angeblich reichen 68 Facebook-Likes, um mit 95 %iger Treffsicherheit die Hautfarbe, mit 88 % die sexuelle Orientierung, mit 85 % die politische Partei abzulesen, ebenso auch die Intelligenz, Religionszugehörigkeit oder Drogenkonsum (vgl. Gransche, 138 f.). Aber auch aufgrund von Fotos verspricht etwa die Firma „Faception" mittels biometrischer Gesichtsvermessung einen hohen IQ, einen Pädophilen oder Terroristen erkennen zu können (vgl. Budelacci, 126).

Digitaler Zwilling („digital twin")

Je mehr Daten und je bessere Analysemethoden zur Verfügung stehen, desto umfassender und detaillierter können die ständig aktualisierten Persönlichkeitsprofile ausfallen und sich einem „digital twin" annähern: Ein **digital twin** bzw. **digitaler Zwilling** ist ganz allgemein eine digitale Simulation oder Repräsentation von real in der analogen Welt existierenden Objekten, Produktionsanlagen, Menschen oder komplexen Systemen (vgl. Grunwald 2019, 36; Bendel 2022, 73). Solche virtuellen Modelle können verschiedene Zustände, Funktionsweisen oder einen ganzen Lebenszyklus von Objekten von der Herstellung bis zur Wiederverwertung nachbilden. In der Industrie 4.0 werden solche digitalen Zwillinge schon lange für Prozesssimulationen auf der Basis aller produktionsrelevanten Echtzeitdaten eingesetzt, um Voraussagen z. B. über Entwicklungen oder Fehlerquellen zu machen. Von menschlichen, am Ende sogar denkenden digitalen Zwillingen ist man zwar noch weit entfernt, weil dafür gigantische Mengen an Daten über innere Zustände, Vorlieben und Neigungen und die unmittelbare physische und soziale Umgebung notwendig wären (vgl. Cordis). Im medizinischen Bereich wird aber bereits mit digitalen Zwillingen gearbeitet, wenn auch eingeschränkt auf den menschlichen Körper bzw. einzelne Organe. So kann eine Test-OP am digitalen Zwilling des betroffenen Organs vor heiklen Operationen dazu dienen, den Eingriff möglichst sicher und schonend durchzuführen. Anhand der gesamten Gesundheitsdaten einer Krankenakte wie z. B. Alter, Größe, Gewicht, Vorerkrankungen, genetische Veranlagung, Puls und Cholesterinwerte mit allen individuellen Besonderheiten und Einschränkungen könnte zukünftig ein digitaler Klon eines Patienten hergestellt werden, der die Entwicklung eines optimalen persönlichen Behandlungsplans für sämtliche Krankheiten erlaubt und vielleicht sogar den Gang zur ärztlichen Kontrolle erübrigt. Von KI-gestützten Gesundheitssimulationen und der dadurch ermöglichten **personalisierten Medizin** versprechen sich die Forscher eine Revolution der Gesundheitsversorgung.

Aus philosophischer und ethischer Sicht sind trotz der vielen Chancen in einzelnen Bereichen erhebliche Bedenken gegenüber solchen Persönlichkeitsprofilen und digitalen Zwillingen anzumelden: Zunächst stellt sich bei einem „gläsernen Patienten“ wie beim „gläsernen Menschen“ allgemein die Frage nach der **Datensicherheit** und der Missbrauchgefahr hochsensibler Daten wie z. B. der Gesundheitsdaten. Da eine Anonymisierung wegen der notwendigen permanenten Aktualisierung der Messwerte der einzelnen Patienten schwer möglich ist, bleiben die Personen identifizierbar (vgl. Wiegerling u. a., 39 f.). Es müsste auch garantiert werden können, dass die Person selbst die Kontrollmacht über ihren digitalen Zwilling behält und dass einzelne Anwendungen wie in der Medizin zustimmungspflichtig sind. Besonders problematisch sind darüber hinaus Rückschlüsse von scheinbar harmlosen Datensätzen auf **diskriminierungsrelevante Identitäts-**

merkmale wie Hautfarbe, sexuelle Orientierung oder Religionszugehörigkeit, die von den oben erwähnten privatwirtschaftlichen Internetkonzernen und Analysefirmen versprochen werden. Anders als in den USA gibt es dazu in Europa bereits zunehmend strengere Datenschutzregelungen: Nach Art. 9 der DSGVO ist die Verarbeitung personenbezogener Daten, aus denen rassische und ethnische Herkunft, politische Meinungen oder religiöse oder weltanschauliche Überzeugungen hervorgehen, außerdem biometrische und Gesundheitsdaten oder solche zur sexuellen Orientierung, lediglich dann erlaubt, wenn die Betroffenen ausdrücklich dazu eingewilligt haben. Im Ende 2022 in Kraft getretenen Digital Services Act (DSA) wird Online-Plattformen Werbung auf der Basis von Profilbildung untersagt, wenn dafür solche besonders sensiblen Informationen verwendet werden. Die neuen Möglichkeiten der Profilbildung und Herstellung digitaler Zwillinge werfen aber noch viel grundsätzlichere Fragen auf: Was ist das „Selbst" oder die „Persönlichkeit" eines Menschen und wodurch unterscheiden sie sich von algorithmisch ermittelten digitalen Zwillingen? Wird durch eine zunehmende Konfrontation mit konstruierten digitalen „Abbildern" nicht das Recht auf freie Entfaltung der Persönlichkeit verletzt? Welche Chancen und Risiken sind für die Persönlichkeitsentwicklung und das soziale Miteinander zu erwarten?

Zunächst gilt es, die ontologische Differenz zwischen einem Individuum oder der persönlichen Identität eines Menschen und seinem Online-Profil, digitalen Zwilling oder digitalen Doppelgänger als **digitaler Identität** herauszustellen: Die **persönliche Identität** umfasst alles, was ein bestimmtes Individuum zu einem bestimmten Individuum macht. Dazu gehören charakteristische Persönlichkeitseigenschaften wie z. B. körperliche Merkmale, soziale Rollen, sexuelle Orientierungen oder weltanschauliche Überzeugungen, von denen die Rede war. Die **Persönlichkeit** steht für ein einzigartiges, relativ stabiles Muster von Anlagen, Eigenschaften, Idealen, Zielen und Selbstbildern, die das Handeln und die Lebensweise eines Menschen prägen (vgl. Fenner 2019, 203). Typisch für die menschliche Persönlichkeit oder persönliche Identität ist dabei die **reflexive Struktur** im persönlichen Selbstverhältnis: Menschen haben nicht nur individuelle Biographien, biologische Voraussetzungen und charakterliche Eigenheiten, sondern können sich zu diesen verhalten. Das verbindende und vermittelnde Glied zwischen empirisch Gegebenem und geistigen Stellungnahmen ist das, was in der Psychologie eher deskriptiv als „Selbstkonzept" verstanden und in der Philosophie normativ akzentuiert wird: Ein **normatives Selbst** oder **normatives Selbstbild** enthält sowohl eine Gesamtinterpretation und Bewertung aller materiellen, physischen, psychischen und sozialen Bedingungen im Leben eines Menschen als auch einen zukunftsorientierten Entwurf, was er aus alledem machen will (vgl. ebd., 17f.). In der Ethik stehen ein solches praktisches Selbstverhältnis und eine praktische Identität im Vordergrund, die wesentlich von normativen Vorstellungen geprägt sind und Orientierung bieten für das Leben und Handeln einer Person. Abgesehen von der Unvollständigkeit und Fehlerhaftigkeit bisheriger digitaler Kopien ist also ein menschliches Individuum oder eine Persönlichkeit prinzipiell mehr als sein Datenschatten.

Als problematisch für das menschliche Selbstverständnis ist zunächst einmal das reduktionistische Menschenbild eines **Daten-Behaviorismus** anzusehen, auf dem die digitale Profilbildung basiert (vgl. Stalder, 199f.; Mau, 277; Zuboff, 427f.): Individuen werden über das beobachtbare und quantifizierbare Verhalten definiert, auch wenn neue informatische Entwicklungen zunehmend auch mentale Zustände zu erfassen versuchen. Für Algorithmen sind Menschen insofern „Black-Boxes", als ihre Intentionen, reflexiven Selbstverhältnisse und (vermeintlich) freien Entscheidungen belanglos sind. So kann ein GPS-Tracker in aller Regel nicht unterscheiden zwischen einem Gang nach Canossa und einem Norditalienurlaub, oder es bleibt verborgen, für wen z.B. ein Buch gekauft wird (vgl. Gransche, 135). Weil Daten in vielen Bereichen Interpretationen aufgrund eines biographischen und situativen Kontextwissens erfordern, sind Fehldeutungen vorprogrammiert. So ist beispielsweise unklar, ob sich von einer großen Zahl von Freunden in sozialen Netzwerken wirklich auf sozial gut vernetzte reale Individuen oder vom Konsum gewalthaltiger Onlinespiele auf ein hohes Gewaltpotential schließen lässt (vgl. ebd., 138). Big-Data-Analysen und algorithmenbasierte Profilbildungen stützen sich außerdem meist zusätzlich noch auf die Mustererkennung beim Vergleich zwischen Menschen mit ähnlichem Datenschatten. Bei personalisierter Werbung und personalisierten medizinischen Angeboten stehen dann nicht einzelne Individuen im Zentrum wie bei einer tatsächlichen „Personalisierung", sondern dynamische Cluster vieler Nutzer mit ähnlichen Merkmalen, aus denen statistische Erkenntnisse gewonnen werden (vgl. ebd., 139; Stalder, 199). Nutzer treten aber auch deswegen nicht als einzigartige Individuen in den Blick, weil sie meist als Daten-Puzzle erfasst werden und in einzelne Datenmuster und Bruchstücke zerfallen (vgl. Grimm u.a. 2016, 183f.; Stalder, 189f.). Wenn Unternehmen ein möglichst präzises Kundenprofil oder Parteien ein Bild ihrer Wähler erstellen, ergibt sich daraus bestenfalls eine Art „multiples Selbst" (Reckwitz, 255). Am vielversprechendsten sind dabei die in der Medizin bereits realisierten virtuellen Abbilder einzelner menschlicher Organe auf einer rein physisch-biologischen Ebene.

Beim Daten-Behaviorismus, der Intentionen, reflexive Stellungnahmen und ein normatives Selbstbild ausblendet, ergibt sich zudem ein „konservierender Effekt" (Mau, 277): Das auf früheren Präferenzen, sozialen Interaktionen oder Online-Käufen basierende Persönlichkeitsprofil ist an der Vergangenheit orientiert und droht Menschen auf ihren Datenschatten oder einen bestimmten Typus festzulegen (vgl. Wiegerling 2016, 223; Gransche, 139). Sie werden dann nicht mehr als veränderliche autonome Individuen wahrgenommen. Es käme jedoch einem Sein-Sollen-Fehlschluss gleich, wenn aus dem bloßen Umstand, dass jemand etwas tat, geschlossen wird, er möchte oder sollte dies wiederholen. Aufgrund der Gefahr einer Fixierung einer Persönlichkeit auf eine möglicherweise unvorteilhafte Vergangenheit wird immer wieder ein **Recht auf Vergessenwerden** eingefordert. Obwohl es in der DSGVO ein „Recht auf Löschung" unrechtmäßig erhobener oder veröffentlichter personenbezogener Daten gibt, ist dieses im Internet schwer umsetzbar (vgl. Brink u. a., 282). Hinsichtlich beobachtbarer und quantifizierbarer Vorgänge und Verhaltensweisen kann der Datenschatten vermutlich aber tatsächlich besser Auskunft geben als die Menschen selbst, deren Erinnerungsvermögen subjektiv-verfälschend ist und die sich gerne über Unliebsames hinwegtäuschen. Als das Berliner Künstlerkollektiv „Laokoon" aus dem von Google erbetenen Datenschatten von Lisa deren Lebensgeschichte rekonstruierte und von einer Schauspielerin nachspielen ließ, war jedenfalls nicht zuletzt Lisa selbst höchst verblüfft über ihre „Durchsichtigkeit" (vgl. Huber, 76). Insbesondere das immer bessere Erfassen mentaler Zustände wie Emotionen, Wünsche und eventuell sogar Gedanken weckt großes Unbehagen und Ängste, weil Maschinen uns bald besser kennen könnten als wir uns selbst (vgl. Dräger u. a., 138 f.; Harari, 517 f.; Stalder, 199 ff.). Behält man die hier geschilderte ontologische Differenz vor Augen, könnte man aber die vergangenheitsorientierten, bereichsspezifischen Persönlichkeitsprofile durchaus auch als Heuristik für eine schonungslosere Selbsterkenntnis und bessere Arbeit an sich selbst nutzen. Ein KI-basiertes Mehrwissen über die Mitmenschen und speziell die eigenen Kinder könnte sowohl zu mehr Voreingenommenheit und Befangenheit führen als auch zu einem differenzierteren und angemesseneren Umgang mit irreduziblen, autonomen Individuen (vgl. Dräger u. a., 138). Angesichts dieser Gratwanderung braucht es dringend Diskussionen über die Grenzen des Zulässigen und den richtigen Umgang mit menschlichen digitalen Zwillingen.

Digitale (vs. analoge) Identität:
Persönlichkeitsprofil: aus dem persönlichen Datenschatten (biometrische, mentale, Interaktions-, Bewegungsdaten etc.) ermittelte persönliche Merkmale
digitaler Zwilling („digital twin"): digitale Simulation von analog existierenden Objekten, Menschen oder Systemen

ethische Probleme und Forderungen:
- reduktionistisches **behavioristisches Menschenbild**: nur beobachtbare, quantifizierbare Merkmale/Verhaltensweisen
  ↔ **reflexive Struktur** der Persönlichkeit (Intentionen, freier Wille)
- **multiples Selbst**: Daten-Puzzles mit bereichsspezifischen Mustern
  ↔ **normatives Selbst**: Gesamtinterpretation und wertender Zukunftsentwurf
- **vergangenheitsorientiertes Persönlichkeitsprofil**: Fixierung auf Datenschatten
  ↔ **Recht auf Vergessenwerden** bzw. Löschen falscher Daten
- Missbrauch und Identitätsklau verhindern
  → Kontrollmacht der Person sichern
- **Datensicherheit** sensibler Daten gewährleisten
- Verbot von Rückschlüssen auf **diskriminierungsrelevante Identitätsmerkmale**

→ digitale Zwillinge nur als Heuristik für Selbst-/Fremderkenntnis

3.2.2.2 Freiheitsverlust: Personalisierte Werbung und Manipulation

Mit dem zunehmenden Verlust der Privatheit im Big-Data- und Überwachungszeitalter geht auch ein Verlust an Freiheit einher, weil es zwischen beiden normativen Konzepten viele Überschneidungen gibt. So schützt das **Recht auf informationelle Selbstbestimmung** die Freiheit der Individuen zu bestimmen, wer was mit sensiblen personenbezogenen Daten machen darf und was nicht (s. Kap. 1.3.1). Als Schutz- oder Abwehrrecht untersagt es dem Staat oder privatwirtschaftlichen Unternehmen den Zugriff auf persönliche Daten und ihr Verarbeiten ohne Einwilligung der Betroffenen. Damit ist zunächst die **Handlungsfreiheit** als negative Freiheit angesprochen. Darüber hinaus sollen die Individuen aber auch vor demütigenden und unzutreffenden Selbstdarstellungen geschützt werden. Es geht also auch um die **Willensfreiheit**, **Autonomie** oder **Selbstbestimmung** als mentale Fähigkeit, sein Leben und Handeln an selbstgewählten Werten, Zielen oder einem normativen Selbstbild ausrichten zu können (s. ebd.). Wie es das zentrale **Freiheits**- oder **Autonomieargument** für das **Recht auf Privatheit** herausstellt, setzt die Willensfreiheit einen privaten Schutzraum ohne ständige Beobachtungen, sozialen Druck oder Manipulation voraus (s. Kap. 1.3.4). Denn es braucht Ruhe und eine kritische Distanz zu eigenen spontanen Wünschen und vorherrschenden gesellschaftlichen Idealen, um durch vernünftiges Erwägen von Gründen herauszufinden, wer man sein und wie man leben will. Wenn Menschen ihr Handeln aufgrund des Panoptikum-Effekts durch permanente Überwachung einfach dem sozial erwünschten Verhalten anpassen, liegt eine äußere soziale Beschränkung des Handlungsspielraums, also der Handlungsfreiheit vor. Je nachdem, wie die Normen zustande kamen und durchgesetzt werden, bedeutet der soziale Druck auch eine Fremdbestimmung und damit einen Autonomieverlust. Im Folgenden soll der Frage nachgegangen werden, inwiefern digitale Persönlichkeitsprofile oder digitale Zwillinge nicht nur die Privatsphäre, sondern auch die Freiheit der Betroffenen beeinträchtigen.

Unter **Mikrotargeting** wird der Versuch verstanden, Menschen auf der Grundlage von Persönlichkeitsprofilen mit individuell auf sie zugeschnittenen Maßnahmen möglichst effizient zu beeinflussen (vgl. Dieffal, 226; Buchmann, 33). Ein wichtiges Anwendungsgebiet dieser auf kleine spezifische Zielgruppen gerichteten Kommunikationsstrategie ist die Werbung für Produkte, Dienstleistungen oder Parteien: die **personalisierte Werbung**. Je genauer dank Big Data und KI-basierter Analyse die Bedürfnisse, Wünsche, demographischen, geographischen oder anderen Merkmale der Menschen erkannt werden können, desto ressourcenschonender kann geworben werden. Denn individuell abgestimmte Angebote finden mehr Anklang, und die entscheidende Zielgruppe kann viel häufiger adressiert werden. Von unternehmerischer Seite werden gerne die Vorteile für die Internetnutzer hervorgehoben, die häufig Belohnungen wie Preissenkungen erhalten und in Zukunft nur relevante, für sie passgenaue Angebote zugespielt bekommen; z. B. Produkte, die man schon einmal bestellt hat, sodass man sich nicht mehr mit all den verschiedenen Marken beschäftigen und Preisvergleiche anstellen muss, oder aber Dinge, die andere Personen mit ähnlichem Profil gekauft haben. Außerdem wird auf die vielen digitalen Dienste von Plattformen hingewiesen, die sich über digitale Werbeflächen für zahlende Unternehmen refinanzieren. Nach Zuboff vermögen aber weder all die freundlichen „Hilfestellungen" noch die verheißungsvolle „Personalisierung" den „aggressiven neuen Marktkosmos zu verbergen, der damit wie ein Damoklesschwert über jedem Aspekt unseres Alltags schwebt“ (298). Gemäß ihrer Darstellung zwingt die Wettbewerbsdynamik die Überwachungskapitalisten dazu, immer neue Quellen für Verhaltensvorhersagen wie z.B. Stimm- und Emotionsanalysen zu erschließen, um bessere „Verhaltensvorhersageprodukte“ zu generieren (22f.). Ziel dieser immer weitergehenden Überwachung durch den „digitalen Apparat“ sei die gezielte **Verhaltensmodifikation**. Sie spricht von einer „instrumentären Macht“ und einem „Instrumentarismus“, der den klassischen politischen Totalitarismus mit Drohungen und Strafen ablöst und uns mit einlullender Dienstfertigkeit seinen Willen aufzwingt (vgl. 437; 441).

Der gängige ethische Vorwurf gegen die Überwachung durch das Sammeln von Daten lautet also, dass unter Verwendung dieser Daten das Verhalten der Nutzer **manipuliert** werde (vgl. Müller, 21; Budelacci, 118; Ueberschär, 104): Der Überwachungskapitalismus lasse mit seinen immer besseren Vorhersagemodellen kaum mehr eigene selbstbestimmte Entscheidungen zu, sodass das Recht auf Selbstbestimmung der Individuen ausgehöhlt werde (vgl. Heinrichs u.a., 137; Ueberschär, 105). Je tiefere Einblicke Außenstehende in den Privatbereich von Individuen gewinnen, desto verletzbarer und leichter manipulierbar werden diese. Zuboff selbst spricht zwar hauptsächlich von „Verhaltensmodifikation“, hat aber mit dem englischen „tuning“ und den im Überwachungskapitalismus eingesetzten behavioristischen Methoden des Konditionierens („behavioral engineering“) durchaus manipulative Techniken im Blick (vgl. Zuboff, 23; 338ff.; Köszegi, 77). Sie zitiert einen Programmierer, der bei der Entwicklung von Apps systematisch testet, welche Auslösereize am besten zum erwünschten Verhalten führen. Denn noch aussagekräftigere Vorhersagen als durch bloße Analyse vorliegender Daten lassen sich erzielen, indem man „Verhalten anstößt, herauskitzelt, tunt“ (23). Aus ethischer Sicht wird über den möglichen **Verlust menschlicher Würde** diskutiert, weil Vorhersagemodelle von der Berechenbarkeit der Menschen oder sogar einem Determinismus ausgehen (vgl. Richter, 214). Die Menschen bzw. die sie repräsentierenden Datenprofile dienen zudem als Mittel zur Erreichung ökonomischer Zwecke und scheinen in diesem Sinn instrumentalisiert zu werden (vgl. ebd.; Budelacci, 128f.). Ob sie bei Werbung generell oder speziell bei personalisierter Werbung nach der kantischen Formulierung „bloß“ als Mittel zu fremden Zwecken benutzt werden, scheint jedoch fraglich. Klärungsbedürftig ist v. a. auch der Begriff der „Manipulation“, der kaum je definiert wird.

Manipulation und manipulative Werbung

Bei Manipulationen handelt es sich um eine Form der Einflussnahme, die sich zwischen den Extrempolen körperlicher Gewalt als einer physischen Beeinflussung und der Überzeugung mittels Argumenten als rationaler Beeinflussung bewegt. Nicht jede Art der Einflussnahme ist manipulativ und problematisch. Das Überzeugen mit nachvollziehbaren Gründen ist beispielsweise ethisch völlig unbedenklich. **Manipulation** meint die gezielte und verdeckte Einflussnahme auf Einzelne oder Gruppen zur Erreichung persönlicher Ziele, wobei mit rhetorischen oder psychologischen Taktiken die kritische Urteilsfähigkeit zu umgehen versucht wird und häufig Gefühle geweckt werden (vgl. Fenner 2022, 265). Entsprechend dem „Verschleierungsprinzip" bleibt die Manipulation den Betroffenen verborgen, die im Glauben sind, dass sie eine freie Entscheidung z. B. beim Kauf eines umworbenen Produkts treffen (vgl. Schicha, 178). Als ethisch verwerflich gilt die Manipulation genau deswegen, weil dabei die **Autonomie** oder **Willensfreiheit** der Menschen verletzt wird, also das Vermögen vernunftfähiger Wesen, sich selbst Zwecke zu setzen und im Lichte von Gründen zu handeln (vgl. Turza, 326; 331). Auch da, wo die Manipulatoren Gründe präsentieren, handelt es sich lediglich um „subjektive Gründe", die Wünsche, Ängste oder Bedürfnisse der Adressaten etwa nach sozialer Anerkennung oder Glück ansprechen. In der Werbung finden sich immer noch leicht bekleidete Frauen z. B. bei der Autowerbung, obwohl diese keinerlei Bezug zum beworbenen Produkt haben. Solche Bilder wecken meist unbewusst ein starkes Verlangen nach Attraktivität und Erfolg bei Frauen und üben eine affektive Anziehungskraft aus, die oft stärker ist als rationale objektive Gründe. Da der Autokauf im Lichte dieser Gründe die erhoffte Wunscherfüllung schwerlich herbeiführen wird, handelt die Person gegen ihre langfristigen aufgeklärten Interessen und so gesehen fremdbestimmt. „Objektive Gründe" sind demgegenüber faktenbasiert, sachorientiert und verallgemeinerbar und halten einer kritischen Reflexion stand. Solche vernünftige, nachvollziehbare Gründe werden beim argumentativen Überzeugen anderer Menschen dargelegt und fördern damit deren Autonomie.

Personalisierte digitale Werbung ist nicht zwangsläufig in diesem erläuterten Sinn manipulativ, verfügt aber über mehr und teils wirksamere Optionen manipulativer Techniken als die klassische analoge Werbung. Genauso wie die traditionelle Werbung hat sie neben der ethisch problematischen **manipulativen Funktion** jedoch zusätzlich noch eine **bekanntmachende** oder **informierende Funktion**, die ethisch unbedenklich ist.

In der Werbeethik gelten neben der manipulativen Werbung noch andere Formen wie v. a. gewaltverherrlichende, diskriminierende (z. B. frauenfeindliche) oder provokative (z. B. mitleiderregende Schockwerbung) als ethisch illegitim (vgl. Fenner 2022, 364–368; Schicha, 174–183). Bei der an dieser Stelle interessierenden manipulativen Werbung lassen sich folgende drei Unterformen unterscheiden:

1. **subliminale Werbung**: Am sichersten ausgeschaltet wird das kritische Urteilsvermögen der Adressaten durch kurze Einblendungen in Videos, die nicht bewusst wahrgenommen werden können und unbewusst wirken.
2. **verfälschende Werbung**: Diese liefert den Adressaten falsche, irreführende oder selektive Informationen. Während das Wecken von verführerischen Phantasien wie „Dieser Energieriegel verleiht ihnen Flügel" zumindest von erwachsenen „mündigen Konsumenten" leicht zu durchschauen ist und als relativ harmlos gelten kann, sind unzutreffende Produktqualitäten oder Gesundheitsversprechungen problematisch und etwa im Gesundheitsbereich untersagt.
3. **getarnte Werbung**: Manipulativ ist auch Werbung, die nicht als solche kenntlich gemacht wird. Dazu zählt v. a. die verbotene Schleichwerbung in Zeitungen oder Online-„Advertorials", bei denen der redaktionelle Teil nicht mit klaren Hinweisen wie „Anzeige" oder „Sponsored Link" von der Werbung abgetrennt wird. Wo der Werbecharakter verschleiert wird, gehen die Adressaten von falschen Voraussetzungen aus und können keine informierte Kaufentscheidung treffen.

Obgleich die Werbung mit prominenten Identifikationsfiguren wie Sängern oder Sportlern eine lange Tradition hat, ist das **Influencer-Marketing** ein neues Phänomen des digitalen Zeitalters. Häufig sind es bekannte Youtuber mit hohen Followerzahlen, die in „Testimonials" gegen viel Geld für Produkte werben. Ihnen fehlt aber meist der nötige Sachverstand für die Beurteilung bestimmter Produkte (vgl. Schicha, 178 f.). Manchmal bewerben sie konkurrierende Anbieter, und schlimmstenfalls preisen sie aus finanziellen Gründen sogar solche mit gefährlichen Inhaltsstoffen an. Bleiben Werbecharakter und erhaltene Gegenleistungen für die Testimonials verborgen, wird das Vertrauen der Follower ausgenützt, die den authentisch wirkenden Bezeugungen ihrer großen Vorbilder Glauben schenken (vgl. Schlegel u. a., 374 f.). Angesichts des großen Einflusses auf Kinder und Jugendliche als hauptsächlichen Adressaten ist die Verantwortung besonders groß, weil diese generell weniger gut zwischen Werbung, Tatsachenaussagen und Meinungsäußerung unterscheiden können und daher leichter manipulierbar sind. Rechtlich gesehen sind Influencer genauso wie Journalisten bei traditioneller Werbung zur Kennzeichnung ihrer kommerziellen Motive und der Auftragskommunikation verpflichtet (vgl. ebd., 375).

Bei personalisierter Werbung gibt es ganz neue Möglichkeiten wirksamer Verfälschungen, weil die selektiven Produktbeschreibungen auf die jeweiligen Persönlichkeitseigenschaften oder momentanen Stimmungen ausgerichtet werden können. Ein Beispiel für personalisierte Werbung wäre folgendes aus einem psychologischen Experiment (vgl. Fry, 56): Auf Facebook wurden Schönheitsprodukte extravertierten Nutzerinnen mit dem Slogan „Tanze, als würde dir niemand zusehen (obwohl dir alle zusehen!)“ angepriesen, wohingegen Introvertierte das Bild eines sich im Spiegel betrachtenden Mädchens zu sehen bekamen mit dem Spruch: „Schönheit muss nicht schreien“. Der Effekt solcher personalisierter Anzeigen scheint im Vergleich mit traditionellen allerdings nicht viel größer zu sein (vgl. ebd., 59). Ungeachtet der Zahl der tatsächlich Manipulierten wird die Entscheidungsautonomie der Rezipienten eingeschränkt, wenn keine **Transparenz** über die Mechanismen der Verhaltenssteuerung vorliegt, d. h. über den persönlichen Zuschnitt auf individuelle Präferenzen oder Eigenschaften (vgl. Budelacci, 121). In einem noch stärkeren Sinn manipulativ und moralisch klarerweise verwerflich ist das Abpassen extremer emotionaler Gefühlslagen mit schwacher Impulskontrolle und erhöhter Manipulierbarkeit. So sind Sportler bekanntermaßen in der Phase der Erschöpfung nach einer absolvierten Trainingseinheit am anfälligsten für Werbung, sodass Fitness-Apps ihnen dann Werbebanner einblenden können. Auch hat eine Marketing-Studie gezeigt, dass Frauen sich an Montagen am wenigsten attraktiv finden, weshalb sich Schönheitsprodukte an diesen Tagen besser verkaufen dürften (vgl. Stahl u. a., 54). So werden „Wehrlosigkeit, Verwundbarkeit, Arglosigkeit und Vertrauen“ der Menschen gezielt ausgenützt (Zuboff, 373).

Zu den weniger problematischen Formen personalisierter Werbung gehört das **Geo-Targeting**, d. h. die standortbezogene Werbung mit standortbezogenen Services. Da viele Smartphone-Apps die GPS-Daten benötigen und so gleichsam das Bewegungsprofil der Nutzer überwachen, können ihnen Werbeanzeigen zugeschickt werden, sobald sie in die Nähe des beworbenen Unternehmens gelangen: „Kommen Sie rein! Kaufen Sie! Wir haben ein Angebot – nur für Sie!“ (nach Zuboff, 279). Wenn sich Nutzer von solchen Aufforderungen verfolgt und belästigt fühlen, lässt sich der GPS-

Locator zu den einzelnen Apps abschalten. In die gleiche Kategorie fallen allgemein **algorithmische Empfehlungssysteme**, die Handlungsoptionen vorselektieren und dem Einzelnen gemäß seinem Persönlichkeitsprofil bestimmte konkrete Vorschläge unterbreiten. Das können Buchempfehlungen oder Vorschläge anderer Produkte oder Dienstleistungen sein, wie wir sie im analogen Leben auch von Freunden oder Berufskollegen erhalten, die z.B. unseren Buchgeschmack, unsere Interessen oder Forschungsgebiete gut kennen. Je geringer die Kluft zwischen einem Individuum und seinem Datenschatten ist, desto größer ist die Anziehungskraft von Vorhersagen wie: „Das könnte Dich interessieren!" (vgl. Gransche, 140; 143). Solche Selektionen in der Art von Trampelpfaden oder Spuren eigener Entscheidungen sind zwar etwas anderes als eine vielleicht wünschenswerte neutrale Beratung oder ein Überzeugen mit guten Argumenten, aber schwerlich eine Manipulation oder gar ein harter Zwang.

In diesem Zusammenhang wird seit dem Erscheinen von Richard Thaler und Cass Sunsteins gleichnamigem Bestseller gerne der Begriff „Nudge" in einem weiten Sinn von „sanftem Stubser" ins Spiel gebracht. Das heute inflationär gebrauchte Schlagwort wurde schon von den Autoren für alle möglichen Beeinflussungsmethoden eingeführt, die zwar die Fähigkeit der Menschen zum rationalen Abwägen meistens achten würden, aber durchaus auch manipulativ sein könnten (vgl. Thaler u.a., 378f.). **Nudges** sind Bestandteile einer Entscheidungsarchitektur, die mittels verhaltensökonomischer und -psychologischer Erkenntnisse so gestaltet wird, dass das menschliche Verhalten sich auf vorhersehbare Weise ändert (vgl. ebd., 24; Zuboff, 336f.; Köszegi, 78f.). Zur Entscheidungsarchitektur wird dabei schlicht alles in der Umgebung der Menschen gezählt, das einen Einfluss auf ihr Verhalten hat. Nudges sollen den Menschen zu einem „längeren, gesünderen und besseren Leben" verhelfen, ohne dass Handlungsoptionen verringert oder starke Anreize oder Verbote gesetzt werden. Abgesehen davon, dass bei dem von den Autoren propagierten „liberalen Paternalismus" die Entscheidungsarchitekten wie in Gütertheorien zu wissen scheinen, was für die Menschen selbst gut ist (s. Kap. 3.2.3), gibt es Zweifel an der Wahrung ihrer Autonomie: Bezugnehmend auf Daniel Kahnemann geht die Argumentation davon aus, dass reale Menschen keine rationalen „homines oeconomici" sind, sondern auf das schnelle, intuitive und automatische System-1-Denken vertrauen (vgl. 25f; 60ff.; s. Kap. 2.2.1). Um ihnen gleichwohl zu klugen Entscheidungen zu verhelfen, müssten ihnen Nudges angeboten werden, wie es der Klappentext auf den Punkt bringt: „Menschen verhalten sich von Natur aus nicht rational. Nur mit einer Portion

List können sie dazu gebracht werden, vernünftig zu handeln.“ Aus ethischer Sicht liegt dann aber klarerweise eine Missachtung der Entscheidungsautonomie der Menschen vor, weil ein „informed consent“ fehlt. Auch wenn Nudges einen Handlungsspielraum offenlassen, liegt eine Manipulation als gezielte und verdeckte Einflussnahme vor (vgl. Ienca u. a., 358f.). Das gilt strenggenommen selbst für das scheinbar harmlose Paradebeispiel, bei dem Menschen in der Kantine durch eine besondere Platzierung des gesunden Menüs oder Obsts dazu verleitet werden, unwillkürlich nach diesem Nächstliegenden zu greifen. Es handelte sich dann sozusagen um **System-1-Nudges**, die zur Beeinflussung des Verhaltens unbewusste kognitive Prozesse und die Trägheit der Menschen ausnützen (vgl. Irgmaier). Ethisch legitim können aber strenggenommen nur **System-2-Nudges** sein, die wie z.B. ein Ampelsystem für (un)gesunde Nahrung durch zusätzliche Informationen und eine Komplexitätsreduktion die bewusste Entscheidungsfindung der Nutzer unterstützen.

Die Rede von „Nudges“ hilft also in der Debatte nicht weiter und erübrigt keine ethische Einzelfallbeurteilung. Während es bei der ganz unvermeidlich priorisierenden, aber offensichtlichen Auslage von Menüs in der Kantine oder der Präsentation der Waren als Teil der Ladenarchitektur vielen Menschen noch leicht fällt, den Überblick zu behalten und eine Auswahl nach ihren eigenen Präferenzen zu treffen, sind viele digitale Beeinflussungsmethoden schwerer durchschaubar oder prinzipiell unsichtbar (vgl. Ienca u. a., 359f.; 366). In Kapitel 2.2.1 wurde die Captology als Wissenschaft der digitalen Verhaltensmodifikation vorgestellt, die durch eine ausdividierte Gestaltung der Benutzeroberfläche (mit bestimmten Farben, Anordnung der Texte etc.) das mühelose und schnelle System-1-Denken der Nutzer zu erleichtern versucht. Im Gegensatz zu den Nudges im Rahmen eines liberalen Paternalismus sind die Zwecke dann meist schlecht für die manipulierten Personen und daher auch aus konsequentialistischer Sicht verwerflich. Mit dem Anglizismus **Dark Patterns** werden manipulative Designs auf Websites oder Apps bezeichnet, mit denen die Nutzer gezielt in die Irre geführt und zu Handlungen verleitet werden, die den unternehmerischen Zielen entsprechen (vgl. Hohendanner, 617). Zu solchen schädlichen Design-Mustern zählen neben personalisierten verfälschenden Werbeangeboten z.B. Tricks zu Folgekäufen („sneak into basket“) oder zum Abschluss eines Abonnements, auf das nur auf einer schwer einsehbaren Stelle im Kleingedruckten aufmerksam gemacht wird. Auch durch Einblendungen wie „Beeilen sie sich, fünf weitere Personen schauen sich dieses Angebot gerade an!“ oder „Nur noch zwei Plätze verfügbar!“ kann sich jemand zum raschen, unüberlegten Zugreifen hinreißen lassen. Beim „Private Zuckering“, benannt nach Marc Zuckerberg, werden Nutzer listig dazu gebracht, mehr Daten von sich preiszugeben als beabsichtigt. Dark Patterns von Entscheidungsarchitekturen, die in betrügerischer Absicht und unter Ausnützen des System-1-Denkens Menschen manipulieren, wurden im Digital Services Act (DSA) der EU zwar verboten. Es gibt aber eine große rechtliche Grauzone. In vielen Fällen dürfte die Forderung nach **Transparenz** ausreichen, wenn z. B. bei beliebten Standardeinstellungen in Formularen die Nutzer auf diese Vorselektierung und die Möglichkeit der Änderung aufmerksam gemacht werden. Ethisch besteht kein Unterschied zum analogen Leben, indem z. B. die Widerspruchslösung bei der Organspende strenggenommen nur legitim sein kann, sofern alle Menschen über diese „Voreinstellung“ eines automatischen Zuspruchs und die Möglichkeit eines Widerspruchs aufgeklärt sind (vgl. Fenner 2022, 127).

Politische Werbung

Ethisch noch bedenklicher als manipulative Wirtschaftswerbung ist die **personalisierte politische Werbung** („political microtargeting“), weil es hier statt um materielle Schäden durch Fehlkäufe um die Gestaltung des menschlichen Zusammenlebens geht. Auch im politischen Bereich hat es sich bereits etabliert, dass politische Botschaften zielgenau auf kleine Wählergruppen oder Individuen zugeschnitten werden (vgl. Ulbricht u. a., 165; Heinrichs u. a., 166). Zunehmend könnten dafür auch Social Bots zum Einsatz kommen (vgl. Boehme-Neßler, 49 f.). Das Consulting-Unternehmen „Cambridge Analytica“ eruierte z. B. bei Big-Data-Analysen große Überschneidungen zwischen Unterstützern der republikanischen Partei und Besitzern von Ford-Autos, die in den USA produziert werden. Daraufhin versuchte man bei Ford-Liebhabern, die aber noch keine Wähler der Republikaner sind, patriotische Gefühle zu wecken (vgl. Fry, 57). Auch Persönlichkeitsprofile werden analysiert, um an vorhandene Ängste, Vorurteile oder Überzeugungen anzuschließen: Ausgewählt wurden z. B. alleinstehende Mütter mit hohen Neurotizismuswerten, um in Werbekampagnen für die Waffenlobby deren Ängste vor Angriffen auszunützen (vgl. ebd.). Je bessere digitale Zwillinge von den Bürgern vorliegen, desto genauer lassen sich ihre Wahlbereitschaft und ihr wahrscheinliches Abstimmungsverhalten vorhersehen und gemäß den eigenen Zwecken (de)mobilisieren oder beeinflussen (vgl. Ulbricht u. a., 166 f; O’Neil, 259 f.; Richter, 213). Manipulativ und ethisch verwerflich ist politisches Mikrotargeting immer dann, wenn auf der Grundlage von Psychogrammen die Gefühlslage der Wähler angesprochen wird oder diese nur sehr selektiv je nach persönlichen Interessen an einzelnen Themen wie z.B. Umweltschutz oder Sicherheit über das Wahlprogramm informiert werden. Im US-Wahlkampf 2016 und der Brexit-Abstimmung kamen diese Strategien sowie eine gezielte Desinformation bereits vor (vgl. Grimm 2020, 38; Budelacci, 118; s. Kap. 2.2.3). Selektive Wahlwerbung zur Gewinnung von Wählerstimmen und Desinformationskampagnen zur Verunsicherung und Demobilisierung der Wähler von Gegenparteien fördern die Fragmentierung der Öffentlichkeit und beeinträchtigen den freien Meinungsbildungsprozess und faire argumentative politische Diskurse in der Demokratie. Entweder sollte das politische Mikrotargeting daher ganz verboten werden, oder es wären zumindest manipulative Praktiken auf der Grundlage von Persönlichkeitsprofilen zu unterbinden und maximale Transparenz zu schaffen (vgl. Heinrichs, 166 f.; Budelacci, 119 f.).

Manipulation: Einflussnahme auf fremdes Verhalten mit verhaltensökonomischen oder -psychologischen Strategien zur Erreichung eigener Ziele, ohne Wissen und Willen der Betroffenen

klassische Formen manipulativer Werbung:

1) **subliminale Werbung**: ultrakurze, unbewusst wirkende Einblendungen
2) **getarnte Werbung**: keine Trennung von redaktionellem Inhalt und Werbung
3) **verfälschende Werbung**: falsche oder irreführende Informationen, häufig Gefühle/Bedürfnisse ansprechend

neue manipulative Formen von Online-Werbung:

4) **personalisierte verfälschende Werbung**
   - zugeschnitten auf Bedürfnisse, Neigungen, Ängste der Adressaten
   - Ausnützen der Verletzlichkeit in ausgesuchten Momenten (z.B. Erschöpfung)
5) **Dark Patterns**: manipulative Designs auf Websites/Apps, die Nutzer zum Verhalten gegen ihre Interessen verleiten, z.B. Tricks zu Folgekäufen, Abonnements, „Private Zuckering“ etc.
6) **Influencer-Marketing**: Testimonials von authentisch wirkenden prominenten Youtubern als getarnte, oft auch irreführende Werbung

ethische Forderungen:
- **Transparenz** über Werbecharakter, Gegenleistungen und Personalisierung
- Eindämmung von Manipulation unter Ausnutzung des **System-1-Denkens** ↔ informierende Werbung und System-2-Denken stärken
- Verbot betrügerischer **Dark Patterns** und **unterschwelliger Werbung**
- Verbot oder Eindämmung von **politischer Werbung** aufgrund von Persönlichkeitsprofilen

3.2.2.3 Verantwortungsteilung: Privatheitskompetenz und Datenschutz

Mikroebene: digitale Privatheitskompetenz

Auf einer Mikroebene der Verantwortung geht es um individualisierte Lösungsansätze für den Schutz der Privatsphäre der Einzelnen. Im Zentrum steht das Konzept der **digitalen Privatheitskompetenz** („Privacy Literacy"), das eine Komponente der allgemeinen digitalen Medienkompetenz darstellt und sich speziell auf die Fähigkeiten im Umgang mit privaten Daten bezieht (vgl. Grimm 2020, 43; s. Kap. 2.1.3). Dabei kann es um erlernbare **technische Kompetenzen** gehen wie etwa das Verschlüsseln von Daten, das Installieren von Cookie-Bannern bzw. Browser-Plugins oder das Ändern von voreingestellten Passwörtern, z. B. beim Kauf von IoT-Geräten wie etwa Alexa. Wichtig sind auch Kenntnisse über die eigenen Rechte, z. B. das Recht auf Auskunft über die Verarbeitung personenbezogener Daten (Art. 15), auf Widerspruch (Art. 21) und auf Berichtigung oder Löschung der Daten unter bestimmten Umständen (Art. 16 und 17 DSGVO). Zur Privatheitskompetenz zählt aber außerdem eine **ethische Reflexionskompetenz**, um sich über den Wert der Privatheit und die Schutzwürdigkeit persönlicher Daten Klarheit zu verschaffen (vgl. ebd.). Es soll eine bewusste Auseinandersetzung mit Wertkonflikten innerhalb der eigenen Wertvorstellungen wie z. B. zwischen Datenschutz und der Nutzung digitaler Dienste oder Teilhabe an sozialen Medien stattfinden. Des Weiteren gehört zur Privatheitskompetenz eine **Risikokompetenz**, die zu einer realistischen Einschätzung der Risiken verhilft, die mit der Preisgabe privater Daten verbunden sind. Negative eigene oder fremde Erfahrungen können das Bewusstsein dafür schärfen, dass z. B. die meisten Firmen heute neben den offiziellen Bewerbungsunterlagen auch alle im Internet verfügbaren Daten auswerten. Es ist ratsam, sich in sozialen Netzwerken grundsätzlich unter Pseudonym anzumelden oder für verschiedene soziale Rollen unterschiedliche Profile anzulegen (vgl. Wagner

2012, 215). Bei Cookies sollte immer nach dem zumeist versteckten Button „Alles ablehnen" gesucht werden, statt auf den einladenden großen grünen Akzeptanz-Button als typisches Beispiel für ein „Dark Pattern" zu klicken.

Bei der konkreten Umsetzung einer vorsichtigen bis restriktiven Preisgabe personenbezogener Daten stoßen die Nutzer allerdings schnell an Grenzen. In einer zunehmend digitalisierten Welt kann man z.B. ohne Personendaten kein Citybike leihen oder Bustickets kaufen, und muss ohne Zustimmung zur weitgehenden Nutzung und Weitergabe seiner privaten Daten auch auf das als Standard geltende populäre Betriebssystem „Windows" sowie auf große Teile des Internets verzichten. Um interessante Texte oder andere Angebote im Netz zu begutachten, erlauben die allermeisten Nutzer **Cookies** auf Webseiten, d.h. Datensätze der Webserver, die auf der Festplatte ihres Geräts abgelegt werden und persönliche Informationen und Einstellungen speichern können. Die Berufung auf die angebliche Freiheit und Freiwilligkeit der Nutzer scheint unangemessen, wenn die Alternative des Verzichts kaum praktikabel ist und z.B. bei marktbeherrschenden sozialen Medien oder Messaging-Diensten einen Ausschluss von der sozialen Teilhabe oder doch einen enormen Aufwand zur Organisation des Soziallebens bedeutetet. Da mit Blick auf die soziale Teilhabe insbesondere bei Facebook ein impliziter Zwang zur Beteiligung bestehe, verurteilte das deutsche Kartellamt 2020 dessen Praxis, von den Nutzern eine pauschale Zustimmung zum Sammeln und Verknüpfen ihrer Daten ohne Wahlmöglichkeit zu verlangen (vgl. Heinrichs u.a., 95). Auch der Schutz durch die Verwendung von Pseudonymen verliert mehr und mehr seine Wirksamkeit, weil mit zunehmenden Datenmassen und dem Fortschritt von Big-Data-Technologien eine Deanonymisierung immer leichter fällt (vgl. Schütze u.a., 253). Selbst bei der Wahl der restriktivsten Privacy-Option „für meine Freunde" in sozialen Netzwerken handelt es sich nicht um eine private Kommunikation zwischen vertrauten Freunden wie in analogen sozialen Interaktionen, sondern die Daten sind gespeichert, können weitergeleitet oder durch Markierung („Tagging") für das ganze Netzwerk sichtbar gemacht werden. Alles ins Netz Gestellte ist quasi-öffentlich und bleibt erhalten (vgl. Funiok 2012, 110f.). Gefürchtet ist der sogenannte **Streisand-Effekt**, bei dem der Versuch des Entfernens von unliebsamen Online-Daten wie bei der Sängerin Barbara Streisand erst recht zu ihrer lawinenartigen Verbreitung führt.

Mesoebene: Allgemeine Geschäftsbedingungen

Auf der Mesoebene der Verantwortung ist in der EU jedes noch so kleine Unternehmen dazu verpflichtet, seine Kunden „in präziser, transparenter, verständlicher und leicht zugänglicher Form in einer klaren und einfachen Sprache" darüber zu informieren, was mit den erhobenen personenbezogenen Daten genau geschieht (Art. 13 DSGVO). Diese Informationen befinden sich in aller Regel in den **Allgemeinen Geschäftsbedingungen (AGB)**, denen die Nutzer für den Abschluss eines Online-Vertrags zustimmen müssen. Darzulegen sind darin der Zweck und die berechtigten Interessen der Datenerhebung und -verwendung (auch bezüglich einer allfälligen Weitergabe an Dritte) sowie die Dauer der Datenspeicherung (vgl. Art. 13 DSGVO). In der Praxis verhält es sich aber so, dass die Sprache und die Form der Geschäftsbedingungen selten allgemein verständlich und leicht zugänglich sind. Teilweise wohl bewusst abschreckend ist auch die Länge der oft in hellgrau und kleinster Schriftgröße präsentierten Vertragsbedingungen, die daher eher einer Verschleierung als der erwünschten Transparenz dienen (vgl. Thaler u. a., 176; Zuboff, 68 f.; Leopold, 181). Eine sehr weitgehende pauschale Datennutzung wird häufig ganz vage mit der „Verbesserung der Produkte und Dienstleistungen" begründet. Auch das Recht auf Verkauf der Daten an andere Unternehmen soll vielfach erteilt werden, wobei gleich vorweg jede Verantwortung dafür zurückgewiesen wird, was jene mit den Daten machen (vgl. Koska, 2; Delisle u. a., 102). Da die Konsequenzen des Datensammelns für die Nutzer unbekannt sind und die allermeisten einfach zustimmen, ohne die AGBs überhaupt gelesen und verstanden zu haben, handelt es sich schwerlich um eine „informierte Zustimmung" (vgl. Véliz, 558 f.). Erschwerend kommen die ständigen einseitigen Änderungen der Nutzungsbedingungen durch die Unternehmen hinzu, die dann aufgrund zu hoher Wechselkosten gleichwohl akzeptiert werden (vgl. Weber 2021, 349). Wenn die Unternehmen sich beim lukrativen Geschäft mit Daten nur um Rechtskonformität durch solche formale Einwilligungserklärungen der Nutzer bemühen, nehmen sie ihre Verantwortung bezüglich Datenschutz unzulänglich wahr.

Makroebene: Datenschutz und gesellschaftliche Wertediskurse

Statt auf die freiwillige Verantwortungsübernahme der Unternehmen zu vertrauen, müssen auf der Makroebene der Verantwortung gesetzliche Regelungen getroffen werden, die laufend an den digitalen Wandel anzupassen sind. Beim **Datenschutz** geht es entgegen dem Wortlaut nicht um den Schutz von Daten, sondern um den Schutz von Menschen und ihrer Privatsphäre vor öffentlichen Zugriffen (vgl. Keber, 51; Wiegerling 2023, 115). Begründet wird das Schutzrecht entsprechend nicht mit dem Recht auf die eigenen personenbezogenen Daten, sondern mit dem übergreifenden **Recht auf informationelle Selbstbestimmung** der Personen, die von der Datenverarbeitung durch Drittpersonen betroffen sind (vgl. Leopold, 177 f.; Keber, 52; s. Kap. 1.3.4): Der Einzelne soll selbst über den Umgang mit **personenbezogenen Daten** bestimmen dürfen, die sich wie z. B. Name, Alter, Gesundheitsdaten, charakterliche Eigenschaften, berufliche Qualifikationen oder IP-Adresse des Computers auf eine identifizierbare natürliche Person beziehen. Dieses Recht stellt die wohl bedeutendste Ausprägung des allgemeinen Persönlichkeitsrechts dar, das sich aus der Menschenwürdegarantie (Art 1 Abs. 1 GG) und dem Recht auf freie Entfaltung der Persönlichkeit (Art. 2 Abs. 1) ableitet. In Deutschland löste eine geplante Volkszählung eine breite öffentliche Debatte über die Risiken der neuen automatisierten Datenverarbeitung aus, die 1983 im Volkszählungsurteil des Bundesverfassungsgerichts mündete, einem ersten Meilenstein des Datenschutzes (vgl. Jandt, 195; Heller, 78). Das Recht auf informationelle Selbstbestimmung ist aber genauso wenig ein absolutes Recht wie die meisten anderen Grundrechte, sondern ein **relatives, kontextabhängiges Schutzkonzept** (vgl. Keber, 52; Heller, 78; Stahl u. a., 26). Obwohl es ein hohes Schutzgut darstellt, muss es abgewogen werden gegen öffentliche Interessen, wie z. B. auch gegen die Überwachung durch Geheimdienste in eng begrenztem Rahmen. Damit der Staat funktionsfähig bleibt und seine Aufgaben wie z. B. innere Sicherheit, Migrations- oder Sozialpolitik wahrnehmen kann, ist eine Datafizierung seiner Bürger unumgänglich.

Nach der in der EU 2018 in Kraft getretenen **Datenschutzgrundverordnung (DSGVO)** ist die Verarbeitung personenbezogener Daten zulässig bei einer informierten Einwilligung der Betroffenen, der Notwendigkeit für die Erfüllung eines Vertrags oder öffentlicher Aufgaben sowie zur Wahrung der berechtigten Interessen der Verantwortlichen, sofern diese die Interessen oder Rechte der Betroffenen nicht überwiegen (Art. 6). In Art. 5 werden folgende sechs programmatische Grundsätze für die Verarbeitung personenbezogener Daten aufgelistet (vgl. dazu Bauer u. a., 22; Schütze u. a., 255 ff.; Richter, 211 f.): Der Grundsatz der **Rechtmäßigkeit und Transparenz** (1) verlangt, dass die Datenverarbeitung auf einer Rechtsgrundlage basiert und gegenüber den Betroffenen transparent gemacht wird. Gemäß dem Grundsatz der **Zweckbindung** (2) braucht es eindeutige, im Voraus festgelegte legitime Zwecke für die Datenerhebung, wobei allerdings zahlreiche Ausnahmen wie z. B. die Archivierung im öffentlichen Interesse oder die Weiterverarbeitung für wissenschaftliche Forschung erlaubt sind. Der Grundsatz der **Datenminimierung** (3) verlangt die Beschränkung der Daten auf das für den Verarbeitungsprozess notwendige Maß, und derjenige der **Richtigkeit** (4) das Überprüfen der sachlichen Richtigkeit der Daten. Diese dürfen nach dem Prinzip der **Speicherbegrenzung** (5) nicht länger identifizierbar sein als für die Zweckerreichung nötig, und schließlich muss ihre **Sicherheit** (6) „angemessen gewährleistet" sein. In großem Widerspruch zu diesen Gesetzen stehen Big-Data-Praktiken, die Daten auf Vorrat und ohne klaren Zweck für beliebige Kombinationen oder Mustererkennungen sammeln. Entgegen der Transparenzpflicht können bei großen Datenmengen selbst die Anwender von Analysetools oft nicht überblicken, welche Daten jeweils verwendet wurden (vgl. Richter, 211). Gesetzesbegriffe wie „Zweck" und „Transparenz" sind jedoch dehnbar und verlangen wegen zahlreicher Spezialregelungen schwierige Interessenabwägungen im Einzelfall (vgl. Mayrhofer u. a., 226). Abgesehen von diesen juristischen Herausforderungen für die Rechtsprechung und Datenschutz-Aufsichtsbehörden müssen auf der Makroebene auch **öffentliche Debatten über Wertkonflikte** geführt werden, v. a. zwischen Privatheit mit Erfahrungen wie Freiheit, Unbeobachtet-Sein oder Geheimnis-Haben-Können und den Vorteilen für Individuen oder Gesellschaft.

Verantwortungsteilung im Umgang mit privaten Daten
Mikroebene: Privatheitskompetenz („Privacy Literacy") • technische Kompetenzen, z. B. Verschlüsselungstechniken • Wissen über Rechte, z. B. auf Auskunft oder Widerspruch • ethische Reflexionskompetenz, z. B. über Wertkonflikte • Risikokompetenzen, z. B. beim Erlauben von Cookies **Problem**: Selbstdatenschutz bedeutet häufig Verzicht auf Optionen oder soziale Teilhabe
Mesoebene: Allgemeine Geschäftsbedingungen von Unternehmen Art. 13: Pflicht, in klarer, einfacher Form über Umgang mit Daten zu informieren **Problem**: zu lange, kleingedruckte, schwer verständliche AGBs → keine informierte Zustimmung der Kunden, bloße Rechtskonformität

Makroebene: Datenschutzgrundverordnung (DSGVO) der EU
Datenschutz = Schutz von Personen und ihrer Privatsphäre
gesetzliche Grundlage: Rechte auf Privatheit und informationelle Selbstbestimmung
Art. 5: **Grundsätze** der
1) Rechtmäßigkeit und Transparenz
2) Zweckbindung
3) Datenminimierung
4) Richtigkeit
5) Speicherbegrenzung
6) Sicherheit
Problem: Einzelfallabwägung nötig wegen dehnbarer Gesetzesbegriffe und vieler Ausnahmeregelungen
zusätzlich erforderlich: gesellschaftliche Diskussionen über Wertkonflikte zwischen Privatheitsverlust und Vorteilen für Individuen/öffentliche Interessen

3.2.3 Diskriminierung: Klassifikation und Biases

Zu den wichtigsten und präsentesten Themen der KI-Ethik in Forschung und Öffentlichkeit gehören Diskriminierung und Biases (vgl. Stahl u. a., 9; 14). Unzählige ethische Debatten und wissenschaftliche Untersuchungen werden angetrieben von der Befürchtung, dass Big Data zu mehr oder verschärfter Diskriminierung führt (vgl. Ulbricht u. a., 198; Schmidt u. a., 285). **Diskriminierung im weiten Sinn** bedeutet allerdings gemäß seiner Herkunft vom lateinischen „discriminare" sowie auch im englischen Sprachgebrauch zunächst ganz wertfrei: „unterscheiden, absondern, trennen" (vgl. Heesen u. a., 129; Stahl u. a., 14). Das Hauptziel von Big-Data-Analysen und ADM-Systemen ist nichts anderes als das „Diskriminieren" in diesem technischen, neutralen Sinn des Vergleichens, Unterscheidens, Klassifizierens oder Rankens von Objekten oder Personen nach verschiedenen Merkmalen (vgl. Ulbricht u. a., 201; Zweig 2019, 210; Coeckelbergh, 131). **Klassifikation** meint die zentrale algorithmische Aufgabe des systematischen Einsortierens von Objekten oder Personen in bestimmte Gruppen, Mengen oder Kategorien mit gemeinsamen Merkmalen (vgl. Boehme-Neßler, 72). In der KI-Ethik wird der spezifischere Begriff des **Social Sorting** verwendet für eine Art Vorsortierung von allen vorhandenen Daten über Personen, um diese je nach Handlungskontext und Zielsetzung nach flexiblen Kriterien wie etwa Nationalität, Beruf, Geschlecht oder Vorstrafen in Gruppen einzuteilen und verschieden zu behandeln. Auch bei der Erstellung von Persönlichkeitsprofilen etwa zwecks personalisierter Werbung spielt meist der Vergleich mit Kunden eine Rolle, die ähnliche Merkmale oder Vorlieben aufweisen

(s. Kap. 3.2.2). Unter **Profiling** versteht man in Digitalisierungsdebatten die Erstellung eines Persönlichkeitsbildes oder -profils mithilfe der automatisierten Verarbeitung personenbezogener Daten, um mehr über die Fähigkeiten, Eigenschaften oder zukünftigen Verhaltensweisen der Menschen zu erfahren. Klassische Beispiele sind Täterprofile in der Kriminalstatistik, die aus der Analyse von Tatort, Tätervorgehen und Zeugenaussagen ermittelt werden, oder Bewerbungsprofile von Jobsuchenden aufgrund beruflicher und persönlicher Eigenheiten und Fähigkeiten zur Feststellung ihrer Eignung für eine bestimmte Stelle.

Bei der Datenanalyse und -auswertung im Rahmen des Profilings geht es genauso wenig wie bei den anderen Formen der Klassifizierung um die Individuen als unverwechselbare und einzigartige Persönlichkeiten. Für IT-Systeme tritt der Einzelne vielmehr als **Typ**, als **Stellvertreter** oder Angehöriger bestimmter Klassen oder Gruppen in den Blick (vgl. Wiegerling 2016, 222): In einer digitalen „Stellvertreterkultur" wird man dank umfassender Datenerhebung als ein bestimmter Typ von (Bank-)Kunde, von (Risiko-)Patient, Jobsuchender oder potentieller Straftäter einsortiert und kann als solcher jederzeit im Internet wieder identifiziert werden (vgl. Floridi, 85). Die Klassifikation erlaubt Aussagen und Vorhersagen nach der Art von: „Kunden, die Produkte X kaufen, interessieren sich in der Regel auch für Y", oder „Personen, die bisher X getan haben, werden mit hoher Wahrscheinlichkeit Y tun". Digitalisierung und Data Mining führten zwar insofern zu einer „Differenz-Revolution", als Individuen nicht mehr als Angehörige statistischer Großgruppen oder völlig ohne Differenzierungen adressiert werden (vgl. Mau, 270). Hinter der scheinbaren „Personalisierung" und individuellen Behandlung steht aber meist eine Klassifikation in differenziertere Kategorien. Beachtet wird nicht die je individuelle, einmalige Identität der Menschen, sondern aus statistischen Korrelationen wird eine – wenngleich kleinteiligere – Gruppenidentität errechnet. Kritisch gesehen wird daher die **De-Individualisierung** oder **Entindividualisierung** im Zeitalter von Big Data und Data Mining (vgl. Rieder, 312; Wiegerling 2016, 222; Floridi, 85). Die Klassifizierung von Menschen ist aber sicherlich nicht in jedem Fall ethisch verwerflich oder gar eine Verletzung menschlicher Würde. Soziale Kategorisierungen sind in komplexen Gesellschaften unverzichtbar und helfen in konkreten Anwendungsfeldern z. B. zur Auffindung passender Therapien. Einige ethische Probleme wie Fehlerhaftigkeit oder Bruchstückhaftigkeit von Profilen oder die Fixierung auf Vergangenheit und Faktizität wurden bereits erwähnt (s. Kap. 3.2.2.1).

Klassifikation: Einsortierung von Objekten oder Menschen anhand abstrakter Kriterien in Gruppen (Klassen) **Social Sorting**: Klassifizierung von Menschen aufgrund digitalisierter personenbezogener Daten **Profiling**: Erstellen eines Persönlichkeitsbildes oder -profils aufgrund personenbezogener Daten
ethisches Problem: **Entindividualisierung** infolge von Big Data und Data Mining

Diskriminierung im moralischen Sinn

In aktuellen gesellschaftlichen Debatten steht der Begriff **Diskriminierung** hingegen meist in einem **normativen** und **negativen Sinn** für eine ethisch verwerfliche Benachteiligung oder Herabwürdigung von Personen oder Gruppen aufgrund bestimmter Eigenschaften, ohne dass diese eine Ungleichbehandlung rechtfertigen würden (vgl. Heesen u. a., 132; s. Kap. 1.3.3). Genauso wenig wie das Unterscheiden oder Differenzieren zwischen Menschen oder Klassen von Menschen ein ethisches Problem darstellt, ist auch die Ungleichbehandlung von Menschen nicht als solche schon moralisch verwerflich. Nur auf den ersten Blick widerspricht sie der viel beschworenen „Gleichheit aller Menschen", die genau besehen keine Tatsachenaussage, sondern eine normative Sollensforderung darstellt: Gemeint ist, dass alle Menschen einander mit Respekt und gegenseitiger Rücksichtnahme begegnen sollen, weil allen Menschen wegen ihrer Selbstzweckhaftigkeit die gleiche Würde zukommt. Ethisch unzulässig sind also ganz allgemein sämtliche Formen einer **herabsetzenden Diskriminierung**, bei der jemand in seiner Persönlichkeit oder seiner sozialen oder beruflichen Stellung herabgewürdigt wird. Als Tatsachenaussage wäre der Satz „Alle Menschen sind gleich" aber klarerweise falsch. Denn obwohl die Menschen viele Merkmale wie ein speziestypisches Erscheinungsbild, menschliche Grundbedürfnisse und -fähigkeiten miteinander teilen, gibt es große individuelle Unterschiede z. B. bezüglich Begabungen, Berufen, sozialen Rollen oder der konkreten Ausgestaltung und Gewichtung ihrer persönlichen Bedürfnisse. Das auf Aristoteles zurückgehende und im allgemeinen Gleichheitssatz gesetzlich verankerte **Gleichheitsgebot** fordert nach einem Leitsatz des deutschen Bundesverfassungsgerichts, wesentlich Gleiche gleich und wesentlich Ungleiche ungleich zu behandeln (Art. 3 Abs. 3 GG; 1.a BVerfG; s. Kap. 1.3.3). Dies besagt, dass in entscheidender

Hinsicht hinlänglich gleiche Menschen unter vergleichbaren Bedingungen oder Umständen gleich behandelt werden müssen, ungleiche aber nicht.

Die schwierige Frage lautet dabei, welche Eigenschaften oder Gesichtspunkte aus ethischer Sicht eine Ungleichbehandlung von Menschen rechtfertigen. Die Grenzziehung zwischen einer legitimen Differenzierung und einer ethisch verwerflichen Diskriminierung hängt vom jeweiligen Kontext und von Wertvorstellungen ab und ist teilweise ein Resultat gesellschaftlicher Aushandlungsprozesse (vgl. Ulbricht u. a., 201). Über Jahrtausende war es unhinterfragter Konsens, dass Frauen aufgrund ihrer angeblich genetisch bedingten Eignung für Care-Tätigkeiten besser für die Kindererziehung geeignet sind, weshalb ihre Benachteiligung in Beruf und Gesellschaft nicht als diskriminierend betrachtet wurde. In der Gegenwart werden Frauenquoten zur Aufhebung der geschlechtsbezogenen Diskriminierung und der Gleichstellung der Geschlechter eingeführt, die von Gegnern allerdings als „umgekehrte" oder „positive Diskriminierung" kritisiert werden. Bis zu welchem Alter Jugendliche wegen mangelnder Urteilsfähigkeit von der politischen Beteiligung ausgeschlossen werden dürfen, ist immer wieder Gegenstand gesellschaftlicher Debatten. In der Arbeitswelt kann eine ungleiche Entlohnung gerechtfertigt sein, wenn ein Bewerber oder Angestellter etwa bessere Qualifikationen, mehr Berufserfahrung oder Arbeitsmotivation vorzuweisen hat. Andere Kriterien wie z. B. Geschlecht, Hautfarbe oder Wohnviertel dürfen aber keine Berücksichtigung finden, weil diese in keinem relevanten Zusammenhang zu der Arbeit stehen, die zu leisten ist. Um solche nicht gerechtfertigte Benachteiligungen zu verhindern, braucht es Normen und Gesetze. Nach dem allgemeinen Gleichbehandlungsgesetz (AGG) der BRD gelten als diskriminierungsrelevante gruppenspezifische Merkmale oder **Diskriminierungsgründe** solche, die in den meisten Kontexten zu einer ethisch und rechtlich unzulässigen Ungleichbehandlung führen: Geschlecht oder sexuelle Identität, Rasse oder ethnische Herkunft, Behinderung, Alter, Religion oder Weltanschauung (vgl. § 1 AGG; Jaume-Palasi, 219; Heesen u. a., 130). Allerdings gibt es Berufe, bei denen eine hohe körperliche Leistungsfähigkeit vorausgesetzt wird und daher ein hohes Alter oder eine körperliche Beeinträchtigung ein relevanter sachlicher Ablehnungsgrund sein können (vgl. Hilgendorf, 242; s. Kap. 1.3.3).

Vorurteile oder Biases

Wenn die Benachteiligungen oder Herabwürdigungen von Personen mit Bezugnahme auf die erwähnten diskriminierungsrelevanten, gruppenspezifischen Unterscheidungsmerkmale wie Hautfarbe, Geschlecht oder Alter erfolgen, handelt es sich meist um sachfremde Kriterien, Vorurteile oder Stereotype: **Vorurteile** sind ganz allgemein Urteile oder Einstellungen gegenüber Personen oder Gruppen, die ohne eingängige Prüfung der Tatsachen voreilig („im Voraus") gebildet wurden. Es fehlen einschlägige Erfahrungen, Faktenbezüge und kritische Reflexionen. Philosophisch stehen „Vorurteile" zwar in der hermeneutischen Tradition Hans-Georg Gadamers im neutralen Sinn für ein unvermeidliches „Vorverständnis", mit dem Menschen immer schon an die Wirklichkeit herantreten. Im Alltagsverständnis sind aber meist herabsetzende, von feindseligen Gefühlen begleitete Urteile oder Haltungen gemeint, die sich wie Diskriminierungen häufig gegen soziale Gruppen mit angeblich für diese typischen Merkmalen richten. Ihnen liegen also häufig **Stereotype** zugrunde, d. h. generalisierte, feststehende Annahmen über Eigenschaften oder Verhaltensweisen bestimmter Personengruppen wie „die Franzosen", „die Homosexuellen" oder „Ausländer". Großer Beliebtheit erfreut sich gegenwärtig insbesondere in der KI-Ethik der Anglizismus **Bias** für Vorurteile bzw. eine meist unbewusst bleibende Voreingenommenheit oder Befangenheit, die zu Verzerrungen des Wahrnehmens, Denkens und Erlebens führen. In der KI-Ethik spielen insbesondere die geschlechterbezogene Verzerrung (Gender Bias), die Voreingenommenheit aufgrund von Herkunft, Hautfarbe oder Namen (Racial Bias) und des Wohnorts (Racial/Social Bias) eine große Rolle (vgl. Gordon u. a., 2.c.). Den beteiligten Softwareentwicklern, Designern, Data Scientists und Anwendern können aber auch kognitive Verzerrungen (Cognitive Biases) unterlaufen, von denen es rund 200 verschiedene Arten gibt (vgl. Timko u. a., 366). Einige wie der Confirmation Bias als unbewusste Tendenz, Evidenzen für die eigenen Ansichten oder gewünschten Ergebnisse verstärkt wahrzunehmen und zu suchen, wurden bereits erwähnt (vgl. ebd.; Müller, 24; s. Kap. 2.2.2).

Statistische, direkte und indirekte Diskriminierung

Neben fehlendem Realitätsgehalt und mangelhafter Prüfung gruppenbezogener Vorurteile tritt insbesondere in der Statistik das Problem starrer Verallgemeinerungen oder ungerechtfertigter Übergeneralisierungen auf: Selbst wenn bestimmte Merkmale oder Eigenschaften statistisch gesehen in bestimmten Gruppen gehäuft vorkommen, weisen nur selten alle Mitglieder einer Gruppe diese auf. Ein Fall einer **statistischen Diskriminierung** liegt etwa vor, wenn Personen aufgrund von statistischen Gruppenmerkmalen benachteiligt werden, die für sie als Individuen gar nicht zutreffen (vgl. Heesen u. a., 132). In der KI-Ethik wird häufig das Beispiel einer Person diskutiert, der ein Kredit nur deswegen verweigert wird, weil sie in einer Wohngegend lebt, in der statistisch häufig Rechnungen nicht bezahlt werden oder in der viele Sozialhilfeempfänger ansässig sind (vgl. ebd.; Ulbricht u. a., 200; Boehme-Neßler, 72). Bestimmte Kriterien bei der Definition einer Klasse und der Personen, die darunterfallen, können dann zu einer völlig unangemessenen algorithmischen Berechnung der Kreditwürdigkeit eines Antragsstellers führen. Einem Individuum wird leicht Unrecht angetan, wenn nicht individuelle Einzelfälle beurteilt und das tatsächliche Vorhandensein bestimmter Eigenschaften oder Verhaltensweisen wie das Bezahlen von Rechnungen nicht überprüft werden. Ähnlich problematisch ist die Beurteilung der Eignung eines Bewerbers für einen Job, wo keine direkten Informationen über seine Produktivität bzw. die Qualität seiner früheren Leistungen vorliegen. Häufig werden dann nämlich Ersatzinformationen zu repräsentativen sozialstatistischen Merkmalen von Gruppen herangezogen, z. B. von ehemaligen Bewerbern. So hatte z. B. ein Unternehmen Korrelationen zwischen einer erfolgreichen Einstellung und viel Berufserfahrung sowie einer geringen Arbeitslosenzeit der Jobsuchenden festgestellt (vgl. Zweig 2019, 151 ff.). In einem statistischen Modell wurden daher die zukünftigen Bewerber nach diesen Merkmalen in zwei Gruppen der erfolgreichen und wenig erfolgreichen Arbeiter eingeteilt. Die Kategorisierung ist aber nur durchschnittlich korrekt und ordnet einzelne Bewerber falsch zu.

Eine weitere allgemeine Unterscheidung ist diejenige zwischen einer „direkten" und „indirekten Diskriminierung": Bei einer „unmittelbaren" oder **direkten Diskriminierung** werden Personen oder Gruppen explizit aufgrund sachfremder Kriterien benachteiligt oder herabgewürdigt. Sie muss aber nicht absichtlich erfolgen, sondern kann auch unbeabsichtigt durch Nachlässigkeit zustande kommen (vgl. Heesen u. a., 132). Schwieriger zu fassen ist eine „mittelbare" oder **indirekte Diskriminierung**, die sich nicht direkt gegen eine Gruppe richtet, sondern diese durch scheinbar neutrale Regelungen oder Entscheidungen ungerechtfertigterweise benachteiligt. Wenn beispielsweise Teilzeitbeschäftigten ganz allgemein wesentlich schlechter bezahlt werden als Vollzeitbeschäftigte, werden Frauen indirekt benachteiligt, weil die meisten Teilzeitbeschäftigte Frauen sind. Bei algorithmischen Systemen kommt es wie im obigen Beispiel zur Kreditwürdigkeit häufig zu solchen schwerer aufzudeckenden indirekten Diskriminierungen. Denn viele erhobene Gruppenmerkmale wie Wohnort, Automarken oder Konsumverhalten gelten nicht als Diskriminierungsgründe und erscheinen als unproblematisch (vgl. ebd., 133). Bei einer **strukturellen Diskriminierung** liegt die Benachteiligung von Personen oder Gruppen in der Organisation bzw. Struktur einer Gesellschaft mit ihren tradierten Stereotypen z. B. über Geschlechterrollen oder ethnischer Herkunft begründet. Auch wenn das ethische Problem von Diskriminierungen natürlich nicht neu ist, sind diese aufgrund der Intransparenz des maschinellen Lernens und Deep Learnings vielfach schwieriger erkennbar. Häufig fehlen auch die sensiblen Daten etwa über ethnische Herkunft oder sexuelle Neigungen, um diskriminierende Effekte überhaupt untersuchen zu können (vgl. Ulbricht u. a., 200). Algorithmen oder Big-Data-Analysen können zwar anders als Menschen keine Vorurteile oder Biases haben und entscheiden niemals aus dem Gefühl oder „aus dem Bauch“ heraus. Daher werden sie fälschlicherweise als „objektiver“, „neutraler“ und „fairer“ eingestuft (vgl. dazu Lenzen 2018, 172 f.; Ulbricht u. a., 201; Bauberger u. a., 918 f.). Es handelt sich dabei aber selbst um ein wissenschaftlich nicht bestätigtes Vorurteil, einen Automation Bias (s. Kap. 3.2.1).

Diskriminierung: Ungleichbehandlung oder Herabwürdigung von Personen oder Gruppen mit bestimmten gruppenbezogenen Eigenschaften ohne sachlich relevanten Grund
direkte Diskriminierung: explizite Benachteiligung aufgrund sachfremder Gruppenmerkmale **indirekte Diskriminierung**: Benachteiligung von Gruppen durch scheinbar neutrale Regelungen **statistische Diskriminierung**: Benachteiligung aufgrund statistisch häufiger Gruppenmerkmale, ohne dass die Betroffenen diese aufweisen
Biases: Vorurteile oder eine Voreingenommenheit, die zu einer Verzerrung der Realitätswahrnehmung führen **diskriminierungsrelevant**: z. B. Gender Bias, Racial Bias, Cognitive Biases

1) Biases in der Konstruktionsphase: individueller Bias

Systematische Verzerrungen oder Biases können in sämtlichen Phasen der Entwicklung von algorithmischen Systemen auftreten. In den folgenden Abschnitten werden grob drei Stufen unterschieden, in denen jeweils andere Hauptakteure und verschiedene Formen von Biases auftreten (vgl. Köszegi, 71): In der Konzeptions- und Konstruktionsphase (1) entwerfen gestaltende Personen wie Softwareentwickler und Designer Konzepte und Programme. Darauf folgen die Datenphase (2), in der v. a. die neue Berufsgruppe der „Data Scientists" gefragt ist, und schließlich die Einsatz- und Evaluationsphase mit verschiedenen Nutzergruppen (3). In der hier zunächst zu beleuchtenden **Konzeptions**- und **Konstruktionsphase** entscheiden die Softwareentwickler und Designer über Zielsetzung, Parameter und ihre Gewichtung, operationalisieren diese und setzen sie in mathematische Sprache um. Entsprechend tragen sie eine große Verantwortung. Aufgrund ihrer **individuellen Voreingenommenheit** können jedoch bewusst oder unbewusst persönliche oder gesellschaftliche Wertvorstellungen, Erfahrungen und Einstellungen z.B. über Geschlechterrollen oder ethnische oder soziale Gruppen in das Design einfließen und diskriminierende Effekte haben (vgl. Heesen u.a., 135; Köszegi, 72f.; Timko u.a., 363). So wurden z.B. zum Zweck der Sicherheitskontrollen an Flughäfen auf der Basis des traditionellen binären Modells von Geschlecht automatisierte Systeme entwickelt, die bei Transpersonen wegen der Abweichungen vom Datensatz „weiblich"/„männlich" Alarm schlugen (vgl. Heesen u. a., 135). Zu den Biases in der Softwareentwicklung werden neben Gender und Racial Bias auch kognitive Verzerrungen gezählt, die beispielsweise auf Illusionen, Gruppenprozesse oder motivationale Faktoren zurückgeführt werden können (vgl. Timko u.a., 367). Da die zeitlichen und kognitiven Ressourcen und die Speicher- und Rechenressourcen eng begrenzt sind, kommt es bei der endlichen Modellierung der Daten häufig auch zu einem statistischen Bias (vgl. Bauberger u.a., 919). Um Verzerrungen zu reduzieren, empfiehlt sich generell eine möglichst große Diversität in den Entwicklungsteams von KI-Systemen (vgl. Heesen u.a., 138; Schmidt u.a., 266).

2) Biases in der Datenphase: Data Bias

Ein Großteil der Diskriminierungsprobleme entsteht in der **Datenphase** durch Biases in den Daten. Dabei kann es sich genaugenommen natürlich nicht um Biases im Sinne vorschneller Urteile oder einer Voreingenommenheit von Datensätzen oder Algorithmen handeln, weil solche mentalen

Zustände bislang nur Menschen haben können. Unter **Data Biases** oder „biased data“ werden vielmehr unzureichende Datenlagen verstanden, die für das Training von lernenden Systemen verwendet werden, sodass hier v. a. die Data Scientists verantwortlich sind (vgl. Gordon u. a., 2.c.; Budelacci, 121 f.; Bauberger u. a., 918 f.): Häufig sind die Datensätze nicht ausreichend groß, unvollständig, unausgewogen oder nicht wahrheitsgetreu, wodurch z. B. bestimmte Personengruppen oder Merkmale unter- oder überrepräsentiert sind. Viele Daten in der Forschung werden ausschließlich unter der leicht verfügbaren Gruppe der Studierenden erhoben, womit alle anderen Gruppen wie z. B. obdachlose Menschen oder solche ohne Internet-Zugang unberücksichtigt bleiben. Im einfacheren Fall eines **soziotechnischen (Data) Bias** kommt die Verzerrung durch eine systematische Abweichung der Datengrundlage vom Phänomenbereich zustande (vgl. Lopez, 27). Paradigmatisch sind KI-Systeme zur automatischen Bild-, Gesichts- oder Texterkennung: In den Datenbanken von Archivfotos sind Abbildungen von weißen gegenüber schwarzen Menschen meist deutlich überrepräsentiert. Ein Gesichtserkennungssystem, das vorwiegend an weißen Gesichtern trainiert wurde, erkennt infolgedessen die Gesichter schwarzer Menschen weniger gut und klassifiziert diese im schlimmsten Fall als „Gorillas“ (vgl. Lenzen 2018, 173). Der Erkennungsdienst PULSE zur Wiederherstellung verpixelter Gesichter sorgte für Aufsehen, weil verpixelte Bilder von schwarzen Menschen im unverpixelten Resultat weiß waren (vgl. Heesen u. a., 136). Einen ausgewogenen, repräsentativen Datensatz ohne Realitätsverzerrungen auszuwählen, ist aber jenseits einfacher binärer Merkmale wie schwarz/weiß sehr anspruchsvoll und erfordert ein ständiges Austarieren. Unter „Daten-Governance“ verlangt der AI Act der EU, Trainings-, Validierungs- und Testdatensätze müssten „relevant, repräsentativ, fehlerfrei und vollständig sein“ (Kap. 2 Art. 10 Abs. 3).

In komplexeren Fällen eines **gesellschaftlichen (Data) Bias** liegt kein technischer Fehler einer verfälschenden Abbildung des Phänomenbereichs vor, sondern die vorhandenen strukturellen Ungleichheiten in einer Gesellschaft werden korrekt abgebildet (vgl. Lopez, 27 f.). Diskutiert werden v. a. KI-Systeme, die in den Daten der Vergangenheit Korrelationen und Muster erkennen, um auf dieser Grundlage Prognosen für die Wahrscheinlichkeit des Wiederauftretens dieser Muster zu stellen. 2014 geriet eine KI-Software von Amazon in die Schlagzeilen, die für die Vorsortierung einer großen Zahl von Bewerbungen mit den Daten der erfolgreichen Kandidaten der letzten Jahre trainiert wurde. Da historisch gesehen technische Berufe wie Software-Entwickler mit Männern besetzt waren, „lernt" das KI-System fälschlicherweise, dass beruflicher Erfolg an das männliche Geschlecht gekoppelt ist, was zu einer ungerechtfertigten Benachteiligung von Frauen führt (vgl. Lenzen 2020, 52; Stahl u. a., 10 f.; Heesen u. a., 134 f.). Für Aufruhr sorgte auch der Plan des österreichischen Arbeitsmarktservice (AMS), ab 2020 die Arbeitssuchenden durch ein algorithmisches Prognosesystem in drei Gruppen mit unterschiedlichen Chancen auf baldige Beschäftigung einzuteilen (vgl. Klingel u. a., 200 f.; Lopez, 288): Für die Klassifikation wurden Eigenschaften wie Geschlecht, Alter, Staatsangehörigkeit, Berufsgruppe, Betreuungspflichten, bisherige Beschäftigungen etc. verwendet, sowie Informationen darüber, wie viele Personen mit ähnlichen Daten in den letzten Jahren Arbeit fanden. Es zeigte sich, dass sich weibliches Geschlecht, hohes Alter, Nicht-EU-Staatsangehörigkeit und Betreuungspflichten negativ auswirken. Erhalten aber diese Personengruppen deswegen weniger Fördermaßnahmen, wird ihre bisherige schlechte und wenig nachhaltige Integration in den Arbeitsmarkt fortgesetzt. Die sich faktisch in Unternehmen etablierten historischen Vorurteilsstrukturen (Historical Bias) und Integrationshindernisse werden auf diese Weise zementiert und für die Zukunft festgeschrieben (vgl. Müller, 24). Entgegen dieser digitalen Form der **Normativität des Faktischen** wäre jedoch eine Zukunft erstrebenswert, die diskriminierende Strukturen der Vergangenheit überwindet.

Bei der Datenverarbeitung durch lernende Systeme treten aber noch weitere, nicht immer klar voneinander abgrenzbare Verzerrungen auf: Bereits erwähnt wurde der **statistische Bias** bzw. die „statistische Diskriminierung" von Individuen. Beim **induktiven Bias** werden Muster, die in den Trainingsdaten beobachtet wurden, verallgemeinert. Das KI-System priorisiert dann bestimmte Faktoren, die häufig mit dem zu erreichenden Ziel wie etwa erfolgreichen Arbeitnehmern oder kreditwürdigen Bankkunden zusammen auftreten. Ganz allgemein entstehen viele Verzerrungen dadurch, dass insbesondere von KNN- oder DL-Systemen in riesigen Datenmengen des Internets oder sozialen Netzwerken **Korrelationen** entdeckt werden, die für das gewünschte Resultat aber irrelevant sind und diskriminierende Effekte zeitigen können. Gewisse Parameter werden oft ungerechtfertigterweise überhöht, wie wenn es sich um kausale Gesetzmäßigkeiten handelte (vgl. Ulbricht u. a., 204). Bezüglich der Aufgabe der Vorsortierung erfolgreicher Bewerber ergaben etwa Datenanalysen, dass die Länge der

Pendelstrecke zur Arbeit mit der Verbleibdauer von Arbeitnehmern korreliert. Wird dieser Faktor zu stark gewichtet, werden Bewerber mit gleichen oder besseren Qualifikationen ohne relevanten Grund benachteiligt, nur weil sie – z. B. aus finanziellen Gründen – weiter vom Arbeitsort entfernt wohnen. In einem anderen Beispielfall lasen lernende Systeme aus Korrelationen heraus, dass die Dauer der bisherigen Beschäftigungsverhältnisse ein hauptsächlicher Faktor für zukünftigen Erfolg darstellt. Frauen würden dann im Sinne einer indirekten Diskriminierung systematisch benachteiligt, weil sie infolge der Mutterschaft häufiger die Arbeit unterbrechen oder die Stelle wechseln (vgl. Rieder, 312). Wird hier das Geschlecht – z. B. aus Diskriminierungsgründen – nicht berücksichtigt, können Fehlstellen nicht als Mutterschutz interpretiert werden. Zur Vermeidung von Diskriminierung müssten die Systeme also ständig kontrolliert und gegebenenfalls nachjustiert werden. Bleiben die Kategorien und ihre Gewichtung in der Black-Box verborgen, können menschliche Letztentscheider Fehlinterpretationen von Korrelationen allerdings schwer nachvollziehen.

3) Biases in der Anwendungsphase: Emergenter Bias (Outcome Bias)

Biases können sich aber auch erst in der Einsatz- und Evaluationsphase von algorithmischen Systemen ergeben, etwa Biases durch den Anwendungskontext oder kognitive Biases der prüfenden Personen (vgl. Köszegi, 71). Nutzer sind bisweilen unzulänglich darüber informiert, wie ein System funktioniert, was es leistet und wie seine Ergebnisse zu bewerten sind (vgl. Bauberger u. a., 919). Teilweise werden KI-Systeme in anderen, nicht vorgesehenen Kontexten angewendet, oder sie werden nicht an neue Erkenntnisse, sich ändernde gesellschaftliche Wertvorstellungen oder soziale Handlungsmuster angepasst. Vielfach kritisiert wird etwa der Trend, Kreditscores auch in anderen Bereichen und für andere Zwecke als der Gewährung eines Kredits zu verwenden; z. B. zum Erhalt von Versicherungen, Arbeitsplätzen oder Mietwohnungen oder sogar auf Dating-Plattformen als Statussignale (vgl. O'Neil, 200 f.; Mau, 112 f.; Boehme-Neßler, 73). Problematisch und diskriminierungsanfällig ist dann nicht nur das intransparente Errechnen der Kreditwürdigkeit aus allen möglichen verfügbaren, auch nicht ökonomischen Kontexten wie sozialen oder Business-Netzwerken, z. B. über Verbrauchergewohnheiten, Wohnort, Studienfächer, Zahlungsfähigkeit von Freunden oder persönliche Krisen. Durch die Übertragung einer indirekt und unbeabsichtigt diskriminierenden Einstufung auf immer weitere Lebensbereiche kann sich eine soziale Ungleichheit verschärfen und ein viel größeres Ausmaß annehmen. Es lässt sich bei all diesen Fällen von einer **emergenten Diskriminierung** bzw. einem **Emergenten Bias** sprechen, wobei „emergent" wohl darauf hindeutet, dass im Datensatz noch keine Verzerrung vorlag (vgl. Beck u.a., 9; Heesen u.a., 130). Als Unterkategorie lässt sich der seltener verwendete Terminus **Outcome Bias** („Ergebnisverzerrung") verstehen, bei dem die Diskriminierungsformen erst in der Anwendung eines KI-Systems im Output entstehen (vgl. Gordon u.a., 2.c.). Er tritt etwa bei rückgekoppelten komplexen Systemen wie KNN oder Deep Learning auf, bei denen das Resultat der Algorithmen ins prädiktive Modell einfließt.

Ein einfaches Anschauungsbeispiel für einen Outcome Bias ist der permanent lernende und sich anpassende Chatbots „Tay": Kurz nach der Veröffentlichung führten organisierte Nutzer rassistische, sexistische und antisemitische Dialoge mit dem Chatbot. Dieser eignete sich ihre extremen, diskriminierenden Ausdrucksweisen an und reproduzierte sie in weiteren Gesprächen (vgl. Hagendorff, 123; Beck u.a., 9). Etwas komplexer ist der Fall bei der „Predictive Policing": „Vorausschauende Polizeiarbeit" meint die Unterstützung der Polizeiarbeit durch eine Software, die aufgrund der Analyse vielfältiger Daten zu vergangenen Verbrechen, Notrufen, Bildern aus Überwachungskameras oder sozialen Netzwerken, aber auch Wetterlagen, Veranstaltungen, Kneipen oder Tankstellen in der Umgebung Prognosen über künftige Straftaten erstellt (vgl. Ulbricht u.a., 123ff.; Heinrichs u.a., 149f.; Lenzen 2018, 169). Dahinter steht die Idee, dass Straftaten wie Wohnungseinbrüche oder Diebstähle genauso wie Erdbeben bestimmten Gesetzmäßigkeiten folgen. Das begrenzte Polizeipersonal soll gezielt an den Orten eingesetzt werden, wo die Wahrscheinlichkeit von Straftaten am höchsten ist, um diese bestenfalls zu verhindern. Ein solches Vorgehen scheint nicht nur effizienter, sondern auch objektiver und vorurteilsfreier zu sein, als wenn die Polizisten ihrem Bauchgefühl folgen. Die Evaluationsergebnisse fallen allerdings unterschiedlich aus, zumal z.B. in den USA und Deutschland verschiedene Softwarelösungen mit anderem Datenmaterial verwendet werden (vgl. Fry, 185f; Ulbricht u.a., 124f.). Aufgrund der erhöhten Polizeipräsenz in einem berechneten Stadtviertel werden aber viel mehr Bagatelldelikte an Ort und Stelle entdeckt, die sonst unbemerkt geblieben wären (vgl. O'Neil, 120f.). Außerdem werden von der Bevölkerung mehr Verbrechen gemeldet, wenn überall Polizeiautos stehen. Fließen diese Daten in das prädiktive Modell ein, werden noch mehr Polizisten dorthin geschickt und es kommt zu einer negativen Rückkoppelungsschleife (vgl. ebd., Fry, 186; Hadjimatheou u. a., 437).

Im Gegensatz zu **vorhersageunabhängigen** Bereichen in Natur oder Technik wie z. B. Erdbeben oder Wetterlagen sind Vorhersagen in **vorhersageabhängigen** Bereichen in der Sphäre menschlichen Handelns wie z. B. der Polizeiarbeit grundsätzlich schwieriger und unsicherer (vgl. Gransche, 133 f.). Denn Menschen können ihr Handeln anders als z. B. Naturphänomene mit Blick auf die Prognose ändern. Vorhersagen können daher das, was vorausgesagt wird, in Form der beschriebenen Rückkoppelungsschleife oder einer selbsterfüllenden Prophezeiung beeinflussen. Bei der vorausschauenden Polizeiarbeit bleiben aber auch die sozialen Ursachen und Rahmenbedingungen des kriminellen Verhaltens außer Acht, und es wird ein ganzes Wohnviertel unter Generalverdacht gestellt, sodass für die Individuen nicht mehr die Unschuldsvermutung gilt (vgl. Ulbricht u. a., 126; O'Neil, 199 f.; Lenzen 2018, 171). Noch problematischer sind freilich die etwa von der Polizei in Chicago verwendeten prädiktiven Systeme, die sich statt auf Orte auf Personen beziehen, die angeblich in naher Zukunft an einer Straftat beteiligt sein werden (vgl. Fry, 188). Als Paradebeispiel für Diskriminierung gilt im Bereich Justiz die Software COMPAS, die das individuelle Risiko von Angeklagten einschätzt, in Zukunft erneut straffällig zu werden. Die Resultate fließen in die Entscheidungen der Richter über die Entlassung oder die Länge der Haftstrafen verurteilter Krimineller ein. Bei der Klassifizierung darf die Hautfarbe zwar kein Kriterium sein. Wenn aber mittels Fragebögen Informationen über Herkunft und Jugend, Beziehungsstatus der Eltern, Wohnsituation, Kontakte mit der Polizei oder Straftaten von Verwandten und Freunden erhoben werden, dürften Angehörige rassischer Minderheiten deutlich schlechter abschneiden (vgl. O'Neil, 39 ff.; Heesen u. a., 133 f.; Zweig 2019, 21). Denn hinsichtlich vieler von Einzelnen nur begrenzt beeinflussbarer Faktoren wie Familie oder erste Kontakte mit der Polizei in unterprivilegierten Wohngegenden sind gerade Schwarze oft benachteiligt. Je länger nun jemand aufgrund eines hohen Scores im Gefängnis einsitzt, desto geringer dürften danach die Chancen auf Arbeit und Resozialisation und umso höher die Rückfallswahrscheinlichkeit sein (vgl. O'Neil, 42; Dräger u. a., 23; Lenzen 2018, 171). Es kommt zu einer Art selbsterfüllenden Prophezeiung. Werden die betroffenen Häftlinge nicht freigelassen, haben sie auch nicht die Chance zu beweisen, dass sie nicht rückfällig werden (vgl. Dräger u. a., 47; Fry, 82; Zweig 2019, 177 f.). Ein solches einseitiges Feedback, das in lernende Systeme einfließt, dürfte im komplexen menschlichen Bereich sehr häufig vorkommen.

Ein anderes Problem ergibt sich dadurch, dass das Programm sich u. a. auch an der „Normgruppe" der Gefängnisinsassen orientiert und in amerikanischen Gefängnissen überproportional viele Schwarze einsitzen (vgl. Dräger u. a., 45). Wenn aber faktisch mehr Schwarze als Weiße oder beispielsweise auch viel mehr Männer als Frauen kriminell werden, führt dies dazu, dass bei mehr Männern als Frauen bzw. bei mehr Schwarzen als Weißen angemessenerweise ein höheres Risiko errechnet wird (vgl. Fry, 78; Herzog 2024, 416). Dies bedeutet aber auch, dass allein aufgrund der größeren Gruppe bei mehr Männern bzw. mehr Schwarzen zu Unrecht eine hohe Wahrscheinlichkeit einer Straftat bzw. eines Rückfalls prognostiziert wird. Genau auf diese in der Statistik sogenannten **falsch positiven Voraussagen** hat die NGO ProPublica hingewiesen, als sie dem Softwareunternehmen die Diskriminierung von Schwarzen vorwarf: „Falsch positiv" bedeutet, dass ein vorhergesagtes Ereignis, im Fall von COMPAS der prognostizierte Rückfall der Entlassenen, nicht eintrat. Bei fast doppelt so vielen Schwarzen wie Weißen wurde fälschlicherweise ein Rückfall vorhergesagt (vgl. Heinrichs u. a., 157; Zweig 2019, 137; Dräger u. a., 149 f.). Die Softwarefirma warf ProPublica jedoch statistische Fehler bei ihrer kritischen Prüfung vor. Denn zu achten sei vielmehr auf **richtige positive Vorhersagen**, d. h. auf das tatsächliche Eintreffen eines vorhergesagten Rückfalls. Diese korrekten Vorhersagen eines Rückfalls waren bei Schwarzen und Weißen fast gleich, weshalb nach ihrer Darstellung keine Diskriminierung aufgrund der Hautfarbe vorlag. Es scheint aus informatisch-technischer Sicht keine Möglichkeit zu geben, beide Fairness-Definitionen zugleich zu berücksichtigen, solange Schwarze eine deutlich höhere Kriminalitätsrate aufweisen als Weiße (vgl. Dräger u. a., 150; Herzog 2024, 415 f.). Aus einer deontologischen und auch rechtlichen Sicht ist es von vorrangiger Bedeutung, dass keine Einzelindividuen ungerechtfertigterweise kriminalisiert und inhaftiert werden. Für die Orientierung am positiven Vorhersagewert lässt sich hingegen im Sinne einer utilitaristischen Präventionstheorie argumentieren, das oberste Ziel sei der Schutz der Bevölkerung vor Kriminellen. Es geht also bei diesem Streit um die richtigen Kriterien und Gerechtigkeitsvorstellungen, die immer von Menschen festgelegt und kontrolliert werden müssen. Angesichts solcher unausweichlicher Abwägungen wäre es ein Irrtum zu glauben, KI-Systeme würden stets „neutral" oder „objektiv" vorgehen (vgl. Zweig 2019, 165).

Fazit

Als Algorithmen neu in automatische Entscheidungsfindungssysteme eingeführt wurden, waren die Hoffnungen auf nicht nur kosteneffizientere, sondern auch qualitativ bessere und unparteiischere Urteile groß (vgl. Herzog 2024, 415). Insbesondere im Bereich der Justiz ist es das Ideal, alle Menschen bei gleichen Straftaten unter vergleichbaren Umständen gleich zu behandeln. Faktisch haben allerdings manche menschliche Richter Vorurteile gegenüber Hautfarbe, Herkunft und Geschlecht der Angeklagten, und allgemein werden beispielsweise große Kandidaten den kleineren als vermeintlich kompetenter vorgezogen (vgl. Fry, 89 ff.; Herzog 2024, 415). Trotz der Enttäuschug der anfänglichen hohen Erwartungen hatte die Einführung neuer Technologien den positiven Effekt, dass sie immer wieder kontroverse Diskussionen über faire Klassifikationskriterien und verschiedene Gerechtigkeitsvorstellungen anstoßen. Keinesfalls darf die kontextsensible Unterscheidung zwischen legitimen und illegitimen Formen von Ungleichbehandlungen den IT-Experten oder privaten Unternehmen oder gar den KI-Systemen selbst überlassen bleiben. Es ist von großer gesellschaftspolitischer Bedeutung, dass über Menschen entscheidende Klassifikationssysteme nicht von öffentlichen Debatten und einer diskursiven Rechtfertigung abgekoppelt werden (vgl. Houben u. a., 347; Beck u. a., 14). Während vor Gericht oder in öffentlichen Institutionen über Werte gestritten wird, drohen sich diese in Interaktion mit technischen Systemen der Verhandelbarkeit zu entziehen (vgl. Hagendorff, 121). Schon das algorithmische Social Sorting kann aber als ethisch problematisch angesehen werden, weil dabei nicht die einzelnen Individuen im Vordergrund stehen, sondern die Klassenzugehörigkeit (vgl. Boehme-Neßler, 72). In der Rechtssprechung müssen die Angeklagten angehört, die unbestimmten Rechtsbegriffe unter Beachtung der jeweiligen Umstände neu ausgelegt und ein Gleichgewicht zwischen individualisierter Rechtsprechung und der Wahrung des Gleichbehandlungsprinzips gefunden werden (vgl. Grunwald 2019, 180 f.; Fry, 67 ff.). Da die Rechtswissenschaft keine exakte, sondern eine argumentative, hermeneutische Wissenschaft darstellt, können KI-Systeme nicht aufgrund aller Daten über Beteiligte, Gesetzeslage und Akten der Rechtsgeschichte präzise, objektive Urteile fällen. Ihre Ergebnisse dürfen daher nur Entscheidungshilfen für die Richter als menschliche Letztentscheider sein (s. Kap. 3.1.3.3).

Wenn wie bei Jobbewerbungen, Kreditvergaben oder Strafmaß die Lebenschancen von Menschen auf dem Spiel stehen, müssen KI-Systeme bei allen Schritten auf erkennbare Vorurteile hin geprüft werden (s. Kap. 3.1.3.1). Denn auf dem Weg der Mustererkennung in großen Datenmassen gelangen lernende Systeme wie gesehen nicht zwangsläufig zu unparteiischen, fairen Urteilen. Aufgrund der hohen Intransparenz bleiben Diskriminierungen aber häufig verborgen. Vielversprechend sind daher neue Forschungen nach technischen Lösungen, damit KI als Werkzeug selbst Biases in maschinellen oder auch menschlichen Entscheidungsprozessen entdecken, beseitigen oder reduzieren kann (vgl. Müller, 24; Stahl u. a., 20; Ramge 2020, 104). Es gibt bereits eine Reihe von Initiativen wie „discrimination-aware data mining“ (DADM) oder „fairness, accountability and transparency in machine learning“ (FATML), die sich um Verbesserungen auf technischer Ebene bemühen (vgl. Herzog 2024, 422). Bei lernenden Hochrisiko-KI-Systemen verlangt der AI Act der EU geeignete Maßnahmen, damit es durch Verwendung vorheriger Ergebnisse als Eingabedaten nicht zu Rückkoppelungsschleifen mit verzerrten Resultaten kommt (s. Kap. 2, Art. 13 Abs. 3). Zu vermeiden gilt es, dass strukturelle Diskriminierungen in der Vergangenheit reproduziert und vermeintlich objektiviert werden. Nach Cathy O'Neils generellem Vorwurf wird die Masse der Schlechtergestellten durch sogenannte „Weapons of Math Destruction“ (WDMs) noch stärker benachteiligt, weil sie aufgrund negativer Feedbackschleifen oder Abwärtsspiralen keinerlei Chance auf sozialen Aufstieg haben (vgl. 12; 17 f.; 198 ff.). Privilegierte Personen würden demgegenüber meist von Menschen bedient oder könnten sich mit Anwälten gegen ungerechte Entscheidungen wehren. Faktisch mögen unterschiedliche Risikoscores zwischen weißen und schwarzen Angeklagten großenteils auf die unterschiedliche strafrechtliche Vorgeschichte zurückgehen (vgl. Ulbricht u. a., 199). Gleichwohl braucht es zur Vermeidung von Biases Lizensierungen und sorgfältige Überprüfungen der Details bei Einzelfallentscheidungen sowie der sozialen Kontexte, in denen algorithmische Entscheidungssysteme zum Einsatz kommen (vgl. Herzog 2024, 427). Da hinter ermittelten Korrelationen oft gesellschaftliche, strukturelle und sozioökonomische Ursachen der Benachteiligung einer Minderheit stehen, müssen diese jenseits technischer Lösungen gesellschaftlich bekämpft werden.

Biases in den verschiedenen Entwicklungsphasen
1) **Konstruktionsphase: individueller Bias** Voreingenommenheit der Softwareentwickler und Designer 2) **Datenphase: Data Bias** a) **soziotechnischer Data Bias**: unvollständige, nicht repräsentative Datensätze b) **gesellschaftlicher Data Bias**: Abbildung bestehender struktureller Ungerechtigkeit 3) **Anwendungsphase: Emergenter Bias** • Anwendung in anderen Kontexten • keine Anpassung an neue Erkenntnisse oder Veränderungen • Feedback-/Rückkoppelungsschleifen (**Outcome Bias**)
Problem: Fortsetzung und Verschärfung historischer Diskriminierung durch scheinbar objektive und neutrale Algorithmen (Normativität des Faktischen; Automation Bias) **ethische Forderungen**: • Risiken vermeiden durch ständige (menschliche oder technische) Kontrolle • Transparenz und gesellschaftliche Diskussion über Klassifikationskriterien (bei Schadensrisiko) • Ursachen der Benachteiligungen (gesellschaftliche, ökonomische etc.) bekämpfen

3.2.4 Algorithmische Steuerung: Sozialkredit-System und Algokratie

Während Big Data und Data Mining zunächst vorwiegend in der Wirtschafts- und Finanzwelt zur Effizienzsteigerung und zu kommerziellen Zwecken eingesetzt wurden, finden sie vermehrt auch Anwendung durch staatliche Akteure, wie viele Beispiele im vorangehenden Kapitel zeigten (vgl. Ulbricht u. a., 188; s. Kap. 3.2.3): Algorithmen übernehmen immer häufiger regulierende oder steuernde Funktionen auf einer gesellschaftlichen oder staatlichen Ebene, vornehmlich im Bereich der Verwaltung, Sicherheits-, Gesundheits-, Sozial-, Energie- und Verkehrspolitik. Denn je mehr die Komplexität moderner Staaten zunimmt und in all diesen Bereichen infolge der Datafizierung enorme Mengen an Daten anfallen, bietet sich der Einsatz von datenbasierten Technologien zur Optimierung der Regulationsvorgänge geradezu an. Die Bezeichnungen **algorithmic regulation**, **big government**, **algorithmic** oder **smart governance** stehen für eine (teil)automatisierte algorithmische Echtzeit-Steuerung von komplexen Systemen auf der Basis großer Datenbestände und ihrer Auswertung, die zur sozialen oder politischen Ordnungsbildung beiträgt (vgl. Morozov 2014; Ulbricht u. a., 178; Heinrichs

u. a., 144; Delisle u. a., 122). Davon unterschieden wird bisweilen ein **AI-Government**, bei dem selbstlernende KI-Systeme eingesetzt werden, um menschliche politische Entscheidungen zu unterstützen, umzusetzen oder gar zu ersetzen (vgl. Wegener, 373). Von Befürwortern werden als erwünschte Ziele solcher Steuerungskonzepte häufig optimale Lösungen für komplexe Probleme wie etwa Klimakrise und Energiewende genannt. Sie versprechen sich eine Verbesserung der gesellschaftlichen Wohlfahrt oder des Gemeinwohls oder ein effizienteres und gerechteres staatliches Handeln (vgl. dazu Grunwald 2019, 177; Heesen 2020, 292; Heinrichs u. a., 144). Kritiker dieser Entwicklungen verweisen etwa darauf, dass die Individuen einer ständigen Beobachtung ausgesetzt und einer Logik der Kontrolle unterworfen werden (vgl. Delisle u. a., 85; s. Kap. 3.2.2). Bemängelt wird ein undemokratisches Politikverständnis, das einer technokratischen Regierungsweise Vorschub leistet und transnationalen Technologien Macht einräumt (vgl. Ulbricht, 258 f.; Morozov 2014).

Eine kleine Renaissance erlebt im Big-Data-Zeitalter das Prinzip der kybernetischen Steuerung, das auf die Erhaltung der Stabilität eines Systems abzielt (vgl. Ulbricht u. a., 188; Richter, 210; Morozov 2014). **Kybernetik** (von griech. „kybernetike techne": „Steuermannskunst") ist die Wissenschaft von Steuerungs- und Regelungsvorgängen von Maschinen und in Analogie dazu auch von biologischen Organismen oder sozialen Organisationen, die sich mithilfe eines Rückkoppelungssystems automatisch an sich verändernde Umweltbedingungen anpassen und die Zielfunktion fortwährend optimieren. Das Paradebeispiel für einen solchen Regelkreis ist ein Thermostat: Ein Regler vergleicht laufend den von einem Thermometer gemessenen Ist-Wert mit dem Soll-Wert einer vorgegebenen gewünschten Temperatur, um die Wärmezufuhr entsprechend zu regulieren. Die Wurzeln der Kybernetik gehen zurück bis in die 1940er Jahre, als Analogien zwischen dem menschlichen Gehirn und Computern hergestellt wurden und Norbert Wiener den Begriff prägte (vgl. Russell u. a., 38; Lenzen 2002, 13). Übertragen auf soziale oder politische Systeme führt die Idee neokybernetischer Rückkoppelungsprozesse zu einer Art **Sozialphysik** oder **Soziophysik**, bei der soziale Phänomene und Vorgänge quantifiziert und mit naturwissenschaftlichen Methoden erklärt werden (vgl. Grunwald 2019, 177; Zuboff, 490 f.). Die Gesellschaft wird entsprechend nicht als soziales, sondern als physikalisch funktionierendes System, als funktionierende Maschine gedacht. Wenn dank Datafizierung und Big Data mögliche Fehlentwicklungen in einem solchen sozialen System vorhersehbar werden, könnten diese verhindert oder zumindest abgemildert werden. In einem kybernetischen Rückkoppelungsprozess soll aus aktuellen Daten für alle Probleme die optimale Lösung generiert werden. Die Optimierung gelingt dabei umso besser, je größer die Menge an Daten ist, die automatisch zusammenfließen und verarbeitet werden.

Am weitesten realisiert sind kybernetische Selbststeuerungen über Rückkoppelungssysteme bislang im Bereich der **Verkehrs**- und **Energiepolitik**, wo es um optimale Verkehrsströme oder Energieflüsse geht. Um die Sicherheit im Straßenverkehr zu gewährleisten, existiert bereits eine Verkehrsüberwachung per Kameras, die teilweise mit Sensoren ausgestattet sind und die Verkehrsdichte messen können. Eine vollautomatisierte kybernetische Verkehrssteuerung setzte aber eine digitale Vernetzung autonomer Fahrzeuge voraus und stellt daher noch eine Zukunftsvision dar (vgl. zum autonomen Fahren Kap. 3.3.2.2). In vielen europäischen Städten gibt es bereits digital lesbare und verwertbare „Smart Cards“ anstelle öffentlicher Tickets im Nahverkehr und „Smarte Mobilität“-Stationen mit E-Autos und Pedelecs, die für eine Echtzeit-Steuerung hilfreich sind (vgl. Ulbricht u. a., 197). Umfassende „Smart City“-Konzepte, die in Großstädten wie Singapur bereits weit fortgeschritten sind, versprechen zwar mehr Nachhaltigkeit und Lebensqualität der Bevölkerung, führen aber zu mehr Überwachung und könnten auf der Basis bisheriger Nachfragemuster sozial ungleiche und nicht-nachhaltige Infrastruktursysteme reproduzieren (vgl. Kropp u. a., 25). Ähnlich wie bei Konzepten zur Verkehrssteuerung soll auch das politische Ziel der Energiewende zukünftig u. a. mit einer intelligenten Netzsteuerung („Smart Grid“) erreicht werden, bei der alle Anlagen des Energiesystems vernetzt sind und die Verbraucher je nach schwankender Einspeisung aus regenerativen Quellen möglicherweise weniger Strom erhalten (vgl. Delisle u. a., 121; Mainzer 2019, 172 f.). In vielen anderen Bereichen wie etwa in der **Sicherheits**- oder **Sozialpolitik** geht es bei der algorithmischen Regulierung eher darum, auf der Basis flächendeckender Datenerhebungen und -auswertungen unerwünschte Vorkommnisse wie z. B. Einbrüche frühzeitig zu erkennen und bestenfalls zu verhindern (vgl. Ulbricht u. a., 176; 179; Richter, 210). Das System findet aber nicht wie in echten selbstgesteuerten kybernetischen Regelkreisen automatisch die beste Lösung für die errechneten Fehlentwicklungen, sondern geeignete politische Maßnahmen werden bislang noch von Menschen eingeleitet. Bei der Verfolgung dieses ethisch guten Ziels der öffentlichen Sicherheit drohen allerdings bereits erwähnte Gefahren (s. Kap. 3.2.3).

Im Zusammenhang mit algorithmischer Governance wird gerne auf Michel Foucaults Konzept der Biopolitik aus dem Bereich **Gesundheitspolitik** bzw.

„Public Health" Bezug genommen (vgl. Mau, 37; Maschewski u. a., 442): **Biomacht** oder **Biopolitik** (franz. „biopouvoir") meint die Gesamtheit der Machttechniken zur Regulierung der Lebensprozesse sowohl auf der Ebene der Bevölkerung als auch der individuellen Körper, um die Gesundheit, Lebensqualität und Leistungsfähigkeit der Gesellschaftsmitglieder zu fördern (vgl. Foucault 1977, 165 ff.). Dabei spielt die systematische Erhebung der Daten z. B. zu Krankheiten, Unfällen, Geburten- und Sterblichkeitsraten eine zentrale Rolle. Angesichts des weltweiten Ausnahmezustandes der Corona-Pandemie kam es zu verstärkten Forderungen nach durchgängiger Digitalisierung des Gesundheitssystems etwa durch digitale Impfausweise oder Meldungen von Krankheitsfällen, um die Gefahren für das Leben und die Gesundheit der Bevölkerung zu reduzieren. Diesem Ziel dienen auch Big-Data-basierte Trend-Prognosen, wie sie z. B. Google eine Zeitlang für aufkommende Grippewellen aus der Häufigkeit von Suchanfragen zum Thema Infektion als „Flu Trends" errechnete (vgl. Rieder, 310). Obgleich die im Gesundheitsbereich massenhaft erhobenen Daten sehr sensibel sind, erscheinen Auswertungen von bereichsspezifischen Routinedaten z. B. zu Diagnostik und Therapieerfolg als ethisch legitim, um effizientere Therapien oder eine bessere und gerechtere medizinische Versorgungslage bereitstellen zu können. Selbstverständlich müsste dabei u. a. ein hinlänglicher Datenschutz gewährleistet sein. Problematischer ist es, wenn für ein globales Gesundheitsinformations-Netzwerk wie z. B. der kanadischen „Public Health Agency" in Zusammenarbeit mit der WHO für die Vorhersage von Infektionskrankheiten auch Daten aus anderen Quellen verwendet werden (vgl. Ulbricht u. a., 186). Dank Data Mining lassen sich auch Risikogruppen oder Zielgruppen für bestimmte Fördermaßnahmen ermitteln, wie es z. B. das „US-Departement of Veterans Affairs" praktiziert (vgl. ebd., 179). Umstritten ist jedoch der von Facebook eingesetzten KI-Algorithmus zur Verhütung von Suiziden gefährdeter Nutzer, der zu einem Konflikt zwischen den Prinzipien Fürsorge und informationelle Selbstbestimmung führt (vgl. Heinrichs u. a., 126 f.).

Bei daten- und algorithmenbasierten staatlichen Steuerungsinstrumenten scheint die ethische Legitimität wesentlich davon abzuhängen, auf welche Art und Weise auf das Handeln und die Interessen der einzelnen Bürger Einfluss genommen wird. In *Überwachen und Strafen* (1976) beschreibt Foucault vorwiegend körperzentrierte Disziplinierungsmechanismen wie Folter, Bestrafungen und Konditionierung, mit denen Menschen fügsam, kontrollierbar und konform gemacht werden sollen (s. Kap. 3.2.2.1). Solche aus der behavioristischen Psychologie stammende und dem kybernetischen

Denken entsprechende Verfahren einer instrumentellen Konditionierung durch Bestrafung und Belohnung sind zweifellos ethisch bedenklich. Denn dabei werden die Menschen nicht als vernunftbegabte Lebewesen adressiert, sondern auf einen Reiz-Reaktions-Mechanismus reduziert (vgl. Stalder, 227). In Foucaults späterem Werk *Der Wille zum Wissen* (1977) tritt aber unter dem Schlagwort „biopouvoir" eine neue Form der Macht auf, die kein Privileg des Staates sei, sondern die ganze Gesellschaft auf verschiedensten Ebenen durchziehe: Im Kontrast zu früheren repressiven, gebietenden oder verbietenden Formen der Macht erfolge die Normierung in modernen Gesellschaften meist subtiler, indem die Individuen mit Aufklärung, Anreizen und Versprechungen zur Selbstkontrolle und Selbstdisziplinierung animiert werden (vgl. Foucault 1977, 139). So könnten die Einzelnen z. B. durch ein Bonussystem der Krankenkassen dazu verlockt werden, sich selbst mittels Smart Watches und Gesundheits-Apps digital zu vermessen, oder dank der von Versicherungen bezuschussten Smart Metern oder weiteren Sensoren im Smart Home Energie zu sparen. Das Regieren erfolgte dann gewissermaßen über eine „kybernetisch orchestrierte Selbstregulierung" (Maschewski u. a., 443). Obwohl Foucaults deskriptive systemtheoretische Machttheorie es bisweilen suggeriert und Kritiker gesellschaftspolitischer Machttechniken dies häufig so herausstellen, sind sicherlich nicht alle Formen sozialen Drucks und gesellschaftlicher oder staatlicher Regulierungsmaßnahmen ethisch verwerflich (vgl. Fenner 2019, 137; s. Kap. 3.2.2.1). Es braucht vielmehr normative Kriterien, um bestimmte Regulierungs- oder Machtsysteme zu bewerten.

Eine in diesem Zusammenhang kontrovers diskutierte Frage ist diejenige nach legitimen Formen eines Paternalismus. **Paternalismus** (zu lat. „pater": „Vater") meint jeden Versuch, das Wohl anderer Menschen ohne ihre Einwilligung oder im Extremfall sogar gegen ihren Willen zu schützen oder herzustellen. IT-Systeme, die immer autonomer agieren und immer stärker kontrollierend und steuernd in alle Lebensbereich der Menschen eingreifen, haben das Potential, die Menschen paternalistisch zu bevormunden oder gar zu entmündigen (vgl. Wiegerling 2016, 222). Im zwischenmenschlichen Bereich gilt ein **schwacher Paternalismus** als ethisch legitim, wenn die Autonomie oder Einwilligungsfähigkeit der Betroffenen z. B. aufgrund kognitiver oder psychischer Beeinträchtigungen eingeschränkt ist und man von ihrer späteren Einwilligung ausgehen kann (vgl. Fenner 2022, 71 f.). Dieser Fall liegt besonders in asymmetrischen Beziehungen etwa der Eltern zu ihren Kindern oder Ärzten gegenüber ihren Patienten vor. Höchst problematisch ist jedoch ein **starker Paternalismus**, bei dem trotz vorliegender

Urteilsfähigkeit gegen den Willen einer Person und damit ihr Recht auf Selbstbestimmung verstoßen wird. Seit der bereits besprochenen Publikation *Nudge* von Thaler und Sunstein wird viel über einen sogenannten libertären Paternalismus diskutiert, bei dem die „Schubser" den Menschen im Sinne des Libertarismus immer noch Wahloptionen offenlassen (vgl. Thaler u. a., 22 f.; s. Kap. 3.2.2). Da diese Form von Paternalismus mit einem hohen Maß an Handlungsfreiheit vereinbar ist, erscheint sie vielen als ethisch akzeptabel. Nach Darstellung der Autoren sollen Nudges sogar unverzichtbar sein, weil die Menschen bei ihren Entscheidungen systematisch irren und deswegen mit unbemerkten Entscheidungsmechanismen von irrationalen Handlungen abgehalten werden müssen. Aus Sicht der Kritiker ist aber nicht nur ein „liberaler Paternalismus" ein Oxymoron, d. h. ein widersprüchliches Konzept, sondern Nudges als sublime Verhaltensmanipulationen erscheinen als problematischer als offen kommunizierte Gesetze oder Zwangsmaßnahmen in liberalen Demokratien (vgl. Ienca u. a., 358 f.). Statt den Menschen anders als bei einem schwachen Paternalismus generell und vorsorglich Rationalität und Autonomiefähigkeit abzusprechen, sollte zu deren Schutz vielmehr auf allfällige Wissensdefizite oder irrationale Entscheidungsfindungsprozesse aufmerksam gemacht werden. Bei staatlichen „Entscheidungsarchitekturen" müssten diese legitimiert werden, indem die Bürger direkt oder indirekt über Repräsentanten in solche Regulierungssysteme einwilligen.

Staatliche Anreizsysteme oder andere Regulierungsmaßnahmen scheinen in Verbindung mit Appellen an die Selbstverantwortung der Bürger und ihr vernünftiges, verantwortbares Handeln ethisch akzeptabel zu sein, sofern sie auf ein legitimes, klar kommuniziertes und rational nachvollziehbares öffentliches Interesse abzielen. Ein Beispiel dafür wären Empfehlungen an Verkehrsteilnehmende, zur Vermeidung von Staus auf andere Routen auszuweichen. Auch die bereits erwähnten Smart Watches oder Smart Meter gehörten dazu, sofern ihre Anwendung nachweislich Kosten im Gesundheitssystem reduziert oder die Energiewende voranbringt. Eine intelligente Systemunterstützung ruft dann die Beteiligten zu einem bestimmten Verhalten auf, damit ihre Wünsche mit denjenigen anderer oder den Interessen der Allgemeinheit bzw. dem Gemeinwohl kompatibel werden. Moralisch verwerflich ist lediglich das Überziehen der äußeren Ansprüche an die Individuen mit der Folge einer gesellschaftlichen Verantwortungsreduktion, weil z. B. die Gesundheit auch durch nicht selbstverantwortete schädliche Umwelt-, Arbeits- oder Lebensbedingungen gefährdet wird (vgl. Fenner 2019, 29 ff.). Bei vielen technologischen Neuerungen wie etwa Wearables oder Smart Metern stellt sich allerdings ein zunehmender

Anpassungsdruck ein, je mehr Menschen davon Gebrauch machen: Zu Beginn eines Trends müssen Skeptiker und Kritiker nur auf Boni verzichten, oder es verengt sich ihr Handlungsspielraum, je weniger Angebote ihnen z.B. ohne Smart Watch oder Smart Meter bei Versicherungen offenstehen. Sobald es ohne digitale Vernetzung gar keine Möglichkeit z.B. zu Versicherungen mehr gibt, kommt es in gewisser Weise zu einer **Zwangslage** (vgl. ebd., 273). Wo es um grundlegende, unverzichtbare menschliche Güter wie z.B. Gesundheit, Energieversorgung oder soziale Teilhabe geht, liegt ein indirekter Zwang und eine „erpresserische Situation“ vor: Wer grundsätzlich gegen die neuen Technologien ist, sieht sich gleichwohl gezwungen, entgegen seiner persönlichen Werte und Überzeugungen zu handeln (s. Kap. 1.3.1). Im Unterschied zu einer „klassischen“ erpresserischen Situation z.B. mit der Pistole eines Bankräubers an der Schläfe sind allerdings nicht das Leben oder andere grundlegende Güter bedroht, sondern nur – wiederum den Datenschutz vorausgesetzt – persönliche Abneigungen gegenüber der Digitalisierung.

Wenn Appelle an das Handeln der Bürger im öffentlichen Interesse zu wenig Wirkung zeigen, kann der Staat auch Gesetze erlassen oder algorithmische Steuerungssysteme etablieren, die das Selbstbestimmungsrecht der Bürger einschränken. Im zukünftigen Zeitalter autonomer Fahrzeuge und einer Steuerung des Gesamtsystems durch einen Zentralcomputer können die Fahrzeuginsassen den Weg zum gewünschten Zielort möglicherweise irgendwann nicht mehr selbst bestimmen (vgl. Schippl u.a., 379). Auch im Energiesektor könnten einzelne Stromkunden mit zu hohem oder zu ungünstigen Zeiten erfolgendem Stromverbrauch durch die intelligente Netzsteuerung („Smart Grid“) dann einfach keinen Strom mehr erhalten, sodass sie zum Energiesparen gezwungen werden. Dies wäre aber nur ethisch zu rechtfertigen, wenn den entsprechenden Beschlüssen ausführliche öffentliche ethische Debatten und deliberative Aushandlungsprozesse vorangingen (s. Kap. 2.3; unten Abschnitt „Algokratie“). Entscheidend in demokratischen Gesellschaften ist die Möglichkeit der **Kritik** und der Äußerung von Bedenken der Bürger z.B. hinsichtlich Datenschutz oder dem tatsächlichen Nutzen neuer digitaler Technologien oder algorithmischer Regulierungen. Denn die Steuerungsmechanismen müssen sich in der Praxis bewähren, indem sie das individuelle oder gesellschaftliche Leben der gegenwärtigen (oder zukünftiger) Menschen tatsächlich verbessern (vgl. ebd., 99). Zu Recht wird machtkritisch gegen die gegenwärtige Biopolitik eingewendet, dass bei der digitalen Transformation des Gesundheitssystems häufig **ökonomische Kriterien** und unternehmerische Interessen im Vordergrund stehen (vgl. Wiegerling 2023, 137): Die

Datafizierung und Smartifizierung scheint oft weniger vom Staat im Sinne des öffentlichen Interesses als von privaten Technologieunternehmen wie Google, Apple oder Alphabet vorangetrieben zu werden, die dann auch z. B. über neue Wearable-Technologien den Zugang zu großen Datensätzen aus intimen Verhaltens- und Vitaldaten haben (vgl. Maschewski u. a., 441; 447). So hat sich etwa Google zu Beginn der Corona-Pandemie schnell mit smarten Erfassungs- und Koordinationsprojekten für Testverfahren profiliert, um die Forschung zu beschleunigen und neue Gesundheitstools und -services auf den Markt zu bringen. Legitim ist aber nur eine **demokratische Biopolitik**, keine „überwachungskapitalistische Biopolitik" von technologischen Monopolisten, die unter Umgehung demokratischer Aushandlungsprozesse infrastrukturelle Macht ausüben (vgl. ebd., 446; 449).

Algorithmische Steuerung („algorithmic regulation/governance"): (teil)automatisierte Regulierung komplexer Systeme auf der Grundlage großer Datenmengen und ihrer Verarbeitung **Ziele sozialer/staatlicher Steuerung**: soziale/politische Ordnung, öffentliches Interesse/Gemeinwohl oder Lösung komplexer Probleme z. B. in der Sicherheits-, Gesundheits-, Energie- oder Verkehrspolitik **Anwendungsbeispiele**: Smart City, Sozialkredit-System
wichtige Konzepte dahinter: **Prinzip der Kybernetik** („Kunst des Steuerns"): Mithilfe eines Rückkoppelungssystems mit permanenten Rückmeldungen über die Abweichungen des Ist- vom Soll-Zustand wird die Zielfunktion eines Systems laufend optimiert. **Biomacht/Biopolitik**: Gesamtheit der Machttechniken zur Regulierung der Lebensprozesse der Bevölkerung und der Individuen auf der Grundlage systematisch erhobener Daten zu Krankheiten, Sterblichkeitsrate etc.
ethische Probleme: • Gesellschaft als funktionierende Maschine; Menschen als Reiz-Reaktions-Mechanismen = **reduktionistisches Gesellschafts-/Menschenbild** • **Paternalismus**: Förderung des Wohls anderer Menschen ohne ihre Einwilligung bzw. gegen ihren Willen ≠ legitim ohne Einwilligung oder vorangegangene demokratische Beschlüsse • Überforderung Einzelner durch Anreizsysteme und Appelle an Selbstverantwortung (→ gesellschaftliche/politische Verantwortungsreduktion) • **verringerte Handlungs-** und **Willensfreiheit** durch Anpassungsdruck infolge zunehmender Akzeptanz digitaler Technologien (→ Zwangslage bei elementaren Gütern) • **ökonomische Kriterien** oder Interessen anstelle der Verbesserung des individuellen oder gesellschaftlichen Lebens (Bewährungs-Argument) • **zu wenig Beachtung der Kritik** und öffentlicher Debatten (→ „überwachungskapitalistische" statt „demokratische" Biopolitik)

Sozialkredit-System („social scoring system“; „social credit system“)

Das von der chinesischen Regierung bereits 2014 beschlossene, aber noch keineswegs flächendeckend umgesetzte Sozialkredit-System sorgte weltweit für heftige Diskussionen. Beim „social scoring system“ bzw. genauer „social credit system“, zu Deutsch **Sozialkredit-System**, handelt es sich um ein KI-System, das auf der Grundlage großer Datenmengen die sozialen Verhaltensweisen der Bürger bewertet („social/citizen scoring“) und im Sinne der erwünschten gesellschaftlichen und staatlichen Ordnung zu steuern versucht (vgl. Heinrichs u.a., 162; Mainzer 2019, 269; Zuboff, 451ff.). Die errechnete **individuelle Punktezahl** ist sozusagen ein staatlicher „Reputationswert“ und zeigt an, ob und in welchem Ausmaß jemand ein gesellschaftlich wertvoller Mensch ist (vgl. Ulbricht u.a., 173f.; Mainzer 2019, 269f.; Fuchs 2021, 414ff.). In die Benotung des sozialen Wohlverhaltens fließen Daten aus verschiedensten Quellen ein, z.B. soziale Medien, elektronisch beglichene Konsumvorgänge, Daten aus den in China überall installierten Kameras zur Überwachung oder Gesichtserkennung, Einstufungen zur Kreditwürdigkeit, Strafregister, Arbeitsverträge, Bewertungen von Lehrern oder Vorgesetzten, Konflikte mit Nachbarn oder Vermietern, die Punktezahl seiner Kinder und Freunde etc. Belohnt mit Vergünstigungen etwa bei Heizkosten, Bankkrediten oder Steuern werden sozial erwünschte Tätigkeiten wie Recycling, Blutspenden oder ehrenamtliche Tätigkeiten. Bestraft werden u.a. das Anschauen von Pornos, der Besuch verdächtiger Internetseiten z.B. ausländischer Journalisten, das Versäumen von Zahlungen oder Verstöße gegen die Verkehrsregeln. Wer auf der „schwarzen Liste“ steht, bekommt keine Tickets für Flüge und Hochgeschwindigkeitszüge, wird benachteiligt bei der Arbeits- und Ausbildungssuche und beim Zugang zu sozialen Diensten, kann keine guten Restaurants besuchen und die Kinder nicht auf Privatschulen schicken.

Erklärte Ziele der chinesischen Regierung sind die Aufrichtigkeit der Bürger in sozialen Interaktionen, mehr gesellschaftliches Vertrauen und staatstreues Verhalten im Sinne der kommunistischen Partei (vgl. Mau, 9; Grunwald 2019, 174; Gordon, 109). Nach Darstellung der Befürworter werden die Bürger dabei nicht im traditionellen Sinn direkt von einer politischen Führung gelenkt, sondern die Gesellschaft steuert sich selbst über das Sozialkredit-System, welches auf „objektiv“ erhobenen Daten und zuverlässig rechnenden Algorithmen basiert (vgl. dazu Mainzer 2019, 270). Allerdings wird dieses vom repressiven Staat in enger Zusammenarbeit mit großen chinesischen Internet-Konzernen wie Alibaba („sesame Credit“),

Tencent („WeChat") und Baidu etabliert, sodass Kritiker von einem Überwachungskapitalismus oder „digitalen Totalitarismus" sprechen, und George Orwells Dystopie *1984* umgesetzt zu sein scheint (vgl. Zuboff, 452 f.; Fuchs 2021, 415f.; s. Kap. 3.2.2). In westlichen Staaten ist das Entsetzen über eine solche totale Kontrolle und Gleichschaltung groß, und eine Realisierung widerspräche schon dem Grundgesetz dieser Demokratien. Seit dem 2024 in Kraft getretenen AI Act der EU sind KI-basierte soziale Bewertungssysteme, die zu einer Schlechterstellung oder Benachteiligung von Personen führen, explizit verboten (vgl. Titel II Art. 5c). In China genießt das Regulationssystem jedoch eine hohe Akzeptanz, unter anderem wohl aufgrund des geringer ausgeprägten Individualismus und Privatheitskonzepts der Menschen sowie einer konfuzianischen Tugendethik, in der es um die Aufrechterhaltung einer vorgegebenen moralischen Ordnung durch Achtung der Autoritäten, Loyalität und Rechtschaffenheit geht. Von der großen Mehrheit der Bürger wird das Bewertungssystem statt als Überwachungsinstrument als Mittel zur Verbesserung ihrer Sicherheit und Lebensqualität betrachtet (vgl. Heinrichs u. a., 162 f.; Hochreiter, 412): Denn wenn sich alle korrekt verhalten würden, könnten Frauen sich nachts angstfrei bewegen, und es passierte nichts, wenn man das Auto abzuschließen vergäße!

Aus ethischer Sicht lässt sich aber grundsätzlich einwenden, dass die Menschen durch das Social Scoring lediglich zu einem **moralkonformen Verhalten** animiert werden: Sie werden mit Belohnungen und Strafen zum erwünschten parteikonformen Verhalten „abgerichtet" oder konditioniert. Moralisch richtig handelt aber aus einer deontologischen Perspektive nicht, wer zur Vermeidung von Sanktionen lediglich nach außen hin moralisch korrekt („moralkonform") handelt, sondern nur, wer etwas aus Einsicht in die moralische Richtigkeit bestimmter Normen oder Prinzipien tut (vgl. Fenner 2020, 28). Im chinesischen autoritären Staat fehlt auch die Möglichkeit der Kritik an fragwürdigen Regelungen wie etwa derjenigen, dass staatlich unerwünschte Kontakte z. B. mit regimekritischen Journalisten oder religiösen Gruppierungen zu einem Punkteabzug führen. Bestrafungen könnten in vielen Fällen auch deswegen ungerecht und unangemessen sein, weil die genaueren Umstände z. B. einer nicht rechtzeitig beglichenen Rechnung, des Überquerens einer Straße bei Rot oder der Motivation von Internet-Suchanfragen nicht mitberücksichtigt werden. Solche geringfügigen Normübertretungen können aber gravierende Folgen für die Betroffenen haben (s. Kap. 3.2.1; 3.2.3). Ethisch höchst bedenklich ist nicht zuletzt, dass die Punktezahlen nicht geheim bleiben, sondern Bürger mit besten Bewertungen auf großen Anzeigetafeln bekanntgegeben und andere öffentlich bloßgestellt werden (vgl. Paaß u.a., 414). Es ist höchst fraglich, ob beim Schielen auf die Reputationswerte seiner Mitmenschen das Vertrauen in einer Gesellschaft steigt. Aus Angst vor negativen Konsequenzen könnten vielmehr Menschen mit niedrigem Score beargwöhnt oder fallengelassen werden. Entstehen könnte ein Klima des Wettbewerbs oder auch einer gegenseitigen Denunziation im Falle persönlicher Interessenkonflikte.

Sozialkredit-System („social credit score"; Social-Scoring-System): staatliches KI-Regulationssystem, das anhand großer gesammelter Datenmengen das Sozialverhalten der Bürger bewertet und über Strafen und Belohnungen zu steuern versucht
Ziel: erwünschtes Sozialverhalten; mehr gesellschaftliches Vertrauen und staatliche Loyalität

ethische Probleme:
- keine demokratische Legitimation der Kriterien in totalitären Staaten
- mittels Sanktionen nur moral- bzw. parteikonformes Verhalten
- unverhältnismäßige Strafen für geringfügige Abweichungen
- Ungerechtigkeit durch Nichtberücksichtigung der Umstände
- Klima des Wettbewerbs und gegenseitiges Misstrauen

Demokratie vs. Algokratie

Das Kunstwort „Algokratie" bedeutet wörtlich „Herrschaft der Algorithmen" und meint in einem weiten Sinn sämtliche Formen algorithmischer Steuerung wie in den erläuterten Beispielen der Verkehrs-, Energie- oder Gesundheitspolitik. Unter **Algokratie** im engen Sinn wird ein Governance-System verstanden, bei dem Algorithmen mit ihrer Organisation großer Datenmengen die Art und Weise bestimmen, wie Menschen darin miteinander interagieren und Entscheidungen treffen (vgl. Danaher, 246 f.; Müller, 23). Diskutiert wird auch über eine „Daten-Demokratie" oder das Übergangsmodell einer „Avatar-Demokratie" als virtuelle direkte Demokratie, in der sich Bürger durch ihre aus persönlichen Daten erstellten Avatare politisch beteiligen könnten (vgl. Himmelreich, 667–675). Viele befürchten, dass die zunehmende Automatisierung politischer Prozesse immer stärker traditionelle demokratische Strukturen der Entscheidungsfindung in Frage stellen und verdrängen (vgl. Delisle u. a., 114). Dieser Strukturwandel scheint begünstigt zu werden durch ein zunehmendes Misstrauen der Bevölkerung in die repräsentative Demokratie einerseits und das wachsende Vertrauen in die als effizienter, objektiver und unbestechlich geltende algorithmische

Datenverarbeitung andererseits (s. Kap. 2.3; 3.2.1): Algorithmen wird zugetraut, schnellere und auch bessere Entscheidungen zu treffen als Fraktionen, Regierungen und Parlamente mit ihren langwierigen Verständigungsprozessen (vgl. dazu Grunwald 2019, 172). Die Algokratie weist eine gewisse Nähe zu politischen Konzepten der „Epistokratie" auf (vgl. Danaher, 246; s. Kap. 2.3). In vielen Ländern wie z.B. Großbritannien, USA, Frankreich oder Niederlande werden außerdem Expertengruppen zur Entwicklung und experimentellen Prüfung evidenzbasierter verhaltensökonomischer Politikinstrumente eingesetzt, die im Sinne eines staatlichen „Big Nudging" das Verhalten der Bürger regulieren sollen (vgl. Ulbricht u.a., 174ff.; Morozov 2014). Die Extremform einer Demokratie ohne Bürger geht von einem technokratischen Verständnis von Politik als Problemlösen und Codierung sozialer Abläufe aus, ganz im Sinne der „Sozialphysik" oder eines „Social Engineering" (vgl. Morozov 2014; Wiegerling 2023, 77; Heesen 2020, 293). Noch ist es aber lediglich ein Schreckensszenario, dass Algorithmen die Staatsgewalt mehr und mehr übernehmen und in der Algokratie also Maschinen die Menschen beherrschen.

Eine radikale Form der Algokratie mit einer vollständigen Machtübernahme durch Algorithmen ist ethisch klar zu verurteilen, weil die Entmündigung und Manipulation der Bürger eine Verletzung ihrer Menschenwürde und Grundrechte darstellte. Die Kritik am chinesischen antidemokratischen Modell einer Verhaltensökonomie über Datenerhebung und -auswertung ist oben bereits erfolgt, und paternalistische Nudges im öffentlichen Interesse sind wie gezeigt nur ethisch akzeptabel im Verein mit Aufklärung und Beratung (s. Kap. 3.2.2.2). Politisch betrachtet steht die technokratische Utopie einer Demokratie ohne Bürger in großem Gegensatz zur demokratischen Idee der Volksherrschaft (vgl. Richter, 215; Heesen 2020, 293). Für manche demokratiemüde Bürger mag es zwar verlockend klingen, wenn Algorithmen Entlastung versprechen von mühseligen politischen Aushandlungsprozessen. Trügerisch sind aber Hoffnungen, Algorithmen könnten auf der Grundlage riesiger Datenmengen in Windeseile eine „für alle" optimale Lösung ermitteln, z.B. zu komplexen Fragen wie Migrations- oder Klimakrise. Optimale Entscheidungen für alle kann es höchstens in geschlossenen und homogenen Gesellschaften geben, nicht aber in offenen und pluralistischen (vgl. Grunwald 2019, 177). Was das gemeinsame Gute, das **Gemeinwohl** oder **öffentliche Interesse** genau sei, lässt sich nicht als „General Will 2.0" aus einer bloßen Verhaltens- und Zustandsanalyse der Bürger oder gar einem „Unbewussten des Volkes" errechnen (vgl. dazu Himmelreich, 672ff.). Es erfordert vielmehr ein fortgesetztes gemeinsames Ringen um die Harmonisierung divergierender Interessen und um das normativ Richtige bei der Gestaltung des Zusammenlebens (vgl. Grunwald 2019, 178f.; Heesen 2020, 295f.). Im Austausch von Gründen und Argumenten müssen wichtige Anliegen des Gemeinwohls wie Sicherheit oder Gesundheit konkretisiert und bei der Umsetzung gegen individuelle Freiheitsrechte abgewogen werden. Traditionelle Wenn-Dann-Algorithmen wären dann lediglich technische Hilfsmittel, um demokratische Beschlüsse z. B. bezüglich einer gerechten Verteilung von Energie oder medizinischen Gütern umzusetzen. Politik und Ethik sind **kritische** und **normative Disziplinen**, bei denen nicht nur das „Was" oder Resultat zählt, sondern auch das „Wie" der demokratischen Meinungs- und Willensbildungsprozesse (vgl. Wagener, 375; 385f.; Morozov 2014).

Wohlinformierte, tragfähige politische Entscheidungen setzen aber natürlich fundierte wissenschaftliche und empirische Erkenntnisse voraus, weshalb in Demokratietheorien immer wieder eine Epistemokratie in Erwägung gezogen wird (vgl. dazu Heesen 2020, 293; s. Kap. 2.3). KI-Systeme sind insoweit zu begrüßen, als sie komplexe Sachverhalte oder Zukunftsszenarien z. B. bezüglich Klimakrise für die Bevölkerung verständlich aufbereiten. Inakzeptabel wären aber Empfehlungen scheinbar alternativloser Entscheidungen in Verbindung mit dem Automation Bias, wenn sie politische Diskurse und eine demokratische Öffentlichkeit zurückdrängen (vgl. Rieger, 213; s. Kap. 3.2.1). In den vorherrschenden indirekten Demokratien können sich die Bürger allerdings nicht direkt an der politischen Gestaltung beteiligen, und viele fühlen sich von den Politikern unzureichend repräsentiert. Lediglich nach einem radikalliberalen Demokratie(miss)verständnis könnten Algokratien zu bürgernäheren Volksentscheiden führen, weil umfassende algorithmische Steuerungssysteme die Verhaltensweisen und faktische, bewusste oder unbewusste Wünsche der Bürger oft besser kennen als diese selbst (vgl. dazu Heesen 2020, 292; s. Kap. 3.2.2). Gemäß dem hier vertretenen anspruchsvolleren **deliberativen Demokratieverständnis** müssen jedoch die Bürger in öffentlichen Diskursen gemeinwohlorientiert denken und ihre Standpunkte in der Auseinandersetzung mit entgegenstehenden Argumenten korrigieren. Die verstärkte Tendenz zur Erhebung privater Meinungen und Interessen und zur Mustererkennung in faktischen und historischen Zusammenhängen im Big-Data-Zeitalter könnte die normative Orientierungsfunktion öffentlicher Kommunikation schwächen (vgl. ebd., 297ff.; Rieger, 213). Angesichts des fundamentalen Gegensatzes von begründeten Urteilen in einer demokratischen Öffentlichkeit und Resultaten von automatisierten Datenanalysen müssen Empfehlungen von Algorithmen Hilfsmittel oder Ergänzungen der Regierungsarbeit bleiben. Im Sinne einer

Problemheuristik können sie Hinweise geben auf soziale Probleme oder Unmut der Bevölkerung über politische Maßnahmen bzw. Versäumnisse, ohne aber menschliche Urteilskraft ersetzen zu können. Ein selbstlernendes, eigenständig Ziele setzendes AI-Government mit intransparenten Entscheidungen und einer Entmündigung der Menschen ist abzulehnen (vgl. Wagener, 388).

<table>
<tr><td colspan="2">Algokratie (weit): "Herrschaft der Algorithmen" (wörtl.) ≈ algorithmische soziale Steuerung, insbesondere in Regierung und Verwaltung
Algokratie (eng): Regierungsform oder Gesellschaftsordnung, bei denen Prozesse der politischen Entscheidungsfindung oder -umsetzung ganz oder überwiegend von Algorithmen gesteuert werden
AI-Government: Algokratie, bei der nicht nur menschlich definierte Wenn-Dann-Algorithmen, sondern Methoden des maschinellen Lernens eingesetzt werden</td></tr>
<tr><td>Demokratie:
Herrschaft des Volkes</td><td>Algokratie:
Herrschaft der Algorithmen</td></tr>
<tr><td>Politik als normative Disziplin: Selbstorganisation der Bürger</td><td>Politik ohne Bürger: algorithmische kybernetische Selbstregulationssysteme</td></tr>
<tr><td>normativ: argumentativ begründete Urteile und gemeinsame Bestimmung des Gemeinwohls</td><td>deskriptiv: Meinungsumfagen und Datenanalysen zur Ermittlung des angeblichen Optimums für alle</td></tr>
<tr><td>es zählt das Wie der Entscheidungsfindung</td><td>es zählt nur das Was, das Resultat</td></tr>
<tr><td colspan="2">ethische Forderungen:
• kein Zurückdrängen der demokratischen Öffentlichkeit
• keine Entmündigung der Bürger durch AI-Governance
• Algorithmen nur Ergänzung/Hilfsmittel des Regierens</td></tr>
</table>

3.3 Konfliktfelder KI-basierter Roboter und virtueller Akteure

In Kapitel 3.2 standen die Datafizierung und der Umgang der Menschen mit den anwachsenden Datenmengen auf dem Prüfstand, die sich durch Data Mining auf Muster und Korrelationen hin durchforsten lassen: Menschen werden im Big-Data-Zeitalter immer stärker überwacht, quantifiziert und nach verschiedenen Kategorien klassifiziert, um mittels datengestützter Prognosemodelle Einfluss auf ihr Verhalten oder ihre Lebensgestaltung auszuüben. In diesem Kapitel soll es nun um eine etwas andere Form von Interaktionen zwischen Menschen und Maschinen gehen. Denn hier treten Menschen mit KI-Systemen als „Entitäten" in Kontakt, die identifizierbar und in gewisser Weise einzigartig sind. Zu **Entitäten**, also „Seiendem" (von lat. „ens": „seiend; Ding"), zählt ganz allgemein alles, was existiert: physische Personen oder Objekte wie Computer, Roboter, Pflanzen oder Steine in der raumzeitlichen Welt; aber auch Datensätze, Programme oder Avatare in einem virtuellen oder Software-Raum. Wenn Roboter dank der Methoden des maschinellen Lernens immer intelligenter und autonomer werden, können sie immer mehr Tätigkeiten und Interaktionsformen von Menschen übernehmen. Ein großes Faszinosum stellen seit jeher menschenähnliche, d. h. **humanoide Roboter** dar. Diese ziehen nicht nur in Science-Fiction-Literatur und -Filmen, sondern auch in Diskussionen über KI und Robotik am meisten Aufmerksamkeit auf sich (s. Kap. 1.1.5). Es gibt bereits viele Prototypen von menschenähnlichen Pflegerobotern oder Sexrobotern, die in Zeiten von Pflegenotstand und zunehmender Einsamkeit menschliche Interaktionspartner mehr und mehr ersetzen könnten. Nur ein sehr kleiner Teil der Roboter ist humanoid, und bei Weitem nicht alle Roboter sind mit KI ausgestattet. Die Bau- und Funktionsweise von Robotern hat sich infolge verschiedener Entwicklungsschritte wie Computerisierung, gesteigerter Rechengeschwindigkeit, größerer Speicherkapazitäten für riesige Datenmengen und enormer Fortschritte in der KI-Forschung seit ihren Anfängen stark gewandelt.

Karel Čapek hat 1920 in seinem Drama *Rossums Universal Robots* als erster das tschechische Wort „robota" („Zwangsarbeit") für künstliche Menschen verwendet, die als Sklaven für das Unternehmen arbeiten mussten. Diese wurden in seinem Theaterstück allerdings chemisch hergestellt und in einem Tank gezüchtet, nicht mechanisch konstruiert (s. Kap. 1.1.5; Russell u. a. 1162). Entsprechend dieser ursprünglichen Bedeutung wurden zunächst lediglich humanoide künstliche Arbeiter als „Roboter" bezeichnet. Die bereits Jahrhunderte vorher entworfenen, teils wundersamen mechanischen Bewegungsapparate wie etwa spielende Musikanten, flatternde Enten oder auch ein Webstuhl Anfang des 19. Jahrhunderts wurden „Automaten" genannt, bis sich der neue Begriff im 20. Jahrhundert etablierte (vgl. Lenzen 2018, 80; Russell u. a., 1462). Erst im Zuge der Entwicklung immer komplizierterer Maschinen setzte er sich allmählich für sämtliche Variationsformen durch, die anstelle von Menschen bestimmte Tätigkeiten selbständig bzw. automatisiert ausüben können. Ein erster großer Entwicklungsschritt und der Beginn der Geschichte **moderner Roboter** war die Umstellung von einer mechanischen Steuerung z. B. über Lochkarten auf eine Programmierung durch elektrische Schaltkreise: Mitte des 20. Jahrhunderts wurden

Maschinen entwickelt, die über Software programmierbar waren und damit nicht mehr nur die gleichen mechanischen Bewegungsabläufe durchführen konnten. Als Vater der modernen Robotik gilt der amerikanische Erfinder George Devol, der 1954 das Patent für den ersten programmierbaren Industrieroboter unter dem Namen „Universal Automation" oder kurz „Unimate" anmeldete. Er verkaufte das erste Exemplar 1960 an „General Motors" (vgl. Lenzen 2018, 81; Russell u.a., 1162). Es handelte sich um einen typischen Knickarmroboter, der nun für ganz verschiedene Aufgaben wie Schweißen, Lackieren oder Stapeln einsetzbar war.

In diesem modernen Sinn lassen sich **Roboter** als komplexe und programmierbare Maschinen definieren, die meist von Computerprogrammen gesteuert und teilweise auch von Sensorsignalen geleitet werden, um automatisch oder (teil)autonom bestimmte Tätigkeiten in der Außenwelt auszuführen. Dabei gibt es sehr unterschiedliche Grade an Autonomie, und es werden oft auch ferngesteuerte Spielzeugroboter oder Drohnen dazu gerechnet, die lediglich als autonom *erscheinen*. Zu den Bestandteilen von Robotern gehören ein eigenständiger **Körper**, ein **Prozessor** als steuernde Einheit, **Sensoren** wie z.B. Kameras, Vibrations- oder Beschleunigungssensoren zur Umwandlung physikalischer Größen in elektrische Impulse und **Aktoren** („Effektoren") zur umgekehrten Umwandlung elektrischer Signale in mechanische Bewegung durch ein Programm (vgl. Loh 2019, 17; Decker 2016, 352; Bendel 2022, 251). Im ersten etablierten Bereich der Industrierobotik, in dem bis heute Roboter am weitesten verbreitet sind, blieb die große Mehrheit zwar immobil, „dumm" und wiederholt immer gleiche Tätigkeiten. Wenn die automatisch zu erledigenden Aufgaben aber komplexer werden und ein flexibles Reagieren auf sich verändernde Umgebungsbedingungen erfordern, müssen Roboter lernfähig werden. Denn solange sie ihre Umgebung nicht wahrnehmen können und beispielsweise mit ihrem Arm stets dieselben Greifbewegungen repetieren, können sie schon ein etwas abseits liegendes Werkstück auf den Fließbändern nicht ergreifen (vgl. Lenzen 2020, 82). Die Erfolge in der KI-Forschung ermöglichten einen zweiten bedeutsamen Entwicklungsschritt hin zu „KI-Robotern": Bereits 1966 wurde im Stanford Research Institute in Menlo Park der erste mobile und teilautonome Roboter mit einer Art KI präsentiert, der aufgrund seiner etwas wackligen Fortbewegungsart „Shakey" genannt wurde (vgl. ebd.; Ramge 2018, 35). Dieser konnte über Kamera und Sensoren seine Umgebung erkunden und die ihm per Funk von einem Zentralcomputer übermittelten Aufgabenstellungen durch selbständiges Planen und Ausführen von Aktionen lösen.

KI-Roboter oder **KI-basierte Roboter** sind Maschinen mit softwarebasierter KI, die über Sensoren in Echtzeit Informationen über die Welt sammeln und selbständig verarbeiten können und aufgrund ihrer Lernfähigkeit einen hohen Grad an Flexibilität und Autonomie beim Reagieren auf die Umgebung erreichen. Wo Roboter intelligente Entscheidungen treffen können, wird auch der Ausdruck „Sense-Plan-Act" verwendet (vgl. Bartneck u. a. 2019, 13). Roboter profitieren sowohl im Bereich der Sensorik z. B. beim Erwerb adaptiver Wahrnehmungstechniken als auch bei der Handlungsplanung und Strategiesuche von Methoden des maschinellen Lernens wie etwa dem bestärkenden Lernen („Reinforcement Learning") und können so ihre Fähigkeiten laufend verbessern (vgl. Russell u. a., 1135; 1153). Um Roboter zu trainieren, wird an unterschiedlichen Verfahren gearbeitet (vgl. Lenzen 2020, 83): Teilweise nehmen Forscher die Roboter bei der Hand, damit sie die Bewegungen der Menschen nachahmen können, oder das digitale Abbild eines Roboters lernt zunächst in einer simulierten virtuellen Welt. Die **Robotik** ist die wissenschaftliche Disziplin, die sich mit der Entwicklung, Steuerung und Produktion von Robotern beschäftigt (vgl. Bendel 2022, 260). In der öffentlichen Wahrnehmung und in der Kunst wie z. B. in Steven Spielbergs Film *A.I. – Artificial Intelligence* (2001) werden zwar KI und Robotik meist zusammengedacht. Allerdings war nur in den Anfängen der KI die Schaffung intelligenter Roboter wie „Shakey" tatsächlich eine zentrale Motivation der Forscher. Danach spalteten sich die beiden Disziplinen über Jahrzehnte in separate Forschungsgebiete mit eigenen Methoden, Konferenzen und Zeitschriften (vgl. Lindner, 110). Spezifische Fragestellungen der Robotik oder Robotertechnik sind etwa die maschinelle Wahrnehmung der Umwelt und das autonome Agieren in der physischen Welt. In der Künstlichen Intelligenz als Teilbereich der Informatik geht es hingegen primär um die Formalisierung und Algorithmisierung von Prozessen des Denkens und Problemlösens wie z. B. die Sprachverarbeitung. In der Gegenwart erfordert nun die „soziale Robotik" wiederum eine Zusammenführung der beiden Disziplinen, wenn Roboter mit Menschen interagieren sollen (vgl. ebd., 110 f.; s. Kap. 3.3.3).

Gemäß der zu Beginn von Kapitel 3 eingeführten Terminologie sind KI-basierte Roboter also physische KI-Systeme und „verkörperte" **rationale** oder **KI-Agenten**: Im engen Verständnis gehört es zu den wesentlichen Merkmalen von Robotern, dass sie einen physischen Körper haben und physikalisch in der realen raumzeitlichen Welt Veränderungen vornehmen können (vgl. Bartneck u. a. 2019, 13; Decker 2016, 552). Zu solchen „physischen Agenten" oder Robotern im engen Sinn zählen zwar durchaus etwa auch ein modernes Passagierflugzeug, ein vollautomatisierter Containerhafen oder eine mit einem Assistenzsystem ausgestattete altersgerechte Wohnung (AAL), die man auf den ersten Blick nicht als „Roboter" bezeichnen würde. Ausgeschlossen wären aber aufgrund des Verkörperungs-Kriteriums „virtuelle Agenten" oder „Softwareroboter" wie z. B. Chatbots, weil sie keine reale Gestalt haben und das Sensomotorische fehlt. Zu „Robotern" in einem weiten Sinn werden aber manchmal nicht nur **Hardware-Agenten** („Hardwareroboter") wie bei der engen Begriffsdefinition gerechnet, sondern auch **Software-Agenten**, „Softwareroboter" oder kurz **Softbots**, die als Softwareprogramme auf einer Hardware ablaufen und gewissermaßen nur in einer virtuellen Welt existieren (vgl. Bendel 2022, 251; Bendel 2021, 6; Loh 2019, 17). Dies erinnert an die Unterscheidung zwischen physischen und virtuellen KI-Systemen (vgl. Einleitung Kap. 3). Für die weite Begriffsverwendung spricht die Kurzform „Bot" für englisch „Robot" in Wortkombinationen wie Softbot oder Chatbot als Mini-Robotern. Ungeachtet der terminologische Präferenz für die enge Definition sollen in Kapitel 3.3 auch Softbots mitberücksichtigt werden. In der Überschrift werden daher noch „virtuelle Akteure" extra aufgeführt. Der in der Philosophie und den Sozialwissenschaften gebräuchliche, von französisch „acteur" abgeleitete Terminus **Akteur** steht dabei nicht nur für handelnde Personen, sondern wie in der Informatik viel allgemeiner auch für selbständig agierende, elektronisch gesteuerte Entitäten oder Agenten (vgl. Heinrichs u. a., 33; s. Kap. 3.3.1).

Bei **Softbots** oder **Bots** handelt es sich um Computerprogramme, die von Menschen bestimmte Aufträge wie z. B. das Optimieren von Suchmaschinen oder Verschicken von Nachrichten erhalten und diese selbständig oder automatisiert abarbeiten (vgl. Krüper, 70; Fuchs 2017, 144; Neef, 111). Nach ihrer Programmierung und Aktivierung agieren sie also meist ohne weiteres Zutun und menschlichen Einfluss. Je nach Einsatzbereich unterscheidet man „Social Bots" und „Chatbots": **Social Bots** oder auch „Social-Media-Bots" tragen das Attribut „sozial", weil sie von sozialen Medien aus arbeiten und mittels eines Fake Accounts und echt wirkenden Profilen mit Name, Fotos und Followern reale Nutzer vortäuschen. Es wird zwischen „guten" und „bösartigen" Social Bots („good"/"bad bots") unterschieden, wobei die bösartigen auf Plattformen die große Mehrzahl ausmachen dürften. Schädigende Ziele sind z. B. das Stehlen von Passwörtern oder anderer privater

Daten, versteckte Werbung für bestimmte Produkte oder Cyberangriffe mit Links zu schadhaften Websites. In Kapitel 2 zur Medienethik war bereits die Rede von der problematischen Einflussnahme auf die politische Meinungsbildung, indem massenhaft Beiträge verschickt, kommentiert oder gelikt werden (s. Kap. 2.2.2). Sie können aber auch mit Nutzern interagieren und synchron kommunizieren, sodass sie auch „sozial" im Sinne sozialer Aktivitäten mit Hinwendung und Gespräch wären (vgl. Bendel 2022, 284). Immer häufiger verfügen sie über KI und natürlichsprachliche Fähigkeiten und fungieren dann als „Chatbots". Konventionelle Social Bots reagieren allerdings lediglich auf bestimmte Wörter oder Hashtags wie „Essen" oder „Migranten" mit vorprogrammierten Formulierungsmustern. Auf die Aussage „Putin ist ein Diktator" könnte z. B. gekontert werden: „Ich glaube nicht, dass ..." (vgl. Preuß, 89). Es handelt sich dabei gewissermaßen um ein „digitales Reiz-Reaktionsschema", d. h. ein in der Programmiersprache festgelegtes Reaktionsverhalten (vgl. Krüper, 69 f.). Auch wenn diese Responsivität noch kein hinreichendes Kriterium für eine intelligente Kommunikation darstellt, kann sie in einfach strukturierten, schematisierten Kommunikationsabläufen für eine solche gehalten werden.

Der Anglizismus „Chatbot" setzt sich zusammen aus dem englischen Wort „chat" für „Unterhalten, Plaudern" und „bot". **Chatbots** sind Dialogsysteme, die textlich oder auditiv in natürlicher Sprache mit Menschen kommunizieren können (vgl. Bendel 2022, 44). Als erster Chatbot mit einer frühen Anwendung von KI gilt das von Joseph Weizenbaum 1966 entwickelte Programm ELIZA. Dieses vermochte auf der Basis von Mustererkennung teilweise bereits die überzeugende Illusion einer Kommunikation mit einem Menschen zu erwecken (vgl. Ramge 2018, 35). Berühmt wurde es in der Variante mit einem simulierten Psychotherapeuten, dem die Gesprächspartner intimste Geheimnisse anvertrauten. Einen ersten Hype erlebten Chatbots um die Jahrhundertwende, und 15 Jahre später kam es infolge der Entwicklungen in der KI und im NLP zu einem neuerlichen Aufschwung (vgl. Bendel 2022, 45): **Natural Language Processing (NLP)** ist ein Teilbereich der KI, der sich mit der Analyse, Verarbeitung und Generierung von Wörtern und Sätzen der menschlichen Sprache beschäftigt. Angesichts der hochkomplexen Grammatik, der Mehrdeutigkeit und der unendlichen Ausdrucksmöglichkeiten menschlicher Sprache ist dies ein äußerst anspruchsvolles technisches Unterfangen. Um bestimmte Sprachen und ihre Eigenheiten erfassen zu können, werden riesige Datenmengen und sogenannte Sprachmodelle benötigt. Viele neue Chatbots wie z. B. ChatGPT basieren auf **großen Sprachmodellen** (engl. **Large Language Models, LLM**), die dank Deep Learning anhand von enormen Textmengen immer bessere Wortvorhersagen machen können: Ohne vollständiges Verständnis der Bedeutung der Worte wählen sie allein aufgrund der statistischen Wahrscheinlichkeit, mit der ein Wort in einem bestimmten Kontext auf ein anderes folgt, passende Wörter oder Silben aus (vgl. Zweig 2023, 137). So kann z.B. der Satz „Ich gehe schwimmen, weil das Wetter ..." ergänzt werden mit „schön ist" aufgrund der Häufigkeit dieser Wortverbindungen. Das Adjektiv „groß" bezieht sich dabei auf die gigantischen Mengen der verwendeten Texte und die Milliarden von Parametern, die im langen Trainingsprozess gelernt bzw. berechnet werden.

Es gibt zahlreiche Anwendungsmöglichkeiten von Chatbots, die auf KI-Sprachmodellen basieren. Eine anspruchsvolle Variante sind virtuelle Assistenten wie Google Assistant oder auch Sprachassistenten wie Siri oder Alexa, die statt textuell auditiv realisiert sind und wegen ihrer Stimme („voice") auch als „Voicebots" bezeichnet werden (vgl. Bendel 2022, 44). **Virtuelle Assistenten** sind generell Dialogsysteme, die auf Anfrage der Nutzer vielfältige Aufträge wie z.B. das Bestellen einer Pizza, das Buchen von Reisen oder die Auskunft über die aktuelle Wetterlage via Internet erledigen. Beliebt sind auch Kundenberater in Unternehmen, die den Interessenten Produkte oder Dienstleistungen erklären und ihre Fragen beantworten. Eine weitere Anwendung stellt der Chatbot ChatGPT dar, der in einer ersten Version 2018 eingeführt wurde. **GPT** in **ChatGPT** steht für „Generative Pretrained Transformer" und meint KI-Modelle, die auf einer Transformer-Architektur basieren und für die Textgenerierung entwickelt wurden. „Transformer" sind spezielle neuronale Netzwerke, die insbesondere Beziehungen zwischen den Wörtern unabhängig von ihrer Position beachten und damit Kontextinformationen besser einbeziehen können. Das Adjektiv „pretrained" bezieht sich auf die erste Phase des Trainingsprozesses: Bei diesem „Vortraining" („Pretraining") wird anhand riesiger Textmengen (z.B. Büchern, Artikeln, Blogs) eine allgemeine sprachliche Kompetenz erlangt. Im zweiten Schritt der Feinabstimmung („Fine-Tuning") wird das KI-Modell dann an Texten aus einem spezifischen Kontext (z.B. Texte von Shakespeare) trainiert, um das KI-Modell in diesem Bereich zu spezialisieren. Für eine andere Spezialisierung kann man das vortrainierte Modell heranziehen und lediglich den zweiten Schritt im neuen Kontext wiederholen. „Generativ" sind diese Systeme, weil sie passend zur Art der Fragen neue Inhalte wie z.B. Texte, Bilder oder Videos erstellen bzw. „generieren" (s. Kap. 3.3.4).

GPT-3 wurde Ende 2022 für die Öffentlichkeit frei zugänglich gemacht, und inzwischen gibt es bereits GPT-4. Die überaus leistungsstarke und vielseitige Technologie dient auch der Erstellung von Chatbots oder Voicebots, die als Allzweckagenten z. B. in Roboter integriert werden können.

Viele Chatbots werden graphisch erweitert und simulieren ein menschliches Aussehen als Avatar. Der Begriff „Avatar" stammt aus dem Sanskrit und steht im Hinduismus für die Inkarnation eines Gottes in irdischer Gestalt (vgl. Bendel 2022, 18). **Avatare** sind zwei- oder dreidimensionale virtuelle Repräsentationen von realen Personen im Internet, die meist ein menschenähnliches Aussehen haben und teilweise von Menschen oder einer KI-Software gesteuert werden und mit anderen Avataren oder Personen im virtuellen Raum interagieren können. Manchmal sind es auch fiktive Figuren oder Phantasiewesen, die jede beliebige Gestalt annehmen können. Avatare repräsentieren häufig Figuren mit bestimmten Funktionen in Chatbots und treten etwa als Kundenberater oder Nachrichtensprecher auf. Sie bevölkern aber auch kollektiv genutzte virtuelle Räume wie Chats, Spielwelten oder webbasierte Lern- und Arbeitsumgebungen. Zu einem Hype führte Ende 2022 die KI-Avatar-App „Lensa AI", die mithilfe von KI aus mindestens zehn von den Nutzern heruntergeladenen Selfies Avatare erstellen kann. Dutzende Bilder in verschiedenen Kunststilen werden generiert, gegen die allerdings neben datenschutzrechtlichen Bedenken auch Sexismusvorwürfe erhoben wurden. Insbesondere Künstler präsentieren sich immer häufiger als 3D-Avatare. Sie müssen sich dafür fotografieren lassen, und ihre Bewegungen werden über einen Ganzkörper-3D-Scan mit Sensoren und Kameras eingefangen. Nicht nur der künstlerischen Freiheit sind dann keine Grenzen mehr gesetzt, sondern für Deep Fakes mit böswilliger Absicht bieten sich ganz neue Möglichkeiten. 2022 traten die gealterten Musiker der Band ABBA als täuschend echt wirkende jugendliche Avatare bzw. Hologramme auf einer eigens hergestellten Arena auf. **Hologramme** sind dreidimensionale Abbildungen, die mit bestimmten Aufnahmetechniken und spezieller Beleuchtung erzeugt werden und den Figuren eine physische Präsenz im realen Raum vermitteln. In den USA und Asien hat sich bereits eine „Digital Afterlife Industry" (DAI) etabliert, die eine Interaktion mit Verstorbenen über Chatbots und deren Avatare ermöglicht (s. Kap. 3.3.3.3) Bisweilen werden sogar physische Realisationen in Robotern als Avatare bezeichnet, wenn diese z. B. stellvertretend für ein krankes Kind zur Schule gehen und von diesem ferngesteuert werden (vgl. ebd., 22).

<table>
<tr><td colspan="2">Roboter: komplexe programmierbare Maschinen, die automatisch oder (teil)autonom bestimmte Tätigkeiten verrichten
KI-basierte Roboter (KI-Roboter): Roboter, die dank KI-basierter Software lernfähig und zu flexiblem Reagieren auf veränderte Umweltbedingungen in der Lage sind</td></tr>
<tr><td>enge Definition von Roboter</td><td>weit: zusätzlich noch Softbots</td></tr>
<tr><td>mit physischem Körper in der realen Welt
z. B. humanoide oder Industrieroboter</td><td>reine Softwareprogramme in virtueller Welt
z. B. Chatbot, virtuelle Assistenten</td></tr>
<tr><td colspan="2">Softbot oder Bot: (Kurzform zu engl. „Software" und „Robots"): Computerprogramm, das im Auftrag von Menschen selbständig bestimmte Aufgaben erledigt
Social Bot: Bot, der von sozialen Medien aus arbeitet und mit einem fiktiven Profil echte Nutzer vortäuscht
Chatbot: Dialogsystem, das textlich oder auditiv in natürlicher Sprache mit Menschen kommunizieren und z. B. Texte generieren oder übersetzen kann
virtueller Assistent: Dialogsystem, das auf Anfrage der Nutzer bestimmte Aufgaben erledigt, z. B. virtueller Kundenberater, Alexa/Siri (Sprachassistenten)
Avatar: virtuelle Repräsentation von realen Personen im Internet, z. B. Simulation von Kundenberatern im Chat</td></tr>
</table>

Roboter- und Maschinenethik

Zwei relativ junge Disziplinen beschäftigen sich mit dem moralischen Handeln *gegenüber* Robotern oder *von* Robotern: Sowohl die „Roboterethik" als auch die „Maschinenethik" sind Teildisziplinen der **KI-Ethik**, sofern es um KI-basierte Roboter geht und mit „Maschinen" im weiten Sinn von englisch „machine" auch KI-Systeme gemeint sein können. Die beiden Disziplinen überlappen sich infolge der wachsenden Bedeutung der KI-Technologien immer stärker und werden teilweise synonym verwendet. Häufig wird die Roboterethik als Spezialgebiet der Maschinenethik aufgefasst (vgl. Bendel 2022, 254; Loh 2019, 10f.). Dies scheint rein aus terminologischen Gründen nahezuliegen, weil alle Roboter Maschinen, aber nicht umgekehrt alle Maschinen auch Roboter sind. Es lassen sich aber auch verschiedene Schwerpunktsetzungen oder unterschiedliche Blickrichtungen der Roboter- und Maschinenethik unterscheiden (vgl. Misselhorn 2019, 8; Müller, 29; Gordon u. a., 2.a.): Während die Roboterethik im ganz traditionellen Sinn eine „Menschenethik", d. h. eine Ethik für Menschen zum Zweck des moralisch richtigen menschlichen Handelns darstellt, ist die Maschinenethik wesentlich eine Ethik von Menschen für Maschinen bzw. für das moralische Verhalten der Maschinen gegenüber den Menschen.

Die interdisziplinär angelegte Roboterethik ist eine (Teil-)Bereichsethik der Angewandten Ethik, die sich mit moralischen Problemen in bestimmten menschlichen Handlungsfeldern befasst. Genauer lässt sie sich der bereits etablierten Bereichsethik der „Technikethik“ zuordnen (s. Kap. 1.2.4; Fenner 2022, 299): Ebenso wie die Technikethik oder Naturethik befasst sie sich mit dem ethisch richtigen Umgang der Menschen mit einem nicht menschlichen Gegenüber, seien es Werkzeuge und Maschinen oder die außermenschliche Natur (vgl. Loh 2019, 10). **Roboterethik** wäre so gesehen ein Teilbereich der Technikethik, der sich mit den ethischen Problemen bei der Entwicklung, Herstellung und Verwendung von Robotern befasst (vgl. Misselhorn 2019, 47; Loh 2019, 9; Funk, 11 f.). Dabei rücken aber typisch maschinenethische Fragen nach der Entwicklung „moralischer Roboter“ immer mehr in den Fokus (so bei Schmiljuhn u. a.).

Auch die Maschinenethik kann als Bereichsethik oder Teil der Technikethik gelten, sofern es um den Einsatz „moralischer Maschinen“ z. B. im Krieg oder in der Pflege geht. Im Zentrum der Maschinenethik steht aber nicht die Moral von Menschen, sondern die Moral von Maschinen bzw. KI-Systemen, sodass sie ein „Pendant zur Menschenethik“ bildet (Bendel 2018, 35; vgl. auch Müller, 29; Gordon, 101f.). Genauso wie die Ethik eine „Theorie der Moral“ von Menschen ist, wäre dann die **Maschinenethik im engen Sinn** die „Theorie der künstlichen Moral“ von Maschinen: Während die KI-Forschung ganz allgemein versucht, menschliche kognitive Leistungen zu simulieren, beschäftigt sich das neue Forschungsfeld Maschinenethik im Schnittfeld von Philosophie, Informatik und Robotik damit, ob und wie moralisches Entscheiden und Handeln durch KI-Systeme modelliert werden kann (vgl. Misselhorn 2022, 31; Bartneck u. a. 2019, 30; Bendel 2022, 173f.). Der Gegenstandsbereich der Maschinenethik umfasst dabei nicht nur Roboter, sondern auch andere Technologien wie z. B. Computer, Smartphones oder Assistenzsysteme. Bezüglich der Nachbildung künstlicher Moralität stellen sich zunächst Fragen der **Metaethik** als einer Art „Wissenschaftstheorie der Ethik“, die sich mit den sprachlichen, erkenntnistheoretischen und ontologischen Grundlagen der Ethik befasst (vgl. Fenner 2022, 20; Misselhorn 2019, 46): Können Maschinen moralisch handeln und welche Fähigkeiten müssten sie dafür aufweisen? Relevant sind aber auch Fragestellungen der **normativen Ethik** wie diejenigen, welche Moraltheorien für eine künstliche Moral zu verwenden sind und ob Maschinen überhaupt moralische Entscheidungen treffen sollen. In einem weiteren Sinn ist die Maschinenethik nicht nur normativ in diesem Sinn einer „allgemeinen

Ethik“, sondern behandelt auch spezifischere, praxisorientierte Fragen der **Angewandten Ethik**: Welche Auswirkungen auf das individuelle oder gesellschaftliche Leben sind zu befürchten, wenn moralische KI-Systeme in den verschiedenen Anwendungsformen wie z.B. autonomes Fahren, Militärroboter oder Pflegeroboter zum Einsatz kommen? In diesem **weiten Verständnis** einer Angewandten Ethik sind die Schnittbereiche mit der Roboterethik offenkundig, die den Umgang der Menschen mit Problemen bei der Verwendung von Robotern (als verkörperten KI-Systemen) reflektiert.

Roboterethik: Teilbereich der Technikethik, der sich mit den ethischen Problemen bei der Entwicklung, Herstellung und Verwendung von Robotern befasst
= Teildisziplin der KI-Ethik, sofern eingeschränkt auf **KI-basierte Roboter** wichtigste Typen von Robotern: • **Industrieroboter**, mit KI z. B. Kollaborationsroboter, autonome Fahrzeuge • **Serviceroboter**, mit KI z. B. soziale Roboter (Pflegeroboter und Sexroboter)
Maschinenethik: junge Disziplin im Schnittfeld von Philosophie und Informatik, die sich mit den theoretischen und ethischen Fragen beschäftigt, ob und wie KI-Systeme mit moralischen Fähigkeiten oder einer künstlichen Moral ausgestattet werden können und ob dies für Menschen wünschenswert ist **kurz**: Theorie der künstlichen Moral („Artificial Morality“)
metaethische Dimension: Können Maschinen moralische Akteure sein? **normative Dimension**: Welche Ethik soll ihnen implementiert werden? **Dimension Angewandter Ethik** (weites Verständnis): Welche Auswirkungen hat die Anwendung künstlicher moralischer Akteure für die Menschen? → beim weiten Verständnis: Überschneidung mit **Roboterethik**

Im Laufe der oben skizzierten enormen Entwicklungen seit der Mitte des 20. Jahrhunderts hat sich die Akzeptanz und Bewertung von Robotern in der Bevölkerung gewandelt. In der ersten Phase der sich etablierenden **Industrieroboter** überwogen die Hoffnungen, dass diese den Menschen langweilige, schmutzige und gefährliche Arbeit abnehmen würden (vgl. Misselhorn 2019, 7; Loh 2019, 20): Wenn Menschen freigestellt werden von monotonen Tätigkeiten an Montage- und Fließbändern etwa in der Automobil- oder Elektroindustrie, könnten sie sich kreativen und sinnstiftenden Aktivitäten zuwenden. Auch im zweiten großen Bereich neben der Industrierobotik, der Servicerobotik, wurde und wird das beeindruckende Innovationspotential durchaus begrüßt. Zu **Servicerobotern** werden alle Roboter jenseits der industriellen Produktion gezählt, die immer mehr Dienstleistungen und Hilfestellungen aller Art übernehmen und die Menschen so entlasten (vgl.

Bendel 2022, 267f.; Decker 2016, 352; Wiegerling 2023, 148f.). Zu denken ist etwa an Haushalts- und Gartenroboter wie Rasenmäh- oder Staubsaugroboter, an Melk- und Ernteroboter in der Landwirtschaft, an Erkundungs- und Militärroboter für das Auskundschaften unzugänglicher oder gefährlicher Areale sowie das weite Feld von Unterhaltungs- und Spielzeugrobotern. Bislang erst als Prototypen unterwegs sind Transport- und Lieferroboter z.B. für Pakete oder Einkäufe, Informations- oder Navigationsroboter in Museen oder auf Messegeländen oder Sicherheits- und Überwachungsroboter in Einkaufszentren oder Parks. Den Höhepunkt oder gleichsam eine Überbietung der Serviceroboter stellen **soziale Roboter** dar, die meist menschenähnlich gestaltet sind und mit Menschen kommunizieren und interagieren können (vgl. Bendel 2022, 292; Wiegerling 2023, 149). Dazu zählen etwa Therapie-, Pflege- oder Sexroboter, die mehr und mehr das individuelle und gesellschaftliche Leben prägen könnten. Kapitel 3.3.3 ist daher der sozialen Robotik gewidmet.

Während die in Produktions- und Lagerhallen festgeschraubten Industrieroboter durch Zäune oder Lichtschranken von Menschen abgeschirmt und isoliert waren und diesen lästige monotone Arbeiten abnahmen, drängen soziale Roboter auf die Straßen und bevölkern zunehmend unsere Lebenswelt. Sie könnten uns bald schon auch in Europa wie in den USA und China an der Hotelrezeption oder im Flughafen begrüßen, uns durch Museen oder Messehallen begleiten oder als Polizisten auf Streife gehen. Je intensiver soziale Interaktionen mit Servicerobotern insbesondere im privaten oder intimen Bereich werden, desto stärker werden Bedenken einer möglichen Überwachung und Manipulation. Wenn autonome KI-Systeme in immer neue anspruchsvolle menschliche Tätigkeitsfelder Einzug halten, werden die willkommenen Werkzeuge und Helfer auch zu Konkurrenten. Es droht der Verlust von immer mehr Arbeitsplätzen. Als problematisch wird zudem angesehen, dass sogenannte soziale Roboter Gefühle nur vortäuschen und sie gar keine „echten" sozialen Beziehungen mit Menschen eingehen können. Noch viel größer ist freilich die Gefahr der Täuschung bei dreidimensionalen Avataren oder Chatbots. Im schlimmsten Fall könnten Hard- und Softwareroboter infolge einer Intelligenzexplosion die Menschen überflügeln, sich ihrer Kontrolle entziehen und von ihren Dienern zu Unterdrückern mutieren. Die KI-Ethik muss sich mit all diesen Herausforderungen möglichst frühzeitig beschäftigen, um zu klären, welche Entwicklungen überhaupt ethisch vertretbar sind. Die ersten beiden Kapitel widmen sich den wichtigsten Fragen der Roboter- und Maschinenethik, nämlich den Fragen nach dem moralischen Status und allfälligen Rechten von KI-basierten Robotern (**Kap. 3.3.1**) und den Möglichkeiten der Herstellung einer „künstlichen Moral" von Maschinen (**Kap. 3.3.2**). Die darauffolgenden Kapitel reflektieren die sich im Zusammenhang mit der sozialen Robotik ergebenden Risiken im Umgang und insbesondere in emotionalen Beziehungen mit künstlichen Gefährten (**Kap. 3.3.3**) sowie das Problem der fortschreitenden Ersetzung der Menschen durch Maschinen (**Kap. 3.3.4**).

3.3.1 Moralischer Status: moralische Akteure und Roboterrechte

Wie in der Einleitung skizziert, gehört es zu den Zielen der Maschinenethik als Teildisziplin der KI-Ethik, eine künstliche Moral („Artificial Morality") und moralische Maschinen herzustellen. Dabei geht es um die Modellierung oder Simulierung ganz besonderer menschlicher Fähigkeiten, die sich unter **künstliche moralische Intelligenz** („Artificial Moral Intelligence") zusammenfassen lassen (s. Kap. 3.1.1; Liao, 489): die Fähigkeiten, moralisch zu urteilen, zu entscheiden und zu handeln. In ihrem frühen Grundlagenwerk zur Maschinenethik *Moral Machines. Teaching Robots Right from Wrong* (2009) prägten Wendel Wallach und Colin Allen für solche moralische Maschinen den Ausdruck **artificial moral agents**, kurz **AMA**s (vgl. ebd., 4). Anstelle des englischen „agent" wird im Zusammenhang mit der Frage nach der Möglichkeit moralischer Handlungsfähigkeit von Maschinen zu Deutsch meist nicht von „Agenten" als direkter Übersetzung, sondern von „Akteuren" gesprochen (vgl. Missehlhorn 2019, 70; Loh 2019, 35). Sowohl die Bezeichnungen „agents" bzw. „Agenten" als teilweise auch „Akteure" werden dabei häufig in einem sehr weiten Sinn wie in der Softwareentwicklung und KI-Forschung verwendet (vgl. Müller, 30; Heinrichs u. a., 33; s. Kap. 3.3, Einleitung): **Akteure** sind dann sowohl physikalische Roboter als auch Softbots, nach Wallach/Allens Abkürzung „(ro)bots", die aus ihrer Umgebung Informationen empfangen und durch selbständiges „Agieren" bestimmte Ziele erreichen können (ebd., 3). Mit dieser Terminologie ist über die genaue Art und Weise der Handlungs- und Moralfähigkeit von Robotern oder virtuellen Akteuren aber noch nichts entschieden (s. Kap. 3.3.1.1). Aus einer theoretischen philosophischen Sicht stellt sich vielmehr zunächst die Frage, ob KI-Systeme oder Roboter überhaupt zu moralischem Handeln fähig sind (vgl. Misselhorn 2022, 31; Hammele u. a., 168; Coeckelbergh,

48). Es fällt in den Aufgabenbereich der philosophischen Ethik zu klären, welches genau die spezifischen erforderlichen „moralischen" Fähigkeiten sind. Entsprechend sollen im Folgenden in erster Linie die Bedingungen ermittelt und erläutert werden, die für moralisches Denken und Handeln (in bestimmtem Maß) erfüllt sein müssen.

Bei der Klärung der Frage, unter welchen Voraussetzungen technische Systeme als moralische Akteure und moralische Maschinen gelten können, stehen in dieser Ethik-Einführung also metaethische Überlegungen und begriffliche Analysen zu den Grundlagen der Moral im Vordergrund. Es werden dabei zwar auch Konzepte aus dem Bereich der „Philosophie des Geistes" herangezogen, ohne aber auf die Vielfalt der Theorien eingehen zu können. Die **Philosophie des Geistes** („Philosophy of Mind") ist eine Teildisziplin der theoretischen Philosophie, die sich mit mentalen Zuständen wie Gefühlen, Denken und Bewusstsein und ihrem Verhältnis zu körperlichen Zuständen befasst. Ihren Kern bildet das seit der Antike viel diskutierte philosophische **Leib-Seele-Problem**, das sich der ontologischen Frage nach der Einheit oder Verschiedenheit von Leib und Seele und ihrem Zusammenwirken im lebendigen Menschen widmet. Da die KI-Forschung sich mit der Beschaffenheit und Nachbildung zentraler kognitiver Fähigkeiten und mentaler Zustände („mind") des Menschen in Computern befasst, steht sie in engem Austausch mit der Philosophie des Geistes (vgl. Heinrichs u. a., 47). Ob und wie sich genau zukünftig mentale Zustände wie Denken, Bewusstsein oder Intentionen in Maschinen modellieren oder simulieren lassen, sind letztlich informatisch-technische Fragen. Sie fallen entsprechend nicht in den Kompetenzbereich der Philosophie, sondern der Informatik. Das junge Forschungsfeld der Maschinenethik befindet sich denn auch im Schnittbereich von Informatik und Philosophie (vgl. Misselhorn 2018, 29). Wenn Maschinen gar nicht mit moralischen Fähigkeiten ausgestattet werden könnten, würden sich jedoch viele Probleme der normativen und Angewandten (Maschinen-)Ethik erübrigen (vgl. Misselhorn 2019, 48). Im anderen Fall hingegen würde der Kreis moralischer oder möglicherweise sogar verantwortlicher Akteure über Menschen hinaus ausgedehnt. Die theoretischen Fragen sind also zweifellos ethisch relevant.

Von großer ethischer Bedeutung ist die Frage nach der Moralfähigkeit von Maschinen auch insofern, als ihre Beantwortung einen Einfluss auf ihren moralischen Status hat (vgl. Gordon u. a., 2.f.; Coeckelbergh, 47; Liao, 480). Einer Entität kommt ein **moralischer Status** zu, wenn sie für sich genommen wertvoll ist, um ihrer selbst willen moralisch „zählt" und zu berücksichtigen ist (vgl. Düwell 2011, 434; Fenner 2022, 65; 141; Liao, 482). Moralische Rücksichtnahme gegenüber anderen Entitäten kann sich aber nicht nur aus ihrem moralischen Status ergeben, sondern auch indirekt aus ihrem Wert für andere Entitäten (s. Kap. 3.3.1.2, „instrumenteller Wert"). Je höher der moralische Status einer Entität ist, desto höher ist ihre Schutzwürdigkeit und umso mehr muss sie um ihrer selbst willen respektiert werden. Den höchsten moralischen Status genießen Entitäten, denen Würde zukommt. Bislang galten nur Menschen als Träger von Würde. In der traditionellen Ethik wurde auch lange Zeit nur Menschen ein moralischer Status zugesprochen, weil nur Menschen zu moralischem Denken und Handeln fähig scheinen (vgl. ebd., 141). Dieser **Anthropozentrismus** geriet im 20. Jahrhundert allerdings immer stärker in die Kritik, wie in Kapitel 3.3.1.2 dargelegt wird. Für die Überwindung des Anthropozentrismus und die Ausweitung der moralischen Gemeinschaft über nichtmenschliche Entitäten hinaus war William Frankenas Unterscheidung zwischen „moral agents" und „moral patients" grundlegend (vgl. ebd., 141; Müller, 30; Seng, 70f.): Während **moral agents**, moralische Akteure oder **moralische Subjekte**, selbst moralisch handeln können, sind **moral patients** lediglich **moralische Objekte**, d.h. Objekte moralischer Berücksichtigung. Der Kreis von moralischen Objekten, die man gut oder schlecht behandeln kann, ist also wesentlich größer als derjenige moral- und handlungsfähiger Entitäten. In der Roboterethik werden klassischerweise zwei entsprechende Arbeitsfelder auseinandergehalten (vgl. Loh 2019, 35f.): Im ersten Feld werden Roboter als potentielle „moral agents" betrachtet und ihre für moralisches Handeln notwendigen Kompetenzen geprüft (s. unten, **Kap. 3.3.1.1**). Im zweiten wird hingegen gefragt, wie mit Robotern als „moral patients" umzugehen ist, selbst wenn sie nicht moralisch handeln können (**Kap. 3.3.1.2**). Auch das vorliegende Kapitel wird zur Strukturierung in diese zwei Teile gegliedert:

- (Ro)Bots als moralische Subjekte oder„moral agents" (Kap. 3.3.1.1)
- (Ro)Bots als moralische Objekte oder„moral patients" (Kap. 3.3.1.2)

3.3.1.1 Roboter als moralische Subjekte (moral agents)

In der Maschinenethik sehr einflussreich ist die Klassifikation des Philosophen James Moor, der vier Stufen moralischer Akteure mit immer höheren Ansprüchen unterscheidet (vgl. Misselhorn 2019, 70ff.; Wallach u.a., 33; Müller, 30): Auf der untersten Stufe der Hierarchie befinden sich **Ethical-impact**

Agents (1), sozusagen Maschinen mit ethischen Auswirkungen (vgl. Moor, 19). Darunter fallen sämtliche Maschinen, die durch ihre Anwendung moralisch relevante Folgen nach sich ziehen, auch wenn diese nicht beabsichtigt waren. So können nach Moors eigenem Beispiel Roboter den Menschen Gutes bringen, wenn sie Kinder als Kamel-Rennreiter ablösen, die z.B. in Katar wie Sklaven gehalten werden. Es ist zwar unbestritten, dass Algorithmen und KI-Systeme viele moralisch positive wie negative Konsequenzen haben können (s. Kap. 1.2.2). Die Zuschreibung von moralischer Akteurschaft allein aufgrund solcher äußerlicher, teils kontingenter oder durch eine bestimmte Anwendungsweise verursachter Folgen ist aber unplausibel und führte zu einer inflationären Begriffsverwendung. Es wären dann etwa auch Straßenbahnen oder eine Lawine als moralische Akteure zu bezeichnen, wenn z.B. letztere Menschen in den Tod reißt (vgl. Misselhorn 2019, 70; Loh 2019, 56). Bei **Implicit Ethical Agents (2)**, also impliziten moralischen Akteuren, liegt demgegenüber eine innere Verbindung vor zwischen den in ihre Konstruktionsweise eingeflossenen Werten und den Folgen ihrer planmäßigen Verwendung. Komplexere Maschinen sind meist keine bloß neutralen Werkzeuge, sondern werden als Mittel-Zweck-Verbindungen für gute oder schlechte Verwendungszwecke entwickelt und hergestellt (s. Kap. 1.2.1). Moor führt als ethisch positiv zu beurteilendes Beispiel das Warnsystem von Flugzeugen an, das zur Wahrung der Sicherheit der Passagiere bei Gefahren Alarm schlägt. Ein implizit unmoralischer Akteure wäre hingegen ein Glücksspielautomat, der Menschen gezielt abhängig macht. Auch bei solchen Maschinen als Mitteln zu eindeutig moralisch guten oder verwerflichen Zwecken wird der Terminus „Akteurschaft" aber sehr weit gedehnt.

Als terminologische Ergänzung zu Moors 4-Stufen-Modell kann zusätzlich noch Wallach/Allens Begrifflichkeit einer „operationalen", „funktionalen" und „vollen Moralität" herangezogen werden (vgl. Wallach u.a., 25ff.): Auf den beiden bislang erläuterten Stufen scheint es sich höchstens um eine **operationale Moral** zu handeln. Denn die den Maschinen zugesprochenen moralischen Qualitäten gehen hier ausschließlich auf die Konstrukteure oder Nutzer bzw. auf äußere Konsequenzen zurück. Im Gegensatz dazu sollen nun **Explicit Ethical Agents (3)** auf Moors dritter Stufe in einem eindeutigeren oder expliziten Sinn ethische Kategorien „repräsentieren" (vgl. Moor, 19f.). Eine Maschine könne im gleichen Sinn moralisch handeln („do" ethics), wie ein Schachprogramm Schach spielen könne: Genauso wie ein Schachprogramm die Regeln kennt, die Positionen auf dem Brett wahrnimmt und den bestmöglichen Zug berechnet, können explizit moralische Akteure moralisch relevante Informationen erkennen und verarbeiten und auf dieser Basis Entscheidungen treffen. Es dürfte dann insofern eine **funktionale Moralität** in der Terminologie von Wallach/Allen erreicht sein, als Maschinen moralische Herausforderungen erfassen und unter Einbezug moralischer Werte und Normen darauf reagieren können. Insbesondere in komplexen Katastrophenszenarien wie z.B. einem Hurrikan könnten Computer Moor zufolge sogar bessere ethische Entscheidungen treffen. Erst auf der vierten und höchsten Stufe handelt es sich aber um **Full Ethical Agents (4)**, d.h. um vollumfängliche moralische Akteure. Sie können explizit ethische Urteile fällen und diese auch vernünftig begründen (vgl. ebd., 20). Dazu zählen mindestens oder ausschließlich erwachsene Menschen, die gegenwärtig als einzige über die dafür notwendigen Bedingungen wie Bewusstsein, Intentionalität und einen freien Willen verfügen. Hier ließe sich dann nach Wallach/Allens Stufenfolge von einer **full moral agency**, also einer voll ausgebildeten Moralität sprechen. Aus ethischer Sicht wird vielfach behauptet, nur Entitäten mit diesen Eigenschaften und Fähigkeiten dürften überhaupt als moralische Akteure gelten. Moor selbst empfiehlt der Maschinenethik, sich auf explizit moralische Akteure als realistische Zielvorgabe zu konzentrieren.

Stufen-Modell moralischer Akteure nach James Moor (und der Moralität nach Wallach/Allen)

1. **Ethical-impact Agents**: Maschinen mit äußeren moralischen Konsequenzen
2. **Implicit Ethical Agents**: bei ihrer Konstruktion flossen Werte ein → **operationale Moral** (Wallach/Allen): Werte von außen in Maschinen
3. **Explicit Ethical Agents**: verarbeiten moralisch relevante Informationen → **funktionale Moral**: Maschinen repräsentieren Werte/Normen
4. **Full Ethical Agents**: können ethische Urteile vernünftig begründen → **voll ausgebildete Moralität**: mit Bewusstsein, Intentionalität und Willensfreiheit

Bedingungen für (moralische) Handlungsfähigkeit

Um die Frage nach der Handlungsfähigkeit im Allgemeinen und der moralischen Handlungsfähigkeit im Besonderen beantworten zu können, müssen die notwendigen Voraussetzungen für ihr Vorliegen benannt werden. Komplexe Konzepte wie „Autonomie“, „Rationalität“ oder „Bewusstsein“ sind in philosophischer Begriffsarbeit zu klären. Genauso wie beim Verständnis von „Intelligenz“ wird dabei meist von entsprechenden menschlichen Fähigkeiten ausgegangen. Es ist umstritten, ob eine metaphorische Übertragung auf Maschinen begrifflich durchgängig z. B. mit dem Zusatz „künstlich" wie bei „Künstlicher Intelligenz" und „künstliche (moralische) Akteure" oder „schwach" wie bei „schwacher KI" zu kennzeichnen ist. Dies betrifft bereits die basalen Begriffe des Handelns und der Handlungsfähigkeit. Nach einem traditionellen Verständnis in Philosophie und Rechtswissenschaft meint die auf den Menschen bezogene **Handlungsfähigkeit** die Fähigkeit, sich absichtlich und freiwillig Ziele zu setzen und durch die Wahl geeigneter Mittel entsprechende Veränderungen in der Wirklichkeit vorzunehmen (vgl. Fenner 2020, 39; 155; Haagen, 36 f.). Als Unterscheidungskriterium zwischen einem „Handeln" und einem bloßen „Verhalten", das jemandem wie z. B. ein Stolpern nur zustößt, dient die Intention oder Absicht des Handlungssubjekts (vgl. Fenner, 39 ff.; Siegetsleitner, 128). Moralische Handlungsfähigkeit läge vor, wenn bei der Auswahl der Ziele und Mittel moralische Gründe herangezogen werden. Eine **artificial moral agency** wird künstlichen Systemen aber aus einer phänomenologischen, behavioristischen Außenperspektive bisweilen bereits dann zugesprochen, wenn die erzielten Veränderungen in der Welt von außen als moralisch gut oder schlecht beurteilt werden können. Bei solchen Ethical-impact Agents handelt es sich aber eher um „quasimoralische Akteure" (vgl. Loh 2019, 49 f.; 56). Beim hier präferierten nichtreduktionistischen **multifaktoriellen Modell** moralischer Handlungsfähigkeit interessieren demgegenüber die internen Eigenschaften und Kompetenzen einer Akteursschaft. Dabei können die verschiedenen Faktoren graduell in unterschiedlichem Ausmaß vorliegen (vgl. Misselhorn 2019, 75).

Autonomie

Eine wichtige Bedingung für (moralische) Handlungsfähigkeit ist zweifellos die Freiheit oder Autonomie der Akteure. Wie bereits in Kapitel 1.3.1 gesehen, handelt es sich um ein vieldeutiges und komplexes Konzept. „Autonomie" geht zurück auf griechisch „autos": „selbst" und „nomos": „Gesetz" und lässt sich in einem stark von Kant geprägten Verständnis auf die kurze Formel einer vernünftigen Selbstbestimmung oder Selbstgesetzgebung bringen (vgl. Haagen, 54; Seng, 103; 107 f.; Mainzer 2019, 274). Die traditionell nur Menschen zugesprochene **Autonomie** oder **Willensfreiheit** meint die Fähigkeit, sich kritisch von inneren Trieben und äußeren sozialen Vorgaben zu distanzieren und mit Blick auf persönliche Werte oder Ideale eine begründete Wahl zwischen verschiedenen Handlungsmöglichkeiten zu treffen (s. Kap. 1.3.1). Nach der Terminologie von Stephen Darwall lassen sich verschiedene Formen von Autonomie unterscheiden (vgl. Misselhorn 2019, 76; Loh 2019, 60): **Personale Autonomie** meint die Fähigkeit, sich für persönliche Werte und Ziele zu entscheiden und sein Handeln danach auszurichten. **Moralische Autonomie** bezieht sich auf die eigenen ethischen Prinzipien und Überzeugungen und umfasst die Fähigkeit, diese zu reflektieren. Kants sehr exklusiver Autonomiebegriff setzt z. B. voraus, dass ein Akteur den Kategorischen Imperativ aufgrund vernünftiger Überlegungen als höchstes Moralprinzip erkennt und danach handelt. Im philosophisch anspruchsvollen Sinn einer solchen **starken Autonomie** können KI-Systeme zum gegenwärtigen Zeitpunkt nicht als „autonom" gelten und wären somit keine moralischen Akteure. Erst eine starke KI könnte sich kritisch zum eigenen Wollen verhalten und nach Gründen handeln. Eine willensfreie und sich selbst ihr eigenes Gesetz gebende, d. h. sich selbst programmierende Maschine könnte aber ohnehin zu einer großen Gefahr für Menschen werden und ist daher kaum erstrebenswert. Denn sie könnte sich dem Dienst der Menschen entziehen und nach eigenen Zielsetzungen handeln (vgl. Wiegerling 2023, 146; 148; Seng, 106). Es müsste dann zumindest garantiert sein, dass sie sich an moralische Normen und Werte der Menschen halten (s. Kap. 3.3.2).

Im Gegensatz zu einem solchen starken, am Menschen orientierten Autonomiekonzept wird der Begriff in der Maschinenethik wiederum in einem viel weiteren Sinn verstanden. Es empfehlen sich als Abgrenzung Präzisierungen wie **technische** oder **schwache Autonomie** (vgl. Decker 2021, 398; Loh 2019, 52). Die schwächste Form der **Handlungsautonomie** liegt bereits vor, wenn ein Verhalten nicht vollständig durch externe Faktoren bestimmt wird und einem Akteur zuschreibbar ist (vgl. Misselhorn 2019, 76; Bauberger u. a., 913; Seng, 106). Entsprechende Maschinen verfügen insofern in einem gewissen Maß über „Selbständigkeit" oder „Selbstursprünglichkeit", als sie zeitweilig ohne direkte menschliche Einwirkung tätig sein können. Auf dem niedrigsten Komplexitätsgrad von Maschinen bedeutete „Autonomie" lediglich **Automation**, d. h. die Automatisierung von Handlungen oder Entscheidungen. Wie ein Automat führen sie dann auf ein festgelegtes Signal immer die gleichen Aktionen aus bzw. gelangen bei gleichem Input stets auf gleiche Weise zum gleichen Output. Je intelligenter selbstlernende Systeme werden, umso mehr können sie ihre Verhaltenssteuerung durch eigene „Erfahrungen" verbessern und auf neue Lösungswege für komplexe Aufgaben oder unvorhergesehene Probleme stoßen. Zur Klassifizierung unterschiedlicher Grade maschineller oder künstlicher Autonomie wurden verschiedene Klassifikationssysteme entwickelt. Grobe Einteilungen unterscheiden nur wenige Kategorien wie „beschränkt autonom“, „teilautonom“ und „vollautonom“, andere differenzieren zehn oder mehr Stufen (vgl. Haagen, 54f.). Bei sogenannten autonomen Fahrzeugen werden z.B. fünf Stufen unterschieden: Auf der ersten Stufe des „assistierten Fahrens“ verfügt das Auto über einzelne automatisierte Funktionen wie z.B. einen Tempomat zur Regulierung der Geschwindigkeit, der bei neuen Fahrzeugen bereits Standard ist. Dann folgen die beiden gleichfalls schon realisierbaren Stufen „Teilautomatisierung“ (2) und „Hochautomatisierung“ (3), bei denen das Fahrzeug zwar in bestimmten Anwendungsfällen wie z.B. auf einer Autobahn eigenständig fahren kann, aber noch eine dauernde Überwachung oder doch die Bereitschaft zur Übernahme der Führung auf Bitte des Systems hin erfordert. Meist wird von „Autonomie“ erst auf den noch unerreichten Stufen des „vollautomatisierten Fahrens“ (4) und „autonomen Fahrens“ (5) gesprochen, bei denen das Auto unter normalen (z.B. Wetter-)Bedingungen oder unter allen Umständen sämtliche Fahrfunktionen übernehmen kann und die Pflicht zur Kontrolle entfällt (s. Kap. 3.3.2.2).

Rationalität

Noch nicht erwähnt wurde Darwalls Kategorie einer **rationalen Autonomie**, weil diese mit dem zweiten Kriterium für Handlungs- und Moralfähigkeit zusammenhängt: **Rationalität** meint die Disposition oder Fähigkeit, über Gründe für seine Meinungen oder Entscheidungen zu verfügen und sein Handeln an diesen Gründen orientieren zu können (vgl. Schnädelbach, 484). Auch Catrin Misselhorn eruiert als die zwei grundlegenden Bedingungen in der philosophischen Handlungstheorie zum einen die Selbstursprünglichkeit und zum anderen die Fähigkeit, sein Handeln an Gründen zu orientieren (vgl. 2018, 30). Um ihr Handeln zu reflektieren, Gründe für die eine oder andere Handlungsoption abzuwägen und eine Entscheidung gemäß den besten Gründen treffen zu können, müssen Entitäten über Sprachfähigkeit und eine minimale Intelligenz verfügen. Bei der „theoretischen Rationalität“ von Meinungen oder Überzeugungen wären Gründe der Evidenz zur Beantwortung der Frage anzuführen, wieso etwas für wahr gehalten wird. Bezüglich der „praktischen Rationalität“ von Handlungen geht es entweder um die Begründung eines ausgewählten Ziels hauptsächlich mit ethischen Argumenten („Zielrationalität“) oder im Zeichen der „Zweck-Mittel-Rationalität“ um die eher technische Frage, ob die Mittel zur Erreichung des Ziels effizient oder angemessen sind. Wenn in der Informatik der Begriff „rational agent“ für sämtliche Systeme mit Optimierungsfunktionen hinsichtlich vorgegebener Ziele steht, wird die Rationalität auf die instrumentelle oder Mittel-Zweck-Rationalität verkürzt. Ein effizienter pragmatischer Lösungsweg ist für ein technisches System ein guter Grund, entsprechend zu operieren (vgl. Seng, 107). Es ist aber durchaus möglich, dass Computersystemen darüber hinaus auch im Sinne einer normativen Zielrationalität bestimmte moralische Überzeugungen, Normen oder Prinzipien implementiert werden (s. Kap. 3.3.2). Doch handeln entsprechend programmierte KI-Systeme wirklich aus Gründen oder hat es nur den Anschein, als würden sie sich an Gründen orientieren? Können Maschinen wirklich denken und handeln oder simulieren sie diese Fähigkeiten bloß?

Diese Fragen sind heftig umstritten, wobei im Hintergrund oft verschiedene Theorien der „Philosophie des Geistes“ stehen. Nach einigen Philosophen wie etwa Daniel Dennett reicht es für ein Handeln aus Gründen, dass sich das Verhalten eines Systems durch eine solche Interpretation von außen besser verstehen lässt (vgl. Misselhorn 2019, 83). Im Gegensatz dazu verlangen andere Positionen gewisse innere Zustände eines KI-Systems, die seinen Gründen entsprechen und sein Verhalten verursachen. Für die Maschinenethik ist insbesondere der von Hilary Putnam mitbegründete „Funktionalismus“ interessant, der zum Vergleich des menschlichen Geistes mit einem Computerprogramm führte (vgl. ebd., 84; Loh 2019, 59; Heinrichs u. a., 51 ff.): Aus Sicht des **Funktionalismus** werden mentale Zustände durch ihre Rolle oder „Funktion“ bestimmt, die sie in der Kausalkette von einem Input, der bestimmte interne Verarbeitungsmechanismen auslöst, und dem Output spielen. Die Funktionen können durch unterschiedliche physische Zustände realisiert werden, so z. B. auch durch Algorithmen in einem Computer. Ein Computersystem kann Handlungsgründe wie Meinungen oder moralische Überzeugungen so repräsentieren, dass sie funktional äquivalent sind mit den entsprechenden mentalen Zuständen in einem menschlichen Gehirn. Ob eine Maschine hinreichende Ähnlichkeit zu moralischem Handeln aufweist, ließe sich anhand eines **moralischen Turingtests** überprüfen (vgl. Misselhorn 2019, 89; Heinrichs u. a., 55): Wenn Außenstehende keinen Unterschied zu einem menschlichen moralischen Akteur feststellen können, läge zumindest ein expliziter moralischer Akteur mit einer funktionalen Moral gemäß den oben erläuterten Stufenmodellen vor. Ein Staubsaugroboter, der z. B. Marienkäfer verschont, handelte nicht weniger moralisch als Menschen mit dem gleichen beobachtbaren Verhalten. Eine solche **funktionale Moralität** von Robotern ist gegenwärtig allerdings noch stark eingeschränkt z. B. auf das Staubsaugen. Gegen diesen behavioristischen Reduktionismus sprechen Argumente, die teilweise beim Turingtest schon erwähnt wurden und mit dem fehlenden Bewusstsein zusammenhängen (s. Kap. 3.1.1; nächster Punkt).

Bewusstsein

Der Funktionalismus sieht sich konfrontiert mit Searles **Chinese-Room-Argument** (s. Kap. 3.1.1): Selbst wenn ein Staubsaugroboter moralische Rücksichtnahme auf Marienkäfer an den Tag legt, versteht er die ethischen Gründe für dieses Verhalten nicht. Er hat keinerlei Verständnis davon, wieso das Aufsaugen von Marienkäfern falsch ist und wieso diese moralisch schützenswert sind. Noch viel weniger sind Maschinen fähig zu höherstufigen Reflexionen über die Legitimität verschiedener moralischer Normen oder Theorien, um diese aus eigener Einsicht anzuerkennen oder zu verwerfen (vgl. Huber, 163 f; Misselhorn 2019, 32). Um moralisch zu denken und zu handeln, reicht es nach Searles Argumentation nicht aus, Zustände mit bestimmten Bedeutungen zu haben. Vielmehr müssen Sinn und Bedeutung bewusst sein (vgl. ebd., 35). **Bewusstsein** steht für sämtliche mentalen Zustände oder Prozesse, zu denen es einen privilegierten Zugang aus der Perspektive der 1. Person gibt. Das **Qualia-Argument** weist auf die besondere qualitative Beschaffenheit von mentalen Zuständen, nämlich auf ihren subjektiven Erlebnisgehalt („Qualia") hin (vgl. Russell u. a., 1190; Budelacci, 143 f.; Bauberger, 139). So ist das persönliche Erleben beim Wahrnehmen oder Riechen einer roten Rose mehr als die Kenntnis oder die Nachbildung sämtlicher relevanter physikalischer Zustände und neuronaler Vorgänge. Neben einem solchen unmittelbaren **phänomenalen Bewusstsein** von Sinnesempfindungen oder Gefühlen gibt es aber auch noch ein rein **kognitives Zugangsbewusstsein**, bei dem kognitive Bewusstseinsinhalte zur rationalen Handlungskontrolle und meist auch für sprachliche Kommunikation verwendet werden können (vgl. Misselhorn 2019, 35 f.). Weil explizit moralische Akteure bei ihren auf Gegenstände gerichteten Überzeugungen, Wünschen oder Intentionen kein phänomenales Bewusstsein haben und echte Intentionalität nur über Programmierer und Nutzer ins Spiel kommt, spricht Misselhorn von „Quasi-Meinungen" oder „Quasi-Wünschen" (2019, 86). Selbst in der KI-Forschung wird es kontrovers beurteilt, ob und auf welche Weise Computer in naher oder ferner Zukunft Bewusstsein haben können (vgl. Metzinger, 99; Liao, 487 f.; Gordon u. a., 2.e.). Zu unterscheiden wären sicherlich verschiedene Stufen von Bewusstsein, da rudimentäre Formen eines kognitiven Zugangsbewusstseins schon bei Staubsaugrobotern vorhanden sind, die (Vorhersage-)Modelle ihrer Umgebung erstellen und sich selbst verorten und abgrenzen können. Ziel der Maschinenethik ist meist nur eine funktionale Moral von Maschinen, sodass ein Bewusstsein für die Praxis irrelevant wäre (vgl. Wallach u. a., 58; Misselhorn 2019, 87).

Personalität und Selbstbewusstsein

Zu den vollumfänglichen moralischen Akteuren zählen nur handlungsfähige Personen, die neben Bewusstsein und Intentionalität noch über weitere Fähigkeiten verfügen (vgl. Misselhorn 2019, 118 f.). Nicht alle Menschen gelten als Personen, so etwa nicht Embryonen oder Komatöse. Als Bedingungen für das Vorliegen von **Personalität** werden insbesondere das Zeit- und Selbstbewusstsein genannt, in moralischer Hinsicht Autonomie bzw. Willensfreiheit und Moralfähigkeit. **Selbstbewusstsein**, „reflexives" oder „Ich-Bewusstsein" meint sämtliche mentalen Akte eines Subjekts, bei denen es sich auf seine Eigenschaften und Bewusstseinsprozesse bezieht und sich selbst als denkendes Ich oder Persönlichkeit erkennt. Nach Thomas Metzinger können auch künstliche Systeme ein „Selbstmodell" entwickeln, das allerdings kein „Selbst" darstellt, sondern nur eine Repräsentation des Systems (vgl. Metzinger, 96 f.). Es fehlt ihnen ein „phänomenales Selbst", d. h. ein bewusst erlebtes Selbst mit einem Ichgefühl bzw. einer phänomenalen 1.-Person-Perspektive. Die oben schon angesprochene Frage nach dem subjektiven Innenleben wird als „Hard Problem" bzw. „schwieriges Problem des Bewusstseins" diskutiert (vgl. ebd., 97; Misselhorn 2019, 36). Beim philosophisch-ethisch bedeutsamen „normativen Selbst" spielen darüber hinaus höherstufige Reflexionen auf die eigenen Wünsche, Ideale und Wertvorstellungen eine zentrale Rolle, die eine Voraussetzung für Willensfreiheit bilden (s. Kap. 1.3.1). Im Unterschied zur „numerischen Identität" als Beständigkeit einer Person zu verschiedenen Zeitpunkten sind für die „persönliche Identität" diese reflexive Struktur und Selbstbeziehungen entscheidend. Aufgrund von Selbstbeobachtung und -reflexion legt eine Person in einem **normativen Selbstbild** fest, wer sie sein und wie sie leben will (s. Kap. 3.2.2.1). Sie hat die Fähigkeit, eine Vorstellung vom guten Leben, zukunftsbezogene Interessen, langfristige Ziele und Lebenspläne auszubilden. Solange dieses höchste Niveau einer „full moral agency" mit Bewusstsein, Intentionalität und Willensfreiheit nicht erreicht wird, können

Maschinen zwar in einem schwächeren Sinn handlungs- und moralfähig sein, nicht aber verantwortungsfähig. Denn **moralische Verantwortung** für ihr Handeln können nur Personen übernehmen, die willensfrei sind und die normativen Grundlagen ihrer absichtlichen Taten reflektieren und verändern können (vgl. Misselhorn 2019, 127 ff.; Heinrichs u. a., 37; 100). Es läge bei expliziten moralischen Akteuren also ein Sonderfall moralischen Handelns ohne moralische Verantwortlichkeit vor (vgl. Misselhorn 2018, 32; s. Kap. 3.4).

Bedingungen für Handlungs- und Moralfähigkeit
starke Handlungsfähigkeit: absichtlich und freiwillig eigene Ziele verfolgen können ↔ schwache „Agency“: Erreichung vorgegebener Ziele durch selbständiges Agieren **starke Autonomie** (Willensfreiheit): Fähigkeit zur vernünftigen Selbstbestimmung ↔ **schwache Autonomie**: Selbstursprünglichkeit ohne äußere Einwirkung **Rationalität**: Fähigkeit, sein Handeln an Gründen zu orientieren ↔ **Funktionalismus**: Gründe nur funktional äquivalent mit mentalen Zuständen **kognitives Bewusstsein**: Bewusstsein von intentionalen Überzeugungen/Wünschen ↔ **Funktionalismus**: kein Verständnis der Gründe, keine Erlebnisqualität **Personalität**: Fähigkeit, ein normatives Selbstbild und langfristige Ziele auszubilden
Funktionalismus: Position der Philosophie des Geistes, bei der mentale Zustände allein über ihre Rolle in Eingangs- und Ausgangsgrößen identifiziert werden
ethisches Gebot: Keine Maschinen mit Autonomie, Bewusstsein, Personalität (starke KI) herstellen! **Ziel der Maschinenethik**: Maschinen mit **funktionaler Moral (Explicit Moral Agents)** → im schwachen Sinn moralfähig, aber nicht verantwortungsfähig

3.3.1.2 Roboter als moralische Objekte (moral patients)

Während lange Zeit in wissenschaftlichen und öffentlichen Diskussionen die Frage nach Robotern als potentiellen moralischen Akteuren im Vordergrund stand, geht es immer häufiger auch um ihre angemessene Behandlung als „moral patients“. Angestoßen wurde eine weltweite Kontroverse über moralische und juridische Rechte von Robotern v. a. durch den politischen Vorstoß Saudi-Arabiens, das 2017 dem Roboter „Sophia“ die Staatsbürgerschaft verlieh. Es handelt sich um einen humanoiden Roboter der Honkonger Firma „Hanson Robotics", der ein weibliches Erscheinungsbild aufweist, über KI und Fähigkeiten zur Gesichtserkennung, zur visuellen Datenverarbeitung und Imitation von Mimik und Gestik verfügt. Auf der Website wird angekündigt: „We bring robots to life"; vielleicht werde Sophia eine „conscious, living maschine" (zitiert nach Nyholm 2020, 1 f.). Sie gab kurze Interviews in verschiedenen Talkshows und auf internationalen Politbühnen und stellte sich neben Angela Merkel für ein Selfie. Angesichts der letztlich doch bescheidenen und nur simulierten Fähigkeiten sprachen aber viele KI-Experten von „bullshit" oder einer „symbolischen Marketingaktion" (vgl. dazu ebd., 2 f.; Bauberger u. a., 925). Für Unmut in der Bevölkerung sorgte schon der Umstand, dass sich Sophia in Saudi-Arabien unverschleiert und ohne männlichen Vormund bewegen darf und somit mehr Rechte genießt als menschliche Frauen (vgl. Nida-Rümelin u. a. 2020, 27; Nyholm 2020, 191). Aber etwa auch Roboterhunde lösten schon Diskussionen aus zur Frage: „Is it cruel to cick a robot dog?" (CNN-Headline 2015, zitiert nach Nyholm 2020, 181). Anlass war ein Werbevideo der Firma „Boston Dynamics", in dem ein Roboterhund zum Test seines erstaunlichen Gleichgewichts u. a. getreten wurde. Um eine gesetzliche Regelungslücke bei Haftungsfragen autonomer Roboter mit KI zu schließen, gab das europäische Parlament 2017 der EU-Kommission die Prüfung des rechtlichen Status von Robotern in Auftrag. Der Rechtsstatus einer **elektronischen Person** oder **E-Person** würde Roboter zu Trägern von Rechten und Pflichten erheben, gleichberechtigt neben natürlichen und juristischen Personen (vgl. Bauberger u. a., 922).

Im Folgenden soll es nicht um juridische, sondern um moralische Rechte und die Frage nach dem moralischen Status von Robotern als Objekten moralischer Berücksichtigung gehen. Für die Klärung dieser schwierigen Frage sei zunächst an das Grundverständnis von moralischem Denken und Handeln erinnert (s. Kap. 1.2.2): Sinn und Zweck der **Moral** ist die unparteiische Rücksichtnahme moralischer Akteure auf die berechtigten Interessen oder das Wohl aller vom Handeln Betroffenen. Um niemanden von vornherein definitorisch aus dem Kreis der moralisch Schutzwürdigen auszuschließen, sind zu den potentiell Betroffenen zunächst sämtliche Entitäten zu zählen. Der Standardposition in der Moralphilosophie zufolge müssen allerdings lediglich Menschen als vollumfängliche moralische Akteure moralisch berücksichtigt werden. Nur Personen, die über Willensfreiheit verfügen, sich selbst bestimmen und ihr Leben nach selbstgewählten Zielen und Lebensplänen gestalten können, sind „Selbstzwecke" im Sinne Kants und Träger von intrinsischen Werten und Würde. Solange Rechte als Kehrseite von Pflichten aufgefasst werden, haben tatsächlich nur Menschen mit Moral- und Handlungsfähigkeit auch Rechte. Prominente Beispiele für diese verbreitete Sichtweise sind Kants Vernunftethik oder die etwa von Hobbes oder Rawls vertretene Vertragstheorie. Bei einer solchen **anthropozentrischen Ethik** steht der Mensch im Mittelpunkt, und nur ihm gegenüber gibt es **direkte moralische Pflichten**. Nach dieser Standardposition, die in der Roboterethik etwa Joanna Bryson vertritt, fällt der Kreis der moralischen Subjekte und Objekte zusammen (vgl. Loh 2019, 74). „Moral patiency" wäre so gesehen keine eigenständige Kategorie, sondern grundsätzlich an die „moral agency" gebunden. Auch eine wie immer reduzierte oder Quasi-Akteursschaft von nicht menschlichen Entitäten wird von den Vertretern in der Regel abgelehnt. Mit allen anderen Entitäten wie Tieren, Pflanzen oder Robotern dürften Menschen infolgedessen verfahren, wie sie wollen.

In der Roboterethik und der KI-Ethik allgemein wird diese traditionelle anthropozentrische Sichtweise jedoch vermehrt in Frage gestellt. Schon der implizite oder explizite Ausgang von menschlichen Wesenseigenschaften wie Intelligenz, Autonomie oder Bewusstsein als Ideal oder Goldstandard könnte zu einer **anthropozentrischen Verkürzung** der Debatte führen, d. h. zu einer einseitigen, vereinfachten Sicht auf den Untersuchungsgegenstand (vgl. dazu Klein u. a., 24). Wenn solche Fähigkeiten oder moralisch relevante Eigenschaften ausschließlich der Spezies Mensch vorenthalten werden, weckt dies den Verdacht eines Anthropozentrismus und „Speziesismus" (vgl. ebd.; Loh 2019, 36f.). Der erstmals von Peter Singer erhobene Vorwurf des **Speziesismus** besagt, dass die moralische Bevorzugung der Gattung (Spezies) Mensch eine ethisch unzulässige Diskriminierung aller nichtmenschlichen Entitäten darstellt (vgl. Fenner 2022, 166 f.). Bei ihrer Opposition gegen zentrische, exklusive und damit exkludierende Positionen können **inklusive Ansätze** der Roboterethik durchaus an die Überwindung des Anthropozentrismus in der Naturethik anknüpfen (vgl. Loh 2019, 37). Als in den 1970er Jahren die ökologischen Krisen als negative Konsequenzen des wissenschaftlich-technischen Fortschritts immer deutlicher zutage traten, geriet die anthropozentrische Umweltethik in die Kritik. Da sie der Natur keinen eigenständigen Wert zugesteht, schien sie eine fortschreitende Naturzerstörung zu begünstigen (vgl. Fenner 2022, 142 f; 166 f.; Düwell 2011, 435). Gemäß dem Gegenentwurf einer „physiozentrischen Ethik" sollen hingegen alle lebendigen Wesen („Biozentrismus") oder die ganze Natur („Holismus") moralisch berücksichtigt werden. Angesichts der Fortschritte der KI wird heute in Erwägung gezogen, den Kreis der moralisch zu berücksichtigenden Entitäten nochmals auszuweiten auf Roboter oder virtuelle Akteure. Befürworter von Roboterrechten wie David Gunkel reihen sich gerne ein in die im 19. und 20. Jahrhundert geführten Befreiungsbewegungen im Kampf um Gleichberechtigung; z. B. die Bürgerrechtsbewegung zur Abschaffung der Sklaverei in den USA oder den Kampf für die Rechte der Frauen, LGBTQ etc. (vgl. Gunkel 2018, 13; Bauberger u. a., 925).

Korrekt ist zweifellos der Einwand seitens der Natur- oder Roboterethik, dass allein die Zugehörigkeit zu einer biologischen Spezies Mensch keine Unterschiede im moralischen Status rechtfertigen kann. Der Anspruch einer moralischen Sonderstellung des Menschen ohne relevanten Grund wäre ein genauso willkürlicher Art-Egoismus wie beim Rassismus oder Sexismus. Nach weitgehender Übereinstimmung gegenwärtiger Philosophen muss der moralische Status von Entitäten dadurch begründet werden, dass bestimmte ihnen zukommende moralisch relevante Eigenschaften oder Fähigkeiten benannt werden (vgl. Düwell 2008, 102–115, ders. 2011, 436; Fenner 2022, 166 f.). Es handelt sich um eine **essentialistische**, d. h. im „Wesen“ (lat. „essentia“) einer Sache begründete Theorie oder **Eigenschaftstheorie** („properties approach“), von der sich Gunkel in seiner einschlägigen Monographie *Robot Rights* entschieden abgrenzt (vgl. 2018, 92; Loh 2019, 106; unten Abschnitt „relationale Wende“). Welche Eigenschaften oder Charakteristika moralisch bedeutsam sind, ist ihr zufolge vom möglichst neutralen oder objektiven Standpunkt der Moral aus argumentativ zu klären. Es wird vor dem Hintergrund unterschiedlicher Moraltheorien und ihrer Begründungskonzepte teilweise verschieden beurteilt. Als Grund für die moralische Sonderstellung des Menschen galt aber traditionell nicht die bloße Zugehörigkeit zur biologischen Spezies Mensch, sondern es wurden Eigenschaften wie Personalität, Autonomie, Vernunft- und Moralfähigkeit, oder theologisch die Ebenbildlichkeit des Menschen zu Gott benannt. Ungeachtet der im Einzelnen zu prüfenden und teilweise nur für religiöse Menschen überzeugenden Gründe handelt es sich so gesehen beim Speziesismus-Vorwurf um eine undifferenzierte „Kampfparole“ (Düwell 2011, 435). Um den moralischen Status von Entitäten wie z. B. Robotern zu bestimmen und mit demjenigen von Menschen oder Tieren abzugleichen, kommt es also auf die moralisch relevanten Eigenschaften an. Dabei gilt grundsätzlich die **konditionale Regel**: Wenn Entitäten (wie z. B. Roboter) die gleichen moralisch relevanten Eigenschaften oder Fähigkeiten wie andere (z. B. Menschen) aufweisen, kommt ihnen der gleiche moralische Status zu (vgl. Gunkel 2018, 105 f.).

Zu Beginn einer Untersuchung zum Status von potentiellen moralischen Objekten ist eine grobe Einteilung verschiedener Gruppen von Entitäten hilfreich: etwa belebte Entitäten (mit Menschen, Tieren und Pflanzen), die unbelebte Natur (Felsen, Wüsten, Wolken etc.) und unbelebte Artefakte mit künstlich intelligenten autonomen Systemen (nach Liao, 481: „artificial life forms“). Danach steht die teils anspruchsvolle deskriptive Aufgabe an, unter Einbezug empirischer Studien die Merkmale oder Eigenschaften der Mitglieder festzustellen. Tiere wurden z. B. noch von Descartes als Maschinen bzw. geistlose Automaten betrachtet, und die Schmerzfähigkeit von Fischen wurde erst in neueren Forschungen nachgewiesen (vgl. Fenner 2022, 171 f.). Bei Robotern besteht das Problem darin, dass sich die KI-Forschung ständig fortentwickelt. Auch wenn KI-Systemen gegenwärtig bestimmte moralisch relevante Eigenschaften fehlen, ist schwer voraussehbar, ob sich dies nicht in naher Zukunft ändern wird (vgl. Gunkel 2018, 92). Problematisch kann aber auch die **Gattungsbetrachtung** sein, bei der die Zugehörigkeit zu einer bestimmten Entitäten-Gruppe für die moralische Schutzwürdigkeit eines Individuums ausschlaggebend ist. Denn es gibt große deskriptive Unterschiede unter Robotern genauso wie unter Tieren, bei denen die Palette von primitiven Arten ohne Nervenzellen bis hin zu Menschenaffen mit Personalitäts-Eigenschaften reicht. Entsprechend verweist das **Marginal cases-Argument** auf Randgruppen der Gattung „Mensch“ wie Embryonen oder Komatöse („marginal cases“), denen faktisch die typisch menschlichen Eigenschaften fehlen (vgl. Fenner 2022, 167 f.). Um diesen gleichwohl eine hohe Schutzwürdigkeit als moralischen Objekten zuzusichern, werden vor allem Potentialitäts-Argumente geltend gemacht. Im Unterschied zur Gattungsbetrachtung erfolgt die Zuschreibung eines moralischen Status beim **moralischen Individualismus** grundsätzlich an einzelne Individuen, sofern diese tatsächlich bestimmte arttypische Charakteristika aufweisen (vgl. ebd., 171).

Eigenschaftstheorie oder essentialistische Theorie

Essentialistische oder Eigenschaftstheorien können sich auf eine plausible Annahme berufen, die sich aus dem Grundverständnis von Moral ergibt: Die Art der moralisch gebotenen Rücksichtnahme auf Objekte des eigenen Handelns muss von der Art und Weise abhängen, in der diese beeinträchtigt oder geschädigt werden können. Verschiedene inhärente Eigenschaften machen Moralobjekte in unterschiedlichem Maß verletzbar, sodass nicht alle den gleichen moralischen Schutz benötigen. Kritiker wenden gegen diese Theorie ein, dass es keine Einigkeit unter Philosophen über die relevanten Eigenschaften gebe oder deren exakte begriffliche oder empirische Bestimmung schwierig sei (vgl. Gunkel 2020, 59 f.). Wenngleich aber die meisten Konzepte der Ethik wie „Würde“ oder „Autonomie“ schwer zu definieren sind, müssen wir die Ethik deswegen nicht aufgeben. Auch sind Argumente für die moralische Relevanz bestimmter Eigenschaften nie logisch zwingend, aber es lassen sich gute, rational nachvollziehbare Gründe dafür nennen. So gilt bezüglich der oben bereits definierten Eigenschaften **Personalität**, **Selbstbewusstsein** und **Willensfreiheit**, die den höchstmöglichen moralischen Status begründen: Wer mit Blick auf persönliche Werte, ein normatives Selbstbild und einen Lebensplan selbstbestimmt zwischen offenstehenden Handlungsmöglichkeiten auswählen kann, bedarf eine andere moralische Rücksichtnahme als Entitäten ohne diese Fähigkeiten. Denn wo diese Bedingungen für vernünftige Selbstbestimmung und Selbstzweckhaftigkeit fehlen, kann eine Entität in dieser Hinsicht nicht vom Handeln anderer Akteure tangiert oder verletzt werden. Es wäre dann unsinnig, Forderungen etwa nach einem Recht auf Selbstbestimmung oder Entfaltung der Persönlichkeit z. B. für Roboter „Sophia“ zu erheben. Bislang können nur Menschen und allenfalls bestimmte Menschenaffen hinsichtlich ihres Selbstbildes beleidigt, gedemütigt oder entwürdigt werden. Selbst Kant soll aber darüber spekuliert haben, dass wir Aliens auf fremden Planeten mit menschenähnlichen Fähigkeiten den gleichen moralischen Status zusprechen müssten (vgl. Nyholm 2023, 194). Dasselbe gälte für Roboter mit starker KI.

Kaum zu bestreiten ist des Weiteren die moralische Relevanz der **Schmerz**- oder **Leidensfähigkeit**, die in der Tierethik der utilitaristisch geprägte **Pathozentrismus** (von griech. „pathos“: „Leid, Schmerz“) hervorhebt (vgl. Fenner 2022, 170 f.; Krebs, 347 f.; Nyholm 2023, 193): Entitäten, die Schmerzen empfinden und leiden können, sind viel verletzlicher als Entitäten ohne diese Fähigkeiten. Ihnen ist daher ein höherer moralischer Status zuzuschreiben. Im Kontrast zu angenehmen Empfindungen gehen Schmerzempfindungen stets mit dem Interesse am Nachlassen des Schmerzes einher. Wenn Menschen einander nach allgemein anerkanntem moralischem Verbot keine Schmerzen zufügen dürfen, gibt es keine moralische Rechtfertigung dafür, das Leid anderer schmerzempfindlicher Entitäten außer Acht zu lassen. Während das Gebot moralischer Rücksichtnahme folglich verbietet, einen leidensfähigen Hund zu treten, entfällt dieser Grund bei Roboterhunden. Denn zumindest bislang fehlt Robotern das phänomenale

Bewusstsein als Voraussetzung von Schmerzempfindungen. Befürworter von Roboterrechten verweisen zwar gerne auf Thomas Nagels berühmten Aufsatz *What is it like to be a bat?* (1974) und das Problem des Fremdpsychischen: Auch bei Fledermäusen, Hunden und sogar unseren Mitmenschen wüssten wir schließlich von außen nie genau, was in ihnen wirklich vorgeht (vgl. Gunkel 2023, 60f.). Nicht nur reicht aber unser Hintergrund- und Erfahrungswissen in aller Regel für einen rücksichtsvollen Umgang mit Haustieren und Mitmenschen aus (vgl. Nyholm 2020, 196ff.). Der Schluss von einem bestimmten Verhalten und Erscheinungsbild auf ein Innenleben ist auch nur da sinnvoll, wo diese tatsächlich Indikatoren sind für mentale Zustände (vgl. Nyholm 2023, 198f.). Ein Roboterhund hat sie nicht, auch wenn er das gleiche Schmerzverhalten wie Winseln und Sich-Krümmen an den Tag legte. Viele Forscher warnen vehement vor der Herstellung bewusstseins- und leidensfähiger KI-Systeme (vgl. ebd., 195). Nach Thomas Metzinger verbieten es das ethische Minimalgebot der Leidensvermeidung sowie das Prinzip der Leidensminimierung des **negativen Utilitarismus**, weiteres unnötiges Leid in die Welt zu bringen (vgl. Metzinger, 110f.).

Aus einer weiteren wichtigen Position in der Naturethik wird der Kreis der um ihrer selbst willen schützenswerter Entitäten nochmals ausgeweitet, sodass auch Pflanzen dazuzählen: Aus Sicht des **Biozentrismus** (von griech. „bios“: „Leben“) wird sämtlichen Lebewesen ein eigenständiger moralischer Status zugesprochen, weil diese auf immanente Ziele ausgerichtet sind oder ein Interesse am Überleben oder ihrem eigenen „Wohl“ haben (vgl. Fenner 2022, 176f.). Dabei meint das „Wohl“ in einem weiten Sinn ein zweckgerichtetes Gedeihen mit einer optimalen Entfaltung der biologischen Funktionen hin zu einem robusten und gesunden Organismus. Da primitiven Tierarten und Pflanzen ein Bewusstsein und ein konzentriertes Nervensystem fehlen, haben diese keine **subjektiven** oder **starken Interessen** wie Entitäten mit diesen Eigenschaften. Es lässt sich höchstens insofern von **objektiven** oder **schwachen Interessen** sprechen, als etwas von außen oder „objektiv“ betrachtet „im Interesse“ einer Entität liegt (vgl. ebd., 180; Krebs, 348). In diesem weiten Sinn wäre es beispielsweise im Interesse einer Pflanze, die erforderlichen Nährstoffe, genügend Wasser und Licht zu bekommen, genauso wie es im Interesse der Tiere ist, artgerecht gehalten zu werden. Aus der Perspektive des Biozentrismus und insbesondere der Pflanzenethik hat eine Zimmerpflanze durchaus ein Recht bzw. einen moralischen Anspruch, gegossen zu werden. Da sich daraus aber höchstens ein sehr niedrigerer moralischer Status ableiten ließe, könnte zumindest in einem hierarchischen

Biozentrismus der überlebensnotwendige Pflanzenverzehr durch Menschen zulässig sein (vgl. Fenner 2022, 181). Bisweilen wird dabei suggeriert, es würde allein schon die äußerliche Tatsache, dass Menschen anderen Entitäten Schaden zufügen können, deren moralische Schutzwürdigkeit begründen. Dann müsste auch leblosen (Sand)Steinen und sämtlichen Artefakten wie Maschinen ein moralischer Status zugesprochen werden, weil sie zerbrochen oder demoliert werden können. Grund für die Zuschreibung müsste aber ein inneres Streben nach Stressfreiheit oder eine Sensitivität der Pflanzen sein, über die immer neue Forschungserkenntnisse vorliegen (vgl. ebd., 180).

Würde man in einem hierarchischen Konzept auch „schwache Interessen" akzeptieren, könnte dies den Weg ebnen, um zumindest hochentwickelten Robotern einen gewissen moralischen Status zuzusprechen. Solange sie freilich nicht über bewusste „subjektive Interessen" verfügen, „liegt ihnen" in einem engen und eigentlichen Sinn nichts an einer sorgsamen Behandlung, und es „macht ihnen nichts aus", wenn der Strom abgeschaltet wird. Im Kontrast zu Lebewesen haben Roboter bislang noch keine selbstgesetzten oder immanenten Zwecke, sondern verfolgen von Menschen von außen vorgegebene **funktionale Zwecke** mit mehr oder weniger Spielraum. Sie scheinen damit nicht wirklich Ziele der Roboter selbst zu sein, obschon auch bei Pflanzen Zwecke gewissermaßen als von der Evolution „gesetzt" betrachtet werden können (vgl. Boddington, 474). Relevant scheint auch der Unterschied zwischen zwei Arten von funktionaler Organisation bei Maschinen zu sein (vgl. Krebs, 354): Bei einer **mechanischen Organisation** erreichen Apparate wie z. B. ein Thermostat ihre funktionalen Zwecke über festgelegte Antwortmechanismen. Anders verhält es sich bei der **Selbstorganisation** etwa von selbstlernenden Schachcomputern, die ihre Zielerreichung durch eingebaute Feedback-Systeme optimieren können. Wenn selbstlernenden oder auf spezifische Weise gesteuerten oder programmierten KI-Systemen ein Eigenwert beigemessen wird, könnte man dafür den Ausdruck **Mathenozentrismus** (von griech. „matheno": „lernen") verwenden (vgl. Loh 2019, 37). Solche selbstlernenden Systeme haben anders als mechanisch organisierte durchaus in einem schwachen, metaphorischen Sinn ein Interesse am Lernen und der Optimierung der Zielerreichung und könnten das Abschalten als Hindernis erfahren. Sofern schwache Interessen überhaupt als moralisch relevant gelten können, wären solche ohne jegliche Stressempfindungen aber noch schwächer und müssten z. B. entgegenstehenden moralisch-praktischen Zwecken der Menschen weichen. KI-Forscher versuchen bereits mit trickreichen Programmierweisen die Gefahr zu bannen, dass sich fortgeschrittene selbstlernende Systeme irgendwann gegen ihre Abschaltung wehren (vgl. Lenzen 2018, 128).

Begründung moralischer Rechte durch die Eigenschaftstheorie: **moralischer Status**: kommt einer Entität zu, die für sich genommen wertvoll ist (= **intrinsischer Wert** oder **Selbstwert)** → Recht auf moralische Rücksichtnahme **Eigenschaftstheorie**: Der moralische Status von Entitäten wird ihnen aufgrund bestimmter moralisch relevanter Eigenschaften oder Fähigkeiten zugesprochen.
Abstufungen des moralischen Status nach: **Personalität/Willensfreiheit (anthropozentrisches Argument)** → Rechte auf Selbstbestimmung und Entfaltung der Persönlichkeit **Schmerz-/Leidensfähigkeit (pathozentrisches Argument)** → Rechte auf Schmerz- und Leidensfreiheit **Interesse am Wohl/Gedeihen (biozentrisches Argument)** → im Fall bewusster „starker Interessen“ Recht auf Wohl **Problem**: ohne phänomenales Bewusstsein keine „starken Interessen“ **Interesse am Lernen (mathenozentrisches Argument)** → fragliches Recht auf geeignete Lernumgebung und Nichtunterbrechung **Problem**: nur vorgegebene „funktionale Zwecke“ und „schwache Interessen“
ethische Gebote: **konditionale Regel**: Entitäten mit gleichen Eigenschaften sollen den gleichen moralischen Status und gleiche Rechte haben! **aber**: Herstellung von KI-Systemen mit Personalität und Bewusstsein ist aus anthropozentrischer und pathozentrischer Sicht zu unterlassen!

Instrumenteller Wert: indirekte moralische Schutzwürdigkeit

Gebote moralischer Rücksichtnahme können sich aber nicht nur aus dem moralischen Status der Entitäten selbst, d.h. aus ihrem intrinsischen Wert ergeben. Sie können auch in der Relevanz begründet sein, die eine Entität für andere Entitäten hat (vgl. Düwell 2011, 434; s. Kap. 3.3.1, Einleitung). Es kommt ihr dann ein **instrumenteller Wert** zu. Eine anthropozentrische Ethik, derzufolge es nur gegenüber anderen Menschen direkte Pflichten gibt, kann in diesem zweiten Sinn indirekte Pflichten menschlicher Akteure gegenüber anderen Entitäten begründen. Hilfreich ist wiederum die Analogie zur anthropozentrischen Naturethik mit ihren instrumentellen und eudaimonistischen Argumenten für den Naturschutz, die auf die große Bedeutung einer intakten Natur für das Überleben bzw. ein gutes, glückliches Leben der Menschen hinweisen (vgl. Fenner 2020, 147–162). Im westlichen Kulturkreis dominiert gegenüber Robotern eine instrumentelle anthropozentrische Sichtweise (vgl. Gunkel 2018, 53 f.; 75). Genauso wie sämtliche anderen technologischen Artefakte haben sie keinen unabhängigen moralischen Status, sondern werden aufgrund der effizienten Erfüllung menschlicher Zwecke wertgeschätzt. Je mehr sich KI-Systeme und Roboter als unentbehrlich für den Fortbestand der Menschheit oder die Aufrechterhaltung eines bestimmten Lebensstandards erweisen würden, desto größer wäre ihre **indirekte moralische Schutzwürdigkeit**. Angesichts immer menschenähnlicherer sozialer oder humanoider Roboter wird jedoch vermehrt diskutiert, ob deren Instrumentalisierung oder „Versklavung" nicht ethisch problematisch sei (vgl. Nyholm 2020, 190f.; Heinrichs u.a. 187). In ihrem einschlägigen Artikel mit dem provokanten Titel *Robots should be slaves* (2009) wendet sich Bryson allerdings dezidiert dagegen, dass Roboter mit menschenähnlichen Fähigkeiten und eigenen Rechten geschaffen werden. Statt Sklaven mit Personenstatus sollen sie vielmehr untergeordnete Objekte sein und bleiben, die menschlichen Zwecken dienen (vgl. Bryson, 64f.; s. Kap. 4).

Ein weiteres, gleichfalls aus der Naturethik bekanntes anthropozentrisches Argument erfreut sich in der Roboterethik großer Beliebtheit: Das auf Kant zurückgehende **moralpädagogische Argument** oder **Verrohungs-Argument** besagt, dass ein rücksichtsloser Umgang mit Tieren oder der Natur zu einer Abstumpfung oder Verrohung des moralischen Charakters der Akteure führt (vgl. Fenner 2022, 162f.; Krebs, 375). Positiv gewendet könnte eine achtsame und empathische Behandlung z.B. der eigenen Hunde oder Pferde zu einer moralischen Festigung der Person beitragen und einen rücksichtsvollen Umgang der Menschen untereinander fördern. Es handelt sich lediglich um **indirekte Pflichten** gegenüber nicht menschlichen Entitäten, die hier aus direkten Pflichten gegenüber den Mitmenschen abgeleitet werden. Nicht menschliche Entitäten sind wiederum nur aus instrumentellen Gründen „moral patients", ohne dass ihnen aufgrund bestimmter moralischer Eigenschaften ein intrinsischer Wert zukäme. Da Kant in § 17 der Tugendlehre seiner *Metaphysik der Sitten* (1797) nicht nur Tierquälerei, sondern auch die leblose Natur mit im Blick hat, scheint sich eine Übertragung auf Roboter anzubieten (vgl. Loh 2019, 85f.; Heil, 425; Nyholm 2023, 200f.): Wer einen Roboterhund tritt und quält, könnte ungeachtet der fehlenden Leidensfähigkeit auch gegenüber den Mitmenschen weniger einfühlsam und dankbar handeln. Allerdings sind die dem Argument zugrundeliegenden psychologischen Annahmen fraglich und müssten empirisch überprüft werden. Obgleich ein einfacher Wirkmechanismus durch historische Gegenbeispiele wie dasjenige des Auschwitz-Kommandanten Rudolf Höß widerlegt wird, der seine Pferde mit größter

Sorgfalt pflegte, spricht die sozial-kognitive Lerntheorie für die negative These einer Einübung aggressiven Verhaltens (vgl. Fenner 2022, 163 f.). Insbesondere im Kontext der sozialen Robotik muss diese Gefahr dringend diskutiert werden (s. Kap. 3.3.3). Da Roboter aber ohnehin nur indirekt von moralischer Bedeutung für die Moralentwicklung der Menschen sind, lassen sich daraus schwerlich moralische oder gar juridische Ansprüche ableiten (vgl. Misselhorn 2021, 106).

Instrumenteller Wert: wird Entitäten aufgrund ihrer moralischen Relevanz für andere Entitäten zugesprochen (↔ intrinsischer/Selbstwert)
→ indirekte Pflichten gegenüber Natur/Maschinen
Problem: keine Rechtsansprüche ableitbar

instrumentelle/eudaimonistische Argumente: Roboter sollen rücksichtsvoll behandelt werden, wenn sie zum Überleben oder guten Leben der Menschen beitragen.
moralpädagogisches/Verrohungs-Argument: Roboter sollen rücksichtsvoll behandelt werden, um das moralische Verhalten unter Menschen nicht zu gefährden

Relationale Wende und der relationale Ansatz

Bei der Frage nach Roboterrechten plädieren insbesondere Mark Coeckelbergh und David Gunkel für einen „relational turn" (vgl. Loh 2019, 95–115; Müller, 31; Nyman 2020, 195). Gemeint ist die radikale Abkehr von der oben geschilderten Standardposition der Eigenschaftstheorie, die als anthropozentrisch und instrumentalisierend abgelehnt wird. Ihr wird vorgeworfen, nur scheinbar neutral und objektiv vom Vorliegen bestimmter Eigenschaften auf den moralischen Status einer Entität zu schließen. Das „Sollen", d. h. die richtige Umgangsweise mit Robotern, dürfe jedoch keineswegs von ihrem „Sein", d. h. von essentialistischen Eigenschaften wie z. B. Bewusstsein oder Leidensfähigkeit abhängen (vgl. Gunkel 2018, 76). Der moralische Status von Entitäten ergibt sich beim **relationalen Ansatz** vielmehr *relational* in der Interaktion von menschlichen und nichtmenschlichen Entitäten (vgl. ebd., 159; 166; Coeckelbergh, 59): Bei der Zuschreibung von Rechten an Roboter komme es allein auf Haltungen oder Beziehungen an, die Menschen zu ihnen pflegen, z. B. die Sorge um einen Roboterhund oder die Dankbarkeit gegenüber einem Reinigungsroboter. Das Sollen, das in der konkreten Begegnung entsteht, ist bei diesem Ansatz vorrangig. Erst nachträglich würden auf diese Entitäten bestimmte moralisch relevante Eigenschaften projiziert (vgl. 2023,

63). Nach Gunkels Darstellung ist es ein entscheidender Vorteil seines „radikal empirischen“ relationalen Ansatzes, dass der moralische Status nicht auf „subjektiven“, d. h. innerlichen, verborgenen Eigenschaften basiere, sondern auf „objektiven“, von außen beobachtbaren sozialen Kontexten (vgl. 2023, 62 f.). Er beruft sich auf Emanuel Levinas' Ethik des Anderen, bei der sich ein ethisches Sollen in der direkten Konfrontation mit dem Antlitz eines Menschen ergibt (vgl. 2018, 159 f.). Darüber hinaus verweist er auf die Relativität der zurückhaltenden bis ablehnenden europäisch-christlichen Einstellungen gegenüber Robotern. In anderen religiös-philosophischen Traditionen wie dem Shintoismus in Japan führt ein animistisches Verständnis aller Entitäten zu einer ganz anderen Wertschätzung von Robotern (vgl. ebd., 75). Obwohl Gunkel die Frage, ob Roboter Rechte haben, ausdrücklich offenlässt, dürfte sie eine bloß rhetorische sein (vgl. Bauberger u. a., 925).

Zunächst scheint die Kritik an der Eigenschaftstheorie überzogen zu sein, weil die von dieser geltend gemachten Eigenschaften keineswegs völlig willkürlich sind (vgl. Nyholm, 196). Vielmehr gibt es wie gezeigt gute, rational nachvollziehbare Gründe für die moralische Relevanz von inhärenten Eigenschaften wie Leidensfähigkeit oder Interessen, die sich durchaus auch im äußeren Verhalten zeigen. Freilich sind solche Gründe und Argumente wie in der Ethik allgemein nie logisch zwingend, sondern können vernunftfähigen Wesen nur „andemonstriert“ werden. Im Vergleich zu persönlichen Beziehungen von Individuen zu (ihren) Robotern ist dieser Ansatz aber „objektiver“ im Sinn von „nicht-willkürlich“ und unabhängig von subjektiven Gefühlen oder Einstellungen allgemein begründbar. Denn der moralische Status und allfällige Rechte von Robotern würden sonst lediglich auf der Bereitschaft der Menschen basieren, soziale Beziehungen zu ihnen einzugehen. Wer aus welchen (subjektiven) Gründen auch immer keine solchen Beziehungen einzugehen bereit ist, könnte Robotern Rechte absprechen (vgl. Gordon u. a., 2.f.i.). Des Weiteren ist es zwar korrekt, dass Menschen *faktisch* insbesondere zu sozialen Robotern häufig emotionale Beziehungen aufbauen und diesen infolge einer Anthropomorphisierung Eigenschaften zusprechen, die sie nicht haben (s. Kap. 3.3.3). Es läge dann eine Art „Quasi-Realismus“ oder „Anti-Realismus“ vor, bei dem Roboter behandelt werden, als hätten sie Rechte (vgl. Müller, 31). Weder ein fernöstlicher Animismus mit dem in der wissenschaftlichen Forschung verabschiedeten Konzept einer Seele noch Levinas' Anrufung des Anderen in seiner radikalen Andersheit eignen sich aber als allgemein verbindliche normative Grundlage. Dem Anspruch einer rationalistischen philosophischen Ethik, moralische Richtigkeit und Rechte unabhängig von subjektiven Gefühlen, Intuitionen und traditionellen Weltanschauungen mit ethischen Argumenten zu begründen, wird der relationale Ansatz somit nicht gerecht (vgl. Fenner 2020, 230, s. Kap. 1.2.2). Moralische Reaktionen wie Dankbarkeit gegenüber Maschinen scheinen derzeit nicht sinnvoll zu sein (vgl. Misselhorn 2018, 125).

Relationaler Ansatz (als Gegenentwurf zu Eigenschaftstheorien): Der moralische Status entsteht „relational" in den Beziehungen zwischen Menschen mit Robotern. → „Sollen" hängt nicht vom „Sein", sondern vom sozialen Kontext ab
Problem: Willkür, nur scheinbar „objektiverer" Ansatz • moralischer Status hängt von (subjektiven) sozialen Beziehungen zu Robotern ab • keine von persönlichen Gefühlen, Vorlieben etc. unabhängige rationale Begründung

3.3.2 Künstliche Moral: Moralimplementierung und Dilemmasituationen

In Kapitel 3.3.1.1 ging es um die Klärung, ob Roboter moralische Akteure sein können und welche Eigenschaften oder Fähigkeiten dafür vorliegen müssten. Es zeigte sich, dass Maschinen ohne Bewusstsein und freien Willen zwar keine voll ausgebildete Moralität erreichen können, aber doch eine schwächere operationale oder funktionale Moral. In diesem Kapitel rückt nun die inhaltliche Frage ins Zentrum, welche Art von künstlicher Moral für Roboter erwünscht und ihnen zu implementieren ist. „Implementierung" meint allgemein die Umsetzung, Aus- oder Durchführung von Regeln, Vorgaben oder Entscheidungen, in der Informatik die Umsetzung in ein funktionierendes Computerprogramm. Ziel der **Moralimplementation** als „Kernstück der Maschinenethik" ist es, Maschinen mit moralischen Fähigkeiten oder einer Moral auszustatten (vgl. Misselhorn 2019, 90). Diese Themen werden in der KI-Ethik bisweilen unter dem Schlagwort „Value Alignment" oder auch Value Sensitive Design diskutiert (s. Kap. 3, Einleitung). Während sich das Alignment-Problem (von engl. „aligned": „ausgerichtet") ganz allgemein mit der Orientierung oder „Ausrichtung" von KI-Systemen auf menschliche Ziele, Präferenzen oder Grundsätze befasst, zielt das **Value Alignment** („Werteausrichtung") spezifisch auf die Harmonisierung mit menschlichen Moralvorstellungen ab (vgl. Nyholm 2023, 81; Gordon u. a., 2.g.; Klein u. a.,

39). Dabei lassen sich zwei Aufgabenbereiche unterscheiden (vgl. Nyholm 2023, 82): Beim ersten, dem philosophisch-**normativen Problem** steht man vor der theoretischen Schwierigkeit, welches die richtigen Werte oder Prinzipien sein sollen, an denen sich KI-Systeme auszurichten haben. Demgegenüber besteht das zweite informatisch-**technische Problem** in der praktischen Sicherstellung, dass KI-Systeme auf zuverlässige Weise nach diesen normativen Vorgaben operieren. „Fehlausgerichtete" („misaligned") Systeme ohne sorgfältig spezifizierte Ziele und Werte könnten großen Schaden anrichten (vgl. Misselhorn 2019, 90; 95). Bei der Moralimplementierung ist eine enge Zusammenarbeit oder Aufgabenteilung zwischen Philosophie und Informatik erforderlich (vgl. Misselhorn 2019, 90; 95).

Schon Mitte des 20. Jahrhunderts sah der bereits mehrfach erwähnte Science-Fiction-Autor Isaac Asimov die Notwendigkeit einer künstlichen Moral voraus. Zu Beginn des 21. Jahrhunderts forderte dann Ronald Arkin, dass autonome Robotersysteme, die Menschen töten können, mit moralischen Regeln ausgestattet werden müssen (vgl. Decker 2016, 355). Gegenwärtig werden viele Anstrengungen und Gelder in die Forschung zur Artificial Morality investiert, worüber durchaus kontrovers diskutiert wird (vgl. Misselhorn 2018, 32f.; dies. 2022, 41–47): Eines der stärksten Pro-Argumente verweist auf die Unvermeidlichkeit einer künstlichen Moral für immer komplexere und selbständigere KI-Systeme, die mehr und mehr in die menschliche Lebenswelt einwirken. Da sie immer häufiger mit moralisch problematischen Situationen konfrontiert werden, müssen sie selbständig Entscheidungen fällen und ihr Verhalten in einem gewissen Rahmen selbst regulieren können. Dabei kann es um Leben und Tod von Menschen gehen wie insbesondere bei Militärrobotern oder autonomen Fahrzeugen, die in diesem Kapitel als Anwendungsbeispiele besprochen werden. Auch in anderen unmittelbaren Interaktionen mit Menschen wie z.B. in der Altenpflege müssen Pflegeroboter möglicherweise rasch reagieren, wenn etwa lebensnotwendige Medikamente nicht genommen werden. Maschinen wird teilweise sogar zugetraut, moralisch besser zu sein als Menschen, weil sie frei sind von irrationalen Impulsen und emotionalem Stress. Außerdem können sie in Sekundenbruchteilen Entscheidungen in Notsituationen wie z.B. Unfällen treffen, in denen Menschen nicht mehr bewusst und überlegt zu reagieren vermögen. Dies könnte in besonders prekären Situationen wie etwa inmitten eines Kriegsgeschehens dafür sprechen, die Entscheidungen Robotern zu überlassen (vgl. ebd., 44). Noch genauer zu erläuternde Kontra-Argumente sind etwa die Einschränkung der Entscheidungsfreiheit der

Menschen und das Entstehen von Verantwortungslücken im Zusammenspiel zwischen Menschen und Maschinen (s. Kap. 3.4).

Eines der am häufigsten angeführten Argumente gegen das Projekt einer künstlichen Moral betrifft das normative Problem des Value Alignments: In der Allgemeinbevölkerung wie auch unter professionellen Moralphilosophen gibt es keinen Konsens darüber, was moralisch richtig und falsch ist (vgl. Misselhorn 2022, 45; Wallach u.a., 69; Lenzen 2020, 62). Kritiker verweisen auf die verschiedenen Ethiktypen mit ihren teils unvereinbaren Kriterien für die moralische Beurteilung einer Handlung, v. a. Konsequentialismus, Deontologie und Tugendethik (s. Kap. 1.2.2). Die Tatsache moralischer Dissense beispielsweise über die Fragen, ob man Tiere essen oder Embryonen abtreiben darf, führt nicht selten zu einem moralischen Skeptizismus oder Subjektivismus. Insbesondere aus Sicht der Informatiker, die Robotern gerne eine universelle Moral als einfaches Set von Regeln einprogrammieren würden, scheint die Ethik weit entfernt von einer wissenschaftlichen Disziplin zu sein (vgl. dazu Wallach u.a., 76f.). In der Ethik selbst werden Zweifel an der ethischen Theoriebildung befördert, indem sämtliche Positionen einer vernichtenden Kritik unterzogen und mit Extrembeispielen ad absurdum geführt werden (vgl. Fenner 2022, 28f.; Lenzen 2018, 143). Vom Vorliegen moralischer Dissense lässt sich aber nicht unmittelbar ableiten, dass es kein moralisch richtig und falsch gibt und in der Ethik alles subjektiv und relativ ist. Im Fall unterschiedlicher naturwissenschaftlicher Theorien schließt auch niemand darauf, dass es in der fraglichen Sache keine Wahrheit gibt. Bezüglich grundlegender abstrakter ethischer Leitideen wie Freiheit, Gerechtigkeit oder Sicherheit liegt bereits ein breiter gesellschaftlicher Konsens vor (s. Kap. 1.3; 3.1.3). Sogar in heiklen Anwendungsfragen z.B. über Abtreibung oder Suizidbeihilfe kam es zu Einigungen, obschon die gemeinsame Suche nach Richtig und Falsch nicht abgeschlossen ist und immer wieder neue Argumente oder empirische Erkenntnisse dazukommen. Mit dem Forschungsziel der Artificial Morality verbindet man nicht zuletzt die Hoffnung, menschliche moralische Fähigkeiten besser zu verstehen und die menschliche Moral zu vereinheitlichen und konsistenter zu machen (vgl. Misselhorn 2022, 46).

Value Alignment („Werteausrichtung“): Orientierung („Ausrichtung“) von Maschinen auf menschliche Moralvorstellungen
a) **normatives Problem**: Auffinden des moralisch Richtigen angesichts heterogener Moraltheorien bzw. moralischer Dissense b) **technisches Problem**: Implementierung, d.h. informatische Umsetzung moralischer Normen oder Fähigkeiten in Computerprogramme

3.3.2.1 Top-down-, Bottom-up- und hybride Modelle

Bei der Frage nach der Moralimplementierung wird in begrifflicher Hinsicht meist nicht klar unterschieden zwischen einer künstlichen „Moral“ (engl. „moral“) und einer künstlichen „Moralität“ (engl. „morality“). Unter **Moral** wird in der Ethik in aller Regel die Gesamtheit der Normen und Werte verstanden, die in einer Gemeinschaft gelten oder gelten sollten (s. Kap. 1.2.2; Grimm u.a. 2020a, 10). Im strengen Sinn moralisch richtig handelt aber nach einer bereits von Aristoteles formulierten Bedingung nur, wer den tradierten Handlungsregeln nicht blindlings folgt, sondern aus Überlegung und Einsicht das Richtige tut (vgl. Fenner 2022, 16f.). Vorausgesetzt wäre die **Moralität** einer Person als eine begründbare und eingeübte charakterliche Grundhaltung mit der habituellen Ausrichtung auf die moralisch-praktische Vernunft. Sie geht aus der kritischen Reflexion moralischer Vorgaben hervor und sorgt für ein moralisch richtiges Handeln in allen Handlungssituationen. Dafür wären aber höherstufige Reflexionen und Bewusstsein erforderlich, die beim gegenwärtigen Stand der KI-Forschung noch nicht realisierbar sind. Bei der Rede von Artificial Morality (AM) von Maschinen und den ihnen zu implementierenden moralischen Fähigkeiten hat man meist eine „mindless morality“ in einem schwachen Sinn im Auge, analog zum erläuterten schwachen Begriff einer „moral agency“ (vgl. Seng, 75; s. Kap. 3.3.1.1). Im Fokus stehen kognitive Kompetenzen wie das Befolgen von Regeln und Treffen von Entscheidungen. Eher selten werden wie in der Gefühlsethik moralische Gefühle wie Empathie, Mitleid oder Schuld mitberücksichtigt, deren Implementierung ohnehin erst möglich wäre, wenn Maschinen Gefühle haben könnten (vgl. Wallach u.a., 163f.; Nyholm 2023, 168f.; Hammele u.a., 169). Meist setzt man auf algorithmenbasierte moralische „Problemlösungsmaschinen“, die spezifische Lösungswege zur moralischen Grundfrage „Was soll ich tun?“ ermitteln (vgl. Seng, 27). Bei der Implementation solcher kognitiver Fähigkeiten lassen sich verschiedene Herangehensweisen in der Softwareentwicklung unterscheiden, die eine Entsprechung aufweisen zu gegensätzlichen Ansätzen in der Angewandten Ethik (vgl. Wallach u. a., 79 f.; Gordon, 103 f.; Fenner 2022, 20 f.): Bei deduktiven **Top-down-Modellen** wird von allgemeinen moralischen Prinzipien oder Regeln ausgegangen, aus denen in konkreten Situationen die richtigen Handlungsweisen abgeleitet werden. Umgekehrt gehen **Bottom-up-Modelle** induktiv vor und versuchen, auf der Grundlage vieler Erfahrungen mit Einzelfällen zu allgemeinen moralischen Urteilen und richtigen Entscheidungen zu gelangen. Diese beiden lassen sich kombinieren in sogenannten **hybriden Modellen**.

Top-down-Ansätze

Auf den ersten Blick scheint sich die „Moral" am leichtesten in eine Maschine bringen zu lassen, wenn moralisches Handeln als ein simples Regelbefolgen aufgefasst wird. Ingenieure oder Informatiker brauchen den Computern dann nur bestimmte allgemeine Regeln einzuprogrammieren, die durch Algorithmen schrittweise zu spezielleren Aufgabenstellungen oder Handlungsanweisungen konkretisiert werden können (vgl. Wallach u. a., 79; 83; Misselhorn 2019, 96). Dabei handelt es sich um einen **Top-down-Ansatz**, insofern von „oben" („top") nach „unten" („down") vorgegangen wird. Da Maschinen besser und schneller rechnen als Menschen, ließe sich vermuten, dass sie bei der Eingabe klarer Regeln besser und schneller die moralisch richtige Handlung in einer spezifischen Situation ermitteln könnten. Für ein deduktives Vorgehen von allgemeinen Prinzipien zu konkreten Handlungsweisen bieten sich Moraltheorien an, bei denen moralisches Handeln nach Prinzipien oder Regeln erfolgt. Diese Theorien werden unter dem Oberbegriff **Prinzipienethik** oder **Regelethik** zusammengefasst. Dazu zählen Theorien des **konsequentialistischen** Ethiktyps wie des Utilitarismus, bei denen die moralische Richtigkeit an den Handlungsfolgen bemessen wird (s. Kap. 1.2.3). Das bekannteste konsequentialistische Moralprinzip ist das utilitaristische Nutzenprinzip, das in der KI-Ethik gerne herangezogen wird. Im Gegensatz dazu ist bei der **deontologischen** Grundorientierung der Ethik die Verpflichtung der Akteure zu bestimmten Moralprinzipien ausschlaggebend für die Beurteilung des Handelns (vgl. ebd.). Stellvertretend wird häufig Kants berühmter Kategorischer Imperativ als Grundlage der Moralimplementation diskutiert – auch wenn künstliche Systeme im strengen Sinn bislang über keine moralische „Gesinnung" verfügen und nicht „aus Pflicht" handeln können. Am meisten rezipiert in der Maschinen- und Roboter-Ethik werden aber die drei Gesetze von Asimov, die explizit für Roboter entwickelt wurden. Obwohl sie der Science-Fiction-Literatur entstammen und nicht den Ansprüchen philosophischer Theoriebildung genügen, sollen auch sie im Folgenden exemplarisch erläutert werden.

Utilitaristische Top-down-Ansätze: Dem Anliegen einer Moralimplementation scheint insbesondere die Idee eines moralischen Kalküls oder einer Art „moral arithmetic" entgegenzukommen, die dem klassischen **hedonistischen** oder **Präferenz-Utilitarismus** zugrunde liegt (vgl. Wallach u. a., 86; Misselhorn 2019, 97; Fenner 2020, Kap. 4.2): Ein Algorithmus könnte in einer Handlungssituation in Sekundenschnelle und völlig unparteiisch berechnen, welche der zur Verfügung stehenden Handlungsoptionen die beste Bilanz aus Lust und Leid oder Präferenzerfüllungen aller Betroffenen verspricht. Trotz der anfänglichen hohen Attraktivität dieses Ansatzes müsste er in verschiedenen Schritten konkretisiert werden, die alle enorme Anforderungen an künstliche Systeme stellen (vgl. Wallach u. a., 27 ff.; Misselhorn 2019, 97 ff.): Zunächst muss die Ausgangssituation mit sämtlichen moralisch relevanten Aspekten beschrieben werden. Alle betroffenen Personen, aber auch Tiere oder sogar ganze Ökosysteme müssen mit ihren (starken oder schwachen) Interessen oder ihrem aktuellen Zustand an Wohl oder Gedeihen erfasst werden. In einem nächsten Schritt sind alle offenstehenden Handlungsoptionen und mögliche Mittel für ihre Realisierung aufzulisten. Danach wären sämtliche Folgen auf alle Beteiligten abzuschätzen und zu bewerten. Bereits in deskriptiver Hinsicht scheint dies eine fast unlösbare Herausforderung darzustellen, weil die prognostische Unsicherheit gerade bezüglich weit in der Zukunft liegender Spätfolgen hoch ist. Hinsichtlich der Berechnung des Nutzens für die Betroffenen wird dem Utilitarismus außerdem ganz allgemein vorgeworfen, dass eine quantitative oder gar qualitative Bewertung der Lust oder Freude der Einzelnen und insbesondere deren intersubjektive Verrechnung unmöglich sei (vgl. Fenner 2020, 57 f.). Denn es fehlt ein einheitliches Bezugssystem und eine exakte Maßeinheit für innere Befindlichkeiten oder die Stärke von Präferenzen. Um das utilitaristische Nutzenkalkül zu implementieren, schiene gewissermaßen ein „omniscient computer" erforderlich zu sein, der den objektiven Standpunkt der Moral einnimmt (vgl. Wallach u. a., 86).

Zur Verteidigung eines konsequentialistischen Algorithmus zur Maximierung der Güter auf der Welt ließe sich einwenden: Auch Menschen stehen vor den gleichen Schwierigkeiten bei utilitaristischen Nutzenabwägungen. Gleichwohl dient das utilitaristische Prinzip in vielen alltäglichen Entscheidungssituationen als eine praktikable Faustregel; z. B. beim Kauf eines neuen

Autos für die Familie oder beim Bau eines neuen Spielplatzes, bei dem die Freude der vielen Kinder gegen die Lärmbelästigung einiger Anwohner abzuwägen ist (vgl. Fenner 2020, 98). Ähnlich wie die menschliche „begrenzte Rationalität" („bounded rationality") auf heuristische Strategien angewiesen ist, könnten künstliche autonome Systeme dank einer „moralischen Heuristik" komplexe Aufgaben bewältigen (vgl. Wallach u. a., 90; Misselhorn 2019, 99 ff.). Bei seinem Plädoyer für den Konsequentialismus und Präferenzutilitarismus schlägt Stuart Russell vor, dass Roboter durch genaue Beobachtung menschlicher Entscheidungen die ihnen zugrundeliegenden Präferenzen der Menschen immer besser erkennen sollen (vgl. Russell, 188 f.; 185 f.). Auch eine intersubjektive Vergleichbarkeit hält er für möglich, wenn für die maschinelle Messung von Freude oder Schmerz neben Verhaltensbeobachtungen auch chemische und neuronale Reaktionen registriert werden (vgl. 238). Konkret verfolgt etwa das Projekt „Utilibot" von Christopher Cloos das Ziel, einen autonomen Pflegeroboter nach utilitaristischen Grundsätzen zu entwickeln. Die Konsequenzen seines Tuns sollen anhand biometrischer Daten wie Puls, Blutdruck oder Körpertemperatur seiner Nutzer eingeschätzt werden (vgl. Misselhorn 2019, 139 f.). Um ein detailliertes Nutzerprofil zu erstellen und Präferenzen vorherzusagen, werden zudem persönliche Daten zu Krankheitsgeschichte, Familie, Lebensstil etc. erhoben. Damit stellen sich allerdings erhebliche Probleme des Datenschutzes. Beim häuslichen Pflegesystem „Jeremy" von Susan und Michael Anderson, nach dem Gründer des Utilitarismus Jeremy Bentham benannt, fehlen demgegenüber Objektivität und Unparteilichkeit. Hier muss nämlich der Nutzer bei jeder geplanten Handlung auf dem Eingabeschirm mit den Werten –2 bis +2 angeben, wie viel Lust oder Leid diese mit welcher Wahrscheinlichkeit den betroffenen Personen bringen wird (vgl. ebd., 138).

Deontologische Top-down-Ansätze: Unter den Ansätzen einer deontologischen Prinzipienethik sind die bekanntesten und wirkmächtigsten die biblischen zehn Gebote, die Goldene Regel und Kants Kategorischer Imperativ. Bei Kants **Kategorischem Imperativ** handelt es sich um ein formales Verallgemeinerungsprinzip, mithilfe dessen sich die moralische Richtigkeit eines Handelns überprüfen lässt: „Handle nur nach derjenigen Maxime, durch die du zugleich wollen kannst, dass sie ein allgemeines Gesetz werde." (KpV, BA 52; s. Kap. 1.2.3) Dieser Verallgemeinerungstest lässt sich durchaus als eine „Art von Algorithmus" interpretieren, den sämtliche rationale Wesen oder auch künstlich intelligente Systeme durchführen könnten (vgl. Misselhorn 2019, 102). Der Abstraktionsgrad dieses formalen

Moralprinzips ist allerdings sehr hoch, und über die genaue Anwendung des Prüfverfahrens in der Praxis streiten sich die Kantinterpreten bis heute (vgl. Wallach u. a., 95; Fenner 2020, 140). Ein erstes Problem ergibt sich bereits beim richtigen Formulieren der **Maximen**. Darunter sind generelle Handlungsregeln für bestimmte Lebensbereiche zu verstehen, die aber auf der richtigen Allgemeinheitsebene anzusiedeln sind und z. B. von der Individualität des Handlungssubjekts abstrahieren müssen (vgl. ebd., 138; 144; Misselhorn 2019, 103). Darüber hinaus ist auch unklar, in welcher Form ein Widerspruch bei der Verallgemeinerung auftreten soll. Es kann sich wie beim Beispiel des Lügens bzw. falschen Versprechens um einen logischen *Widerspruch im Denken* handeln, der ein Verständnis des „Versprechens" als sozialer Institution voraussetzt (s. Kap. 1.2.3; Fenner 2020, 139 f.). Kant unterscheidet aber eine zweite Form des *Widerspruchs im Wollen*, bei der sich eine Maxime zwar als allgemeines Gesetz denken, aber nicht wollen lässt. So lässt sich z. B. ohne begrifflichen Widerspruch eine Welt denken, in der niemand anderen Menschen in Not hilft. Aber kein Mensch würde in einer solchen Welt leben wollen. In der Literatur wird insbesondere bezweifelt, ob Maschinen ohne Intentionen und Wünsche zu dieser zweiten Art von Reflexionen in der Lage sind (vgl. Brieger, 140 ff.). Da ein Widerspruch häufig erst zwischen verallgemeinerten Maximen und bestimmten semantischen Vorannahmen, Fakten oder Regeln auftritt, müsste die Datenbasis des künstlichen Systems jedenfalls auch für die Implementierung dieses Moralprinzips sehr breit sein (vgl. Misselhorn, 104).

Viel konkreter formuliert sind demgegenüber die hierarchisch geordneten **Asimov'schen Gesetze**, die explizit für Roboter konzipiert wurden und auch im wissenschaftlichen Diskurs vielfach als Referenzpunkt dienen (vgl. Decker 2019, 346). Es handelt sich um eine Art „Sklavenmoral", weil das oberste 1. Gesetz den Schutz der Menschen, das später zugefügte 0. Gesetz den Schutz der ganzen Menschheit gebietet (vgl. Wallach u. a., 91; Misselhorn 2019, 109). Gemäß dem 2. Gesetz müssen Roboter die Befehle der Menschen befolgen, sofern sie nicht zu deren Schädigung führen. Erst wenn diese Bedingungen erfüllt sind, darf ein Roboter auch seine eigene Existenz schützen (3. Gesetz). Obwohl die Handlungsfolgen bei diesen Regeln eine wichtige Rolle spielen, handelt es sich nicht um einen konsequentialistischen, sondern einen deontologischen Ethiktyp. Denn der Grund für die moralische Richtigkeit des Handelns ist die Befolgung der Regeln, nicht die Maximierung von Gütern. Asimov hat zwar weder eine Begründung dieser Regeln vorgelegt noch eine Anleitung gegeben, wie sie sich in einen

Roboter einbauen lassen. Er hat sich aber in seinen Kurzgeschichten intensiv mit den Problemen einer deontologischen Pflichtethik in der moralischen Alltagspraxis befasst. Solche ergeben sich bereits durch die Mehrdeutigkeit von zentralen Begriffen wie „Menschheit“, zu der z. B. auch zukünftige Menschen zählen könnten, oder „Schaden“, der im Fall psychischen Schadens sehr weit interpretiert werden kann (vgl. ebd., 110). Damit verbunden ist die Schwierigkeit, die Gesetze auf konkrete Situationen anzuwenden. So scheint das Gebot, keinen Menschen zu verletzen, einem OP-Roboter zu verbieten, einen Menschen zu operieren, obwohl dies für seine Genesung wichtig wäre. Oder ein Roboter sagt Menschen das, was sie hören möchten, um sie nicht zu verletzen, wodurch ihnen aber möglicherweise größerer Schaden entsteht (vgl. ebd., 111 f.; Wallach u. a., 92). Beim 2. Gesetz ist unklar, wie auf widersprüchliche Anweisungen verschiedener Menschen oder unmoralische Befehle zu reagieren ist. Konflikte können sich aber nicht nur innerhalb einzelner Gesetze ergeben, sondern auch zwischen diesen. So könnte der Schaden für einzelne Menschen (Gesetz 1) dem Wohl der Menschheit (Gesetz 0) dienen. Oder ein Roboter gerät in eine Dilemma- oder Blockadesituation zwischen den Gesetzen 2 und 3, wenn ein menschlicher Befehl seine Existenz zu gefährden droht (vgl. Decker 2019, 346).

Fazit deontologische Top-down-Modelle: Je allgemeiner einerseits moralische Prinzipien sind, desto schwieriger ist ihre Implementierung und Anwendung in konkreten Situationen. Die Beschränkung auf eine einzige generelle „Metaregel“ wie Kants Kategorischer Imperativ verspricht zwar den Vorteil, dass Konflikte zwischen mehreren Regeln ausbleiben (Loh 2019, 43). Aufgrund der hohen Abstraktheit lassen sich daraus aber möglicherweise dennoch widersprüchliche Handlungsanweisungen ableiten. Je konkreter und zahlreicher andererseits die moralischen Regeln sind, desto leichter sind sie zwar implementierbar und anwendbar. Gleichzeitig steigt aber die Gefahr, dass es zwischen ihnen zu Konflikten kommt (vgl. ebd., 43 f.; Wallach u. a., 94). Asimovs Gesetze bilden lediglich einen groben Rahmen moralischer Restriktionen, der für die Praxis keineswegs ausreicht (vgl. Gordon u. a., 2.a.; Wallach u. a., 93; Seng, 59). Ein paar simple Regeln können höchstens in ganz einfachen Handlungssituationen oder spezifischen, geschlossenen Umgebungen zu moralisch richtigem Verhalten führen. Die Komplexität der menschlichen Lebenswirklichkeit erfordert jedoch ein sensibles Eingehen auf konkrete Situationen. Aus der Perspektive philosophischer Ethik irritiert schon die Vorstellung, moralisches Handeln sei ein mechanisches Befolgen von Regeln. Nicht nur fehlt dann die Dimension der kritischen Reflexion und des Begründens vorgefundener Regeln sowie das Verständnis, wieso z. B. Menschen wertvoll und schützenswert sind. Vermisst wird auch das, was als Urteilsvermögen, moralische Urteilskraft, praktische Vernunft oder gesunder Menschenverstand bezeichnet wird (vgl. Misselhorn 2019, 112; Nida-Rümelin u. a. 2019, 84; 106; Loh 2019, 44). Diese Kompetenzen machen es möglich, je nach Anwendungssituation konsequentialistischen oder deontologischen Überlegungen den Vorzug zu geben oder eine Regel unter besonderen Umständen mit guten Gründen zu brechen. Es braucht Urteilsvermögen, um zwischen einem geringen Schaden mit hoher Wahrscheinlichkeit für eine Person gegenüber einem großen Schaden mit geringer Wahrscheinlichkeit für eine andere abzuwägen. Im Ethikunterricht geht es oft eher um das Einüben praktischer Fähigkeiten des ethischen Reflektierens und Argumentierens als um die Vermittlung verbindlicher Lehrsätze (vgl. Fenner 2020, 62; 248 f.).

Top-down-Ansätze: Künstlichen Systemen werden Prinzipien einprogrammiert, die auf Einzelfälle anzuwenden sind.
z. B. utilitaristisches Nutzenkalkül, Kants Kategorischer Imperativ, Asimovs Gesetze

Asimov'sche Robotergesetze:
(0. Ein Roboter darf die Menschheit nicht verletzen oder durch Passivität zulassen, dass die Menschheit zu Schaden kommt.)

1. Ein Roboter darf keinen Menschen verletzen oder durch Untätigkeit zu Schaden kommen lassen.
2. Ein Roboter muss den Befehlen eines Menschen gehorchen, es sei denn, solche Befehle stehen im Widerspruch zum ersten Gesetz.
3. Ein Roboter muss seine eigene Existenz schützen, solange dieser Schutz nicht dem ersten oder zweiten Gesetz widerspricht.

Probleme:
- sehr viel Wissen über (Spät-)Folgen erforderlich (v. a. beim Konsequentialismus)
- schwierige Anwendung formal-allgemeiner Regeln auf konkrete Fälle (v. a. Kants Kategorischer Imperativ)
- Konflikte zwischen vielen konkreten Regeln (z. B. Asimovs Gesetzen)

Achtung: Moralisches Handeln ist kein bloßes Regelbefolgen!

Bottom-up-Ansätze

Bottom-up-Modelle reagieren gewissermaßen auf diese Kritik, dass die künstliche Moralität kein simples Regelbefolgen darstellen kann. Im Gegensatz zum deduktiven Ableiten aus einprogrammierten Moralprinzipien gehen induktive **Bottom-up-Ansätze** sozusagen vom „Grund" („bottom") aus und setzen auf die Möglichkeit moralischen Lernens, damit Maschinen selbständig zu moralisch richtigen Entscheidungen gelangen (vgl. Loh 2019, 45). Wie in der Angewandten Ethik allgemein bietet sich dafür v. a. die Methode der **Kasuistik** (von lat. „casus": „Fall") an, bei der aus der genauen Beschreibung von Einzelfällen und dem Vergleich mit bereits bekannten Präzedenzfällen das moralisch Richtige hergeleitet wird (vgl. Gordon u. a., 2.a.ii; Fenner 2022, 24). Eine Nähe besteht aber auch zum **Partikularismus**, demzufolge moralische Urteile immer nur in Bezug auf konkrete Einzelfälle möglich sind, sowie zur **Tugendethik**, bei der moralische Tugenden statt durch theoretische Unterweisung durch Gewöhnung und Übung erworben werden müssen (vgl. Misselhorn 2019, 96; 114; Nyholm 2023, 174). Konkret können Bottom-up-Ansätze mit dem Ziel künstlicher Moralität auf Formen des maschinellen Lernens zurückgreifen. Dabei orientiert man sich entweder an evolutionären Prozessen oder versucht, die menschliche Sozialisation nachzuahmen (vgl. Wallach u. a., 80; Loh 2019, 44). Zum moralischen Lernen mithilfe künstlicher neuronaler Netze oder sogar zum Tugenderwerb durch Vorbilder und Übung gibt es aber noch kaum konkrete Umsetzungen. In einem Versuch mit überwachtem Lernen sollte beispielsweise das künstliche System lernen, ob entweder jemand getötet oder zugelassen werden darf, dass jemand stirbt (vgl. Misselhorn 2019, 115 f.). Bei den 33 verwendeten Trainingsfällen kam etwa vor, dass jemand aus Selbstverteidigung, wegen einer Belohnung oder zur Rettung des Lebens anderer Menschen jemanden tötet. Neue Fälle werden aufgrund der Ähnlichkeit mit bereits bekannten gelöst. Anhand von 230 komplexeren Fällen wurden die Evaluierungen durch die Systeme in „moralisch erlaubt" oder „verboten" getestet. Bei der Methode des „inversen verstärkten Lernens" wird die Belohnungsfunktion für optimales Verhalten offengelassen und muss vom System selbst aus allgemeinen Daten und vorbildlichen Beispielfällen abgeleitet werden (vgl. Gabriel u. a., 344).

Reine Bottom-up-Modelle ohne Fundierung durch eine Moraltheorie sehen sich in der Angewandten Ethik grundsätzlichen Einwänden ausgesetzt (vgl. Fenner 2022, 24 f.): Wie präzis auch immer eine konkrete Handlungssituation wahrgenommen wird, ergeben sich aus deskriptiven Schilderungen keinerlei Hinweise auf normative Handlungsorientierungen. Es braucht allgemeine und begründbare moralische Kriterien oder Prinzipien, um Einzelfälle ethisch beurteilen zu können. Werden wie bei der Kasuistik bereits gelöste Präzedenzfälle für die Bewertung herangezogen, verschiebt sich dieses Problem nur. Auch da, wo ein weitgehender faktischer Konsens über Einzelfälle vorliegt, könnte dieser unbegründet und moralisch falsch sein. Es wäre ein Sein-Sollen-Fehlschluss, aus dem, was Menschen faktisch tun, darauf zu schließen, was sie tun sollen (s. Kap. 1.3.2). Ohne kritische Prüfung können Vorurteile in den Daten in die moralischen Bewertungen eines Systems einfließen und z. B. zu Diskriminierungen führen (vgl. Misselhorn 2019, 117; s. Kap. 3.2.3). Präzedenzfälle könnten aber auch auf der Basis einer ethischen Theorie formuliert werden und auf die Form von Wenn-dann-Regeln gebracht werden. Wenn wie im erwähnten Beispiel zur Legitimität des Tötens im Trainingsprozess allgemeine Regeln gelernt werden, ist allerdings fraglich, ob es sich noch um einen Bottom-up-Ansatz handelt (vgl. ebd., 117). Vertreter des kasuistischen Bottom-up-Ansatzes wie Marcello Guarini gestehen ein, dass eine reine Kasuistik für die Maschinenethik unzureichend ist (vgl. dazu Gordon, 103; Gordon u. a., 2.a.i.). Kritisiert wird bei Bottom-up-Modellen außerdem ganz generell, dass die Mechanismen bei den Lernprozessen intransparent, schwer nachvollziehbar und kaum kontrollierbar sind (vgl. Misselhorn 2019, 117; Loh 2019, 46). Sie sind nach Misselhorn zu riskant für Nutzer und sollten auf eng begrenzte Laborbedingungen beschränkt bleiben (vgl. 2022, 41). Es reiche nicht aus, dass künstliche autonome Systeme sich faktisch moralisch verhalten. Vielmehr müsse die moralische Basis ihrer Entscheidungen transparent sein.

Bottom-up-Ansätze: Künstliche Systeme sollen durch moralisches Lernen zu moralisch richtigen Entscheidungen gelangen.
z. B. Kasuistik (Einzelfälle/Präzedenzfälle), Partikularismus, Tugendethik

Probleme:
- aus deskriptiven Fallbeschreibungen ergeben sich keine normativen Bewertungen
- faktischer Konsens (Präzedenzfälle) verbürgt nicht moralische Legitimität
- intransparente Basis moralischer Entscheidungen
- hohe Risiken für die Nutzer

Achtung: Moralisches Verhalten ist ohne transparente moralische Basis unzulänglich!

Hybride Modelle

Wie in den Ausführungen zu den Top-down- und Bottom-up-Modellen deutlich wurde, ist die menschliche Moralität eine extrem komplexe Aktivität. Da weder Theorien oder Regeln mechanisch-technisch auf Einzelfälle angewendet noch aus diesen normativen Forderungen abgeleitet werden können, ist die Dichotomie zwischen top down und bottom up für die Angewandte Ethik insgesamt kontraproduktiv (vgl. Fenner 2022, 39). Ingenieure und Robotiker kombinieren in der Praxis bei komplexeren künstlichen Systemen meist Komponenten beider Modelle (vgl. Wallach u. a., 80 f.). Es handelt sich dann um **hybride Ansätze**, die einen ethischen Rahmen basaler Prinzipien oder Werte vorgeben, die in einem Lernprozess an spezifische Kontexte angepasst werden (vgl. Loh 2019, 46; Misselhorn 2022, 41). Besonders bei komplexen Servicerobotern in Privathaushalten wie z. B. Pflegerobotern scheint es wünschenswert zu sein, dass die Systeme individuell auf die Wertvorstellungen der Nutzer abgestimmt werden. Vom Ehepaar Michael und Susan Anderson entwickelt und einem Roboter implementiert wurde das wertegesteuerte System „EthEl" (Abkürzung für „**Eth**ical **El**dercare System"), sodass dieser als angeblich erstes Beispiel eines moralisch handelnden Roboters gilt (vgl. Anderson u. a., 3–6; Misselhorn 2019, 146). Ziel des Programms ist es, individuell auf die Patienten und ihre jeweilige aktuelle Situation abgestimmt Erinnerungen an ihre Medikamenteneinnahme auszusprechen oder im Fall einer Verweigerung den Arzt zu informieren. Wie beim Expertensystem „MedEthEx" kann es aus einem Set von Pflichten wie dem Respekt vor Autonomie oder dem Nichtschaden sowie vorgegebenen Fallbeispielen mittels induktiver Logikprogrammierung ein allgemeines ethisches Prinzip herleiten: Die Erinnerung sollte erst nach ethisch gerechtfertigter Zeit erfolgen und eine Meldung nur, wenn der erwartete Schaden ein kritisches Maß erreicht. Durch Ärzte oder Pflegepersonal erhält das System sämtliche entscheidungsrelevanten Informationen zu den Medikamenten, Einnahmezeitpunkt und Ausmaß an Nutzen und Schaden in Abhängigkeit von der Zeit. Zu jedem Zeitpunkt kann es nun die Gesamtbilanz aus den moralischen Pflichten errechnen, denen Zahlenwerte zugeordnet werden. Nicht berücksichtigt ist dabei allerdings das individuelle Wertesystem der Pflegebedürftigen und allfällige Pflichtenkollisionen. Während für die einen die persönliche Autonomie am wichtigsten ist, wollen andere lieber jeden Schaden vermeiden.

Hybride Ansätze (Kombination von Top-down- und Bottom-up-Ansätzen): Künstliche Systeme lernen aus basalen Werten und Fallbeispielen, leiten allgemeine Prinzipien her und können sie an spezifische Kontexte anpassen.

Problem: anpassungsfähige komplexe Systeme schwer zu realisieren
Forderung: Polarisierung zwischen Top-down- und Bottom-up-Ansätzen überwinden!

3.3.2.2 Autonome Fahrzeuge und moralische Dilemmata

Am meisten diskutiert im Zusammenhang mit künstlicher Moral werden Roboter, die ein Risiko für menschliches Leben darstellen können: autonome Waffensysteme und autonome Fahrzeuge. Bei **autonomen Fahrzeugen** bedeutet „autonom" wie erwähnt, dass Fahrzeuge über einen längeren Zeitraum ohne menschliche Bedienung agieren können (s. Kap. 3.3.1.1). Auf der fünften und höchsten Stufe des autonomen Fahrens kann das Fahrzeug unter sämtlichen Umständen und Wetterbedingungen alle Fahrfunktionen ausführen, sodass es keinen Fahrer mehr braucht (vgl. Bartneck u. a. 2019, 126 f.; Misselhorn 2019, 186 f.). Auf der vollautomatisierten 4. Stufe muss der Fahrer jedoch außerhalb von standardisierten Bedingungen (wie z. B. gute Sicht oder Autobahn) die Kontrolle übernehmen können. Bei beiden Stufen wird von „autonomen Autos" gesprochen. Seit 2021 sind in Deutschland autonome Fahrzeuge ohne Fahrer zumindest in festgelegten und vorab genehmigten Betriebsbereichen (z. B. auf einem Messegelände) gesetzlich erlaubt, in San Francisco und vielen chinesischen Großstädten gibt es bereits fahrerlose Robotaxis. Eine enorme Präsenz sowohl im medialen als auch im wissenschaftlichen Diskurs erlangten Dilemma-Situationen im Straßenverkehr, bei denen Menschen unvermeidbar zu Tode kommen: Welche moralischen Prinzipien wären selbstfahrenden Autos einzuprogrammieren, damit sie sich auch dann moralisch richtig verhalten? Kritische Stimmen weisen zwar darauf hin, dass solche im untenstehenden Kasten geschilderte Extremsituationen unrealistisch seien oder doch nur höchst selten vorkommen (vgl. Grunwald 2019, 106; Brändle u. a., 286; Lenzen 2018, 145). Sicherlich wäre es wünschenswert, dass ideale selbstfahrende Autos irgendwann durch optimale Vernetzung, Brems- und Ausweichvorgänge tragische Unfälle überhaupt vermeiden könnten. Ungeachtet der Wahrscheinlichkeit oder Häufigkeit ihres Vorkommens in der Praxis ist aber die Frage nach geeigneten moralischen Kriterien für autonome Fahrzeuge von hoher theoretischer Bedeutung für die Maschinenethik. Ethisch problematisch wäre lediglich, wenn dadurch drängendere gesellschaftliche Fragen bezüglich des autonomen Fahrens gänzlich aus dem Blick gerieten (vgl. Bauberger, 95). Daher werden in diesem Kapitel auch alle anderen wichtigen Fragen einer Technikethik kurz angesprochen.

Anschauungsbeispiele zu moralischen Dilemmata
1) Trolleyproblem (Trolley-Dilemma): Eine Straßenbahn (engl. „Trolley") ist außer Kontrolle geraten und rollt ungebremst direkt auf eine Weiche zu. Wenn die Weiche nicht umgestellt wird, würden fünf auf dem dahinterliegenden Gleisabschnitt liegende Straßenarbeiter überfahren. Durch das Umstellen einer Weiche könnte die Bahn auf ein Gleis umgeleitet werden, wo lediglich eine Person getötet würde. *Frage*: Darf oder soll der Bahnführer (oder ein Weichensteller) aus ethischer Sicht die Weiche umstellen?
2) Dilemmasituation autonomer Fahrzeuge: Einem selbstfahrenden Auto springen plötzlich drei spielende Kinder in die Fahrbahn. Der Bremsweg ist zu lang, um eine Kollision zu vermeiden, und es gibt keine sichere Ausweichmöglichkeit. Auf der Gegenfahrbahn kommt ein Bus entgegen, und auf dem Gehsteig würde eine ältere Spaziergängerin erfasst. Bei der Kollision mit dem Bus oder bei einem Nothalt würden die Insassen des Autos aufgrund des nachfolgenden Verkehrs verletzt oder getötet. *Frage*: Soll das autonome Fahrzeug die drei Kinder verletzen bzw. töten oder ausweichen und entweder die ältere Fußgängerin überfahren oder mit dem Bus kollidieren und viele Insassen gefährden?

Ein **moralisches Dilemma** ist ganz allgemein eine Handlungssituation, in der jemand unvermeidbar zwischen zwei Übeln oder moralisch gebotenen Handlungsweisen wählen muss (vgl. Brändle u. a., 284; Fenner 2020, 195 ff.). In einem strengen Sinn liegt ein Dilemma nur dann vor, wenn die beiden Übel gleich groß bzw. die zwei moralischen Pflichten gleichwertig sind. Wo sich ein Vorzugskriterium für eine Handlungsoptionen begründen lässt, handelte es sich lediglich um einen „moralischen Konflikt" (vgl. ebd., 195). Das auf Philippa Foot zurückgehende **Trolleyproblem** ist ein philosophisches Gedankenexperiment, das sich in Ethikseminaren und neu auch in der Roboterethik großer Beliebtheit erfreut. Inzwischen wird in der KI-Ethik schon von einer „Trolleyology" gesprochen, die für autonomes Fahren genauso wie für autonome Waffensysteme anwendbar sei (vgl. Schwarz, 83 ff.). Solche oft sehr konstruiert wirkenden Gedankenexperimente dienen in der Philosophie eigentlich nicht der Lösung konkreter praktischer Probleme, sondern der Prüfung von Intuitionen und Theorien, in diesem Fall z. B. der Differenz von Töten und Sterbenlassen (vgl. Müller, 27; Dignum,

43). Durch die Entwicklung autonomer Fahrzeuge ergibt sich aber eine ganz unerwartete praktische Relevanz durch eine völlig neue Situation im Straßenverkehr. Denn im Unterschied zu Menschen verfügen Maschinen in kritischen Situationen über mehr Informationen, können diese viel schneller verarbeiten und in Sekundenbruchteilen zu einer Entscheidung gelangen. Solange Menschen hinter dem Steuer sitzen, sind diese in Extremsituationen gar nicht zu einer bewussten, reflektierten, rationalen Entscheidung in der Lage. Wenn sie in Panik das Lenkrad herumreißen oder eine Vollbremsung durchführen, handeln sie vielmehr unüberlegt, reflexartig oder intuitiv. Kommt es zu Verletzten oder Toten, sodass sich das Verhalten im Nachhinein als moralisch fragwürdig herausstellt, sind dies schlicht „tragische Unfälle". Weder moralisch noch juristisch wird eine Beurteilung in Kategorien wie Schuld, Verantwortung oder moralischen Dilemmata vorgenommen (vgl. Brändle u. a., 286; Grunwald 2019, 106 f.).

Utilitaristische Top-down-Modelle

Bei philosophischen Diskussionen des Trolley-Dilemmas werden meist die beiden gegensätzlichen Positionen des Konsequentialismus und der Deontologie einander gegenübergestellt. In der Maschinen- und Roboterethik dient das Beispiel dazu, die entsprechenden Top-down-Ansätze auf den Prüfstand zu stellen, die soeben erläutert wurden: Aus einer konsequentialistischen **utilitaristischen Perspektive** müsste die Weiche beim Trolleyproblem eindeutig umgestellt werden, weil dann nur ein Mensch stirbt statt fünf (vgl. Fenner 2020, 170; Misselhorn 2019, 191). Mit welchen Mitteln das utilitaristische Ziel des „größtmöglichen Glücks für die größtmögliche Zahl" erreicht wird, ist dabei gleichgültig. Entsprechend irrelevant ist der Unterschied zwischen dem passiven Zulassen des Todes der fünf Straßenarbeiter und dem aktiven „Aufopfern" des einen Manns zu ihren Gunsten, indem die Weiche umgestellt wird. Ebenso müssten die drei Kinder in Anschauungsbeispiel 2, die ihr ganzes Leben noch vor sich haben, klarerweise durch das Ausweichen auf den Gehsteig verschont werden, wo sich lediglich eine ältere Dame befindet (vgl. Loh 2019, 24). Das Nutzenkalkül wird wesentlich komplizierter, wenn nicht nur rein quantitativ die Anzahl der geretteten Menschen zählt, sondern auch qualitative Faktoren oder Persönlichkeitseigenschaften wie z. B. Alter, Gesundheitszustand, berufliche oder soziale Stellung oder Verwandtschaftsverhältnisse berücksichtigt werden. Große Aufmerksamkeit erlangte das Projekt „Moral Machine" des Massachusetts Institute of Technology (MIT) mit seiner Online-Befragung zu zahlreichen Dilemma-Situationen, in denen sich bereits 40 Mio Nutzer zwischen Entitäten mit verschiedenen Eigenschaften oder persönlichen Merkmalen entschieden haben. Dabei lassen sich drei klare allgemeine Präferenzen erkennen: möglichst viel Leben zu verschonen, Menschen den Tieren und jüngere den älteren Menschen vorzuziehen (vgl. Awad u. a., 60). Geringer ausgeprägt sind die Bevorzugungen von legal statt illegal die Straße überquerenden Fußgängern, Menschen mit höherem vor niedrigerem Status, Athleten vor Übergewichtigen und Frauen gegenüber Männern. Während Babys, Kinder, Schwangere, Ärzte und Personen in leitenden Positionen die besten Chancen haben, nehmen die von Obdachlosen, Alten, Hunden, Kriminellen und Katzen in dieser Reihenfolge ab (vgl. ebd., 61).

Ein praxisbezogener Kritikpunkt lautet, dass die Wahrnehmung der aktuellen Fahrsituation mit Verkehrszeichen, Hindernissen, allen Fahrzeugen und Verkehrsteilnehmern mitsamt der Distanzen zwischen ihnen eine enorme Herausforderung darstellt. Benötigt wird eine Kombination von Video- und Infrarotkameras, Radarsensoren, Ultraschallsensoren, GPS-Systemen etc. (vgl. Specht, 289–292; Lenzen 2020, 84 f.; Misselhorn 2018, 187). Die gesammelten Daten werden von einem Bordcomputer verarbeitet. Dieser müsste Unsicherheiten in den Verkehrsbewegungen in kurzer Zeit einschätzen und mit Wahrscheinlichkeiten beziffern können, um möglichst verlässliche Prognosen über die Folgen sämtlicher Optionen zu erstellen. Da Sensoren weder Alter und Gesundheitszustand noch Beruf oder soziale Stellung der Verkehrsteilnehmer erfassen können, wäre dafür eine Digitalisierung dieser Daten und die Vernetzung aller Fahrzeuge im IoT nötig, bzw. sogar seine Erweiterung im „Internet of Bodies“ (IoB), d. h. der Vernetzung der im oder am Körper angebrachten Dinge. Dies bedeutete aber einen erheblichen Eingriff in die Privatsphäre und dürfte schon an datenschutzrechtlichen Hürden scheitern. Bezüglich der Vorzugsregeln für bestimmte Personengruppen können empirische Erhebungen wie die des MIT im Sinne einer „experimentellen Ethik“ höchstens gesellschaftliche Diskussionen anstoßen, aber keine normative Richtigkeit begründen. Bedenklich ist auch der empirische Befund, dass Menschen Dilemma-Situationen nur so lange unparteiisch beurteilen und für die Minimierung des Gesamtschadens votieren, als sie selbst nicht betroffen sind. Persönlich möchten sie kein so programmiertes Auto fahren, sondern eines, das primär die Insassen schützt (vgl. Heinrichs u. a., 104). 2016 verlautbarte ein Merzedes-Benz-Manager für Fahrassistenzsysteme, die Passagiere im Auto sollten immer gerettet werden (vgl. Jenkins, 103). Im Gegensatz zu Pflegerobotern für die individuelle

Nutzung dürfen moralische Regeln für autonome Fahrzeuge sich aber nicht an teils egoistischen Moralvorstellungen der Fahrzeugbesitzer orientieren oder den Herstellern überlassen bleiben. Vielmehr braucht es eine allgemeinverbindliche gesellschaftliche Regelung, die sich vor allen Personengruppen argumentativ rechtfertigen lässt und rechtlich abgesichert ist (vgl. Misselhorn 2019, 197 f.).

Deontologische Top-down-Ansätze

Im Gegensatz zu utilitaristischen Nutzenkalkulationen orientiert sich die deontologische Ethik an Pflichten, Rechten, Geboten und Verboten. Christian Gerdes und Sarah Thornton schlugen in Anlehnung an Asimov drei moralische Gesetze für autonome Fahrzeuge vor, die mit der bereits entwickelten Sensortechnologie implementierbar seien (vgl. Misselhorn 2019, 189 f.):

1. Ein automatisiertes Fahrzeug sollte nicht mit einem Fußgänger oder Radfahrer zusammenstoßen.
2. Ein automatisiertes Fahrzeug sollte nicht mit einem anderen Fahrzeug zusammenstoßen, es sei denn, das Vermeiden einer solchen Kollision steht mit dem ersten Gesetzt in Konflikt.
3. Ein automatisiertes Fahrzeug sollte nicht mit einem Objekt der Umgebung zusammenstoßen, es sei denn, das Vermeiden einer solchen Kollision steht mit dem ersten oder zweiten Gesetz in Konflikt.

Analog zur Kritik an Asimovs drei Gesetzen lässt sich feststellen, dass sie für die Komplexität vieler Entscheidungssituationen im Verkehrsbereich nicht ausreichen. Es wurden von den Autoren selbst und anderen noch Ergänzungen z.B. zur Berücksichtigung von Verkehrsregeln oder Tieren vorgeschlagen. Nach Kant verbietet es das Gebot der Achtung vor der Selbstzweckhaftigkeit und Würde der Menschen, eine Instrumentalisierung der Verkehrsteilnehmer zur Minimierung des Gesamtschadens vorzunehmen. Menschen dürfen nicht gegeneinander aufgerechnet werden, weil das Leben von alten oder obdachlosen Menschen nicht weniger wert ist als das von jungen und leistungsfähigen. **Streng deontologisch** sowie auch menschenrechtlich gesehen darf im Trolley-Beispiel keine Person gleichsam „geopfert“ werden durch ein gezieltes Ausweichmanöver, um mehrere andere zu retten (vgl. Fenner 2020, 270; Misselhorn 2019, 191; Loh 2019, 25). Wert gelegt wird dabei auf die Unterscheidung zwischen dem *passiven* Zulassen des Sterbens, d.h. dem Sterbenlassen eines Menschen durch die unkontrollierbar auf ihn zurollende Straßenbahn, und dem Retten der fünf Straßenarbeiter auf dem anderen Gleis, das ein *aktives* Umstellen der Weiche erforderte (vgl. Schwarz, 86). Nur letzteres scheint ein absichtliches Handeln und ein Töten darzustellen. Die **negative Pflicht**, niemandem Schaden zuzufügen bzw. niemanden zu töten, wiegt aber schwerer als die **positive Pflicht**, anderen Menschen zu helfen bzw. sie zu retten (s. Kap. 1.3, Einleitung). Diese streng deontologische Position wird gestützt durch das Grundgesetz mit seiner Würdegarantie und die weltweit erste deutsche „Ethikkommission Automatisiertes und Vernetztes Fahren" von 2017, die das „Verrechnen" von Menschenleben verurteilt (vgl. 18).

Kritisch lässt sich fragen, ob sich die Unterscheidungen aktiv/passiv und negative/positive Pflichten vom Weichensteller-Dilemma auf das autonome Fahren und die Situation in Anschauungsbeispiel 2 übertragen lassen. Ist ein Fahrer, der die Fahrtrichtung des Fahrzeugs beibehält, wirklich passiv im Unterschied zu demjenigen, der die Fahrtrichtung ändert, und rechtfertigt dies eine unterschiedliche ethische Beurteilung? Es ließe sich zwar argumentieren, dass ein Fahrer kein „Verrechnen" vornimmt, wenn er einfach strikt weiterfährt. Die **moralische Verantwortung** für die Folgen scheint aber in beiden Fällen gleich groß zu sein, wobei die ethische Richtigkeit der Entscheidung von den dafür geltend gemachten Gründen und Kriterien abhängt (vgl. Fenner 2020, 58 f.). Beim autonomen Fahrzeug kommt hinzu, dass ihm Intentionen fehlen und es von einem Programm gesteuert wird, sodass die Differenz von passiv und aktiv, vorsätzlichem Töten und bloßem Zulassen unpassend scheint. Durch die Programmierung wird zwangsläufig aktiv „Schicksal gespielt" und eine Entscheidung getroffen, ob es nun geradeaus weiterfährt und die spielenden Kinder erfasst oder ausweicht und auf die alte Dame zusteuert (vgl. Birnbacher u. a.). Abgesehen davon lässt sich vom Standpunkt einer **gemäßigten Deontologie** das Umstellen der Weiche bzw. der Wechsel der Fahrbahn durchaus ethisch legitimieren. Deontologen können sich nämlich auf das **Prinzip der Doppelwirkung** berufen, demzufolge eine Handlung mit doppelter Wirkung erlaubt ist, wenn die beabsichtigte und ausgeführte Handlung an sich gut ist und die unerwünschte zweite Wirkung dabei lediglich in Kauf genommen wird (vgl. Fenner 2020, 184 f.; 270). Das gute Ziel beim Trolley-Dilemma wäre die Rettung der fünf Straßenarbeiter, wohingegen der Tod des einen Manns nur eine in Kauf genommene Folge dieser für die Rettung notwendigen Aktion des Weichenstellens bildet. Sein Tod ist hier kein Mittel zur Erreichung des Ziels der Rettung, weshalb der Mann nicht instrumentalisiert wird.

Die Argumentation lässt sich durchaus auf Computer ohne Intentionen anwenden, denen die Regel einprogrammiert wird, in Extremsituationen ein ethisch hochrangiges Ziel mit einer geringeren schlechten Nebenwirkung zu wählen.

Sowohl im Rahmen einer konsequentialistischen als auch gemäßigt deontologischen Ethik lässt sich daher folgende Position rechtfertigen: Selbstfahrenden Autos sollte das Ziel einprogrammiert werden, in unausweichlichen Dilemmasituationen möglichst viele unschuldige Menschen zu verschonen bzw. den Gesamtschaden zu minimieren. Dabei müsste auf utilitaristische Kriterien und ein „Verrechnen" der Menschen in einem Nutzenkalkül ausgewichen werden, das ausschließlich in solchen akuten außerordentlichen Notlagen wie z. B. auch bei Unfällen mit unzähligen Verletzten oder einer Triage-Situation ethisch erlaubt sein kann (vgl. Fenner 2020, 181 f.). Die erwähnte deutsche Ethikkommission zieht als Aufgabe für weitere Untersuchungen durchaus in diesem Sinn in Erwägung, dass in Situationen, in denen bereits unmittelbar Menschenleben bedroht sind, möglichst viele Menschen zu retten sind (vgl. 18; ebenso Misselhorn 2019, 192). Diese theoretisch überzeugende Position ist aber nicht zuletzt deswegen praktisch schwer umsetzbar, weil es nicht nur um Leben und Tod geht, sondern zwischen Todesrisiken und den Risiken schwerer und leichter Verletzungen differenziert werden müsste. Ein Bordcomputer müsste also über sehr komplexe Entscheidungsalgorithmen verfügen (vgl. Birnbacher u. a.). Ob über das quantitative Kriterium der Anzahl von Menschen oder auch Tieren hinaus begründbare qualitative Kriterien berücksichtigt werden dürfen, wäre zunächst in weiteren Expertengremien und dann auch in der breiten Öffentlichkeit zu diskutieren. Infrage kämen etwa ähnlich wie bei der Triage-Situation die kurzfristigen Überlebenschancen der Menschen (zur Vermeidung der Altersdiskriminierung), der Verstoß gegen Verkehrsregeln von beteiligen oder unfallverursachenden Personen (z. B. Straßenüberqueren bei Rot) oder die Bevorzugung von Schwangeren und Kindern aufgrund ihrer besonderen Vulnerabilität oder der Zukunftssicherung. Wie bei medizinischen Notfällen, wenn z. B. bei einem Unfall nicht allen Verletzten geholfen werden kann oder die Spenderorgane nicht für alle auf der Warteliste ausreichen, ist hier Transparenz und Nachvollziehbarkeit der Kriterien und Regeln für alle (potentiell) Betroffenen geboten (vgl. ebd.).

Umgang mit Dilemma-Situation beim autonomen Fahren **Achtung:** Oberstes Ziel ist die Vermeidung von Dilemma-Situationen (durch Vernetzung, Brems-/Ausweichmanöver etc.)!
utilitaristische Position: Wahl der Option mit möglichst wenig Toten und Verletzten, ev. Bevorzugung von jungen, gesunden, gesellschaftlich „nützlichen" Menschen **technische Probleme:** • Wahrnehmung komplexer Verkehrssituationen schwierig • persönliche Merkmale müssten digital gespeichert sein **ethische Probleme:** • Vorzugsregeln müssten sich argumentativ rechtfertigen lassen • unparteiische statt egoistische Haltung erforderlich • Diskriminierung und Ungerechtigkeit vermeiden
streng deontologische Position: • kein absichtliches Töten durch aktives Tun • keine Instrumentalisierung von Menschen zur „Rettung" anderer • keine Qualifizierung der Opfer nach persönlichen Merkmalen **ethisches Problem**: Erscheint moralisch fragwürdig in Extremsituationen, in denen die Tötung unschuldiger Menschen unvermeidbar ist! **gemäßigte deontologische Position (Prinzip der Doppelwirkung)**: Der Tod eines Menschen darf in Kauf genommen werden als unerwünschte Folge des guten Ziels der Rettung anderer (≠ Instrumentalisierung).
ethische Forderungen: In unausweichlichen Extremsituationen sollen möglichst viele Menschen gerettet bzw. der Gesamtschaden minimiert werden! Zusätzliche qualitative Vorzugskriterien (z. B. Schwangerschaft, Kinder) müssten gesellschaftlich diskutiert und rechtlich abgesichert werden.

Pro- und Kontra-Argumente aus Sicht der Angewandten Ethik

Es handelt sich um ein weit verbreitetes Missverständnis, das Trolleyproblem müsse erst einmal wie eine Art Rätsel gelöst werden, bevor man über die mögliche Einführung des autonomen Fahrens diskutieren kann (vgl. dazu Loh 2019, 23f.). Wenn es im Sinne der Angewandten Ethik um die Abwägung von Chancen und Risiken dieser neuen Technologie geht, erscheinen die Fragen im Zusammenhang mit solchen Extremsituationen aber als marginal. Die wichtigen Leitideen für die Gestaltung und Regulierung der neuen Mobilitätsform sind vielmehr Verkehrssicherheit, Umweltbilanz und Lebensqualität. Diesbezüglich sind die geweckten Erwartungen und Versprechungen seitens der Politik und vor allem der Automobilindustrie groß. Es wird jedoch vieles von der Art der individuellen oder kollektiven

Nutzung der Fahrzeuge und der Etablierung eines neuen „soziotechnischen Systems“ abhängen (vgl. Schippl u. a., 381). Entsprechend können hier nur die wichtigsten Pro- und Kontra-Argumente aufgelistet werden, ohne eine abschließende Bilanz ziehen zu können.

Das stärkste Argument für das autonome Fahren ist zweifellos die erhoffte **größere Verkehrssicherheit** (vgl. Misselhorn 2019, 184, 198 f.; Brändle u. a., 282; Grunwald 2019, 100): Statistisch gesehen werden ungefähr 90 % der Unfälle durch Menschen verursacht, meist durch Regelverstöße wie überhöhte Geschwindigkeit oder Alkohol am Steuer. Menschliche Fahrer sind aber häufig auch einfach unkonzentriert, abgelenkt z. B. durch ein Handy, reagieren reflexartig oder aggressiv. Würde der Mensch durch einen niemals ermüdenden und gestressten Bordcomputer ersetzt, wären all diese Risikofaktoren ausgeschaltet. Einen Sicherheitsgewinn verspricht aber auch die Digitalisierung und Vernetzung der Fahrzeuge untereinander, zwischen sämtlichen Verkehrsteilnehmern und den Ampel- und Verkehrsleitersystemen im Internet der Dinge. Auf diese Weise könnten alle Beteiligten fortlaufend über Gefahren informiert und Verkehrsbewegungen z. B. in einem hochkomplexen Innenstadtverkehr optimal aufeinander abgestimmt werden. Freilich ist es empirisch keineswegs erwiesen und höchst fraglich, ob nach dem Ausschalten des Risikofaktors Mensch das Unfallrisiko auf nahezu Null sinken würde (vgl. Misselhorn 2019, 198). Es tauchen neue Sicherheitsrisiken auf, und tödliche Unfälle mit Tesla-Fahrzeugen und einem Uber-Volvo machten bereits 2016 und 2018 Schlagzeilen (vgl. Bartneck u. a. 2019, 129 f.). In Kalifornien wurden seit Erfassung der Zwischenfälle im Jahr 2014 646 Kollisionen gezählt, an denen fahrerlose Autos beteiligt waren (vgl. Auto-Motor-Sport: „253 Robotaxi-Unfälle in eineinhalb Jahren“, 31.8.2023). Die sensorische Ausstattung der Fahrzeuge wird allerdings laufend verbessert, sodass sie auch bei schlechten Straßen- oder Sichtverhältnissen zuverlässiger wird. Weitere Gefahren sind außerdem Softwarefehler oder **Hacking**-Angriffe (s. Kap. 3.1.3.2). Betroffen sein können einzelne Fahrzeuge, denen falsche Informationen zugespielt werden oder die von „Entführern“ vollständig unter ihre Kontrolle gebracht werden. Noch bedrohlicher sind Angriffe auf Fahrzeugflotten oder die gesamte Verkehrs-Infrastruktur (vgl. Schippl u. a., 379; Misselhorn 2019, 199).

Wie Verkehrsforscher empirisch belegen konnten, stellt der Mischverkehr von konventionellen und autonomen Fahrzeugen ein besonderes Sicherheitsrisiko dar (vgl. Heinrichs u. a., 106 f.; Brändle u. a., 283). Denn in gemischten Verkehrslagen treffen unterschiedliche Verkehrsstile aufeinander, wodurch es zu falschen Interpretationen der Situation kommt: Während selbstfahrende Autos sich strikt an Regeln halten, sind die Reaktionen der Menschen sehr flexibel und daher schwerer prognostizierbar. Angesichts der jährlich über 3000 Verkehrstoten und über 390.000 Verletzten in Deutschland und der Aussicht auf ihre deutliche Reduktion wird bereits darüber diskutiert, ob es eine ethische Pflicht zum autonomen Fahren geben müsste (vgl. Brändle u. a., 289; Schippl u. a., 379; Heinrichs u. a., 105). Selbst wenn irgendwann ein erheblich geringeres Sicherheitsrisiko empirisch nachgewiesen wäre, müsste abgewogen werden zwischen den beiden konfligierenden Werten Sicherheit und persönliche Freiheit. Bei vielen Autofahrern ist der Freiheitsgedanke, ein Auto selbst steuern zu können, stark ausgeprägt. Schon weniger freiheitseinschränkende sicherheitspolitische Maßnahmen wie Tempobegrenzungen stoßen daher auf heftige Widerstände in der Bevölkerung. Wie in Kapitel 3.2.4 zur algorithmischen Steuerung beschrieben, müssen sich staatliche Einschränkungen individueller Freiheitsrechte in demokratischen deliberativen Aushandlungsprozessen rechtfertigen lassen. Paternalistischen staatlichen Gesetzen vorzuziehen wären öffentliche Aufklärung und Appelle an die Bürger, sich im gemeinsamen Interesse an erhöhter Verkehrssicherheit für das autonome Fahren zu entscheiden. Ähnlich wie bei der deutschen „Entscheidungslösung" für das Problem dramatischer Organknappheit könnten Bürger z. B. beim Erwerb des Führerscheins oder eines Autos zur reflexiven Auseinandersetzung mit den Vorteilen autonomen Fahrens aufgefordert werden (vgl. Fenner 2022, 127). Insbesondere etwa viele Pendler empfinden das Autofahren ohnehin nicht als Freiheitsgewinn, sondern als höchst lästig. Für sie bedeutete die Entlastung vom konzentrierten Autofahren in häufigen Staus eine Stressreduktion und ein Gewinn an Zeit, die sie für sinnvollere Tätigkeiten nutzen können. Im Zusammenhang mit diesem Argument der **erhöhten Lebensqualität** steht dasjenige der **Mobilitätssteigerung**, das insbesondere mobilitätseingeschränkte Menschen mit Behinderungen oder hohem Alter im Blick hat (vgl. Brändle u. a., 282; Grunwald 2019, 100 f.; Misselhorn 2019, 184 f.).

Ein großes öffentliches Interesse besteht nicht nur an erhöhter Sicherheit, sondern auch an einer **verbesserten Umweltbilanz**. Eine intelligente Steuerung des Verkehrsflusses könnte für weniger Staus und eine bessere Ausnutzung der vorhandenen Infrastruktur sorgen, die insbesondere in Ballungsräumen häufig überfordert ist (vgl. Brändle u. a., 292;

Misselhorn 2019, 185; Schippl u. a., 378). Auch sollen die autonomen Fahrzeuge umweltfreundlicher sein aufgrund von technischen Maßnahmen wie Leichtbau oder effizienterer Antriebstechnik und ihrer ökologisch optimierten Fahrweise. Infolgedessen könnten die Verkehrsemissionen gesenkt und die Umweltbelastung reduziert werden. Wie immer mehr Studien zeigen, stellen sich die erhofften Auswirkungen aber nur ein, wenn sich anstelle der herkömmlichen privaten Pkw-Nutzung neue Nutzungsformen von Automobilen durchzusetzen vermögen (vgl. Schippl u. a., 379). Wünschenswert wären Sharing-Dienste und Robotaxis, die im Sinne eines öffentlich verantworteten Individualverkehrs flexible und durch den Wegfall des Fahrers wesentlich günstigere Angebote bereitstellen. Als Ergänzung zum öffentlichen Verkehr könnten sie diesen stärken und den Besitz eines eigenen Pkws erübrigen. Neben langfristigen ökologischen Gründen wie geringerem Energie- und Flächenverbrauch gibt es auch soziale Gründe für die Förderung des öffentlichen Verkehrs, da viele sozial benachteiligte Gruppen auf ihn angewiesen sind (vgl. Bauberger, 100 f.). Nach einer Schweizer Studie lässt sich der Besitz von Privatfahrzeugen nur reduzieren, wenn autonome Fahrzeuge nicht privat erworben werden dürfen (vgl. ebd., 98). Die erwähnten individuellen Vorteile gesteigerter Lebensqualität sowie der in Kapitel 1.3.5 beschriebene Rebound-Effekt, (demzufolge die Umweltfreundlichkeit von Geräten zu erhöhter Nutzung führt,) könnten jedoch auch die Attraktivität des privaten Individualverkehrs erhöhen. Eine drohende Verlagerung des öffentlichen Verkehrs auf das Auto hätte den gegenteiligen Effekt von mehr Verkehr und mehr Emissionen. Angesichts dieser Ambivalenzen wäre es sicherlich naiv, einfach auf positive Auswirkungen der neuen Technologie auf Umwelt und Gesellschaft zu hoffen. Erforderlich sind vielmehr neue Verkehrs- und Mobilitätskonzepte sowie geeignete Anreizsysteme und Regulierungsmaßnahmen, weil die Veränderungen hin zum Besseren nicht nur auf technischer, sondern auch auf institutioneller und individueller Ebene erfolgen müssen (vgl. Schippl u. a., 381).

Argumente für und gegen autonomes Fahren	
Pro-Argumente	**Kontra-Argumente**
• größere Verkehrssicherheit dank digitaler Vernetzung und ohne gestresste/unkonzentrierte Fahrer • erhöhte Lebensqualität und Mobilitätssteigerung • verbesserte Umweltbilanz durch effizienteren Verkehrsfluss und umweltfreundlichere Autos	• Gefahr des Hackings und Verletzung der informationellen Selbstbestimmung • Einschränkung der individuellen Freiheit der Fahrer • Zunahme der privaten Nutzung von Autos auf Kosten des öffentlichen Verkehrs
ethische Gebote: • neue Mobilitätskonzepte; Systemumstellung auf den öffentlichen Verkehr und einen öffentlich verantworteten Individualverkehr mit Carsharing und Robotaxis als Ergänzung zum ÖV • Aufklärung und Appelle, autonome Fahrzeuge im Fall empirisch erwiesener größerer Sicherheit im Sinne des öffentlichen Interesses zu bevorzugen	

3.3.2.3 Letale autonome Waffensysteme und das Völkerrecht

Letale, d.h. tödliche autonome Waffensysteme, umgangssprachlich „Kriegs“- oder „Killerroboter“, gehören nicht nur zu den umstrittensten Anwendungsbereichen der Maschinenethik (vgl. Misselhorn 2019, 155). Neben der Industrierobotik bildet die Militärrobotik auch den Sektor, in den am meisten Gelder fließen (vgl. Loh 2019, 32). Unter **Militärroboter** als weiterem Begriff fallen auch Roboter mit nicht tödlichen Funktionen wie z.B. Beobachtung, Minenräumung oder Nachrichtendienste. **Letale autonome Waffensysteme** bzw. „lethal autonomous weapon systems“ (LAWS) sind KI-basierte Roboter, die ohne menschliches Zutun selbständig Ziele identifizieren und attackieren können und sich dabei an wechselnde Umgebungen anpassen (vgl. Vilmer, 118; Heinrichs u.a., 153f.; Schwarz, 84). Dazu zählen auch **Drohnen** als unbemannte Luft- oder Unterwasserfahrzeuge, sofern sie diesen Zwecken dienen. Wie beim autonomen Fahren werden aber verschiedene Stufen von Autonomie zwischen ferngesteuerten und vollautonomen unterschieden, und auch halbautonome Waffensysteme werden häufig zu den „autonomen“ gerechnet. Nach einer groben Dreiteilung treffen Menschen entweder sämtliche Entscheidungen selbst („Human-in-the-Loop“), überwachen die Systeme lediglich und können jederzeit eingreifen („On-the-Loop“) oder diese agieren völlig ohne menschliche Überwachung („Out-of-the-Loop“) (s. Kap. 3.1.3.3). Bislang unterstehen auch die von Israel im Gazastreifen eingesetzten autonomen Waffensysteme oder die „Kamikazedrohnen“ im Ukrainekrieg Menschen, die den Schießbefehl geben (vgl. Grünwald u. a., 1). Nach Einschätzung der Pioniere der Maschinenethik sind es solche Waffensysteme, die am dringlichsten einer künstlichen Moral bedürfen (vgl. Wallach u. a., 73). Denn hier geht es nicht wie bei autonomen Fahrzeugen nur in Ausnahmesituationen um Leben oder Tod von Menschen, sondern ganz wesentlich. Welche moralischen Regeln sind solchen Robotern zu implementieren, wenn sie Menschen ersetzen? Zu stellen sind aber auch grundsätzlichere ethische Fragen wie diejenigen: Dürfen schwerwiegende Entscheidungen über Leben und Tod von Menschen überhaupt autonomen Systemen überlassen werden? Und ist das gezielte Töten von Menschen nicht von vornherein ethisch unzulässig?

Aus der Perspektive eines radikalen **Pazifismus** sind die Anwendung von Gewalt und das Töten ausnahmslos ethisch verwerflich. Zu differenzieren wäre aber zumindest zwischen einer „illegitimen Gewalt“ und einer staatlichen „legitimen“ oder „öffentlichen Gewalt“, die von staatlichen Institutionen wie der Polizei gegenüber Kriminellen oder Gewalttätern ausgeübt wird und der Sicherung des gesellschaftlichen Friedens dient. Auf internationaler Ebene lehnt die Charta der Vereinten Nationen (UN) von 1945 zwar Kriege und jegliche Gewaltanwendung gegenüber anderen Staaten ab, um den Weltfrieden zu wahren (s. Kap. I, Art. 2 Abs. 4). Ausnahmen vom Gewaltverbot sind aber erlaubt zur Selbstverteidigung eines Landes (Kap. VII, Art. 51) oder wenn der Sicherheitsrat z. B. im Fall von Völkermord oder gravierenden Menschenrechtsverletzungen ein militärisches Eingreifen als letztes Mittel billigt (ebd., Art. 42). Bei unvermeidbaren bewaffneten Konflikten fordert das **humanitäre Völkerrecht** den größtmöglichen Schutz von Zivilisten, der nicht militärischen Infrastruktur sowie der natürlichen Umwelt (vgl. Grünwald u. a., 3). Bei dem bislang ausgefeiltesten Ethikprogramm für autonome Waffensysteme orientiert sich der Robotikprofessor Ronald Arkin wesentlich an diesem internationalen Völkerrecht (vgl. Tabelle unten; Misselhorn 2019, 158f.). Mehrere Kontrollprogramme sollen die Entscheidungen des Waffensystems überwachen (vgl. Arkin, 125–140): Eine „ethische Verhaltenssteuerung“ sorgt als grobes Auswahlraster dafür, dass nur moralisch zulässige Tötungshandlungen vorgeschlagen werden. Der „ethische Regler“ untersucht diese Optionen z. B. anhand von Informationen aus dem Funkverkehr, um den Angriff gegebenenfalls zu stoppen. Nach der durchgeführten Handlung begutachtet ein „ethischer Adapter“ ihre ethische Legitimität und leitet nötigenfalls Anpassungen ein. Nicht zuletzt soll ein „Verantwortungsberater“

gewährleisten, dass immer ein Mensch für die Aktionen verantwortlich ist (vgl. ebd., 143 ff.; Misselhorn 2019, 162 f.). Es handelt sich um ein „On-the-Loop-System", weil das Bedienpersonal jederzeit moralische Verantwortlichkeit übernehmen muss. Gleichwohl ist das Waffensystem insofern autonom, als es ohne menschliches Zutun operieren kann.

(voll)autonome Waffensysteme: KI-basierte Roboter, die ohne menschliches Zutun selbständig Ziele identifizieren und angreifen können **Achtung:** Häufig werden auch teil- oder halbautonome Waffensysteme dazugezählt, die autonom agieren, bei denen aber Menschen den Schießbefehlt geben.
humanitäres Völkerrecht (UN-Charta): generelles Verbot von Krieg und Gewalt, Ausnahmen nur im Fall von: • Selbstverteidigung eines angegriffenen Landes • Völkermord oder gravierenden Menschenrechtsverletzungen
völkerrechtliche Grundsätze nach Ronald Arkin: 1. **Diskrimination**: Es ist zwischen legitimen Zielen wie Kämpfern oder militärischen Zielen und illegitimen Zielen wie Zivilisten zu unterscheiden. 2. **militärische Notwendigkeit**: Legitime Ziele dürfen nur dann angegriffen werden, wenn dies einen militärischen Vorteil verspricht. 3. **Verhältnismäßigkeit**: Die Verluste an Menschenleben und Schäden dürfen nicht übermäßig sein im Verhältnis zum militärischen Nutzen einer Operation. 4. **Menschlichkeit**: Unnötiges Leid von Menschen und Kollateralschäden von Eigentum sind zu vermeiden.

Es wird sehr unterschiedlich eingeschätzt, wie gut autonome Waffensysteme solche Regeln oder Kriterien legitimer Gewaltanwendung einhalten können (vgl. Gordon u.a., 2.b.; Lenzen 2018, 215 f.). Maschinen sind zwar grundsätzlich striktere Regelbefolger als Menschen, die immer wieder gegen das Völkerrecht verstoßen mit der Folge langer Gerichtsverfahren (vgl. Vilmer, 126). Die Grundsätze sind aber recht allgemein formuliert und lassen teilweise einen erheblichen Ermessensspielraum offen. Schon die Forderung nach Diskrimination zwischen Zivilisten und Soldaten (1) ist selbst für Menschen oft schwierig, sodass im schlimmsten Fall sogar auf eigene Leute geschossen wird. Denkbar wären Präzisierungen wie die (direkte) Beteiligung an Kampfhandlungen oder eine Einschränkung auf militärische Objekte wie Fahrzeuge oder Waffensysteme (vgl. ebd., 125; 129 f.). Befürworter verweisen auf die technologischen Fortschritte in den Erkennungssystemen und auf die Möglichkeit vernetzter Systeme, viel mehr Informationen über eine Krisensituation beschaffen und auswerten zu können (vgl. dazu Grünwald u.a., 3; Bartneck u.a. 2019, 144f.). Sie stehen nicht wie Menschen unter einem hohen Zeitdruck und Stress, sondern könnten bestenfalls alle Konsequenzen der Handlungsoptionen durchrechnen und ihre ethische Vertretbarkeit abschätzen. Insbesondere der Grundsatz der Verhältnismäßigkeit im humanitären Völkerrecht (3) lässt viel Raum für Interpretationen, weil es um die Abwägung von Verlusten und Kollateralschäden im Vergleich zum erhofften militärischen Nutzen geht (vgl. Bartneck u.a. 2019, 146; Vilmer, 126). Für die Beurteilung, ob eine Person oder ein Objekt ein legitimes militärisches Ziel darstellt, braucht es über die bloße Identifikation hinaus auch ein umfassendes Lagebild und eine Einschätzung von Verhalten und Intention der Soldaten (vgl. Grünwald, 4). So wäre ein sich ergebender verwundeter Soldat kein legitimes Ziel, wenn sich die von ihm ausgehende Gefahr genauso gut durch eine Gefangennahme bannen ließe. Nach einem sogenannten **Arkin-Test** analog zum Turing-Test dürften autonome Waffensysteme dann eingesetzt werden, wenn sie das Völkerrecht mindestens so gut wie Menschen einzuhalten in der Lage sind (vgl. Vilmer, 126).

Kontrovers diskutiert wird auch die von Arkin vertretene Position, derzufolge ein Krieg ohne Menschen „menschlicher" wäre und Kriegsroboter moralisch besser seien als Soldaten (vgl. Misselhorn 2019, 166; Lenzen 2018, 219). Eine entscheidende Rolle bei dieser Gegenüberstellung von Mensch und Maschine spielt neben der Fähigkeit, sich am Völkerrecht zu orientieren, v. a. die **Emotionalität**: In das Kriegsgeschehen involviertes militärisches Personal ist aufgrund ihres Innenlebens dem hohen Risiko von Traumatisierungen und posttraumatischen Belastungsstörungen ausgesetzt. Traumatische Erfahrungen, psychischer Stress, aber auch starke Gefühle wie Angst vor dem eigenen Tod, Wut oder Rachegelüste führen immer wieder zu einer Verrohung der Soldaten. Es kommt wie etwa im Vietnamkrieg 1968 zu Gräueltaten und folgenschweren Kriegsverbrechen (vgl. Mainzer 2019, 273; Bartneck u.a., 2019, 149; Grünwald u.a., 4). KI-Systeme ohne menschliche Unzulänglichkeiten wie Müdigkeit oder emotionale Überforderung könnten sachlich angemessenere und unparteiische Entscheidungen über Leben und Tod fällen. Das Argument nicht vorhandener Emotionen lässt sich allerdings auch von Gegnern autonomer Waffen geltend machen. Denn KI-Systemen fehlen bislang auch Mitgefühle für gegnerische Soldaten, die bei der direkten Gegenüberstellung von (potentiellen) Tätern und Opfern häufig zu einer Tötungshemmung führen (vgl. Vilmer, 127). Arkins Konzeption sieht aber für teilautonome Waffensysteme durchaus eine funktional äquivalente emotionale Komponente vor, wenn auch nicht für Mitleid, so doch für Schuld: Schuldgefühle sollen bei Verstößen gegen das Kriegsrecht ausgelöst werden, wenn diese zu unverhältnismäßigem Leid oder Schäden führen (vgl. Arkin, 140 f.).

Aus einer **konsequentialistischen** Perspektive wäre der Einsatz autonomer Waffensysteme gerechtfertigt, wenn diese durch eine umfassendere Lagebeurteilung und größere Zielgenauigkeit im Sinne des „Prinzip des unnötigen Risikos" die Schäden durch Kriege minimieren könnten (vgl. Schwarz, 90). Selbst wenn hochgerüstete Industrienationen ihre eigenen Soldaten durch den Einsatz der neusten Technologien schützen würden, scheinen die sicherheitspolitischen Risiken jedoch immens und kaum beherrschbar zu sein. Zu denken ist zunächst an asymmetrische Kriegssituationen, in denen ärmere Staaten diesen Angriffen ohnmächtig ausgeliefert wären. Aber auch Despoten oder nicht staatliche Terrororganisationen würden bislang ungeahnte Möglichkeiten erhalten, die Bevölkerung unter ihre Kontrolle zu bringen und zu terrorisieren (vgl. Misselhorn 2019, 156). Bereits heute ist ein weltweites Wettrüsten im Gang, und eine zunehmende Vernetzung verschiedener Waffensysteme könnte in Angriffswellen gigantischer Drohnenschwärme münden. Da die „menschlichen Kosten" reduziert werden, dürfte die Hemmschwelle für den Einsatz autonomer Waffen sinken (vgl. Bartneck u. a. 2019, 150 f.; Grünwald u. a., 2; Vilmer, 124). Zu befürchten ist daher, dass Konflikte viel schneller mit Gewalt ausgetragen werden, die Kriegsführung eine ganz neue Intensität erlangt und in Krisensituationen automatisiert und ungewollt eine Eskalationsspirale in Gang gesetzt wird (vgl. Misselhorn 2019, 156; Grünwald u. a., 3). Käme es schließlich zu einer völligen Automatisierung des Krieges mit dem Kampf zwischen autonomen Waffensystemen, gäbe es keine völkerrechtlichen Ziele für einen legitimen Krieg mehr, wie z. B. Schädigung der Kampfkraft des Angreifers oder das Verhindern von Völkermord. Eine weitere Gefahr sind mögliche Programmfehler und Hacking-Angriffe, die in solchen Szenarien verheerende Folgen zeitigen würden. Angesichts dieser kaum abschätzbaren Risiken für Menschheit und Umwelt spricht vieles für ein ethisches **Vorsorgeprinzip** und eine **Heuristik der Furcht**, wie sie Hans Jonas in seinem Hauptwerk *Das Prinzip Verantwortung* (1979) empfiehlt: Wo drohende schwerwiegende Technikfolgen nicht sicher ausgeschlossen werden können, müssen geeignete Vorsichtsmaßnahmen ergriffen werden oder sollte der Einsatz ganz unterlassen werden (vgl. Jonas, 392; Chesterman, 117).

Aus einer **deontologischen Perspektive** sind das Töten und die Anwendung von Gewalt grundsätzlich verwerflich. Gemäß den oben aufgelisteten völkerrechtlichen Grundsätzen könnte es das **Prinzip der Doppelwirkung** aber zulassen, dass völkerrechtlich legitime Ziele angegriffen und dabei verhältnismäßige Verluste unter Zivilisten bloß in Kauf genommen werden (vgl. Misselhorn 2019, 161; s. Kap. 3.3.2.2). In der ethischen Debatte um autonome Waffen fehlt kaum je das deontologische Argument der **Verletzung der Menschenwürde**. Weit verbreitet ist der Eindruck, der „Tod durch einen Algorithmus" stelle die „ultimative Demütigung" von Menschen dar (vgl. dazu Bartneck u.a. 2019, 151; Misselhorn 2019, 182f.; Grünwald u.a., 4). Die Tötung von Menschen durch autonome Waffensysteme sei unzulässig, weil die Opfer in einem rein technischen Prozess zu bloßen Mitteln degradiert würden. Ihre Menschenwürde werde damit noch stärker missachtet, als wenn ein Täter dem Opfer in die Augen schaue und in ihm – bestenfalls – nicht nur ein Mittel, sondern auch einen Menschen von unschätzbarem Wert sehe (vgl. Misselhorn, 182). Kritisch lässt sich gegen diese Argumentation einwenden, dass jede Form der Gewaltanwendung eine inakzeptable Würdeverletzung darstellt, sei sie nun eigenhändig oder mit konventionellen oder autonomen Waffen ausgeführt. Die Behauptung scheint absurd zu sein, dass es – ungeachtet der Intentionen, Umstände und Folgen – immer „menschlicher" und weniger entwürdigend sei, von einem Menschen statt von einer Maschine getötet zu werden. Der Bombenabwurf auf Hiroshima und Nagasaki hätte nach dieser deontologischen Argumentationslinie die Menschenwürde der Opfer stärker respektiert und wäre somit „menschlicher" gewesen als Angriffe autonomer Waffensysteme, nur weil dabei ein menschlicher Bomberpilot seine tödliche Ladung abwarf (vgl. dazu Vilmer, 123; Müller, 29).

Ethisch von Belang ist hingegen der Unterschied, dass Maschinen anders als Menschen für Entscheidungen über Leben und Tod nicht moralisch verantwortlich sind (s. Kap. 3.3.1.1). Nach der einflussreichen Kritik von Robert Sparrow kann eine Tötungshandlung im Krieg aber nur ethisch legitim sein, wenn sie zum einen die völkerrechtlichen Vorgaben erfüllt und zum anderen jemand die Verantwortung trägt (vgl. dazu Misselhorn, 167f.; Heinrichs u.a., 153ff.). Auf das allgemeine Problem von **Verantwortungslücken** und Verantwortungsteilung im Zusammenhang mit KI-Systemen wird in Kapitel 3.4 näher eingegangen. In Arkins Entwurf und bei den bislang existierenden Waffensystemen wird das Problem so gelöst, dass die Verantwortung immer beim Menschen bleiben soll. Unter staatlichen und Nichtregierungs-Organisationen gibt es einen breiten Konsens darüber, dass der Mensch eine „bedeutsame Kontrolle" über den Einsatz von Gewaltmitteln gegenüber Menschen behalten soll (vgl. Grünwald, 3; Misselhorn 2019, 184). Gewahrt werden müssten also die Prinzipien **menschlicher Aufsicht** und **Letztentscheidung** (s. Kap. 3.1.3.3). Vollautonome Waffensysteme, die selbständig über Leben und Tod von Menschen entscheiden, sind aus sicherheitspolitischen Gründen zu verbieten. Ein solches Verbot wird von „Human Rights Watch" und vielen anderen Organisationen der von ihr gegründeten internationalen „Compaign to Stop Killer Robots" schon lange gefordert. Bei halbautonomen Systemen ist allerdings fraglich, ob das Prinzip „human oversight" angesichts hochkomplexer Situationen eines sich rasch verändernden Kriegsgeschehens nicht lediglich eine theoretische Möglichkeit darstellt. Denn die anfallenden Datenmengen sind kaum mehr überblickbar, und für die Entscheidung im Ernstfall bleiben den Aufsichtspersonen vielleicht nur Sekunden (vgl. Misselhorn 2019, 172; Lenzen 2018, 218). Es wäre also zu klären, wie die Informationen aufbereitet werden müssten. Angesichts dessen, was bei einer Beschleunigung, Eigendynamik und Eskalationsspirale der weltweiten Konflikte für die Menschheit auf dem Spiel steht, braucht es dringend eine Regulierung durch internationale Abkommen.

Argumente für und gegen autonome Waffensysteme	
Pro-Argumente	**Kontra-Argumente**
• es gibt „legitime Gewalt" von staatlichen/internationalen Institutionen • „menschlicherer" Krieg ohne Traumatisierungen und Gräueltaten • **konsequentialistisch**: Schutz der Soldaten dank größerer Präzision und weniger Schäden • **gemäßigte Deontologie**: in Kauf genommene verhältnismäßige Folgen zulässig • teilautonome Systeme: Mensch behält Kontrolle und Verantwortung	• **Pazifismus/strenge Deontologie**: Anwendung von Gewalt ist ethisch inakzeptabel • keine Gefühle von Mitleid/Schuld mit Tötungshemmung • hohe sicherheitspolitische Risiken durch Eskalationsspiralen, Programmierfehler und Hacking • **deontologisch**: noch größere Verletzung menschlicher Würde (Instrumentalisierung) • vollautonome Systeme: niemand ist moralisch verantwortlich
ethische Forderungen: • Verbot autonomer Waffen mit Entscheidung über Leben und Tod von Menschen • menschliche Aufsicht und Kontrolle bei halbautonomen Systemen	

3.3.3 Soziale Robotik: künstliche Gefährten und emotionale KI

Die Wurzeln der sozialen Robotik gehen in die 1950er Jahre zurück, und in den 1990ern kam es zu einem großen Aufschwung (vgl. Bendel 2022, 292). Cynthia Breazeal, die seit dieser Zeit am Massachusetts Institute of Technology (MIT) soziale Roboter mitentwickelt, scheint den Begriff mit ihren Büchern und Artikeln wie *Designing sociable robots* (2002) geprägt zu haben (vgl. Heinrichs u. a., 107). Soziale Roboter sind wie bereits erwähnt den **Servicerobotern** zuzurechnen, die Menschen jenseits industrieller Anwendungen alle möglichen Dienstleistungen von Staubsaugen bis Kühemelken anbieten (s. Kap. 3.3, Einleitung). Charakteristisch für diese Unterart der Serviceroboter ist die Eigenschaft, „sozial" zu sein (von lat. „socius": „gemeinsam; Genosse, Gefährte"). In Wörterbüchern wird das Adjektiv „sozial" meist definiert mit: „die menschliche Gesellschaft oder Gemeinschaft betreffend". Soziale Roboter wären entsprechend „künstliche Gefährten", die für den Umgang mit Menschen geschaffen wurden und zu Mitgliedern der menschlichen Gesellschaft oder Gemeinschaft werden sollen. Roboter, die lediglich mit anderen Robotern interagieren, zählten in diesem Sinn nicht zu den sozialen Robotern. Die meisten Begriffsbestimmungen rücken typisch menschliche soziale Fähigkeiten in den Vordergrund: **Soziale Roboter** werden definiert als KI-basierte autonome Roboter, die mit Menschen interagieren und kommunizieren und Beziehungen aufbauen können (vgl. Kreis 2021, 42; Bendel 2022, 292f.; Lindner, 111). Ihre Gestaltung ist meist „humanoid", d. h. menschenähnlich, aber teilweise auch Tieren wie Hunden oder Robben nachgebildet („Zoomorphismus" von griech. „zoon": „Lebewesen, vgl. Loh 2019, 28). Nach einer *engen* Definition handelt es sich um verkörperte KI-Systeme, die also auch angefasst werden können und direkte physische Interaktionen erlauben. In einem *weiten* Verständnis lassen sich aber auch Softbots wie Sprachassistenten und Chatbots dazuzählen (vgl. Bendel 2021, 16 f.). Sofern letztere mit Hilfe von Avataren visualisiert werden, sind über die verbale Kommunikation hinaus noch viele weitere Interaktionsformen möglich.

Die Einsatzfelder sozialer Roboter sind äußerst vielfältig und erweitern sich ständig. Strenggenommen den Industrierobotern zuzurechnen sind „kollaborierende Roboter" (engl. „collaborative robots", kurz „cobots") die in Zeiten zunehmenden Fachkräftemangels willkommen sind: **Cobots** sind Roboter, die in einem manuellen Betrieb Hand in Hand mit menschlichen

Angestellten zusammenarbeiten, z. B. in der Montage (vgl. Schulze u. a., 267; Bendel 2022, 125f.). Da für eine anspruchsvolle Zusammenarbeit auch soziale und kommunikative Fähigkeiten erforderlich sind, findet eine Annäherung an die soziale Robotik statt (vgl. ebd., 268). In den USA und in Japan sind soziale Roboter bereits in Shopping Malls, Flughäfen oder Restaurants zur Überwachung oder Begrüßung präsent, und fahrende autonome Pizzaboten sind im Versuchsstadium (vgl. Lenzen 2018, 225). Großes Potential wird aber auch in wissensintensiven Sektoren gesehen, z. B. in Therapie und Pflege, Bildung und Dienstleistung (vgl. Schulze u. a., 267). Prototypen werden auch hierzulande bereits in Krankenhäusern und Altersheimen, Bahnhöfen und in der Schul- und Weiterbildung eingesetzt. Einzug halten soziale Roboter aber mehr und mehr auch in den Privatbereich, etwa als Kinderspielzeug oder Babysitter, Gefährte oder Sexroboter. Je nach Komplexitätsgrad der sozialen Fähigkeiten lassen sich folgende vier Kategorien unterscheiden (vgl. Kreis 2021, 42f.): **Entertainer** als Unterhaltungsroboter vermögen mit eingeschränkten motorischen und sozialen Fähigkeiten einfache Aufgaben wie Singen oder Tanzen auszuführen. **Social Enabler** bahnen soziale Beziehungen an oder halten sie aufrecht, indem sie z. B. bei einer Teleunterhaltung das Gesicht der Gesprächspartner auf dem Display abbilden und mit den Armen passend gestikulieren. **Mentoren** können selbständig mit Menschen in Kontakt treten und ersetzen teilweise schon menschliche Betreuer z. B. als Therapeuten oder Fitnesstrainer. Dank hochentwickelter Empathie könnten in Zukunft **Freunde** auch intime Funktionen wie Umarmen oder Trösten übernehmen. Die Interaktion mit künstlichen Gehilfen oder Gefährten könnte bald völlig selbstverständlich sein und alle Aspekte unseres Berufs- und Privatlebens prägen. Es scheint sich eine „historische Revolution“ hin zu einer „Robotergesellschaft“ zu vollziehen (Schmiljun u. a., 16).

Soziale Intelligenz und soziale Fähigkeiten

Soziale Intelligenz umfasst ein ganzes Bündel verschiedener Fähigkeiten, die zur Bewältigung sozialer Interaktionen bzw. zur Herstellung und Aufrechterhaltung sozialer Beziehungen unerlässlich oder förderlich sind. Ein Grundbaustein ist zweifellos die **Kommunikationsfähigkeit**, zu der neben der verbalen mündlichen oder schriftlichen Kommunikation auch das Entschlüsseln von nonverbalen Signalen wie Mimik, Gestik und Körperhaltung und das adäquate Reagieren darauf gehören. Bereits erwähnt wurden die enormen Entwicklungen in NLP und immer neuen Versionen von ChatGPT, das als Sprachmodul für Roboter in Frage kommt (s. Kap. 3.3,

Einleitung). Bei Expertengesprächen über Spezialgebiete könnten Roboter mit Zugang zu den globalen Wissenschaftsbeständen Menschen leicht übertreffen. Für eine konfliktfreie Integration sozialer Roboter in die Gesellschaft ist neben der Kommunikationsfähigkeit auch die **Moralfähigkeit** unabdingbar, wobei in der Maschinenethik meist eine funktionale Moral anstelle einer voll ausgebildeten Moral als ausreichend erachtet wird (s. Kap. 3.3.1). Um sozial verträglich zu sein, müssen Roboter beispielsweise physische und psychische Verletzungen vermeiden und dürfen Menschen nicht so hart anfassen wie Dinge und sie nicht beleidigen oder beschimpfen. Von Howard Gardner und Thomas Hatch werden unter „interpersonaler Intelligenz" des Weiteren folgende vier Fähigkeiten aufgeführt, die sehr anspruchsvoll und von Robotern derzeit kaum realisierbar sind (vgl. Goleman, 153 f.): **Soziale Analyse** meint die Fähigkeit, auch unausgesprochene Gefühle, Motive und Anliegen anderer Menschen zu entdecken und zu verstehen. Dies hilft bei der **Konfliktlösungsfähigkeit** als einem Aushandeln von Lösungen, indem die verschiedenen Interessen miteinander vermittelt werden. Die soziale Fähigkeit zum **Organisieren von Gruppen** ist besonders ausgeprägt bei Regisseuren oder Offizieren, die Anstrengungen vieler Menschen initiieren und koordinieren. **Empathiefähigkeit** soll erst bei der eng verwandten „emotionalen Intelligenz" zur Sprache kommen. Werden nichtmenschlichen Wesen soziale Fähigkeiten zugeschrieben, spricht man von „sociomorphing" bzw. „Soziomorphismus" (vgl. Sandry, 154).

Ähnlich wie in Searles Gedankenexperiment des „Chinesischen Zimmers" ist unklar, was das „Verstehen" von Aussagen, Motiven oder Gefühlen anderer Menschen als soziale Kompetenz genau meint und ob ein KI-System dazu in der Lage ist. Wenn man grob zwei Stufen unterscheidet, können KI-Systeme bislang lediglich die erste erreichen: Eine schwache Form von „Verstehen" beschränkt sich auf die **Syntax** der Sprache, d. h. auf eine rein formale, funktionale Zusammenstellungen der einzelnen Wörter oder Buchstaben in Sätzen. ChatGPT lernt wie erwähnt anhand riesiger Textmengen, welche Wörter in welchem Kontext sinnvoll verwendet werden können. Bei einem anspruchsvolleren „Verständnis" im Sinne der **Semantik** als Bedeutungslehre geht es jedoch um die Inhalte von Zeichen und ihre Beziehung zum Bezeichneten. Gemäß dem „Symbol-Grounding-Problem" fehlt KI-Systemen der Bezug zu den bezeichneten Dingen in der Welt, weshalb sie die Bedeutung der Zeichen nicht erfassen können (vgl. Lenzen 2002, 68 ff.; Schmiljun u. a., 100 ff.). Erforderlich wäre dafür eine intrinsische Intentionalität, die allenfalls verkörperte und selbstlernende Systeme mit eigenen Erfahrungen in der Welt haben könnten. Solange Roboter allerdings kein Bewusstsein und bewusstes Erleben der Vorgänge in der Welt haben, bleibt das bloß antrainierte Verständnis oberflächlich. Ein Pflegeroboter kann lernen, dass eine Person zu gewissen Zeiten und beim Absinken bestimmter Vitalparameter Hunger bekommt, ohne „Hunger" aber mit körperlichen Empfindungen zu verbinden (vgl. Lenzen 2018, 138). Auch beim „Verliebtsein" können KI-Systeme vielleicht Muster im menschlichen Verhalten erkennen, aber ohne eigenes Erleben niemals begreifen, was es heißt, verliebt zu sein. Anders als bei Expertengesprächen scheint dies in persönlichen Beziehungen für das „Verständnis" des Gegenübers relevant zu sein. Als Zentralbegriff der philosophischen Hermeneutik meint **Verstehen** das „Nachvollziehen der Bedeutung oder der Hintergründe eines Phänomens, eines Zeichens oder einer sprachlichen Äußerung" und setzt einen „inneren" Standpunkt und ein Vertrautsein mit den relevanten Phänomenen oder Zusammenhängen voraus (vgl. Horn 2008, 330). Im Gegensatz zum naturwissenschaftlichen „Erklären" vom Außenstandpunkt aus, das sich auf allgemeine Gesetze und Sachverhalte bezieht, richtet sich das geisteswissenschaftliche Verstehen auf den besonderen Charakter und die Einmaligkeit einer Person und ihrer Lebenssituation.

Emotionale Intelligenz und emotionale KI

Anders als kognitive intellektuelle Fähigkeiten wurden Emotionalität und Empathie der Menschen in der KI-Forschung lange vernachlässigt. Marvin Minsky hat als einer der ersten seit den 1980er Jahren auf deren Bedeutung zur Bewältigung komplexer Aufgaben hingewiesen (vgl. Misselhorn 2021, 7). Geprägt wurde der Begriff **emotionale Künstliche Intelligenz** (engl. auch „affective computing") in den 1990er Jahren anlässlich der Debatte über emotionale Intelligenz, die dank Daniel Golemans Bestseller *EQ. Emotionale Intelligenz* Breitenwirkung entfaltete. Zu den Grundbausteinen der Theorie emotionaler Intelligenz gehört neben der „sozialen" bzw. „interpersonellen Kompetenz" nach Gardners Einteilung noch ihr Pendant: die „intrapersonale". **Intrapersonale Intelligenz** meint die Fähigkeit, die eigenen Gefühle, Antriebe und Schwächen wahrzunehmen, zu verstehen und zu beeinflussen. Für ein gutes menschliches Leben ist es zentral, seine Emotionen regulieren zu können und beispielsweise übertriebene Ängste abzuschwächen und sich selbst beruhigen oder mit Blick auf bestimmte Ziele motivieren zu können (vgl. Goleman, 107–119). Evolutionär gesehen sind Emotionen für Menschen überlebensnotwendig, weil sie ihnen ermöglichen, rasch auf bedrohliche

Umweltfaktoren wie z.B. einen sich nähernden Bären zu reagieren (vgl. Bartneck u.a. 2020, 138). Beide Argumente können aber die Notwendigkeit von Emotionen für Roboter kaum belegen: Solange Roboter keine körperlichen Empfindungen und Gefühle haben, benötigen sie schwerlich die intrapersonale Fähigkeit zur Emotionsregulation. Eine schnelle Reaktionsgeschwindigkeit auf Umweltfaktoren können KI-Systeme außerdem auch ohne Gefühlsentwicklung erlangen, wenn sie blitzschnell systemrelevante Informationen aufnehmen, verarbeiten und z.B. aufgrund kondensierter Lebenserfahrungen aller Menschen reagieren könnten. Andere Argumente lauten, dass das bestärkende Lernen beim Hervorrufen von Gefühlen wie z.B. Freude über Lob oder Scham im Fall von Tadel effizienter ist, oder dass negative Emotionen wie Leid oder Angst die Kreativität fördern. Im Kontext sozialer Robotik steht das Argument im Zentrum, dass Emotionen für anspruchsvolle soziale Tätigkeiten wie z.B. die Motivation von Schülern oder das Therapieren psychischer Störungen unverzichtbar sind.

Emotionen oder **Gefühle** lassen sich grob bestimmen als psychophysische Grundphänomene des subjektiven Erlebens einer inneren Erregung bzw. Anspannung oder einer Beruhigung bzw. Entspannung. Auf der Körperebene kann sich eine Erregung beispielsweise durch erhöhten Puls, Errötung oder Schweißbildung bemerkbar machen. In der Psychologie gibt es verschiedene Emotionstheorien, die unterschiedliche Aspekte von Gefühlen in den Vordergrund rücken (vgl. Misselhorn 2021, 16f.). Insbesondere stehen sich „physiologische“ oder „Feelingtheorien“ und „kognitive“ oder „Evaluationstheorien“ gegenüber (vgl. Fenner 2003, 197–210): Aus der Sicht **physiologischer Gefühlstheorien** sind Gefühle nichts anders als das subjektive Erleben physiologischer Reaktionen des Körpers auf innere oder äußere Reize. Beim Anblick eines Bären kommt es z.B. zu physiologischen Signalen wie dem Sträuben der Haare und Schweißausbruch, deren Verarbeitung durch das Gehirn zum Gefühl von Angst führt. Im Gegensatz dazu heben **kognitive Gefühlstheorien** den intentionalen, interpretierenden und bewertenden Bezug der Gefühle zur Umwelt hervor: Gefühle beziehen sich meist auf Gegenstände oder Personen in der Welt, die z.B. als gefährlich, gut oder schlecht taxiert werden und je nachdem Angst, Freude oder Abscheu hervorrufen. Gefühle können aufgrund dieser kognitiven Bewertung zwar angemessen oder unangemessen, nicht aber wahr oder falsch sein. Während für gröbere Gefühle wie physischen Schmerz oder sinnliche Lust in der Nähe von reinen Sinnesempfindungen physiologische Theorien geeignet scheinen, werden komplexeren Gefühlen wie Freude oder Trauer mit teils intensiven gedanklichen Prozessen nur kognitivistische Theorien gerecht. Aus Sicht des **Behaviorismus** sind Gefühle gleichzusetzen mit bestimmten Verhaltensreaktionen, also z. B. Furcht mit der Tendenz zu Flucht, Erstarrung oder Kampf (vgl. Misselhorn 2021, 16; Wallach u. a., 144). Diese Darstellung ist reduktionistisch, weil die für menschliche Gefühle typische subjektive Erlebnisqualität dabei ausgeblendet wird.

Für die weitere Erforschung emotionaler KI wird häufig mit dem Argument geworben, dass KI-Systeme empathisch werden müssten. **Artifizielle Empathie** („Artificial Empathy") ist eine der wichtigsten Disziplinen der sozialen Robotik, die sich mit der Simulation und Modellierung von Empathie in künstlichen Systemen befasst (vgl. Misselhorn 2021, 41 f.; 56 f.). **Empathie** meint allgemein das Einfühlungsvermögen als Fähigkeit, sich in andere Personen hineinzuversetzen und ihre Gefühle nachzuvollziehen. In der Psychologie wird unterschieden zwischen einer „kognitiven" und „affektiven Empathie" (vgl. ebd., 43; s. Kap. 2.2.1): **Kognitive Empathie** liegt bereits vor, wenn die Emotionen einer anderen Person rational erfasst werden. Im Unterschied zu diesem rein kognitiven Vermögen erfordert es die **affektive Empathie**, die Emotionen anderer Personen selbst mitzuempfinden. Auch im Alltagsverständnis meint Empathie ein emotionales Gefühlsvermögen, bei dem Menschen oder Roboter tatsächlich ähnliche Gefühle wie die Betroffenen haben. Empathie scheint unerlässlich zu sein, um enge soziale Beziehungen wie Liebesbeziehungen, Freundschaften oder Geschäftspartnerschaften eingehen und aufrecht erhalten zu können. Als Grundlage aller Menschenkenntnis ermöglicht sie ein hochkomplexes und sensibles Eingehen auf andere Menschen und ein differenziertes Einschätzen, ob die eigenen Reaktionen angemessen sind. Das Aufbauen **persönlicher Verbindungen** wird wie erwähnt von Gardner und Hatch als eines von vier Elementen sozialer Intelligenz aufgelistet (vgl. Goleman, 154). Empathie ist zwar zunächst einmal eine wertneutrale Fähigkeit, weil sie auch für eine manipulative Einflussnahmen auf andere Personen wie z. B. zum Kauf bestimmter Produkte eingesetzt werden kann. In der Ethik wird aber ihr wichtiger Beitrag zu moralischem, altruistischem oder kooperativem Handeln betont (vgl. Misselhorn 2021, 51 f.; Wallach u. a., 141 f.; 168): Wer sich in die Gefühlslage der vom eigenen Handeln Betroffenen hineinversetzt, wird sich schwerer tun, ihnen Schmerzen zuzufügen oder sonstwie zu schaden, und ist eher motiviert, ihr Wohl zu fördern wie das eigene. Kritisch ist gegen Empathie oder allgemein Gefühle als Quelle der Moral einzuwenden, dass sie subjektiv und parteiisch und z. B. gegenüber Nahestehenden größer sind (vgl. Fenner 2020, 245 ff.).

Nach einem behavioristischen Verständnis könnten zweifellos auch Roboter oder virtuelle Akteure Gefühle oder Empathie haben, weil sie dafür nur bestimmte Reaktionsweisen zeigen müssen. Auch kognitivistische Ansätze, die Gefühle wesentlich mit bestimmten Bewertungsmustern identifizieren, finden in der emotionalen KI Berücksichtigung (vgl. Misselhorn 2021, 17). Wenig verbreitet sind hingegen die physiologischen bzw. Feeling-Theorien, weil Roboter bislang keine körperlichen Empfindungen und subjektiven Gefühlsqualitäten haben. KI-Systemen fehlen bislang die dafür notwendigen neurophysiologischen Voraussetzungen. Dies könnte sich allerdings ändern infolge neuerer Forschungsansätze, die empfindungsfähige künstliche Systeme zu entwickeln versuchen. Eine Forschungsrichtung zielt z. B. darauf ab, ein Analogon zum menschlichen System von Spiegelneuronen herzustellen (vgl. Misselhorn 2021, 75 f.). Dabei konzentrierten sich die Forscher auf die Nachbildung des Schmerzsystems, das eine Grundlage für die Entwicklung von Empathie darstellen könnte. Erreicht wurde bislang aber nur eine Nachbildung eines behavioristischen Schmerzverhaltens, keine phänomenal bewusste Schmerzempfindung. Die **Biorobotik** ist ein noch junges interdisziplinäres Wissenschaftsgebiet im Grenzbereich zwischen Robotik und Biomedizin, das Strukturen von natürlichen Organismen in biotechnologisch hergestellten Artefakten nachzuahmen und zu übertreffen versucht (vgl. ebd., 74; Tamborini, 10). Es gibt bereits **biohybride Roboter** bzw. **hybride Bioroboter**, bei denen organische Materialien mit elektronischen Bauteilen verbunden sind (vgl. Lenzen 2018, 117 f.; Metzinger, 101). Als Hybride zwischen biologischen Organismen und Maschinen besitzen sie die Fähigkeiten zur Fortbewegung, Selbstregulation und Regeneration und werden daher auch als „biologische" oder „lebende Maschinen" bezeichnet. Aufsehen erregten 2020 sogenannte **Xenobots**, aus Froschstammzellen erzeugte Miniroboter in Millimetergröße (vgl. Misselhorn 2021, 88 f.). Sie könnten zwar in Zukunft beispielsweise Medikamente im menschlichen Körper verteilen oder Mikroplastik aus Meeren entfernen. Es fehlt ihnen aber ein komplexes Sinnes- und Nervensystem, und es ist völlig unklar, wie sich aus ihnen empfindungsfähige Wesen mit phänomenalem Bewusstsein entwickeln könnten.

Ungeachtet der technischen Machbarkeit drängt sich aus philosophisch-ethischer Perspektive die Frage auf, ob Roboter überhaupt Gefühle haben müssen oder dürfen. Auch wenn soziale Roboter mit einem Innenleben zweifellos menschlicher und sozialer wären, sprechen starke Argumente dagegen: Eine Leidensfähigkeit von Biorobotern würde ihre Funktions- und Einsatzfähigkeit drastisch reduzieren, weil es in vielen Fällen zu unverantwortbarem Leid käme. Wir könnten sie dann nicht mehr guten Gewissens mühsame oder gefährliche Arbeit erledigen lassen. Mit intrinsischen Eigenschaften der Leidensfähigkeit und Bedürftigkeit verbunden wäre nach biozentrischer Argumentation ein ganz anderer **moralischer Status**, da es sich um Entitäten mit intrinsischem Wert handelte (s. Kap. 3.3.1.2). Auf die hierdurch entstehenden schwerwiegenden ethischen Konflikte wird in Kapitel 3.4 näher eingegangen. Es müsste jedenfalls ein neues moralisches und rechtliches Ordnungssystem geschaffen werden, um das Zusammenleben von Menschen und sozialen Robotern zu regeln. Berechtigt sind auch Befürchtungen, dass sich die zunehmend menschenähnlichen und autonomen Roboter mit biologischen Eigenschaften lebender Organismen wie Selbstregulation, Zielgerichtetheit oder auch Fortpflanzungsfähigkeit außerhalb von Laborbedingungen immer weniger kontrollieren und beherrschen lassen würden. Gleichzeitig gingen mit der Emotionalität von künstlichen Systemen vielgelobte Vorteile wie etwa größere Belastbarkeit, Objektivität und Unparteilichkeit verloren, die auf das Fehlen von subjektiven Gefühlen, Bedürfnissen oder Interessen zurückgeführt werden. Wenn andererseits soziale Roboter Gefühle und Empathie nur simulieren, ist der Vorwurf der „Täuschung" der Nutzer rasch zur Hand. Die möglichen ethischen Probleme, die sich in Interaktionen von Menschen mit sozialen Robotern ergeben können, werden im Folgenden anhand von konkreten Anwendungsfeldern diskutiert, die in der Öffentlichkeit sehr präsent sind:

- Pflegeroboter (Kap. 3.3.3.1)
- Sexroboter (Kap. 3.3.3.2)
- Avatare oder Chatbots verstorbener Personen (Kap. 3.3.3.3)

Das Standardargument in Ökonomie und Forschung mag korrekt sein, dass Emotionen und Empathie notwendig seien, um die Akzeptanz sozialer Roboter in der Bevölkerung zu steigern. Fraglich ist aber, ob es für bestimmte Anwendungen nicht ausreicht, dass emotionale KI-Systeme rein äußerlich menschliche Emotionen erkennen, interpretieren und ausdrücken können, ohne selbst welche zu haben. Die **automatisierte Emotionserkennung** gilt als ökonomisch und sozial bedeutsamster Zweig der emotionalen KI und macht sich verschiedene Methoden zunutze (vgl. Misselhorn 2021, 20–34; Bartneck u. a. 2020, 141–150): Bei der **gesichtsbasierten Emotionserken-**

nung etwa können Computer dank Deep-Learning-Techniken in riesigen Mengen an Bildmaterial mit der Frontalansicht menschlicher Gesichter (Big Data) Muster von Gesichtsausdrücken erkennen und klassifizieren. Alternativ kann z. B. auf Forschungen von Paul Ekman zum Zusammenhang von basalen Emotionen und Gesichtsausdrücken zurückgegriffen werden: Furcht etwa lässt sich u. a. am Zusammenziehen der Augenbrauen und dem Heben der Augenlider erkennen. Weit fortgeschritten ist auch die **stimmbasierte Emotionserkennung**, die anhand von Parametern wie Stimmlage, Lautstärke oder Geschwindigkeit den Erregungsgrad der Sprechenden zu bestimmen vermag. Aber auch **Bio-Sensoren** wie elektrische Leitfähigkeit der Haut, Muskelspannung oder Atemfrequenz lassen Rückschlüsse auf bestimmte Emotionen zu. Um angemessen über die von Sensoren wahrgenommenen Emotionen der Menschen reagieren zu können, müssen Roboter zumindest stilisierte Animationen auf einem Bildschirm wie z. B. ein Smiley zeigen können. Täuschungsechter ist der Emotionsausdruck bei menschenähnlichen Robotern mit Motoren für die Bewegung von Mundwinkeln, Augenbrauen und -liedern. Virtuelle Akteure wie Avatare, die in diesem Kapitel mitberücksichtigt werden, können mit viel geringerem Aufwand Gefühle und Empathie über Sprache und Bild simulieren.

Soziale Roboter: KI-basierte autonome Roboter, die mit Menschen interagieren und kommunizieren und Beziehungen aufbauen können
wichtige soziale Fähigkeiten (soziale Intelligenz): Kommunikationsfähigkeit, Moralfähigkeit, Verstehen von Motiven, Anliegen und Gefühlen der Interaktionspartner **wichtige emotionale Fähigkeiten (emotionale KI):** Erkennen und Ausdrücken von Gefühlen: Gefühle/Empathie haben oder simulieren
Argumente gegen Bio-Roboter mit Gefühlen: • reduzierte Einsatzfähigkeit wegen unverantwortbarem Leid • Kontrollverlust über lebendige Organismen (z. B. mit Zielgerichtetheit, Fortpflanzung) • neuer moralischer Status: erforderte moralische/rechtliche Regulierungen • Verlust (vermeintlicher) Vorteile von KI (z. B. Objektivität, Unparteilichkeit)

Anthropomorphisierung

Ein viel beachtetes, ethisch relevantes Phänomen im Zusammenhang mit sozialen Robotern ist die psychologische Tatsache des „Anthropomorphismus“. **Anthropomorphismus** (von griech. „anthropomorphos“: „menschengestaltig") meint die Vermenschlichung von nicht menschlichen Entitäten wie z.B. Artefakten oder Göttern, denen menschliche Eigenschaften zugesprochen werden. Je mehr soziale Roboter den Menschen in ihrem Aussehen und ihrem Verhalten gleichen, desto wahrscheinlicher wird es, sie als menschenähnlich zu betrachten. Denn sobald sie Emotionen ausdrücken, Verständnis zeigen und handeln wie Menschen, unterstellen diese ihnen leicht Emotionen, soziale Kompetenzen und Handlungsfähigkeit (vgl. Loh 2019, 76; Misselhorn 2021, 93; Bartneck u.a. 2020, 141f.). **Humanoide Roboter** sind wie die gegenwärtigen Pflegeroboter nur menschenähnlich, typischerweise mit einem Rumpf, zwei Greifarmen und einem Kopf mit Display zur Simulation menschlicher Gesichtszüge und manchmal auch Touchscreen. **Androide Roboter** wären jedoch menschengleich und weder in Aussehen noch Verhalten von Menschen zu unterscheiden, was zumindest äußerlich bei Sexpuppen bereits gut gelingt. Nicht nur die Science-Fiction ist voll von Androiden. Bekanntheit erlangten auch der zum Verwechseln ähnliche Doppelgänger „Geminoid" des japanischen Robotikers Hiroshi Ishiguro sowie die erwähnte Roboterfrau „Sophia". Bezüglich ihrer Akzeptanz wurde allerdings ein Phänomen beobachtet, das in der Wissenschaft als **Uncanny-Valley**-Phänomen („unheimliches Tal") bezeichnet wird (vgl. Misselhorn 2021, 94; Henning, 180f.; Lenzen 2018, 229). Menschen bevorzugen nämlich nur bis zu einem gewissen Grad jene Roboter, die menschenähnlicher sind: nur bis zu dem Punkt, wo diese auf den ersten Blick nicht mehr als Roboter erkennbar sind, sich aber in der Interaktion enttäuschenderweise dann doch als solche herausstellen. Dies wird als „unheimlich" empfunden. Mit der Annäherung an die praktische Ununterscheidbarkeit steigt dann aber die Akzeptanz wieder an und führt sozusagen aus dem „unheimlichen Tal" hinaus. Während die einen die Herstellung möglichst menschenähnlicher Roboter für eine optimale Interaktion mit Menschen anstreben, warnen die anderen vor einer ethisch problematischen (Selbst-)Täuschung oder Manipulation der Menschen (vgl. Sandry, 143; nachfolgende Kapitel).

Anthropomorphisierung: psychologisches Phänomen der Zuschreibung menschlicher Eigenschaften gegenüber nichtmenschlichen Entitäten (wie z.B. Göttern oder Artefakten)
Problem: (Selbst-)Täuschung oder Manipulation bezüglich tatsächlicher Eigenschaften

3.3.3.1 Gesundheit und Therapie: Pflegeroboter

Ein prominentes Anwendungsfeld sozialer Robotik ist der Gesundheitsbereich mit einem breiten Angebot an Prävention, Therapie und Pflege. In diesem Kapitel sollen die Pflegeroboter im Zentrum stehen, die angesichts des akuten Pflegenotstands und einer drohenden Kostenexplosion im Gesundheitssystem vielfach als Hoffnungsträger erscheinen. Denn faktisch steht das Pflegesystem nicht nur in Deutschland aufgrund des demographischen Wandels vor großen personellen und finanziellen Herausforderungen (vgl. TAB, 1; Misselhorn 2019, 136; Remmers, 161 f.): Zum einen wächst die Anzahl der pflegebedürftigen Hochaltrigen infolge der steigenden Lebenserwartung stetig an. Zum anderen verschärft sich durch die sinkenden Geburtenraten der Fachkräftemangel in der Pflege und es schrumpft die Zahl der Beitragszahler in die Pflegeversicherung. Je massiver aber die Unterbesetzung im Pflegebereich ausfällt, desto weniger attraktiv wird der Pflegeberuf mit seiner niedrigen Bezahlung und dem schlechten Image. Zum Rekrutierungsproblem trägt zudem auch die gestiegene Mobilität der Familienangehörigen und die zunehmende Berufstätigkeit von Frauen bei, die über Jahrhunderte die Eltern pflegten. Auch wenn bereits rund um den Globus menschliche Pflegefachkräfte angeworben werden, scheint sich die Versorgungslücke u. a. wegen mangelnder Sprachkenntnisse oder kultureller Differenzen auf diese Weise schwer schließen zu lassen. Es ist also dringend erforderlich, eine gesellschaftliche Diskussion über die Chancen und Risiken der Einführung von Pflegerobotern als möglicher (Teil-)Lösung dieser Probleme zu führen. Im Vorreiterland Japan werden Pflegeroboter in Altenheimen bereits zahlreich genutzt, weil die Vorbehalte gegenüber Robotern dort allgemein geringer sind und die Menschen aufgrund einer Kultur der Höflichkeit möglichst keine Belastung für andere darstellen möchten.

Pflegeroboter sind ganz allgemein Roboter, welche in der Pflege eingesetzt werden und menschliche Pflegende unterstützen oder ersetzen. Neben der Entlastung professioneller Pflegekräfte in Alten- und Pflegeheimen können sie Menschen mit Beeinträchtigungen aber auch ermöglichen, länger selbstbestimmt im eigenen Zuhause leben zu können. Nicht alle sind soziale Roboter mit natürlichsprachlichen Fähigkeiten, sondern sie können auch nur als **Assistenzroboter** bestimmte Aufgaben wie z. B. den Transport von Medikamenten oder Nahrung und Unterstützung beim Aufstehen oder der Fortbewegung übernehmen. Für die direkte Kooperation mit Pflegepersonen oder das Eingehen auf individuelle Wünsche der Pflegebedürftigen sind jedoch soziale Fähigkeiten unabdingbar. Mit dem Einzug in den häuslichen Bereich zur Unterstützung der Selbständigkeit werden sich Roboter von reinen Werkzeugen immer mehr zu persönlichen Begleitern oder Alltagsgefährten wandeln (vgl. Janowski u. a., 69). Der vom Fraunhofer-Institut in Stuttgart entwickelte multifunktionale Assistenzroboter Care-O-bot 4 verfügt beispielsweise über Sensoren, kann Gegenstände greifen und transportieren, einfache Haushaltstätigkeiten ausführen und über einen Touchscreen mit den Nutzern interagieren. In den Medien und der Werbung wird er als „künstlicher Gefährte" oder universell einsetzbarer „Butler" wie in Science-Fiction-Visionen angepriesen, wodurch allerdings unrealistische Erwartungen geweckt werden (vgl. Kehl 2018a, 153; Misselhorn 2019, 137). Der 2015 international bekannt gewordene „Pepper" als rein kommunikativer **Roboter-Gefährte** („companion robot") ist wie die meisten anderen Modelle klein und eher einem Kind (Kindchenschema) nachgestaltet, aber von einem menschlichen Aussehen noch weit entfernt. Im Gegensatz zu solchen technisch komplexen und entsprechend hochpreisigen, kaum verbreiteten Modellen wird die Roboterrobbe „Paro" insbesondere bei Senioren mit kognitiven Beeinträchtigungen auch hierzulande schon häufig eingesetzt. Da das Kuscheltier mit weißem Fell über keine physischen Assistenzfunktionen verfügt, wird von einem reinen **Begleitroboter** oder einem „sozial-interaktiven", „emotionalen" oder **Emotionsroboter** gesprochen (vgl. Deutscher Ethikrat, 19; 37; Kehl 2018b, 25; Remmers, 173). Dank visueller, akustischer und taktiler Sensoren können solche „Spielgefährten" mit akustischen Signalen und Bewegungen von Augen, Kopf und Schwanz auf Ansprache und Berührungen reagieren oder selbst Interaktionen anregen.

Argumente für Pflegeroboter

Die meisten Argumente für Pflegeroboter verweisen auf die Verbesserung der **Lebensqualität** oder des **Wohlbefindens** der Nutzer und orientieren sich also eher konsequentialistisch an den positiven Folgen ihres Einsatzes. Eine Vielzahl von Studien dokumentiert beispielsweise bei demenziell erkrankten Personen im Umgang mit der Robbe Paro Stimmungsaufhellungen, Stressabbau und die Verringerung von Einsamkeitsgefühlen (vgl. Deutscher Ethikrat, 19; 37; Bartneck u.a. 2019, 204; Janowski u.a., 79). Auch bei langfristigen Interaktionen wurden positive psychologische, physiologische und soziale Auswirkungen festgestellt. Einschränkend wird etwa angemerkt, dass die Stimmungsaufhellung schwächer ausfällt als in zwischenmenschlichen Kontakten oder dass zu wenige Langzeitstudien zu Interaktionen mit sozialen Robotern vorliegen (vgl. Janowski u.a., 79f.; Schulze u.a., 269). Klare Vorteile von KI-Systemen gegenüber menschlichen Pflegern mit Gefühlen und Ermüdungserscheinungen lauten, dass diese nicht unter Stress und Überforderung leiden, sondern stets freundlich, ruhig und geduldig bleiben (vgl. Misselhorn 2019, 152; Lenzen 2018, 234). Damit wird die Gefahr von Übergriffigkeiten, Verletzungen oder gar Gewaltanwendung reduziert. Manche Menschen empfinden die Unterstützung durch einen Roboter als angenehmer oder öffnen sich in der Kommunikation mit einer zwar virtuellen, aber unvoreingenommen und empathisch wirkenden Figur leichter, weil sie sich unbeobachteter, anonymer und weniger beurteilt und bewertet fühlen (vgl. Lenzen 2018, 235; Misselhorn 2021, 73). Insbesondere in peinlichen Situationen wie Fehlern beim Physiotraining oder Waschungen im Intimbereich empfinden einige weniger Scham und können über ihre negativen Gefühle besser sprechen (vgl. Lenzen 2018, 234; Bendel 2019, 315). Deontologisch betrachtet würden in diesen Fällen die **Intimsphäre** und **Würde** der Menschen besser gewahrt. Unter der Voraussetzung einer grundsätzlichen Einwilligung in die Nutzung stellte es einen Zugewinn an **Autonomie** der Pflegebedürftigen dar, wenn ein lernfähiger und allzeit dienstbereiter Roboter sich fortwährend an ihre Wünsche und Wertprioriäten anpasst und ihre Abhängigkeit von Menschen reduziert (vgl. Misselhorn 2019, 151; 155, Bleuler u.a., 446). Er könnte ihre Autonomie sogar besser wahren als Angehörige oder Pfleger mit eigenen Bedürfnissen und Moralvorstellungen.

Argumente gegen Pflegeroboter

Unter den Gegenargumenten lauten die schärfsten, dass Pflegeroboter die **Autonomie** und **Menschenwürde** der Betroffenen untergraben und zu einer **Dehumanisierung** der Pflege führen (vgl. Müller, 25; Lenzen 2018, 234; Welsch, 204). Auch das gut beforschte Beispiel des Paro-Roboters, der in der Altenpflege und Demenztherapie eingesetzt wird, lässt sich jenseits rein utilitaristischer Nutzenabwägungen aus deontologischer Perspektive kritisch beurteilen. Denn um die Autonomie und Würde von kognitiv beeinträchtigten Menschen zu wahren, müsste strenggenommen Urteils- bzw. Entscheidungsfähigkeit vorliegen. Nur dann könnten die Betroffenen nach einer umfassenden Aufklärung über Funktionen, Risiken sowie auch Künstlichkeit der Roboter-Robbe eine „informierte Einwilligung" erteilen. Unbedenklich scheint allerdings zu sein, wenn ihnen Kuscheltiere oder

Unterhaltungsroboter ähnlich wie anderes Spielzeug oder z. B. ein Fernseher bloß zur Verfügung gestellt werden und sie diese nutzen können oder nicht. Problematisch wird es jedoch, wenn lernfähige multifunktionale Pflegeroboter immer unverzichtbarer und gleichzeitig autonomer werden und auf Pflegebedürftige treffen, die ihren eigenen Willen nicht mehr klar artikulieren können. Um die immer größer werdende Gruppe der demenziell Erkrankten nicht von vornherein vom Roboter-Service auszuschließen, könnten Vorausverfügungen ähnlich wie Patientenverfügungen oder auch Stellvertreterurteile durch Bevollmächtigte helfen (vgl. Bendel 2019, 316). Zweifellos ist bei vulnerablen Personengruppen wie Menschen mit kognitiven oder psychischen Beeinträchtigungen oder zunehmender physischer Anhängigkeit und Hilflosigkeit eine besondere ethische Sensibilität geboten. Auch in einem therapeutischen Kontext ist sorgsam auf Anzeichen einer Missbilligung zu achten. Für die Erforschung langfristiger Auswirkungen der Interaktionen mit sozialen Robotern wären andere Gruppen wie z. B. Schulklassen geeigneter.

Die Argumente der „Dehumanisierung" und „Würdeverletzung" werden wie in anderen Diskussionskontexten der Angewandten Ethik oft als Totschlagargumente ohne begriffliche Klärung eingesetzt. Nach einem Differenzierungsversuch von Johannes Welsch lassen sich **qualitative Dehumanisierungsargumente** von „quantitativen" abgrenzen (vgl. Welsch, 208). Hinter diesen steht häufig ein diffuses Unbehagen, Pflegebedürftige, die menschliche Nähe suchten, würden mit bloßer Roboterzuwendung „abgespeist" (vgl. Grunwald 2019, 122; 125). Nach Kants Instrumentalisierungsverbot könnte eine entwürdigende Verobjektivierung etwa vorliegen, wenn Roboter zu wenig auf die Wünsche der Pflegepersonen eingehen. Diese können aber auch insofern zu bloßen Sachgegenständen degradiert werden, als der Fokus der Roboterpflege auf ihrem physischen Wohl liegt: Assistenzroboter und altersgerechte Assistenzsysteme für ein selbstbestimmtes Leben (AAL) verfolgen primär den Zweck, durch technische Hilfestellungen die funktionellen Verluste älterer Menschen auszugleichen (vgl. Remmers, 162). Diese werden als Objekte behandelt, die gewaschen, angezogen und hochgehoben werden müssen (vgl. Kreis 2018, 224). Befürchtet wird daher, dass ein mechanistisches, zweck- oder verrichtungsbezogenes Verständnis von Pflege als physisch-technische Unterstützung das herkömmliche humanere Ideal von menschlicher Pflege als Beziehungsarbeit und soziale Unterstützung verdrängt (vgl. Sparrow u. a., 151; Kehl 2018a, 147, 24; Remmers, 167 f.). Verloren zu gehen droht die sozio-emotive Seite der Pflege, die wesentlich auch eine leiblich vermittelte Kommunikations- und Gefühlsarbeit ist (vgl. Deutscher Ethikrat, 26). Bei herkömmlicher menschlicher Pflege gingen die **zielorientierten**, auf das physische Wohl gerichteten Tätigkeiten meist einher mit **praxisorientierten** Interaktionen in einer vertrauensvollen Beziehung (vgl. ebd., 16 f.; Misselhorn 2019, 154): Selbst bei einer funktionsorientierten Verlegung einer Person z. B. vom Rollstuhl ins Bett kann durch beruhigende Worte und sanfte Berührungen der zwischenmenschliche Praxisvollzug in den Vordergrund treten. Mit „qualitativer Dehumanisierung" ist also der Verlust des „spezifisch menschlichen Elements" menschlicher Pflege als **emotional-sozialer Begleitung** und Fürsorge gemeint (vgl. Welsch, 212 ff.).

Gegen diese qualitativen Dehumanisierungsargumente lässt sich einwenden, dass die soziale Robotik mit Begleitrobotern, Robotergefährten und Emotionsrobotern ebendiese sozio-emotive Seite einer „guten Pflege" abzudecken versuche. Mit zunehmenden Fortschritten wird es ihnen immer besser gelingen, Modelle sozialer Situationen zu entwickeln, vergangene Interaktionssequenzen im Gedächtnis zu behalten und mehr Verständnis und Empathie zu zeigen. Das Thema der „Entmenschlichung" ist jedoch viel präsenter bei sozialen Robotern als bei Service- oder Assistenzrobotern, die sich um das physische Wohl oder mehr Selbständigkeit der Pflegebedürftigen kümmern (vgl. Bleuler u. a., 442). Als problematisch werden insbesondere Versprechen der Entwickler und Hersteller eingestuft, Nutzer könnten im Umgang mit ihnen sozial und emotional wachsen und ihr psychisches Wohl oder Wohlbefinden verbessern. Denn es fehle solchen künstlichen Gefährten echte **Empathie**, **Wohlwollen** und **Fürsorge** mit den entsprechenden aktualisierten Motiven in den Interaktionen, die als zentraler Bestandteil der Pflegearbeit gelten (vgl. Heinrichs u. a., 111; Sparrow u. a., 148; Kehl 2018a, 147). Da Roboter bislang nicht über einen Leib und mentale Zustände verfügen, sind ihre Empathie und ihr Verständnis nur simuliert und in diesem Sinn bloß „vorgetäuscht". Im Kontext der Pflege wird betont, dass echtes Verstehen und angemessenes Reagieren auf Schmerz und Verzweiflung eigene existenzielle Erfahrungen der physischen und psychischen Verletzlichkeit („Vulnerabilität") und der Endlichkeit der Menschen voraussetzt, die durch kognitives Wissen nicht ersetzbar seien (vgl. Welsch, 215 ff.; Sparrow u. a., 154). Wenn durch die emotionsstimulierende Wirkung entzückender Kuscheltiere Trauer und Einsamkeitsgefühle vermindert werden und die Betroffenen sich sogar „glücklich" fühlen, hat sich zwar utilitaristisch gesehen ihr Zustand deutlich verbessert (vgl.

Sparrow u. a., 155; Grunwald 2021b, 96; Kreis 2018, 222). Es scheint sich dabei aber nur um ein subjektives, psychologisches Empfindungsglück oder **illusionäres Glück** zu handeln, bei dem man sich über seine tatsächliche Lebenslage täuscht (s. Kap. 1.3.2).

Das Argument der **Täuschung** dient wie das der „Würde" in der Debatte häufig als Totschlagargument ohne klare Benennung der ethischen Probleme. Eindeutig verwerflich ist zweifellos eine **Fremdtäuschung**, also eine gezielte Irreführung durch die Entwickler oder Hersteller. Diese scheinen sich die erwähnten hirnphysiologischen Mechanismen des Anthropomorphismus zunutze zu machen, um die Menschen bezüglich der „Natur" oder des „Status" der Pflegeroboter irrezuleiten (vgl. Sparrow u. a., 155 f.; Heinrichs u. a., 112). Zur Verteidigung können aber als Ziele auch die Benutzerfreundlichkeit und eine von den Nutzern gewünschte Anthropomorphisierung geltend gemacht werden, weil diese ihnen die Kommunikation und Interaktion mit den Robotern erleichtern. Erforderlich wäre eine Aufklärung über die Künstlichkeit der Gefährten und ihrer Gefühle beim Verkauf oder auch eine Selbstentlarvung der Roboter im Sinne von Verfremdungseffekten (vgl. Bendel 2019, 312; 317). Als besonders perfid wird die „Täuschung" bei Dementen eingestuft, die den Unterschied zwischen Mensch und Roboter trotz Erläuterung nicht mehr erkennen können (vgl. Kreis 2018, 222; Bartneck u. a. 2019, 114; Sandry, 148). Allerdings „täuschen" sich diese aufgrund eingeschränkter Denk- und Wahrnehmungsleistungen systematisch, weshalb etwa auch Angehörige oder Pflegepersonen z. B. für verstorbene Partner gehalten werden. Urteilsfähigen Nutzern dürfte zwar auf der System-2-Ebene klar sein, dass es sich „nur um Maschinen" handelt, aber das unwillkürliche schnelle Denken könnte ihnen gleichwohl mentale Zustände unterstellen (vgl. Nyholm 2019, 136; s. Kap. 2.2.1). Es könnte eine ethisch problematische **Selbsttäuschung** als motivierte Irrationalität mit dem Motiv vorliegen, eine affektive Beziehung zu einem Roboter zu haben. Mit Bezug auf Robert Nozicks Gedankenexperiment der Erlebnismaschine versuchen Kritiker zu zeigen, dass niemand ein solches Glück wollen kann (vgl. Sparrow u. a., 155; Kreis 2018, 220; s. Kap. 3.1). Pflegebedürftige lassen sich aber nicht dauerhaft an eine Erlebnismaschine anschließen, um von ihr permanent über die Wirklichkeit getäuscht zu werden. Vielmehr könnten sie die qualitativ befriedigenden Gespräche mit Pflegerobotern, ihre stets freundliche und unterhaltsame Präsenz und diskrete Hilfe zur Selbsthilfe trotz oder wegen ihrer Maschinenhaftigkeit schätzen. Im Sinne des Soziomorphismus könnten sie die sozialen Fähigkeiten der Roboter wahrnehmen, ohne diese wie beim Anthropomorphismus als menschenähnlich zu fiktionalisieren (vgl. Sandry, 151).

Eine bewusste oder unbewusste Selbsttäuschung wäre jedoch immer dann ein ethisches Problem, wenn sie **negative physische, psychische** oder **soziale Konsequenzen** für die Betroffenen zeitigte. Irrationalität kann zu großen Enttäuschungen führen, weil z.B. die erhoffte Befriedigung grundlegender Bedürfnisse ausbleibt. Auswirkungen auf das Wohl der Pflegebedürftigen hängen teilweise von unterschiedlichen Erwartungshaltungen an die Pflege und von persönlichen Vorstellungen von einem guten, gelingenden Leben ab. Während die einen primär ein möglichst unabhängiges Leben mit technischer Unterstützung führen wollen, vermissen die anderen „echte" empathische Zuwendung in engen sozialen Beziehungen (vgl. Deutscher Ethikrat, 21). Manche wollten nach einer Testphase den Pflegeroboter nicht mehr zurückgeben, wohingegen anderen in seiner Gegenwart erst recht schmerzlich bewusst wurde, wie einsam sie sind (vgl. Lenzen 2018, 234). Insbesondere bei vulnerablen Gruppen könnte es zu einer starken emotionalen Abhängigkeit kommen, die einen emotionalen und sozialen Schaden mit sich bringt. Das **quantitative Dehumanisierungsargument** nennt als negative Konsequenz, dass die Einführung von Pflegerobotern zu einer **Verringerung der Sozialkontakte** führt (vgl. Welsch, 204f.; Sparrow u.a., 156). Meist hat man das Schreckensszenario vor Augen, dass Pflegebedürftige völlig isoliert in Pflegeeinrichtungen leben, in denen menschliche Pfleger vollständig durch Pflegeroboter ersetzt werden (vgl. dazu Misselhorn 2019, 152; Kehl 2018b, 26). Befürchtet wird auch, Familienmitglieder könnten ihre Angehörigen seltener besuchen, weil sie sich von ihren Verpflichtungen entlastet fühlen (vgl. Remmers, 171; Bartneck u.a. 2019, 115). Aus dieser Entlastung heraus folgen allerdings nicht strukturell notwendig das Verschwinden sozialer Pflichtgefühle, ausbleibende Besuche und soziale Isolation. Wenn sich ältere Personen an Roboter gewöhnen, kommt es zwar tendenziell zu einer Verstärkung der sozialen Isolation. Diese lässt sich aber mit den Effekten durch die Nutzung von Fernseher oder Computer vergleichen und ist nur dann ein Problem, wenn die Betroffenen menschliche Kontakte vermissen (vgl. Bleuer u.a., 446).

Fazit zum Einsatz von Pflegerobotern

Abschließend lässt sich zusammenfassen, dass die Argumente gegen den Einsatz von Pflegerobotern keine vollständige ethische Ablehnung rechtfertigen und differenzierter diskutiert werden müssen. Horrorszenarien helfen in der gesellschaftlich dringlichen Debatte darüber nicht weiter, wie wir in Zukunft im Alter leben wollen. Vielmehr geht es darum, die erwähnten Probleme zu verhindern oder zu entschärfen. Dann könnten Pflegeroboter angesichts des demographischen Wandels, der sich verändernden Familienstrukturen und des eklatanten Fachkräftemangels in der Pflege durchaus einen Teil der Lösung des gesamtgesellschaftlichen Problems darstellen. Es besteht ein breiter rationaler Konsens darüber, dass Roboter keinesfalls menschliche Pflege mit ihren spezifischen Qualitäten sozio-emotiver Beziehungsarbeit ersetzen können und dürfen (vgl. Deutscher Ethikrat, 27; Kehl 2018a, 149; Lenzen 2018, 234). Ethisch wünschenswert ist lediglich eine sinnvolle Ergänzung, die im Idealfall die Pflegepersonen entlastet und die Lebensqualität der Pflegebedürftigen erhöht. Statt sich von ökonomischen Überlegungen einer Kostenreduktion im Gesundheitswesen leiten zu lassen, müssten die betroffenen Personengruppen stärker in die technologischen Entwicklungsprozesse einbezogen werden. Auszuarbeiten sind konkrete Konzepte einer differenzierten Verwendung von Pflegerobotern in unterschiedlichen Bereichen und Kontexten. So lassen sich vielleicht körperbezogene funktionale Anteile der Pflege situativ entkoppeln, um Freiräume für menschliche Beziehungspflege zu schaffen (vgl. Deutscher Ethikrat, 27). Es kann aber auch die Kooperation der Roboter in einem Tandem mit menschlichen Pflegern angezeigt sein oder wie im Fall der Paro-Robbe ein Einsatz unter therapeutischer Anleitung in einer Gruppe (vgl. Bendel 2019, 310; Misselhorn 2021, 108; Kreis 2018, 223). Auch braucht es ethische und rechtliche Rahmenbedingungen z. B. zu Fragen des Schutzes der Privatsphäre und personenbezogener Daten. Hinsichtlich der künstlichen Moral muss die Maschinenethik klären, wie ein Pflegeroboter z. B. mit der Verweigerung der Medikamenteneinnahme oder dem Wunsch der Pflegebedürftigen nach Tötung umgehen soll (vgl. Bendel 2019, 309; Bleuer u. a., 448; s. Kap. 3.3.2).

Argumente für und gegen Pflegeroboter	
Pro-Argumente	**Kontra-Argumente**
konsequentialistische Argumente: • Steigerung des Wohlbefindens der Pflegebedürftigen • keine gestressten, übermüdeten Pfleger • Kostenreduktion im Gesundheitswesen • Entschärfung des akuten Fachkräftemangels **deontologische**: Autonomie, Würde und Intimsphäre besser wahren	**deontologische Argumente**: • problematische Fremd- und Selbsttäuschung („illusionäres Glück") • qualitative Würdeverletzung: Objektivierung (durch Fokus auf physisches Wohl) • quantitative Würdeverletzung: soziale Isolation • keine Freiwilligkeit bei Menschen mit kognitiver oder psychischer Beeinträchtigung
ethische Forderungen: **grundsätzlich**: Pflegeroboter nur als Teillösung des gesellschaftlichen Problems des demographischen Wandels ethisch legitim! → kein vollständiger Ersatz, nur Ergänzung menschlicher Pflege als sozio-emotiver Beziehungsarbeit **erforderlich**: • konkrete Konzepte zur differenzierten Nutzung der Roboter • ethische und rechtliche Rahmenbedingungen schaffen **Ziele**: Entlastung des Pflegepersonals, Steigerung der Lebensqualität der Pflegebedürftigen	

3.3.3.2 Freundschaft und Liebe: Sexroboter

Noch viel stärker als in der Pflege polarisiert das Thema sozio-emotiver Beziehungen mit humanoiden Robotern in einem weiteren Anwendungsfeld sozialer Robotik: Anders als Pflegeroboter erfüllen Sexroboter keine konkreten praktischen Aufgaben im Alltag wie z.B. Essenstransport oder Gehhilfe, sondern dienen sozialen, emotionalen und sexuellen Interaktionen mit Menschen. Zudem geht es um viel engere, intimere Beziehungen und intensive zwischenmenschliche Erfahrungen von Liebe und sexueller Anziehung. Nach einer engen Definition sind **Sexroboter** soziale Roboter, die über ein menschenähnliches Aussehen und ein Mindestmaß an Interaktionsfähigkeit verfügen und für sexuelle Handlungen geeignet sind (vgl. ebd., 113; Bendel 2019, 269). Bei den meisten heute verfügbaren und als „Sexroboter" bezeichneten Modellen handelt es sich allerdings lediglich um Sexpuppen mit integriertem Chatbot und wenigen interaktiven Anwendungen. **Sexpuppen** oder **Liebespuppen** („Sex Dolls") sind menschenähnliche Puppen mit Metallskelett zur Realisierung verschiedener (sexueller) Positionen und einer Haut, die sich durch eine Gelschicht echt anfühlt und sich an bestimmten Stellen teilweise sogar erwärmen oder Flüssigkeit absondern kann. Von Anfang an wurden solche elektronische Silikonpuppen mit dem Anspruch vermarktet, keineswegs nur für sexuelle Zwecke verwendbar zu sein. Vielmehr könnten sie „perfekte“ oder „echte Gefährten“ („true companions“) oder gleichwertige Partner sein, mit denen man sich wie mit Menschen gedanklich und emotional austauschen kann (vgl. Nyholm 2020, 105; Misselhorn 2021, 114). Die Rede ist von „künstlichen Freunden“, von „künstlicher Liebe“ („synthetic love“), „Roboter“- oder „Maschinenliebe“. In einer weiten Definition können nicht nur Hardware-, sondern auch sogenannte Softwareroboter zu den Sexrobotern gezählt werden (vgl. Bendel 2019, 269). Chatbots können laut Anpreisungen gleichfalls „virtual girlfriends“ oder „virtual boyfriends“ werden, besonders bei einer Visualisierung über Avatare in Kombination mit VR-Brillen für eine 3D-Wirkung (vgl. dazu Weber-Guskar, 103; Nyholm 2020, 108). Mit dem Neologismus **digisexuell** werden Personen bezeichnet, die sich sexuell zu Robotern hingezogen fühlen und ihre sexuellen und emotionalen Bedürfnisse über solche Interaktionen oder auch über digitale Medien befriedigen (vgl. Sterri u. a., 245).

In der Science-Fiction-Literatur- und Filmwelt ist die Faszination an erotischen Beziehungen zu meist weiblichen, täuschend echt wirkenden und Männer verführenden humanoiden Puppen bzw. Androiden groß. Beispiele wären Olympia in E.T.A. Hoffmanns *Der Sandmann*, Samantha in *Her* (2013) oder Ava in *Ex Machina* (2015). Im Unterschied zu Servicerobotern mit spezifischen praktischen Aufgaben steht die Forschung in diesem Bereich noch an ihren Anfängen. Die bislang erhältlichen Modelle von Silikonpuppen mit KI sind noch nicht mobil und können meist nur Kopf und Becken bewegen. Es wird aber sowohl an der Optimierung der äußeren Gestalt und Mimik als auch an der Ausstattung mit Augen und Kameras gearbeitet, damit die Roboter ihre Außenwelt wahrnehmen und darauf reagieren können (vgl. Misselhorn 2021, 113 f.). Der 2010 von der Firma TrueCompanion auf den Markt gebrachte erste Sexroboter Roxxxy kann weder selbständig gehen noch stehen, hat aber eine menschenähnliche Temperatur und ein Herz, das die Flüssigkeit durch den Körper pumpt, und kann auf Ansprache und Berührungen reagieren (vgl. ebd., 113; Nyholm 2020, 105). Wie die meisten anderen Sexroboter richtet sich das weibliche Modell nach den Bedürfnissen heterosexueller Männer, aber inzwischen wird auch ein männliches Modell angeboten. Es lassen sich aus dem Internet verschiedene Persönlichkeitstypen wie etwa die „reife Martha“ oder „frigide Farah“ herunterladen. Immer stärker werden auch personalisierte Modelle nachgefragt, bei denen die Nutzer Aussehen, Stimme und Charakter auswählen und z. B. eine verstorbene Frau als Vorbild nehmen können. Wie groß die Subkultur der Männer ist, die Beziehungen mit Sexrobotern pflegen, ist schwer abschätzbar. Für Schlagzeilen sorgten Männer in den USA und Japan, die Sexpuppen oder Hologramme heirateten (vgl. Nyholm 2020, 108). 2024 hat die spanisch-niederländische Künstlerin Alicia Framis im Rahmen einer Kunstaktion ein KI-Hologramm als Kombination ihrer drei Exfreunde geheiratet, um die Möglichkeiten der Technologie auszuloten.

Argumente für Sexroboter

Aus einer liberalen Sicht kann im eigenen Schlafzimmer jeder machen, was er will, solange dabei keine Entität mit moralischem Status geschädigt wird (vgl. dazu Sterri u. a., 241). Ein großer Fürsprecher von intimen Beziehungen zwischen Menschen und Robotern ist der KI-Forscher David Levy, der mit seinem Buch *Love and Sex with Robots: The Evolution of Human-Robot Relationships* (2007) zu Beginn des Jahrhunderts die kontroverse ethische Debatte initiierte. Seine Prognose lautet, dass bis 2050 Liebesverhältnisse und Ehen mit Robotern bereits so normal sein werden wie diejenigen mit Menschen. Dabei sind die meisten seiner Argumente utilitaristische (vgl. Ess, 193). Zunächst kann auf einer rein physisch-triebhaften Ebene argumentiert werden, dass Sexroboter zu erhöhter sinnlicher Lust, neuartigen und intensiveren sexuellen Empfindungen und mehr sexueller Aktivität führen können (vgl. ebd., 194; Kubes, 464; Misselhorn 2021, 115). Aus Sicht der Fürsprecher gibt es keinen ethisch relevanten Unterschied zwischen Sexrobotern, Sexpuppen und Sexspielzeugen wie z. B. Vibratoren (vgl. dazu Bartneck u. a. 2019, 122). Eudaimonistisch und prudentiell betrachtet leistet ein befriedigendes Sexualleben einen bedeutsamen Beitrag zur physischen und psychischen Gesundheit der Menschen und zu einem gelingenden und glücklichen Leben (vgl. Sterri u. a., 243 f.). Besonders interessant könnten Sexroboter für Menschen mit physischen, psychischen oder geistigen Beeinträchtigungen oder ältere Menschen in sozialer Isolation sein, die ihre sexuellen Bedürfnisse sonst nicht befriedigen können (vgl. Rogge u. a., 262 f.; Misselhorn 2021, 115). Daher wird bereits über ihren Einsatz in der (Sexual-)Therapie und Pflege diskutiert. Aber auch allen anderen einsamen, schüchternen oder bindungsängstlichen Menschen oder solchen mit wiederholten, eventuell sogar traumatisierenden Erfahrungen sexueller

Zurückweisung oder eines sexuellen Missbrauchs könnten sie es erleichtern, intimen Kontakt zu einem Gegenüber aufzunehmen und Beziehungen aufzubauen (vgl. Döring, 292; Sterri u. a., 244). Befreit von allen unerfüllbaren Erwartungshaltungen an einen perfekten Körper und sexuelle Leistungsfähigkeit und den dadurch entstehenden Konflikten und Enttäuschungen in realen Beziehungen könnten Sexpuppen zu mehr Selbstvertrauen und einem angstfreien, spielerischen Umgang mit der eigenen Sexualität und Sinnlichkeit verhelfen.

In gewissem Widerspruch zu solchen therapeutisch-kompensatorischen Zugängen stehen die vollmundigen Versprechungen der Werbung, dass die Nutzer mit Sexrobotern ihren Traum vom perfekten Companon erfüllen könnten. Dahinter mag letztlich ein uralter, immer wieder in der Kunst zum Ausdruck kommender Wunsch nach einem Menschen stehen, der von allen menschlichen Unvollkommenheiten befreit ist (vgl. Grunwald 2019, 82). Mit den wachsenden technischen Möglichkeiten personalisierter Modelle könnten sich Nutzer nun eine perfekt auf die eigenen Bedürfnisse, Interessen und Ideale abgestimmte Partnerin oder Gefährtin erschaffen, sowohl hinsichtlich der äußeren Gestalt als auch ihres Charakters. Diese wäre stets gut gelaunt, treu und sexuell erregt und zu sämtlichen Diensten bereit. Für viele, die ihr ganzes Leben lang vergeblich nach ihrer „Traumfrau“ oder dem „Richtigen“ suchen, mag dies verlockend klingen. Wie bei den Kontra-Argumenten noch deutlich werden wird, können solche Idealbilder aber viele negative Konsequenzen für das Zusammenleben der faktisch unvollkommenen Menschen haben. Sie dürften das Aufrechterhalten von komplizierten, konfliktuösen menschlichen Beziehungen weiter erschweren, indem sie wichtige soziale und emotionale Fähigkeiten wie Frustrationstoleranz und Kompromissfähigkeit verkümmern lassen. Die infolge des Perfektionsstrebens steigenden Ansprüche und Erwartungshaltungen könnten also gerade zu mehr Enttäuschungserfahrungen in der realen Welt führen, sodass intime Kontakte dann nur noch im Zusammensein mit Sexpuppen oder Prostituierten möglich wären. Noch viel problematischer ist aber das im kritischen Teil zu diskutierende Pro-Argument für Sexroboter in Kindergestalt für Pädophile, die ihre sexuellen Bedürfnisse dann nicht mehr an realen Kindern befriedigen müssten (vgl. dazu Chesterman, 121). Eine weitere These lautet, dass die Prostitution mit der Verbreitung von Sexrobotern obsolet würde und damit auch Zwangsprostitution und Menschenhandel aus der Welt geschafft wären. Obgleich faktisch schon in vielen Bordellen Frauen durch Sexpuppen ersetzt wurden, könnten sich die Freier dort aber einen Appetit holen, der anderswo gestillt werden muss (vgl. Bendel 2019, 349).

Argumente gegen Sexroboter

Viele Gegenargumente beziehen sich auf mögliche negative Auswirkungen vermehrter enger Bindungen zwischen Menschen und Sexrobotern auf das menschliche Sexual- und Beziehungsleben. Eine der meistzitierten Gegnerinnen von Sexrobotern und schärfsten Kritikerinnen von Levy ist Kathleen Richardson, die eine „Campaign Against Sex Robots" gegründet hat (vgl. Ess, 193 f.). Solche kritischen Argumentationen basieren häufig auf deontologischen oder tugendethischen Ansätzen wie Würde, Freundschaft oder Empathie. Roboter wären aus dieser Sicht bloß „Pseudogefährten" oder „Beziehungsartefakte", und sexuelle Beziehungen mit ihnen wären „intrinsisch falsch" oder „pervers" (vgl. dazu Lenzen 2018, 232; 236; Sterri u. a., 245). Zu klären sind daher vorweg grundsätzliche philosophisch-psychologische Fragen, was Liebe, Beziehungen und Freundschaften überhaupt sind. Hilfreich ist dabei die Unterscheidung zwischen „Sexualität" und „Liebe": Während **Sexualität** in einem weiten Sinn sämtliche geschlechtlichen Praktiken, Orientierungen und Rollenmuster umfasst, bezieht sie sich in einem engeren Sinn auf den Geschlechtstrieb und die auf seine Befriedigung abzielenden Lebensäußerungen. Sexuelle Bedürfnisse lassen sich sicherlich mit Sexrobotern oder Liebespuppen befriedigen wie mit einfacheren Sexspielzeugen auch, sodass Sexualität „in Grenzen technisierbar" und ein „technisierter Lustgewinn" möglich ist (vgl. Grunwald 2019, 81; 219). Schwieriger dürfte es mit der Liebe sein, die wesentlich komplexer ist und in zahllosen theoretischen Konzepten sehr unterschiedlich bestimmt wird. **Liebe** als starkes Gefühl der Zuneigung kann sehr verschiedene Formen annehmen wie z. B. ein leidenschaftliches, sinnlich-erotisches Begehren, aber auch eine distanziertere freundschaftliche, fürsorgliche oder selbstlose Hingabe auf der Grundlage von Wertschätzung, Sympathie, Wohlwollen oder Empathie. Sie findet ihren Ausdruck etwa in **Freundschaften** als persönlicher, enger und emotionaler Beziehungsform, die auf gegenseitiger Achtung, Anerkennung und Zuneigung basiert. Bei Abraham Maslows Bedürfnispyramide steht das Grundbedürfnis nach sozialen Beziehungen, Anerkennung und Liebe auf der dritten Stufe oberhalb der physiologischen Grundbedürfnisse und demjenigen nach Sicherheit.

Es steht außer Frage, dass sowohl Liebe als Gefühl der Nähe, Intimität und Geborgenheit wie auch Freundschaften für ein gutes menschliches Leben zentrale Güter darstellen (vgl. Aristoteles, 1155a, 4f.; Nyholm 2020, 109). Auch lässt sich schwer bestreiten, dass Menschen **emotionale Bindungen** („relations") zu Artefakten haben können, typischerweise etwa zu Autos oder Puppen (vgl. Loh 2019, 81; Bendel 2020, 139). Während bei dieser „Objektliebe" die Entitäten passiv bleiben, setzen **emotionale Beziehungen** („relationships") als eine besondere Form von tiefer Verbundenheit eine Reihe von Interaktionen zwischen Individuen über einen längeren Zeitraum voraus (vgl. Weber-Guskar, 106ff.). Solche emotionalen Beziehungen sind auch mit Haustieren, Robotern oder Chatbots möglich, die Informationen über den Interaktionspartner speichern und aus den Interaktionen lernen. Solange Sexpuppen immobil sind, bleiben sie physisch zwar noch weitgehend passiv. Mit den Fortschritten bei der Entwicklung emotionaler und sozialer KI wird es Maschinen aber immer besser gelingen, Gefühle der Empathie, Zuwendung und Fürsorge zu erwidern. Je menschenähnlicher Roboter werden, desto eher könnte sich bei positiven Rückmeldungen eine „Gefühlsspirale nach oben schrauben" (Bendel 2019, 351). Angesichts eines solchen Aufschaukelungsprozesses scheint Levys These nicht abwegig zu sein, dass sich Menschen auch in Sexroboter verlieben können (vgl. dazu Misselhorn 2021, 124). Zu fragen ist aber, ob es sich dabei um *gute* emotionale Beziehungen handelt und ob ein gutes Leben mit sozialen Robotern inklusive sexuellen Beziehungen mit ihnen möglich ist (vgl. Loh u. a., 9). Zum Zweck einer Prüfung wird gerne auf die drei verschiedenen Formen von Liebe und Freundschaft und ihre spezifischen Güter nach Aristoteles zurückgegriffen (vgl. Aristoteles, Buch 8, 1–7; Nyholm 2020, 109f.; Loh 2019, 82): Im Fall einer **Nutzenfreundschaft** liebt man den anderen, weil er einem gewisse Vorteile bringt, bei der **Lustfreundschaft** wegen der Lust oder Freude am Zusammensein. Die höchste Form ist nach Aristoteles aber die **Tugendfreundschaft**, bei der sich die Freunde aufgrund ihrer intellektuellen und ethischen Tugenden lieben und einander gleichmäßig Gutes wünschen. Zumindest Nutzen und Lustgewinn dürften Sexroboter bieten.

Argumente der Täuschung und fehlender Gegenseitigkeit

Genauso wie bei Pflegerobotern lautet eines der häufigsten Kontra-Argumente, dass sozio-emotive Beziehungen zu KI-Systemen auf einer Täuschung basieren und deswegen ethisch verwerflich sind. Gemeint ist die Täuschung darüber, dass Roboter **Gefühle** und **Motive** wie Liebe, Empathie, Zuneigung oder Wohlwollen haben (vgl. Heinrichs u. a., 111; Misselhorn 2021, 125; Weber-Guskar, 110). Da sie aber nicht über mentale Zustände und Bewusstsein verfügen, handelt es sich bloß um Projektionen oder Zuschreibungen: um

Quasi-Gefühle, vergleichbar mit einer optischen Täuschung. KI-Systeme bieten lediglich eine „technische Zuwendung" als eine automatisierte gerichtete Aufmerksamkeit an, ohne zwischenmenschliche Qualitäten wie Hingabe, Fürsorge und Liebe (vgl. Stoecker u.a. 2022, 10f.). Wiederum kann sich die Kritik entweder auf die Fremdtäuschung durch die Sexindustrie und ihr Marketing oder auf die Selbsttäuschung naiver, unaufgeklärter Nutzer richten. Im Bereich von Liebe und Freundschaft werden Täuschung und Betrug als ethisch besonders verwerflich angesehen (vgl. Bendel 2020, 17). Kritiker sprechen von „quasi-sozialen Interaktionen" oder wie Sherry Turkle von einer „Illusion von Beziehungen" oder einer „Kultur der Simulation" (Stoecker u.a. 2022, 10; zitiert nach Loh 2019, 78). Auch wenn man von Beziehungen und Freundschaften in einem schwächeren Sinn wie etwa bei Facebook-Freundschaften sprechen mag, wären diese doch von minderer Qualität (vgl. Weber-Guskar, 104; Nyholm 2020, 111; zu Online-Freundschaften Cocking, 212ff.): Es fehlt neben der **Authentizität** als Übereinstimmung von Innenleben und beobachtbarem Ausdruck auch die **Gegenseitigkeit** und die Gleichheit bzw. **Ähnlichkeit** der moralischen Gesinnung. Nach Aristoteles ist die höchste Form von Freundschaft nur möglich zwischen zwei Personen, die einander an kognitiven und moralischen Fähigkeiten bzw. Tugenden ähnlich sind und die beide aufgrund dieser Tugenden an sich gut sind (vgl. Aristoteles, Buch 8, 4). Bei KI-Systemen mit einer bloß funktionalen Moral fehlen wechselseitige Anerkennung der Bedürfnisnatur, Wertschätzung aufgrund des moralischen Charakters und ein gleicher moralischer Status (vgl. Misselhorn 2021, 129; Weber-Guskar, 121; Nyholm 2020, 117).

Kritisch ist gegen das Kriterium der Gegenseitigkeit einzuwenden, dass diese auch bei anderen Formen der Liebe wie etwa in Mutter-Kind-Beziehungen fehlt (vgl. Weber-Guskar, 121). Aus der Perspektive des **Behaviorismus**, wie ihn etwa Levy und John Danaher in der Debatte vertreten, sind ohnehin sämtliche Gegenargumente hinfällig. Ob ein Roboter ein (guter) Freund oder Partner sein kann, hängt ihnen zufolge allein davon ab, ob er sich genauso wie ein guter Freund verhält (vgl. dazu Nyholm, 2020, 107; 115ff.): Wenn Sexroboter sagen, dass sie uns lieben und sich auch so verhalten, als ob sie uns lieben, müsse man dies als „Liebe" anerkennen. Es dürften an Roboter keine höheren Maßstäbe angesetzt werden als bei Menschen, die den gekauften Sex mit Prostituierten auch als Ausdruck wirklicher Leidenschaft auffassen (vgl. dazu Wennerscheid, 25). Wiederum scheint es sich nicht in jedem Fall um eine ethisch problematische Selbsttäuschung zu handeln, die mit einer Selbstschädigung wie z.B. durch emotionale Abhängigkeit oder soziale Isolation verbunden ist. Eine **gewollte Selbsttäuschung**, bei der man bewusst mit den eigenen Gefühlen spielt, gehört vielmehr zu den bekannten Phänomenen menschlicher Praxis. Zu denken ist an die starke emotionale Identifikation mit Popstars oder Helden einer Lieblingsserie. Bei solchen einseitigen **parasozialen Beziehungen** zu Medienpersonen (z. B. Influencern) oder KI-Systemen (z. B. Chatbots) entsteht aufgrund großer Sympathie oder wahrgenommener Ähnlichkeit das Gefühl, man sei mit ihnen befreundet (vgl. Schlegel u. a., 371; Trost, 191). Bei Interaktionen mit Sexpuppen könnte man genauso wie beim Sex mit Prostituierten eine Art Geschäft eingehen, bei dem man weiß, dass die Liebe nur vorgetäuscht ist. Die ethische Bedenklichkeit scheint von der zeitlichen Begrenzung und vom Bewusstsein abzuhängen, mit dem jemand sich der Illusion hingibt. Wie Eva Weber-Guskar bei ihrer Untersuchung zum Chatbot „Replika" resümiert, sind Beziehungen mit sozio-emotiven KI-Systemen prudentiell gut für all jene, die sich deren Möglichkeiten und Grenzen bewusst sind (vgl. Weber-Guskar, 120 f.). Denn auch wenn gewisse Güter nur in Beziehungen mit Menschen erreichbar sind, bieten Interaktionen mit künstlichen Gefährten viele direkte und indirekte Güter: z. B. Freude, Aufmunterungen oder Einsichten über sich selbst beim unbeschwerten Plaudern, Intimität und das Gefühl, nicht allein zu sein (vgl. ebd., 117 f.). Im Fall von gelegentlichen Einsamkeitsgefühlen oder Verstimmungen könnte ein permanent verfügbarer Chatbot sogar geeigneter sein als viel beschäftigte menschliche Freunde oder Therapeuten (vgl. ebd., 119).

Argumente der Objektivierung der Frau und der sexuellen Gewalt

Aus einer feministischen Perspektive, wie sie Kathleen Richardson bei ihrem Kampf für ein weltweites und grundsätzliches Verbot von Sexrobotern einnimmt, konzentriert man sich auf die Rolle und Darstellung von Frauen bei humanoiden Sexrobotern. Bereits erwähnt wurde die Tatsache, dass die meisten Sexroboter weiblich sind und von heterosexuellen Männern genutzt werden. Gerne wird in der Debatte daher Bezug genommen auf die Mainstream-Pornographie für das gleiche Zielpublikum, über die schon lange ethisch kontrovers diskutiert wird (vgl. Kubes, 465; Lacina, 2; Fenner 2022). Beim Argument der **Objektivierung** und der **Entwürdigung von Frauen** ist zunächst relevant, dass Sexroboter genauso wie Pornodarstellerinnen auf ihren Körper oder ihre Geschlechtsteile reduziert und insofern verdinglicht werden: Humanoide Sexroboter haben meist übersexualisierte Körper mit riesigen Brüsten, langen, schlanken Beinen und Höhlen im Genitalbereich (vgl. Lacina, 2 f.). Da die bisher erhältlichen Sexroboter völlig passiv sind und von den Nutzern in die gewünschte Position gebracht werden müssen, handelt es sich um passive Bettgefährtinnen und „Sex mit Objekten" (Misselhorn 2021, 118). Obgleich über einen integrierten Chatbot noch Gespräche über alles Mögliche geführt werden können, erfüllen sie genauso wie die meisten pornographischen Darstellungen Macho-Träume von einem jederzeit verfügbaren weiblichen Lustobjekt, das ihre Wünsche in allen Posen zu befriedigen hat. Neben unrealistischen und Frauen unter Druck setzenden sexualisierten Frauenbildern werden durch die Porno- und Sexindustrie **frauenfeindliche Stereotype** einer unterwürfigen Frau transportiert. Sexroboter reproduzieren und verfestigen damit die noch immer weit verbreiteten und gesellschaftlich wirksamen diskriminierenden Macht- und Herrschaftsverhältnisse (vgl. Lacina, 2; Ess, 193; Voß, 215). Die Beteiligten machten sich so einer **moralischen Komplizenschaft** schuldig (vgl. Heinrichs u. a., 110). Nach einer Kritik der UNESCO verstärken sogar die bislang verfügbaren Sprachassistenten frauenfeindliche Stereotype, indem sie immer weiblich, äußerst geduldig sind und auf Befehle unterwürfig reagieren (vgl. Voß, 215).

Abgesehen von den dadurch bei vielen Frauen ausgelösten stark negativen Gefühlen geht es um das gesellschaftliche Bild und die **Würde aller Frauen** (vgl. Fenner 2022, 360). Strenggenommen ist schon die bei der Entwicklung, Werbung und Anwendung zum Ausdruck kommende sexistische Einstellung moralisch verwerflich, Frauen wären käufliche Objekte, über die man je nach Wunsch und ohne Rücksicht auf ihre eigenen Bedürfnisse frei verfügen könne. Eine breite Akzeptanz und Normalisierung der Nutzung von Sexrobotern kann zu einer Unterminierung der moralischen Normen für menschliche sexuelle Beziehungen wie gegenseitiger Respekt und Wahrung der Autonomie führen, sozusagen als indirektem Schaden (vgl. Sterri u. a., 248 f.). Für moralische und rechtliche Verbote müsste sich aber die empirische These nachweisen lassen, dass diese Idee der Verfügbarkeit und ein objektivierender Umgang mit Sexrobotern tatsächlich zu einer Erosion der Empathie der Männer und zu einem rücksichtslosen, brutalen Verhalten gegenüber realen Frauen führt, schlimmstenfalls zu mehr Vergewaltigungen (vgl. Lacina, 2; Misselhorn 2021, 120 f.; Bendel 2019, 349). Diese Verderbtheit oder Verschlechterung des moralischen Charakters der Nutzer stellte einen direkten Schaden dar (vgl. Sterri u. a., 247 f.). Genauso wie bei den gleichlautenden Befürchtungen bezüglich eines intensiven Pornographiekonsums sind die vermuteten Wirkzusammenhänge aber undurchsichtig und empirisch sehr schwer nachzuweisen (vgl. Fenner 2022, 359 f.): Obwohl in einer

Reihe von Untersuchungen eine verstärkte Empathielosigkeit männlicher Konsumenten gegenüber Frauen festgestellt wurde, gilt die Negativwirkung von Pornographie wissenschaftlich als nicht hinlänglich erwiesen. Es lassen sich zwei Theorien aus der Medienwirkungsforschung heranziehen, die auch dem erwähnten kantischen Verrohungsargument zugrunde liegen (vgl. ebd., 350 ff.; s. Kap. 3.3.1.2): Gemäß der **Habitualisierungsthese** führt die häufige Konfrontation mit Gewalt langfristig zu einer kognitiven und emotionalen Gewöhnung oder Abstumpfung, sodass nach neuen Reizen gesucht wird. Der empirisch bestätigten **sozial-kognitiven Lerntheorie** zufolge wird menschliches Verhalten anhand von Vorbildern und Modellen gelernt, sodass beim rücksichtslosen, aggressiven Umgang mit Sexrobotern das entsprechende Handlungsmuster angeeignet wird. Ob dieses verinnerlichte Muster allerdings auch in die Realität umgesetzt wird, hängt vom komplexen Zusammenspiel verschiedener psychologischer, sozialer und biographischer Faktoren ab (vgl. ebd., 352 f.). Im Unterschied zum bloß passiven Pornographiekonsum könnte der Umgang mit Sexrobotern einen größeren Einfluss haben, weil hier sexuelle Praktiken aktiv eingeübt werden.

Gegen radikalfeministische Positionen ist einzuwenden, dass zumindest ein Teil der Männer mit ihren Sexpuppen sehr liebevoll und fürsorglich umzugehen scheint (vgl. Döring, 294). Die Übertragungstheorie wird auch in Frage gestellt, weil Menschen im Einzelfall klar unterscheiden können zwischen dem Verhalten gegenüber Sexpuppen und realen Menschen (vgl. Bendel 2019, 350; Sterri, 248). Optimistische Befürworter wie Levy gehen sogar davon aus, dass Sexroboter sexuelle Gewalt und Prostitution verringern könnten (vgl. dazu Misselhorn 2021, 115). Wenn Vergewaltigungen von Sexrobotern als unproblematisch angesehen werden, steht dahinter häufig eine auf Aristoteles zurückgehende Theorie: Gemäß der **Katharsisthese** führt das Ausleben oder „Abreagieren“ von starken Gefühlen oder Aggressionen zu einem verminderten Aggressionspotential. Vergewaltigungen von Sexrobotern könnten entsprechend der Triebabfuhr dienen, sodass die Männer dann keine realen Frauen mehr vergewaltigen (vgl. dazu Misselhorn 2021, 121). Auch Sexroboter in Kinderform könnten bei der Therapie von Pädophilen eingesetzt werden, um Übergriffe auf echte Kinder zu verhindern. Ob der erwünschte Effekt tatsächlich eintritt oder das sexuelle Verlangen nach Kindern durch Habitualisierung und sinkende Hemmschwellen gerade verstärkt wird, ist aber empirisch nicht belegt (vgl. ebd., 116; Döring, 296). In der Medienwirkungsforschung zur Pornographie gilt die Aggressions-Katharsis als widerlegt, weil in Studien kein Abreagieren der Aggressionspotentiale beim medialen Gewaltkonsum festgestellt werden konnte (vgl. Fenner 2022, 349). Da in Deutschland und vielen anderen Ländern der Verkauf und Besitz von Kindersexpuppen unter Strafe steht, ist empirische Forschung dazu schwer möglich, sodass wissenschaftliche Nachweise nicht zu erwarten sind. Wenn Pädophile ihre Phantasien an realistisch nachgebildeten Kindersexpuppen als Repräsentationen realer Kinder ausleben, dürfte dies aber eher im Sinne der Habitualisierungs- und Lerntheorie ihre Neigung unterstützen und die Hemmschwelle senken. Zum Schutz der Kinder wären daher alternative Wege wie z.B. Therapie oder Medikation vorzuziehen. Nach wie vor ist aber die Frage nach einer Verringerung oder einem möglichen „Ersatz" von Kindesmissbrauch, Pornographie und Prostitution durch Sexroboter oder Sexbots empirisch ungeklärt (vgl. Sterri u.a., 251).

Argument des Verlusts sozialer und emotionaler Kompetenzen

Eine der größten Gefahren für das menschliche Liebes- und Beziehungsleben und letztlich auch für die Reproduktionsfähigkeit einer Gesellschaft ist der Rückzug aus zwischenmenschlichen Beziehungen, weil diese als zu kompliziert und zu unperfekt erscheinen. In der Puppenliebhaberszene gibt es die Tendenz zur Abwertung von menschlichen Beziehungen und Frauen bis hin zum Frauenhass: Da die meisten Menschen weit entfernt sind von gängigen (männlichen) Schönheitsidealen, zudem altern, eigene Ansprüche an Ihre Partner stellen und häufig auch streiten oder betrügen, gelten Sexroboter schlicht als „die bessere Option" (vgl. Döring, 294, nach Onlinekommentaren). Trotzig bis hämisch wenden sich diese Männer daher endgültig ab von realen Frauen, von denen sie sich enttäuscht, verraten und missachtet fühlen (vgl. ebd.). In Interviews geben japanische Männer freimütig als Grund für ihre Bevorzugung von „virtual girlfriends" an, dass diese „less complicated than human beings" seien (nach Nyholm 2020, 123). Die schwindende Bereitschaft, sich mit schwierigen Menschen und konfliktuösen menschlichen Beziehungen auseinanderzusetzen, führt aber unabhängig vom Geschlecht der Nutzer zu einem **Verlust von sozialen und emotionalen Fähigkeiten** (vgl. ebd., 123). Zu denken ist an all die zu Beginn des Kapitels erläuterten Fähigkeiten, die für das Aufrechterhalten menschlicher Beziehungen bedeutsam sind: z.B. Konfliktlösungskompetenzen, die Fähigkeit zur sozialen Analyse komplexer Interaktionen, zur Wahrnehmung der eigenen und fremden Gefühle und Motive oder Empathiefähigkeit. Befürchtet wird, dass die schwindenden Gelegenheiten zum Praktizieren von Empathie und gegenseitiger Rücksichtnahme zu einem **ethical deskilling** führt (vgl. Ess, 195). Wenn Hersteller versprechen, Sexroboter könnten Menschen mit enttäuschenden oder schlimmen Erfahrungen in zwischenmenschlichen Beziehungen helfen, handelt es sich schwerlich um eine nachhaltige Bewältigungsstrategie. Um psychosoziale oder sexuelle Probleme zu bearbeiten, mit enttäuschten Erwartungen in sozialen Interaktionen umgehen und Emotionen regulieren zu können, wären vielmehr Therapie, Beziehungs- oder Sexualberatung ratsam. Für Menschen mit sozialen Ängsten oder nach einer Reihe von schmerzlichen Trennungen könnte der übergangsmäßige Einsatz von Sexpuppen in einem therapeutischen Kontext gleichwohl sinnvoll sein, damit sie sich wieder auf zwischenmenschliche Beziehungen einlassen können (vgl. Döring, 292 f.).

Dilemmasituation und Fazit zu Sexrobotern

Die meisten ernstzunehmenden Einwände gegen Sexroboter, v. a. die dargelegten Argumente der Täuschung, der Objektivierung von Frauen und eines Verlusts an sozialen Fähigkeiten scheinen begrenzt zu sein auf die gegenwärtig verfügbaren Modelle passiver, unterwürfiger weiblicher Sexpuppen. Wenn Roboter mit starker KI, eigenem Willen, Bewusstsein oder gar Leidensfähigkeit, Gefühlen und eigener Bedürfnisnatur hergestellt würden, verlören diese Argumente ihre Schlagkraft. Denn solchen – bislang nur in Science-Fiction-Filmen vorkommenden – Androiden müsste der gleiche moralische Status wie Menschen zugesprochen werden, sodass ihnen gegenüber die gleichen Verhaltensweisen geboten wären. Beim wählbaren Charakter der „frigiden Farah" für die Sexpuppe Roxxxy können auf sprachlicher Ebene bereits sexuelle Avancen abgelehnt werden, und auch ein entsprechendes Abwehrverhalten wäre bei mobilen Robotern denkbar (vgl. Misselhorn 2021, 119). Da sie zur Befriedigung von Vergewaltigungsphantasien geeignet scheinen, wird hier von „Vergewaltigungsrobotern" gesprochen (vgl. Sterri u. a., 243). Ein Reiz von Liebesverhältnissen scheint ganz allgemein in ihrer **Unverfügbarkeit** zu bestehen (vgl. ebd., 124; Grunwald 2019, 81): Wir wünschen uns Gefährten, die uns nicht aufgrund eines bestimmten Programms lieben und alle unsere Wünsche erfüllen. Vielmehr sollen sie uns aus freien Stücken lieben, echtes Wohlwollen empfinden und uns auch verlassen können. In menschlichen Beziehungen geht es nicht nur um narzisstische Bedürfnisbefriedigung, sondern Partner werden auch als Korrektiv z. B. für Selbsttäuschungen oder Marotten geschätzt. Ungeachtet der vielen bereits erwähnten Gründe gegen starke KI liegt hier aber offenkundig ein **Dilemma** vor. Denn der Vorteil von gegenwärtigen Sexpuppen scheint gerade darin zu liegen, dass sie alle persönlichen Träume dienstbar erfüllen, allzeit verfügbar und ewig treu sind und nur positive Rückmeldungen geben. Puppen verdienen für viele den Vorzug, weil solche Beziehungen von der Verantwortung und permanenten Rücksichtnahme auf verletzte Gefühle und enttäuschte Erwartungen entlasten. Sie dürften zwar wie ein Orgasmus auf Knopfdruck weniger abwechslungsreich sein, bieten dafür aber Sicherheit und befreien von der Angst, verlassen zu werden (vgl. Wennerscheid, 23ff.).

Abschließend kann festgehalten werden, dass es noch viel zu wenig empirische Forschung dazu gibt, welche langfristigen Gefahren von intensiven, viel Raum einnehmenden emotionalen Beziehungen mit künstlichen Gefährten für Individuen und Gesellschaft ausgehen. **Individualethisch-prudentiell** gesehen mögen Sexroboter für Einzelne die letzte Möglichkeit zu einem subjektiv erfüllenden Liebesleben darstellen. Wenn eine zunehmende Bevorzugung von Sexpuppen vor menschlichen Partnern mit den dabei transportierten Rollenbildern, Beziehungsidealen und Perfektionsansprüchen zu wachsenden Entfremdungserfahrungen gegenüber unvollkommenen menschlichen Körpern und komplizierten Beziehungen führen, stellt dies aber ein gesamtgesellschaftliches **sozialethisches Problem** dar. Je mehr die sozialen Interaktionen mit Robotern geschätzt werden, könnten soziale Roboter Menschen ersetzen (vgl. Sandry, 148). Erforderlich sind daher öffentliche Diskussionen und allgemeine Regulierungen der Technologieentwicklung auch in diesem intimen und für das Glück der Individuen höchst bedeutsamen Feld von Freundschaft, Liebe und Sexualität. Anstelle genereller Verbote wäre aber wiederum zu differenzieren je nach Gestalt der Roboter und der Art ihrer Nutzung: Als inakzeptabel erscheinen extra für moralisch verwerfliche Praktiken konstruierte Roboter wie Kindersexpuppen oder Vergewaltigungsroboter. Zu verbieten wären aber auch Nachbildungen von echten lebenden (oder verstorbenen) Frauen oder Expartnern, oder auch von immer autonomeren und lebensecht wirkenden Robotern, die an die Stelle menschlicher Gefährten treten. Entsprechend sollten diese und „virtuelle Freunde" keineswegs durch eine Heirat offiziell anerkannt und in die menschliche Gemeinschaft aufgenommen werden. Dies wäre auch die falsche sozialethische Antwort auf eine verfehlte kulturelle Präferenz für Söhne und die geschlechtsspezifischen Abtreibungen in manchen asiatischen Ländern, die zu einem demographischen Frauenmangel und einer großen Zahl unfreiwillig alleinstehender Männer führt. Unproblematischer dürfte hingegen eine kurzfristige, zeitlich und auch räumlich klar abgegrenzte Nutzung z.B. in Bordellen oder in therapeutischen Kontexten für Menschen mit körperlichen oder psychischen Beeinträchtigungen sein, für die es keine andere Alternative gibt. Zu überlegen wäre aber selbst für diese Anwendungsbereiche, ob nicht fiktionale Gestaltungsformen wie etwa Manga-Figuren vorzugswürdig sind.

<table>
<tr><td colspan="2">KI-basierter Sexroboter: soziale Roboter mit meist menschenähnlichem (meist weiblichem) Aussehen mit einem Mindestmaß an Interaktionsfähigkeit und integriertem Chatbot, die über sexuelle Zwecke hinaus auch Gespräche führen können und als „perfekte Gefährten“ angepriesen werden</td></tr>
<tr><td>Pro-Argumente</td><td>Kontra-Argumente</td></tr>
<tr><td>konsequentialistische:
• erhöhte sinnliche Lust und mehr sexuelle Aktivitäten
• besonders interessant für: Menschen mit physischen oder psychischen Beeinträchtigungen oder in sozialer Isolation → therapeutisch-kompensatorische Ziele</td><td>deontologische/tugendethische:
• Täuschung darüber, dass Sexroboter Gefühle und Motive (wie Liebe) haben
• Objektivierung/Entwürdigung von Frauen
konsequentialistische:
• Verlust sozialer/emotionaler Fähigkeiten
• Abwertung und Abwendung von komplizierten zwischenmenschlichen Beziehungen</td></tr>
<tr><td colspan="2">ethische Forderungen:
• Verbot von Robotern für moralisch verwerfliche Praktiken (z. B. Vergewaltigungsroboter, Kindersexpuppen)
• keine Nachbildungen lebender oder verstorbener Menschen (z. B. Expartner)
• keine Nutzung als Ersatz für menschliche Partnerschaften, keine Heirat
• räumlich und zeitlich begrenzte Nutzung (z. B. in Bordellen, Therapien)</td></tr>
</table>

3.3.3.3 Avatare oder Chatbots verstorbener Personen

Ein erst langsam in die öffentliche Wahrnehmung tretendes Anwendungsfeld ist die digitale Unsterblichkeit, d. h. das digitale Weiterleben von Verstorbenen als Chatbots oder Avatare. Die Rede ist etwa von **Deathbots**, **Deadbots** oder **Griefbots** (vgl. Lindemann, 1; 3). Neben der eigenen digitalen Unsterblichkeit ist es der Zweck solcher digitaler Repräsentationen, den hinterbliebenen Angehörigen oder der Nachwelt insgesamt weiterhin die Interaktion mit den Verstorbenen zu ermöglichen. Da es also wesentlich um die Kommunikation zwischen Menschen und Maschinen bzw. virtuellen Akteuren geht, wird das Thema hier im Rahmen der sozialen Robotik (in einem erweiterten Sinn) besprochen. Es hat sich inzwischen bereits ein eigener Industriezweig, die sogenannte **Digital Afterlife Industry (DAI)** etablieren können, die für die Nutzer eine **virtuelle Kopie** oder einen **digitalen Zwilling** erstellt. Immer häufiger werden dabei KI-Technologien eingesetzt, die auch etwa für Deep Fakes, also „gefakte“ Bilder, Videos oder Audios eingesetzt werden (vgl. Heesen 2022, 161 f.; s. Kap. 2.2.2). Je mehr Datenmaterial an Text- und Bildnachrichten, Fotos und Filmen von Verstorbenen vorliegt, desto realistischer fallen die digitalen Kopien aus. Dank KI und entsprechendem Training können sie deren Schreibstil, Kommunikations- und Sozialverhalten täuschend echt imitieren und in beliebigen Interaktionssituationen neu generieren. Die Nutzer solcher Dienste können sich zum einen bereits zu Lebzeiten um ihr eigenes bewegliches und sprechendes digitales Abbild kümmern, das dann nach dem Tod den Angehörigen oder anderen Interessierten zur Verfügung steht. Zum anderen können aber auch die Hinterbliebenen die digitale „Wiedererschaffung“ („re-creation“) von Verstorbenen in die Wege leiten. Besonders in diesem zweiten Fall drohen **Würde**, **Rechte auf Selbstbestimmung** und allgemeine Persönlichkeitsrechte der Verstorbenen verletzt zu werden, die teilweise über den Tod hinaus gelten (vgl. Lindemann, 8; Fenner 2022, 125). In einer testamentarischen Verfügung könnte festgehalten werden, ob und wer einen Avatar erstellen darf.

Ethisch gesehen sind durchaus sinnvolle Anwendungen möglich, z. B. in Bezug auf verdienstvolle Personen des öffentlichen Lebens oder wichtige Zeitzeugen. So stehen etwa im Bereich Bildung und Erinnerungskultur bereits heute Avatare von Holocaust-Überlebenden im Jewish Heritage Museum in New York den Besuchern zur Verfügung, um ihre Fragen zu beantworten. Durchaus ungewiss ist hingegen, ob digitale Zwillinge von Privatpersonen den Angehörigen beim Trauerprozess helfen oder diesen eher behindern. Nach ihrer Abkehr von Religionen mit ihren Angeboten zur Kontingenzbewältigung scheinen viele Menschen nach weltlichen, digitalen Mitteln zu suchen, um die Endgültigkeit des biologischen Todes erträglicher zu machen. Je nach den konkreten Umständen eines Verlusts deuten bekanntgewordene Beispiele wie das der koreanischen Mutter mit ihrer bereits drei Jahre zuvor verstorbenen Tochter aus der Fernsehshow „Meeting You“ darauf hin, dass Hinterbliebene die Interaktionen mit Repräsentanten geliebter Personen als erlösend erleben. Im Sinne einer **gewollten Selbsttäuschung** kann man in der Begegnung mit einem Avatar bestenfalls endlich Abschied nehmen oder sich versöhnen, wenn der Tod z. B. unerwartet kam oder der letzte Kontakt ein Streit war. Es besteht aber auch die Gefahr einer problematischen Abhängigkeit von Deathbots, indem sich ein ständiges Verlangen nach Kontaktaufnahme einstellt und das Bewusstsein des selektiven, verzerrten und künstlichen Charakters des Abbildes schwindet. Psychologisch gesehen beinhaltet ein **erfolgreicher**

Trauerprozess, den physischen Tod und den dadurch entstandenen Verlust zu akzeptieren und die Beziehung zum Verstorbenen neu zu gestalten (vgl. Lindemann, 6). Verlassen sich Hinterbliebene zu stark auf den Griefbot und benutzen ihn wie eine Art Schmerzmittel, können sie ihre Gefühle nicht selbständig regulieren lernen und den Trauerprozess nicht abschließen (vgl. ebd., 4). Zum großen Problem für die psychische Gesundheit der Trauernden in ihrer äußerst vulnerablen Situation kann aber auch werden, dass selbstlernende KI-Systeme ein Eigenleben entwickeln und Dialoge verstörend und verletzend verlaufen können. Schlimmstenfalls werden etwa unwahre und beleidigende Anschuldigungen gegen Verwandte erhoben, oder berichtet, dass die Toten nun in der Hölle seien.

Ähnlich wie bei der obigen Diskussion zu Sexrobotern scheint eine **individualethische** Sicht zu fordern, so etwas ganz Persönliches wie den Umgang mit Trauer und Erinnerungen an Verstorbene jedem selbst zu überlassen. Da aber die psychologische Gefährdungslage der Hinterbliebenen und auch Probleme des Datenschutzes und der Möglichkeit einer Manipulation der Avatare durch unseriöse Anbieter oder Hacker groß sind, ist **sozialethisch** betrachtet zumindest öffentliche Aufklärung geboten. Darüber hinaus scheint es erstrebenswert zu sein, die neuen KI-Anwendungen in einen professionellen Kontext etwa einer psychologischen Trauerbegleitung, Therapie oder in Selbsthilfegruppen einzubinden. Bislang lehnen die Programmierer und Anbieter der digitalen Plattformen jede Verantwortung für negative psychologische und ethische Konsequenzen ab. Neben ethischen und rechtlichen Richtlinien z. B. hinsichtlich der Berechtigung zur Erstellung von Avataren oder Kennzeichnungspflichten braucht es außerdem eine öffentliche Diskussion über die gesellschaftliche Transformation der Trauerkultur und das geweckte Verlangen nach Überwindung der menschlichen Endlichkeit, wie sie der Dokumentarfilm *Eternal You – Vom Ende der Endlichkeit* (2024) anstieß.

Deathbots (Deadbots): Chatbots (ev. mit Avataren), die Hinterbliebenen oder der Nachwelt die Interaktion mit digitalen Repräsentationen von Verstorbenen ermöglichen
ethische Probleme: • Tod und Verlust nicht akzeptieren und Trauerprozess nicht abschließen können • Abhängigkeitsgefahr, keine selbständige Emotionsregulation • Gefahr verstörender und verletzender Dialoge • Gefahr von Datenmissbrauch und Hacking

ethische Forderungen:
- öffentliche Aufklärung über psychologische und andere Gefahren
- Regelungen, wer Avatare erstellen darf (z. B. testamentarische Verfügung)
- öffentliche Diskussion über Trauerkultur und Streben nach digitaler Unsterblichkeit

3.3.4 Ersetzbarkeit: Arbeitsplatzverlust und generative KI

Eines der meistdiskutierten Themen im Zusammenhang mit den rasanten Fortschritten von KI-Technologie und Robotik betrifft die Umbrüche in der Arbeitswelt: Weit verbreitet sind die Befürchtungen, dass durch disruptive Entwicklungen in sämtlichen Sektoren Massen von menschlichen Arbeitsplätzen verloren gehen. Die Rede ist vom **Ende der Arbeit**, wie Menschen sie bislang kannten (vgl. dazu Russell, 123; Herzog 2019, 15). Bestseller-Autor Henry Ford veröffentlicht Bücher mit Titeln wie *Aufstieg der Roboter: Wie unsere Arbeitswelt gerade auf den Kopf gestellt wird – und wie wir darauf reagieren müssen* (2015), und es gibt politische Aufrufe zur *Rettung der Arbeit* (vgl. Ford, 175; Herzog 2019, 9). Wie erwähnt, wurden die ersten Industrieroboter zunächst begrüßt, weil sie den Menschen unliebsame oder gefährliche Arbeiten abnahmen (s. Kap. 3.3, Einleitung). Je intelligenter und autonomer KI-Systeme werden, desto mehr drohen sie den Menschen aber nicht nur zu entlasten, sondern ihn zu ersetzen. Gemäß dem pessimistischen Narrativ der **Ersetzung von Menschen durch Roboter** wird der Mensch in immer mehr Lebens- und Arbeitsbereichen von seinen eigenen Schöpfungen überflügelt: Statt die kognitiven Fähigkeiten der Menschen zu verbessern und ihren Handlungsspielraum zu erweitern, machen sie ihn überflüssig. Die Technik arbeitete dann nicht mehr *im Dienst* des Menschen und zu seiner Unterstützung, sondern *anstelle* der Menschen. Durch die ständigen impliziten oder expliziten Vergleiche mit den Leistungen von intelligenten Maschinen geraten sie zunehmend in eine Konkurrenzsituation und unter Rechtfertigungsdruck (vgl. Boddington, 181 f.). Der „unterlegene Mensch" scheint sich allmählich selbst „wegzudigitalisieren" (Grunwald 2019, 9). In diesem Kapitel soll nicht die abstrakte Ersetzung „des" Menschen zur Diskussion stehen, auf die erst im nächsten Kapitel 3.4 näher eingegangen wird. Es geht zunächst lediglich um die Ersetzbarkeit der Menschen in bestimmten Arbeitsbereichen, wobei die Frage nach dem Wert der Arbeit und eines Lebens ohne Arbeit zu stellen ist.

Zur Prüfung der konkreten Ersetzbarkeit des Menschen durch Maschinen ist es hilfreich, sich nochmals die jeweiligen Stärken und Vorteile zu vergegenwärtigen: Die bislang entwickelten KI-Systeme verfügen über schwache KI und weisen als **Spezialisten** in begrenzten Anwendungsbereichen überragende Teilleistungen **kognitiver Intelligenz** auf, v. a. beim Rechnen, logischen Schließen oder Erkennen von Regelmäßigkeiten und Mustern. Die Problemlösung erfolgt dann auf den methodischen Grundlagen der Mathematik und Informatik und ist besonders erfolgreich in geschlossenen Systemen wie z. B. den Brettspielen Schach oder Go, wo kein tieferes Verständnis von Inhalten erforderlich ist (vgl. Hammele u. a., 160; Grunwald 2019, 46). Anwendungen wären etwa Sprach-, Text- oder Gesichtserkennungen, Aktienmarktanalysen und individualisierte Therapievorschläge oder Diagnoseverfahren in der Medizin, bei denen KI-Systeme die Leistungen von erfahrenen Dermatologen bei Hautkrebsdiagnosen teilweise bereits übertroffen haben (vgl. Heinrichs u. a., 116). Ein großer Vorteil bei dieser „maschinellen" oder „digitalen Intelligenz" sind zunächst die enorme **Geschwindigkeit** des Rechnens, der Datenverarbeitung oder des Durchforstens riesiger Datenmengen, sowie die größere **Speicherkapazität** (vgl. Bostrom, 89 f.; Grunwald 2019, 60; Mainzer 2019, 60). Geschätzt wird auch die höhere **Präzision** etwa bei manuellen Tätigkeiten von Industrierobotern oder Operationsrobotern, die eine viel „ruhigere Hand" haben als Menschen (vgl. Grunwald 2019, 60). Bezüglich der Ideale technischer **Perfektion** sowie größerer Neutralität und **Objektivität** ist allerdings auf Biases und teilweise überraschend auftretende Fehler zu verweisen (s. Kap. 3.2.3; Lenzen 2020, 17). Da Algorithmen und Roboter aber keine biologischen Wesen sind, leiden sie anders als Menschen nicht unter Ermüdungserscheinungen und Konzentrationsproblemen. Aufgrund ihrer technischen Funktionalität verfügen sie über mehr **Ausdauer** und bewahren eine stoische Ruhe und Geduld trotz lästiger Kundenfragen (vgl. Grunwald 2019, 59). Roboter können aber auch in ihrer **physischen Stärke** überlegen sein und z. B. schwere Lasten heben oder riskante Arbeiten erledigen.

Im Gegensatz dazu sind Menschen **Generalisten** mit vielfältigen intellektuellen, sozialen, emotionalen und motorischen Fähigkeiten. Schon einfache **motorische** Aufgaben wie das Öffnen einer Tür oder das Treppenlaufen stellen für Roboter bislang große Herausforderungen dar. Aufgrund ihrer Innenwelt mit leiblichen Erfahrungen, **Emotionen** und **Empathie** erreichen Menschen eine andere Form des Verstehens als Maschinen mit ihrem einprogrammierten kognitiven Wissen oder Sensordaten aus ihrer Umgebung zur Erstellung von Modellen. In komplexen sozialen Interaktionen können etwa Psychotherapeuten oder Diplomaten den Beteiligten beim Erkennen ihrer Gefühle helfen, vermögen sich in alle Sichtweisen hineinversetzen und Wege zum versöhnlichen Miteinander auszuloten. Auch weisen menschliche Generalisten eine größere **Souveränität** und **Flexibilität** bei der Wahl ihrer Aufgaben und beim Setzen neuer Prioritäten auf, weil sie in unvorhersehbaren Situationen die Not von Menschen von innen verstehen und intuitiv bewerten und entscheiden können (vgl. Grunwald 2019, 237 f.; Mainzer 2019, 225). Vielleicht lassen sich die bisher aufgeführten Kompetenzen zumindest bis zu einem gewissen Grad irgendwann technisch realisieren oder simulieren, wie bereits die Lernfähigkeit sowie die **Kreativität**, auf die noch näher eingegangen wird (vgl. Grunwald 2019, 239 f.; s. unten: „generative KI"). Menschen streiten und beraten aber auch fortwährend über die Bedeutung von Begriffen und Konzepten wie etwa Liebe, Wahrheit, Demokratie oder Gemeinwohl, um dem Verstehen der Bedeutung näher zu kommen (vgl. ebd., 240 f.). Im Unterschied zur mechanischen und strategischen Kommunikation von Maschinen können Menschen verständigungsorientiert kommunizieren und kontrafaktisch und begründungsorientiert um gemeinsame Werte, Normen oder Ideale ringen. Während KI-Systeme lediglich eine funktionelle Moral erlangen, verfügen nur Menschen bislang über **Moralität** und **moralische Urteilskraft** (s. Kap. 3.3.2.1). Die diskursive Suche nach normativen Kriterien und das Abwägen im Raum der Gründe ist etwas ganz anderes als das faktenbasierte, optimierende Durchspielen von Millionen von Alternativen z. B. in einem Schachspiel.

Arbeitsplatzverlust und Wert der Arbeit

Wie alle anderen Revolutionen zuvor gab auch die **vierte industrielle Revolution** mit der Vernetzung aller Dinge und Menschen über das Internet Anlass zu zahllosen düsteren Prognosen (s. Kap. 1.1.1; Henning, 189). Wachgerüttelt wurde die internationale Öffentlichkeit durch die Studie von Carl Frey und Michael Osborne aus dem Jahr 2013, derzufolge Roboter bzw. KI-Systeme durch Digitalisierung bzw. Computerisierung in 10 bis 20 Jahren 47 % aller Jobs in den USA übernehmen könnten (vgl. Frey u. a.). Bei der Prüfung der Übertragbarkeit der Ergebnisse auf den deutschen Arbeitsmarkt kam das Bundesministerium für Arbeit und Soziales 2015 immerhin auf 42 % aller Beschäftigten, die in Bereichen mit hoher Automatisierungswahrscheinlichkeit arbeiten (vgl. Lenzen 2018, 199). Mit Blick auf die soeben aufgelisteten Stärken von Menschen und Maschinen lassen sich die Tendenzen erraten, die bereits beobachtbar sind: Am leichtesten automatisieren lassen sich Tätigkeiten mit hoher Standardisierung, bei denen mittels kognitiver Intelligenz nach festen Regeln große Datenmengen, Zahlen oder Texte zu bearbeiten sind. Das können rechenintensive Routinetätigkeiten im Bereich Logistik, Kreditwesen oder Verwaltung sein z.B. für Kredit- oder Steuerberechnungen, monotone Aufgaben im Büro- und Sekretariatsbereich, im Journalismus, Hotel- oder Gaststättengewerbe, aber auch gleichbleibende Handgriffe wie bei Fließband, Lager- und Archivarbeit (vgl. Henning 190; Grunwald 2019, 63f.). Kaum ersetzbar sind Menschen hingegen in Berufen, wo tragfähige und komplexe menschliche Beziehungen aufgebaut werden müssen und viel Menschenkenntnis, Empathie, Konfliktlösungs- und Verhandlungsgeschick erforderlich sind wie etwa in Krankenpflege und Kindererziehung, pädagogischen und therapeutischen Berufen sowie der Rechtsprechung (vgl. Ford, 205; Heinrichs u.a., 132; Lenzen 2018, 200). Teilweise kommt zur hohen Arbeitskomplexität und Flexibilität noch ein hoher Praxisanteil hinzu, wie z.B. bei Physiotherapeuten, Sozialarbeitern oder Entwicklungshelfern. Relativ sicher sind auch Berufe mit hohen Anforderungen an Mobilität, Fingerfertigkeit und flexibler Problemlösungskompetenz wie etwa im Fall von Gärtnern, Elektrikern oder Installateuren.

Obwohl es erhebliche Kritik an der Studie von Frey und Osborne gab, hat sich die bedrohliche Prophezeiung in der Medienlandschaft gleichsam verselbständigt (vgl. dazu Specht, 306; Grunwald 2019, 63). Bei ihrem berufsbezogenen Ansatz werden beispielsweise nur komplette Berufe grob auf ihre Automatisierungswahrscheinlichkeit geschätzt. Komplexere Arbeitsfelder enthalten aber stets vielfältige Aufgaben, von denen sich nicht alle automatisieren lassen (vgl. Henning, 189; Lenzen 2018, 199). Außerdem könnten auch rechtliche, gesellschaftliche oder ethische Gründe eine technisch mögliche komplette Ersetzung von Menschen verhindern, z.B. in der Pflege. Aus der Studie lässt sich daher nicht der Schluss ziehen, dass alle Menschen in den betroffenen Berufen arbeitslos würden. Blickt man zurück auf vergangene Umbrüche in der Arbeitswelt, kam es zwar wie z.B. bei der Mechanisierung der Landwirtschaft Ende des 19. Jahrhunderts zur unwiderruflichen Entlassung von Millionen von Landarbeitern (vgl. Ford, 179; Dräger u.a., 102). Der Arbeitsmarkt vermochte sich aber immer an den technischen Fortschritt anzupassen, sodass eine Massenarbeitslosigkeit ausblieb. Anstelle der Verringerung von Arbeitsplätzen ergab sich langfristig lediglich eine **Verschiebung** in andere Sektoren (vgl. Heinrichs u.a., 132). Gegenwärtig lässt sich verweisen auf die vielen neu entstehenden Berufsbilder in der IT-Branche wie etwa KI-Trainer, Avatar- oder

Mensch-Maschine-Interface-Designer, für die allerdings hohe Qualifikationen erforderlich sind. Der Blick in die Vergangenheit erlaubt auch generell keine sichere Prognose zukünftiger Entwicklungen, weil diese von sehr vielen Faktoren wie z.B. demographischem Wandel, Globalisierung, Geschwindigkeit der Fortschritte im Bereich KI und Robotik, aber auch gesellschaftspolitischen Entscheidungen und veränderten Vorstellungen von „guter Arbeit" abhängt (vgl. Heinrichs u.a., 130). Sollte die aktuelle Automatisierungswelle schneller und umfassender erfolgen als bei früheren Umbrüchen, könnten Jobalternativen zu wenig rasch und in zu geringer Zahl vorhanden sein (vgl. Specht, 303; Grunwald 2019, 64).

Ein optimistisches Gegennarativ zum pessimistischen Narrativ der Ersetzbarkeit des Menschen ist dasjenige der komplementären, also **einander ergänzenden Stärken von Mensch und Roboter** (vgl. Vieweg, viii; Schulz-Schaeffer u.a., 179). Beruhigend wäre die Prognose, dass Roboter oder KI-Systeme menschliche Arbeitskräfte nie komplett verdrängen, sondern immer nur bei bestimmten Aufgaben unterstützen. Wie gezeigt fällt Robotern tatsächlich häufig (noch) schwer, was Menschen leichtfällt, und umgekehrt. Als optimal erschiene daher, die neuen Roboter oder „Cobots" zu akzeptieren und mit ihnen als willkommene Ergänzung und Entlastung zusammenzuarbeiten. Als Paradebeispiel wird gerne die Bildung von Mensch-Maschine-Teams bei Schachturnieren nach dem legendären Sieg von „Deep Blue" über Kasparow aufgeführt, seit dem das Schachspiel Mensch gegen Maschine chancenlos erscheint (vgl. Henning, 197f.). Allerdings ließ auch das Interesse an diesem „Freistilschach" bald nach, weil die Menschen in diesem Bereich klar unterlegen sind und kaum die Vorschläge der Maschinen verstanden (vgl. Kipper, 54). Aber auch in der Industrie scheint es eher so zu sein, dass an Cobots anspruchsvolle Tätigkeiten wie z.B. präzises Kleben delegiert werden und für Menschen anspruchslose Restaufgaben übrigbleiben (vgl. Schulz-Schaeffer u.a., 183). Selbst in der Pflege führt die Übernahme von „Versorgungsarbeit" wie z.B. das Animieren der älteren Menschen zum Trinken durch Pflegeroboter nicht zwangsläufig dazu, dass menschliche Pfleger mehr Zeit für „Sorgearbeit" haben. Zur Zeit steigt ihre Arbeitsbelastung eher an, weil Roboter mit den motorischen Aufgaben und komplexen, sich ständig ändernden sozialen Situationen rasch überfordert sind und von Menschen überwacht und korrigiert werden müssen (vgl. ebd., 184f.). Für viele Arbeitgeber ist die Motivation zur Anschaffung von Robotern wohl weniger das Ideal, dass die jeweiligen Stärken von Mensch und Maschine bestmöglich zum Tragen kommen. Ausschlaggebend dürften vielmehr ökonomische Argumente einer Kostenreduktion bei gesteigerter Produktivität sowie die fehlenden Rechte von Robotern auf Urlaub, Mutter- und Arbeitsschutz; Sozialversicherung und Altersvorsorge sein.

Das pessimistische Narrativ der Ersetzung der Menschen in immer mehr Berufsfeldern kann sein Bedrohungspotential freilich nur unter der Voraussetzung entfalten, dass den Menschen mit dem Ende der Arbeit etwas ganz Wesentliches verlorengeht. Die Frage nach der ethischen Legitimität der fortgesetzen Automatisierung verweist daher zurück auf die grundsätzliche philosophische Frage nach dem **Wert der Arbeit**. In **individualethischer** Hinsicht ist die Arbeit im Idealfall kein reiner Brotberuf mit lediglich ökonomischen Anreizen, sondern ermöglicht im Sinne der individuellen Selbstverwirklichung, seine Potentiale z.B. an intellektuellen, handwerklichen oder künstlerischen Fähigkeiten zu kultivieren und seine Interessen zu verfolgen (vgl. Herzog 2019, 51; Henning, 199f.; Heinrichs u.a., 133). Eine möglichst selbstbestimmte, intrinsisch motivierte, nicht-entfremdete Arbeit bildet einen wesentlichen Teil der persönlichen Identität und ist Quelle von Selbstwertgefühl und Glück. **Sozialethisch** betrachtet ist Arbeit aber immer auch eine soziale Angelegenheit und ermöglicht die Teilhabe an gemeinsamen Projekten bzw. an der Arbeitswelt als Teil der gemeinsamen öffentlichen Welt (vgl. Heinrichs u.a., 133; Herzog 2019, 12f.). Den meisten Menschen vermittelt Arbeit das positive Gefühl, gebraucht zu werden. Vielen Arbeitnehmern ist es auch wichtig, einen sinnvollen Beitrag zum Funktionieren der Gesellschaft oder ihrer gemeinsamen Gestaltung beizutragen. Zweifellos gibt es aber große individuelle Unterschiede zwischen leistungsorientierten, zielstrebigen Menschen, für die Arbeit Erfüllung bedeutet, und denjenigen, die sich an den unmittelbaren Dingen erfreuen und bei der Arbeit den nächsten Urlaub oder den Ruhestand herbeisehnen (vgl. Russell, 131f.; Kipper, 59). Auch könnte mit dem Arbeitswandel ein **kultureller Wertwandel** einhergehen, bei dem die Bedeutung der Arbeit für ein gutes, glückliches Leben abnimmt (vgl. Henning, 195f.; 200f.). Werte und Tugenden wie Fleiß, beruflicher Erfolg und Karriere scheinen für viele junge Menschen weniger wichtig zu sein als Autonomie, Individualität der Lebensentwürfe, Freizeit oder Zeit für die Familie, Bildung und Muse. Damit auch die sozialethischen Güter in einem Leben ohne Arbeit realisiert werden könnten, bräuchte es für ehrenamtliche Tätigkeiten und Familienarbeit mehr soziale Anerkennung und andere Anreize.

Auch wenn das Szenario einer Massenarbeitslosigkeit sehr unwahrscheinlich ist und ein Leben ohne Erwerbstätigkeit für viele verlockend klingt, bleibt die Gestaltung der Umbrüche auf dem Arbeitsmarkt eine dringende gesamtgesellschaftliche Aufgabe. Denn zu verhindern ist zum einen eine **Verschlechterung der Arbeitsbedingungen** für diejenigen, die weiterhin in Lohnarbeit sind. Infolge zunehmender **Konkurrenz mit Robotern** und steigenden Anforderungen könnten Arbeitnehmer nämlich nicht entlastet werden und mehr Freizeit gewinnen, sondern ganz im Gegenteil immer effizienter noch mehr Arbeit erledigen müssen. Auch eine lückenlose **digitale Überwachung** der Arbeitnehmer, die Informationsüberflutung und der Druck der ständigen Erreichbarkeit könnten zu Selbstausbeutung und Erschöpfung führen (vgl. Henning, 201; Grunwald 2019, 72 f.; s. Kap. 2.2.1). Zum anderen müssen Maßnahmen getroffen werden zugunsten der **Verlierer** der Umwälzungen. Befürchtet wird vielfach eine Aufspaltung des Arbeitsmarkts mit einer Herabstufung der Mittelschicht-Arbeitsplätze, wodurch sich das Problem der **Verteilungsgerechtigkeit** verschärft und die soziale Schere weiter auseinandergeht (vgl. Lenzen 2018, 198 f.; Ford, 15 f.; Decker 2016, 353). Zu den Gewinnern gehören junge, technikaffine IT-Fachkräfte und all jene, die sich durch Weiterbildung für höherwertige Tätigkeiten zu qualifizieren vermögen. Zu den Verlierern gehören hingegen die Langzeitarbeitslosen und diejenigen, die mit schlecht bezahlten, kleinteiligen Restjobs der Mensch-Maschine-Interaktionen vorliebnehmen müssen. Dazu gehören die sogenannten **Clickworker** als neues „digitales Prekariat" (vgl. Lenzen 2018, 202 ff.; Henning, 194f.; Herzog 2019, 59). Dabei sind zwar gewisse Kriterien „guter Arbeit" wie hohe Selbständigkeit und Flexibilität beim Arbeiten am eigenen Laptop erfüllt. Aufgrund der schwankenden Auftragslage, den fehlenden Sozialversicherungen und den geringen Löhnen tragen aber die Beschäftigten alle Risiken selbst, haben kein soziales Arbeitsleben und machen z. B. beim Löschen von illegalen Bild- oder Textmaterial häufig traumatisierende Erfahrungen. Neben konventionellen Maßnahmen wie Bildung braucht es einen gesellschaftlichen Diskurs über den Erhalt des Wohlstands der Gesellschaft und die finanzielle Absicherung aller Bürger etwa durch ein **bedingungsloses Grundeinkommen**, das z. B. über eine Robotersteuer bzw. Besteuerung der Profiteure der Automatisierung finanziert werden könnte. Zu überlegen gilt auch, welche Tätigkeitsfelder ungeachtet ökonomischer Kriterien der Produktivität aus individual- oder sozialethischen Gründen für menschliche Arbeiter geschützt werden sollen.

Arbeitsplatzverlust infolge von Digitalisierung und Automatisierung **Wert der Arbeit:** **individualethisch**: Selbstverwirklichung, Quelle von Selbstwert und Glück **sozialethisch**: sinnstiftender gesellschaftlicher Beitrag, soziale Anerkennung	
pessimistische Prognose	**optimistische Prognose**
Ersetzung der Menschen durch Roboter → Maschinen machen Menschen überflüssig • Verringerung von Arbeitsplätzen • drohende Massenarbeitslosigkeit	**Ergänzung von Menschen und Robotern** → Maschinen unterstützen Menschen nur • nur Verschiebung von Arbeitsplätzen • allmähliche Anpassung des Arbeitsmarkts
ethische Forderungen: Unabhängig von unsicheren Prognosen ist die gesellschaftliche Gestaltung der Umbrüche auf dem Arbeitsmarkt dringend erforderlich! • Verschlechterung der Arbeitsbedingungen verhindern (Effizienzdruck durch Roboter-Konkurrenz) • zunehmende soziale Ungleichheit vermeiden, Verlierer absichern (Weiterbildung, bedingungsloses Grundeinkommen, Aufwertung von Ehrenamt etc.) • Schutz bestimmter menschlicher Tätigkeiten (aus individual-/sozialethischen Gründen)	

Generative KI, Kreativität und Kunst

Individualethisch problematisch wird die fortschreitende Ersetzung der Menschen durch Maschinen besonders bei anspruchsvollen intellektuellen und kreativen Berufen, die von den meisten Ausübenden als intrinsisch wertvoll und erfüllend erlebt werden. Lange Zeit galt im „Rückzugsgefecht" der Menschen die Kreativität als eine „letzte Bastion", weil Computer immer nur bestimmte Programme abzuarbeiten schienen (Lenzen 2018, 120; 2020, 65). Ein Meilenstein in der Entwicklung Künstlicher Intelligenz stellte jedoch die Entwicklung generativer Intelligenz dar, die plötzlich Überraschendes hervorzubringen vermochte: **Generative KI** ist eine Form Künstlicher Intelligenz, bei der auf der Grundlage großen Datenmaterials und unter Verwendung von Methoden des maschinellen Lernens, insbesondere des Deep Learnings (DL), neue Inhalte z. B. im Bereich von Texten, Bildern, Videos oder Musik erstellt bzw. „generiert" werden (s. Kap. 3.3, Einleitung). Eine der bekanntesten Anwendungen ist der Chatbot ChatGPT, der auf Anfrage Hausarbeiten und Reden schreiben kann und Examenprüfungen besteht. Der Einfluss von generativer KI auf den Dienstleistungs-, Bildungs- und Wissenschaftsbereiche, den Journalismus oder die Kreativbranche lässt sich noch kaum abschätzen. Sogenannte **promptgene-**

rierte Kunst liegt vor, wenn die Nutzer als Eingabe („prompt") die gewünschte Leistung kurz sprachlich beschreiben und die KI innerhalb kürzester Zeit z. B. ein fertiges Bild liefert (vgl. Misselhorn 2023, 57). Bei generativer KI-Kunst werden häufig **generative adversariale Netzwerke (GAN)** verwendet, d.h. zwei miteinander konkurrierende („adversarial") künstliche neuronale Netzwerke (KNN), die gleichzeitig trainiert werden (vgl. ebd., 22; Paaß, 332f.; Noller, 76): Der „Generator" soll neue Inhalte produzieren, die den beim Training verwendeten menschlichen Schöpfungen sehr ähnlich sind. Sein Gegenspieler, der „Diskriminator", hat die Aufgabe zu überprüfen, ob es noch Unterschiede zwischen diesen KI-Produkten und dem Trainingsdatensatz gibt. Im Verlauf eines langen Korrekturprozesses kann das Netzwerk neue Produkte erzeugen, die von menschlichen Kunstwerken teilweise häufig nicht unterscheidbar sind und den **Turing-Test** bestehen. Ein Beispiel dafür wäre das *Portrait of Edmond de Belamy*, das 2018 vom Auktionshaus Christie's für rund eine halbe Million US-Dollar versteigert wurde.

Eine in den bisherigen Kapiteln zur KI-Ethik noch nicht erwähnte große Schwäche des Dialogsystems **ChatGPT** tritt bei Fragen logischer oder mathematischer Art sowie bei Tatsachenaussagen auf (vgl. Albrecht, 39). Wenn Sprachmodelle Daten auf falsche Weise kombinieren oder Informationen völlig neu erfinden, spricht man vom **Problem von Halluzinationen** oder „Fabulierungen" (vgl. ebd., 40f.; Klein u. a., 35). Auf Anhieb irritiert die aus der menschlichen Psychologie stammende Bezeichnung „Halluzination", die für Sinnestäuschungen steht, bei denen das Wahrgenommene in Wirklichkeit gar nicht existiert. Denn Sprachmodelle haben natürlich keine Wahrnehmungserfahrungen und keinen unmittelbaren Bezug zu realen Sachverhalten, Ereignissen oder Personen auf der Welt. Die „Wahrheit" oder Zuverlässigkeit der Aussagen hängt aufgrund dessen gänzlich von der Korrektheit und Vollständigkeit des verwendeten Datenmaterials ab. Die Systeme selbst können dieses aber nicht kritisch prüfen und vermögen nicht zwischen faktenbasierten Informationen und Fiktionen zu unterscheiden. Treten Informationslücken oder unsichere oder widersprüchliche Informationen auf, beginnen sie zu „fabulieren". Ihre Antworten sind gleichwohl grammatikalisch korrekt und erscheinen plausibel und sachlich, sodass die Nutzer das Erfundene für wahr halten. Insbesondere im akademischen Bereich sind auch Quellennachweise und Links zu Websites inakzeptabel, die teilweise fehlen oder frei erfunden sind. Hier geht es also um generelle **Probleme der Transparenz** und des **Black-Box-Problems** (s. Kap. 3.1.2 und 3.1.3.1). Des Weiteren kann es auch zu **Verzerrungen** und **Diskriminierungen** kommen, indem z. B. nur Daten aus der Vergangenheit verwendet werden oder bestehende Vorurteile gegenüber bestimmten Menschengruppen verstärkt werden (vgl. Albrecht, 42; s. Kap. 3.2.3). Darüber hinaus gibt es **Urheberrechtsverletzungen** und **Datenschutzverstöße**. Wo wichtige Entscheidungen über Menschen z. B. im Gesundheitsbereich oder in staatlichen Institutionen getroffen werden, sollte ChatGPT also höchstens als Ergänzung, nicht als Ersatz für fachliche Experten eingesetzt werden.

Generative KI: Form Künstlicher Intelligenz mit Methoden des unüberwachten Lernens (insbesondere DL), bei denen neue Inhalte generiert werden (Texte, Bilder, Videos, Musik) **bekannteste Anwendung**: Dialogsystem ChatGPT
Probleme bei der Nutzung von ChatGPT: • **Halluzinationsproblem**: falsche Kombination oder freie Erfindung von Informationen, die aber sachlich und plausibel erscheinen; fehlende oder fingierte Quellenangaben • Verzerrungen und Diskriminierungen • Urheberrechtsverletzungen und Datenschutzverstöße
ethische Empfehlung: Nur als Ergänzung, nicht als einzige Quelle bei wichtigen Entscheidungen z. B. über Leben/Ressourcen anderer Menschen verwenden!

Im **Journalismus** werden stark formalisierte und informationsorientierte Texte wie etwa Wetter-, Fußball- oder Börsenberichte bereits durch Chatbots erstellt und vermittelt. Im Folgenden soll es um **KI-Kunst im engen Sinn** einer **generativen KI-Kunst** gehen, die von Computerprogrammen ohne Eingreifen der Menschen geschaffen wird. Meist entfällt hier das Problem des Fabulierens, weil nur realistische, nicht aber fiktionale Kunst den Anspruch auf exakte Wiedergabe der realen Wirklichkeit erhebt. Generative KI schneidet im Wettbewerb mit Menschen am besten ab bei abstrakten Textgattungen wie Gedichten, verliert aber bei längeren Prosatexten (noch) häufig den roten Faden (vgl. Lenzen 2020, 66 f.; Paaß u. a., 347 ff.). Niedriger scheinen die Hürden generell beim Generieren von Bildern oder Musikkompositionen zu sein, sodass die meisten Laien hier keinen Unterschied zwischen Produkten von Menschen und denjenigen von Computern erkennen können (vgl. Lenzen 2018, 122; Paaß u. a., 343). Besonders erfolgreich sind neuronale Netze, die im Stile berühmter Künstler „malen" oder „komponieren". Mithilfe von Apps wie z. B. „Van Gogh Camera Lite" können Nutzer beliebige Urlaubsfotos oder Selfies in ein Gemälde im Stil von Van Gogh oder Monet umwandeln lassen. Die Musiksoftware „DeepBach" liefert Choräle im Stil von Johann Sebastian Bach, oder Beethovens 10. Sinfonie wurde mithilfe von KI vollendet. Dafür muss z. B. Bachs Musik in mühsamer monatelanger Handarbeit erst einmal in eine für Computer verständliche Form gebracht werden (vgl. Fry, 224f.; Noller, 76f.): Jede einzelne Note seiner Werke wird anhand von verschiedenen Parametern wie Tonhöhe, Klangdauer, Lautstärke oder Instrument abgespeichert. Danach werden die Abfolgen aller Töne analysiert, um daraus ähnlich wie bei Sprachmodellen die größte Wahrscheinlichkeit von Tonabfolge, Harmonisierung und Orchestrierung errechnen zu können. Fachexperten wie etwa der Dirigent Felix Mayer (Honorarprofessor der TU München) oder der Basler Komponist und Musiker René Wohlhauser bezeichnen gegenwärtige KI-generierte Imitationen allerdings als langweilige, „völlig sinnfreie Musik" oder „mainstreamartige reproduktive Verflachungen", erkennbar an stilfremden und unsinnigen Übergängen (vgl. Misselhorn 2023, 32; Wohlhauser per E-Mail).

In Anbetracht von KI-Kunst ist sowohl pessimistisch vom „Ende der Kunst" als auch einer willkommenen „Demokratisierung der Kunst" die Rede. Es wird vielfach in Frage gestellt, dass generative KI beim erfolgreichen Nachahmen von Individualstilen „kreativ" ist und dass es sich überhaupt um „Kunst" handelt. Wie bei allen anderen im KI-Bereich verwendeten Begriffen wie „Intelligenz", „Autonomie" oder „Moral" müssen diese definiert und ausdifferenziert werden: Unter **Kreativität** wird beim Menschen ein produktives, schöpferisches, teilweise unbewusst ablaufendes Denken verstanden, bei dem im Unterschied zum logisch-analytischen Denken neue Bezüge zwischen logisch und kausal nicht miteinander verbundenen Gegenständen oder Ereignissen hergestellt werden (vgl. Fenner 2013, 92). Sie kommt in originellen Problemlösungen, Erfindungen oder Kunstwerken zum Ausdruck. Etwas spezifischer lassen sich drei Stufen von Kreativität unterschieden, auf denen der Grad der Vorhersehbarkeit des Neuen geringer wird (vgl. Budelacci, 83f.): **Rekombinierende Kreativität** besteht darin, bereits bekannte Ideen oder Werke auf neuartige Weise miteinander zu kombinieren, wobei es wiederum eine Skala von berechenbaren bis schöpferischen Rekombinationen gibt. Unter diese Kreativitätsform fallen etwa populäre Schlagerlieder von Helene Fischer oder Popballaden von Dieter Bohlen. Diese schwächere Form von Kreativität erreicht generative KI bereits heute mithilfe mathematischer Analyse, Berechnung und Auswertung, sodass sie in einem klar vorgegebenen Rahmen und Datenmaterial durchaus Neues schafft (vgl. ebd., 85). Bei **erforschender Kreativität** werden bestehende künstlerische Stile erweitert und fortentwickelt, wie z. B. bei der Weiterführung des Impressionismus zum Pointilismus. Erst die **transformationale Kreativität** bricht mit allen bislang geltenden Regeln, Konventionen und Idealen im Bereich Kunst, Gesellschaft oder etwa auch Mathematik und entwickelt neue Sicht- und Darstellungsweisen. Solange schwache KI nur Individualstile nachahmt und keinen eigenen, durch eine Persönlichkeit, Biographie und Auseinandersetzungen mit der Kunstgeschichte geformten Stil entwickelt, dürfte sie die höheren Stufen nicht erreichen. „Neuheit" im Sinne einer Zerlegung und überraschenden Rekombination des Bestehenden reicht für ästhetische „Originalität" nicht aus (vgl. Misselhorn 2023, 135).

Bei einem anspruchsvollen Kunstbegriff gemäß der im 18. Jahrhundert begründeten philosophischen Ästhetik wird „Kunst" wie bei Kant ausschließlich von der Perspektive der Kunstschaffenden her bestimmt (vgl. Winter 2024, 30; 35; 39). Kernelemente dieser Kunstdefinition sind die künstlerische Freiheit und eine künstlerische Aussage: **Kunst** ist wesentlich ein **kommunikativer Akt**, bei dem über zeichen- oder symbolhafte Stoff-Form-Verbindungen ein nicht mehr sinnlich wahrnehmbarer Gehalt oder eine **Bedeutung** vermittelt wird (vgl. Fenner 2013, 23 ff.; Misselhorn 2023, 19 f.). Bei den von Menschen hergestellten Kunstwerken handelt es sich um Resultate langer kreativer Prozesse einer geistigen und körperlichen Auseinandersetzung mit bestimmten Themen der menschlichen Lebenswelt, wie z. B. allgemeinmenschlichen Erfahrungen, Gefühlen, Verhaltens- oder Gesellschaftsformen, aber auch mit bestimmten Materialien und Formen (vgl. Fenner 2013, 26 f.; Misselhorn 2023, 47). Da der künstlerische Schaffensprozess nicht gänzlich rational steuerbar ist, sondern ein Zusammenspiel von künstlerischer Intention, Eigengesetzlichkeit des Materials oder der Gestaltungsmittel sowie unbewusster Gedanken und Gefühle des Künstlers darstellt, kann die sich im Werk manifestierende Aussage von der ursprünglichen (bewussten) Idee des Künstlers abweichen. Im Unterschied zu alltagssprachlichen Mitteilungen weisen Kunstwerke typischerweise einen Symbol- oder Zeichencharakter auf und sind daher durch eine gewisse Bedeutungsoffenheit gekennzeichnet. Durch die künstlerische **Darstellung menschlicher Selbst- und Weltverhältnisse** werden etwa bestimmte Wahrnehmungs- oder Denkgewohnheiten in Frage gestellt, neue Handlungs- und Lebensmöglichkeiten aufgezeigt oder problematische gesellschaftliche Zustände oder Entwicklungen kritisiert. Kunst wird in klassischen Metaphern daher oft als „Spiegel" oder „Seismograph" der Gesellschaft bezeichnet, oder auch als „Reflexionsraum" oder „Medium der Welterschließung" (vgl. Fenner 2013, 26 f.). Eine schöpferische Phantasie orientiert sich statt am faktisch Bestehenden an der Idealität oder Normativität, d.h. an einer erdachten Welt, wie sie sein könnte oder sollte. Kunst verfügt damit über ein großes erforschend-transformatorisches, gesellschaftskritisch-emanzipatorisches und utopisch-dystopisches Potential (vgl. ebd., 90 ff.).

Vor diesem philosophisch-begrifflichen Hintergrund ist generative KI-Kunst offenkundig etwas ganz anderes als menschengemachte Kunst, weil sie die meisten Charaktermerkmale nicht aufweist: Gegenwärtige schwache KI-Systeme verfügen weder über künstlerische Freiheit im kantischen Sinn noch über Intentionen, Gefühle, Erfahrungen oder höhere Reflexionen auf menschliche Selbst- und Weltverhältnisse, sodass ihre Produkte keinen Gehalt und keine Bedeutung aufweisen (vgl. Navas, 177; Winter 2024, 39). Es fehlt ein Autor, der die **ästhetische Verantwortung** für den kommunikativen Akt übernehmen könnte (vgl. Misselhorn 2023, 49; 93). Umstandslos und kostengünstig hergestellte KI-Kunst bewegt sich vielfach im Bereich von **Unterhaltung**, sogenannter Populärkunst oder auch Gebrauchs- oder Angewandter Kunst, wobei Kaufhausmusik, Werbespots und Games zu den beliebtesten Anwendungsfeldern gehören. Häufig handelt es sich um „Kitsch", der sich von „Kunst" im anspruchsvollen Sinn deutlich unterscheidet (vgl. Winter, 41 ff.; Fenner 2013, 224): Während bedeutungsoffene Kunst das Sinnes- und Empfindungsvermögen der Rezipienten kultiviert und zum Nachdenken anregt, führt **Kitsch** ohne bedeutungsoffene symbolhafte Aussage und ohne künstlerischen Anspruch zu einer Ruhigstellung der Sinne, Gefühle und Gedanken. Oberflächliche passive Unterhaltung zur Entlastung vom Alltagsstress und zur Erzeugung positiver Gefühle kann in gewissem Rahmen sicherlich eine wichtige pragmatische **strebensethische** Funktion erfüllen (vgl. Fenner 2022, 346). Im Zusammenhang mit Werbung ist das Herstellen einer Wohlfühlatmosphäre allerdings mit einer manipulativen Absicht verbunden. Ethische Argumente gegen eine Zunahme seichter, anspruchslose Unterhaltung richten sich jedoch v. a. gegen die Verdrängung von Kunst oder einer gehobenen aktiven Unterhaltung, die mehr Aufmerksamkeit und geistige Mitarbeit der Rezipienten erfordern als Kitsch und passive Unterhaltung (vgl. ebd., 347). Für die Verteidigung von KI-Kunst kommt hingegen oft folgende Argumentationsstrategie zum Einsatz, die sich lediglich auf komplexe KI-Kunst, nicht aber auf Kitsch anwenden lässt:

Im Gegensatz zur geschilderten **produktions**- oder **werkästhetischen** Herangehensweise erfreut sich in der Moderne eine **rezeptionsästhetische** Sicht zunehmender Beliebtheit (vgl. dazu Fenner 2013, 20 ff.). Was Kunst zur

Kunst macht, hänge allein von den subjektiven Erfahrungen der Menschen im Umgang mit Kunst ab, sodass ihre Entstehungsweise gar keine Rolle spielte. Menschliche Kunst wäre dann lediglich eine Projektionsfläche für beliebige Interpretationen und Bedeutungszuschreibungen durch die Rezipienten, und alle möglichen Alltagsgegenstände wie z.B. geschälte Kartoffeln könnten Kunst sein. Kunst entstünde wortwörtlich erst im Auge des Betrachters, sodass sich im Zuge der Demokratisierung der Kunst jeder sein Kunstwerk gleichsam selbst erschaffen könnte (vgl. dazu Misselhorn 2023, 93ff.). Aus diesem Grund lässt sich vielleicht abstrakte Kunst mit einem großen Interpretationsspielraum leichter künstlich generieren. Als Beleg dient häufig die **Institutionentheorie** der Kunst, die durch neue Strömungen der modernen Kunst wie z.B. Marcel Duchamps „Ready-Mades“ mit dem berühmten Urinoir *Fountain* großen Auftrieb bekam. Damit wird oft suggeriert, dass es keine Unterscheidungskriterien mehr zwischen „Kunst“ und „Nichtkunst“ gibt. Das Ausstellen von Artefakten in Kunstinstitutionen wie einem Museum trägt aber erst einmal nur dazu bei, auch Alltagsgegenstände wie ein Urinoir anders wahrzunehmen als beim alltäglichen Gebrauch. Für das weite Feld von Interpretationen gibt es durchaus werkimmanente Hinweise wie etwa der Titel *Springbrunnen*, die Drehung um 90 Grad oder die Signatur „R. Mutt“ (vgl. Fenner 2013, 22). Wenn Nutzer mit promtgenerierter Kunst experimentieren und das Resultat mit Blick auf die eigenen Erfahrungen analysieren, interpretieren und reflektieren, kann sich unstreitig auch bei KI-Kunst ein fruchtbarer Rezeptionsprozess mit veränderter Sicht auf sich selbst und die Welt ergeben. Für viele Rezipienten ist es aber nicht gleichgültig, ob Kunst von einem Computerprogramm generiert wurde oder von Menschen, die sich intensiv mit der menschlichen Lebenswelt auseinandergesetzt haben. In der ästhetischen Erfahrung möchten sie eine persönliche Beziehung oder Freundschaft mit dem impliziten Autor eingehen (vgl. Misselhorn 2023, 99f.: 101ff.).

Rein theoretisch ist ein Kunstbegriff gehaltlos und zirkulär, der Kunst als dasjenige definiert, was der Kunstbetrieb oder die Rezipienten ohne Angabe von Gründen für Kunst erklären. Im Rahmen einer Angewandten Ethik geht es aber natürlich nicht um die Rettung einer Kunstdefinition, sondern einer bestimmten **menschlichen Kunstpraxis**: einer Form der sinngeleiteten und experimentellen, kritische Fragen anstoßenden Selbstverständigung der Menschen, die zur kulturellen Weiterentwicklung von Ordnungsformen, Welt- und Daseinsdeutungen beiträgt. Sicherlich kann auch generative

KI-Kunst mit entsprechendem didaktischen Rahmenprogramm zu einer Reflexion z. B. über Technik oder das Mensch-Maschine-Verhältnis anregen. Auch sind allgemeine Beurteilungskriterien im Bereich der Ästhetik noch weit schwieriger zu bestimmen als in der Ethik und müssen gleichfalls aus gesellschaftlichen Diskussionen hervorgehen. Ästhetisch und ethisch problematisch wäre jedoch, wenn sich im Zuge der Digitalisierung des Kunstbereichs als einzige Kriterien die **Popularität** und die **Orientierung an faktischen Kunstbeständen** durchsetzten. Im Unterhaltungsbereich und in der digitalen Welt gilt Popularität irrtümlicherweise häufig als Maßstab für Qualität. Dank algorithmischer Selektion und Empfehlungssystemen wie Charts in Online-Musikdiensten können beliebige Songs vom Phänomen des „sozialen Beweises" profitieren (vgl. Fry, 208–212). Wenn in einer kommerziell ausgerichteten Kultur- und Unterhaltungsindustrie einige Monopolisten durch Werbung und oft mithilfe eines Personenkults um ausgewählte Stars gezielt Blockbuster, Hits oder Bestseller „machen", könnte sich Kunst wohl nur schwer gegen Unterhaltung und Kitsch behaupten (vgl. Winter 2024, 49 ff.). Die Utopie einer demokratisierten Kunst ohne Gatekeeper würde sich dann genauso zerschlagen wie die anfängliche Medienutopie einer freien demokratischen Gesellschaft dank der egalitären Struktur des Internets (s. Kap. 2.3.2). Im eklatanten Gegensatz dazu wollen Vertreter einer anspruchsvollen, schwerer zugänglichen Kunst wie z. B. der zeitgenössische Komponist René Wohlhauser mit einer aufwühlenden Hörerfahrung das Bewusstsein der Rezipienten verändern und gegen einen gleichgeschalteten Massengeschmack und Indifferenz gegenüber Gewalt und Unterdrückung opponieren (vgl. Fenner 2013, 147). Aus einer **sozialethischen** Perspektive sollten daher die Angebote widerständiger, kritischer und utopischer menschlicher Kunst weiterhin gefördert werden, damit Kunst nicht im ewig Gleichen verharrt und die transformatorische Kreativität zur Veränderung von Kunstformen, Wahrnehmungs-, Deutungs- und Sichtweisen nicht versiegt.

Abschließend sei nochmals darauf hingewiesen, dass unter **KI-Kunst im weiten Sinn** auch Werke von Künstlern gezählt werden: Viele Künstler nutzen KI als Werkzeug oder etwa in der Art eines Brainstormings zur Ideenfindung, wodurch die menschliche künstlerische Praxis lediglich um neue gestalterische Mittel erweitert wird. In diesem Kapitel geht es aber um die Ersetzbarkeit der Menschen und die enormen Umwälzungen auf dem Arbeitsmarkt: Im ganzen Kreativsektor, insbesondere im Bereich Design und Unterhaltung entfallen immer mehr Jobs mit beliebten kreativen, intrinsisch wertvollen Tätigkeiten. Bei weitem nicht alle Künstler sind wie Hollywoods Schauspieler und Drehbuchautoren in Gewerkschaften organisiert, die 2024 in einen aufsehenerregenden viermonatigen Streik gegen ihre Ersetzung durch Avatare bzw. KI-generierte Drehbücher traten. Sie erreichten u. a., dass Schauspieler bei der Verwendung ihrer digitalen Klone in einer Film- oder Serienproduktion voll entlohnt werden, an der sie zuvor mitgewirkt hatten. Teilweise mag es zu einer Umstrukturierung der Arbeitsfelder und zu neuen Berufen wie etwa „Prompt-Designern“ kommen, die den generativen KI-Systemen geeignete Eingaben für die gewünschten Bilder oder Texte liefern und dann auf sprachlicher Ebene kreativ sind. Andere könnten als „Data Scientists“ KI-Systeme trainieren, wobei die genuin menschlichen Bedürfnisse nach ästhetischer Praxis kaum mehr befriedigt werden dürften. Die Existenz vieler Künstler ist bedroht, weil zur leichten Reproduzierbarkeit ihrer Werke im Internet nun noch generative KI hinzukommt, die Werke in ihrem persönlichen Stil produzieren kann. Bei KI-Kunst fehlt meist eine betrügerische Absicht durch die Verschleierung der Herkunft, sodass es sich im strengen Sinn nicht um „Fälschungen“, sondern eher um **Fake-Art** handelt (vgl. Misselhorn 2023, 111 f.; 118). Da Individualstile bislang (noch) nicht urheberrechtlich geschützt sind, können Künstler im Fall einer Flut an täuschend echter promtgenerierter Kunst in ihrem Stil manchmal die eigenen Bilder nicht mehr verkaufen. Die Regulierung von KI mit ihren enormen Auswirkungen auf die gesamte Kreativwirtschaft und die Anpassung des Urheberrechts an die Digitalisierung sind wie in vielen anderen Bereichen noch in vollem Gang. Aus ethischer Sicht lautet die Mindestforderung, dass im Zeichen der Transparenz die **Kennzeichnung** von KI-Kunst Pflicht sein muss. Da es bei einem anspruchsvollen Kunstbegriff um die Qualität und Gestaltung des menschlichen Zusammenlebens geht, sprechen zudem in diesem Arbeitsbereich genauso wie in pädagogischen, sozialen und politischen Berufen starke sozialethische Gründe gegen eine Ersetzung von Menschen durch KI.

Probleme einer automatisierten KI-Kunst:
individualethisches Problem:
Verlust künstlerischer Berufe mit intrinsisch wertvollen, erfüllenden Tätigkeiten
sozialethisches Problem:
Verdrängnung einer menschlichen Kunstpraxis als Form einer gestalterischen, sinnengeleiteten Selbstverständigung der Menschen über allgemeinmenschliche Erfahrungen, Welt- und Daseinsdeutungen, normative Orientierungen etc.

ethische Forderungen:
- strikte Kennzeichnungspflicht für generative KI-Kunst
- Förderung menschlicher Kunst als Engagement mit gesellschaftskritischem, utopischen und dystopischem Potential
- Dominanz an Unterhaltungsangeboten, Kitsch und Orientierung an Popularität und faktischen Kunstbeständen verhindern

3.4 Chancen und Risiken vermehrter Mensch-Maschine-Interaktionen

Wie in den letzten beiden Kapiteln 3.3.3 und 3.3.4 beschrieben, vergleichen sich Menschen mit Maschinen und grenzen sich von ihnen ab, wollen aber auch menschenähnliche Maschinen entwickeln (vgl. Heßler, 150). In Kapitel 3.3.4 stand die fortschreitende Ersetzung menschlicher Arbeitsfelder durch Maschinen im Zentrum, durch die unvermeidlich eine gewisse Konkurrenzsituation mit einem Rechtfertigungszwang seitens der Menschen entsteht. Im vorliegenden Kapitel wird auf einer generelleren Ebene gefragt, wie die vermehrten Mensch-Maschine-Interaktionen das Menschenbild und das menschliche Selbstverhältnis prägen. Die täglich gemeldeten Fortschritte digitaler Technologien sind zwar faszinierend und verblüffend und bringen zweifellos vielfältige Erleichterungen im alltäglichen Leben und in der menschlichen Arbeitswelt mit sich. Sie werfen aber mehr und mehr die Frage auf, wozu es Menschen überhaupt noch braucht (vgl. Budelacci, 11 f.). Diese verschärft sich angesichts der Entwicklung sozialer Roboter, die dem Menschen zum Verwechseln ähnlich sind und in seine Fußstapfen treten könnten. Nach einer pessimistischen Lesart wird das **Ende des Menschen** absehbar, weil er den eigenen digitalen Geschöpfen zunehmend unterlegen ist und infolgedessen als „antiquiert", als eine Art „Auslaufmodell" erscheint (vgl. dazu Grunwald 2019, 14 ff.). Menschen könnten nicht mehr nur aus immer mehr Berufen verdrängt werden, sondern der Mensch könnte „als Gattungswesen verschwinden" (Kornwachs 2013, 18). Bereits im Jahr 2000 hat der amerikanische Softwareentwickler Bill Joy die später so genannte **Joy-Debatte** ins Rollen gebracht (vgl. Decker 2021, 397). Ihm zufolge machen Robotik, Nanotechnologie und Gentechnik als mächtigste Technologien des 21. Jahrhunderts den Menschen zu einer gefährdeten Art. Die Vorstellung, dass sich Menschen mithilfe dieser Technologien zunehmend selbst ersetzen, löst aber nicht nur Ängste aus. Wie in diesem Kapitel gezeigt wird, beflügelt sie auch Erlösungsphantasien sogenannter Trans- oder Posthumanisten.

Narzisstische Kränkungen und anthropologische Differenz

Sigmund Freuds Aufzählung von drei großen Kränkungen des menschlichen Selbstverständnisses wird in der Digitalisierungsdebatte angesichts der aktuellen Technologieentwicklungen eine vierte Kränkung hinzugefügt (vgl. Kornwachs 2013, 16 ff.; Budelacci, 94 f): Die **erste Kränkung** zerstörte die Vorstellung der zentralen Stellung des Menschen im Kosmos. Nikolaus Kopernikus entlarvte das bis dahin geltende geozentrische Weltbild mit der Erde als Mittelpunkt des Universums als falsch und ersetzte es durch das heliozentrische Weltbild, bei dem die Sonne den Mittelpunkt bildet. Die **zweite Kränkung** geht wesentlich auf Charles Darwins Evolutionstheorie mit dem Nachweis der Abstammung des Menschen vom Affen zurück, der die Vorstellung des Menschen als Geschöpf Gottes infrage stellte. Weitere wissenschaftliche Entdeckungen wie z. B. zur materiellen Basis der Vererbungsgesetzte ebneten den Weg zur Betrachtung des Menschen als Produkt seines Genmaterials, das auch technisch verändert werden könnte. Die **dritte Kränkung** hat Freud selbst den Menschen mit seiner Entdeckung des Unbewussten zugefügt. Damit wurde der menschliche Glaube relativiert, „Herr im eigenen Haus" zu sein und ausschließlich als autonomes denkendes Subjekt bewusste Entscheidungen zu treffen. Die **vierte Kränkung** betrifft die geschilderten technologischen Umwälzungen durch Digitalisierung und Künstliche Intelligenz, zu denen Alan Turing mit seiner abstrakten Rechenmaschine (Turing-Maschine) den Grundstein legte (s. Kap. 1.1.2). Die tiefe narzisstische Kränkung besteht in der Zerstörung der Illusion, dass intellektuelle und kreative Fähigkeiten genuin menschlich sind und die entsprechenden Leistungen niemals von Maschinen erbracht werden können. All diese wissenschaftlichen Revolutionen erschüttern die Weltsicht der Menschen und untergraben das menschliche Selbstverständnis, „Krone der Schöpfung" oder „Dreh- und Angelpunkt der Welt" zu sein (vgl. Henning, 187; Budelacci, 95). Auch wenn die Darstellung grob vereinfacht ist und es bei den meisten grundlegenden Umwälzungen viele Vorläufer gab, gilt es, auch die vierte Kränkung kognitiv zu begreifen und emotional zu verkraften.

In Zeiten solcher Umbrüche wird der Mensch jedes Mal zurückgeworfen auf die uralte **anthropologische Frage**: Was ist der Mensch? Als eine Art „Doppelwesen", d. h. ein Wesen mit einer deskriptiv-normativen Doppelstruktur, befindet sich der Mensch immer schon in einem Selbst- und Reflexionsverhältnis (vgl. Fenner 2019, 110f.; 114f.; Budelacci, 93f.): Bei einer **biologischen, deskriptiven Bestimmung** tritt er als Naturwesen in den Blick, das sich durch übereinstimmende Gene, Triebe und Bedürfnisse oder ein durchschnittliches Erscheinungsbild beschreiben lässt. Er wird aber durch diese „erste Natur" keineswegs determiniert, sondern lässt sich in Friedrich Nietzsches Worten anthropologisch als „ein noch nicht festgestelltes Tier" beschreiben (vgl. Gehlen, 10). Er muss zu diesen biologischen Grundlagen Stellung beziehen und sein Wesen in unabgeschlossenen kulturellen Prozessen der Selbstbeschreibung und Selbstverständigung erst deuten. Eine solche **kulturelle, normative Bestimmung** des Menschen erfordert zur Stabilisierung eine Kultur mit geeigneten Institutionen und Ordnungsstrukturen, sozusagen als eine „zweite Natur" des Menschen (vgl. ebd., 80). Angesichts der vierten Kränkung des Menschen rückt aber immer mehr die Frage ins Zentrum: Was macht den Menschen aus im Unterschied zu Maschinen? Gefragt wird also nach der **anthropologischen Differenz**, in diesem Kontext nicht nach der Abgrenzung des Menschen von Tieren, sondern von Maschinen (vgl. Bauberger u.a., 908). Bei dieser Frage konzentriert man sich meist allzu schnell auf konkrete einzelne Leistungen von Menschen im Vergleich zu Maschinen, in denen aber schon ganz einfache spezialisierte technische Geräte leicht überlegen sind (vgl. Grunwald 2019, 217). Auf einer allgemeinen Ebene besteht der kategoriale Unterschied jedoch genau darin, dass Menschen sich anders als technische Artefakte selbst bestimmen und sich ihr eigenes Gesetz geben müssen. Dank ihres Zeit- und Selbstbewusstseins und der höherstufigen Reflexion mittels moralisch-praktischer Vernunft können sie im „Raum von Gründen" und im Diskurs mit Mitmenschen ihr Leben und ihren Lebensraum selbst gestalten (vgl. Decker 2016, 355). Bislang sind nur Menschen im kantischen Sinn moralfähige Wesen, Selbstzwecke und Träger von Würde (s. Kap. 3.3.1; Kap. 4).

Gefahr 1: Vermenschlichung von Maschinen

Eine Reflexion auf das Mensch-Maschine-Verhältnis ist deswegen äußerst wichtig und dringend, weil sich mit der Entwicklung von KI und robotischer Technik allmählich die traditionellen Grenzen zwischen Mensch und Maschine aufzulösen drohen. Denn das erklärte Ziel dieser Technologieentwicklung ist es, menschliche Eigenschaften und Fähigkeiten möglichst gut nachzubilden oder zu simulieren. So prüft etwa der Turing-Test, der als Maßstab für die Ersetzbarkeit des Menschen gilt, ob bestimmte Leistungen oder Reaktionen von KI-Systemen in Interaktionssituationen nicht mehr von menschlichen unterschieden werden können (s. Kap. 3.3.1). Auf eine zunehmende Vermenschlichung von Maschinen deutet aber bereits die sich schon weit etablierte **anthropomorphisierende Sprache** hin: KI-Systemen wird Intelligenz, Autonomie und Moral(ität) zugesprochen, ohne immer genau zwischen verschiedenen Formen und Abstufungen zu differenzieren oder Anführungszeichen zu setzen. Es ist die Rede davon, dass Maschinen denken, lernen, verstehen und planen, Entscheidungen treffen und Emotionen ausdrücken. Durch eine „entweder unreflektierte oder intentional irreführende Sprachverwendung" werden Maschinen aber in Armin Grunwalds Worten „zu Subjekten erhoben" und „mit der Dignität und Aura des Menschen" versehen (Grunwald 2021b, 101). Wie in Kapitel 3.3.3 gesehen, erlebt diese Tendenz der Vermenschlichung in der sozialen Robotik einen enormen Auftrieb und steuert auf ihren Höhepunkt der Nicht-Unterscheidbarkeit von Menschen und Robotern zu: Roboter mit möglichst menschenähnlicher Erscheinung sollen „sozial" werden und sich vollständig in die menschliche Lebenswelt integrieren. Sie werden in der Werbung als Kollegen, Entertainer, Mentoren, Gefährten oder Freunde „auf Augenhöhe" mit den Menschen angepriesen, die einen gleichwertigen Ersatz bieten.

Die **soziale Robotik** stellt allerdings noch ein vergleichsweise junges Forschungsfeld dar, in dem noch verhandelt wird über die genauen Ziele und die dafür notwendigen Fähigkeiten von Robotern (vgl. Muhle, 3). Insbesondere ist umstritten, wie weit die Menschenähnlichkeit gehen soll. Es lassen sich gegenwärtig zwei Forschungsrichtungen erkennen (vgl. ebd., 3 ff.): Bei der ersten Strömung werden Roboter tatsächlich als menschenähnliche Personen statt als Maschinen konzipiert, die über die gleichen sozialen Fähigkeiten wie Menschen verfügen und zu gleichberechtigten **Partnern** und **Gefährten** der Menschen werden sollen. Wie etwa aus Sicht der erwähnten Pionierin Cynthia Breazeal sollten sie sich selbst und andere als soziale Wesen wahrnehmen können, aus den gespeicherten Interaktionserfahrungen lernen und sich aufgrund dessen in persönlicher Weise auf ihre Gesprächspartner einlassen können. Für dieses anspruchsvolle Verständnis von Sozialität wäre eine **starke KI** erforderlich, die bislang nicht erreicht wurde und vielfach als unerreichbar gilt (s. Kap. 3.1). Ganz im Gegensatz dazu konzipiert eine zweite Strömung soziale Roboter statt als gleichberechtigte Partner oder Gefährten der Menschen als deren untergeordnete **Assistenten** oder **Gehilfen**. Roboter werden aus dieser

Warte eher als Mittel zum Zweck betrachtet, die den Menschen bestimmte unliebsame Arbeiten abnehmen. Dafür braucht es weniger anspruchsvolle kognitive und soziale Fähigkeiten, sodass diese Vertreter eine **schwache KI** für ausreichend erachten. Soziale Roboter müssten also nicht wirklich soziale Eigenschaften entwickeln, sondern es reicht aus, wenn sie kompetent in für Menschen gemachten Umgebungen agieren und diesen eine intuitive und „natürliche" Interaktion ermöglichen. Die zukünftige Entwicklung des Mensch-Maschine-Verhältnisses könnte davon abhängen, welche der konkurrierenden Zielsetzungen und Vorstellungen von „Sozialität" sich durchzusetzen vermögen (vgl. ebd., 5).

Aus ethischer Sicht darf aber eine solche richtungsweisende Grundsatzentscheidung mit einer enormen gesellschaftlichen Tragweite keinesfalls der Forschungsdynamik überlassen bleiben. Vielmehr muss über Chancen und Risiken der verschiedenen Zielsetzungen dringend eine öffentliche Debatte geführt werden. Wie in Kapitel 3.3.3 zur sozialen Robotik gesehen, wünschen sich zwar gerade im Privatbereich einsame Menschen etwa nach enttäuschenden Beziehungserfahrungen mit Menschen durchaus möglichst menschenähnliche, autonome Gefährten. Die Demarkationslinie scheint aber philosophisch betrachtet da zu verlaufen, wo Forscher menschenähnliche Wesen mit einem Innenleben, mit Bewusstsein, Intentionalität, einem eigenen Willen oder gar Leidensfähigkeit und Gefühlen herzustellen versuchen. Denn es sprechen starke Gründe dagegen, dies zu tun: Aus einer pragmatischen, **prudentiellen Perspektive** ist es ratsam, dies zu unterlassen, weil die Roboter mit eigenem Willen nicht mehr die Wünsche der Nutzer erfüllen und ihnen nicht mehr jederzeit zu Diensten stehen würden. Im Zusammenhang mit Sexrobotern wurde das Dilemma beschrieben, dass mit Robotern „harmonischere", d. h. konfliktfreie Beziehungen ohne enttäuschte Erwartungen und verletzte Gefühle möglich sind. Gleichzeitig wünschen sich aber viele Menschen Partner, die sie aus freien Stücken lieben und sie auch verlassen könnten. Würden Roboter nicht mehr rein rational nach programmierten Ziel- und Wertvorstellungen funktionieren, sondern die irrationale Seite der Menschen wie z. B. Eigensinn, Ungeduld, Eifersucht oder Aggressivität abbilden, bedeutete dies allerdings das Ende ihrer Dienstbarkeit und der menschlichen Kontrolle. Aus der sollensethischen **moralischen Perspektive** darf man solche Roboter nicht erschaffen, weil sich damit ein noch viel schwerwiegenderer moralischer Konflikt ergäbe: Wenn man Wesen mit einem Innenleben, eigenem Willen und Leidensfähigkeit entwickelte, hätten sie nämlich moralische Anspruchsrechte auf angemessene Rücksichtnahme (s. Kap. 3.3.1). Genau wie beim angesprochenen Problem der Sklavenhaltung wäre es dann moralisch inakzeptabel, sie statt als Selbstzwecke bloß als Instrumente oder Geräte für eigene Zwecke zu verwenden (vgl. ebd.).

Gefahr 2: Technisierung von Menschen

Neben der Tendenz zunehmender Vermenschlichung von Robotern verdient auch die gegenläufige Tendenz zur „Roboterisierung" oder **Technisierung** von Menschen mehr Aufmerksamkeit (vgl. Grunwald 2021b, 101). Je mehr Zeit Menschen mit Maschinen verbringen und je enger die Kontakte werden, desto mehr scheinen sich neue **technizistische** oder **digitale Menschenbilder** durchzusetzen, die Menschen als Maschinen oder Automaten begreifen. Diese Auffassung geht mindestens zurück bis auf den französischen Arzt Julien Offray de LaMettrie mit seinem Werk *L'Homme machine* (1748). Es handelt sich insofern um materialistische und **naturalistische Menschenbilder**, als Menschen aus einer naturwissenschaftlichen Perspektive auf das sinnlich Wahrnehmbare und technisch Beeinflussbare reduziert werden. Menschen werden dann lediglich als Ansammlungen von Atomen und Molekülen betrachtet, die nach Naturgesetzen der Physik, Chemie und Biologie funktionieren wie Maschinen auch (vgl. Grunwald 2019, 216; Nida-Rümelin u. a. 2019, 176). KI-Forschung, Informatik und Robotik sowie die dank ihnen eine Renaissance erlebende Kybernetik suggerieren, das menschliche Gehirn sei eine Art Computer, der Daten sammelt und diese mittels Algorithmen verarbeitet und auswertet (vgl. Grunwald 2022b, 71; Liggieri, 136). Der Mensch wäre nichts anderes als ein Roboter mit der Möglichkeit, Daten zusätzlich aus der physischen Umwelt aufzunehmen und mit dieser zu interagieren. Hier liegt zweifellos ein problematischer **Reduktionismus** vor. Eine partielle zweckbezogene Reduktion des Menschen auf seine biologische, deskriptive „erste Natur" ist zwar in bestimmten Kontexten sinnvoll und ethisch unbedenklich. In der Medizin werden z. B. einzelne Prozesse im menschlichen Körper wie maschinelle Vorgänge beschrieben, um die Ursachen für Fehlfunktionen zu finden und diese erfolgreich therapieren zu können. Auch digitale Modelle vom Gehirn als Computer können Aufschluss geben über kognitive Prozesse in diesem Organ. Nur darf der Mensch als Ganzes nicht mit solchen technischen Modellierungen oder eben einer Maschine gleichgesetzt werden.

Ethisch betrachtet ist ein reduktionistisches Bild vom Menschen als einer gut funktionierenden Maschine aus verschiedenen Gründen problematisch:

Vielfach wird befürchtet, dass durch die zunehmenden Mensch-Maschine-Interaktionen das spezifisch Menschliche verlorengeht und es zu einer **Enthumanisierung** oder **Dehumanisierung** in verschiedensten Lebensbereichen kommt (vgl. Beck, 686; Bryson, 63; Russell u. a., 1193). Während die Maschinen immer menschlicher werden, könnten Menschen ihre spezifisch menschlichen kognitiven, sozialen und emotionalen Fähigkeiten einbüßen (vgl. Misselhorn 2021, 132 f.). Im kognitiven Bereich erstarken eine verengte kognitive Intelligenz als Informationsverarbeitung, Mustererkennung und Problemlösung und ein funktionalistisches Mittel-Zweck-Denken. Es droht sich das Paradigma einer naturwissenschaftlichen, instrumentell-technischen Vernunft durchzusetzen, die den Kern des Menschen ausmachen soll (vgl. dazu Bauberger, 60 f.). Aber auch die Vorstellungen von Moral oder Moralität scheinen sich zu verändern in Richtung auf das, was sich programmieren lässt. Schließlich könnten Autonomie und Würde des Menschen gefährdet sein, wenn Menschen sich selbst verdinglichen und ihre Mitmenschen mehr und mehr als Roboter behandeln (vgl. Misselhorn 2021, 126). Im Zusammenhang mit Pflege- und Sexrobotern wurden die Gefahren der Dehumanisierung und des Verlusts wichtiger sozialer und emotionaler Fähigkeiten für den Umgang mit Menschen bereits besprochen (s. Kap. 3.3.3). **Sozialethisch** höchst bedenklich wäre außerdem, wenn existenzielle, psychische Nöte und hochkomplexe gesellschaftliche Herausforderungen zunehmend auf technische Weise zu lösen versucht würden. **Individualethisch** und prudentiell nicht ratsam wäre eine Orientierung an Idealen technischer Perfektion und eines reibungslosen, effizienten Funktionierens, weil sie schwerlich zu einem erfüllten, glücklichen Leben führt. Die normativen Implikationen der anthropologischen Reflexionen werden offenkundig bei der Frage: „Ist die Maschine der bessere Mensch?" (Rath, 223).

Gefahr 1: Vermenschlichung von Maschinen

- anthropomorphisierende Sprache: Maschinen „denken", „entscheiden" etc.
- Turing-Test: Ziel = identische Interaktionen wie Menschen
- soziale Robotik: Roboter = Freunde/Arbeitskollegen „auf Augenhöhe"

ethische Forderung: Keine Maschinen und insbesondere soziale Roboter mit starker KI, Bewusstsein, eigenem Willen oder gar Leidensfähigkeit und Gefühlen herstellen!
prudentielle Gründe: Verlust von Dienstbarkeit und Kontrollierbarkeit
moralische Gründe: Dürften aufgrund moralischer Eigenrechte nicht mehr als Instrumente gebraucht werden!

Gefahr 2: Technisierung von Menschen **technizistische/digitale Menschenbilder**: Menschen = Maschinen/Automaten
ethische Probleme: • reduktionistisch (materialistisch, naturalistisch), nicht ganzer Mensch • Enthumanisierung in verschiedenen Lebensbereichen • Verlust spezifischer menschlicher Fähigkeiten (z. B. Empathie, Moralität) **sozialethisch schlecht**: psychische/gesellschaftliche Probleme als technische betrachten **individualethisch schlecht**: Orientierung an technischem Ideal des Funktionierens

Mängelwesen Mensch, Human Enhancement und Transhumanismus

Die zunehmende Präsenz digitaler Technologien und technischer Ideale verleitet viele zu einer einseitigen, negativen anthropologischen Deutung des Menschen als **Mängelwesen**. Der Anthropologe Arnold Gehlen hat den Begriff im Vergleich zu den Tieren geprägt, weil diese mit ihren spezialisierten Organen und Instinkten viel besser als Menschen an eine spezifische Umwelt angepasst sind und insofern größere Überlebenschancen haben (vgl. Gehlen, 20; 83). Im Vergleich zu KI-Systemen werden meist die physische Unterlegenheit des „natürlichen" biologischen Menschen, insbesondere seine Endlichkeit, Verletzlichkeit und Gebrechlichkeit als „Mängel" herausgestellt. Unsterblich zu werden oder zumindest länger zu leben, weniger verletzlich zu sein und physisch und psychisch weniger leiden zu müssen oder seine geistigen Fähigkeiten zu erweitern, stellen uralte Menschheitsträume dar. Die Menschen waren noch nie einfach zufrieden damit, wie sie waren, sondern versuchten sich und ihr Leben stets zu verbessern (vgl. Fenner 2019, 26 f.). Stark gewandelt haben sich freilich im Laufe der Jahrhunderte die genauen Ziele und Mittel ihrer Umsetzung. Das menschliche Streben nach Höherem und Besserem durch die Überwindung von Defiziten bildet zwar den Motor für jegliche kulturelle Weiterentwicklung. Würde man den Menschen jedoch im Zeichen einer **negativen Anthropologie** ausschließlich als ein Mängelwesen bestimmen, wäre dies natürlich wiederum reduktionistisch. Zu betonen wären genauso auch die positiven Seiten wie etwa die dank Instinktreduktion eröffneten Freiheitsräume und die höheren kognitiven Fähigkeiten, die den Menschen kreative Kompensations- und Anpassungsleistungen z. B. an widrige Umweltbedingungen erlauben. Ethisch bedeutsam sind seine hoch entwickelte

Empathie- und Moralfähigkeit, die Fähigkeiten zu normativ gehaltvoller Kommunikation und zu kulturellen Selbstverständigungsprozessen. Diese ermöglichen erst eine bewusste gemeinsame Gestaltung der menschlichen Lebenswelt und einer gerechten Gesellschaftsordnung im Sinne einer **kulturellen Evolution** (vgl. ebd., 114 f.).

Die digitale Revolution hat zu einer Popularisierung von Denkbewegungen geführt, die mithilfe neuster Technologien und einer Kontrolle der **biologischen Evolution** alle biologischen Unzulänglichkeiten des „Mängelwesens Mensch" überwinden wollen. Das Mensch-Maschine-Verhältnis kann grundsätzlich nicht nur wie bislang dargestellt als eines der Konkurrenz verstanden werden. Technik und Technologien werden in der Praxis, in gesellschaftlichen Diskursen und in klassischen Technikanthropologien ganz im Gegensatz dazu auch als Chance der Beseitigung von Defiziten und der Verbesserung menschlicher Fähigkeiten konzipiert (vgl. Heßler, 150; Grimm 2024, 259). In diesem zweiten Sinn will die politisch-philosophische, wissenschaftsnahe Strömung des **Transhumanismus** den Menschen technologisch optimieren und „durch" den Menschen hindurch bzw. über ihn hinaus („trans") zu einer Vision eines „Posthumanen" oder „Menschen x.0" führen (vgl. Loh 2018, 11; 32). Der Begriff geht auf den Biologen und Schriftsteller Julian Huxley zurück, und namhafte Vertreter sind etwa die Philosophieprofessoren Nick Bostrom, Julian Savulescu, John Harris oder Stefan Lorenz Sorgner. Beliebte Ziele von Transhumanisten sind die Lebensverlängerung oder Unsterblichkeit, die Steigerung von physischen, emotionalen und kognitiven Fähigkeiten, ganz allgemein eine bessere Kontrolle von Gedanken und Gefühlen (vgl. Fenner 2019, 52 f.; 19). Diese sollen letztlich die Chancen der Menschen auf ein gutes Leben oder eine perfekte menschliche Lebensform erhöhen. Die teilweise schon angewendeten oder noch in der Entwicklungsphase steckenden technologischen Methoden sind etwa Human Enhancement, Informationstechnologie, Künstliche Intelligenz, Nanotechnologie und Gentechnik. Von diesem hier zu thematisierenden „Transhumanismus" ist der „Posthumanismus" abzugrenzen, zu dem sich eine bunte Vielfalt von Science-Fiction-Autoren, Hacker, Robotik-, KI- und Zukunftsforscher wie z.B. Ray Kurzweil bekennen, deren Argumentationsweise häufig philosophisch unbedarft ist (vgl. Loh 2018, 11 ff.). Beim **technologischen Posthumanismus** ist das Ziel nämlich nicht die Verbesserung, sondern die Überwindung des Menschen durch Auflösung in eine künstliche Superintelligenz als neuer Menschenart, sodass die Technik statt Mittel der Zweck selbst wäre (vgl. dazu Kap. 3.4).

Die meisten Transhumanisten verstehen sich selbst durchaus als „Humanisten“, insofern sie den Menschen gleichfalls als entwicklungsfähig ansehen und es ihnen auch um die Verbesserung der menschlichen Lebensform durch rationale Selbstkultivierung geht (vgl. Loh 2018, 20; 52). Inhaltlich lassen sich aber viele Differenzen bezüglich der Vorstellungen von einer „humanen Lebensform“ finden. So spielen etwa typische normative Leitideen der Mitmenschlichkeit, Menschenwürde und Gerechtigkeit keine Rolle. Anders als bei der „humanistischen Bildung“ liegt das Gewicht zudem stärker auf körperlichen Verbesserungen. Neben den genauen Zielvorstellungen sind aber v. a. auch die Mittel zu ihrer Realisierung sehr verschieden: Während sich der klassische Humanismus traditioneller Methoden wie Erziehung, Bildung, körperliches Training oder Meditation bedient, setzen Transhumanisten ausschließlich auf technologische Mittel. In der aktuellen gesellschaftlichen Debatte über Selbstoptimierung und Enhancement werden häufig aus einer diffusen Technikfeindlichkeit heraus sämtliche technologischen Formen menschlicher Selbstverbesserung abgelehnt oder im Vergleich zu herkömmlichen pauschal abgewertet. Es wird etwa argumentiert, es handle sich um bloß oberflächliche, äußerliche, technisch induzierte Veränderungen, die nicht „von innen“ aus einer tiefen reflexiven Auseinandersetzung mit sich und der Welt hervorgehen. Auch wenn die Anwendung technologischer Methoden zugegebenermaßen niemanden zur Reflexion zwingt, hindert sie aber auch niemanden daran, die Veränderungen vorher, während und nach den Interventionen kritisch zu überdenken (vgl. Fenner 2019, 259f.). Ein anderes gängiges Argument lautet, dass der Mensch sich selbst oder seinen Leib zu einem bloß passiven Objekt der Gestaltung degradiert und sich damit verdinglicht oder gar seine Menschlichkeit verliert (vgl. ebd., 156f.; Loh 2018, 84). Auch dieses Gegenargument vermag jedoch unter der Voraussetzung eines reflektierten und autonomen Technologieeinsatzes nicht wirklich zu überzeugen. So führt beispielsweise die digitale Selbstvermessung bzw. das Self-Tracking mittels digitaler Geräte zwar bei einigen (älteren) Nutzern zu Erfahrungen der Entfremdung und Zwanghaftigkeit, insbesondere bei Digitale Natives aber auch zu intensiveren, sensibleren Körperwahrnehmungen und mehr Selbstbewusstsein (vgl. Fenner, ebd.).

Zu den beliebtesten transhumanistischen Methoden gehört das **Human Enhancement** (von engl. „to enhance“: „steigern, erhöhen“), unter dem sämtliche Methoden der medizinischen, pharmakologischen, neurophysiologischen und gentechnischen Optimierung zusammengefasst werden (vgl.

Loh 2018, 50). Dazu zählen neben dem erwähnten Self-Tracking oder Bio-Hacking auch Prothesen und (Neuro-)Implantate, die zu einer Cyborgisierung beitragen können: Ein **Cyborg** (von engl. „cybernetic" und „organism") meint ein Mensch-Maschine-Mischwesen, bei dem Technik in den (meist) menschlichen Organismus integriert wird (vgl. ebd., 59 f.; Fenner 2019, 54; 170 f.). In einem schwachen Begriffsverständnis machen bereits äußerliche Geräte wie (VR-)Brillen oder Smart Watches Menschen zu Cyborgs, obwohl sie sich lediglich mit Technik umgeben. Bei Cyborgs im starken Sinn muss hingegen die Technik im Körper integriert sein wie etwa ein Herzschrittmacher oder ein Cochlea Implantat. Dies ist auch der Fall bei motorischen, sensorischen oder Neuroprothesen oder bei entsprechenden „Transzendern", bei denen anders als bei „Prothesen" nicht fehlende oder beschädigte Körperteile oder -funktionen ersetzt, sondern die menschlichen Möglichkeiten erweitert werden. Bereits erhältlich sind reiskorngroße **RFID-Chips**, umgangssprachlich Funketiketten, die unter die Haut an Händen oder Armen implantiert werden und z. B. zur automatischen und berührungslosen Identifikation oder zum Öffnen von Türen dienen. Weltweit arbeiten Forscher wie z. B. in Elon Musks Neurotechnologie-Unternehmen „Neuralink" an **Gehirn-Computer-Schnittstellen**, um entweder über ein EEG oder aber invasiv über Elektroden im Hirn oder auf bzw. unter der Haut eine direkte Verbindung zwischen menschlichen Hirnsignalen und einem Computer zu ermöglichen (**Brain-Computer-Interface**, kurz **BCI**). In ferner Zukunft könnten uns Chips im Hirn etwa den unmittelbaren Zugriff auf enzyklopädische Datenbanken wie z. B. Google, auf Bibliotheksbestände oder verschiedene Sprachprogramme erlauben, oder auch eine direkte und unsichtbare Kommunikation mit anderen Menschen ermöglichen („Cyberthink"). Gedächtnischips für regelmäßige Sicherheitskopien unserer Gedächtnisinhalte könnten uns vor Vergesslichkeit schützen. Aber selbst wo solche digitale Technologien menschliche Unzulänglichkeiten oder Schwächen beseitigen helfen, entstehen dadurch meist neue Schwachstellen oder Verletzlichkeiten. Zu denken ist etwa an hohe medizinische Risiken insbesondere bei operativen Eingriffen ins Gehirn mit ungewissen Folgewirkungen, Probleme der Selbstbestimmung oder eines Datenmissbrauchs.

Problematisch ist bei transhumanistischen Denkbewegungen neben der Abwertung der biologischen Seite des Menschen der Anspruch, genaue Angaben über ein „pothumanes Wesen" als angeblicher Ziel- und Endpunkt aller menschlicher Selbsttransformationen machen zu können. Eine solche allgemeine und objektive Bestimmung neuer, gottgleicher Wesen ist nicht nur undemokratisch, sondern es werden auch die Vorwürfe menschlicher „Hybris“ oder eines „Kategorienfehlers“ laut (vgl. Loh 2018, 89). Im Gegenzug ist mit Blick auf die oben erwähnte deskriptiv-normative Doppelstruktur des Menschen aber durchaus unklar, inwiefern die „menschliche Natur“ eine stabile und verbindliche Grenze für technologische Selbstverbesserungen darstellen könnte. Bereits auf einer empirisch-deskriptiven Ebene ist schwer anzugeben, wann das viel befürchtete **Ende des Menschen** eintreffen würde. Denn es handelt sich bei den biologischen Kategorien von „Gattung“ oder „Art“ bzw. „Spezies“ um Clusterbegriffe, die sich nicht eindeutig und kontextfrei bestimmen lassen (vgl. Fenner 2019, 111f.): Gemäß dem **genomischen Kriterium** beispielsweise kommt es bei der Zugehörigkeit zur Spezies „Mensch“ auf das Genom der Lebewesen an, sodass z.B. gentechnische Eingriffe eine Grenzüberschreitung bedeuten könnten. Beim **genealogischen Kriterium** hingegen gehören sämtliche Nachkommen von Mitgliedern einer Art stets zur gleichen Art. Eine klare Grenze wäre nach beiden Kriterien erreicht, wenn „Posthumane“ völlig synthetisch hergestellt würden, oder schon wenn das biologische Gehirn als zentrale Steuerungseinheit des Menschen vollständig durch einen Siliziumchip ersetzt würde (vgl. ebd., 54). Zurückzuweisen ist aber bereits die undifferenzierte transhumanistische **Trivial-Anthropologie**, die den Menschen auf seinen Antrieb zur Selbstverbesserung reduziert (vgl. Loh 2018, 82f.). Denn sie verleitet leicht zu einer unkritischen Technikeuphorie oder einem fatalistischen technologischen Determinismus, demzufolge der Mensch sich gar nicht gegen die zunehmende Technologisierung seines Körpers verwahren könnte. Das menschliche Verbesserungsstreben entledigt aber keineswegs von der Aufgabe, sämtliche geplanten Technologien einer kritischen Reflexion zu unterziehen. Im Transhumanismus fehlt jedoch eine Bestimmung zugrunde gelegter normativer Maßstäbe und wertender Begriffe wie „besser“ oder „höher“. Es wird meist ein allgemeiner Konsens über nicht weiter erläuterte Größen vorausgesetzt wie z.B. Glück, Intelligenz oder Schönheit, wobei „Verbesserungen“ dann ein „Mehr“ dieser Güter bedeuteten (vgl. ebd., 53).

Einerseits sollten in der Digitalisierungsdebatte nicht pauschal missliebige technische Neuerungen mit dem Hinweis auf ein angeblich dahinterstehendes „gefährliches transhumanistisches Gedankengut“ abgelehnt werden, ohne die einzelnen vorgeschlagenen Methoden argumentativ zu prüfen. Andererseits müssen von Technikbefürwortern die meist ungenannten normativen Maßstäbe offengelegt und sämtliche Enhancement-Methoden sorgfältig auf Chancen und Risiken begutachtet werden. Ethisch bedenklich ist auch der unter Transhumanisten verbreitete **Individualismus** und extreme **Liberalismus** mit der Haltung, jeder solle sich selbst frei für oder gegen bestimmte zur Verfügung stehende Optionen entscheiden dürfen. Wiederum wären mehr Wahlmöglichkeiten automatisch „besser", sodass technologische Fortschritte und das bewusste Eingreifen in die biologische Evolution im Transhumanismus geradezu als ethische Gebote und Pflichten gelten. Nicht nur wären aber beispielsweise Langzeitstudien zu den Wirkungen zunehmender Mensch-Maschine-Verschmelzungen erforderlich. Kaum beachtet werden von Transhumanisten auch langfristige kollektive Veränderungen, da gesellschaftliche und politische Fragen meist nur am Rande gestreift werden (vgl. dazu Loh 2018, 65; 81). Zu denken wäre etwa an einen zunehmenden gesellschaftlichen Druck auf nicht optimierte „naturbelassene" Menschen oder verschärfte soziale Ungleichheit im Fall von teuren Maßnahmen mit großen Wettbewerbsvorteilen. Wo es um Chips im Körper geht, wären neben dem Recht auf gesellschaftliche Teilhabe etwa auch das Recht auf körperliche Integrität bedroht. Es könnte aber auch dazu kommen, dass traditionelle „humanistische" Methoden menschlicher Selbstverbesserung durch neue Technologien verdrängt werden oder sich ihr Angebot verringert (vgl. Fenner 2019, 16; 263 f.). Erforderlich sind geeignete gesellschaftliche und politische Rahmenbedingungen und Regulierungsmaßnahmen, um unerwünschte soziale Auswirkungen der Technologieentwicklung zu verhindern. Die gemeinsame, diskursive Bestimmung und Gestaltung einer „humanen Lebensform" ist eine demokratische Aufgabe, sodass sich die anthropologische Grundfrage letztlich als eine **ethische Frage** entpuppt (vgl. ebd., 115): Was soll der Mensch sein und was am Menschen muss geschützt und kultiviert werden?

Transhumanismus	**(technologischer) Posthumanismus**
heterogene politisch-philosophische Bewegung, die „durch" oder „über" den heutigen Menschen hinaus dessen technologische Weiterentwicklung oder Transformation anstrebt Technik = Mittel zum Zweck	heterogene Bewegung von Science-Fiction-Autoren, KI- und Zukunftsforscher, die auf die Überwindung des heutigen Menschen zugunsten einer maschinellen Superspezies abzielt Technik = Ziel

ethische Forderungen:

- anstelle blinder Technikeuphorie sind die konkreten einzelnen Maßnahmen (z. B. Human Enhancement, Cyborgisierung) kritisch zu prüfen
- Diskussion der normativen Maßstäbe für „Verbesserungen" des Menschen nötig
- anthropologische Grundfrage als **ethische Frage** klären: Was soll der Mensch sein?
- sozial unerwünschte Auswirkungen der Technologieentwicklung (z. B. zunehmender gesellschaftlicher Druck, verschärfte soziale Ungleichheit) mit Regulierungsmaßnahmen vermeiden

Kontrollverlust, Verantwortungslücke und Verantwortungsnetzwerke

Die zunehmende Durchdringung der menschlichen Umgebung mit digitalen Technologien oder gar die Verschmelzung von Menschen und Maschinen führt zum ethisch relevanten **Schnittstellenproblem** mit dem zunehmenden Verlust von Schnittstellen (vgl. Wiegerling 2021, 295 f.). Mensch-Maschine-Schnittstellen sind sozusagen die Berührungspunkte zwischen Menschen und digitalen Geräten, die den Nutzern deren Kontrolle und Bedienung erlauben: konkret z. B. Tastatur, Touchscreen, Mikrophon oder Bewegungssensoren. Im Idealfall sind sie so gestaltet, dass die Geräte möglichst einfach und intuitiv bedienbar sind und sich an die Bedürfnisse und Wünsche der Nutzer anpassen (vgl. Wiegerling 2021, 295). **Smarte Systemtechnologien** können nicht nur mittels Sensoren Daten einer komplexen Umgebung erfassen und dank KI Prognosen stellen, sondern entsprechend ihrer Einschätzung der Situation selbständig agieren. Das Paradebeispiel ist das nutzerzentrierte **Ambient Assisted Living (AAL)**, das alltagsunterstützende Assistenzlösungen für ein selbstbestimmtes Leben von älteren oder behinderten Menschen bietet, aber auch Gesunden Entlastung und mehr Lebensqualität verspricht. Solche Systeme müssen möglichst viele Daten von den Nutzern sammeln, um ihnen ihre Wünsche quasi von den Lippen abzulesen und deren Erfüllung in vorauseilendem Gehorsam zu unterstützen (vgl. Wiegerling 2023, 139). Mittels „Biocybernetical" oder „Neurophysiological Computing" lassen sich nicht nur physiologische, sondern auch emotionale Zustände der Nutzer erfassen. Darauf kann das System z. B. mit dem Angebot von Stimmungsaufhellern oder dem Telefonkontakt mit Freunden reagieren. Kritisch kann an solchen AAL-Konzepten mit „Ambient Intelligence" gesehen werden, dass die Nutzer bis in den Intimbereich hinein permanent beobachtet werden (s. Kap. 3.2.2). Je autonomer sie unaufdringlich und ohne direkte Befehle im Hintergrund agieren, desto größer ist die Gefahr unbemerkter Beeinflussungen und eines Verlusts der Entscheidungsgewalt. Auch Schnittstellen, die man durch Implantate ins Körperinnere verlagert, werden unsichtbar und entziehen sich der direkten Kontrolle und Gestaltbarkeit (vgl. Wiegerling 2023, 46f.). Ethische Forderungen wären entsprechend die Sichtbarkeit der Schnittstellen zwischen Mensch und Maschine und die Möglichkeit einer begleitenden Kontrolle und eines Ausstiegs (vgl. ebd., 51).

Als **Technik-Paradox** wird generell der Umstand bezeichnet, dass Technik einerseits die Handlungsfreiheit der Menschen steigert, andererseits aber einen gewissen Druck oder gar Zwang zur Anpassung auf diese ausübt (vgl. Grunwald 2019, 149; 152). Die Nutzung einer Software, von Apps und digitalen Dienstleistungen machen Vorgaben und strukturieren ähnlich wie Institutionen Kommunikations- und Interaktionsformen. Angesichts selbstlernender und immer schwerer durchschaubarer KI-Systeme nehmen die Befürchtungen eines schleichend und unbemerkt sich vollziehenden Kontrollverlusts zu. Die bislang geltende traditionelle Rollenverteilung von Menschen als autonomen Subjekten und der Technik als passivem Objekt oder Gegenstand menschlicher Gestaltung und Nutzung scheint sich aufzulösen. Die menschliche Autonomie und Vormachtstellung gegenüber KI-Systemen und Robotern könnte durch zunehmende Abhängigkeit von diesen geschwächt werden. Wie in Hegels gleichnishafter Dialektik zwischen dem Herrn und seinem Knecht wäre eine Umkehr des „Master-Slave-Modells“ denkbar (vgl. Grunwald 2019, 17; Hammele u. a., 164): Ein Herr hat einen Knecht, der alles für ihn erledigt. Er wird zunehmend von diesem abhängig und verlernt selbst die lebensnotwendigen Verrichtungen. Dadurch muss der Herr sich nun um das Wohl des Knechts kümmern, der zum eigentlichen Herrn wird, sodass sich das Herr-Knecht-Verhältnis umdreht. Auch wenn Menschen infolge der digitalen Revolution nicht arbeitslos werden, könnten sie im schlimmsten Fall nur noch Diener der KI-Systeme sein. Menschliche Mitarbeiter müssten dann Robotern zuarbeiten oder zudienen, KI-Systeme überwachen und kontrollieren oder sogar Arbeitsanweisungen von Maschinen entgegennehmen (vgl. Decker 2021, 394; Haagen, 83). Nachdem die Alternative eines partnerschaftlichen Verhältnisses „auf Augenhöhe“ soeben kritisch beurteilt wurde, wäre aus ethischer Sicht zumindest die Einhaltung des kantischen **Instrumentalisierungsverbots**, also des Verbots der Degradierung der Menschen zu Mitteln von Maschinen einzufordern.

Je häufiger und intensiver Menschen mit Maschinen interagieren, die ihrerseits untereinander vernetzt sind, desto mehr werden sie Teil eines komplexen Mensch-Maschine-Systems. Anders als in bloß komplizierten, d.h. mit exakten Modellen noch beschreibbaren Systemen stellt die Frage nach der Verantwortlichkeit der teilweise sehr zahlreichen Beteiligten eine besondere Herausforderung dar. Befürchtet wird eine **Diffusion** oder **Erosion der Verantwortung** infolge des Vormarsches digitaler Technologien, die auch als „Problem der vielen Hände" oder **Verwässerungsproblem der Verantwortung** bekannt ist (vgl. Misselhorn 2019, 132; 134; Fenner 2020, 45; Friedman, 72). Bislang wurde Technik meist passiv als Verantwortungsobjekt verstanden, für dessen Agieren Menschen die Verantwortung tragen (vgl. Saurwein, 44). KI-Systeme werden aber immer autonomer und Menschen scheinen ihnen einen Teil der Verantwortung abzugeben. Die Zuschreibung von Verantwortung wird dann schwierig, weil sie über digitale Technologien vermittelt ist. Dabei geht es keineswegs nur um die Frage nach der **retrospektiven Verantwortung**, bei der für aufgetretene unerwünschte Technikfolgen im Nachhinein („retrospektiv") nach den Verantwortlichen gesucht wird. Wie bereits erläutert kann jemand nur deswegen retrospektiv zur Verantwortung gezogen werden, weil er aufgrund bestimmter rollenspezifischer Pflichten oder Aufgaben eine prospektive Verantwortung innehatte (s. Kap. 2.1.2; Fenner 2022, 218f.). Im Unterschied zur „Kausalhandlungs"- oder „Folgenverantwortung" bei der „retrospektiven" spricht man bei der „prospektiven" auch von einer „Rollen"- oder „Aufgabenverantwortung". Um jemandem moralische Verantwortung zuschreiben zu können, müssen aber folgende Bedingungen erfüllt sein (vgl. Misselhorn 2019, 128f.; 132 Loh 2019, 133f.): Zunächst müssen Willensfreiheit und Intentionalität bzw. Absichtlichkeit des Akteurs vorliegen. Zudem muss dieser über hinlängliches Wissen über die Handlung und ihre Folgen verfügen. Dabei ist er für ein selbstverschuldetes individuelles Wissensdefizit gleichfalls verantwortlich, sofern er zumutbare Nachforschungen unterlässt. Voraussetzung ist auch die Handlungsfähigkeit und eine gewisse Kontrolle des Akteurs über das Handlungsereignis, und zumindest bei der Kausalhandlungsverantwortung muss auch eine Kausalverbindung zu diesem vorliegen.

Gemäß dieser Liste kommen gegenwärtige KI-Systeme mit schwacher KI nicht als Träger moralischer Verantwortung in Frage, weil sie nicht alle Bedingungen erfüllen: Es fehlen ihnen wichtige Eigenschaften wie Willensfreiheit und Intentionalität als Voraussetzung für die Wahrnehmung von

Verantwortung. Wie bereits die Analysen in Kap. 3.3.1.1 ergaben, können Roboter und virtuelle Akteure zwar in einem schwachen, operationalen oder funktionalen Sinn als handlungs- und moralfähig betrachtet werden, aber nicht moralisch verantwortlich sein. Es ließe sich allerdings mit Janina Loh ganz analog zur Abstufung bei der Handlungs- und Moralfähigkeit von einer **operationalen** oder **funktionalen Verantwortungsfähigkeit** künstlicher Systeme sprechen (vgl. Loh 2019, 145). Diese wäre aber sehr schwach und mit derjenigen eines Kleinkindes vergleichbar, die in den meisten Alltagssituationen nicht für eine tatsächliche Übernahme von Verantwortung ausreicht (vgl. ebd., 148f.). Selbst wenn KI-Systeme eine schwache artifizielle Form von Verantwortung im nicht moralischen Sinn zugestanden würde, gibt es in Mensch-Maschine-Netzwerken immer qualifiziertere menschliche Verantwortungssubjekte. In welchen konkreten Kontexten Menschen und Maschinen auch immer aufeinandertreffen wie z.B. im Straßenverkehr, „sticht" in Lohs Worten bis auf Weiteres die starke moralische Verantwortungsfähigkeit von Menschen eine schwache artifizielle Form von Verantwortung (vgl. ebd., 145). Maschinen wie z.B. autonome Fahrzeuge mögen zwar in vielen arbeitsteiligen Verantwortungsnetzwerken durchaus eine aktive Rolle spielen und als Vermittler die Erfahrungen und Verhaltensweisen der Menschen beeinflussen. Menschen sind aber gegenwärtig die einzigen Verantwortungsträger. Sie können allerdings nicht nur als individuelle Handlungssubjekte in Aktion treten („Akteursethik"), sondern schließen sich häufig in Organisationen wie z.B. Unternehmen oder Forschungsteams zusammen und tragen dann eine **kollektive Verantwortung** im Sinne der „Institutionenethik" (s. Kap. 1.2.2).

Die Möglichkeit einer Verantwortungsübernahme durch Menschen wird aber mit Blick auf neue Technologien vielfach bestritten: Eine **Verantwortungslücke** („responsibility gap") entstehe im Zusammenhang mit komplexen Algorithmen und autonomen selbstlernenden Systeme, weil nicht einmal die Entwickler selbst, geschweige denn die Betreiber oder Nutzer deren Verhalten vorhersehen und ausreichend kontrollieren können (vgl. Bauberger u.a., 916; Heinrichs u.a., 38). Dies kann etwa daran liegen, dass die Datenmenge unüberschaubar ist oder nicht klar ist, welche Daten das System während der Laufzeit aufnehmen wird. Selbstlernende Systeme können ihre Modelle der Informationsverarbeitung aufgrund von Rückkoppelungsmechanismen optimieren und Parameter neu gewichten, sodass es zum Black-Box-Problem kommt (vgl. Bauberger u.a., 917; s. Kap. 3.1.2). Wenn aber die Wissensbedingung, die Intentionalität und eine hinlängliche Kontrollfähigkeit nicht gegeben sind, könnte den Entwicklern gemäß obigem Kriterienkatalog keine Verantwortung zugeschrieben werden. Das Vorliegen einer Verantwortungslücke hängt also von der Möglichkeit ab, selbstlernende KI-Systeme in ihrer Funktionsweise zu erklären und eine effektive Kontrolle auszuüben. Darüber, wie weit diese Möglichkeiten gehen, und damit auch über das fragliche Phänomen wird kontrovers diskutiert (vgl. dazu Heinrichs u. a., 39 ff.; Schwarz, 73 f.; Misselhorn 2019, 169 f.). Während Optimisten die Existenz von problematischen Verantwortungslücken anerkennen, aber optimistisch an ihre Schließung glauben, halten Pessimisten wie Robert Sparrow letzteres für unmöglich (vgl. dazu Friedman, 75–79). Aus einer verantwortungsethischen Perspektive ist an der Forderung nach größtmöglicher **Transparenz** z. B. mithilfe neuerer Ansätze einer „Explainable AI" festzuhalten (s. Kap. 3.1.3.1; 3.1.2). Auch wenn Überprüfung und Kontrolle insbesondere bei Lernmethoden wie Künstlichen neuronalen Netzen und Deep Learning mit einem großen Aufwand verbunden sind, darf der Verweis auf das Problem der Verantwortungslücke nicht als Ausrede der verantwortlichen Menschen dienen. Vielmehr müssen Verantwortungslücken, die bei autonomen Systemen unter bestimmten Umständen drohen, mit geeigneten Kontrollarchitekturen auf den verschiedenen Ebenen minimiert werden (vgl. Bauberger u. a., 917).

Im innersten Kern eines konzentrischen Modells von Verantwortungsnetzwerken stehen als hauptsächliche menschliche Verantwortungsträger die Entwickler, Betreiber und Nutzer von automatisierten Anwendungen (vgl. Saurwein, 43): Seitens der **Entwickler** und Hersteller sind die Programmentwickler, Designer und Ingenieure dafür verantwortlich, wenn ein KI-System aufgrund von Fehlern oder Funktionsstörungen anders agiert als vorgesehen (vgl. Dignum, 57). Die Tatsache der Lernfähigkeit der von ihnen entwickelten Systeme entledigt sie nicht von ihrer Verantwortung, weil diese eine Konsequenz der von ihnen entwickelten Algorithmen darstellt. Auch wo nicht genau nachvollziehbar ist, wie ein System von einem Input zum Output gelangt, müssen die Trainingsdaten auf Vollständigkeit überprüft und verschiedene Formen von Verzerrungen bei der Datenverarbeitung ausgeschlossen werden (s. Kap. 3.2.3). Als Faustregel kann gelten: Je mehr Informationen die Algorithmenentwickler über die gewünschte Lösung und den genauen Anwendungskontext haben, desto größer ist ihre Verantwortung für die Resultate und Konsequenzen ihres Einsatzes (vgl. Zweig 2019, 79). Als Beispiel lässt sich ein autonomes Waffensystem anführen, das eine Gruppe von sich ergebenden gegnerischen Soldaten tötet, weil es zum Schluss kommt, dass es zu kostspielig wäre, sie am Leben zu lassen. Während Robert Sparrow hier das Vorliegen einer Verantwortungslücke postuliert, lässt sich mit Catrin Misselhorn dagegenhalten: Jemand muss dem System einen Algorithmus programmiert haben, der dazu führt oder zumindest das Risiko in Kauf nimmt, dass die Parameter „Kosten" und „Leben" gegeneinander aufgerechnet werden (vgl. Misselhorn 2019, 167ff.). Immer wieder drängen Ethiker daher auf eine Verankerung ethischer Reflexion im Informatik- und Ingenieurstudium oder auf eine Art Hippokratischen Eid wie bei Ärzten.

Die zwei weiteren wichtigen Gruppen von Verantwortlichen im Zentrum des Verantwortungsmodells sind die **Betreiber**, also z.B. Unternehmen, die automatisierte Dienste anbieten, und die **Nutzer** als Nachfrager und Anwender (vgl. Saurwein, 44f.). Im Gegensatz zu den Entwicklern kommt ihnen eine viel unmittelbarere, direkte Kausalhandlungsverantwortung für unerwünschte Folgen zu. Wenn die Nutzer von KI-Systemen trotz klarer Anweisungen der Entwickler Anwendungsfehler machen und die Systeme in einem ungeeigneten Kontext verwenden oder die notwendigen Daten falsch eingeben, tragen sie und nicht die Hersteller die Verantwortung für die Konsequenzen (vgl. Zweig 2019, 76). Wiederum besteht aber eine große Schwierigkeit darin, dass die Nutzer häufig die den Systemen zugrundeliegenden Annahmen und Mechanismen zu wenig verstehen. Es wäre dann die Wissensbedingung für die Verantwortungsübernahme nicht erfüllt. Ethisch wünschenswert sind daher Ansätze zur **Accountability by Design**, bei denen automatisierte Anwendungen an den Benutzerschnittstellen „Rechenschaft ablegen" z.B. bezüglich Sicherheit, Regularität oder Biases (vgl. Sauerwein, 44). In vielen Fällen wie z.B. bei Chatbots tragen die Nutzer aber zum Training bei und können das Verhalten der Systeme maßgeblich beeinflussen. Zu denken ist an das selbstlernende Chatprogramm „Tay", dem Nutzer mit rechter Gesinnung rassistische Parolen beibrachten (s. Kap. 3.2.3). In diesem Fall sind nutzer- oder **gebrauchsorientierte Verantwortungskonzepte** angemessen, bei denen den Nutzern die Verantwortung für die Technikfolgen zugesprochen werden (vgl. Fenner 2022, 280). Das auf die Stärkung der informationellen Selbstbestimmung und digitaler Kompetenzen abzielende Prinzip der Selbstverantwortung sollte aber nicht überzogen werden. Wo bereits die Zwecke und verwendeten Parameter ethisch problematisch sind und zu wenig für die Vermeidung negativer Folgen getan wurde, tragen die Technikentwickler und Hersteller die Hauptlast der Verantwortung im Sinne eines **herstellungsorientierten**

Verantwortungskonzeptes. Die Forderung nach digitaler Mündigkeit bedeutet keineswegs einen Freibrief für Entwickler und Hersteller.

Bereits aus klassischen Technikdebatten bekannt ist das Problem, dass bei entstandenen Schäden die Verantwortung zwischen Entwicklern, Herstellern und Nutzern hin- und hergeschoben wird (vgl. ebd.). Bei großen **Verantwortungsnetzwerken** z.B. im Straßenverkehr braucht es aber Konzepte einer **Verantwortungsteilung** und **gestuften Verantwortung**, bei der sich die Verantwortung der Einzelnen nicht mit der Anzahl der Beteiligten verringert (s. Kap. 2.1.2). Aufgrund der zusätzlichen maschinellen Akteure wie z.B. autonomen Fahrzeugen fällt es in komplexen soziotechnischen Systemen noch schwerer, die Lasten für entstandene Schäden entsprechend der jeweiligen Rollen angemessen auf die menschlichen Verantwortungsträger zu verteilen. Als pragmatische Lösung wird die Anwendung des bekannten Prinzips der **Haftung** vorgeschlagen, bei dem es allerdings statt um moralische um rechtliche Verantwortung geht und der Schwerpunkt weniger auf Rechenschaftspflichten („accountability") als auf materieller Wiedergutmachung liegt (vgl. Bartneck u.a. 2019, 62ff.; Beck, 682; 691f.; Bauberger u.a., 924): Denkbar wären eine Gefährdungshaftung der Halter oder Nutzer der autonomen Fahrzeuge ähnlich wie bei der KfZ-Haftpflichtversicherung; oder eine Art Produkthaftung derjenigen, die sie programmieren, produzieren, verleihen oder generell über den Einsatz von KI-Systemen entscheiden. In Erwägung gezogen wird sogar der Status z.B. von autonomen Fahrzeugen als „E-Personen" mit eigenem Vermögen, die analog zu einer juristischen Person selbst für Schäden haften müssten. Ethisch problematisch wären kollektivistische Lösungen zu ihrer Finanzierung beispielsweise über Zwangsversicherungen, wenn dadurch Herstellerfirmen entlastet und Risiken vergesellschaftet werden. Mitverantwortlich für die Vermeidung von Verantwortungslücken in Mensch-Maschine-Netzwerken sind über die genannten Akteure hinaus in weiteren konzentrischen Kreisen auch Auditoren („Algorithm Auditing"), Journalisten („Algorithmic Accountability") und NGOs (z.B. „Algorithm Watch") und schließlich Politik und kritische Öffentlichkeit (vgl. Saurwein, 43; 50). Es braucht viel mehr unabhängige Untersuchungen von Zielen, statistischen Fehlerquoten und Risiken auf Verzerrungen durch unabhängige Expertenkommissionen und staatliche Aufsichtsbehörden sowie Zertifizierungen von Technischen Überwachungsvereinen (TÜV). Dank der Etablierung geeigneter Kontrollinstanzen auf allen Ebenen ist zu garantieren, dass weiterhin eine „bedeutsame Kontrolle" durch Menschen gewährleistet ist (vgl. Beck, 693).

Verantwortungsteilung: gestufte Verantwortung in Mensch-Maschine-Netzwerken
autonome KI-Systeme: höchstens schwache funktionale Verantwortung **Menschen**: (bislang) einzige Träger moralischer Verantwortung **Problem**: **Verantwortungslücken** durch unzureichende Vorhersehbarkeit und Kontrollierbarkeit autonomer selbstlernender Systeme
ethische Forderungen: Konzepte einer geteilten, gestuften Verantwortung und geeigneter Kontrollinstanzen auf allen Ebenen komplexer soziotechnischer Verantwortungsnetzwerke entwickeln: • **Mikroebene**: Entwickler, Hersteller, Betreiber, Nutzer z. B. „Responsible Research and Innovation“ (RRI), „Accountability-by-Design“ • **Mesoebene**: Auditoren, Journalisten, NGOs z. B. „Algorithmic Accountability“, „Algorithm Watch” • **Makroebene**: Politik, Öffentlichkeit **Ziel**: Verantwortungslücken minimieren und bedeutungsvolle Kontrolle der Menschen sichern!

4 Schluss und Ausblick

Ziel dieses Buches war es, einen klar strukturierten Überblick über die wichtigsten digitalen Anwendungen zu geben und das ethische Rüstzeug für die Beurteilung ihrer Chancen und Risiken bereitzustellen. Komplexe Technologien wurden dabei als **soziotechnische Systeme** in den Blick genommen, die sozio-kulturelle Realitäten schaffen (s. Kap. 1.2.1). Denn diese werden wie z. B. plattformbasierte soziale Medien, algorithmische Entscheidungssysteme oder autonomes Fahren in einem bestimmten gesellschaftlichen und ökonomischen Kontext entwickelt. Es fließen bereits in der Phase der Konstruktion und beim Design Werte, Menschen- und Zukunftsbilder ein. Die Nutzung und Etablierung der dafür notwendigen Infrastruktur verändern den Möglichkeitsraum des Handelns in einer Kultur und begünstigen bestimmte Formen des Wahrnehmens und Denkens, des individuellen und gesellschaftlichen Lebens. Wie bei der Kritik am Transhumanismus erwähnt, ist angesichts dessen die individualistische, radikalliberale (libertäre) Haltung unzureichend, allen Menschen sollten möglichst viele technologische Verbesserungsmöglichkeiten zur Verfügung gestellt werden, um nach eigenem Belieben auswählen zu können (s. Kap. 3.4). Dabei werden nämlich die mit einer verbreiteten Nutzung digitaler Technologien einhergehenden gesellschaftlichen Auswirkungen ausgeblendet, wie z. B. verschärfte soziale Ungleichheit und Diskriminierung oder sich für alle verschlechternde Lebens- oder Arbeitsbedingungen. Angesichts tiefgreifender soziokultureller Umwälzungen infolge neuer Kommunikationsformen in digitalen Medien oder einer zunehmenden Datafizierung und Roboterisierung der Gesellschaft reichen konkrete normative Empfehlungen zu einzelnen Technologien nicht aus. Vielmehr braucht es auch philosophisch-hermeneutische, anthropologische und ethische Reflexionen, z. B. über das spezifisch Menschliche oder den moralischen Status von Entitäten. Bei der Faszination an der Technik und all ihren Verlockungen scheinen hingegen viele Technikeuphoriker einfach testen zu wollen, was überhaupt möglich ist. Technik mutiert dann zum Selbstzweck, sodass philosophische Argumentationen als bloß lästige Gedankenspielereien abgetan werden. Um diese problematische Tendenz zu veranschaulichen und kritisch einzugrenzen, wird im Folgenden die Zukunftsvision einer künstlichen Superintelligenz als Beispiel herangezogen.

Superintelligenz und die Frage nach dem Sollen/Dürfen statt nach dem Können

Bei der artifiziellen Superintelligenz handelt es sich nüchtern betrachtet um eine Spekulation, weil ihre Entwicklung noch in weiter Ferne steht und es erhebliche technische Hürden gibt, die möglicherweise unüberwindbar sind (vgl. Misselhorn 2019, 214; Heinrichs u. a., 177). Gleichwohl zieht das Thema gegenwärtig eine enorme öffentliche Aufmerksamkeit auf sich. **Superintelligenz** meint nach den in Kapitel 3.1 präsentierten Definitionen starke, generelle KI-Systeme, die menschliche kognitive Leistungsfähigkeit sowohl quantitativ als auch qualitativ übertreffen und mehr Probleme lösen können als Menschen (vgl. ebd., 205; Bostrom, 41; Heinrichs u. a., 175 f.). Genauso wie starke KI hätten sie mentale Zustände wie Bewusstsein, Intentionalität und einen eigenen Willen. Meist wird zusätzlich davon ausgegangen, dass sich solche superintelligenten Systeme wie Menschen weiterentwickeln und immer intelligentere Maschinen hervorbringen können. Diese Möglichkeit zum Entwerfen neuer Generationen könnte dazu führen, dass es zu einer **Intelligenzexplosion** bei der Entwicklung von einer dem Menschen ebenbürtigen KI hin zur Superintelligenz käme. Es werden verschiedene mögliche Wege zur Erreichung eines solchen Ziels skizziert, v. a. maschinelles Lernen, die Verbesserung der Funktionsfähigkeit biologischer Gehirne z. B. durch Verschmelzung mit Mikrotechnologien oder genetische Manipulation, deren scheibchenweises Einscannen und Hochladen bei der „Hirnemulation" oder ihr strukturbezogenes Nachahmen bei „neuromorphen Ansätzen" (vgl. Bostrom, 41–79; Misselhorn 2019, 208–214; Heinrichs u. a., 188 ff.). Es lassen sich auch verschiedene Arten von Superintelligenzen unterscheiden, etwa eine sich aus einer großen Zahl von minder intelligenten Systemen zusammensetzende „kollektive Intelligenz" oder eine Art gesamtkosmische, vergeistigte „Supergemeinschaft" (vgl. Bostrom, 82 f.; Loh 2018, 117). Als **Singularität** (von lat. „singularitas": „vereinzelte Erscheinung") wird der spekulative Zeitpunkt bezeichnet, zu dem KI eine Superintelligenz erreicht hätte.

Schon die Betonung der Einzigartigkeit und Einmaligkeit der Singularität oder einer gottähnlichen neuen Existenzform (Yuval Harari: *Homo deus*), aber auch Ray Kurzweils, Frank Tiplers oder Hans Moravecs Rede von einer Aufhebung jeglicher Räumlichkeit und Zeitlichkeit erinnern an traditionelle Gottesvorstellungen, wecken Erlösungsvisionen und hüllen alles in eine spirituelle, techno-utopische Aura (vgl. dazu Bostrom, 14 f.; Loh 2018, 109 f.;

Grunwald 2019, 234 ff.). In akademischen Kreisen werden solche Spekulationen von vielen noch immer als Spinnereien oder technoide Phantasien abgetan, auf die man nicht weiter einzugehen brauche. Sie gewinnen aber faktisch an Einfluss auf die Digitalisierungsprozesse, je mehr anerkannte Wissenschaftler, mächtige Unternehmer und Technikgläubige sich von ihnen inspirieren lassen und viel Zeit und Geld in ihre Verwirklichung investieren. Wenn diejenigen, die ohne Rücksicht auf die zahlreichen, schon lange vorhandenen Ethikrichtlinien exzessiv neue Technologien vorantreiben, hinterher plötzlich erschrecken und die Menschheit vor einer gefährlichen Entwicklung warnen, scheint eine Art Doppelmoral vorzuliegen. So forderten im Jahr 2023 über 1.000 prominente IT-Unternehmer und KI-Forscher wie Elon Musk, Stuart Russell und Deep-Learning-Pionier Yoshua Bengio wegen fehlender Sicherheitsstandards ein sechsmonatiges Moratorium für die KI-Weiterentwicklung. Bereits erwähnt wurde das **Kontrollproblem**, d. h. die Gefahr, dass Menschen die Kontrolle über KI-Systeme verlieren und es schlimmstenfalls zu einer existentiellen Katastrophe wie der Vernichtung oder Versklavung der Menschheit kommen könnte (vgl. Bostrom, 10 f.; 165; Vold u. a., 731; s. Kap. 3.4). Für superintelligente Maschinen wäre eine solche Machtübernahme ein Leichtes, weil sie mit ihrer viel schnelleren und besseren kognitiven Leistungsfähigkeit über einen entscheidenden strategischen Vorteil verfügten (vgl. Bostrom, 115). Insbesondere im Fall einer global vernetzten kollektiven Superintelligenz könnten sie ein gewaltiges zerstörerisches Potential entwickeln. Gemäß dem **Gorillaproblem** würde das Schicksal der Spezies Mensch dann noch stärker von KI-Systemen abhängen als dasjenige heutiger Gorillas – oder z. B. von Haustieren – von den Menschen (vgl. ebd., 9; Vold u. a., 731).

Gegen eine solche Bedrohungslage wird bisweilen argumentiert, dass ein System gar nicht superintelligent wäre, das keine menschenähnlichen oder sogar „bessere" Werte hätte (vgl. dazu Kipper, 67; Heinrichs u. a., 186). Dabei scheint man aber eher eine menschliche moralische Vernunft vor Augen zu haben als die in der Definition erwähnte und in der KI-Forschung primär anvisierte kognitive Intelligenz, die wesentlich Problemlösungsfähigkeit meint (s. Kap. 3.1.1; Bostrom, 153). Welche Rolle Menschen oder deren natürliche Umwelt in einer „höheren" Moral einer Superspezies spielen könnten, ob sich diese z. B. bestimmte von Menschen entwickelten Moralvorstellungen aneignen oder anstelle einer anthropozentrischen nicht eher eine datazentrische Ethik bevorzugen würde, scheint mir wiederum höchst spekulativ zu sein. Nach Nick Bostroms **Orthogonalitätsthese** lässt sich jedes Intelligenzniveau mit sämtlichen Zielen und Werten kombinieren (vgl. ebd., 152). Berühmt wurde sein Beispiel einer superintelligenten Maschine mit dem Ziel einer optimierten Büroklammer-Produktion (vgl. ebd., 175): Diese würde darauf hinarbeiten, sämtliche Ressourcen auf der Welt – inklusive des Eisens im menschlichen Körper – in Büroklammern zu verwandeln und außerdem das eigene Abschalten zu verhindern. Realitätsnäher ist das bei bestimmten Anwendungen bereits aufgetretene Problem, dass intelligente Systeme ein gutes finales Ziel mit Mitteln lösen, die nicht dem Wohl der Menschen dienen. So könnte eine superintelligente Maschine das Ziel, Darmkrebs zu besiegen, durch das Töten aller Patienten erreichen, die ein von ihr entwickeltes Medikament nicht heilen konnte (vgl. Kipper, 68 f.). Um solche Entgleisungen und einen menschlichen Kontrollverlust zu vermeiden, widmen sich ganze Forschungszweige z. B. zur sogenannten „Friendly AI" oder „AI-Safety" dem **Alignment Problem**, zu Deutsch **Wertgebungsproblem** (vgl. Bostrom, 260 ff.; Heinrichs u. a., 186 f.; Vold u. a., 733 ff.): Sie haben sich zur Aufgabe gesetzt, künstlichen intelligenten Systemen menschliche Werte oder Normen zu implementieren, um sie mit menschlichen Zielen und Vorgehensweisen in Übereinstimmung zu bringen. Wie in Kapitel 3.3.2 dargelegt, sind damit erhebliche informatisch-technische Schwierigkeiten, angesichts der Vielfalt an Moraltheorien aber auch normative Probleme verbunden. Bei superintelligenten Systemen mit höheren kognitiven Fähigkeiten als Menschen könnte es je nach ihrem moralischen Status darüber hinaus moralisch überhaupt fragwürdig sein, sie wie schwache KI-Systeme für menschliche Ziele und Werte zu instrumentalisieren (vgl. Heinrichs u. a., 187; s. Kap. 3.3.2; 3.3.3).

Problematisch an dieser hier exemplarisch ausgewählten Debatte über neue Technologien ist zunächst die hohe Emotionalität und die starke Polarisierung, die eine differenzierte, rationale Betrachtung erschweren (s. Kap. 1.1.3). Auf der einen Seite lösen solche Bedrohungsszenarien genauso wie die entsprechenden Dystopien der Science-Fiction diffuse lähmende Ängste in der Bevölkerung aus (s. Kap. 1.1.5). Auf der anderen Seite ist die Superintelligenz für viele Technikbegeisterte und Posthumanisten wie den Futuristen, Informatiker und Google-Forschungsdirektor Kurzweil ein Ziel oder eine Utopie, weil sie Menschen von allen biologischen Begrenzungen befreie und soziales Wohlergehen herbeiführe (vgl. Kurzweil, 109; 123). Indem Kurzweil in seinen Büchern sogar konkrete Prognosen zu den Etappen hin zur angeblich näherrückenden, im Jahr 2045 erreichten Singularität macht, befördert er eine weit verbreitete, bereits mehrfach kritisierte Einstellung zur Technikentwicklung (vgl. *The singularity is nearer*, 2024): Gemäß einem **digitalen Technikdeterminismus** folgen technische Neuerungen einer Eigendynamik, die der Mensch nicht beeinflussen kann (s. Kap. 1.1.4). Je nach Bewertung der Ziele dieses scheinbar unvermeidbar und automatisch ablaufenden Prozesses verleitet dies zu einem euphorischen Optimismus oder einem fatalistischen Pessimismus. Exakte Vorhersagen der Zukunft sind wissenschaftlich aber völlig unseriös, und technokratische Heilsversprechen ethisch genauso verwerflich wie das Heraufbeschwören von Vernichtungsphantasien. Da ich über kein informatisch-technisches Spezialwissen verfüge und namhafte KI-Experten künstliches Bewusstsein für realisierbar halten, kann ich keine Entwarnung hinsichtlich einer Superintelligenz geben mit einem klaren Hinweis auf prinzipielle technische Grenzen der Fähigkeiten von KI (s. Kap. 3.3.1). Sicherlich gibt es grundlegende Schwierigkeiten schon bei einem artifiziellen phänomenalen Bewusstsein, etwa dass bislang keine physikalische Erklärung für menschliches Innenleben gefunden wurde (*Erklärungslücke*) und sich von außen schwer feststellen lässt, wann es in anderen Entitäten überhaupt vorliegt (*Problem des Fremdpsychischen*). Das *Kontrollproblem* würde allerdings bereits auftreten, wenn ein funktionales Äquivalent zu unberechenbaren, quasi-autonomen menschlichen Aktionen ohne phänomenales Bewusstsein, echte Bedürfnisse und Intentionalität geschaffen würde (vgl. Bauberger u. a., 930). Aus ethischer Sicht lautet die vordringliche Diskussionsfrage jedoch ohnehin nicht, ob eine starke KI oder Superintelligenz technisch möglich ist, sondern ob wir Menschen diese überhaupt wollen und ob sie hergestellt werden soll oder darf: Die Frage nach dem *Sollen* bzw. Unterlassen muss Priorität haben vor derjenigen nach dem *Können* (vgl. Loh 2019, 208).

Digitale Technologien müssen dem Wohl der Menschen dienen

Es kann als kleinster gemeinsamer Nenner in der ethischen Debatte über Digitalisierung gelten, dass Technik dem Wohl der Menschen dienen soll. Dies ist natürlich erst einmal eine sehr abstrakte und allgemeine Zielformulierung, ähnlich wie die Forderungen nach einer Menschenzentrierung oder einem digitalen Humanismus (s. Kap. 1.2.2). Auch die in Ethikrichtlinien aufgeführten Leitideen wie etwa menschliche Freiheit/Autonomie oder Glück/Wohlergehen, die durch die technologischen Entwicklungen gefördert oder zumindest nicht beeinträchtigt werden sollen, werden teilweise sehr unterschiedlich interpretiert (s. Kap. 1.3). Außerdem kommt es immer wieder zu

Wertkonflikten wie etwa zwischen Freiheit und Sicherheit oder Privatheit und Transparenz, die bezüglich einzelner Anwendungen gegeneinander abgewogen, präzisiert und weiterentwickelt werden müssen (vgl. Fenner 2022, 28). Angesichts des hohen Interpretationsspielraums der Leitwerte und verschiedener Vorstellungen von einem guten menschlichen Leben und einer gerechten Grundordnung irritiert es, dass für viele IT-Unternehmer, Trans- und Posthumanisten klar zu sein scheint, wie das Wohl der Menschen aussähe und was der ideale Mensch wäre. Eine Ethik der Digitalisierung ist dringend erforderlich, um sich mit der Frage auseinanderzusetzen, wer wir als Menschen sein wollen, was für Menschen ein gutes Leben ist und wie wir dazu gelangen (vgl. Kirchschläger 2021a, 36; Grimm 2024, 255). In der Philosophie sind es sogenannte Gütertheorien, die mit Blick auf speziestypische menschliche Grundbedürfnisse und -fähigkeiten objektive Listen von Bedingungen eines guten menschlichen Lebens zusammenstellen (s. Kap. 1.3.2). Meist sind sie ausreichend offen und allgemein gehalten, sodass sich allgemeinmenschliche Strebensziele wie das Stillen der Grundbedürfnisse oder das Entwickeln spezifisch menschlicher Fähigkeiten und Kompetenzen in unterschiedlichen Zeiten und Kulturen näher konkretisieren lassen. Wie in Kapitel 2.3 zur Digitalen Medienethik betont, sind für die erforderliche **gemeinsame diskursive Bestimmung** und Gestaltung der humanen Lebensform die Sorge um die Demokratie und eine faktenbasierte, respektvolle und verständigungsorientierte Gesprächskultur auch in den digitalen Medien grundlegend. Die von vielen privaten Plattformunternehmen geförderte, teils gezielt abhängig machende Art der Auswahl und Präsentation der Informationen und die Ökonomie der Aufmerksamkeit begünstigen jedoch ein schnelles und fehleranfälliges System-1-Denken, eine hohe Reaktionsbereitschaft und einen gereizten Zustand permanenter Alarmbereitschaft (s. Kap. 2.2.1; 2.2.4).

Künstliche Intelligenz kann zweifellos zur planmäßigen Befriedigung menschlicher Grundbedürfnisse beitragen, z.B. bezüglich der Lösung komplexer globaler Probleme wie Klimawandel oder Welthungerproblem, aber auch durch Fortschritte in den Wissenschaften z.B. bei der Entwicklung medizinischer Therapien. Für solche bereichsspezifische Problemlösungsfähigkeiten ist allerdings keine Superintelligenz im oben definierten Sinn nötig, obwohl deren Befürworter gerne solche Pro-Argumente anführen. Zweifel sind jedoch angebracht, wenn die Menschen selbst zunächst immer mehr mit Technologien wie Nanobots und Brain-Computer-Interfaces „verbessert" werden sollen (s. Kap. 3.4). Das v. a. von Post-, aber auch

Transhumanisten propagierte Ziel einer „kybernetischen“ oder **virtuellen Unsterblichkeit** soll schließlich durch die bereits erwähnte Methode des „Mind Uploadings“, d.h. ein „Hochladen“ des menschlichen „Geistes“ z.B. auf einen Computer erreicht werden. Philosophisch höchst fragwürdig ist bei diesem Übergang der Menschen in (super)intelligente Maschinen nicht nur der dabei vorausgesetzte reduktionistische **Funktionalismus** oder **Informationismus**, demzufolge Geist und Personalität eines Menschen nichts anderes sind als funktionale Zusammenhänge und Informationen (vgl. Loh 2018, 27; 105f.; Fenner 2019, 55). Es ist völlig unklar, ob es sich noch um die gleiche Person oder nur ihr hohles Abbild handelt und wie eine solche künstliche Superintelligenz eine persönliche Identität mit einem praktischen Selbstverhältnis ausbilden können soll. Aus einer *individualethischen Perspektive* kann eine rein siliziumbasierte posthumane Entität ohne biologischen Körper gar kein Glück mehr empfinden und daher auch gar nicht beurteilen, ob ihr Leben jetzt „besser“ ist als zuvor. Da ihr auch biologische Bedürfnisse und darauf basierende Wünsche und Präferenzen fehlen, könnte weder aus der Warte einer hedonistischen noch auch einer Wunschtheorie bei dieser Existenzform von einem guten menschlichen Leben gesprochen werden (s. Kap. 1.3.2). Vor dem Hintergrund neoaristotelischer Gütertheorien, die sich an speziestypischen menschlichen Grundfähigkeiten und -tätigkeiten orientieren, sind ohnehin sämtliche Versuche einer technologischen Überwindung der menschlichen Natur zu verurteilen. Das Wohl der Menschen mit der für sie typischen deskriptiv-normativen Doppelnatur kann schwerlich durch deren Abschaffung erzielt werden, indem der Körper-Geist-Dualismus zugunsten eines idealistischen Monismus aufgelöst wird (s. Kap. 3.4). Den Posthumanisten geht es wie erwähnt gar nicht um den Menschen, sondern um eine posthumane, rein maschinelle Superspezies.

Ungeachtet solcher völlig abwegiger Interpretationen des Wohls der Menschen müssen wir als Gesellschaft die grundsätzliche Frage diskutieren, *wie digital wir eigentlich leben wollen* (vgl. Bauberger, 123; Dohmen, 209). Aus der individualethischen prudentiellen Perspektive haben viele neue digitale Technologien unstreitig einen hohen **instrumentellen Wert**, indem sie als Mittel zur Erfüllung individueller Wünsche oder zur Lösung praktischer Probleme dienen. Man denke an alltägliche Anwendungen wie die Online-Buchung von Reisen oder Kursen aus einem riesigen Angebot im Internet mittels weniger Klicks, oder an einen Staubsaugroboter, der die Wohnung putzt. Solange KI-Systeme oder Roboter für Menschen als

Instrumente oder **Geräte** beispielsweise physisch beschwerliche, gefährliche oder langweilige Tätigkeiten verrichten, dienen sie in aller Regel dem menschlichen Wohl. Problematisch wird es jedoch, wenn im Zuge der KI-Entwicklung immer mehr kreative handwerkliche, künstlerische oder intellektuelle **intrinsisch-selbstzweckhafte Tätigkeiten** von persönlichen Assistenzsystemen, digitalen Zwillingen oder Robotern übernommen werden (s. Kap. 3.3.4). Denn in der Philosophie gelten intrinsisch wertvolle, d. h. um ihrer selbst willen geschätzte Tätigkeiten seit Aristoteles für ein erfülltes und glückliches Leben als entscheidend und viel wichtiger als extrinsische, d. h. außenorientierte Tätigkeiten mit Zielen wie z. B. Geld oder Ruhm (vgl. Fenner 2009, 75 f.). Eine extrinsische und kompetitive Orientierung auf Kosten einer intrinsisch-selbstzweckhaften dürfte etwa in den Vordergrund rücken, wenn Jugendliche sich selbst und alles um sie herum permanent mit dem Smartphone fotografieren und zum Zweck des sozialen Vergleichs ins Netz stellen. Viele unternehmen extra Reisen an verrückte, gefährliche Orte und ignorieren Verbote und Absperrungen, um mit den in sozialen Medien geposteten Selfies möglichst viele Likes und Aufmerksamkeit zu bekommen. Digitale Medien verlocken zu einem „Leben aus zweiter Hand", bei dem es nicht um reichhaltige direkte Erfahrungen oder die Entfaltung der eigenen Fähigkeiten und Talente in Auseinandersetzung mit der analogen Welt im Sinne der Selbstverwirklichung geht. Ziele sind dann nicht *absolute, nichtkompetitive Verbesserungen* von sich selbst und seinem Leben, sondern *relative, kompetitive Verbesserungen* durch eine makellos gestylte und retuschierte Selbstinszenierung oder das Vorspielen einer perfekten Beziehung im digitalen Raum.

Neue Gefahren kommen hinzu mit den Verlockungen einer **Virtual Reality** oder **Augmented Reality**, d. h. computergenerierten, in 3-D und täuschend echt erscheinenden Imitationen oder Ergänzungen der realen Welt oder einer völlig fiktiven alternativen virtuellen Welt wie beispielsweise „Second Life", in der selbst gestaltete Avatare miteinander interagieren. Neben vielen wichtigen instrumentellen Anwendungen etwa in den Bereichen Ausbildung, Training oder Therapie wie z. B. den Flug- oder Operationssimulatoren nimmt im erstarkenden Unterhaltungssektor das Abhängigkeitsrisiko zu: Es kann zu einer Flucht in eine virtuelle Welt kommen, die viel mehr den Wunschbildern von sich selbst und seiner Um- und Mitwelt entspricht. Dadurch steigen die Ansprüche an die analoge Realität und die Unzufriedenheit mit dieser, was wiederum die Rückzugstendenz verstärkt. Je nach zeitlicher Intensität der Nutzung werden dann aber nicht nur wichtige soziale und emotionale Fähigkeiten vernachlässigt, die für den Umgang mit Widerständigkeiten der realen Welt und sozialen Konflikten notwendig sind (s. Kap. 3.3.3.2). Es kann auch zu einer Abstumpfung und Verflachung der direkten Erfahrungen kommen, wenn man aus Fantasiewelten immer schon viel Gigantischeres und Perfekteres kennt. Um die gleichen, täuschend echt wirkenden Erfahrungen im Bereich der Interaktionen, aber auch des Geschmacks oder Geruchs in virtuellen Welten simulieren zu können, müsste man letztlich Empfindungen im Kopf durch neuronale Stimulation steuern können (vgl. dazu Specht, 192). Ein solcher vielleicht in Zukunft durch Brain-Computer-Interfaces herbeiführbarer Zustand bedeutete aber eindeutig ein bloß „illusionäres Glück" mit Erfahrungen, die denjenigen im Drogenrausch oder einem Gehirn im Tank wie bei Nozicks Erlebnismaschine gleichen (s. Kap. 1.3.2). Anders als bei einem radikal subjektivistischen Glücksverständnis setzt das Wohlergehen oder Glück in einem philosophisch anspruchsvollen **transaktionalen Glücksmodell** die Übereinstimmung subjektiver Glücksempfindungen mit den realen Lebensumständen voraus, sodass es als gelingendes, prozessuales Welt-Selbst-Verhältnis definiert werden kann (vgl. Fenner 2003, 624).

Bei Reflexionen über das Wohl der Menschen sollte man daher im Auge behalten, dass es letztlich immer um ein gutes, erfülltes Leben in der analogen Welt geht, also um ein *möglichst gutes analoges Leben* (vgl. Grunwald 2019, 246). Die anfängliche Faszination an einer parallelen Existenz in einer virtuellen Welt mit eigenem Handel und Besitzverhältnissen wie in „Second Life", das zeitweise 70 Millionen Nutzer erreichte, scheint inzwischen verebbt zu sein. Seit der Aufsehen erregenden Ankündigung eines **Metaversums** durch Mark Zuckerberg im Jahr 2021, der damit gleichzeitig die Umbenennung von Facebook in „Meta Platforms" bekannt gab, ist auch davon nichts mehr zu hören. Ziele waren dabei nicht die Entkoppelung, sondern die Ergänzung und fließende Übergänge von physischer Realität und sämtlichen virtuellen Welten sowie dem Internet und den über das IoT integrierten Gegenständen. Damit verbunden gewesen wären aber viele Probleme wie z.B. zunehmende Online-Hassrede, Cyberkriminalität und Radikalisierung, aber auch erhöhte Risiken des Datenschutzes, permanenter Datenüberwachung und manipulativer Freiheitseinschränkungen. Viele Menschen erleben bereits jetzt die Ersetzung der direkten menschlichen Interaktionen durch Online-Angebote in immer mehr Bereichen als großen Verlust, weil sie eine vertrauensvolle und empathische Kommunikation und authentische menschliche Persönlichkeiten vermissen. Obwohl die analoge und digitale Welt infolge der Digitalisierung immer mehr verschmelzen und eine gesellschaftliche Teilhabe ohne digitale Geräte längst nicht mehr möglich ist, sollte das große und wertvolle Erfahrungsspektrum der analogen Welt nicht verdrängt werden. Es gibt bereits viele Gegenbewegungen zu den mit der Digitalisierung und Mediatisierung verbundenen Tendenzen der Beschleunigung, Hektik und einer zerstreuten Aufmerksamkeit. Im Zeichen einer „postdigitalen Ära" beginnen Jugendliche konsequenter, das Smartphone z.B. beim Zusammensein mit engen Freunden auszuschalten oder sich in sozialen Medien vermehrt in geschlossene Gruppen mit Realitätsbezug zurückzuziehen. Allen voran aus den am weitesten fortgeschrittenen „Digitalen Schulen" der nordischen Länder werden Smartphones allmählich wieder verbannt, um negative Konsequenzen wie den Verlust der Konzentrationsfähigkeit und sozialer Kompetenzen zu vermeiden. Diskutiert wird ein generelles Verbot von Social Media für unter 16-Jährige aufgrund von Einsamkeit, Depressionen und schlechtem Lern- und Sozialverhalten. Es steigt das Interesse an „Digital Detox"-Seminaren und authentischem Naturerleben etwa beim „Waldbaden" sowie an Konzepten wie „Slow Technology" und „Slow Media" (s. Kap. 2.2.1; Ess, 129; Dohmen, 17). In Zukunft wird man vielleicht an Urlaubsorte ohne Internetanschluss reisen, wo alle sich analog begegnen und sich auf das besinnen können, was ihnen im eigenen Leben wirklich wichtig ist.

Aus *sozialethischer Perspektive* muss in gesellschaftlichen Diskussionen geklärt werden, wie wir in Zukunft das analoge Leben gemeinsam und verantwortungsvoll gestalten wollen und wo die Grenzen der Digitalisierung und Substitution der Menschen durch KI zu ziehen sind. Bedeutsam scheinen eine authentische, empathische Kommunikation von Menschen oder tragfähige persönliche Beziehungen eindeutig etwa in den Bereichen Kindererziehung, pädagogischer Vermittlung, Trauerarbeit, Psychotherapien bei schweren Störungen oder beim Überbringen von schlimmen Diagnosen im medizinischen oder rechtlichen Bereich zu sein. Nicht wünschenswert wäre außerdem eine weitere Singularisierung und Fragmentierung der Gesellschaft, in der Menschen mit mehr Freizeit oder ohne Arbeit vor ihren Computern sitzen und ihr Leben überwiegend in virtuellen Welten verbringen. Die Richtung der technologischen und kulturellen Entwicklung darf nicht von einflussreichen Digitalunternehmern mit viel Geld und Macht vorgegeben werden, die alle Probleme der Menschen technisch zu lösen versprechen. In einer technokratischen Sichtweise lassen sich aus den von Tech-Giganten gesammelten riesigen Datenmengen über die

Welt und die Menschen die für alle besten Lösungen mittels künstlicher (Super-)Intelligenz berechnen (s. Kap. 3.2.4). Für kollektivistische Lösungen, wie sie auch im Trans- und Posthumanismus präsentiert werden, scheint sich besonders das utilitaristische Nutzenkalkül anzubieten (vgl. Loh 2018, 25f.; s. Kap. 1.2.3; Kap. 3.3.2): Über ein omnipräsentes neurophysiologisches Computing könnten in der Algokratie sämtliche Wünsche und Präferenzen aller Menschen registriert werden, um zu jedem Zeitpunkt den maximalen Gesamtnutzen zu ermitteln und paternalistisch durchzusetzen. Auch hinter AI-Alignment-Bemühungen von Privatunternehmen steht manchmal die naive Vorstellung, dass sich menschliche Werte einfach in faktisch vorhandenen Wertvorstellungen und getroffenen Entscheidungen der Menschen entdecken lassen. Für einige demokratiemüde Bürger mag es zwar verlockend klingen, wenn damit all die zähen und langwierigen Aushandlungsprozesse beim Ringen um Wertvorstellungen, Interessenausgleiche und Güterabwägungen entfallen würden. Das Gemeinwohl mit einer gerechten Grundordnung und gleichen Rechten und Lebenschancen für alle Menschen kann aber wie gezeigt nicht aus bloßen Verhaltens- oder Zustandsanalysen automatisch errechnet werden, sondern lässt sich nur in der gemeinsamen argumentativen Verständigung von Menschen mit moralischer Urteilskraft bestimmen (s. Kap. 3.2.4). Um das Monopol von großen Digitalunternehmen zu brechen und die Bürger stärker in die Beratungsprozesse einbeziehen zu können, wurden in Kapitel 2.3 ein öffentlich-rechtliches Internet, eine Stärkung der Online-Partizipation und eine Unterstützung von „Open data"- und „Civic Tech"-Bewegungen zur Förderung des zivilgesellschaftlichen Engagements vorgeschlagen.

Der Mensch muss die Kontrolle über die Technik behalten

Es geht in der Digitalisierungsdebatte also keineswegs darum, die technologische Entwicklung möglichst präzise vorauszusehen, sondern sie wertgeleitet zu regulieren: Wir als Menschen *können* und *sollen* den digitalen Wandel und unsere Zukunft gestalten, so lautet die Kernbotschaft der Digitalen Ethik. Es herrscht im gegenwärtigen ethischen Diskurs ein breiter Konsens darüber, dass der Mensch die Kontrolle über die von ihm entwickelte Technik behalten muss. Um einen Kontrollverlust zu vermeiden, braucht es hinsichtlich der geschilderten Visionen einer Superintelligenz klare Obergrenzen für die Entwicklung der Eigenschaften und Fähigkeiten von KI: Es dürfen keine KI-Systeme mit einem Innenleben, einem eigenen Willen und eigenen Vorstellungen von gut und böse hergestellt werden, weil diese keine Werkzeuge im Dienst der Menschen mehr wären. Sie hätten nicht länger nur instrumentellen Wert mit Blick auf das menschliche Wohl, sondern wären **Selbstzwecke** mit einem intrinsischen Wert und moralischem Status (s. Kap. 3.3.1). Als solche könnten sie sich selbst Ziele setzen und eigene Interessen verfolgen, wie z. B. das eigene Abschalten zu verhindern oder Geld und Ressourcen anzuhäufen. Die sich dadurch ergebenden schwerwiegenden prudentiellen und moralischen Probleme wurden bereits dargelegt (s. Kap. 3.3.3; 3.4). Superintelligente vernetzte Systeme könnten als Subjekte der Digitalisierung sogar deren Richtung selbst bestimmen und sie vorantreiben. Solange jedoch völlig offen bleibt, wie die Menschen denn konkret die Technikentwicklung kontrollieren können sollen, klingt die einhellige Forderung nach der menschlichen Gestaltungshoheit genauso wohlfeil wie die nach dem „Dienst zum menschlichen Wohl" ohne nähere, vernunftgeleitete Bestimmung dessen, was das „Gute" für die Menschen sei. Immer noch sehr allgemein formuliert ist das Ziel eine **ethisch reflektierte** und **partizipative Techniksteuerung** in allen Phasen, von der Planung neuer Technologien bis hin zur Nutzung und der Etablierung soziotechnischer Systeme (vgl. Fenner 2022, 283 f.). „Partizipativ" soll sie sein, weil die Technikgestaltung demokratisch legitimiert sein muss. Die sich größtenteils in Wirtschaft und Industrie vollziehende Entwicklung ist von allen Akteuren ethisch zu reflektieren, damit sie nicht allein von ökonomischen Interessen geleitet wird. Wie in verschiedenen Anwendungskontexten gezeigt, kommt es dann zu einer komplexen, gestuften und geteilten Verantwortung aller Beteiligten auf verschiedenen Ebenen (s. Kap. 2.1.2; Kap. 3.3.2; Kap. 3.4).

Die weitaus stärksten Instrumente zur Technikgestaltung sind zweifellos **gesetzliche Regelungen** auf einer Makroebene, die im Idealfall auf Ethikrichtlinien, Beratung durch Ethikkommissionen oder partizipativer Technikfolgenabschätzung basieren. Dazu zählt etwa der EU-weit geltende **Digital Services Act** (2022) für die Regulierung großer Online-Plattformen und den Schutz der Nutzer vor Kinderpornographie, Gewalt und Hetze im Internet. Eine Vorbild- und Vorreiterfunktion für die Regulierung von KI hat der **AI Act** (2023) der EU, der sich auf die Ethik-Leitlinien der „High-Level-Expert-Group on Artificial Intelligence" (2019) stützt (s. Kap. 3, Einleitung): Beim risikobasierten Ansatz des AI Acts müssen Konzerne, die Produkte oder Dienstleistungen mit KI auf den Markt bringen wollen, eine Risikoanalyse zur Prüfung vorlegen. In einem konkreten aktuellen Fall konnte der Plattformbetreiber von TikTok die Bedenken nicht ausräumen, dass ein neues Belohnungssystem für das häufige Anschauen von Videos mit einem hohen Risiko einer Abhängigkeit der Nutzer einhergeht. In der Folge hat der Anbieter auf dem europäischen Markt auf dessen Einführung verzichtet. Die Einteilung in Risikoklassen je nach drohenden Gefahren ist sinnvoll, weil wie gezeigt z. B. nicht sämtliche algorithmenbasierte entscheidungsfindende Systeme (ADM) gleichermaßen reguliert werden müssen (s. Kap. 3.1.3.1): Während Empfehlungssysteme beim Kauf von Büchern oder Handyhüllen relativ unproblematisch sind, ist eine strenge Kontrolle erforderlich bei Systemen, in denen über Menschen, ihre Ressourcen, Teilhabemöglichkeiten oder Chancen z. B. auf Ausbildung, Beruf oder Kreditaufnahme entschieden wird. Bei soziotechnischen Systemen mit hohem Abhängigkeitsgrad der Betroffenen und großem Schadenspotential etwa hinsichtlich Diskriminierung sind entsprechend die Anforderungen an Transparenz und Sicherheit größer. Der AI Act sieht bei Hochrisikotechnologien das Prinzip **menschlicher Aufsicht** vor, d. h. die durchgängige und wirksame Kontrolle durch Menschen während des ganzen Prozesses der Produktion und Anwendung. Gemäß dem Prinzip der **menschlichen Letztentscheidung** der DSGVO muss das Resultat von algorithmenbasierten Einzelentscheidungen am Ende immer durch kompetente Menschen geprüft werden (s. Kap. 3.1.3.3).

Auf einer Mesoebene sind zunächst die Unternehmen in der Verantwortung, wobei auf die allgemeinen Forderungen der **Unternehmensethik** als Teil der Wirtschaftsethik verwiesen werden kann (vgl. Fenner 2022, Kap. 7.2): Statt das Prinzip der Gewinnmaximierung zu verabsolutieren, sollen Unternehmen einen Beitrag zur Bedarfsdeckung der Menschen leisten, ohne dem menschlichen Wohl oder der Umwelt zu schaden (vgl. ebd., 452). Als Minimalstandards sind neben den erwähnten gesetzlichen Vorgaben auch die **Industrienormen** zu beachten, die es für KI bereits in den Bereichen Medizin, Hochfrequenzhandel und Mobilität gibt und die vom Technischen Überwachungsverein (**TÜV**) kontrolliert werden. Wünschenswert sind aber noch mehr Transparenz mittels einheitlicher Labels und Zertifizierungen z. B. zur Nachhaltigkeit oder Kennzeichnungspflichten für Avatare oder digitale Zwillinge (s. Kap. 3.4). Auf freiwilliger Basis unterstützt etwa der Leitfaden der internationalen Norm „ISO26000" Unternehmen und andere Organisationen dabei, gesellschaftliche Verantwortung wahrzunehmen. Speziell für KI sind wichtige Ansätze der Selbstverpflichtung das **Value Sensitive Design** oder **Ethics by Design**, die auf allen Ebenen für die Einhaltung ethischer Prinzipien sorgen und häufig partizipatorische Verfahren zur Einbeziehung künftiger Anwender z. B. von Pflegerobotern vorsehen (s. Kap. 3, Einleitung). In Anlehnung an die bereits etablierten unternehmensethischen Konzepte einer Corporate Social Responsibility (CSR) entwickeln einige Technologiekonzerne bereits Strategien für **Corporate Digital Responsibility (CDR)** (vgl. Dräger u. a., 203; Gossen u. a., 245 f.). Anzustreben ist eine partizipative Unternehmenskultur und die Einrichtung von Ethikkommissionen, Ethik-Hotlines und Beschwerdestellen (vgl. Fenner 2022, 453 ff.). Für Wissenschaftler, Informatiker, Ingenieure oder Data Scientists gilt dasselbe, soweit sie in Unternehmen oder größeren Forschungsprojekten organisiert sind und Modelle kollektiver Verantwortung greifen. Vorbilder hinsichtlich einer ethisch verantwortlichen Ausgestaltung der Forschung sind das Rahmenprogramm der EU **Responsible Research and Innovation (RRI)**, die erwähnten **Sciences and Technology Studies (STS)** oder die oft auch von Parlamenten oder nationalen Behörden eingesetzte **partizipative Technikfolgenabschätzung (pTA)** (s. Kap. 1.2.5). Ganze Forschungszweige wie z. B. FAccT mit regelmäßigen Konferenzen bemühen sich um **F**airness, **Acc**ountability und **T**ransparency von KI. Insgesamt ist eine engere Zusammenarbeit zwischen Ingenieur- und Informatikwissenschaften einerseits und Geistes- und Kulturwissenschaften andererseits unentbehrlich (s. Kap. 1, Einleitung). Auch sollten Ethikkommissionen nicht nur in der Medizin und Biologie verpflichtend sein, und Bundesethikkommissionen zur Forschungskontrolle oder sogar ein internationaler Wissenschaftsgerichtshof wären wünschenswert.

Auf der Mikroebene der einzelnen Beteiligten wird insbesondere von Informatikern und Ingenieuren vielfach eine **ethische Bildung** bereits im Studium oder in Weiterbildungskursen gefordert. Sie sollen ethische Kompetenzen erwerben, um ihre Forschungsziele und deren Konsequenzen von Anfang an kritisch reflektieren zu können. Darüber hinaus müssten sie aber auch „diskursfähig“ werden, um in der Bevölkerung ein Problembewusstsein hinsichtlich neuer Technologien zu schaffen und in der Politikberatung ihre Expertise einfließen lassen zu können (vgl. Reidel, 464). Für sie genauso wie für Unternehmer und ihre Angestellten gilt, dass sich niemand mit dem Pochen auf seine Individualrechte auf Forschungs- oder Wissenschaftsfreiheit bzw. Wirtschafts- oder unternehmerische Freiheit aus der Verantwortung ziehen kann. Denn diese Grundrechte gelten nicht absolut, sondern finden ihre Grenzen an positiven Grundrechten anderer wie z. B. Persönlichkeitsrechten sowie geltenden moralischen und rechtlichen Normen. Statt nur auf den eigenen Profit oder Ruhm abzuzielen, sind zumindest negative Pflichten der Nichtschädigung einzuhalten. Insbesondere bei staatlich geförderten Forschungsprojekten wären darüber hinaus auch positive Pflichten wie die Verbesserung der Lebensbedingungen der Menschen im Sinne einer **Metaverantwortung** zu erfüllen, damit diese nach Alfred Nobels Wunsch tatsächlich „im Dienst der Gesellschaft" stehen (vgl. Fenner 2022, 237).

Anstelle von KI-Experten oder mächtigen Unternehmensgründern können letztlich nur die Menschen selbst wissen, welche wissenschaftlichen Erfindungen dem „Wohl des Menschen" dienen und wie die vielfach miteinander konkurrierenden Werte bei konkreten Anwendungen zu gewichten sind. Daher wurde den allgemeinen Prinzipien der Partizipation und einer kritischen Öffentlichkeit in diesem Buch hohe Bedeutung beigemessen (s. z. B. Kap. 1.2.5; Kap. 2.3; Kap. 3.2.4). Auch sollte ein Beitrag zur **Befähigung** der Leser geleistet werden, damit sie sich nicht den rasend schnell voranschreitenden technischen Entwicklungen ohnmächtig ausgeliefert fühlen. Denn obwohl die meisten beruflich oder privat täglich Apps, algorithmische Entscheidungssysteme, Soziale Netzwerke oder ChatGPT etwa in der Verwaltung oder bei der Internet-Suche nutzen, fehlen teilweise basale Kenntnisse bezüglich deren Funktionsweisen, Stärken und Grenzen. Auch an allen Schulen und in der Weiterbildung müssen **digitale (Medien-)Kompetenzen** und **AI Literacy** sowie ein **kritisches Bewusstsein** gefördert werden, um zu verhindern, dass den digitalen Technologien aus Bequemlichkeit oder Faszination am Neuen blind vertraut wird. Neben stärkeren rechtlichen Regulierungen, die oft nur nachträgliche und oberflächliche Korrekturen vornehmen, brauchen wir viel mehr positive intrinsische Anreize und mehr öffentliche Diskurse für eine gemeinsame, ethisch reflektierte Technikgestaltung.

Bibliographie

Abels, Gabriele und Bora, Alfons: Partizipative Technikfolgenabschätzung und -bewertung, in: Simonis, Georg (Hrsg.): Konzepte und Verfahren der Technikfolgenabschätzung, Wiesbaden 2013, S. 109–123.

Adlmaier-Herbst, Dieter und Baumöl, Ulrike: Innovationen für den Kulturwandel im Kontext der Digitalisierung, in: Roth, Stefan und Corsten, Hans (Hrsg.): Handbuch Digitalisierung, München 2022, S. 1211–1231.

Albrecht, Steffen: ChatGPT und andere Computermodelle zur Sprachverarbeitung, Büro für Technikfolgen-Abschätzung beim Deutschen Bundestag (TAB), Berlin 2023.

Altmann, Tobias: Empathie, Online-Publikation vom 04.05.2018 (https://www.socialnet.de/lexikon/Empathie; Abruf am 13.11.2024).

Anders, Günter: Die Antiquiertheit des Menschen, Bd. 1, München 1994.

Anderson, Michael und Susan: EthEl: Toward a Principled Ethical Eldercare System, in: Beiträge vom AAAI (Association for the Advancement of Artificial Intelligence), 2/2008 (https://aaai.org/papers/0002-fs08-02-002-ethel-towards-a-principled-ethical-eldercare-system/, Abruf am 13.11.2024).

Anwander, Norbert: Meinungs-, Gedanken- und Redefreiheit, in: Stoecker, Ralf, Neuhäuser, Christian und Raters, Marie-Luise (Hrsg.): Handbuch Angewandte Ethik, Stuttgart 2011, S. 338–344.

ARD Dokumentation: Die Machtmaschine. Wie Facebook und co. die Demokratie gefährden, 7.3.2023.

Aristoteles, Nikomachische Ethik, 2. Aufl., München 1995 (zitiert nach der Bekker-Ausgabe).

Arkin, Ronald: Governing Lethal Behavior in Autonomous Robots, Boca Raton 2009.

Awad, Edmond und Dsouza, Sohan u. a.: The Moral Machine experiment, in: Nature, Vol. 563, Nov. 2018, S. 59–65.

Bartneck, Christoph, Lütge, Christoph, Wagner, Alan und Welsh, Sean: Ethik in KI und Robotik, München 2019.

Bartneck, Christoph, Belpaeme, Tony u. a.: Mensch-Roboter-Interaktion. Eine Einführung, München 2020.

Bauberger, Stefan: Welche KI? Künstliche Intelligenz demokratisch gestalten, München 2020.

Bauberger, Stefan, Beck, Birgit, Burchardt, Aljoscha und Remmers, Peters: Ethische Fragen der Künstlichen intelligenz, in: Görz, Günther, Schmid, Ute und Braun,

Tanya (Hrsg.): Handbuch der Künstlichen Intelligenz, Berlin/Boston 2021, S. 907–934.

Bauer, Nikolaus, Gogoll, Jan und Zuber, Nina: Gesichtserkennung. Ein Diskussionsbeitrag zur Regulierung der Technologie, Bayrisches Forschungsinstitut für Digitale Transformation (bidt) 2021.

Baur-Ahrens, Andreas: Cyberwar, in: Heesen, Jessica (Hrsg.): Handbuch Medien- und Informationsethik, Stuttgart 2016, S. 261–268.

Bayertz, Kurt: Wissenschaft, Technik und Verantwortung. Grundlagen der Wissenschafts- und Technikethik, in: ders. (Hrsg.): Praktische Philosophie. Grundorientierungen angewandter Ethik, Reinbek bei Hamburg 1991, S. 173–219.

Beauchamp, Tom und Childress, James: Principles of biomedical ethics, 8. Aufl., Oxford u. a. 2019.

Beaufort, Maren und Seethaler, Josef: Von kollektiver zu konnektiver Logik? Mediennutzung und politisch-gesellschaftliche Beteiligung im Zeit- und Ländervergleich, in: Eisenegger, Mark, Prinzing, Marlies u. a. (Hrsg.) Digitaler Strukturwandel der Öffentlichkeit. Historische Verortung, Modelle und Konsequenzen, Wiesbaden 2021, S. 399–420.

Beck, Susanne, Armin Grunwald u. a.: Künstliche Intelligenz und Diskriminierung, Whitepaper aus der Plattform Lernende Systeme, München 2019, S. 1–23 (AG3_Whitepaper_250619 (4).pdf).

Beck, Susanne: Künstliche Intelligenz – ethische und rechtliche Herausforderungen, in: Mainzer, Klaus (Hrsg.): Philosophisches Handbuch Künstliche Intelligenz, Wiesbaden 2024, S. 673–700.

Beckedahl, Markus und Lüke, Falk: Die digitale Gesellschaft, München 2012.

Beckermann, Ansgar: Analytische Einführung in die Philosophie des Geistes, 3. Aufl., Berlin/Boston 2008.

Beier, Kathi, Borchers, Dagmar u. a.: Tugendethische Ansätze, in: Grimm, Petra, Trost, Kai und Zöllner, Oliver (Hrsg.): Digitale Ethik, Baden-Baden 2024, S. 49–62.

Bendel, Oliver: Sexroboter und Robotersex aus Sicht der Ethik, in: Otto, Philipp und Gräf, Eike (Hrsg.): 3TH1CS. Die Ethik der digitalen Zeit, Bonn 2018, S. 30–43.

Bendel, Oliver: Wozu brauchen wir Maschinenethik?, in: Bendel, Oliver (Hrsg.): Handbuch Maschinenethik, Wiesbaden 2019, S. 13–32.

Bendel, Oliver: Pflegeroboter aus Sicht der Maschinenethik, in: ebd. 2019, S. 301–318.

Bendel, Oliver: Sexroboter aus Sicht der Maschinenethik, in: ebd. 2019, S. 335–354.

Bendel, Oliver: Eine Annäherung an Liebenspuppen und Sexroboter, in: Bendel, Oliver (Hrsg.): Maschinenliebe: Liebespuppen und Sexroboter aus technischer, psychologischer und philosophischer Perspektive, Wiesbaden 2020, S. 3–20.

Bendel. Oliver: Liebespuppen und Sexroboter in der Moral, in: ebd., 2020 S. 125–146.

Bendel, Oliver: Die fünf Dimensionen sozialer Roboter, in: Bendel, Oliver (Hrsg.): Soziale Roboter. Technikwissenschaftliche, wirtschaftswissenschaftliche, philosophische, psychologische und soziologische Grundlagen, Wiesbaden 2021, S. 3–20.

Bendel, Oliver: 450 Keywords Digitalisierung, Wiesbaden 2022.

Bentele, Günter: Wahrheit, in: Heesen, Jessica (Hrsg.): Handbuch Medien- und Informationsethik, Stuttgart 2016, S. 59–66.

Bergmann, Jens und Pörksen, Bernhard: Einleitung in: dies. (Hrsg.): Skandal! Die Macht öffentlicher Empörung, Köln 2009.

Best, Volker, Decker, Frank u. a.: Demokratievertrauen. Wie blicken die Menschen in Deutschland auf Politik, Institutionen und Gesellschaft?, Bonn 2023.

Bieber, Christoph: Öffentlichkeit, in: Heesen, Jessica (Hrsg.): Handbuch Medien- und Informationsethik, Stuttgart 2016, S. 67–73.

Bieri, Peter: Das Handwerk Freiheit. Über die Entdeckung des eigenen Willens, Frankfurt a. M. 2003.

Birkerts, Sven: Die Gutenberg Elegien. Lesen im elektronischen Zeitalter, Frankfurt a. M. 1997.

Birnbacher, Dieter und Wolfgang: Automatisiertes Fahren. Ethische Fragen an der Schnittstelle von Technik und Gesellschaft, in: Information Philosophie, 4/2016, S. 8–15.

Bleuler, Tanja und Caroni, Pietro: Roboter in der Pflege, in: Bendel, Oliver (Hrsg.): Soziale Roboter, Wiesbaden 2021, S. 441–458.

BLIKK-Medien: Kinder und Jugendliche im Umgang mit elektronischen Medien, Studienleiter Uwe Büsching und Riedel, Rainer, Online-Publikation vom Mai 2017 (https://www.bundesgesundheitsministerium.de/service/publikationen/details/blikk-medien-kinder-und-jugendliche-im-umgang-mit-elektronischen-medien.html; Abruf am 13.11.2024).

Boddington, Paula: AI Ethics. A textbook, Singapore 2023.

Boehme-Neßler, Volker: Das Ende der Demokratie? Effekte der Digitalisierung aus rechtlicher, politologischer und psychologischer Sicht, Heidelberg 2018.

Bonfadelli, Heinz und Friemel, Thomas: Medienwirkungsforschung, 6. überarb. Aufl., Konstanz und München 2017.

Bostrom, Nick: Superintelligenz, 3. Aufl., Berlin 2018.

Brändle, Claudia und Grunwald, Armin: Autonomes Fahren aus Sicht der Maschinenethik, in: Bendel, Oliver (Hrsg.): Handbuch Maschinenethik, Wiesbaden 2019, S. 281–300.

Brieger, Julchen: Über die Unmöglichkeit einer kantisch handelnden Maschine, in: Rath, Matthias, Krotz, Friedrich und Karmasin, Matthias (Hrsg.): Maschinenethik. Normative Grenzen autonomer Systeme, Wiesbaden 2019, S. 107–120.

Brink, Stefan und Henning, Clarissa: Datenschutz, in: Grimm, Petra, Trost, Kai und Zöllner, Oliver (Hrsg.): Digitale Ethik, Baden-Baden 2024, S. 279–288.

Brodnig, Ingrid: Der unsichtbare Mensch. Wie die Anonymität im Internet unsere Gesellschaft verändert, Wien 2013.

Brodnig, Ingrid: Ein Sammelbecken für Populisten, in: Fichter, Adrienne (Hrsg.): Smartphone-Demokratie, Zürich 2017, S. 16–29.

Brodnig, Ingrid: Lügen im Netz, 2. überarb. Aufl., Wien 2018.

Brosda, Carsten: Journalismus, in: Schicha, Christian und Brosda, Carsten (Hrsg.): Handbuch Medienethik, Wiesbaden 2010, S. 257–277.

Brugger, Heike, Brischke, Lars und Götz, Thomas: Energiebedarf der Digitalisierung und IT – Bestandsaufnahme, Herausforderungen und Handlungsansätze, Positionspapier des Fraunhofer ISI, Wuppertal Instituts und ifeu, Online-Publikation (https://www.bmwk.de/Redaktion/DE/Downloads/P-R/roadmap-2045-inputapier-ag-energiebedarf-der-digitalisierung.pdf; Abruf am 13.11.2024).

Bryson, Joanna: Robots Should Be Slaves, in: Wilks, Yorick (Hrsg.): Close Engagements with Artificial Companions. Key social, psychological, ethical and design issues, Philadelphia 2010, S. 63–74.

Buchmann, Johannes: Demokratie und Öffentlichkeit im Digitalen Zeitalter, in: Spiecker genannt Döhmann, Indra, Westland, Michael und Campos, Ricardo (Hrsg.): Demokratie und Öffentlichkeit im 21. Jahrhundert – zur Macht des Digitalen, Baden-Baden 2022, S. 15–40.

Budelacci, Orlando: Mensch, Maschine, Identität. Ethik der Künstlichen Intelligenz, Basel 2022.

BVerfG (Bundesverfassungsgericht): Beschluss der 1. Kammer des Zweiten Senats vom 26. Juli 2010, https://www.bundesverfassungsgericht.de/SharedDocs/Entscheidungen/DE/2010/07/rk20100726_2bvr222708.html (Abruf am 13.11.2024).

Capurro, Rafael: Digitale Ethik, zuerst veröffentlicht in: The Academy of Korean Studies and Korean National Commission for UNESCO 2009 (Hrsg.): 2009 Global Forum Civilization and Peace, S. 207–216.

Capurro, Rafael: Interview „Digitale Ethik“, in: business impact 4/2015, S. 40–43 (https://www.capurro.de/businessimpact2015.pdf; Abruf am 13.11.2024).

Capurro, Rafael: Digitale Ethik zwischen res publica und res privata. Ein Geleitwort, in: Grimm, Petra, Trost, Kai und Zöllner, Oliver (Hrsg.): Digitale Ethik, Baden-Baden 2024, S. 17–22.

Chesterman, Simon: From Ethics to Law: Why, When, and How to Regulate AI, in: Gunkel, David (Hrsg.): Handbook on the Ethics of Artificial Intelligence, Northampton 2024, S. 113–127.

Christians, Clifford, Fackler, Mark, Richardson, Kathy und Kreshel, Peggy: Media Ethics. Cases and Moral Reasoning, 11. Aufl., New York 2020.

Cocking, Dean: Friendship Online, in: Véliz, Carissa (Hrsg.): The Oxford Handbook of Digital Ethics, Oxford/New York 2024, S. 203–222.

Coeckelbergh, Mark: AI Ethics, Cambridge 2020.

Cordis (Forschungsergebnisse der EU): Treffen Sie Ihren digitalen Zwilling, eine virtuelle Version Ihrer selbst (https://cordis.europa.eu/article/id/441913-trending-science-meet-your-digital-twin-a-virtual-version-of-yourself/de; Abruf am 13.11.2024).

Corsten, Hans und Roth, Stefan: Gedanken zur Digitalisierung, in: Roth, Stefan und Corsten, Hans (Hrsg.): Handbuch Digitalisierung, München 2022, S. 4–18.

Crouch, Colin: Postdemokratie revisited, Berlin 2021.

Cruft, Rowan: Is There a Right to Internet Access?, in: Véliz, Carissa (Hrsg.): The Oxford Handbook of Digital Ethics, Oxford/New York 2024, S. 63–84.

Danaher, John: The Threat of Algocracy: Reality, Resistance and Accommodation, in: Philosophy & Technology 29/2016, S. 245–268.

Dang-Ahn, Mark, Einspänner, Jessica und Thimm, Caja: Die Macht der Algorithmen – Selektive Distribution in Twitter, in: Emmer, Martin, Filipović, Alexander u. a. (Hrsg.): Echtheit, Wahrheit, Ehrlichkeit. Authentizität in der Online-Kommunikation, Weinheim/Basel 2013, S. 74–87.

Danks, David: Digital Ethics as Translational Ethics, in: Vasiliu-Feltes, Ingrid und Thomason, Jane (Hrsg.): Applied Ethics in a Digital World, Hershey, Pennsylvania 2022, S. 1–15.

Debatin, Bernhard: Medienethik als Steuerungsinstrument?, in: Holderegger, Adrian (Hrsg.): Kommunikations- und Medienethik, 3. Aufl., Fribourg 2004, S. 39–54.

Debatin, Bernhard: Herausforderungen und ethische Standards für den Multi-Plattform Journalismus im World Wide Web, in: Ethik der Kommunikationsberufe (zfkm), 12,1/2010, S. 25–29.

Debatin, Bernhard: Das Ende der journalistischen Ethik?, in: Prinzing, Marlis, Rath, Matthias u. a. (Hrsg.): Neuvermessung der Medienethik, Weinheim/Basel 2015.

Debatin, Bernhard: Wandel des Journalismus, Erweiterung der Journalismus- und Medienethik?, in: Stapf, Ingrid, Prinzing, Marlis und Filipović, Alexander (Hrsg.): Gesellschaft ohne Diskurs? Digitaler Wandel und Journalismus aus medienethischer Perspektive, Baden-Baden 2017, S. 53–69.

Decker, Michael: Roboterethik, in: Heesen, Jessica (Hrsg.): Handbuch Medien- und Informationsethik, Stuttgart 2016, S. 351–356.

Decker, Michael: Von den three laws of robotics zur Roboterethik, in: Liggieri, Kevin und Müller, Oliver (Hrsg.): Mensch-Maschine-Interaktion. Handbuch zu Geschichte-Kultur-Ethik, Berlin 2019, S. 345–351.

Decker, Michael: Robotik, in: Grunwald, Armin und Hillerbrand, Rafaela (Hrsg.): Handbuch Technikethik, 2. aktual. und erw. Aufl. 2021, S. 393–397.

Delisle, Marc und Weyer, Johannes: Datengenerierung, in: Kolany-Raiser, Barbara, Heil, Reinhard, Orwat, Carsten und Hoeren, Thomas (Hrsg.): Big Data und Gesellschaft. Eine multidisziplinäre Annäherung, Wiesbaden 2018, S. 84–101.

Demokratiezentrum Wien: E-Democracy. Internet und Demokratie, Online-Publikation (https://www.demokratiezentrum.org/bildung/ressourcen/themenmodule/demokratiemodelle/e-democracy-liquid-democracy/; Abruf am 13.11.2024).

Dernbach, Beatrice: Narration und Storytelling im medienethischen Diskurs, Gesellschaft ohne Diskurs? Digitaler Wandel und Journalismus aus medienethischer Perspektive, Baden-Baden 2017, S. 149–164.

Deutscher Ethikrat: Robotik für gute Pflege. Stellungnahme, Berlin 2022.

Dieffal, Christian: Demokratie und das Recht, in: Hoeren, Thomas und Pinelli, Stefan (Hrsg.): Künstliche Intelligenz. Ethik und Recht, München 2022, S. 221–253.

Dignum, Virginia: Responsible Artificial Intelligence. How to Develop and Use AI in a Responsible Way, Cham Switzerland 2019.

Dobelli, Rolf: Die Kunst des digitalen Lebens. Wie Sie auf News verzichten und die Informationsflut meistern, 2. Aufl., München 2019.

Dohmen, Andreas: Wie digital wollen wir leben? Die wichtigste Entscheidung für unsere Zukunft, Ostfildern 2019.

Döring, Nicola: Sexpuppen und Sexroboter aus psychologischer und therapeutischer Perspektive, in: Bendel, Oliver (Hrsg.): Maschinenliebe: Liebespuppen und Sexroboter aus technischer, psychologischer und philosophischer Perspektive, Wiesbaden 2020, S. 283–301.

Döring, Nicola und Mohseni, M. Rohangis: Digitale interpersonale Gewalt und Aggression. Forschungsstand und medienpädagogische Herausforderungen, in: MERZ. Medien und Erziehung. Zeitschrift für Medienpädagogik, 1/2020, S. 14–24.

Dorn, Manfred: Leichter Leben, in: Hoeren, Thomas und Pinelli, Stefan (Hrsg.): Künstliche Intelligenz. Ethik und Recht, München 2022, S. 17–43.

Dörr, Konstantin, Köberer, Nina und Haim, Mario: Normative Qualitätsansprüche an algorithmischen Journalismus, in: Stapf, Ingrid, Prinzing, Marlis und Filipović, Alexander (Hrsg.): Gesellschaft ohne Diskurs? Digitaler Wandel und Journalismus aus medienethischer Perspektive, Baden-Baden 2017, S. 121–133.

Dräger, Jörg und Müller-Eiselt, Ralph: Wir und die intelligenten Maschinen. Wie Algorithmen unser Leben bestimmen und wir sie für uns nutzen können, München 2019.

Drösser, Christoph: Richtig streiten in polarisierten Zeiten, SWR2 Wissen, 14. Juni 2023.

Drüeke, Ricarda: Diskriminierung, in: Heesen, Jessica (Hrsg.): Handbuch Medien- und Informationsethik, Stuttgart 2016, S. 153–160.

Dusseldorp, Marc: Technikfolgenabschätzung, in: Grunwald, Armin und Hillerbrand, Rafaela (Hrsg.): Handbuch Technikethik, 2. aktual. und erw. Aufl. 2021, S. 442–446.

Düwell, Marcus: Bioethik. Methoden, Theorien und Bereiche, Stuttgart 2008.

Düwell, Marcus: Moralischer Status, in: Düwell, Marcus, Hübenthal, Christoph und Werner, Micha (Hrsg.): Handbuch Ethik, 2. aktual. Aufl., Stuttgart/Weimar 2011, S. 434–439.

Eickelmann, Jennifer: „Hate Speech" und Verletzbarkeit im digitalen Zeitalter, Bielefeld 2017.

Eisele, Jörg: Cyberkriminalität, in: Heesen, Jessica (Hrsg.): Handbuch Medien- und Informationsethik, Stuttgart 2016, S. 255–260.

Eisenegger, Mark: Dem digitalen Strukturwandel der Öffentlichkeit auf der Spur, in: Eisenegger, Mark, Prinzing, Marlies u. a. (Hrsg.) Digitaler Strukturwandel der Öffentlichkeit. Historische Verortung, Modelle und Konsequenzen, Wiesbaden 2021, S. 1–16.

Eisenegger, Mark: Dritter, digitaler Strukturwandel der Öffentlichkeit als Folge der Plattformisierung, in: ebd. 2021, S. 17–40.

Ess, Charles: Digital Media Ethics, 3. Aufl., Cambridge 2020.

Ethik-Kommission Automatisiertes und Vernetztes Fahren, eingesetzt durch den Bundesminister für Verkehr und digitale Infrastruktur der Bundesrepublik Deutschland, Bericht, Juni 2017.

EU = High Level Expert Group on Artificial Intelligence, set up by the European Commission: Ethics Guidelines for Trustworthy AI.

Faulstich, Werner: Medien, in: ders. (Hrsg.): Grundwissen Medien, 5. Aufl. Stuttgart 2004, S. 13–102.

Fengler, Susanne: Media Accountability im internationalen Vergleich – Medienselbstkontrolle und Medienverantwortung aus interkultureller Perspektive, in: Kurilla, Robin, Kolb-Albers, Karin u. a. (Hrsg.): Sine ira et studio. Disziplinenübergreifende Annäherungen an die zwischenmenschliche Kommunikation, Wiesbaden 2020, S. 279–304.

Fenner, Dagmar: Glück. Grundriss einer integrativen Lebenswissenschaft, Freiburg/München 2003.

Fenner, Dagmar: Das gute Leben, Berlin 2007.

Fenner, Dagmar: Was kann und darf Kunst? Ein ethischer Grundriss, Frankfurt a. M. 2013.

Fenner, Dagmar: Selbstoptimierung und Enhancement. Ein ethischer Grundriss, Tübingen 2019.

Fenner, Dagmar: Ethik. Wie soll ich handeln? 2., überarb. und erw. Aufl., Tübingen 2020.

Fenner, Dagmar: Einführung in die Angewandte Ethik, 2., vollst. überarb. und erw. Aufl., Tübingen 2022.

Fichter, Adrienne: Ist Civic Tech die Antwort auf digitalen Populismus? Mehr Technokratie wagen?, in: Fichter, Adrienne (Hrsg.): Smartphone-Demokratie, Zürich 2017, S. 196–214.

Filippović, Alexander: Angewandte Ethik, in: Heesen, Jessica (Hrsg.): Handbuch Medien- und Informationsethik, Stuttgart 2016, S. 41–50.

Filipović, Alexander: Wahrheit, in: Grimm, Petra, Trost, Kai und Zöllner, Oliver (Hrsg.): Digitale Ethik, Baden-Baden 2024, S. 141–150.

Flaßpöhler, Svenja: Sensibel. Über moderne Empfindlichkeit und die Grenzen des Zumutbaren, 4. Aufl., Stuttgart 2021.

Floridi, Luciano: Die 4. Revolution. Wie die Infosphäre unser Leben verändert (Originaltitel: *The 4th Revolution: How the Infosphere Is Reshaping Human Reality*), Berlin 2015.

Floridi, Luciano, Cowls, Josh u. a.: AI4People. An Ethical Framework for a Good AI Society: Opportunities, Risks, Principles and Recommendations, in: Minds and Machines 28/2018, S. 689–707.

FOM: Künstliche Intelligenz im Alltag. Wie groß ist die Akzeptanz in Deutschland? Ein Volk zwischen Hoffnung, Angst und Zuversicht (https://www.fom.de/2019/september/kuenstliche-intelligenz-ein-volk-zwischen-hoffnung-angst-und-zuversicht.html).

Ford, Martin: Herrschaft der Roboter. Wie künstliche Intelligenz alles transformieren wird – und wie wir damit umgehen können, Kulmbach 2021.

Forschung & Lehre: Schlechtere Konzentration durch Medien-Multitasking, 28.10.2020, in: www.forschung-und-lehre.de, Abruf am 13.11.2024.

Forschung & Lehre: Gesellschaftsstudie: Die kollektive Aufmerksamkeit nimmt ab, 15.4.2019, in: www.forschung-und-lehre.de, Abruf am 13.11.2024.

Foucault, Michel: Der Wille zum Wissen. Sexualität und Wahrheit, Bd. 1, Frankfurt a. M. 1977.

Foucault, Michel: Überwachen und Strafen. Die Geburt des Gefängnisses, 12. Aufl., Frankfurt a. M. 1998.

Frank, Arno: Meute mit Meinung, Zürich/Berlin 2013.

Frankfurt, Harry: Freiheit und Selbstbestimmung, Ausgewählte Texte, hrsg. von Betzler, Monika und Guckes, Barbara, Berlin 2001.

Frauenberger, Christopher: Die Verhandlung technologischer Zukünfte, in: Hengstschläger, Markus und Rat für Forschung und Technologieentwicklung (Hrsg.): Digitaler Wandel und Ethik, München 2020, S. 322–343.

Fraunhofer-Institut für offene Kommunikationssysteme: Kann Digitalisierung nachhaltig sein?, Fraunhofer FOKUS | Kann Digitalisierung nachhaltig sein?, 2018.

Frey, Benedict und Osborne, Michael: The Future of Employment. How Susceptible Are Jobs to Computerisation? Online-Publikation vom 01.09.2013 (https://www.oxfordmartin.ox.ac.uk/publications/the-future-of-employment; Abruf am 13.11.2024).

Friedman, Cindy: Responding to the (techno) Responsibility Gap(s), in: Gunkel, David (Hrsg.): Handbook on the Ethics of Artificial Intelligence, Northampton 2024, S. 68–82.

Frischhut, Markus: EU-Werte und ethische Prinzipien für KI, in: Hengstschläger, Markus und Rat für Forschung und Technologieentwicklung (Hrsg.): Digitaler Wandel und Ethik, München 2020, S. 286–319.

Frondel, Manuel: Digitalisierung und Nachhaltigkeit im Haushalts-, Gebäude- und Verkehrssektor: Ein kurzer Überblick, in: List. Forum für Wirtschafts- und Finanzpolitik (https://link.springer.com/journal/41025) 46/2021, S. 405–422.

Fry, Hannah: Hello World. Was Algorithmen können und wie sie unser Leben verändern, München 2019.

Fuchs, Christian: Soziale Medien und Kritische Theorie, 2. vollst. überarb. Aufl., Tübingen 2021.

Fuchs, Christian: Verschwörungstheorien in der Pandemie. Wie über COVID-19 im Internet kommuniziert wird, Tübingen 2022.

Fuchs, Martin: Warum Social Bots keine Gefahr für die Demokratie sind, in: Fichter, Adrienne (Hrsg.): Smartphone-Demokratie, Zürich 2017, S. 143–153.

Funiok, Rüdiger: Medienethik: Trotz Stolpersteinen ist der Wertediskurs über Medien unverzichtbar, in: Karmasin, Matthias (Hrsg.): Medien und Ethik, Stuttgart 2002, S. 37–58.

Funiok, Rüdiger: Grundfragen einer Publikumsethik, in: Holderegger, Adrian (Hrsg.): Kommunikations- und Medienethik, 3. Aufl., Fribourg 2004, S. 234–248.

Funiok, Rüdiger: Medienethik. Verantwortung in der Mediengesellschaft, 2. Aufl., Stuttgart 2011

Funiok, Rüdiger: Wertorientierte Strategien zum Schutz der Privatheit in Sozialen Netzwerken, in: Grimm, Petra und Zöllner, Oliver (Hrsg.): Schöne neue Kommunikationswelt oder Ende der Privatheit?, Stuttgart 2012, S. 97–118.

Funiok, Rüdiger: Verantwortung, in: Heesen, Jessica (Hrsg.): Handbuch Medien- und Informationsethik, Stuttgart 2016, S. 74–80.

Funiok, Rüdiger und Schmälzle, Udo: Medienethik vor neuen Herausforderungen, in: Funiok, Rüdiger, Schmälzle, Udo und Werth, Christoph (Hrsg.): Medienethik – die Frage der Verantwortung, Bonn 1999, 15–34.

Funk, Michael: Roboter- und KI-Ethik. Eine methodische Einführung – Grundlagen der Technikethik, Bd. 1, Wiesbaden 2022.

Gabriel, Iason und Ghazavi, Vafa: The Challenge of Value Alignment: From Fairer Algorithms to AI Safety, in: Véliz, Carissa (Hrsg.): The Oxford Handbook of Digital Ethics, Oxford/New York 2024, S. 336-356.

Gahntz, Maximilian, Neumann, Katja u. a.: Breaking the news? Politische Öffentlichkeit und die Regulierung von Medienintermediären, Friedrich-Ebert-Stiftung 2/2021.

Gehlen, Arnold: Der Mensch. Seine Natur und seine Stellung in der Welt, 13. Aufl., Wiesbaden 1986.

Geißler, Michael, Pavlakovic, Fabian und Weber, Harald: #gegenöffentlichkeiten im Internet. Ihre Auslöser, Motoren und Endpunkte, in: Kommunikation.Medien, Open-Access-Journal 10/2019, S. 4–19 (https://eplus.uni-salzburg.at/download/pdf/3860281.pdf).

Gieseler, Christoph: Klarnamenpflichten vs. Anonymität im Internet: Das Grundrecht auf Nichtidentifizierung, in: Emmer, Martin (Hrsg.): Echtheit, Wahrheit, Ehrlichkeit: Authentizität in der Online-Kommunikation, Weinheim/Basel 2013, S. 62–73.

Goleman, Daniel: EQ. Emotionale Intelligenz, 15. Aufl., München 2002.

Goodfellow, Ian, Bengio, Yoshua und Courville, Aaron: Deep Learning, Adaptive computation and machine learning, Cambridge u. a. 2016.

Gordon, John-Stewart: AI Ethics and Machine Ethics, in: Gunkel, David (Hrsg.): Handbook on the Ethics of Artificial Intelligence, Northampton 2024, S. 97–112.

Gordon, John-Stewart und Nyholm, Sven: Ethics of artificial intelligence, in: Internet Encyklopedia of philosophy 2021 (https://iep.utm.edu/ethics-of-artificial-intelligence/), zitiert nach Kapiteln 1–4.

Gosepath, Stefan: Aufgeklärtes Eigeninteresse. Eine Theorie theoretischer und praktischer Rationalität, Frankfurt a. M. 1992.

Gossen, Maike und Santarius, Tilman: Nachhaltigkeit, in: Grimm, Petra, Trost, Kai und Zöllner, Oliver (Hrsg.): Digitale Ethik, Baden-Baden 2024, S. 237–252.

Göttlich, Udo und Herber, Martin: Von der Logik der Öffentlichkeit zu Mechanismen öffentlicher Kommunikation, in: Eisenegger, Mark, Prinzing, Marlies u. a. (Hrsg.) Digitaler Strukturwandel der Öffentlichkeit. Historische Verortung, Modelle und Konsequenzen, Wiesbaden 2021, S. 289–302.

Graf, Daniel: Klickdemokratie? Unterschriften sammeln im Internet, in: Fichter, Adrienne (Hrsg.): Smartphone-Demokratie, Zürich 2017, S. 224–239.

Gransche, Bruno: Datenschatten und die Gravitation fast richtiger Vorhersagen, in: Wiegerling, Klaus, Nerurkar, Michael und Wadephul, Christian (Hrsg.): Datafizierung und Big Data. Ethische, anthropologische und wissenschaftstheoretische Perspektiven, Wiesbaden 2020, S. 129–150.

Grimm, Petra: Privatheit – ein digitales Schutzgut?, in: Grimm, Petra, Keber, Tobias und Zöllner, Oliver (Hrsg.): Digitale Ethik. Leben in vernetzten Welten, 2. durchges. Aufl., Stuttgart 2020, S. 27–44.

Grimm, Petra: Werte: Was können ethische Ansätze für eine werteorientierte Digitalisierung leisten?, in: Piallat, Chris (Hrsg.): Der Wert der Digitalisierung. Gemeinwohl in der digitalen Welt, Bielefeld 2021, S. 55–100.

Grimm, Petra und Krah, Hans: Privatsphäre, in: Heesen, Jessica (Hrsg.): Handbuch Medien- und Informationsethik, Stuttgart 2016, S. 178–187.

Grimm, Petra und Neef, Karla: Privatsphäre 2.0? Wandel des Privatheitsverständnisses und die Herausforderungen für Gesellschaft und Individuen, in: Grimm, Petra und Zöllner, Oliver (Hrsg.): Schöne neue Kommunikationswelt oder Ende der Privatheit?, Stuttgart 2012, S. 41–82.

Grimm, Petra, Keber, Tobias und Zöllner, Oliver: Digitale Ethik, in: Grimm, Petra, Keber, Tobias und Zöllner, Oliver (Hrsg.): Digitale Ethik. Leben in vernetzten Welten, 2. durchges. Aufl., Stuttgart 2020a, S. 9–26.

Grimm, Petra und Zöllner, Oliver: Digitalisierung und Demokratie – Einführung und Übersicht, in: Grimm, Petra und Zöllner, Oliver (Hrsg.): Digitalisierung und Demokratie. Ethische Perspektiven, Stuttgart 2020b, S. 7–20.

Grimm, Petra, Trost, Kai Erik und Zöllner, Oliver: Digitale Ethik: Konzeption, Aufbau und Ziele des Handbuchs, in: Grimm, Petra, Trost, Kai und Zöllner, Oliver (Hrsg.): Digitale Ethik, Baden-Baden 2024, S. 9–16.

Grimm, Petra: Menschenbild, in: ebd. 2024, S. 253–268.

Grunwald, Armin: Technikethik, in: Heesen, Jessica (Hrsg.): Handbuch Medien- und Informationsethik, Stuttgart 2016, S. 25–32.

Grunwald, Armin: Der unterlegene Mensch. Die Zukunft der Menschheit im Angesicht von Algorithmen, künstlicher Intelligenz und Robotern, München 2019.

Grunwald, Armin: Gretchenfrage 4.0. Wie hälst Du's mit der künstlichen Intelligenz? Technologiedebatten sind die neuen Systemdebatten, in: Süddeutsche Zeitung, 27.12.2019.

Grunwald, Armin: Technik, in: Grunwald, Armin und Hillerbrand, Rafaela (Hrsg.): Handbuch Technikethik, 2. aktual. und erw. Aufl. 2021a, S. 19–28.

Grunwald, Armin: Soziale Roboter aus Sicht der Technikfolgenabschätzung, in: Bendel, Oliver (Hrsg.): Soziale Roboter, Wiesbaden 2021b, S. 89–108.

Grunwald, Armin: Verantwortliche Gestaltung von KI-Systemen: Ethik, Recht und Technikfolgenabschätzung, in: Hoeren, Thomas und Pinelli, Stefan (Hrsg.): Künstliche Intelligenz. Ethik und Recht, München 2022a, S. 45–66.

Grunwald, Armin: Soziale Roboter – vermenschlichte Technik und technische Menschenbilder, in: Gerlek, Selin, Kissler, Sarah u. a. (Hrsg.): Von Menschen und Maschinen – Mensch-Maschine-Interaktionen in digitalen Kulturen, Hagen 2022b, S. 62–74.

Grunwald, Armin: Technikgestaltung: KI als Dienstleistung, in: Mainzer, Klaus (Hrsg.): Philosophisches Handbuch Künstliche Intelligenz, Wiesbaden 2024, S. 865–883.

Grünwald, Reinhard und Kehl, Christoph: Autonome Waffensysteme, TAB-Arbeitsbericht Nr. 197, Büro für Technikfolgen-Abschätzung beim Deutschen Bundestag (TAB) 2020.

Gunkel, David: Robot Rights, Cambridge 2018.

Gunkel, David: The Relational Turn. Thinking Robots Otherwise, in: Loh, Janina und Loh, Wulf (Hrsg.): Social Robotics and the Good Life. The Normative Side of Forming Emotional Bonds with Robots, Bielefeld 2023, S. 55–75.

Gunkel, David: Introduction to the Ethics of Artificial Intelligence, in: Gunkel, David (Hrsg.): Handbook on the Ethics of Artificial Intelligence, Northampton 2024, S. 1–12.

Gunning, David u. a.: DARPA's explainable AI (XAI) program: A retrospective, Applied AI Letters 2/2021, e61 (https://doi.org/10.1002/ail2.61).

Gurrapu, Sai u. a.: Rationalization for Explainable NLP: A Survey, arXiv, 2301.08912, 21.1.2023 (https://doi.org/10.48550/arXiv.2301.08912).

Haagen, Christian: Verantwortung für Künstliche Intelligenz. Ethische Aspekte und zivilrechtliche Anforderungen bei der Herstellung von KI-Systemen, Baden-Baden 2021.

Haarkötter, Hektor: Anonymität im partizipativen Journalismus, in: Grimm, Petra, Keber, Tobias und Zöllner, Oliver (Hrsg.): Anonymität und Transparenz in der digitalen Gesellschaft, Stuttgart 2015, S. 133–150.

Habermas, Jürgen: Theorie des kommunikativen Handelns, Bd. 1, Frankfurt a. M. 1988.

Habermas, Jürgen: Strukturwandel der Öffentlichkeit. Untersuchungen zu einer Kategorie der bürgerlichen Gesellschaft, Frankfurt a. M. 1990.

Habermas, Jürgen: Moralbewusstsein und kommunikatives Handeln, 6. Aufl., Frankfurt a. M. 1996.

Habermas, Jürgen: Hat die Demokratie noch eine epistemische Dimension? Empirische Forschung und normative Theorie, in: ders.: Ach, Europa, Frankfurt a. M. 2008, S. 138–190.

Habermas, Jürgen: Ein neuer Strukturwandel der Öffentlichkeit und deliberative Politik, Frankfurt a. M. 2022.

Hadjimatheou, Katerina und Nathan, Christopher: The Ethics of Predictive Policing, in: Véliz, Carissa (Hrsg.): The Oxford Handbook of Digital Ethics, Oxford/New York 2024, S. 433–448.

Hagendorff, Thilo: Rassistische Maschinen? Übertragungsprozesse von Wertorientierungen zwischen Gesellschaft und Technik, in: Rath, Matthias, Krotz, Friedrich und Karmasin, Matthias (Hrsg.): Maschinenethik. Normative Grenzen autonomer Systeme, Wiesbaden 2019, S. 121–134.

Hammele, Nadine und Grimm, Petra: Das optimierte Ich, in: Grimm, Petra, Keber, Tobias und Zöllner, Oliver (Hrsg.): Digitale Ethik. Leben in vernetzten Welten, 2. durchges. Aufl., Stuttgart 2020, S. 90–105.

Hammele, Nadine und Grimm, Petra: Künstliche Intelligenz, in: ebd. 2020, S. 153–170.

Handstein, Holger: Relevanz, in: Journalistikon. Das Wörterbuch des Journalismus, Online-Publikation vom 12.5.2016 (https://journalistikon.de/relevanz/; Abruf am 13.11.2024).

Harari, Yuval Noah: Homo deus. Eine Geschichte von Morgen, 8. Aufl., München 2017.

Hausmanninger, Thomas und Capurro, Rafael: Ethik in der Globalität. Ein Dialog, in: dies. (Hrsg.): Netzethik. Grundlegungsfragen der Internetethik, München 2002, S. 13–38.

Haykin, Simon: Neural Networks and Learning Machines, 3. Aufl., New York u. a. 2008.

Heesen, Jessica: Einleitung, in: Heesen, Jessica (Hrsg.): Handbuch Medien- und Informationsethik, Stuttgart 2016, S. 2–9.

Heesen, Jessica: Freiheit, in: ebd. 2016, S. 52–58.

Heesen, Jessica: Verantwortlich Forschen mit und zu Big Data und Künstlicher Intelligenz, in: Anja Seibert-Fohr (Hrsg.): Entgrenzte Verantwortung. Zur Reichweite und Regulierung von Verantwortung in Wirtschaft, Medien, Technik und Umwelt, New York/Heidelberg: Springer 2020, S. 285–303.

Heesen, Jessica: Informationsethik, in: Grunwald, Armin und Hillerbrand, Rafaela (Hrsg.): Handbuch Technikethik, 2. aktual. und erw. Aufl. 2021, S. 219–223.

Heesen, Jessica, Reinhardt, Karoline und Schelenz, Laura: Diskriminierung durch Algorithmen vermeiden. Analysen und Instrumente für eine digitale demokratische Gesellschaft, in: Gero Bauer u. a. (Hrsg.): Diskriminierung/Antidiskriminierung. Bielefeld 2021, S. 129–148.

Heil, Reinhard: Künstliche Intelligenz/Maschinelles Lernen, in: Grunwald, Armin und Hillerbrand, Rafaela (Hrsg.): Handbuch Technikethik, 2. aktual. und erw. Aufl. 2021, S. 424–430.

Heinrichs, Bert, Heinrichs, Jan-Hendrik und Rüther, Markus: Künstliche Intelligenz, Berlin/Boston 2022.

Heise, Nele: Algorithmen, in: Heesen, Jessica (Hrsg.): Handbuch Medien- und Informationsethik, Stuttgart 2016, S. 202–209.

Helbing, Dirk und Klauser, Stefan: Warum wir ein Demokratie-Upgrade für das digitale Informationszeitalter benötigen, in: Fichter, Adrienne (Hrsg.): Smartphone-Demokratie, Zürich 2017, S. 215–223.

Heller, Christian: Post-Privacy. Prima leben ohne Privatsphäre, München 2011.

Hengstschläger, Markus: Vorwort, in: in: Hengstschläger, Markus und Rat für Forschung und Technologieentwicklung (Hrsg.): Digitaler Wandel und Ethik, München 2020, S. 8–19.

Henning, Clarissa: Arbeit 4.0: Zurück in die Zukunft, in: Grimm, Petra, Trost, Kai und Zöllner, Oliver (Hrsg.): Digitale Ethik, Baden-Baden 2024, S. 188–205.

Hepfer, Karl: Verschwörungstheorien. Eine philosophische Kritik der Unvernunft, Bielefeld 2015.

Herzog, Lisa: Die Rettung der Arbeit. Ein politischer Aufruf, München 2019.

Herzog, Lisa: Algorithmic Bias and Access to Opportunities, in: Véliz, Carissa (Hrsg.): The Oxford Handbook of Digital Ethics, Oxford/New York 2024, S. 413-432.

Hesse, Wolfgang: Das Zerstörungspotenzial von Big Data und Künstliche Intelligenz für die Demokratie, in: Wiegerling, Klaus, Nerurkar, Michael und Wadephul, Christian (Hrg.): Datafizierung und Big Data. Ethische, anthropologische und wissenschaftstheoretische Perspektiven, Wiesbaden 2020, S. 213–228.

Heßler, Martina: Die Maschine als Konkurrentin im Mensch-Maschine-Vergleich, in: Liggieri, Kevin und Müller, Oliver (Hrsg.): Mensch-Maschine-Interaktion. Handbuch zu Geschichte-Kultur-Ethik, Berlin 2019, S. 150–156.

Hetzel, Andreas und Unterthurner, Gerhard: Vorwort in: dies. (Hrsg.): Postdemokratie und die Verleugnung des Politischen, Baden-Baden 2016, S. 7–22.

Hilgendorf, Eric: Menschenrechte, in: Piallat, Chris (Hrsg.): Der Wert der Digitalisierung. Gemeinwohl in der digitalen Welt, Bielefeld 2021, S. 223–251.

Himmelreich, Johannes: Should We Automate Democracy?, in: Véliz, Carissa (Hrsg.): The Oxford Handbook of Digital Ethics, Oxford/New York 2024, S. 655–684.

Hochreiter, Sepp: Der Algorithmus kann alles lernen, in: Hengstschläger, Markus und Rat für Forschung und Technologieentwicklung (Hrsg.): Digitaler Wandel und Ethik, München 2020, S. 414–427.

Hoeren, Thomas und Pinelli, Stefan: KI, Ethik und Recht: Herausforderung und Perspektive, in: Hoeren, Thomas und Pinelli, Stefan (Hrsg.): Künstliche Intelligenz. Ethik und Recht, München 2022, S. 1–16.

Höffe, Otfried: „Humanismus", in: ders. (Hrsg.): Lexikon der Ethik, 7. neu bearb. und erw. Auflage, München 2008, 139.

Hofmann, Jeanette: Digitalisierung und demokratischer Wandel als Spiegelbilder?, in: Martinsen, Franziska (Hrsg.): Wissen – Macht – Meinung. Demokratie und Digitalisierung, Weilerswist 2018, S. 14–21.

Hofmann, Josephine, Ricci, Claudia und Ansu-Holz, Doris: Energiebedarf der Digitalisierung und IT, in: HMD Praxis der Wirtschaftsinformatik, 58/2021, S. 6–23.

Hofstetter, Yvonne: Sie wissen alles. Wie intelligente Maschinen in unser Leben eindringen und warum wir für unsere Freiheit kämpfen müssen, 3. Aufl., München 2014.

Hofstetter, Yvonne: Das Ende der Demokratie. Wie die künstliche Intelligenz die Politik übernimmt und uns entmündigt, München 2018.

Hohendanner, Michel: Design, in: Grimm, Petra, Trost, Kai und Zöllner, Oliver (Hrsg.): Digitale Ethik, Baden-Baden 2024, S. 613–624.

Holderegger, Adrian: Einleitung. Ethik der Mediengesellschaft, in: Holderegger, Adrian (Hrsg.): Kommunikations- und Medienethik, 3. Aufl., Fribourg 2004, S. 11–20.

Holfelder, Wieland und Senges, Max: Mensch, Künstliche Intelligenz und Kollaborativer Roboter (CoBots) – sind drei einer zu viel? Ein Blick in die Arbeitswelt von morgen, in: Mainzer, Klaus (Hrsg.): Philosophisches Handbuch Künstliche Intelligenz, Wiesbaden 2020 (Online-Ressource), S. 1–20.

Holzinger, Andreas: Explainable AI (ex-AI), Informatik-Spektrum 41,2/2018, S. 138–143 (doi:110.1007/s00287-00018-01102-00285).

Hongladarom, Soraj: The Ethics of AI and Robotics. A Buddhist Viewpoint, Lanham 2020.

Horn, Christoph: Einführung in die Politische Philosophie, Darmstadt 2003.

Horn, Christoph: „Verstehen", in: Höffe, Otfried (Hrsg.): Lexikon der Ethik, 7. neu bearb. und erw. Auflage, München 2008, S. 330–332.

Horn, Christoph: „Glück/Wohlergehen“, in: Düwell, Marcus, Christoph Hübenthal und Werner, Micha (Hrsg.): Handbuch Ethik, 3. aktual. Aufl., Stuttgart 2011, S. 381–386.

Horn, Christoph: Zur Dringlichkeit einer Ethik der Künstlichen Intelligenz, in: Barth, Martin und Hoff, Gregor (Hrsg.): Digitale Welt – Künstliche Intelligenz – Ethische Herausforderungen, Baden-Baden 2023, S. 15–32.

Houben, Daniel und Prietl, Bianca: Strukturdynamiken, Reproduktionsmechanismen und Subjektformen der Datengesellschaft, in: dies. (Hrsg.): Datengesellschaft. Einsichten in die Datafizierung des Sozialen, Bielefeld 2018, S. 323–380.

Huber, Wolfgang: Menschen, Götter und Maschinen. Eine Ethik der Digitalisierung, München 2022.

Hubig, Christoph: Die Kunst des Möglichen II: Ethik der Technik als provisorische Moral, Bielefeld 2007.

Hüther, Gerald: Der Einfluss der Medien- und Computernutzung auf die Entwicklung des kindlichen und jugendlichen Gehirns, in: Möller, Christoph (Hrsg.): Internet- und Computersucht, 2. aktual. u. erw. Aufl., Stuttgart 2015, S. 29–40.

Hütt, Marc-Thorsten und Schubert, Claudia: Fairness von KI-Algorithmen, in: Mainzer, Klaus (Hrsg.): Philosophisches Handbuch Künstliche Intelligenz, Wiesbaden 2024, S. 719–740.

IEEE (Institute of Electrical and Electronics Engineers): Well-Being, Online-Publikation (https://standards.ieee.org/wp-content/uploads/import/documents/other/ead1e_well_being.pdf; Abruf am 13.11.2024).

Ienca, Marcello und Vayena, Effy: Digital Nudging: Exploring the Ethical Boundaries, in: Véliz, Carissa (Hrsg.): The Oxford Handbook of Digital Ethics, Oxford/New York 2024, S. 356–377.

Imhof, Kurt: Demokratisierung durch Social Media?, in: Imhof, Kurt, Blum, Roger u. a. (Hrsg.): Demokratisierung durch Social Media?, Wiesbaden 2015, S. 15–26.

Irgmaier, Florian: Big Data und Nudging: Marketing oder Manipulation?, Interview im Digital Society Blog des Alexander von Humboldt Instituts für Internet und Gesellschaft, Online-Publikation vom 22.11.2018 (https://www.hiig.de/big-data-und-nudging-marketing-oder-manipulation/; Abruf am 13.11.2024).

Jandt, Silke: Informationelle Selbstbestimmung, in: Heesen, Jessica (Hrsg.): Handbuch Medien- und Informationsethik, Stuttgart 2016, S. 195–201.

Janowski, Kathrin, Ritschel, Hannes und André, Elisabeth: Sozial interagierende Roboter in der Pflege, in: Bendel, Oliver (Hrsg.): Pflegeroboter, Wiesbaden 2018, S. 63–88.

Jaspers, Karl: Vom Ursprung und Ziel der Geschichte, München 1949.

Jarren, Otfried und Klinger, Ulrike: Öffentlichkeit und Medien im digitalen Zeitalter. Zwischen Differenzierung und Neu-Institutionalisierung, in: Gapski, Harald, Oberle, Monika und Staufer, Walter (Hrsg.): Medienkompetenz. Herausforderung für Politik, politische Bildung und Medienbildung, Bonn 2017, S. 33–42 (https://doi.org/10.5167/uzh-140823).

Jarren, Otfried und Fischer, Renate: Demokratische Öffentlichkeit. Eine medienpolitische Gestaltungsaufgabe, in: Otto Brenner Stiftung (Hrsg.): Welche Öffentlichkeit brauchen wir?, Frankfurt a. M. 2022, S. 21–40.

Jaume-Palasi, Lorena: Gerechtigkeit, in: Piallat, Chris (Hrsg.): Der Wert der Digitalisierung. Gemeinwohl in der digitalen Welt, Bielefeld 2021, S. 209–222.

Jenkins, Ryan: Autonome Fahrzeuge: Die Notwendigkeit moralischer Algorithmen, in: Otto, Philipp und Gräf, Eike (Hrsg.): 3TH1CS. Die Ethik der digitalen Zeit, Bonn 2018, S. 102–113.

Jobin, Anna, Kenca, Marcello und Vayena, Effy: The global landscape of AI ethics guidelines, in: Nature machine intelligence, Bd. 1, September 2019, S. 389–399.

Jobin, Anna: Ethische Künstliche Intelligenz – von Prinzipien zu Prozessen, in: Hengstschläger, Markus und Rat für Forschung und Technologieentwicklung (Hrsg.): Digitaler Wandel und Ethik, München 2020, S. 144–159.

Jonas, Hans: Das Prinzip Verantwortung. Versuch einer Ethik für die technologische Zivilisation, Frankfurt a. M. 1979.

Kahnemann, Daniel: Schnelles Denken, langsames Denken (Originaltitel: *Thinking, Fast and Slow*), 22. Aufl., München 2012.

Kaiser, Anna-Bettina und Reiling, Ines: Meinungsfilter durch soziale Medien – und das demokratische Ideal der Meinungsvielfalt?, in: Unger, Sebastian und Ungern-Sternberg, Antje (Hrsg.): Demokratie und künstliche Intelligenz. Tübingen 2019, S. 85–112.

Kaminski, Margot: The Right to Explanation, Explained, in: Berkeley Technology Law Journal 34,1/2019, S. 189–218.

Kammerer, Dietmar: Überwachung, in: Heesen, Jessica (Hrsg.): Handbuch Medien- und Informationsethik, Stuttgart 2016, S. 188–194.

Kant, Immanuel: Grundlegung zur Metaphysik der Sitten (GMS) und Kritik der praktischen Vernunft (KpV), in: ders.: Werkausgabe, herausgegeben von Wilhelm Weischädel, Bd. VII, 12. Aufl., Frankfurt a. M. 1993 (zitiert nach den Ausgaben A/B).

Kant, Immanuel: Die Metaphysik der Sitten (MS), in: ders.: Werkausgabe, herausgegeben von Wilhelm Weischädel, Bd. VIII, 11. Aufl. Frankfurt a. M. 1997.

Karbach, Nadine und Gähler, Jana: Adhocracy – Transparente und zielgerichtete Dialoge ermöglichen, in: Patze-Diordiychuk, Peter, Renner, Paul und För, Tanja (Hrsg.): Methodenhandbuch Bürgerbeteiligung, Bd. 3, München 2017, S. 134–146.

Keber, Tobias: Datenschutz(recht) – Persönlichkeit als Handelsware?, in: Grimm, Petra, Keber, Tobias und Zöllner, Oliver (Hrsg.): Digitale Ethik. Leben in vernetzten Welten, 2. durchges. Aufl., Stuttgart 2020, S. 45–60.

Kehl, Christoph: Wege zu verantwortungsvoller Forschung und Entwicklung im Bereich der Pflegerobotik: Die ambivalente Rolle der Ethik, in: Bendel, Oliver (Hrsg.): Pflegeroboter, Wiesbaden 2018, S. 141–160.

Kehl, Christoph: Entgrenzungen zwischen Mensch und Maschine, oder: Können Roboter zu guter Pflege beitragen?, in: Aus Politik und Zeitgeschichte 6–8/2018, S. 22–28.

Kipper, Jens: Künstliche Intelligenz – Fluch oder Segen?, Wiesbaden 2020.

Kirchschläger, Peter: Digital Transformation and Ethics. Ethical Considerations on the Robotization and Automation of Society and the Economy and the Use of Artificial Intelligence, Baden-Baden 2021.

Kirchschläger, Peter: Künstliche Intelligenz und Ethik, in: Kirche und Gesellschaft, 3/2021 (Nr. 478), S. 3–16.

Klein, Andreas, Dennerlein, Sebastian und Ritschl, Helmut (Hrsg.): Einleitung, in: dies. (Hrsg.): Health Care und Künstliche Intelligenz. Ethische Aspekte verstehen – Entwicklungen gestalten, Tübingen 2024, S. 19–48.

Klein, Andreas: Ethische Perspektiven eines verantwortungsbewussten Umgangs mit Künstlicher Intelligenz, in: ebd. 2024, S. 103–126.

Klein, Andreas: Kompetenzen ethischer Reflexion, in: ebd. 2024, S. 267–300.

Kleiner, Marcus: Streamland. Wie Netflix, Amazon Prime und Co. unsere Demokratie bedrohen, München 2020.

Klingbeil, Lars: Demokratie digital: Gestaltungswille und Gestaltungsanspruch der Politik, in: Martinsen, Franziska (Hrsg.): Wissen – Macht – Meinung. Demokratie und Digitalisierung, Weilerswist 2018, S. 22–26.

Klingel, Anita, Krafft, Tobias und Zweig, Katharina: Mögliche Best-Practice-Ansätze beim Einsatz eines algorithmischen Entscheidungsunterstützungssystems am Beispiel des AMS-Algorithmus, in: Hengstschläger, Markus und Rat für Forschung und Technologieentwicklung (Hrsg.): Digitaler Wandel und Ethik, München 2020, S. 190–215.

Köhler, Benedikt: Das postdigitale Zeitalter, Online-Publikation vom 28.07.2010 (https://www.slow-media.net/das-postdigitale-zeitalter, Abruf am 13.11.2024).

Kolany-Raiser, Barbara, Heil, Reinhard, Orwat, Carsten und Hoeren, Thomas: Einleitung, in: dies. (Hrsg.): Big Data und Gesellschaft. Eine multidisziplinäre Annäherung, Wiesbaden 2018, S. XVII–XX.

König, Wolfgang: VDI-Richtlinie zur Technikbewertung, in: Grunwald, Armin und Hillerbrand, Rafaela (Hrsg.): Handbuch Technikethik, 2. aktual. und erw. Aufl. 2021, S. 447–451.

Kornwachs, Klaus: Philosophie der Technik. Eine Einführung, München 2013.

Kornwachs, Klaus: Daten – Interessen – Ontologien – oder wie Geschäftsmodelle die Wissenschaft verbiegen, in: Wiegerling, Klaus, Nerurkar, Michael und Wadephul, Christian (Hrsg.): Datafizierung und Big Data. Ethische, anthropologische und wissenschaftstheoretische Perspektiven, Wiesbaden 2020, S. 3–34.

Koska, Christopher: Ethik der Algorithmen. Auf der Suche nach Zahlen und Werten, Berlin 2023.

Köszegi, Sabine: Der autonome Mensch im Zeitalter des Digitalen Wandels, in: Hengstschläger, Markus und Rat für Forschung und Technologieentwicklung (Hrsg.): Digitaler Wandel und Ethik, München 2020, S. 62–90.

Krämer, Hans: Integrative Ethik, Frankfurt a. M. 1995.

Krämer, Sybille: Der Verlust des Vertrauens. Medienphilosophische Perspektiven auf Wahrheit und Zeugenschaft in digitalen Zeiten, in: Schicha, Christian, Stapf, Ingrid und Sell, Saskia (Hrsg.): Medien und Wahrheit. Medienethische Perspektiven auf Desinformation, Lügen und „Fake News", Baden-Baden 2021, S. 27–42.

Krebs, Angelika: Naturethik im Überblick, in: dies. (Hrsg.): Naturethik. Grundtexte der gegenwärtigen tier- und ökoethischen Diskussion, Frankfurt a. M. 1997, S. 337–379.

Kreis, Jeanne: Umsorgen, überwachen, unterhalten – sind Pflegeroboter ethisch vertretbar?, in: Bendel, Oliver (Hrsg.): Pflegeroboter, Wiesbaden 2018, S. 213–228.

Kreis, Jeanne: Käufliche Freunde, in: Bendel, Oliver (Hrsg.): Soziale Roboter, Wiesbaden 2021, S. 41–58.

Kreutz, Christian und Muuß-Merholz, Jöran: WeThinq – Gute Ideen über moderierte Dialoge entwickeln, in: Patze-Diordiychuk, Peter, Renner, Paul und För, Tanja (Hrsg.): Methodenhandbuch Bürgerbeteiligung, Bd. 3, München 2017, S. 70–79.

Kropp, Cordula und Braun, Kathrin: In digitaler Gesellschaft: Herausforderungen, Risiken und Chancen einer demokratischen Technikgestaltung, in: dies. (Hrsg.): Neukonfigurationen zwischen Robotern, Algorithmen und Usern, Bielefeld 2021.

Krotz, Friedrich: Zivilgesellschaft und Stiftung Medientest, in: Schicha, Christian und Brosda, Carsten (Hrsg.): Handbuch Medienethik, Wiesbaden 2010, S. 244–256.

Krotz, Friedrich: Soziale Kommunikation, soziale Netzwerke, Privatheit, in: Grimm, Petra und Zöllner, Oliver (Hrsg.): Schöne neue Kommunikationswelt oder Ende der Privatheit?, Stuttgart 2012, S. 198–205.

Krüper, Julian: Roboter auf der Agora. Verfassungsfragen von Social Bots im digitalen Diskursraum der Moderne, in: Unger, Sebastian und Ungern-Sternberg, Antje (Hrsg.): Demokratie und künstliche Intelligenz, Tübingen 2019, S. 67–84.

Kubes, Tanja: Soziale Roboter im sexuellen Bereich, in: Bendel, Oliver (Hrsg.): Soziale Roboter, Wiesbaden 2021, S. 459–474.

Kuhlen, Rainer: Informationsethik, Konstanz 2004.

Kuhnert, Susanne und Wagner, Tino: Zur Sicherheit? Überwachung, Transparenz und Kontrolle, in: Grimm, Petra, Keber, Tobias und Zöllner, Oliver (Hrsg.): Digitale Ethik. Leben in vernetzten Welten, 2. durchges. Aufl., Stuttgart 2020, S. 60–75.

Kurzweil, Ray: The Singularity is nearer. When we merge with AI, New York 2024.

Lacina, Stefan: Feminism meets Artificial Intelligence, Online-Publikation 2021 (https://erfolgsfaktor-frau.de/wp-content/uploads/2022/04/English_FeminismMeetsAI_S.Lacina.pdf; Abruf am 13.11.2024).

Lafont, Christine: Unverkürzte Demokratie. Eine Theorie deliberativer Bürgerbeteiligung, Berlin 2021.

Lanier, Jaron: Zehn Gründe, warum du deine Social Media Accounts sofort löschen musst, Hamburg 2018.

Lanzerath, Dirk: Digitale Neufassung des Menschen? Ein Essay über fragmentierte Identitäten und Freundschaftsalgorithmen, in: Barth, Martin und Hoff, Gregor (Hrsg.): Digitale Welt – Künstliche Intelligenz – Ethische Herausforderungen, Baden-Baden 2023, S. 145–172.

Ledder, Simon: Computerspiele, in: Heesen, Jessica (Hrsg.): Handbuch Medien- und Informationsethik, Stuttgart 2016, S. 269–273

Leiner, Martin: Medienethik in der Gegenwart, in: Knoepffler, Nikolaus, Kunzmann, Peter u. a. (Hrsg.): Einführung in die Angewandte Ethik, Freiburg/München 2006, S. 155–194.

Lenk, Hans: Über Verantwortungsbegriffe und das Verantwortungsproblem in der Technik, in: Lenk, Hans und Ropohl, Günter (Hrsg.): Technik und Ethik, 2. erw. Aufl. Stuttgart 1993, S. 112–148.

Lenk, Hans: Einführung in die angewandte Ethik. Verantwortlichkeit und Gewissen, Stuttgart 1997.

Lenzen, Manuela: Natürliche und künstliche Intelligenz. Einführung in die Kognitionswissenschaft, Frankfurt a. M. 2002.

Lenzen, Manuela: Informationsethik, in: Stoecker, Ralf, Neuhäuser, Christian und Raters, Marie-Luise (Hrsg.): Handbuch Angewandte Ethik, Stuttgart 2011, S. 210–214.

Lenzen, Manuela: Künstliche Intelligenz. Was sie kann und was uns erwartet, München 2018.

Lenzen, Manuela: Künstliche Intelligenz. Fakten, Chancen, Risiken, München 2020.

Lenzen, Manuela: Digitale Ethik, in: Neuhäuser, Christian, Raters, Marie-Luise Raters und Stoecker, Ralf (Hrsg.): Handbuch angewandte Ethik, 2. aktual. und erw. Aufl., Berlin 2023, S. 363–370.

Leopold, Nils: Privatheit, in: Piallat, Chris (Hrsg.): Der Wert der Digitalisierung. Gemeinwohl in der digitalen Welt, Bielefeld 2021, S. 167–187.

Levina, Olga: Ethik und Künstliche Intelligenz, Künstliche Intelligenz und Ethik, in: Informatik Aktuell (informatik-aktuell.de).

Levy, Neil: Fake News: Rebuilding the Epistemic Landscape, in: Véliz, Carissa (Hrsg.): The Oxford Handbook of Digital Ethics, Oxford/New York 2024, S. 103–120.

Liao, Matthew: The Moral Status and Rights of Artificial Intelligence, in: ders. (Hrsg.): Ethics of Artificial Intelligence, New York 2020, S. 480–504.

Liebert, Wolfgang: Dual-use-Forschung und Technologie, in: Grunwald, Armin und Hillerbrand, Rafaela (Hrsg.): Handbuch Technikethik, 2. aktual. und erw. Aufl. Stuttgart 2021, S. 289–294.

Liggieri, Kevin: Anthropotechnik. Mensch und Maschine als (System-)Partner, in: Liggieri, Kevin und Müller, Oliver (Hrsg.): Mensch-Maschine-Interaktion. Handbuch zu Geschichte-Kultur-Ethik, Berlin 2019, S. 134–141.

Lilienthal, Volker: Rechtspopulismus als Herausforderung für die Medien, in: Grimm, Petra und Zöllner, Oliver (Hrsg.): Digitalisierung und Demokratie. Ethische Perspektiven, Stuttgart 2020, S. 37–52.

Lindemann, Nora: The Ethics of „Deathbots", in: Science and Engineering 28,60/2022 (https://doi.org/10.1007/s11948-022-00417-x; Abruf am 13.11.2024).

Lindner, Felix: Soziale Robotik und KI, in: Bendel, Oliver (Hrsg.): Soziale Roboter, Wiesbaden 2021, S. 109–124.

Lindström, Björn, Bellander, Martin, Schultner, David. u. a.: Ein computergestütztes Belohnungslernkonto für Social-Media-Engagement, in: Nature Communications, 26.2.2021; 12(1):1311 (DOI: 10.1038/S41467-020-19607-X).

Lischka, Konrad und Stöcker, Christian: Digitale Öffentlichkeit: wie algorithmische Prozesse den gesellschaftlichen Diskurs beeinflussen, Gütersloh 2017.

Lobo, Sascha: Realitätsschock. Zehn Lehren aus der Gegenwart, Köln 2019.

Loh, Janina: Trans- und Posthumanismus zur Einführung, Hamburg 2018.

Loh, Janina: Roboterethik. Eine Einführung, Frankfurt a. M. 2019.

Loh, Janina und Loh, Wulf: Introduction, in: dies. (Hrsg.): Social robotics and the good life: the normative side of forming emotional bonds with robots, Bielefeld 2023, S. 7–24.

Lopez, Paula: Diskriminierung durch Data Bias. Künstliche Intelligenz kann soziale Ungleichheiten verstärken, in: WZB Mitteilungen des Wissenschaftszentrums Berlin für Sozialforschung 171/2021, S. 26–29.

Loretan, Matthias: Grundriss einer Medienethik als Theorie des kommunikativen Handelns, in: Holderegger, Adrian (Hrsg.): Kommunikations- und Medienethik, 3. Aufl., Fribourg 2004, S. 153–183.

Lührs, Rolf: Demosplan – Behörden und Öffentlichkeit an Planungen beteiligen, in: Patze-Diordiychuk, Peter, Renner, Paul und För, Tanja (Hrsg.): Methodenhandbuch Bürgerbeteiligung, Bd. 3, München 2017, S. 44–57.

Mainzer, Klaus: Künstliche Intelligenz – Wann übernehmen die Maschinen?, 2. erw. Aufl., Berlin 2019.

Mainzer, Klaus: A New Kind of Science: Big Data und Algorithmen verändern die Wissenschaft, in: Wiegerling, Klaus, Nerurkar, Michael und Wadephul, Christian (Hrsg.): Datafizierung und Big Data. Ethische, anthropologische und wissenschaftstheoretische Perspektiven, Wiesbaden 2020, S. 35–54.

Mangold, Ijoma: Der innere Stammtisch. Ein politisches Tagebuch, Hamburg 2020.

Marx, Konstanze: Das Dialogpotential von Shitstorms, in: Hess-Lüttich, Ernest (Hrsg.): Handbuch Gesprächsrhetorik, Berlin/Boston 2021, S. 409–426.

Maschewski, Felix und Nosthoff, Anna-Verena: Überwachungskapitalistische Biopolitik: Big Tech und die Regierung der Körper, in: Zeitschrift für Politikwissenschaft 32/2022, S. 429–455.

Matzner, Tobias: Anonymität, in: Heesen, Jessica (Hrsg.): Handbuch Medien- und Informationsethik, Stuttgart 2016, S. 248–254.

Mau, Steffen: Das metrische Wir. Über die Quantifizierung des Sozialen, 2. Aufl., Berlin 2017.

Mayer-Schönberger und Ramge, Thomas: Das Digital. Markt, Wertschöpfung und Gerechtigkeit im Datenkapitalismus, München 2017.

Mayrhofer, Michael und Rachbauer, Gerold: Aspekte der Regulierung von Künstlicher Intelligenz, in: Hengstschläger, Markus und Rat für Forschung und Technologieentwicklung (Hrsg.): Digitaler Wandel und Ethik, München 2020, S. 216–246.

Mazouz, Nadja: Gerechtigkeit, in: Düwell, Marcus, Hübenthal, Christoph und Werner, Micha: Handbuch Ethik, 3. aktual. Aufl., Stuttgart 2011, S. 371–376.

Meibauer, Jörg: Hassrede – von der Sprache zur Politik, in: ders. (Hrsg.): Hassrede/Hate Speech. Interdisziplinäre Beiträge zu einer aktuellen Diskussion, Gießen 2013, S. 1–16.

Metzinger, Thomas: Postbiotisches Bewusstsein: Wie man ein künstliches Subjekt baut – und warum wir es nicht tun sollten, in: Beiersdörfer, Kurt (Hrsg.): Was ist Denken? Gehirn – Computer – Roboter, Paderborn u. a., S. 171–199.

Meyer, Kirsten: Chancengleichheit, in: Mieth, Corinna, Goppel, Anna und Neuhäuser, Christian (Hrsg.): Handbuch Gerechtigkeit, Stuttgart 2016, S. 164–167.

Minerva, Francesca: The Ethics of Brain Uploading, in: Véliz, Carissa (Hrsg.): The Oxford Handbook of Digital Ethics, Oxford/New York 2024, S. 705–723.

Misselhorn, Catrin: Maschinenethik und „Artificial Morality“: Können und sollen Maschinen moralisch handeln?, in: Aus Politik und Zeitgeschichte 6–8/2018, S. 29–33.

Misselhorn, Catrin: Grundfragen der Maschinenethik, 3. durchges. Aufl., Stuttgart 2019.

Misselhorn, Catrin: Künstliche Intelligenz und Empathie. Vom Leben mit Emotionserkennung, Sexrobotern & Co, Stuttgart 2021.

Misselhorn, Catrin: Artificial Moral Agents. Conceptual Issues and Ethical Controversy, in: Voeneky, Silja, Kellmeyer, Philippe u. a. (Hrsg.): The Cambridge Handbook of Responsible Artificial Intelligence, Cambridge 2022, S. 31–49.

Misselhorn, Catrin: Künstliche Intelligenz – das Ende der Kunst?, Stuttgart 2023.

Montavon, Grégoire u. a.: Explaining nonlinear classification decisions with deep Taylor decomposition, Pattern Recognition 65/2017, S. 211–222 (doi: https://doi.org/210.1016/j.patcog.2016.1011.1008).

Moor, James: The Nature, Importance and Difficulty of Machine Ethics, in: IEEE Intelligent Systems 21,4/2006, S. 18–21.

Morozov, Evgeny: Smarte neue Welt. Digitale Technik und die Freiheit der Menschen (Originaltitel: *To save everything, click here*), München 2013.

Morozov, Evgeny: The rise of data and the death of politics, in: The Guardian, 19.7.2014.

Muhle, Florian (Hrsg.): Soziale Robotik aus Perspektive der Sozialwissenschaften – Zur Einführung, in: Muhle, Florian (Hrsg.): Soziale Robotik. Eine sozialwissenschaftliche Einführung, Berlin/Boston 2023, S. 1–12.

Müller, Vincent: Ethics of Artificial Intelligence and Robotic, in: Zalta, Edward (Hrsg.): Stanford Encyclopedia of Philosophy, Palo Alto 1997, S. 17–25.

Mündges, Stephan und Weitzel, Gerrit: Wo sich der Hass Bahn bricht und wie wir damit umgehen können. Eine Einführung, in: Weitzel, Gerrit und Mündges, Stephan (Hrsg.): Hate Speech: Definitionen, Ausprägungen, Lösungen, Heidelberg 2022, S. 3–18.

Nagel, Thomas: What Is It Like to Be a Bat? Wie ist es, eine Fledermaus zu sein?, Stuttgart 2023.

Nagenborg, Michael: Medienethik, in: Grunwald, Armin und Hillerbrand, Rafaela (Hrsg.): Handbuch Technikethik, 2. aktual. und erw. Aufl., Stuttgart 2021, S. 224–228.

Nassehi, Armin: Muster. Theorie der digitalen Gesellschaft, München 2019.

Nassehi, Armin: Digitale Gesellschaft, in: Roth, Stefan und Corsten, Hans (Hrsg.): Handbuch Digitalisierung, München 2022, S. 1153–1166.

Navas, Eduardo: AI Ethics, Aesthetics, Art and Artistry, in: Gunkel, David (Hrsg.): Handbook on the Ethics of Artificial Intelligence, Northampton 2024, S. 173–186.

Neef, Karla: Fake News überall?, in: Grimm, Petra, Keber, Tobias und Zöllner, Oliver (Hrsg.): Digitale Ethik. Leben in vernetzten Welten, 2. durchges. Aufl., Stuttgart 2020, S. 106–119.

Nida-Rümelin, Julian: Theoretische und Angewandte Ethik: Paradigmen, Begründungen, Bereiche, in: ders. (Hrsg): Angewandte Ethik. Die Bereichsethiken und ihre theoretische Fundierung. Ein Handbuch, 2. aktual. Aufl., Stuttgart 2005, S. 2–87.

Nida-Rümelin, Julian und Battaglia, Fiorella: Maschinenethik und Robotik, Bendel, Oliver (Hrsg.): Handbuch Maschinenethik, Wiesbaden 2019, S. 301–318.

Nida-Rümelin, Julian und Weidenfeld, Nathalie: Digitaler Humanismus. Eine Ethik für das Zeitalter der Künstlichen Intelligenz, München 2020.

Nocun, Katharina und Lamberti, Pia: Fake Facts. Wie Verschwörungstheorien unser Denken bestimmen, 3. Aufl., Köln 2020.

Noller, Jörg: Digitalität. Zur Philosophie der digitalen Lebenswelt, Basel 2022.

Nullmeier, Frank: Wahrheit, Öffentlichkeit und Meinung, in: Vogelmann, Frieder und Nonhoff, Martin (Hrsg.): Demokratie und Wahrheit, Baden-Baden 2021, S. 23–44.

Nussbaum, Martha: Gerechtigkeit oder Das gute Leben, Frankfurt a. M. 1999.

Nyholm, Sven: Humans and Robots: Ethics, Agency, and Anthropomorphism, London/New York 2020.

Nyholm, Sven: This is technology ethics. An introduction, Hoboken 2023.

Nyholm, Sven: What is This Thing Called the Ethics of AI and What Calls for It?, in: Gunkel, David (Hrsg.): Handbook on the Ethics of Artificial Intelligence, Northampton 2024, S. 13–26.

Oertel, Britta, Dametto, Diego, Kluge, Jakob und Todt, Jan vom Büro für Technikfolgen-Abschätzung beim Deutschen Bundestag (TAB): Algorithmen in digitalen Medien und ihr Einfluss auf die Meinungsbildung, Arbeitsbericht Nr. 204, Juli 2022.

O'Neil, Cathy: Angriff der Algorithmen. Wie sie Wahlen manipulieren, Berufschancen zerstören und unsere Gesundheit gefährden (Originaltitel: *Weapons of math destruction*), Bonn 2018.

Ott, Konrad: Technik und Ethik, in: Nida-Rümelin, Julian: Angewandte Ethik. Die Bereichsethiken und ihre theoretische Fundierung. Ein Handbuch, 2. aktual. Aufl. Hamburg 2005, S. 568–647.

Ott, Konrad: Umweltethik, 3. erg. Aufl., Hamburg 2021.

Otto, Philipp und Gräf, Eike: Die Neuerfindung der Ethik ist unsere Aufgabe!, in: dies. (Hrsg.): 3TH1CS. Die Ethik der digitalen Zeit, Bonn 2018, S. 6–9.

Paaß, Gerhard und Hecker, Dirk: Künstliche Intelligenz. Was steckt hinter der Technologie der Zukunft?, Wiesbaden 2020.

Parfit, Derek: Reasons and persons, Oxford 1984.

Pariser, Eli: Filter Bubble. Wie wir im Internet entmündigt werden (Origitaltitel: *The filter bubble. What the Internet is hiding from you*), München 2012.

Piallat, Chris: Vorwort, in: ders. (Hrsg.): Der Wert der Digitalisierung. Gemeinwohl in der digitalen Welt, Bielefeld 2021, S. 9–18.

Piallat, Chris: Von der Verantwortungsdiffusion zum Gemeinwohl in der digitalen Welt, in: ebd. 2021, S. 19–54.

Pieper, Annemarie: Einführung in die Ethik, 7. durchges. Aufl., Tübingen 2017.

Platon: Phaidros, in: Sämtliche Werke in 10 Bänden, hrsg. von Hülser, Karlheinz, Bd. VI, Frankfurt a.M./Leipzig 1991 (zitiert nach der Stephanus-Paginierung).

Platon: Politeia („Der Staat"), in: Sämtliche Werke in 10 Bänden, hrsg. von Hülser, Karlheinz, Bd. V, Frankfurt a.M./Leipzig 1991, (zitiert als Pol. und nach der Stephanus-Paginierung).

Pohle, Julia und Thiel, Thorsten: Digitale Souveränität, in: Piallat, Chris (Hrsg.): Der Wert der Digitalisierung. Gemeinwohl in der digitalen Welt, Bielefeld 2021, S. 319–342.

Pörksen, Bernhard: Die große Gereiztheit. Wege aus der kollektiven Erregung, München 2018.

Pörksen, Bernhard: Umgang mit Rezo: Arroganz statt Inhalte, in: Süddeutsche Zeitung, 3.6.2019.

Pörksen, Bernhard und Detel, Hanne: Der entfesselte Skandal. Das Ende der Kontrolle im digitalen Zeitalter, Köln 2012.

Pörksen, Bernhard und Schulz von Thun, Friedemann: Die Kunst des Miteinander-Redens. Über den Dialog in Gesellschaft und Politik, München 2020.

Porlezza, Colin: Journalismus zwischen Fake News, Filterblasen und Fact-Checking, in: Fichter, Adrienne (Hrsg.): Smartphone-Demokratie, Zürich 2017, S. 30–50.

Pöttker, Horst: Berufsethik für Journalisten?, in: Holderegger, Adrian (Hrsg.): Kommunikations- und Medienethik, 3. Aufl., Fribourg 2004, S. 299–327.

Pöttker, Horst: Der (un-)beteiligte Beobachter. Zum notwendigen Wandel des journalistischen Selbstbilds in der digitalen Medienwelt, in: Stapf, Ingrid, Prinzing, Marlis und Filipović, Alexander (Hrsg.): Gesellschaft ohne Diskurs? Digitaler Wandel und Journalismus aus medienethischer Perspektive, Baden-Baden 2017, S. 71–86.

Pöttker, Horst: Demokratische Internet-Öffentlichkeit?, in: Eisenegger, Mark, Prinzing, Marlies u. a. (Hrsg.): Digitaler Strukturwandel der Öffentlichkeit, Wiesbaden 2021, S. 377–398.

Preisendörfer, Bruno: Demokratie als click 'n'go?, in: Kretschmer, Birthe und Werner Frederic: Wie das Internet die Demokratie verändert, Hamburg 2011, S. 17–21.

Preuß, Tamina: Fake News. Eine phänomenologische, kriminologische und strafrechtliche Untersuchung, Baden-Baden 2001.

Prietl, Bianca und Houben, Daniel: Einführung. Soziologische Perspektiven auf die Datafizierung der Gesellschaft, in: dies. (Hrsg.): Datengesellschaft. Einsichten in die Datafizierung des Sozialen, Bielefeld 2018, S. 7–27.

Prinzing, Marlis: Shitstorms. Nur Wutstürme oder begründete demokratische Proteste?, in: Imhof, Kurt, Blum, Roger u. a. (Hrsg.): Demokratisierung durch Social Media?, Wiesbaden 2015, S. 153–176.

Prinzing, Marlis: Digitaler Stammtisch versus Diskursethik?, in: Stapf, Ingrid, Prinzing, Marlis und Filipović, Alexander (Hrsg.): Gesellschaft ohne Diskurs? Digitaler Wandel und Journalismus aus medienethischer Perspektive, Baden-Baden 2017, S. 35–52.

Prinzing, Marlis: Journalismus, in: Grimm, Petra, Trost, Kai und Zöllner, Oliver (Hrsg.): Digitale Ethik, Baden-Baden 2024, S. 517–528.

Rademacher, Lars und Kokoschka, Vanessa: Digitale Öffentlichkeit, in: Grimm, Petra, Trost, Kai und Zöllner, Oliver (Hrsg.): Digitale Ethik, Baden-Baden 2024, S. 453–466.

Ramge, Thomas: Mensch und Maschine. Wie Künstliche Intelligenz und Roboter unser Leben verändern, Stuttgart 2018.

Ramge, Thomas: Augmented Intelligence. Wie wir mit Daten und KI besser entscheiden, Stuttgart 2020.

Rath, Mathias: Zur Verantwortungsfähigkeit künstlicher „moralischer Akteure". Problemanzeige oder Ablenkungsmanöver?, in: Rath, Matthias, Krotz, Friedrich und Karmasin, Matthias (Hrsg.): Maschinenethik. Normative Grenzen autonomer Systeme, Wiesbaden 2019, S. 223–242.

Rathmann, Martin: Kulturelle Unterschiede in der Robotik: Japan und Deutschland – ein Überblick, in: Working Papers kultur- und techniksoziologische Studien 1/2012, S. 3–15.
Rau, Jan und Stier, Sebastian: Die Echokammer-Hypothese: Fragmentierung der Öffentlichkeit und politische Polarisierung durch digitale Medien?, in: Zeitschrift für Vergleichende Politikwissenschaft 13/2019, S. 399–416.
Rauchfleisch, Adrian und Schäfer, Mike: Katz-und-Maus-Spiele im chinesischen Internet, in: Fichter, Adrienne (Hrsg.): Smartphone-Demokratie, Zürich 2017, S. 171–196.
Rawls, John: Eine Theorie der Gerechtigkeit, 9. Aufl., Frankfurt a. M. 1996.
Reckwitz, Andreas: Die Gesellschaft der Singularitäten, Berlin 2017.
Reidel, Johannes: Ethische Ingenieurverantwortung, in: Grunwald, Armin und Hillerbrand, Rafaela (Hrsg.): Handbuch Technikethik, 2. aktual. und erw. Aufl., Stuttgart 2021, S. 461–465.
Reißmann, Wolfgang: Jugendliche zwischen Person und Figur, in: Emmer, Martin (Hrsg.): Echtheit, Wahrheit, Ehrlichkeit: Authentizität in der Online-Kommunikation, Weinheim/Basel 2013, S. 155–168.
Remmers, Hartmut: Pflegeroboter: Analyse und Bewertung aus Sicht pflegerischen Handelns und ethischer Anforderungen, in: Bendel, Oliver (Hrsg.): Pflegeroboter, Wiesbaden 2018, S. 161–177.
Renkamp, Anna: BürgerForum – Bürgerprogramme online und offline entwickeln, in: Patze-Diordiychuk, Peter, Renner, Paul und För, Tanja (Hrsg.): Methodenhandbuch Bürgerbeteiligung, Bd. 3, München 2017, S. 114–133.
Richter, Philipp: Big Data, in: Heesen, Jessica (Hrsg.): Handbuch Medien- und Informationsethik, Stuttgart 2016, S. 210–216.
Rieder, Gernot: Big Data, in: Grunwald, Armin und Hillerbrand, Rafaela (Hrsg.): Handbuch Technikethik, 2. aktual. u. erw. Aufl., Stuttgart 2021, S. 310–315.
Rogge, Ayanda und Etzrodt, Katrin: Wann ist die Nutzung von Sexrobotern angemessen?, in: Bendel, Oliver (Hrsg.): Maschinenliebe: Liebespuppen und Sexroboter aus technischer, psychologischer und philosophischer Perspektive, Wiesbaden 2020, S. 255–282.
Roleff, Daniel: Digitale Politik – E-Democracy, E-Government und E-Partizipation, in: Neue Gesellschaft Frankfurter Hefte (NG/FH), 11/2011, S. 24–27.
Ropohl, Günter: Ethik und Technikbewertung, Frankfurt a. M. 1996.
Rössler, Beate: Der Wert des Privaten, Frankfurt a. M. 2001.
Rost, Katja, Stahel, Lea und Frey, Bruno: Digital Social Norm Enforcement: Online Firestorms in Social Media, in: PLoS ONE 11,6/2016.

Roth, Stefan und Corsten, Hans: Vorwort, in: dies. (Hrsg.): Handbuch Digitalisierung, München 2022, V–VII.

Rudschies, Catharina, Schneider, Ingrid und Simon, Judith: The Heterogeneity of AI Ethics Guidelines, in: Hoeren, Thomas und Pinelli, Stefan (Hrsg.): Künstliche Intelligenz. Ethik und Recht, München 2022, S. 64–91.

Russ-Mohl, Stephan: Die informierte Gesellschaft und ihre Feinde. Warum die Digitalisierung unsere Demokratie gefährdet, München 2017.

Russell, Stuart: Human Compatible. Künstliche Intelligenz und wie der Mensch die Kontrolle über superintelligente Maschinen behält, Frechen 2020.

Russell, Stuart und Norvig, Peter: Künstliche Intelligenz. Ein moderner Ansatz, 3. aktual. Aufl., München u. a. 2012.

Sandry, Eleanor: Anthropomorphism and its Discontents, in: Gunkel, David (Hrsg.): Handbook on the Ethics of Artificial Intelligence, Northampton 2024, S. 143–155.

Santarius, Tilman: Nachhaltigkeit, in: Piallat, Chris (Hrsg.): Der Wert der Digitalisierung. Gemeinwohl in der digitalen Welt, Bielefeld 2021, S. 271–292.

Saurwein, Florian: Automatisierung, Algorithmen, Accountability. Eine Governance Perspektive, in: Rath, Matthias, Krotz, Friedrich und Karmasin, Matthias (Hrsg.): Maschinenethik. Normative Grenzen autonomer Systeme, Wiesbaden 2019, S. 35–56.

Schaber, Peter: Menschenwürde und das Instrumentalisierungsverbot, in: Stoecker, Ralf, Neuhäuser, Christian und Raters, Marie-Luise (Hrsg.): Handbuch Angewandte Ethik, Stuttgart 2011, S. 331–337.

Schicha, Christian: Medienethik. Grundlagen – Anwendungen – Ressourcen, München 2019.

Schippl, Jens und Hillerbrand, Rafaela: Automatisiertes Fahren, in: Grunwald, Armin und Hillerbrand, Rafaela (Hrsg.): Handbuch Technikethik, 2. aktual. u. erw. Aufl., Stuttgart 2021, S. 378–382.

Schlegel, Marcel und Trost, Kai Erik: Influencing, in: Grimm, Petra, Trost, Kai und Zöllner, Oliver (Hrsg.): Digitale Ethik, Baden-Baden 2024, S. 369–386.

Schmidt, Jan-Hinrik: Ethik des Internets, in: Heesen, Jessica (Hrsg.): Handbuch Medien- und Informationsethik, Stuttgart 2016, S. 284–291.

Schmidt, Francesca und Shephard, Nicole: Geschlechtergerechtigkeit, in: Piallat, Chris (Hrsg.): Der Wert der Digitalisierung. Gemeinwohl in der digitalen Welt, Bielefeld 2021, S. 253–270.

Schmiljun, André und Schmiljun, Iga: Moralische Roboter. Humanistisch-philosophische Grundlagen und didaktische Anwendungen, Bielefeld 2024.

Schnädelbach, Herbert: Rationalität, in: Düwell, Marcus, Hübenthal, Christoph und Werner, Micha (Hrsg.): Handbuch Ethik, 2. aktual. Aufl., Stuttgart/Weimar 2011, S. 480–486.

Schneider, Kurt: Wir prägen die digitale Evolution: Ein neues Lebensgefühl entsteht, in: Martinsen, Franziska (Hrsg.): Wissen – Macht – Meinung. Demokratie und Digitalisierung, Weilerswist 2018, S. 59–66.

Schoder, Detlef und Hirschmeier, Stefan: Co-kreierte Medien – Der befähigte Rezipient wird zum „Edisumer" und führt in ein neues Medienzeitalter, in: Roth, Stefan und Corsten, Hans (Hrsg.): Handbuch Digitalisierung, München 2022, S. 1237–1251.

Schröder, Detlef und Hirschmeier, Stefan: Co-kreierte Medien, in: Roth, Stefan und Corsten, Hans (Hrsg.): Handbuch Digitalisierung, München 2022, S. 1327–1348.

Schulz, Anne und Rössler, Patrick: Schweigespirale Online. Die Theorie der öffentlichen Meinung und das Internet, Baden-Baden 2013.

Schulz-Schaeffer, Ingo, Meister, Martin u. a.: Sozialität von Robotern aus handlungstheoretischer Perspektive, in: Muhle, Florian (Hrsg.): Soziale Robotik. Eine sozialwissenschaftliche Einführung, Berlin/Boston 2023, S. 165–192.

Schulze, Hartmut, Kauffeld, Simone und Tanner, Alexandra: Soziale Roboter auf dem Weg in die Praxis, in: Gruppe. Interaktion. Organisation. Zeitschrift für Angewandte Organisationspsychologie (GIO) 53/2022, S. 267–271.

Schütze, Benjamin, Hänold, Stefanie und Forgo, Nikolaus: Big Data – Eine informationsrechtliche Annäherung, in: Kolany-Raiser, Barbara, Heil, Reinhard, Orwat, Carsten und Hoeren, Thomas (Hrsg.): Big Data und Gesellschaft. Eine multidisziplinäre Annäherung, Wiesbaden 2018, S. 233–308.

Schwarz, Elke: Trolleyology: Algorithmic Ethics for Killer Robots, in: Gunkel, David (Hrsg.): Handbook on the Ethics of Artificial Intelligence, Northampton 2024, S. 83–96.

Seel, Martin: Versuch über die Form des Glücks. Studien zur Ethik, Frankfurt a. M. 1995.

Seemann, Michael: Die Macht der Plattformen. Politik in Zeiten der Internetgiganten, Berlin 2021.

Selinger, Evan und Leong, Brenda: The Ethics of Facial Recognition Technology, in: Véliz, Carissa (Hrsg.): The Oxford Handbook of Digital Ethics, Oxford/New York 2024, S. 590–610.

Sell, Saskia: Agenda Setting, in: Heesen, Jessica (Hrsg.): Handbuch Medien- und Informationsethik, Stuttgart 2016, S. 121–126.

Sell, Saskia und Oswald, Bernd: Verifikation von Online-Inhalten im Journalismus, in: Schicha, Christian, Stapf, Ingrid und Sell, Saskia (Hrsg.): Medien und Wahrheit.

Medienethische Perspektiven auf Desinformation, Lügen und „Fake News“, Baden-Baden 2021, S. 243–262.

Seng, Leonie: Zur Ethik künstlicher Intelligenz – Philosophische Untersuchung der Möglichkeit moralisch handelnder und ethisch denkender technischer Systeme, Ludwigsburg 2023.

Siegetsleitner, Anne: Wer trägt bei autonomer Künstlicher Intelligenz die moralische Verantwortung?, in: Hengstschläger, Markus und Rat für Forschung und Technologieentwicklung (Hrsg.): Digitaler Wandel und Ethik, München 2020, S. 126–143.

Silberstein, Schlecky: Das Internet muss weg. Eine Abrechnung, München 2019.

Simon, Judith: Values in Design, in: Heesen, Jessica (Hrsg.): Handbuch Medien- und Informationsethik, Stuttgart 2016, S. 357–364.

Simpson, Robert: The Ethics of Quitting Social Media, in: Véliz, Carissa (Hrsg.): The Oxford Handbook of Digital Ethics, Oxford/New York 2024, S. 685–704.

Singer, Peter: Praktische Ethik, 2. erw. und rev. Aufl., Stuttgart 1994.

Small, Gary und Vorgan, Gigi: iBrain. Wie die neue Medienwelt das Gehirn und die Seele unserer Kinder verändert, Stuttgart 2009.

Sold, Manjana: Online-Radikalisierung, Begleitmaterial zu „Reflect Your Past“, Bundeszentrale für politische Bildung (bpb) 2019.

Sommer, Andreas: Demokratie für das 21. Jahrhundert. Warum die Volksvertretung überholt ist und die Zukunft der direkten Demokratie gehört, Freiburg 2022.

Sparrow, Robert und Sparrow, Linda: In the hands of machines? The future of aged care, in: Mind Mach 16/2006, S. 141–161.

Specht, Philip: Die 50 wichtigsten Themen der Digitalisierung, München 2018.

Spiecker genannt Döhmann, Indra, Westland, Michael und Campos, Ricardo (Hrsg.): Vorwort, in: Demokratie und Öffentlichkeit im 21. Jahrhundert – zur Macht des Digitalen, Baden-Baden 2022, S. 5–9

Spiekermann, Sarah: Digitale Ethik. Ein Wertesystem für das 21. Jahrhundert, München 2019.

Spiekermann, Sarah: Value-based Engineering: Prinzipien und Motivation für bessere IT-Systeme, in: Informatik Spektrum 44/2021, S. 247–256.

Spiekermann, Sarah: Digitale Ethik und die Künstliche Intelligenz, in: Mainzer, Klaus (Hrsg.): Philosophisches Handbuch Künstliche Intelligenz, Wiesbaden 2024, S. 741–764.

Spindler, Gerald: Funktion und Verantwortung von Plattformen als Informations-Intermediäre, in: Spiecker genannt Döhmann, Indra, Westland, Michael und Campos, Ricardo (Hrsg.): Demokratie und Öffentlichkeit im 21. Jahrhundert – zur Macht des Digitalen, Baden-Baden 2022, S. 75–126.

Spitzer, Manfred: Digitale Demenz. Wie wir uns und unsere Kinder um den Verstand bringen, München 2012.

Spitzer, Manfred: Cyberkrank! Wie das digitalisierte Leben unsere Gesundheit ruiniert, München 2015.

Staab, Philipp und Pietron, Dominik: Würde, in: Piallat, Chris (Hrsg.): Der Wert der Digitalisierung. Gemeinwohl in der digitalen Welt, Bielefeld 2021, S. 187–207.

Stahl, Bernd, Schroeder, Doris und Rodrigues, Rowena: Ethics of Artificial Intelligence. Case Studies and Options for Addressing Ethical Challenges, Cham 2023.

Stalder, Felix: Kultur der Digitalität, Berlin 2016.

Stapf, Ingrid: Freiwillige Medienregulierung, in: Heesen, Jessica (Hrsg.): Handbuch Medien- und Informationsethik, Stuttgart 2016, S. 96–105.

Stapf, Ingrid: „Fake News" als eine (mögliche) Frage der Wahrheit?, in: Schicha, Christian, Stapf, Ingrid und Sell, Saskia (Hrsg.): Medien und Wahrheit. Medienethische Perspektiven auf Desinformation, Lügen und „Fake News", Baden-Baden 2021, S. 97–120.

Stapf, Ingrid: Desinformation, in: Grimm, Petra, Trost, Kai und Zöllner, Oliver (Hrsg.): Digitale Ethik, Baden-Baden 2024, S. 315–326.

Stapf, Ingrid, Prinzing, Marlis und Filipović, Alexander: Einleitung: Der Journalismus und die Qualität des gesellschaftlichen Diskurses, in: Stapf, Ingrid, Prinzing, Marlis und Filipović, Alexander (Hrsg.): Gesellschaft ohne Diskurs? Digitaler Wandel und Journalismus aus medienethischer Perspektive, Baden-Baden 2017, S. 11–16.

Stapf, Ingrid, Ammicht Quinn, Regina, Friedewald, Michael, Heesen, Jessica und Krämer, Nicole: Einleitung, in: dies. (Hrsg.): Aufwachsen in überwachten Umgebungen. Interdisziplinäre Positionen zu Privatheit und Datenschutz in Kindheit und Jugend, Baden-Baden 2021, S. 11–20.

Stark, Carsten: Legitimationsprobleme analoger Staatlichkeit, in: Wagener, Andreas und Stark, Carsten (Hrsg.): Die Digitalisierung des Politischen. Theoretische und praktische Herausforderungen für die Demokratie, Wiesbaden 2023, S. 3–30.

Stark, Birgit, Magin, Melanie und Jürgens, Pascal: Maßlos überschätzt. Ein Überblick über theoretische Annahmen und empirische Befunde zu Filterblasen und Echokammern, in: Eisenegger, Mark, Prinzing, Marlies u. a. (Hrsg.) Digitaler Strukturwandel der Öffentlichkeit. Historische Verortung, Modelle und Konsequenzen, Wiesbaden 2021, S. 303–322.

Stegemann, Bernd: Die Öffentlichkeit und ihre Feinde, Stuttgart 2021.

Steinicke, Henning und Witt, Elke (Redakteure) der Deutsche Akademie der Naturforscher Leopoldina, acatech und Union der deutschen Akademien der Wissenschaften (Hrsg.): Digitalisierung und Demokratie, Halle (Saale) 2021.

Stern, Jenny: Fakt-Checking und Verifikation. Neue Formen des Faktenprüfens im Nachrichtenjournalismus, in: Köhler, Tanja (Hrsg.) Fake News, Framing, Fact-Checking: Nachrichten im digitalen Zeitalter, Marburg 2021, S. 119–146.

Sterri, Aksel und Earp, Brian: The Ethics of Sex Robots, in: Véliz, Carissa (Hrsg.): The Oxford Handbook of Digital Ethics, Oxford/New York 2024, S. 241–257.

Stöcker, Christian: Zugang. Digitale Öffentlichkeit, Aufmerksamkeit als Ware und die deliberative Demokratie, in: Piallat, Chris (Hrsg.): Der Wert der Digitalisierung. Gemeinwohl in der digitalen Welt, Bielefeld 2021, S. 293–318.

Stoecker, Ralf, Neuhäuser, Christian und Raters, Marie-Luise: Einleitung, in: dies. (Hrsg.): Handbuch Angewandte Ethik, Stuttgart 2011, S. 1–11.

Stoecker, Daniel, Schimkus, Nicole und Soiné, Alice: Medien der Zuwendung. Ein Gespräch über Interfacing-Konstellationen, in: Medien der Zuwendung. Affektive Medien – Sensible Medien – Fürsorgende Medien, Marburg 2022, S. 9–25.

Strauß, Stefan und Bogner, Alexander: Demokratische Herausforderungen im Zeitalter des Digitalen Wandels, in: Hengstschläger, Markus und Rat für Forschung und Technologieentwicklung (Hrsg.): Digitaler Wandel und Ethik, Salzburg 2020, S. 22–37.

Strippel, Christian: Strukturwandel der Öffentlichkeit aus der Perspektive einer Theorie der Spätmoderne, in: Eisenegger, Mark, Prinzing, Marlies u. a. (Hrsg.) Digitaler Strukturwandel der Öffentlichkeit. Historische Verortung, Modelle und Konsequenzen, Wiesbaden 2021, S. 213–238.

Sullivan, Emily und Alfano, Mark: A Normative Framework for Sharing Information Online, in: Véliz, Carissa (Hrsg.): The Oxford Handbook of Digital Ethics, Oxford/New York 2024, S. 85–102.

TAB (Büro für Technikfolgen-Abschätzung beim Deutschen Bundestag): Robotik in der Pflege – gesellschaftliche Herausforderungen, TAB-Fokus Nr. 17 zum Arbeitsbericht Nr. 177 (Kehl, Christoph), Mai 2018.

Taddicken, Monika und Schmidt, Jan-Hinrik: Soziale Medien: Funktionen, Praktiken, Formationen, in: dies. (Hrsg): Handbuch Soziale Medien, Wiesbaden 2022, S. 19–34.

Tamborini, Marco: Einleitung. Die Formen der Biorobotik, in: ders. (Hrsg.): Die Philosophie der Bio-Robotik, Hamburg 2024, S. 7–13.

Tappe, Inga: Bildethik, in: Heesen, Jessica (Hrsg.): Handbuch Medien- und Informationsethik, Stuttgart 2016, S. 306–313.

Thaler, Richard und Sunstein, Cass: Nudge. Wie man kluge Entscheidungen anstößt (Originaltitel: *Nudge. Improving Decisions About Health, Wealth, and Happiness*), Die endgültige Ausgabe, Berlin 2021.

Thiel, Thorsten: Der digitale Strukturwandel von Öffentlichkeit, in: Spiecker genannt Döhmann, Indra, Westland, Michael und Campos, Ricardo (Hrsg.): Demokratie und Öffentlichkeit im 21. Jahrhundert – zur Macht des Digitalen, Baden-Baden 2022, S. 41–56.

Thies, Christian: Medienethik, in: Stoecker, Ralf, Neuhäuser, Christian und Raters, Marie-Luise (Hrsg.): Handbuch Angewandte Ethik, Stuttgart 2011, S. 206–209.

Thomasius, Rainer, Aden Anneke und Peterson, Kay: Jugendpsychiatrische Aspekte der Medien- und Computersucht, in: Möller, Christoph (Hrsg.): Internet- und Computersucht, 2. aktual. u. erw. Aufl., Stuttgart 2015, S. 99–108.

Thomaß, Barbara: Medien- und Kommunikationswissenschaft, in: Heesen, Jessica (Hrsg.): Handbuch Medien- und Informationsethik, Stuttgart 2016, S. 33–40.

Thull, Benjamin, Dinar, Christina und Ebner, Felix: Digitale Gewalt, in: Scholz, Roland, Albrecht, Eike u. a. (Hrsg.), Supplementarische Informationen zum DiDaT Weißbuch, Baden-Baden, S. 202–211.

Thurnherr, Urs: Angewandte Ethik zur Einführung, 2. erg. Aufl., Hamburg 2010.

Timko, Christina, Schmidt, Nicholas u. a.: Softwareentwickler über Softwareentwicklung, in: Hoeren, Thomas und Pinelli, Stefan (Hrsg.): Künstliche Intelligenz. Ethik und Recht, München 2022, S. 363–390.

Trost, Kai Erik: Freundschaft, in: Grimm, Petra, Trost, Kai und Zöllner, Oliver (Hrsg.): Digitale Ethik, Baden-Baden 2024, S. 187–198.

Türcke, Christoph: Digitale Gefolgschaft, München 2019.

Türcke, Christoph: Warum Social Media keine demokratische Öffentlichkeit schafft, Gastbeitrag in: Handelsblatt, 17.2.2019.

Turza, Christiane: Manipulation. Zum Begriff und ethischen Status, Paderborn 2023.

Ueberschär, Ellen: Freiheit, in: Piallat, Chris (Hrsg.): Der Wert der Digitalisierung. Gemeinwohl in der digitalen Welt, Bielefeld 2021, S. 101–122.

Ulbricht, Lena: Algorithmen und Politisierung, in: Leviathan 48, Sonderband 35/2022, S. 255–278.

Ulbricht, Lena, Haunns, Sebastian u. a.: Dimensionen von Big Data: Eine politikwissenschaftliche Systematisierung, in: Kolany-Raiser, Barbara, Heil, Reinhard, Orwat, Carsten und Hoeren, Thomas (Hrsg.): Big Data und Gesellschaft. Eine multidisziplinäre Annäherung, Wiesbaden 2018, S. 151–232.

UNESCO: Recommendation on the ethics of artificial intelligence, 2021 (https://unesdoc.unesco.org/ark:/48223/pf0000380455; Abruf am 13.11.2024).

Unger, Sebastian und Ungern-Sternberg, Antje (Hrsg.): Demokratie und künstliche Intelligenz, Tübingen 2019.

Utz, Sonia und Schultz, Friederike: Authentizität im Online-Reputationsmanagement, in: Emmer, Martin (Hrsg.): Echtheit, Wahrheit, Ehrlichkeit: Authentizität in der Online-Kommunikation, Weinheim/Basel 2013, S. 169–181.

Vaidhyanathan, Siva: Antisocial Media. How Facebook Disconnects Us and Undermines Democracy, New York 2018.

Vallor, Shannon: Virtues in the Digital Age, in: Véliz, Carissa (Hrsg.): The Oxford Handbook of Digital Ethics, Oxford/New York 2024, S. 20–42.

VDI (Verein Deutscher Ingenieure): Richtlinie VDI 3780. Technikbewertung: Begriffe und Grundlagen (1991), in: Lenk, Hans und Ropohl, Günter: Technik und Ethik, 2. erw. Aufl. Stuttgart 1993, S. 334–364.

Véliz, Carissa: Introduction, in: Véliz, Carissa (Hrsg.): The Oxford Handbook of Digital Ethics, Oxford/New York 2024, xiii–xvi.

Véliz, Carissa: The Surveillance Delusion, in: ebd. 2024, S. 555–575.

Vieth, Andreas: Einführung in die Angewandte Ethik, Darmstadt 2006.

Vieweg, Stefan: Preface, in: ders. (Hrsg.): AI für the Good. Artificial Intelligence and Ethics, vii–x, Cham 2021.

Vilmer, Jean-Baptiste: Terminator-Ethik: Sollten Killerroboter verboten werden?, in: Otto, Philipp und Gräf, Eike (Hrsg.): 3TH1CS. Die Ethik der digitalen Zeit, Bonn 2018, S. 114–133.

Vogelmann, Frieder und Nonhoff, Martin: Wahrheit und Demokratie: Zum Stand einer schwierigen Beziehung, in: Vogelmann, Frieder und Nonhoff, Martin (Hrsg.): Demokratie und Wahrheit, Baden-Baden 2021, S. 7–20.

Vold, Karina und Harris, Daniel: How Does Artificial Intelligence Pose an Existential Risk?, in: Véliz, Carissa (Hrsg.): The Oxford Handbook of Digital Ethics, Oxford/New York 2024, S. 724–747.

Vorländer, Hans: Demokratie – in der Krise und doch die beste Herrschaftsform?, Information zur politischen Bildung (izpb), 4.5.2017.

Voß, Karl-Jürgen: Sexpuppen und Sexroboter aus sexualwissenschaftlicher Perspektive, in: Bendel, Oliver (Hrsg.): Maschinenliebe: Liebespuppen und Sexroboter aus technischer, psychologischer und philosophischer Perspektive, Wiesbaden 2020, S. 209–218.

Wadephul, Christian: Sind Heuristiken die besseren Algorithmen?, in: Wiegerling, Klaus, Nerurkar, Michael und Wadephul, Christian (Hrg.): Datafizierung und Big Data. Ethische, anthropologische und wissenschaftstheoretische Perspektiven, Wiesbaden 2020, S. 55–96.

Wagener, Andreas: KI als Staatsprinzip. Leitlinien demokratischer Legitimation von AI Governance, in: SWS-Rundschau 4/2021, S. 369–390.

Wagner, Edgar: Datenlieferanten – Datensammler – Datenschützer, in: Grimm, Petra und Zöllner, Oliver (Hrsg.): Schöne neue Kommunikationswelt oder Ende der Privatheit?, Stuttgart 2012, S. 209–250.

Wagner, Thomas: Das Netz in unsere Hand! Vom digitalen Kapitalismus zur Datendemokratie, Köln 2017.

Wagner, Tino: Verletzungen und Übergriff: Cyber-Mobbing und andere Formen von Online-Gewalt, in: Grimm, Petra, Keber, Tobias und Zöllner, Oliver (Hrsg.): Digitale Ethik. Leben in vernetzten Welten, 2. durchges. Aufl., Stuttgart 2020, S. 121–133.

Wallach, Wendell und Allen, Colin: Moral Machines. Teaching Robots Right from Wrong, Oxford 2009.

Wallner, Regina Maria: Digitale Medien zwischen Transparenz und Manipulation. Internet und politische Kommunikation in der repräsentativen Demokratie, Wiesbaden 2018.

Waltl, Bernhard: Erklärbarkeit und Transparenz im Machine Learning, in: Mainzer, Klaus (Hrsg.): Philosophisches Handbuch Künstliche Intelligenz, Wiesbaden 2024, S. 615-638.

Wardle, Claire: Fake news. It's complicated. First draft 16,1–11, 2017.

Weber, Patrick: Nachrichtenwert, in: Heesen, Jessica (Hrsg.): Handbuch Medien- und Informationsethik, Stuttgart 2016, S. 114–120.

Weber, Karsten: Informationsgerechtigkeit, in: ebd. 2016, S. 337–343.

Weber, Karsten: Internet, in: Grunwald, Armin und Hillerbrand, Rafaela (Hrsg.): Handbuch Technikethik, 2. aktual. und erw. Aufl. 2021, S. 349–353.

Weber-Guskar, Eva: Reflecting (on) Replika. Can We Have a Good Affective Relationship With a Social Chatbot?, in: Wulf, Janina und Loh, Wulf (Hrsg.): Social Robotics and the Good Life. The Normative Side of Forming Emotional Bonds with Robots, Bielefeld 2023, S. 103–128.

Weiß, Jens: Technik, die begeistert? Chancen und Risiken von Online-Partizipation, in: Patze-Diordiychuk, Peter, Renner, Paul und För, Tanja (Hrsg.): Methodenhandbuch Bürgerbeteiligung, Bd. 3, München 2017, S. 25–42.

Weiß, Simone, Galla, Nina u. a.: Die letzte Entscheidung trifft der Mensch? Wie menschliche Verantwortung im Umgang mit KI gestaltet werden muss, Online-Publikation vom 10.09.2021 (https://www.rosalux.de/news/id/44971/die-letzte-entscheidung-trifft-der-mensch; Abruf am 13.11.2024).

Welsch, Johannes: Die Sorglosigkeit des Roboters. Ein Argument für den differenzierten Einsatz von Pflegerobotern, in: Barth, Martin und Hoff, Gregor (Hrsg.): Digitale Welt – Künstliche Intelligenz – Ethische Herausforderungen, Baden-Baden 2023, S. 199–224.

Wennerscheid, Sophie: Warme und kalte Beziehungen im Netzwerk des Begehrens, in: Bendel, Oliver (Hrsg.): Maschinenliebe: Liebespuppen und Sexroboter aus technischer, psychologischer und philosophischer Perspektive, Wiesbaden 2020, S. 21–34.

Werner, Micha: „Verantwortung", in: Düwell, Marcus, Christoph Hübenthal und Werner, Micha (Hrsg.): Handbuch Ethik, 3. aktual. Aufl., Stuttgart 2011, S. 541–547.

Werthner, Hannes: Das Wiener Manifest für Digitalen Humanismus, in: Hengstschläger, Markus und Rat für Forschung und Technologieentwicklung (Hrsg.): Digitaler Wandel und Ethik, München 2020, S. 384–413.

Westin, Alan: Privacy in the Modern Democratic State, in: ders.: Privacy and Freedom, New York 1970, S. 23–50.

Weyer, Johannes, Delisle, Marc u. a.: Big Data in soziologischer Perspektive, in: Kolany-Raiser, Barbara, Heil, Reinhard, Orwat, Carsten und Hoeren, Thomas (Hrsg.): Big Data und Gesellschaft. Eine multidisziplinäre Annäherung, Wiesbaden 2018, S. 69–83.

Wiegerling, Klaus: Medienethik, Stuttgart/Weimar 1998.

Wiegerling, Klaus: Umfassende IT-Systeme, in: Heesen, Jessica (Hrsg.): Handbuch Medien- und Informationsethik, Stuttgart 2016, S. 217–227.

Wiegerling, Klaus: Big Data und die Frage nach der Anerkennung, in: Wiegerling, Klaus, Nerurkar, Michael und Wadephul, Christian (Hrsg.): Datafizierung und Big Data. Ethische, anthropologische und wissenschaftstheoretische Perspektiven, Wiesbaden 2020, S. 97–128.

Wiegerling, Klaus: Mensch-Maschine-Schnittstelle, in: Grunwald, Armin und Hillerbrand, Rafaela (Hrsg.): Handbuch Technikethik, 2. aktual. und erw. Aufl., Stuttgart 2021, S. 295–299.

Wiegerlin, Klaus: Ubiquitous Computing, in: ebd. 2021, S. 419–423.

Wiegerling, Klaus: Die ethische Bewertung von Big Data, Wiesbaden 2023.

Wiegerling, Klaus, Nerurkar, Michael und Christian Wadephul: Ethische und anthropologische Aspekte der Anwendung von Big-Data-Technologien, in: Kolany-Raiser, Barbara, Heil, Reinhard, Orwat, Carsten und Hoeren, Thomas (Hrsg.): Big Data und Gesellschaft. Eine multidisziplinäre Annäherung, Wiesbaden 2018, S. 1–68.

Wiener Manifest für digitalen Humanismus: Appendix, in: Hengstschläger, Markus und Rat für Forschung und Technologieentwicklung (Hrsg.): Digitaler Wandel und Ethik, München 2020, S. 406–412.

Wildfeuer, Armin: Freiheit, in: Düwell, Marcus, Christoph Hübenthal und Werner, Micha (Hrsg.): Handbuch Ethik, 3. aktual. Aufl., Stuttgart 2011, S. 358–366.

Williams, James: Ethical Dimensions of Persuasive Technology, in: Véliz, Carissa (Hrsg.): The Oxford Handbook of Digital Ethics, Oxford/New York 2024, S. 281–291.

Winter, Andreas, Esselmann, Frank u. a.: Menschenzentrierung als Ziel des Verbraucherschutzes im digitalen Kontext, in: Roth, Stefan und Corsten, Hans (Hrsg.): Handbuch Digitalisierung, München 2022, S. 1233–1250.

Winter, Dorothea: KI, Kunst und Kitsch. Ein philosophischer Aufreger, Heidelberg 2024.

Wirtz, Hannh: Geistiges Eigentum, in: Heesen, Jessica (Hrsg.): Handbuch Medien- und Informationsethik, Stuttgart 2016, S. 241–247.

Wissenschaftliche Dienste des Deutschen Bundestags: Fake News. Definition und Rechtslage, WD 10-3000-003/17, 2017.

Wong, Pak-Hang: The „Good Life“ in Intercultural Information Ethics. A New Agenda, in: International Review of Information Ethics 13/2010, S. 26–32.

Woopen, Christiane und Müller, Sebastian: Selbstbestimmung, in: Piallat, Chris (Hrsg.): Der Wert der Digitalisierung. Gemeinwohl in der digitalen Welt, Bielefeld 2021, S. 123–146.

Zhou, Jianlong und Chen, Fang: Towards Humanity-in-the-Loop in AI Lifecycle, in: Chen, Fang und Zhou Jianlogn (Hrsg.): Humanity Driven AI. Productivity, Well-being, Sustainability and Partnership, Cham 2022, S. 3–36.

Zöllner, Oliver: Schöne neue Kommunikationswelt oder Ende der Privatheit? Eine Einführung, in: Grimm, Petra und Zöllner, Oliver (Hrsg.): Schöne neue Kommunikationswelt oder Ende der Privatheit?, Stuttgart 2012, S. 7–26.

Zöllner, Oliver: Haltung im digitalen Zeitalter, in: Grimm, Petra, Keber, Tobias und Zöllner, Oliver (Hrsg.): Digitale Ethik. Leben in vernetzten Welten, 2. durchges. Aufl., Stuttgart 2020a, S. 219–235.

Zöllner, Oliver: Klebrige Falschheit – Desinformation als nihilistischer Kitsch der Digitalität, in: Grimm, Petra, Keber, Tobias und Zöllner, Oliver (Hrsg.): Anonymität und Transparenz in der digitalen Gesellschaft, Stuttgart 2020b, S. 65–103.

Zuboff, Shoshana: Das Zeitalter des Überwachungskapitalismus, Frankfurt a. M. 2018.

Zweig, Katharina: Ein Algorithmus hat kein Taktgefühl: Wo künstliche Intelligenz sich irrt, warum uns das betrifft und was wir dagegen tun können, München 2019.

Zweig, Katharina: Die KI war's! Von absurd bis tödlich: Die Tücken der künstlichen Intelligenz, München 2023.

Sachregister

Abhängigkeit → Internetabhängigkeit
ADM-Systeme → algorithmenbasierte entscheidungsfindende Systeme (ADM)
Affekte/affektive Logik 180, 187, 189, 193, 273
Agenda-Setting 35, 166, 169, 187, 266
AI (Artificial Intelligence) → Künstliche Intelligenz
AI Act 285, 301, 304f., 325, 356, 363, 373, 526f.
AI Literacy 529
Akteure/Akteurschaft 381, 387, 389, 391–394, 509
Algorithmen 28f., 32, 140, 218, 222, 362, 364, 374–377
algorithmenbasierte entscheidungsfindende Systeme (ADM) 300ff., 305, 348, 527
algorithmenbasierte Selektion 165, 168f., 179, 188, 218, 282, 339, 491
Alignment Problem 412, 414f., 518, 525
Ambient Assisted Living (AAL) 381, 456, 506
Anonymität 207, 230, 243f., 246, 249
Anpassungsdruck 277, 328, 370f., 507
Anthropologie 109, 318, 494, 499ff., 504f.
anthropologische Differenz 494f.
Anthropozentrismus 313, 391, 402, 408ff.
Arbeitsplatzverlust 477, 479, 484
Argumente
  Ad-hominem- 235
  Angebot-und-Nachfrage- 149, 151
  Chinese-Room- 398
  Dammbruch- 323
  deontologische 162, 429, 441f., 455, 465, 474
  feministische 468, 470
  Identitäts- 122, 125, 327
  konsequentialistische 147, 162, 231, 427, 440, 442, 454, 474
  Marginal cases- 404
  Verrohungs- 409, 470
Assistenten, virtuelle 283, 383, 385
Aufmerksamkeitsökonomie 143, 155, 180, 186, 279, 520
Aufmerksamkeitsverlust 150, 184, 268
Augmented Reality 30, 522
autonomes Fahren 284, 396, 425–436, 515
autonome Waffensysteme 436–442
Autonomie 84, 98f., 122, 333, 336, 394, 400, 455
  maschinelle 379
  starke vs. schwache 395, 400, 425
Avatare 30, 100, 374, 378, 384f., 451, 474–477, 522, 527

Behaviorismus 142, 183, 331ff., 335, 367, 394, 398, 448f., 467
bestärkendes Lernen 295, 380, 447
Bewusstsein 398, 449, 466, 497, 499, 516, 519
  Erklärungslücke 519
  kognitives, Zugangs- 398ff.
  phänomenales 398f., 406

reflexives, Ich- 399
Biases 348, 352, 354, 357, 364
Automation 316, 354, 376
Cognitive 181, 203, 352, 355
Confirmation 203, 352
Data 355f., 364
Emergente 359, 364
Gender 352, 355
Historical 357
induktive 357
Outcome 359, 364
Racial 352, 355
Social 352
statistische 353, 357
Big Data 16, 307, 309, 311f., 348
biometrische Gesichtserkennung 296, 324f., 328
Biopolitik 367, 370f.
Biorobotik 449
Black-Box-Problem 297, 299, 358, 485, 509
Brain-Computer-Interfaces (BCI) 73, 503, 520, 523
Bürger-/(Graswurzel-)journalismus 20, 154, 169, 172, 239

Captology 183, 185, 193f., 340
Chatbot 292, 359, 381ff., 385, 474, 484
ChatGPT 484ff.
chilling effect → Panoptikums-Effekt
Chinesisches Zimmer 292, 398, 445
Clickworker 483
Cloud 129, 309
Cobot 443, 481
Companion → Gefährte (Companion)
Content Curation → Kuratierung (d. Medien)
Cookies 344
Corporate Digital Responsibility (CDR) 528
Cybergrooming 228, 231, 245
Cyberkriminalität 228f., 231, 303, 523
Cybermobbing 228, 231, 247f.
Cyberspace 30
Cyberstalking 228, 231, 248
Cyberwar 303
Cyborg/Cyborgisierung 503, 506

Dark Patterns 340–344
Datafizierung 121, 124, 307ff., 312–315, 321, 346, 364
Data Mining 308f., 364, 377
Datenschutz 121, 303, 324, 330, 343, 345, 347f., 418, 476, 486
Datenschutzgrundverordnung (DSGVO) 101, 303, 305, 325, 330, 332, 343, 345f., 348, 527
Death-(Grief-)Bots 474ff.
Debunking 215
Deep Fake 171, 200, 212, 239, 282, 384, 475
Deep Learning (DL) 295f., 354, 357, 359, 383, 484, 510
Demokratietheorien 168, 252, 376
Denken, schnelles/langsames 181, 184f., 191, 274, 276
Deregulierung (Mediensystem) 141, 162
Desinformation 153, 179f., 195, 197, 200f., 203, 211, 214, 216, 260
Determinismus, digitaler (Technik-) 37, 39f., 51, 504, 519
Deutscher Presse-/Werberat 151f., 155f., 161, 170
Digital Afterlife Industry (DAI) 384, 474
Digital Detox 151, 192, 194, 524

Digital Divide (Gap) 115, 263
digitale Gewalt 228f., 231, 242, 244, 246, 276
digitale Identität → virtuelle Identität
digitale Marktökonomie 142, 186, 189
digitale Medien 15, 73, 133, 135, 137ff., 142f., 147, 153, 170, 174, 181f., 187, 189, 221, 225, 258, 274, 522
Digitale Medienethik 20, 30, 73, 133, 137, 144f., 282, 520
digitaler Humanismus 55f.
digitaler Zwilling 328ff., 333f., 341, 474f., 527
digitale Suffizienz 131
Digitalisierung 15, 17, 20, 28, 32ff.
  digitale Transformation 25, 27
  Digitalization 23f., 27, 309
  Digitization 21, 23, 27, 307
Digitalität 27, 71
Digital Natives 13, 36, 176, 184, 192
Digital Services Act (DSA) 145, 153, 234, 330, 341, 526
Dilemma, moralisches 425f., 428, 430ff.
Diskriminierung 114, 117, 234, 329, 348, 350f., 354, 360
  direkte vs. indirekte 353f., 358
  statistische 353f., 357
  strukurelle 354
disruptive Technologien 25, 310, 477
Dopamin 107f., 184
Dramatisierung 185, 188, 193, 240, 274
Drohnen → autonome Waffensysteme
Dual Use 50
Dystopien 37, 41f., 286, 314, 373, 518

Echokammern 217, 220ff., 226, 265
E-Demokratie 258f., 261f., 271
E-Government 258
emotionale Intelligenz (EQ) → Intelligenz
Emotionalisierung 170, 180, 182, 185ff., 189, 191, 273f.
Empathie 189, 191f., 273, 275, 448, 457, 466, 478
Enhancement 501f., 505f.
Entindividualisierung 349f.
E-Person 401, 512
Ersetzbarkeit (d. Menschen) 477f., 480ff., 484, 491f., 496, 523
Ethics by Design 286, 527
Ethik 53ff., 75, 376
  Akteurs- 57, 146, 509
  Algorithmen- 29
  Allgemeine 53, 67
  Angewandte 67–70, 91
  anthropozentrische 313, 402, 408, 517
  Bereichs- 70
  Big-Data- 284
  Bild- 171
  Computer- 72, 284
  datazentrische 313, 517
  Daten- 284
  deontologische 62f., 66, 211, 416, 418, 429, 432
  Digitale 71, 74f., 525
  Diskurs- 76f., 269
  diskursiver Charakter 76
  eudaimonistische 64, 103
  Gefühls- 189, 415, 448
  Gesinnungs- 62
  handlungsreflexiver Ansatz 82, 90, 98
  Individual- 57f.
  Informations- 72f., 75
  Institutionen- 57, 146, 509

Internet- 30, 72
journalistische 73, 148, 154, 162, 164, 170, 173
KI- 20, 281f., 348, 385, 388
konsequentialistische 60, 66, 211, 416
Maschinen- 385ff., 389f., 412
Medien- 20, 72f., 75, 136, 154, 156, 164, 171f.
Nutzungs- 149
Prinzipien- 84
rationalistische 54, 81, 411
Rezipienten- 149
Roboter- 282, 284, 385ff.
Sollens- 56ff., 112, 151
Sozial- 57f.
Strebens- 56, 58, 150
Technik- 73, 75, 77, 281, 386
teleologische 61
Tugend- 63, 65f., 103, 111, 373, 422
utilitaristische 61, 417, 427, 432
Verantwortungs- 60, 78
Werbe- 337
Wert- 76
Wirtschafts- 527

Fairness 83ff., 112ff., 117
Fake News 145, 157, 162, 164, 189, 194, 196–202, 211f., 214f., 233, 254
Filterblasen 217ff., 222
Fragmentierung 18, 217ff., 222, 224, 226, 265, 276, 342, 524
Freiheit 91f.
digitale 99
Handlungs- 92, 96f., 122, 333, 371
Informations- 95, 257
Kommunikations- 94
Meinungs- 94f., 251
negative 92, 122
positive 122
Presse- 251
Willens- 97f., 102, 122, 333, 336, 394, 399, 405, 508
Wirtschafts- 528
Wissenschafts- 528
Freundschaft 448, 465ff.
Funktionalismus 397f., 400, 521

Gamification (Gamifizierung) 183f.
Gatekeeper 95, 179, 196, 203f., 265, 491
Gefährte (Companion) 443f., 454, 457f., 464f., 468, 472ff., 496f.
Gefühle 42, 76, 188, 190, 232, 289, 388, 412, 415, 439, 445, 447ff., 451, 466, 468, 474, 479
Gefühlsansteckung 189ff., 193f., 232, 273
Gehirn-Computer-Schnittstellen → Brain-Computer-Interfaces (BCI)
Gemeinwohl 140f., 153f., 168f., 224, 251, 258, 268, 270, 279, 375ff., 525
Gerechtigkeit 87, 91, 112, 316, 362
Befähigungs- 116
Chancengleichheit 114f., 117
Egalitarismus 113f., 117
intergenerationelle 126
Solidarität 116f.
Verteilungs- 483
Zugangs- 115
Gesichtserkennung → biometrische Gesichtserkennung
gläserner Mensch (Bürger) 299, 323, 329
Glück 56, 58, 61, 91, 103, 150, 473, 482, 521f.
Empfindungs- 104
Gütertheorie 109ff.
Hedonismus 107f., 111

illusionäres 104, 108, 458
objektivistisches 104, 109
subjektivistisches 103, 107
transaktional 523
Wunschtheorie 105f., 111
Gorillaproblem 517
Grundeinkommen 483f.
Grundrechte → Recht
gutes Leben 56f., 103, 105, 108, 162, 466, 520

Hate Speech → Online-Hassrede
Heteronomie 98, 319

Identität 122, 162, 243, 331, 349, 482, 521
digitale (Online-) 99, 244ff., 330, 333
numerische 399
persönliche 122, 233, 330, 399, → Persönlichkeit
Individualmedien
-Massen- vs. Individualmedien 225
Influencer/Influencing 100, 165, 266, 272, 337f., 342
informationelle Grundversorgung → Recht
Informations- und Kommunikationstechnologien (IKT) 15, 20, 47, 72f., 75, 80, 95, 100, 114, 228, 249, 258, 282, 299
Instrumentalisierung 62, 99, 102, 165, 409, 429, 432, 456, 507
Intelligenz 315446
emotionale 288, 445f.
kognitive 288f., 478, 480, 499, 517
künstliche → KI (Künstliche Intelligenz)
Maschinen-/Computer- 291, 294, 478
menschliche 287ff., 293
moralische 288, 389
natürliche 290
Schwarm- 271
soziale 288, 444, 448, 451
Super- → Superintelligenz
Intelligenzexplosion 516
Intentionalität 508f., 516, 519
Internet 29f., 32ff., 95, 128, 133, 138, 142, 154, 175, 185ff., 211, 227, 236, 249, 255, 257, 261, 279f.
of Bodies (IoB) 428
of Things (IoT) 24, 73, 282, 308f., 324, 428, 433
Internetabhängigkeit 65, 184f., 300, 475, 522, 527
Internetökonomie → digitale Marktökonomie
Internetsucht → Internetabhängigkeit

Journalismus → Ethik, journalistische
Joy-Debatte 493

Kasuistik 68, 422f.
Kategorischer Imperativ 62, 66, 81, 84, 90, 99, 395, 416, 418, 420f.
Katharsistheorie 470
KI (Künstliche Intelligenz) 12, 31f., 80, 281, 287f., 290, 292, 294, 520
emotionale 443, 446, 451
generative 484, 486
moralische 389
schwache 291, 478, 488f., 497
starke 291, 395, 400, 472, 496
virtuelle vs. physische 282f., 380f.
KI-Ethik → Ethik, KI
KI-Kunst 485f., 489, 491f.
Klarnamenpflicht 244ff.
Klassifizierung 349, 360

Kommerzialisierung (d. Medien) 139, 141, 143, 224, 266
Kompetenzen 278
  digitale (Digital-) 113, 115f., 149, 152, 194, 213, 529
  Medien- 116, 149, 152, 173, 213, 278, 343, 529
  Privatheits- 343, 347
Konditionierung 184, 295, 335, 368, → Verhaltenssteuerung
Kontrollproblem/-verlust 17, 36, 42, 121, 297f., 305f., 312, 327, 506f., 510, 517, 519, 525, 527
Kreativität 447, 479, 484, 487f.
Kultur-/Traditionsrelativismus 65f.
Künstliche Intelligenz 80, → KI (Künstliche Intelligenz)
künstliche neuronale Netze (KNN) 295f., 300, 357, 359, 422, 485
Kuratierung (d. Medien) 179, 218, 222, 227, 278ff.
Kybernetik 365, 371, 498

Laienjournalismus → Bürger-/(Graswurzel-)journalismus
Large Language Model (LLM) 298, 383
Liberalismus/liberal 93f., 97, 122, 252, 268, 376, 463, 505, 515
Love-Scamming 245
Lüge 162f., 195, 211, 235

Manipulation 17, 33, 101, 202, 212, 325, 335f., 340, 342, 375, 452
Maschinelles Lernen 294–298, 300, 308f., 317, 354, 377f., 380, 422, 484, 516
media accountability 153f.
Medialisierung/Mediatisierung 136, 160, 524
Medien 133, 135f., 168f., 257, 264
  analoge vs. digitale 22f., 137ff., 174, 177ff., 236, 271
  digitale → digitale Medien
  Kernfunktionen 257, 263f.
  Massen- vs. Individualmedien 135
  öffentlich-rechtliche 140f., 228, 264, 279f., 525
  ökonomisch-privatwirtschaftliche 20, 141
  soziale 134f., 184, 186, 188, 193, 195, 197, 201, 213, 223, 225, 256, 267, 277, 327, 343f., 522, 524
Medienintermediäre 133, 135, 163, 168
Medienkompetenz → Kompetenzen
Medien-Selbstkontrolle 152, 154, 213
Meinungen vs. Tatsachen 163f., 197, 201
Mensch
  anthropologisch 92, 105, 108f., 288, 494f., 505
  biologisch-deskriptiv 495, 498
  deskriptiv-normative Doppelstruktur 495, 504, 521
  Ende (d. Menschen) 493, 504
  kulturell-normativ 495
  Mängelwesen 500f.
Menschenbilder 20, 54, 109, 331, 333, 371, 493
  digitale (technizistische) 498, 500
  naturalistische 498
menschliche Aufsicht 304, 306, 442, 527
menschliche Letztentscheidung 305f., 442, 527
Mensch-Maschine-Interaktionen 43, 136, 377, 414, 474, 493, 499, 506, 509
Metaversum 523
Mikrotargeting 334, 341, → personalisierte Werbung

Mind Uploading 516, 521
Moral 56, 58, 111, 401, 415
funktionale 393, 397, 399, 445
künstliche (Artificial Morality) 387, 389, 413ff., 437, 460
moralische Perspektive 56ff., 102, 151, 312, 497
moralischer Status 390, 403–408, 410, 412, 450, 472, 526
moralische vs. prudentielle Perspektive 58
objektiver Standpunkt 56, 58f., 112, 275, 401, 518
operationale 392
universelle 68, 82, 414
moral agent (moralisches Subjekt) 389, 391–400
Moralimplementierung 412, 415ff.
Bottom-up-Modell 416, 422f.
hybrides Modell 424f.
Top-down-Modell 416, 420f., 427, 429
Moralität 393, 415, 479
funktionale 393, 398
moralisch vs. moralkonform 373
Moral Machine 427
moral patient (moralisches Objekt) 391, 400–412

Nachhaltigkeit 91, 125–132, 527
naturalistischer Fehlschluss 110f., 290
Normen 53, 56, 59f., 75, 82f., 90, 155, 237, 415, 423
moralische vs. rechtliche 59
universelle 66, 76
Nudge/Nudging 339f., 369, 375

Objektivität (Prinzip) 54, 162, 164, 166, 239, 450
Objektivitätsglaube 312, 315f., 320, 354, 359, 478
Öffentlichkeit 20, 54, 76, 118, 167, 169, 224, 226, 263
demokratische 249f., 264, 268, 270, 272, 275f., 376
demokratische vs. digitale 263–280
deskriptiv 168
digitale 249, 263ff., 267f., 271, 273–276
fragmentarisierte → Fragmentierung
Gegen- 258
normatives Prinzip 153f., 168, 170, 263, 529
persönliche 267
Strukturwandel (der Öffentlichkeit) 20, 119, 169, 224, 226, 249, 263, 265
Teil-/Halb- 217, 223, 225, 265, 269
Ökonomisierung 141ff., 318
Online Disinhibition Effect (Online-Enthemmungseffekt) 242f.
Online-Hassrede 228, 233–236, 523
Online-Medien → digitale Medien
Operationalisierung 316, 319f., 355
Optimierung 318
Overblocking 216

Panoptikums-Effekt 322f., 334
parasoziale Beziehungen 468
Paternalismus 111, 339f., 368, 371
personalisierte Werbung 142, 334
Personalisierung 139, 167, 169, 218f., 267, 329, 331, 334, 349
Persönlichkeit 121, 233
Persönlichkeitsprofile 328f., 332, 334, 343

Pflegeroboter → Roboter
Pflichten 60, 86, 145, 301, 402, 508, 527
  direkte vs. indirekte 408f.
  negative 87, 93, 304, 528
  positive 87, 93, 304, 529
Plattformen (digitale) 134f., 140, 142, 145, 152f., 183, 186, 216, 260, 271, 278f., 476, 526
Plattform-Kapitalismus 259, 261
Pluralismus 66, 103, 252, 257, 260, 268
Pornographie 149f., 153, 235, 468, 470f., 526
postdigital 36, 524
Posthumanismus 494, 501, 505, 518, 520f., 525
Post Privacy 121, 326f.
Predictive Policing 359
Prinzipien 55, 62, 65, 68f., 79, 81, 83f., 89ff., 154, 172, 413
  universelle 66, 68
Privacy Paradox 326f.
Privatheit 17, 91, 118–121, 125, 321, 326f.
  informationelle 120
  lokale 120
  Verlust von Privatsphäre 255, 266, 310
Privatsphäre → Privatheit, → Recht
Produser → Prosument
Profiling 349f.
Propaganda 165, 201ff., 216, 251
Proportionalitätsprinzip 325
Prosument 138f., 149, 173, 177, 193, 196, 213, 239, 246
Pseudonymität 99, 243f., 256, 276, 343

Qualia 398
Quantifizierung (d. Sozialen) 27, 136, 315, 317, 320

Rationalität 48, 396, 400
  Mittel-Zweck- 48
  Ziel- 49
Rebound-Effekt 130, 132, 435
Recht 17, 82f.
  am eigenen Bild 233, 247
  Ehre 233f., 236
  Freiheits- 96
  informationelle Gerechtigkeit 115, 144
  informationelle Grundversorgung 140
  informationelle Selbstbestimmung 101f., 144, 233, 312, 324, 333, 346, 348
  Informationsfreiheit 97, 115, 144
  Internetzugang 115f.
  Meinungsfreiheit 94, 96f., 115, 144, 164, 235
  Persönlichkeits- 121, 171, 233, 236, 241, 247, 346
  Privatsphäre 120f., 153, 171f., 312, 324, 326, 334, 343, 346, 348, 428, 460
  Selbstbestimmung 91, 98
  Selbstdarstellung 233, 236
  Vergessenwerden 332
  Würde 121, 171, 233f., 251, 346, 375, 430, 441
Reduktionismus 313, 319, 331, 398, 498, 500, 521
Relativismus → Kultur-/Traditionsrelativismus
Relevanz 166–170, 172, 189, 219, 226, 239
responsibility gap → Verantwortungslücke

Responsible Research and Innovation (RRI) 79, 513, 528
Revolution (4./digitale) 15, 25, 39, 136, 200, 256, 444, 479, 501
Roboter 284, 378ff., 385461
androide 41, 452, 472
Assistenz- 453
humanoide 40, 378, 400, 409, 443, 452
Industrie- 379, 387f.
KI- 380, 385
Pflege- 453–461
Service- 387f., 443
Sex- 461–474
soziale 388, 443–476, 496f.
Robotik (und KI) 282f., 380

Satire 199, 201, 232
Schnittstellenproblem 506
Schweigespirale 123, 227, 266
Science-Fiction 40f., 285, 378, 452, 454, 518
Sein-Sollen-Fehlschluss 332, 423
Selbstbild (normatives) 98, 101, 331ff., 399f., 405
Selbstoptimierung 103, 106, 318, 502
Sexroboter → Roboter
Shitstorm 147, 236ff., 241, 248, 276
Sicherheit 86, 302, 304, 347, 527
Safety 302, 304
Security 303f.
Silicon Valley-Ideologie 33ff., 37, 256
Singularität 516, 518
Slow Media 194, 524
Smart City 308, 366, 371
Social Bots 212, 266, 282, 341, 381f.
Social Credit System → Sozialkredit-System
Social Media → Medien, soziale
Social Scoring 29, 312, 372f.
Social Sorting 312, 348, 350, 362
Softbots 381, 385, 389, 443
Solutionismus 50f.
soziale Medien → Medien, soziale
soziale Netzwerke 30, 134f., 225, 228
soziale Roboter → Roboter, soziale
Sozialkredit-System 364, 371f., 374
Soziomorphismus 445, 458
soziotechnische Systeme 46, 52, 301, 433, 512, 515, 526f.
Strukturwandel → Öffentlichkeit
Superintelligenz 293f., 501, 516, 518f., 525

Täuschung 104, 111, 162, 197, 201, 388, 450, 452, 458f., 466, 468, 474f.
Technik 45f., 77, 477
als Selbstzweck 501, 505, 515
als Subjekt 507f., 526
-Apokalyptiker 36
-determinismus 37–40
-ethik → Ethik, Technik-
-Euphoriker 36, 504, 506, 515, 518
-gestaltung 39, 44f., 75, 78, 90, 102, 525f., 529
Mittel(-Zweck)-Charakter 44f., 501, 505, 519
Neutralität der 44ff.
-Paradox 507
technisch (funktional) vs. moralisch gut 48, 50
Technologie 47, 73
Technikfolgenabschätzung (TA) 61, 77, 79, 526, 528
Traditionsrelativismus → Kultur-/Traditionsrelativismus
Transhumanismus 501–505, 515, 521

transhumanistisch → Transhumanismus
Transparenz 100, 154, 299, 301f., 305f., 338, 341ff., 346, 364, 485, 492, 510, 527
Trennungsgebot (d. Journalismus) 163f., 179
Troll/Trolling 273
Trolley-Dilemma 60, 426f., 429f.
Tugend 64, 87, 103, 111, 151, 195, 278, 466
Turing-Test 292f., 439, 485, 495, 499

überwachtes Lernen 294, 422
Überwachung 17, 33, 101, 255, 284, 320f., 324f., 335, 366, 483
Überwachungskapitalismus 322, 335, 373
Ubiquitous Computing 310
Uncanny-Valley-Problem 452
Unparteilichkeit 165f., 172, 239, 450
Unsterblichkeit 501
  digitale 474, 477
  virtuelle, kybernetische 521
Unterhaltung 150, 180, 182, 186, 273, 489, 491, 522
unüberwachtes Lernen 295, 308, 486
Urheberrecht 24, 486, 492
Utilitarismus → Ethik, utilitaristische
Utopien 37, 42

Value Alignment 412, 414f.
Value Sensitive Design 286, 412, 527
Verantwortung 75, 79, 143f., 149, 151, 241, 303, 400, 430
  Abschieben von 35, 39, 140, 142, 148, 163, 173, 300, 345, 476, 511f., 528
  ethisches Prinzip 79, 143, 440
  formales Prinzip 78, 143
  gebrauchsorientierte 511
  gestufte, geteilte 148, 152, 154, 213, 246, 343, 347, 512f., 526
  herstellungsorientierte 511
  individuelle 57f., 148, 277
  institutionelle 146, 152
  kollektive 57f., 146, 509, 528
  konnektive 147, 232
  Meta- 529
  normatives Prinzip 78
  prospektive 145ff., 508
  retrospektive 144, 146, 508
  Verantwortungsdiffusion/ Verwässerung der 147, 232, 508
  Verantwortungslücke 414, 441, 509–513
  Verantwortungsnetzwerke 506, 509f., 512f.
Verdinglichung → Instrumentalisierung
Verhaltenssteuerung 183, 185, 322, 335, 340367
Vernunft
  instrumentell-technische 48, 52
  moralisch-praktische 49, 52, 289, 495
Verschwörungserzählungen 204–209, 211f., 225
verstärkendes Lernen → bestärkendes Lernen
Vertrauen 86, 156, 162, 178, 195, 202, 204, 212f., 216, 298, 300, 312, 315, 320, 374
Vertrauenswürdigkeit 86, 298
Virtual Reality (VR) 30, 106, 522
virtuelle Identität 327, 330, 333
Vorsorgeprinzip 440
Vorurteil 341, 352, 357, 363, 486, → Biases

Voyeurismus 141, 167

Wahrhaftigkeit 156, 161, 163, 172
Wahrheit 53, 156f., 159, 162, 172f., 177, 194, 197
Werbung, personalisierte 334, 338, 341, → Mikrotargeting
Werte 79ff., 83, 89, 91, 109, 362, 413, 415, 517
  Begründung 75f., 81, 525
  Konflikt der 90, 529
  ökonomisch-technische 311
  universelle 65, 81
World Wide Web (WWW) 22, 29f.
Würde 83, 86, 90f., 94, 98f., 102, 156, 171, 232, 241, 317, 335, 349f., 391, 401, 429, 442, 455, 469, 499, → Recht

Personenregister

Aristoteles 66, 113, 157, 288, 350, 415, 466f., 470, 522
Arkin, Ronald 413, 437ff.
Asimov, Isaac 41, 285, 302, 413, 416, 419, 421, 429

Bartneck, Christoph 43, 282, 284, 290, 300, 380f., 386, 425, 433, 439ff., 447, 450, 452, 454, 458f., 463, 512
Bauberger, Stefan 17, 19, 29, 31, 45, 89, 259, 287, 290, 321, 323f., 354ff., 358, 395, 398, 401, 403, 411, 426, 435, 495, 499, 509, 512, 519, 521
Beaufort, Maren 253f.
Bendel, Oliver 28–31, 281, 285, 308, 329, 379–386, 388, 443f., 455f., 458, 460ff., 465ff., 469f.
Bentham, Jeremy 61, 66, 107, 322, 418
Bieber, Christoph 169, 223f., 226, 267, 271, 327
Birnbacher, Dieter 430f.
Boddington, Paula 290, 407, 477
Boehme-Neßler, Volker 38, 188f., 224, 249f., 261f., 272ff., 316, 341, 348, 353, 358, 362
Bostrom, Nick 293, 478, 501, 516f.
Breazeal, Cynthia 443, 496
Brodnig, Ingrid 269
Bryson, Joanna 402, 409, 499
Buchmann, Johannes 178, 221, 223, 225, 263, 269, 278, 334
Budelacci, Orlando 287, 292, 323f., 328, 335, 338, 342, 356, 398, 487, 493ff.

Capurro, Rafael 71f., 121, 127
Coeckelbergh, Mark 28, 31, 40, 42, 76, 282, 287, 293, 297, 300, 302, 348, 389f., 410

Danaher, John 374, 467
Darwall, Stephen 395
Debatin, Bernhard 143, 146f., 154, 160, 166
Decker, Michael 281, 379, 381, 388, 395, 413, 419, 483, 493, 495, 507
Dignum, Virginia 60, 64f., 80, 89, 91, 103, 286, 426, 510
Döring, Nicola 229f., 233, 247, 464, 470f.
Dräger, Jörg 298, 302, 332, 360f., 480, 528

Eisenegger, Mark 185, 223ff., 249, 263, 273
Ess, Charles 34, 36, 42f., 60, 64f., 103, 136, 217, 256, 463, 465, 469, 472, 524

Fichter, Adrienne 249, 255, 259, 261f., 277
Floridi, Luciano 27, 84f., 110, 116, 326, 349
Foucault, Michel 322, 367
Fuchs, Christian 134, 136, 140, 174, 177, 179f., 194, 197, 204f., 207–211, 256f., 259, 267, 279, 372f.
Funiok, Rüdiger 72, 136, 143, 146f., 150ff., 160f., 164, 166, 327, 344

Gordon, John-Stewart 281, 352, 356, 359, 372, 385f., 390, 399, 411f., 416, 420,

422f., 438
Grimm, Petra 33ff., 37, 57, 60, 63ff., 71, 76, 81, 103, 117f., 120–124, 249, 251, 255, 257, 259, 266, 287, 322, 327f., 331, 342f., 415, 501, 520
Grunwald, Armin 33, 37ff., 44–47, 52, 55, 73, 77, 105, 107f., 277, 306, 322, 329, 362, 365, 372, 375, 425, 427, 433f., 456, 458, 464f., 472, 477–480, 483, 493, 495f., 498, 507, 517, 523
Gunkel, David 65, 403–406, 408, 410

Haagen, Christian 282, 287f., 291f., 305, 394, 396, 507
Habermas, Jürgen 76, 81, 119, 144, 156, 159, 168f., 217, 223, 225, 252f., 266–270, 272, 275
Harari, Yuval Noah 312f., 332, 516
Heesen, Jessica 12, 72, 92, 94ff., 99ff., 135–138, 144, 150, 162, 164, 168, 217, 265, 282, 299, 316, 348, 350f., 353, 355ff., 359f., 365, 375f., 475
Hengstschläger, Markus 15, 17, 52, 55
Henning, Clarissa 452, 479–483, 494
Herzog, Lisa 361ff., 477, 482f.
Himmelreich, Johannes 251, 257, 374f.
Hofstetter, Yvonne 52, 217, 259, 320
Hongladarom, Soraj 42, 66, 121
Horn, Christoph 111, 251f., 446
Houben, Daniel 319, 322, 362
Huber, Wolfgang 100, 303, 332, 398

Ienca, Marcello 84, 190, 340, 369
Imhof, Kurt 223, 225, 268, 274

Jandt, Silke 95, 101, 176, 179, 346
Jarren, Otfried 222, 254, 265, 269, 279
Jaspers, Karl 44
Jaume-Palasi, Lorena 351
Jobin, Anna 84ff., 89f., 92, 102, 112, 115f., 118, 125, 299
Jonas, Hans 440

Kahnemann, Daniel 181f., 339
Kammerer, Dietmar 321f.
Kant, Immanuel 62, 67f., 98, 118, 168, 195, 288, 394, 405, 409, 419, 429, 488
Keber, Tobias 103, 321ff., 326f., 346
Kehl, Christoph 454, 456f., 459f.
Kipper, Jens 481f., 517
Kirchschläger, Peter 287, 520
Klein, Andreas 12, 288, 290, 294, 298, 304, 402, 413, 485
Klingel, Anita 300f., 357
Kolany-Raiser, Barbara 310, 316, 328
Koska, Christopher 91, 299, 303, 327, 345
Köszegi, Sabine 335, 339, 355, 358
Krämer, Hans 56, 163, 198, 200
Kreis, Jeanne 35, 135, 230, 249, 390f., 401f., 406, 443f., 456, 458, 460
Kropp, Cordula 21, 23f., 26, 36, 51, 136, 297, 300, 318, 366
Krotz, Friedrich 135f., 139
Krüper, Julian 135, 223, 381
Kubes, Tanja 463, 468
Kuhlen, Rainer 72, 94, 121, 126, 130, 142, 176
Kurzweil, Ray 501, 518

Leiner, Martin 136, 156
Lenk, Hans 78, 143, 146f.
Lenzen, Manuela 28, 31f., 71f., 74, 115, 128, 130, 137f., 281, 287f., 290, 293, 297, 307, 324, 354, 356f., 359f., 365, 378ff., 408, 414, 425, 428, 438f., 442, 444f., 449,

452, 455, 459f., 465, 478ff., 483f., 486
Leopold, Nils 118, 121, 124, 345f.
Levy, Neil 162, 264, 266, 463, 465, 467, 470
Liao, Matthew 389f., 399, 404
Liggieri, Kevin 498
Lindemann, Nora 474, 476
Lindner, Felix 380, 443
Lobo, Sacha 34
Loh, Janina 45, 281, 284, 306, 379, 381, 385ff., 389, 391f., 394f., 397, 402f., 407, 410, 420ff., 424, 427, 429, 432, 436, 443, 452, 466f., 501–505, 508f., 516, 519, 521, 525
Loretan, Matthias 141

Mainzer, Klaus 39, 293, 307, 311, 366, 372, 394, 439, 478f.
Marx, Konstanze 236f., 241
Matzner, Tobias 242–246
Mau, Steffen 27, 310, 313, 315, 318f., 327, 331f., 349, 358, 367, 372
Mayer-Schönberger 71
Meibauer, Jörg 233
Metzinger, Thomas 399, 406, 449
Michael und Susan 418, 424
Misselhorn, Catrin 13, 28, 284, 288, 291f., 306, 385ff., 389ff., 394–399, 410, 412ff., 416–419, 421–425, 427ff., 431, 433–437, 439ff., 446–450, 452–455, 457, 459f., 462f., 466, 469f., 472, 485, 487–490, 492, 499, 508, 510f., 516
Montavon, Grégoire 298
Moor, James 391ff.
Morozov, Evgeny 34f., 50, 183, 262, 320, 364f., 375f.
Muhle, Florian 496
Mündges, Stephan 235

Nagenborg, Michael 72, 136
Nassehi, Armin 17, 26, 39, 48, 168, 176–179
Navas, Eduardo 190, 489
Neef, Karla 195, 197, 201, 213, 219ff., 229, 266, 381
Neumann, John von 28
Nida-Rümelin 33, 37, 42f., 55, 60, 70, 102, 115, 266, 401, 421, 498
Nocun, Katharina 204–210, 215
Noller, Jörg 71, 485, 487
Nullmeier, Frank 162, 272
Nussbaum, Martha 109f., 116
Nyholm, Sven 57, 281, 297, 401, 405, 409, 411f., 415, 422, 458, 462, 466f., 471

Oertel, Britta 219, 221f., 226, 228, 265, 268
Ott, Konrad 45, 47, 126

Paaß, Gerhard 374, 485f.
Parfit, Derek 105
Pariser, Eli 219f.
Pasquale, Frank 297
Piallat, Chris 15, 23, 26, 29, 33f., 36, 52, 58, 99
Pieper, Annemarie 90, 92
Platon 39, 66, 245
Pörksen, Bernhard 147, 160, 162, 165, 171ff., 175, 177, 186f., 189, 203, 238f., 241, 260, 273, 276f.
Porlezza, Colin 196ff., 201, 213, 215, 220f.
Pöttker, Horst 165, 268, 271, 276, 278
Preisendörfer, Bruno 255, 260, 262
Preuß, Tamina 195–198, 200–204, 207–210, 213ff., 266, 382
Prietl, Bianca 310, 314, 327

Prinzing, Marlis 184, 236f., 271, 279

Rademacher, Lars 168, 267
Ramge, Thomas 31, 363, 379, 382
Rawls, John 105, 114, 116, 168, 402
Reckwitz, Andreas 39, 143, 174, 180, 185, 223, 225, 257, 268, 273, 332
Reidel, Johannes 144f., 528
Reißmann, Wolfgang 243f.
Remmers, Hartmut 453f., 456, 459
Renkamp, Anna 262
Richardson, Kathleen 465, 468
Richter, Philipp 308, 335, 341, 346, 360, 362, 365f., 375
Rieder, Gernot 297, 309, 316f., 323, 326, 349, 358, 367
Roleff, Daniel 258
Ropohl, Günter 78
Rössler, Beate 93, 119–124, 323
Roth, Stefan 17
Rudschies, Catharina 83, 86, 112
Russell, Stuart 283, 296, 365, 380, 398, 418, 477, 482, 499, 517
Russ-Mohl, Stephan 142f., 169, 195, 200, 325

Sandry, Eleanor 445, 452, 458, 473
Santarius, Tilman 126–131
Saurwein, Florian 508, 510ff.
Schicha, Christian 72, 141, 154, 156, 159, 167f., 171f., 180, 188, 195, 197, 214, 266, 327, 336f.
Schippl, Jens 370, 433ff.
Schlegel, Marcel 337, 468
Schmiljun, André und Iga 444f.
Schulze, Hartmut 444, 455
Schulz-Schaeffer, Ingo 481
Schwarz, Elke 208, 426, 430, 436, 440, 510
Searle, John 292, 398, 445
Seemann, Michael 254
Selinger, Evan 323
Sell, Saskia 157, 159, 166, 169, 215
Seng, Leonie 391, 394f., 397, 415, 420
Siegetsleitner, Anne 394
Simpson, Robert 193
Singer, Peter 61, 66, 402
Sold, Manjana 226f.
Sommer, Andreas 13, 31, 253, 257
Sparrow, Robert und Linda 441, 456–459, 510f.
Specht, Philip 21, 23, 25f., 29, 31, 34, 287, 291, 307, 428, 480, 523
Spiekermann, Sarah 35, 60, 75, 90, 103, 109, 142, 150, 183f., 281f., 286
Spindler, Gerald 218, 316
Spitzer, Manfred 174ff., 182, 184, 190, 192
Stahl, Bernd 324, 338, 346, 348, 357, 363
Stalder, Felix 24, 27, 260, 331f., 368
Stapf, Ingrid 95, 136, 152f., 156, 162, 188, 194–198, 205, 212, 215
Stegemann, Bernd 254, 269, 271
Steinicke, Henning 116, 218, 221, 227, 254, 257–260, 267, 272, 276, 278f.
Stern, Jenny 159, 214f.
Sterri, Aksel 462f., 465, 469f., 472
Stöcker, Christian 143, 154f., 169, 227
Stoecker, Daniel 67–70, 467
Strauß, Stefan 225, 249, 254ff., 267
Strippel, Christian 268
Sullivan, Emily 257

Taddicken, Monika 134
Tamborini, Marco 449
Tappe, Inga 171

Thaler, Richard und Sunstein, Cass 220, 339, 345, 369
Thiel, Thorsten 147, 250ff., 268
Thies, Christian 143, 153, 171
Thomaß, Barbara 79
Thull, Benjamin 229, 234
Timko, Christina 76, 184, 352, 355
Trost, Kai Erik 468
Türcke, Christoph 167, 169, 258, 270, 272
Turing, Alan 28, 292, 439, 485, 494f., 499
Turkle, Sherry 467

Ueberschär, Ellen 99f., 325, 335
Ulbricht, Lena 311, 341, 348, 351, 353f., 357, 359f., 363–367, 372, 375
Unger, Sebastian und Antje 249
Utz, Sonia 244

Vaidhyanathan, Siva 51, 143, 180, 184, 188, 256, 259, 261
Vallor, Shannon 64
Véliz, Carissa 34, 39, 71, 318, 325ff., 345
Vieweg, Stefan 481
Vilmer, Jean-Baptiste 436, 438–441
Vogelmann, Frieder 156f.
Voß, Karl-Jürgen 469

Wadephul, Christian 28f.
Wagner, Tino 228f., 233, 235f., 238, 247, 276, 278
Wallach, Wendell und Allen, Collin 389, 391ff., 399, 414–420, 422, 424, 437, 448
Wallner, Regina 137, 168f., 180, 262f., 272
Waltl, Bernhard 297, 299
Wardle, Claire 200
Weber-Guskar, Eva 462, 466f.
Weiß, Jens 190, 208, 257, 262, 305
Weizenbaum, Joseph 71, 285, 382
Welsch, Johannes 455ff., 459
Wennerscheid, Sophie 467, 473
Werner, Micha 78, 145f.
Werthner, Hannes 56
Westin, Alan 122ff.
Weyer, Johannes 34, 307f.
Wiegerling, Klaus 108, 136, 170, 264, 286, 299, 307f., 310f., 314f., 322, 326f., 329, 332, 346, 349, 368, 370, 375, 388, 395, 506
Wiener, Norbert 52, 55, 71, 285, 365
Wildfeuer, Armin 92
Wong, Pak-Hang 102f., 105
Woopen, Christiane 92, 100

Zhou, Jianlong und Chen 109
Zöllner, Oliver 26, 76, 103, 136, 157, 160, 194, 196, 205f., 209, 249, 254f., 326
Zuboff, Shoshana 100, 321f., 331, 334f., 338f., 345, 365, 372f.
Zuse, Konrad 28